BRASIL

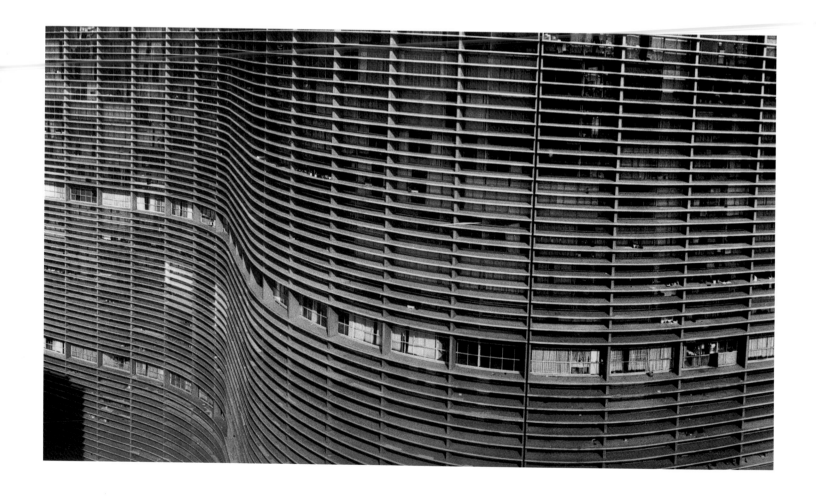

DE LA ANTROPOFAGIA
BRASIL
1920   **1950**

A BRASILIA

IVAM CENTRE JULIO GONZÁLEZ   26 OCTUBRE 2000 - 14 ENERO 2001

IVAM CENTRE JULIO GONZALEZ
GENERALITAT VALENCIANA
CONSELLERIA DE CULTURA I EDUCACIÓ

Exposición

Comisario General
JORGE SCHWARTZ

Co-comisarios:

Artes Plásticas
ANNATERESA FABRIS

Traductores del *b*rasil
CARLOS AUGUSTO CALIL

Arquitectura y urbanismo
CARLOS A. FERREIRA MARTINS

Cine
JEAN-CLAUDE BERNARDET

Literatura y Fotografía
JORGE SCHWARTZ

Música
JOSÉ MIGUEL WISNIK

Coordinación Técnica en Brasil
ARTE 3

Coordinación
ANA HELENA CURTI Y VALERIA PRATA

Coordinación IVAM
MARTA ARROYO PLANELLES

Proyecto Museográfico
PEDRO MENDES DA ROCHA

Producción
ANGELA MAGDALENA

Administración
PRIMO CURTI

Ayudantes de comisariado
ANA LÚCIA CERÁVOLO, CACÁ MACHADO, FLÁVIO
CODDOU, GÊNESE ANDRADE Y RENATO LOCILENTO

Asistente del Proyecto Museográfico
MARCOS RIBEIRO SPÍNOLA

Asistentes de Producción
MARIANA CHAVES Y MÔNICA SCHROEDER

Apoyo de Producción
LAURA MEDEIROS

Consejo Rector del IVAM

Presidente
MANUEL TARANCÓN FANDOS
Conseller de Cultura y Educación de la
Generalitat Valenciana

Vicepresidenta
CONSUELO CISCAR CASABÁN

Secretario
FERNANDO CANO PÉREZ

Vocales
KOSME DE BARAÑANO
ROMÁN DE LA CALLE
SUSAN FERLEGER-BRADES
ASCENSIÓN FIGUERES GÓRRIZ
FELIPE GARÍN LLOMBART
MANUEL MUÑOZ IBÁÑEZ
MIGUEL NAVARRO NAVARRO
EARL A. POWELL III
PETER-KLAUS SCHUSTER

Directores honorarios
TOMÀS LLORENS
CARMEN ALBORCH
J. F. YVARS
JUAN MANUEL BONET

IVAM Institut Valencià d'Art Modern

Dirección
KOSME DE BARAÑANO

Administración
JOAN LLINARES

Registro
CRISTINA MULINAS

Comunicación y didáctica
ENCARNA JIMÉNEZ

Publicaciones
MANUEL GRANELL

Biblioteca
Mª VICTORIA GOBERNA

Fotografía
JUAN GARCÍA ROSELL

Restauración
MAITE MARTÍNEZ

Montaje
JULIO SORIANO

Seguridad
MANUEL BAYO

Mantenimiento
J. VIRGILIO MOYA

Catálogo

Producción: IVAM INSTITUT VALENCIÀ D'ART MODERN, VALENCIA 2000

Diseño: MANUEL GRANELL

Coordinación: MARIA CASANOVA Y Mª VICTORIA MENOR

Traducciones: TOMÀS BELAIRE, VICENT BERENGUER, KAREL CLAPSHAW,
JUNG HA KANG, BEATRIU KRAYENBÜHL, RICARDO LÁZARO, ANNA MONTERO,
ELIZABETH POWER Y EDUARDO RINESI

Fotografías: ROMULO FIALDINI
Y ALVARO BARBOSA, ANGELA GARCIA, EDUARDO TAVARES, EULA CARVALHO
PINHEIRO, FRANCISCO DA COSTA, FRED JORDÃO, JOSÉ FRANCHESCHI, JOSUÉ
RIBEIRO DE SANTANA, JUAN GARCÍA ROSELL, LUIS HOSSAKA, MANOEL DE
CARVALHO NETO, PEDRO OSWALDO CRUZ, RANGEL ESTÚDIO, VICENTE DE
MELLO

© IVAM INSTITUT VALENCIÀ D'ART MODERN, Valencia 2000

© VEGAP, para las obras protegidas, Valencia 2000

Realización: La Imprenta Comunicación Gráfica, S.L.

ISBN: 84-482-2587-2
DL: V-4124-2000

Patrocina

BANCAJA

Colabora

IBERDROLA

Agradecimientos

Esta exposición es el resultado de un exhaustivo trabajo de equipo. La experiencia significó una trayectoria de investigación y de reflexión originales en el campo intelectual del arte y de la cultura brasileñas del período para todos los co-comisarios invitados a participar de este viaje intelectual y museográfico. Son éstos los responsables por la selección y organización de los materiales expuestos, así como también por los ensayos aquí publicados; a ellos, mi primer agradecimiento.

Otro papel protagonista es el de los prestadores de obras. Desde el comienzo, todos manifestaron su generoso apoyo y genuino interés: desde los más importantes coleccionistas y prestigiosas instituciones brasileñas e internacionales, públicas y privadas, hasta aquellos particulares que nos han cedido un querido y único objeto o documento, el que nos hacía falta para enriquecer un concepto o completar una serie. Puedo decir que, gracias a ellos, prácticamente los cuatro puntos cardinales de la cultura del Brasil están aquí representados.

También un gran número de profesionales, colaboradores y amigos, sin explícita visibilidad en la exposición, estuvieron en los bastidores de esta gran empresa; sin ellos, muchos de sus componentes no estarían aquí presentes.

Por su parte, el formidable equipo técnico de producción del IVAM se adhirió incondicionalmente al proyecto desde el inicio mediante la participación de sus distintas áreas: la técnico-artística, la de publicaciones, la de divulgación, y los sectores didáctico y administrativo. Del otro lado del Océano, haber hecho de nuestra empresa una causa personal fue la gran virtud de Ana Helena Curti y de su equipo de Arte 3. La dedicación y el compromiso sin límites ni condiciones ayudaron a vencer obstáculos de apariencia intransponible y permitieron, también, que esta exposición se realizase.

Finalmente, dos agradecimientos muy especiales. En primer lugar, a Juan Manuel Bonet, cuyo decidido entusiasmo dio nacimiento al proyecto; en segundo lugar, a Kosme de Barañano, actual director del IVAM. Gracias a su incondicionalidad, amable y firme, un significativo recorte del arte de la *terra brasilis* cruza el mar y se expone hoy en tierras españolas.

JORGE SCHWARTZ

Prestadores institucionales e individuales

Acervo Artístico Cultural dos Palácios do Governo do Estado de São Paulo
Adolpho Leirner, São Paulo
Ana Maria de Almeida Camargo, São Paulo
Andrée Appercelle, Grenoble
Annie Graz, São Paulo
Antonio Carlos de Figueiredo Ferraz, São Paulo
Arquivo Histórico do Rio Grande do Sul, Porto Alegre
Arquivo da Biblioteca e Centro de Documentação do Museu de Arte de São Paulo Assis Chateaubriand
Arquivo Público do Estado de Pernambuco, Recife
Augusto de Campos, São Paulo
Escritório Balbi & Associados, Río de Janeiro
Beatriz e Mário Pimenta Camargo, São Paulo
Biblioteca da Faculdade de Arquitetura e Urbanismo da Universidade de São Paulo
Biblioteca Jenny Klabin Segall, Museu Lasar Segall, São Paulo
Biblioteca Guita e José Mindlin, São Paulo
Boruch Milman, Río de Janeiro
Burle Marx & Cia. Ltda., Río de Janeiro
César Memolo Júnior, Lynx Filmes, Río de Janeiro
Cilza Bignotto, São Paulo
Cinemateca Brasileira, Ministério da Cultura, São Paulo
Conspiração Filmes, Río de Janeiro
Centro de Documentação Alexandre Eulalio, Unversidade Estadual de Campinas
Centro de Estudos Murilo Mendes da Universidade Federal de Juiz de Fora.
Chaim José Hamer, São Paulo
Cinemateca Brasileira, São Paulo
Corbis-Bettmann International, Nueva York
Eduardo Caio da Silva Prado, São Paulo
Elza Ajzenberg, São Paulo
Escritório da Universidade Federal do Rio de Janeiro
Ésio Macedo Ribeiro, São Paulo
Eugênio Pacelli Pires dos Santos, Río de Janeiro
Fabiana de Barros, Ginebra
Fernando César Fernandes, São Paulo
Fúlvia Leirner, São Paulo
Fundação Arpad Szenes-Vieira da Silva, Lisboa
Fundação Biblioteca Nacional, Río de Janeiro
Fundação Casa de Rui Barbosa, Río de Janeiro
Fundação Gilberto Freyre, Recife
Fundação Joaquim Nabuco, Recife
Fundação Pierre Verger, Salvador
Fundación Eduardo Costantini, Buenos Aires
Galleria Nazionale d'Arte Moderna e Contemporanea, Roma
Geneviève e Jean Boghici, Río de Janeiro

Gerard Loeb, São Paulo
Guillermo Giucci, Río de Janeiro
Haroldo e Carmen de Campos, São Paulo
Heloísa de Carvalho, Fazenda Capuava, Valinhos
Instituto de Estudos Brasileiros da Universidade de São Paulo
Instituto Lina Bo y P. M. Bardi, São Paulo
Instituto Moreira Salles, São Paulo
Isaac Krasilchik, São Paulo
Jacqueline Houston Casals Péret, São Paulo
João da Cruz Vicente de Azevedo, São Paulo
Juan Manuel Bonet y Monika Poliwka, Madrid
Julio Neves, São Paulo
Ladi Biezus, São Paulo
Livraria A Sereia, São Paulo
Luís Antônio de Almeida Braga, Río de Janeiro
Luíz Fernando Nazarian, São Paulo
MM Roberto Arquitetos, Río de Janeiro
Maria Lúcia Cunha Campos dos Santos, São Paulo
Marília de Andrade, Campinas
Marta Rossetti Batista, São Paulo
Marta y Paulo Kuczynski, São Paulo
Museu da Imagem e do Som, Río de Janeiro
Musée de Grenoble
Musée de l'Elysée, Lausanne
Museu de Arte Brasileira da FAAP, São Paulo
Museu de Arte Contemporânea da Universidade de São Paulo
Museu de Arte de São Paulo Assis Chateaubriand
Museu de Arte Moderna de São Paulo
Museu Lasar Segall, São Paulo
Museu Nacional de Belas Artes, Río de Janeiro
Museu Villa-Lobos, Río de Janeiro
Museus Castro Maya, Río de Janeiro
Orandi Momesso, São Paulo
Paramount Pictures, Río de Janeiro
Pedro Corrêa do Lago, São Paulo
Reto Melchior, São Paulo
Rodolpho Ortemblad Filho, São Paulo
Roger Wright, São Paulo
Rui Moreira Leite, São Paulo
Ruy Souza e Silva, São Paulo
Sandra Brecheret Pellegrini, São Paulo
Sebastião Lacerda, Río de Janeiro
Sérgio S. Fadel, Río de Janeiro
Sérgio Lima, São Paulo
Société Paul Claudel, París
Thais Amaral Perroy, São Paulo
Thales Estanislau do Amaral Sobrinho, São Paulo
Waldemar Torres, Porto Alegre
Zenaide Medeiros y José Medeiros Filho, Río de Janeiro

6

Agradecimientos adicionales

Adriana Ferlauto, São Paulo
Adriana Marcus, São Paulo
Aida Cristina Cordeiro, São Paulo
Alice de Andrade, Río de Janeiro
Alice Gonzaga, Río de Janeiro
Ana Verônica Mautner, São Paulo
Anderson Maia de Oliveira, São Paulo
André Wissenbach, São Paulo
Angela Magalhães, Río de Janeiro
Antonio Dimas, São Paulo
Antonio F. de Franceschi, São Paulo
Aparecida Marina de Souza Rangel, Río de Janeiro
Atelier Yannis Tsiomis Architecture, París
Atlântida Cinematográfica, Río de Janeiro
Berta Waldman, São Paulo
Carlos Roberto de Souza, São Paulo
Carlos Roberto Monteiro de Andrade, São Carlos
Celina y Antonio Francis Murray, Río de Janeiro
Claude Leroy, París
Claudio Marcondes, São Paulo
Coleção Pirelli, São Paulo
Cristina Antunes, São Paulo
Daniel Samoilovich, Buenos Aires
Edgar Filho, Salvador
Eduard J. Verger, Valencia
Eduardo Ginfone, Río de Janeiro
Eduardo Portella, Río de Janeiro
Eliana Marques de Azevedo, São Paulo
Eliane Maria Paschoal da Silva, São Paulo
Eliane Vasconcellos, Río de Janeiro
Elisabeth Cecília Malfatti, São Paulo
Emanuel Nery, Río de Janeiro
Enrique Juncosa, Madrid
Eugênia Gorini Esmeraldo, São Paulo
Expomus, São Paulo
Fábio Magalhães, São Paulo
Filmoteca Valenciana
Flávia Carneiro Leão, Campinas
Flia. Villa-Lobos, Río de Janeiro
Fondation Le Corbusier, París
Francisco de Oliveira Mattos, São Paulo

Frederico Pernambucano de Mello, Recife
Funarte, Río de Janeiro
Fundação Bienal de São Paulo
Georgina Staneck, Río de Janeiro
Gianrenato Vitiello, Milán
Gilberto Figueiredo Martins, São Paulo
Gilberto Santeiro, Río de Janeiro
Glícia Campos, Río de Janeiro
Haruyoshi Ono, Río de Janeiro
Heitor Reis, Salvador
Heloísa Lustosa, Río de Janeiro
Heloísa Maria Pinheiro de Abreu Meirelles, São Paulo
Henrique Gandelman, Río de Janeiro
Hernani Heffner, Río de Janeiro
Instituto do Patrimônio Histórico e Artístico Nacional
  – IPHAN
Isabel Carballo, São Paulo
Isis Baldini Elias, São Paulo
Ivonne Felman Cunha Rego, Lisboa
José Luiz Garaldi, São Paulo
José Teixeira Coelho Neto, São Paulo
Kenneth David Jackson, New Haven
Laura Hosiasson Kapaz, São Paulo
Leonardo Lenharo, São Paulo
Lúcia Lobo, Río de Janeiro
Lucia Wataghin, São Paulo
Lygia Reinach, São Paulo
Maite Celada, São Paulo
Marcelo Ferraz, São Paulo
Marcelo Mattos Araujo, São Paulo
Márcia Ribeiro, São Paulo
Margareth A. Silva Pereira, Río de Janeiro
Maria Itália Causim, São Paulo
Maria Izabel Branco Ribeiro, São Paulo
Maria Izilda Claro do Nascimento Fonseca Leitão,
  São Paulo
Maria Rossi Samora, São Paulo
Maria Ruth do Amaral Sampaio, São Paulo
Maria Teresa Machado, Río de Janeiro
Maria Trindade Barboza, Río de Janeiro
Marília Andrés Ribeiro, Belo Horizonte
Mario Brockmann Machado, Río de Janeiro
Mário Lasar Segall, São Paulo

Marisa Gandelman, Río de Janeiro
Marisa Lajolo, São Paulo
Marta Fadel, Río de Janeiro
Martin Grossmann, São Paulo
Michel Autrand, París
Milu Villela, São Paulo
Murillo Marx, São Paulo
Nara Tauile, Río de Janeiro
Nelson Pereira dos Santos, Río de Janeiro
Neuza Narimatsu, São Paulo
Odette Vieira, São Paulo
Olga Futemma, São Paulo
Patrícia Kneip, Recife
Paula Bertolucci, São Paulo
Paulo Portella Filho, São Paulo
Posgraduados y becarios del Grupo de Investigación en
  Arquitectura y Urbanismo, Universidade de São
  Paulo, São Carlos
Priscila Rossinetti Rufinoni, São Paulo
Regina Filmes, Río de Janeiro
Regina Helena Di Giacomo, São Paulo
Regina Prósperi Meyer, São Paulo
Rejane Lassandro Cintrão, São Paulo
Renato Figueiredo Lima, São Paulo
Renato Luiz Sobral Anelli, São Carlos
Rinaldo Gama, São Paulo
Riofilme, Río de Janeiro
Roberto Righetti, Venecia
Rodolfo Mata, México
Ronildo Maia Leite, Recife
Salim Taufic Schahin, São Paulo
Sérgio Pizoli, São Paulo
Severiano Ribeiro Neto, Río de Janeiro
Silvia Bahiense Naves, São Paulo
Sílvia Regina Souza, Río de Janeiro
Sílvio Melcer Dworecki, São Paulo
Solange Bernabó Caribé, Salvador
Suely Dias, Río de Janeiro
Suzana Brochado, Porto Alegre
Tadeu Chiarelli, São Paulo
Vera Alencar, Río de Janeiro
Walter de Siqueira Lazzarini, São Paulo
Yêdda Dias Lima, São Paulo

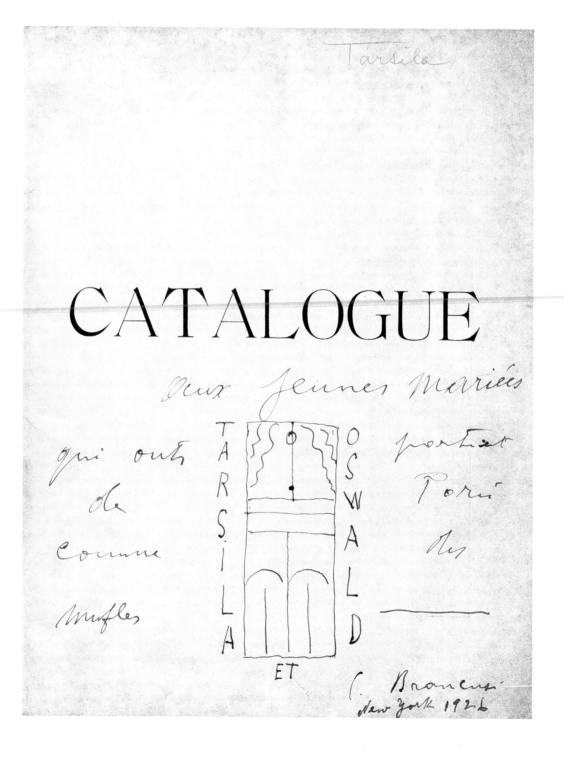

PRESENTACIÓN

Kosme de Barañano
Director Gerente del IVAM

Julio de Miguel
Presidente de Bancaja

Coherente con una sólida tradición vinculada a movimientos de modernidad y vanguardia, tanto europeos como americanos, en esta exposición de alrededor de setecientas obras, el IVAM, con el patrocinio de Bancaja, presenta cuatro de las décadas más expresivas de la cultura y del arte brasileños en la primera mitad del siglo XX.

En el mismo período en que se conmemora los 500 años del descubrimiento del Brasil, se trae por primera vez a España un repertorio compuesto por las obras y los autores más representativos de dicho país y, de esta forma, traza un arco que se inicia con la antológica de Arte Moderno de 1922 y se cierra en 1960, con la invención de una de las utopías de la historia de la arquitectura: la creación de la ciudad de Brasilia.

La exposición que hoy presentamos es capaz de mostrar con originalidad la intersección y el diálogo entre diversas manifestaciones artísticas: artes plásticas, literatura, fotografía, cine, música y arquitectura. Los módulos, interrelacionados, revelan una trayectoria que, en pos de una expresión genuina, adulta y capaz de definir la "brasilidad" inherente a cada uno de ellos, se desarrolla a través del debate entre lo nacional y lo cosmopolita, entre lo rural y lo urbano, entre lo central y lo periférico. En este sentido, la "antropofagia" –punto de partida de la muestra– constituye, en tanto en cuanto metáfora de la dependencia cultural, una de las formulaciones más originales de las vanguardias históricas latinoamericanas en busca de un lenguaje emancipado.

Las miradas extranjeras –reunidas en el apartado "Documentos" de nuestro catálogo como "traductores del brasil"–, el último de los núcleos de nuestra exposición, pretende una vuelta de tuerca: el homenaje a aquellos que fueron al Brasil trayendo en el equipaje el sueño de una utopía y que, de alguna manera, allí, bien recibidos, han enriquecido el debate en busca de la modernidad.

Esta monografía recoge el contenido de una exposición del IVAM que puede considerarse ejemplar en ese sentido. Se plantea como un diálogo establecido entre la tradición artística brasileña y los lenguajes de la vanguardia recibidos sobre todo de Europa en las primeras décadas del siglo XX. Bancaja siente la satisfacción de colaborar nuevamente con el IVAM en la presentación de un conjunto de obras plenamente creativas que serán, para el gran público, un descubrimiento revelador.

INTRODUCCIÓN Jorge Schwartz

En *História do Brasil* (1932), libro de poesía de Murilo Mendes, leemos con sorpresa el poema de apertura: "Prefácio de Pinzón". En sus dos primeros versos proclama: "Quem descobriu a fazenda / Por San Tiago fomos nós". La afirmación, que remite a un debate histórico nunca resuelto, reivindica que el primer arribo europeo al Brasil fue logro de una expedición española. Ésta, bajo el mando del navegante Vicente Yáñez Pinzón, en enero de 1500 –es decir, cuatro meses antes de la fecha oficial del descubrimiento por parte de Pedro Alvares Cabral–, habría remontado veinte leguas de la desembocadura del río Amazonas y descubierto la gran "hacienda".

En el transcurso de este año, se realizó, en el ámbito del Parque Ibirapuera de la ciudad de São Paulo, espacio diseñado por Burle Marx, y en los pabellones construidos en su interior por Oscar Niemeyer, una exposición oficial con el nombre de *Mostra do Redescobrimento*. En su título la idea de "re-descubrir" el Brasil no busca dirimir la referida controversia dándole preeminencia a la llegada de los hermanos Pinzón sobre la de Alvares Cabral. A través del prefijo, la sintaxis del título trata de resolver la delicada cuestión ideológica involucrada en la historia y en la terminología del así llamado "descubrimiento".

El IVAM también nos ofrece hoy una posibilidad de "redescubrimiento". En este caso, se trata del Brasil de las modernidades y de las vanguardias. El proyecto inicial de esta exposición retrospectiva, dedicada a las décadas más revolucionarias de la cultura y del arte brasileños de la primera mitad del siglo XX, no fue pensado como efeméride del V Centenario del descubrimiento y, afortunadamente, se ve hoy realizado en el recorrido de las diez salas que el museo valenciano le cedió generosamente. En la estrategia museográfica es posible ver las diversas etapas que condujeron a la definición de un "arte brasileño" que, a lo largo de las cuatro décadas propuestas (1920-1950), logró superar la espinosa cuestión de la dependencia cultural y crear su tradición a través de un lenguaje propio, que se abría camino hacia la consecución de un arte genuino y autónomo.

Concebida hacia fines de 1996, en conjunto con Juan Manuel Bonet y a partir del fervoroso entusiasmo de este gran especialista en vanguardias internacionales, la exposición se propuso desde el inicio un abordaje multicultural, que estableciese un diálogo y entrecruzamiento entre las diversas manifestaciones artísticas y culturales. En este sentido, representa un intento de retomar el espíritu pluriartístico de la *Semana de Arte Moderna* o "Semana del 22", espíritu que alentaba la creación de verdaderas redes de vasos comunicantes. Y el proyecto inicial también concebía esta exposición como una forma de llegar a los diversos "brasiles" que hoy están representados en la muestra. La puesta en escena de alrededor de 700 obras que representan a 141 artistas y autores pertenecientes a más de 100 colecciones públicas y privadas, le abre al público europeo la posibilidad de vivenciar un "redescubrimiento": una verdadera relectura, suscitada por la propia sintaxis de la exposición.

Su carácter interdisciplinario abarca, a grandes rasgos, los tres momentos históricos decisivos que resolvimos privilegiar en nuestro recorrido cronológico: la revolución modernista de tendencia estetizante de los años veinte, el vuelco socializante que se produce a partir de los treinta y el cambio de rumbo hacia un lenguaje abstracto, constructivista e internacionalista de los años cincuenta.

Nuestros *roaring twenties* vivieron inicialmente el movimiento *Pau-Brasil* y posteriormente la *Antropofagia*. Ésta constituye el punto de partida, casi ineludible, de nuestra exposición. A comienzos de los años setenta, la relectura del shakespeariano *Calibán* (nombre que es, sin duda, un derivado por asociación fónica de "caribe" y, también, anagrama de la palabra "caníbal"), difundida por la retórica antiimperialista de Roberto Fernández Retamar, serviría de símbolo contra la dependencia cultural latinoamericana. Pero, ya en 1928, Oswald de Andrade se había inspirado en la tribu tupí para crear su propio Calibán: el indio antropófago que en vez de maldecir al colonizador, lo devora, incorporando así los atributos del enemigo para vencer las barreras de la alteridad. Por eso, en su "Manifiesto Antropófago", Oswald de Andrade afirmaba: "Sólo me interesa lo que no es mío". Y por esta misma razón, el poeta paulista, frente a la inevitabilidad de lo europeo, invierte la mirada y tropicaliza la célebre duda hamletiana, para transformarla en el no menos memorable "Tupí or not tupí, that is the question", presente en el mismo Manifiesto. Esta fórmula podría considerarse la clave de nuestra exposición. Del banquete antropófago se nutrieron desde las vanguardias históricas hasta los movimientos de la poesía concreta, de la música tropicalista y del Cinema Novo. La vigencia del concepto es tal que, sesenta años más tarde, se convirtió en tema central de la XXIV Bienal de São Paulo (1998) y hoy es, como dijimos, punto de partida de *Brasil 1920-1950: de la Antropofagia a Brasilia*.

En la famosa conferencia de 1942 (reproducida en la parte documental del catálogo), Mário de Andrade afirma que "vivimos unos ocho años, hasta cerca de 1930, en la mayor orgía intelectual que la historia artística del país registra". Si el gran pensador de la cultura brasileña de la primera mitad del siglo, muerto prematuramente en 1945, hubiese llegado a la inauguración de Brasilia, seguramente hubiera extendido a algunas décadas más el concepto de "orgía intelectual" que atribuía a los años veinte. Uno de nuestros propósitos es que esta metáfora unificadora de libido e intelecto aparezca representada en la riqueza y diversidad de los materiales originales aquí presentes: pinturas, grabados, bocetos, manifiestos, libros, revistas, catálogos, programas, manuscritos, fotografías, películas (artísticas y documentales), carteles de cine, partituras, caligramas, ropas de época, tapices, plantas arquitectónicas y maquetas. A esta "producción interna" se contrapone una "externa" que la completa: la que pertenece al vasto elenco de "miradas extranjeras".

El equipo de subcomisarios y un *designer* que a lo largo de estos últimos tres años montó la exposición, en función de respetar el propósito inicial de suscitar un diálogo entre los diversos segmentos, concibió la escenografía de las salas como un lenguaje multidisciplinar.[1] Fue así posible establecer vínculos entre el nativismo precolombino de la pintura de Rego Monteiro y los clásicos de la literatura antropófaga (Oswald de Andrade, Mário de Andrade y Raul Bopp) que, a su vez, se espejan directamente en la pintura Pau-Brasil y antropófaga de Tarsila do Amaral. Ésta, por su parte, repercute de forma indirecta en los proyectos utópicos de la arquitectura de Flávio de Carvalho cuya obra también está en sintonía con la arquitectura modernista de Gregori Warchavchik en la que las líneas constructivistas remiten, en la provinciana São Paulo de los años veinte, a la ciudad futurista de la película de Kemeny, *São Paulo Sinfonia da Metrópole*. Otro ejemplo de estas interlocuciones imaginarias es, hacia fines de la

1. Ellos son: Annateresa Fabris (en Artes Plásticas), Jorge Schwartz (en Literatura y Fotografía), Jean-Claude Bernardet (en Cine), José Miguel Wisnik (en Música), Carlos Augusto Machado Calil (en Traductores del brasil), Carlos A. Ferreira Martins (en Arquitectura) y el arquitecto y *designer* de la exposición, Pedro Mendes da Rocha. Fueron, además, invitados para contribuir con ensayos Juan Manuel Bonet, Eduardo Subirats y Rubens Fernandes Junior.

década de los cuarenta, el rigor constructivo del poeta João Cabral de Melo Neto que se aproxima al proyecto de la poesía concreta y que, a su vez, se identifica con el lenguaje de la arquitectura de Lúcio Costa y Oscar Niemeyer, línea que tiene inicio en los años treinta y culmina con el proyecto que diseña la ciudad de Brasilia. Éste, por su parte, incluye –para su inauguración– la *Sinfonia da Alvorada*, cuyos compositores llegarán a ser dos monstruos sagrados de la *bossa nova* en los años sesenta: Vinícius de Moraes y Tom Jobim.

Otro ejemplo del diálogo multidisciplinar lo constituye el caballete de vidrio que sostiene al *Abaporu* (Antropófago) de Tarsila do Amaral, de 1928, creado por Lina Bo Bardi en 1963. La intersección es intencional, pues nos permite anticipar tres décadas y media la presencia de la arquitecta italiana en el Brasil y también proyectar –con la cronología invertida– un diálogo entre su obra y las líneas de trabajo presentes en los proyectos de Warchavchik, de Le Corbusier, de Burle Marx y del propio Niemeyer. Pero lo que denominamos interlocución y pluralismo está presente en la propia metáfora de la antropofagia que puede entenderse como un proceso de apropiación o de hibridización cultural.

Además de los esfuerzos abocados a producir este efecto polifónico, el equipo de trabajo se propuso retomar la idea de Mário de Andrade: representar las diversas modernidades brasileñas de forma "desregionalizada" para evitar caer en la tradicional perspectiva hegemónica perteneciente al eje Río/São Paulo. En este sentido, el extraordinario panel de Cícero Dias, *Eu vi o mundo... ele começava no Recife* (Yo vi el mundo... éste empezaba en Recife), 1926-29, nos remite a una vanguardia concebida a partir de la mirada del Nordeste, región del Brasil compuesta por nueve estados, entre ellos Pernambuco y Bahía. Se trata de la misma región que durante la década de los treinta produce toda una corriente literaria de impronta realista y ve nacer los revolucionarios estudios del sociólogo Gilberto Freyre. La región bahiana quedará eternizada en la letra de Jorge Amado, pero también plasmará la perspectiva de las retinas fotográficas de Pierre Verger y de Marcel Gautherot y la lente magistral de Orson Welles, cuya película *It's All True* fue filmada en Ceará y en Bahía. Este regionalismo, con tantos contrastes internos, se contrapone a toda una literatura urbana iniciada en los veinte a través de la obra de Mário de Andrade, Oswald de Andrade, Antonio de Alcântara Machado y otros. Dos décadas más tarde, la continuidad de la mirada sobre São Paulo se extiende en la fotografía de Hildegard Rosenthal y del antropólogo Claude Lévi-Strauss. Lejos de la apología futurista presente en la película de Kemeny, lo que nos revela la cámara de estos extranjeros es la convivencia pacífica y paradójica entre las escenas interioranas, típicas de los suburbios, y la verticalidad que ya prefiguraba lo que llegaría a ser la megalópolis paulista.

Además de las diversidades regionales, merece nuestra atención la pluralidad de líneas ideológicas generadas por una misma matriz modernista que va desde los ecos europeos del expresionismo presentes en Anita Malfatti y Lasar Segall –inclusive con proyectos que oponen fuerte contraste a la orientación estetizante de la vanguardia parisina de Tarsila do Amaral– hasta culminar en la etapa antropofágica de Oswald de Andrade. Paralelamente, se desarrollan proyectos nacionalistas que, por un lado revelan un ansia de "brasilidad" inspirada en tradiciones indígenas y afrobrasileñas o en expresiones en las cuales la exaltación de lo local revela una intolerancia hacia lo extranjero, intolerancia que desemboca en tendencias de orientación fascista. En el pasaje de los años veinte a los treinta, en detrimento de la experimentación, se comprueba la politización del arte y de la literatura. Las cubiertas de los libros son altamente reveladoras de este movimiento: se pasa de un verdadero festín de formas y colores –del *design* creativo y desafiador– al enfoque "serio" y comprometido de las causas sociales, captadas con extraordinaria sensibilidad, por ejemplo, por la pintura de Cândido Portinari y los grabados de Lívio Abramo.

Algunos de los protagonistas de esta exposición han superado sus propias cronologías o los límites temporales que nosotros mismos, aún sin quererlo, les hemos impuesto. Éste es el caso de Rego Monteiro, cuya presencia anticipa tempranamente a los antropófagos en el inicio de los años veinte y resurge, en los cuarenta, con los *Poemas de bolso* y, nuevamente, hacia fines de los cincuenta, con sus caligramas, obra que pone al autor en sintonía con la producción de la poesía concreta de ese mismo período. Otro ejemplo que supera cualquier categoría temporal es el de Flávio de Carvalho. Éste surge hacia fines de los años veinte con notables proyectos de arquitectura, cuyos rasgos expresionistas se extienden también a su pintura inconfundible. En 1930 se presenta como "delegado antropófago" en el IV Congreso Panamericano de Arquitectos; en 1931 ilustra la bella cubierta de *Cobra Norato*, de Raul Bopp y, pocos años después, organiza el Terceiro Salão de Maio, cuando escribe su manifiesto en la revista *RASM* de 1939, publicada con cubierta metálica. Como un verdadero personaje polimorfo, escapa a cualquier definición. Arquitecto, periodista, escritor, pintor, escultor, dramaturgo, promotor de artes, desfila por las calles de São Paulo luciendo el polémico "New look": el traje compuesto por falda y blusa –también en exposición– diseñado para adecuarse a las necesidades del hombre de los trópicos. De esta forma, se transforma en precursor de los *happenings* de la década siguiente. Vanguardista permanente, continúa hasta hoy mereciendo el título de heredero de la ideología antropófaga.

La idea de introducir en esta exposición un módulo especial con las presencias extranjeras se tornó esencial para restaurar un diálogo con las voces que arribaron al Brasil. Con pesos diferenciados las influencias fueron recíprocas: leemos a Cendrars en Oswald de Andrade y viceversa; vemos el expresionismo alemán en Anita Malfatti y en Lasar Segall y el cubo-futurismo francés en Tarsila; oímos a Ernesto Nazareth en Darius Milhaud y reconocemos linajes africanos en la música de Villa-Lobos y en la fotografía de Pierre Verger. Resta decir que las presencias de lo que denominamos intencionalmente "Traductores del brasil", diseminadas a lo largo de toda la exposición, representan verdaderos momentos de intervención que reorganizan el sentido de la misma.

Finalmente, por su importancia en la poesía brasileña de este siglo y por los intensos vínculos con el arte y la literatura de España, João Cabral de Melo Neto, un traductor del Brasil en ese país, también recibe tratamiento especial en nuestro itinerario.

Esperando que esta exposición, dedicada a la *terra brasilis*, despierte la fantasía y el apetito del público, en nombre del IVAM, del equipo de comisarios y de todos aquellos que han colaborado en este proyecto, les invitamos ahora a pasar al festín antropofágico.

ILUMINACIONES BRASILEÑAS

Juan Manuel Bonet

Como para algunos españoles más, mi relación con la cultura brasileña empezó por Ángel Crespo, y más concretamente por la benemérita *Revista de Cultura Brasileña* que Pilar Gómez Bedate y él hacían para la Embajada, allá por los sesenta, y cuya primera maqueta es de Manolo Calvo. Fue en la casa paterna, y por la colección de esa revista, como empezaron a tomar cuerpo ante mis ojos algunos nombres de por allá, y muy especialmente los de la gran generación *modernista* –modernismo en el sentido de vanguardia, a la anglosajona–, nombres para los que a comienzos de la década siguiente, en 1973, Crespo construyó, en Seix Barral, una muy completa *Antología de la poesía brasileña, Desde el Romanticismo a la Generación del cuarenta y cinco*, volumen naranja en el que además de aquellos poetas deslumbrantes, aparecían otros anteriores, y entre ellos el caótico y babélico Sousândrade, el autor de *Guesa errante* (1866-1877), adepto de la enumeración caótica, cantor del "Inferno de Wall Street", y reivindicado casi un siglo después por la vanguardia de su país.

En España, antes de Crespo, apenas habían llegado noticias de todo esto. Si acaso, hay que mencionar, en 1930, algunas traducciones realizadas por el peruano Enrique Bustamante y Ballivián en la revista madrileña *Bolívar*, y la intuición de Ramón Gómez de la Serna, siempre Ramón, al incluir el "Klaxismo" –por la revista *Klaxon*– en su monumental enciclopedia de los *Ismos* (1931).

Como excepción, el que fue el primer libro de mi biblioteca brasileña: *Toda la América* (Alejandro Pueyo, Madrid 1930), de Ronald de Carvalho, sorprendentemente traducido, hacia el final de su carrera literaria, por Francisco Villaespesa. Ronald de Carvalho, que había sido uno de los *Orpheu*, en la Lisboa de 1915, estuvo luego cerca de la vanguardia. "Las mismas modernísimas corrientes literarias –escribe su traductor y prologuista–, que en todas partes tienen un carácter marcadamente cosmopolita, aquí en el Brasil, se intensifican, se arraigan a la tierra, nacionalizándose." Y añade que el poeta "posee una cultura europea, un corazón americano, pero sus ojos son brasileños, están impregnados de esta luz única que ninguna paleta hasta ahora ha conseguido descomponer en colores."

Excelente en el arte, tan del dandismo *twenties*, de la viñeta, Ronald de Carvalho hace el *kodak* del mercado de la isla de Trinidad, "en la tibieza mojada de la mañana"; de un nocturno de las Antillas ante el que se siente lleno de "melodías navales"; de Nueva York, escenario compartido con el mexicano José Juan Tablada; de diversos paisajes mexicanos; de los Andes; del Río de la Plata. Por encima de todo, sintió su país, y así lo dijo: "En esta hora de Sol puro, / palmas paradas, / piedras pulidas, / claridades, / chispas, / centelleos, / ¡yo oigo el canto enorme del Brasil!"

Ese canto enorme, lo oyen también algunos extranjeros. Paul Claudel, por ejemplo, embajador de Francia durante la Segunda Guerra Mundial. En el "Introit" de *La Messe là-bas* (1917) saluda "el primer rayo de sol sobre el cuerno del Corcovado", mientras en la "Communion" traza modernas pinceladas paisajísticas: "Un tranvía pasa, y oigo el sol de la mañana que llamea sobre el mar y sobre Brasil."

Junto a Claudel, como su secretario, el compositor Darius Milhaud, el nombre más brillante, junto con Francis Poulenc, del Groupe des Six. Pura delicia carioca el capítulo brasileño de *Notes sans musique*, sus memorias. En esa atmósfera exaltada compone, inspirándose en varios barrios de la ciudad, *Saudades do Brasil*, un título que años después le pedirá prestado su compatriota Claude Lévi-Strauss, para su tardío y magnífico álbum paulista de fotografías.

Entre Darius Milhaud y Tarsila do Amaral, un puente posible: Fernand Léger, autor de los decorados de *La création du monde*; Léger, maestro de la pintora, y próximo a otro personaje clave para la modernidad brasileña, me refiero naturalmente a Blaise Cendrars. Si no existiera, a la maravilla absoluta que es Tarsila, tan única, "caipirinha vestida por Poiret" según Oswald de Andrade, su marido, habría que inventarla, hasta tal punto encarna inmejorablemente –ver por ejemplo un cuadro como *Estação Central de Ferrocarril do Brasil* (1924)– el Brasil moderno, su voluntad antropófaga, su capacidad para apropiarse de lo mejor europeo –en su caso, el "servicio militar" del cubismo–, y recrearlo en el Trópico, con nueva libertad y nueva energía, esa libertad y energía modernas que también nos sorprenden en Heitor Villa-Lobos –tan francés, y a la vez tan en sintonía con la naturaleza y el folclore de su país–, y especialmente en esa joya que es "O trenzinho do Caipira", mientras el aria de otra de sus celebérrimas *Bachianas brasileiras*, la número 5, es de esas músicas que nos erizan el vello, hasta tal punto se convierten en parte de nuestra vida.

Blaise Cendrars, dice Erdmute Wenzel White en *Les années vingt au Brésil*, les descubre Brasil a los brasileños. *Feuilles de route, Le Formose* (1924), con sus ilustraciones casi estenográficas de Tarsila, que para la cubierta realiza una versión de *A negra* (1923), una de sus primeras obras maestras, es el diario poético del viaje allá, y de ese descubrimiento compartido, que dejará múltiples rastros a lo largo de su obra toda, y un amor ardiente por un país al que siempre considerará su segunda patria. "Adoro esta ciudad / São Paulo es según mi corazón / Aquí ninguna tradición / Ningún prejuicio / Ni antiguo ni moderno / Sólo cuentan este apetito furioso esta confianza absoluta este optimismo esta audacia de trabajo esta labor esta especulación que hacen construir diez casas por hora de todos los estilos." Emoción, cuando ya estaba en marcha esta muestra brasileña del IVAM, de poder acceder, en la Bibliothèque Nationale de Berna, a los libros brasileños que fueron propiedad del autor de *Anthologie nègre*. Siento un auténtico flechazo ante la cubierta romboidal, colorista y tropical, tan 1922, de *Paulicéia desvairada*, el gran libro poético del Mário pre-*Macunaíma*, disperso canto a su ciudad natal, *ville tentaculaire* cuyas nieblas le recordaban Londres.

En absoluto desorden, al azar de los encuentros en librerías de viejo, emergen, para este lector silvestre, de los demás poetas de aquella gran generación brasileña, y de las siguientes. Oswald de Andrade, que ya en 1912 escribía el "Último paseo de un tuberculoso a través de la ciudad, en tranvía", y para el que no hay mejor guía que Jorge Schwartz, comparatista ejemplar en el ensayo donde lo pone en paralelo con

Oliverio Girondo, autor este último, por cierto, de unos versos cariocas fechados en 1920, maravillosamente autoilustrados por una delicada viñeta al *pochoir*, como el resto de sus *Veinte poemas para ser leídos en el tranvía*. Carlos Drummond de Andrade, al que Rafael Santos Torroella tradujo para Adonais. Manuel Bandeira, limpio, coloquial y variado, del que recuerdo un poema sobre un cactus –planta moderna por excelencia–, "bello, áspero, intratable", y otro de bengalas en la noche de San Juan, y sobre todo su "Evocação de Recife", "brasileña como la casa de mi abuelo". "Entender a Bandeira –ha escrito Ángel Crespo- es entender al Brasil, conservador y vanguardista a un tiempo, grande e íntimo, extrovertido y capaz de una casi inadvertida facultad de ensimismamiento." Ribeiro Couto, que compuso viñetas ordenadas y luminosas, de un encanto casi a lo Marquet, en no pocas de las cuales canta ese tema moderno por excelencia que es el puerto: "Nací junto al puerto, oyendo el barullo de los embarques. / Los pesados carretones de café / sacudían las calles, hacían temblar mi cuna." Murilo Mendes, sobre el que enseguida volveré. Raúl Bopp, el gran antropófago, que anduvo por la Barcelona de los años cuarenta, y del que *Dau al Set* editó dos recopilaciones de su fundamental *Cobra Norato*, libro con ecos de tam-tam, ambas al cuidado de Alfonso Pintó. Guilherme de Almeida, que canta el gusto y los olores de las frutas tropicales, y el bochorno, y las palmeras como paipais. Menotti del Picchia y su nacionalismo "verdeamarelo", compartido con Cassiano Ricardo, autor de *Vamos caçar papagaios*. Cecilia Meireles, a la que siempre le he encontrado un cierto aire 27. Joaquim Cardozo, que llama Teresa o María a la lluvia. Vinícius de Moraes, célebre por sus letras de *bossa nova*. Joâo Cabral de Melo, tan vinculado a España desde sus tiempos barceloneses: sus primorosas ediciones de "O Livro Inconsútil" con las que colaboró Alfonso Pintó, su influencia tanto poética como ideológica sobre Joan Brossa –del que editó un libro– y otros de los redactores de la mencionada revista *Dau al Set*, su bellísima monografía de tapas amarillas sobre Miró, su elogio del cante "a palo seco", sus lluvias –él también– sevillanas y gallegas... Lêdo Ivo. Ferreira Gullar. Décio Pignatari. Haroldo de Campos, que con su hermano Augusto traduciría a Girondo, y que sería uno de los primeros en volver a asomarse al giro de las *Hélices* de Guillermo de Torre, un nombre por cierto presente, con sus versos, en las páginas de *Klaxon*…

Brasil, del simbolismo a la vanguardia. Como en todas partes, poetas, pintores, ilustradores, caricaturistas, arquitectos, recorren aceleradamente, entre el final de los años diez, y el comienzo de los veinte, ese camino. Es el caso de Ronald de Carvalho, de los Andrade (Mário y Oswald), de Guilherme de Almeida, de Emiliano di Cavalcanti, de John Graz, del escultor Victor Brecheret, de Jorge de Lima, de Manuel Bandeira, cuyo primer libro, de 1917, se titula *A cinza das horas* y contiene un soneto a António Nobre, el poeta portugués, el autor de *Só*, mientras en *Carnaval* (1919), poblado de *pierrots* y arlequines, cantará a Debussy, y en sus "Ritmos disolutos" inmediatamente posteriores encontraremos una invocación a la Bélgica de Rodenbach, Maeterlinck y Verhaeren. A partir de un cierto momento, la ruptura se impondrá, y el consiguiente ataque a los supervivientes de la estética periclitada. (En el ciclo simbolista propiamente dicho, destacar, fuera de campo aquí, la voz crepuscular de Alphonsus de Guimaraens, cantor de Mariana, ciudad muerta y arzobispal, en la que fue juez de paz.)

De todos los poetas brasileños, el que ha terminado tornándoseme más cercano, más presente, es Murilo, que le debo al hoy carioca Alfredo Montejo. Activo en los contextos más diversos –no sólo su país natal, sino también París, Lisboa, Roma, su lugar de residencia durante largos años, y enamorado de nuestro país y hay que recordar al respecto de sus prosas sobre el *Espaço espanhol*–, se trata de un poeta receptivo como pocos al arte de la pintura, y aquí hay que recordar su libro ilustrado por Francis Picabia, sus diálogos con

Arp, Michaux o Magritte, su prosa sobre un aguafuerte de Ensor que habitaba la pared de su estudio, el "Souvenir Mendes" que en 1955 le dedica Arp y que figura en *Jours effeuillés*, las monografías sobre Antonio Calderara –otra voz de especial pureza– y Alberto Magnelli, los textos sobre Soto, los poemas sobre Klee y Morandi, la cubierta de Lucio Fontana para los *Murilogramas* editados por Scheiwiller… Uno de sus poemas que prefiero, trata de Vermeer: "He aquí la mañana en el cristal; / es tiempo de descifrar el mapa, / de abrir las cortinas donde nace el sol frío, / de leer una carta turbadora / que vino por la galera de China: / hasta que la lección de clavecín / a través de sus cristales / nos devuelva la inocencia."

Oswald, en su manifiesto de 1924, alaba "la perfección de una carrocería." La frase completa, muy *L'Esprit Nouveau*, me trae a la memoria una fotografía de Man Ray de aquel tiempo, y un fotograma algo posterior del *Noticiario de la Gaceta* de nuestro Ernesto Giménez Caballero, y la propia pintura de Léger: "la síntesis / el equilibrio / la perfección de una carrocería / la invención / la sorpresa / una nueva perspectiva."

"La poesía Pau-Brasil –escribe Oswald– es un comedor dominguero, con pajarillos cantando en el bosque reducido de sus jaulas, un tipo delgado componiendo un vals para flautas", etc.

Ser puro y regional en su época, desea aquel Oswald de 1924, al que fascinan las "letras mayores que torres" de la publicidad, y que sueña con novelas ágiles e ilógicas, y con un teatro circense, y con unos ballets brasileños de base folclórica, pero de un idioma tan moderno como el de los Ballets Suédois, y que no desea "ninguna fórmula para la expresión contemporánea del mundo." (Un proyecto desgraciadamente no realizado, para esos ballets de Rolf de Maré, y patrocinado por Cendrars: un espectáculo brasileño, con libreto de Oswald de Andrade, música de Villa-Lobos, y decorados de Tarsila.)

Pau Brasil (1925), editado en París por Au Sans Pareil, con su rotunda cubierta abanderada y sus ilustraciones de Tarsila: uno de los primeros grandes libros del modernismo brasileño, y todo un manifiesto de modernidad enraizada, con esa "concisión lapidar" que su prologuista, Paulo Prado, admira en el *haiku* japonés. "Rascacielos / Fords / Viaductos / Un aroma a café / En el silencio enmarcado." O también: "Allá afuera sigue la luz de la luna / Y el tren divide al Brasil / Como un meridiano." Paulo Prado de nuevo, a propósito de este Oswald pionero: "desde lo alto de un *atelier* de la Place Clichy –ombligo del mundo–, descubrió, deslumbrado, su propia tierra. El retorno a la patria confirmó, en el encantamiento de los descubrimientos manuelinos, la revelación sorprendente de que Brasil existía."

Mário de Andrade: "nuestro / primitivismo representa una nueva fase / constructiva. A nosotros nos toca esquematizar, / sistematizar las lecciones del pasado."

Espacios de la modernidad brasileña: el salón paulista de la mecenas Olívia Guedes Penteado, decorado por Lasar Segall –el resto de la casa era pasadista–, con cuadros y esculturas de vanguardia, y la casa modernista, también en São Paulo, de Gregori Warchavchik.

Otro espacio: el que dibujan las revistas. Como en el resto de América, en el Brasil de las vanguardias jugaron un papel absolutamente fundamental, de laboratorio. Su letanía, que habla de una floración en la que participan no sólo Río y São Paulo, sino las provincias más remotas –el modernismo brasileño fue un fenómeno en el que las provincias jugaron un papel fundamental–, incluye *Anta, Arco e Flexa, Ariel*

–un título que se repite en todo el continente–, *Atlântico*, *Elétrica*, *Festa*, la fundacional *Klaxon* –muy Léger, muy *L'Esprit Nouveau*: sus redactores optan por una maqueta constructivista, y hablan de la época del jazz y de Charlot, conocido en Brasil como "Carlito"–, *Papel e Tinta*, *A Revista*, *Revista de Antropofagia*, *Terra roxa e outras terras*, *Verde*…

Viajeros, viajantes de comercio de tal o cual ramo, llegan a lo largo de aquellos años. Blaise Cendrars, al que ya he hecho referencia, es el más grande de todos, pero no el único. Recordar también el paso del siempre rápido y siempre polémico Paul Morand, del más tumultuoso Filippo Tommaso Marinetti –de cuyos manifiestos publicaría Graça Aranha una antología–, de David Alfaro Siqueiros, gran propagandista mexicano de la revolución continental, de Benjamin Péret –que se casaría con la cantante Elsie Houston, y que volvería en los cincuenta, entregado a la causa de la Revolución Permanente trotskista–, de Le Corbusier, de Alberto Sartoris, de Henri Michaux, que durante los años 1939-1940 dibujaría los árboles brasileños, y que veinte años antes había pasado fugazmente como marinero por Río, de donde tuvieron que repatriarlo, muy enfermo… Del estridentista mexicano Luis Quintanilla, "Kin Taniya", también: mi ejemplar de su primer libro, *Avión* (1923), con su espectacular cubierta rojinegra del Doctor Atl, dedicado, en el Río de 1928, a Mário de Andrade, y vuelto a dedicar, unas semanas después, con el mismo lápiz rojo con el que tacha la primera inscripción, al ultraísta argentino Pedro-Juan Vignale, casado con la cantante lírica brasileña Germana Bittencourt.

Paul Morand tuvo como guía a Alfonso Reyes, "en poste" allá como embajador de México –ver su revista unipersonal *Monterrey*–, que lo llevó al barrio prostibulario de Mangue, inmortalizado años después por el monumental libro homónimo de Lasar Segall. El autor de *Ouvert la nuit* describe Río como un Brasil "muy oficial y muy verdoso, lleno de coches americanos e ideas internacionales." Se fija en los gramófonos de los cafés, que vierten torrentes de maxixa sobre los negros indolentes; en las figuras admirables de las negras que pasan; en los trimotores de la Panamerican, contemplados por el personal con indiferencia; en el concepto de *saudade*, él también; en los cargueros amazónicos que se abren paso entre nenúfares monetianos; en los pájaros en sus jaulas de fibra de piña. Y piensa en Portugal, tras el horizonte.

São Paulo, ciudad moderna, y cuna principal de la modernidad brasileña, la ha dicho inmejorablemente, en sus fotografías, y muy especialmente en las nocturnas, con sus neones y sus carrocerías negras, Hildegard Rosenthal, el equivalente local del bonaerense Horacio Coppola.

En pintura, tras Tarsila, tras la Semana de Arte Moderna de São Paulo de 1922 –en la que confluyen artes plásticas, música, poesía–, el desplegarse del laberinto multicolor de la modernidad brasileña. Anita Malfatti, su expresionismo pasado por Alemania y por Nueva York. Di Cavalcanti. Vicente do Rego Monteiro, tan importante casi como Tarsila en el proceso de enraizamiento, de brasileñización de la vanguardia europea, principalmente francesa, y que luego, en la época de La Presse à Bras, compartiría con Cabral el gusto por la pequeña imprenta. Lasar Segall, lituano de nacimiento, alemán de formación, y a la postre, más brasileño de corazón que nadie. Cândido Portinari, que en ciertas zonas de su obra, y pienso en *Café* (1935), su obra maestra, es mucho más que un adepto del realismo social: alguien que sabe darle cuerpo a un cierto sentimiento del lugar. Flávio de Carvalho, auténtico hombre-orquesta, que lo mismo pinta que construye chalets racionalistas, lo mismo renueva la escenografía nacional que realiza acciones o diseña delirantes trajes tropicales. El meteórico Ismael Nery, tan próximo a Murilo. Antonio Gomide. Oswaldo Goeldi. Los de Santa Helena o Familia Artística Paulista, versión local y criolla y suburbial y humilde, mas nada desdeñable, del novecentismo italiano –influencias palpables de Carrà, de Sironi, de Ottone Rosai–, y entre los que sobresale Alfredo Volpi, que termina llegando a la geometría, a una geometría sensible, y popular: casas humildes, banderolas, ropa al viento, a la postre "bandera de rigor sin fronteras", por decirlo con Murilo Mendes. El encantador Guignard, al que Roberto Pontual encuentra un cierto parentesco con Dufy. José Pancetti: su definitivo autorretrato de marinero, con la segunda edición, argentina, de *Ismos* debajo del brazo. Más cerca de nosotros, Samson Flexor, Waldemar Cordeiro, Almir Mavignier, Ivan Serpa, Geraldo de Barros, los concretistas, y luego los neo-concretistas, la generación de Oiticica, de Lygia Clark, de Lygia Pape, hoy tan justamente presentes en el debate de la cultura latinoamericana.

Especial predilección por el universo plástico y poético del raro geómetra místico que fue el pernambucano Vicente do Rego Monteiro, pintor *déco*, cuyos *Poemas de bolso*, una joyita de tipografía rústica, encontré en Le Balcon, la añorada librería de Philippe Chabaneix, calle Mazarine.

Puentes, siempre, en Brasil, entre el arte y la literatura. Puentes, en la Semana del 22. Puente interior, en el caso de Rego Monteiro. Puente simbólico de "Tarsiwald", como llamaba Mário de Andrade a la pareja: el diálogo entre Tarsila y Oswald, volcados ambos, Schwartz *dixit*, en la "geometrización de los trópicos". Puente Cendrars-Tarsila: su viaje, en compañía de otros de los *modernistas*, a Minas Gerais, en 1924, y su deslumbramiento ante el Brasil profundo. Puentes, en los cincuenta, entre los pintores geométricos y los poetas visuales.

Puentes, también desmenuzados por Schwartz, entre el Brasil cosmopolita y antropófago de Oswald, y la Argentina martinfierrista de Oliverio: ambos, adeptos, en el París de los veinte –pero se conocieron mucho más tarde–, del "cosmopolitismo de las maletas." (Banderas brasileñas, en Xul Solar, en cuya biblioteca figura un ejemplar dedicado de *Macunaíma*. En Oswald, "las antenas palmeras escuchan Buenos Aires / Por el teléfono sin hilos.")

El MoMA de Nueva York, que ya en 1943, en plena Segunda Guerra Mundial, organizaba una pionera exposición de arquitectura titulada *Brazil Builds*, comisariada por Philip L. Goodwin, y cuyo catálogo, en el que no faltan los ejemplos históricos, sigue constituyendo una referencia fundamental, volvió a demostrar sensibilidad para las cosas del subcontinente, al dedicarle, en 1991, una retrospectiva a Roberto Burle Marx, el pintor que terminó convirtiéndose en un genio de los jardines. (El que Burle todavía no sea hoy un nombre universal, nos habla de una cierta lentitud, a la hora del reconocimiento de lo brasileño en el arte.)

En *Brazil Builds*, ya, el reconocimiento del inmenso potencial creador de los nuevos arquitectos brasileños. Tras el mencionado adelantado ruso Gregori Warchavchik, durante los años de Getúlio Vargas vendrían Lúcio Costa, Oscar Niemeyer, Rino Levi, los hermanos Marcelo y Milton Roberto, Bernard Rudofsky y Attilio Corrêa Lima –autor de la Estación para hidroplanos de Río–, entre otros, que adaptan el estilo internacional, logrando un mestizaje único, y de enorme irradiación planetaria. Fundamentales fueron, para la consolidación de ese proyecto, en el que también se inserta Burle, las visitas de Le

Corbusier –que en los CIAM haría propaganda de lo brasileño–, y la construcción, por un equipo asesorado por él, del Ministerio de Educación de Río, con sus característicos *brise-soleils*.

Entre las revistas de vanguardia que tengo pendientes, una paulista, cuyo título me parece toda una declaración de intenciones: *Martinelli e outros arranha-céus*. Poner en relación la invocación de ese rascacielos, con otras realidades y proyectos similares de la década de la ilusión. Eugenio Montes tuvo la intención de fundar, en Orense, durante los años ultraístas, una revista que se hubiera llamado *Rascacielos*. Hubo, efectivamente, una así titulada, en la Lima de 1926. Los estridentistas convirtieron Jalapa en Estridentópolis, y la soñaron con altas torres de comunicaciones. Juvenal Ortiz Saralegui escribió un poemario en torno al *Palacio Salvo* (1927), rascacielos montevideano por cierto detestado por Le Corbusier. El madrileño Casto Fernández Shaw, a un tiempo castizo y futurista, prefirió combinar, ya en la década siguiente, *Cortijos y Rascacielos*. "Más asfalto, más asfalto", gritaban los de Martinelli, que también en eso me recuerdan a los estridentistas, su amor por el olor a nafta y a neumático quemado de las modernas avenidas del D.F.

Otro *haut lieu* brasileño: la Casa de Vidro que en 1951 Lina Bo Bardi construyó para sí misma, y para su marido el historiador del arte y museógrafo Pietro Maria Bardi –cinco años antes el matrimonio había llegado de su Italia natal–, en medio de los bosques que rodean São Paulo, una casa de cristal bien distinta de la parisina de Pierre Charreau, una casa abierta y diáfana, en diálogo con la vegetación tropical de la que emerge, y entre cuyos tesoros destacan algunos cuadros y grabados de su compatriota Giorgio Morandi. "Si la arquitectura racionalista –ha escrito muy pertinentemente Josep Maria Montaner– se basaba en la simplificación, la repetición y los prototipos, Lina Bo Bardi supo introducir sobre un soporte estrictamente racionalista y funcionalista, ingredientes poéticos, irracionales, exuberantes e irrepetibles."

Habría que hablar de muchísimas más cosas. De Sérgio Milliet, uno de los grandes críticos de su generación. De Paulo Prado, amigo del alma de Cendrars, y una suerte de "hermano de Barnabooth", según Oswald. De las relaciones de António Ferro con los modernistas brasileños; Ferro, que años después soñaría con unos "Estados Unidos da Saudade". De los capítulos españoles de *Pathé Baby* de Antonio de Alcântara Machado, prosista viajero que falta en cierto *Diccionario de las vanguardias en España*. De los estrechos vínculos que desde los años veinte mantuvo con Brasil la recitadora argentina Berta Singerman, próxima a los poetas –Buenos Aires, octubre de 1999: su tremenda versión de la "Essa negra Fulô" de Jorge de Lima, sonando en un altavoz, mientras nos enseñan sus ajados trajes de escenario–, y a Lasar Segall, y a Di Cavalcanti, y a Ismael Nery. Del cine de Alberto Cavalcanti, pionero de la vanguardia europea. Del gran Gilberto Freyre, mucho más que un sociólogo nordestino: su introductor entre nosotros fue su amigo Julián Marías, que no hace mucho le dedicaba una lúcida tercera de *ABC*. De Sérgio Buarque de Holanda, otro definidor del país. Del fotógrafo francés Pierre Verger, cantor en blanco y negro de esa *Bahia de tous les poètes* donde el gran viajero de África y América se quedó varado para siempre. Del raro librito de Germaine Krull sobre Ouro Preto, editado en Lisboa por el SNI, en plena Segunda Guerra Mundial. De compositores como Ernesto Nazareth, Camargo Guarnieri o Francisco Mignone. De la mirada de Horacio Coppola sobre Aleijadinho, el escultor que tanto fascinara, en 1924, a Cendrars. De las escalas brasileñas –Río, y Santos– del mexicano Salvador Novo, de las que da cuenta en los capítulos correspondientes de su libro itinerante *Continente vacío*.

De la extraña obra de la escultora surrealista Maria Martins. De Mario Praz y su prosa sobre la fantas-magórica ciudad amazónica de Manaus, en *Il mondo che ho visto*. De su compatriota Giuseppe Ungaretti, brasileño adoptivo durante parte de los años treinta, como lo serían unos años después el austríaco y suicida Stefan Zweig, o la norteamericana Elizabeth Bishop. De Roger Bastide y su *Brésil, terre de contrastes*, y de las *Equinocciales* de Gilles Lapouge. Del refugiarse allá de Vieira da Silva y Arpad Szenes. De la colaboración de Cícero Dias con nuestra Escuela de Altamira. De las andanzas de Antonio Bandeira por el París de Wols y de Camille Bryen, con los que en 1949 fundó el efímero grupo Banbryols. De los viajes brasileños de Calder, Max Bill o Max Bense. Del Museu de Arte Moderna de São Paulo, de su primer director, el crítico francés Léon Degand, de Mario Pedrosa, y de las primeras bienales. De los destinos cariocas de españoles variopintos, como Francesc Domingo, Rosa Chacel y Timoteo Pérez Rubio, Joan Ponç, Alfonso Pintó, Manuel Segalá, Isabel Pons, o el pianista valenciano Tomás Terán, amigo, en el París de los veinte, de Alejo Carpentier y de Edgar Varèse, y uno de los mejores intérpretes de Villa-Lobos…

Y Brasilia.

DEL SURREALISMO A LA ANTROPOFAGIA Eduardo Subirats

"Depois do surrealismo, só a antropofagia."

Oswald de Andrade

1

La *Révolution surréaliste* comprendía una serie de intenciones y proyectos artísticos diferentes. André Breton la concibió como un ataque contra la estética funcionalista y como la subversión de los valores de la civilización industrial. Frente a ellos, el surrealismo tenía que redescubrir el mundo del inconsciente, los sueños y la locura, penetrar las mitologías antiguas y restablecer los plenos derechos de culturas remotas. De acuerdo con Walter Benjamin, su llamada a la libertad artística no se había escuchado en Europa desde los tiempos de Bakunin. En un sentido afín, Herbert Read, inspirándose en la crítica de la cultura de Nietzsche, calificó el surrealismo como "una transmutación de todos los valores estéticos."[1] El nuevo arte abrazaba la experiencia reveladora de una realidad no-reprimida.

El surrealismo, sin embargo, significaba algo más que todo eso. Cuando Breton sugería, en su *Seconde Manifeste du Surréalisme*, que era preciso ir a las calles con un par de pistolas en las manos y disparar sobre la multitud como un acto supremo de subversión surrealista, su propuesta excedía, en una medida no sólo ostensible, sino precisamente espectacular, los límites de la representación artística tradicional. Benjamin trató de formular esta dimensión revolucionaria de la estética surrealista mediante el concepto *profane Erleuchtung*, una "iluminación profana" que evocaba una experiencia religiosa o mística, y, al mismo tiempo, la crítica ilustrada o iluminista. Una "iluminación profana" era una experiencia afín al éxtasis y la alucinación, semejante a las visiones suscitadas por las drogas o por los delirios místicos. Pero esta iluminación era algo más que una visión estética. La "iluminación profana" podía transformar la tarde tediosa de un domingo en una experiencia reveladora de la naturaleza íntima de las cosas. "Sie bringen die gewältigen Kräfte der 'Stimmung' zur Explosion", escribía Benjamin a este respecto: la iluminación profana provocaba la explosión de las voces más íntimas y secretas de lo real.[2]

Nadja de Breton es un ejemplo de éxtasis erótico. La transformación de la conciencia individual a través de una experiencia erótica no reprimida fue el objetivo literario perseguido por Bataille. Las visiones trágicas de García Lorca sobre una ciudad de Nueva York experimentada como un mundo subterráneo dominado por poderes satánicos se abre asimismo a una visión profética, a la epifanía apocalíptica de las fuerzas de la naturaleza: "veremos la resurrección de las mariposas disecadas […] y manar rosas de nuestra lengua."[3] Esta dimensión reveladora de la poética surrealista fue asimismo central en la obra de Antonin Artaud. Su reconocimiento de rituales y dioses antiguos estaba atravesado por la misma intención espiritual regeneradora.

Tras la Segunda Guerra Mundial, sin embargo, la recepción del surrealismo perdió enteramente ese tono liberador y optimista. Los paisajes de angustia, la irracionalidad y la destrucción de los últimos años del

1. Read, H.: *Surrealism*. Faber, Londres 1937, p. 45.

2. Benjamin, W.: *Gesammelte Schriften*, vol. II-1. Suhrkamp Verlag, Frankfurt del Main 1972, p. 300.

3. García Lorca, F.: *Obras Completas I, Poesía*. Círculo de Lectores, Madrid 1996, p. 533.

fascismo europeo señalaban un giro civilizatorio radical. La síntesis del *Übermensch* de Nietzsche y del *libertin* de Sade que había cristalizado Bataille en su obra literaria y ensayística se encontraba demasiado cerca del heroísmo nazi de los exterminios industriales de masas humanas. El libro *Dialektik der Aufklärung*, de Horkheimer y Adorno, publicado en 1947, había puesto de manifiesto la violencia y la irracionalidad como el rostro oculto de la racionalización industrial, no como una alternativa a su efectivo orden opresor. En el mismo sentido, el olvidado film de Pasolini *Saló* presentaba, años más tarde, la tortura, las violaciones y asesinatos fascistas como el reverso de la producción racional masiva y de la lógica del consumo de masas.

Los éxtasis y alucinaciones de las masas, la paranoia política, la destrucción a gran escala, la fragmentación de la realidad, las pesadillas y la locura se habían convertido en efectiva realidad cotidiana en Europa durante largos años. Todos habían experimentado en la propia piel el significado efectivo de aquel "besoin social du toxique", aquella ebriedad de las masas que Artaud había reivindicado en 1926.[4] El dictado surrealista de una movilización general de lo irracional que había anunciado Dalí se había convertido en un lugar común de la propaganda militarista. En 1929, este artista había anticipado que muy pronto llegaría el día en que se diseminaría a lo ancho de la humanidad una confusión general y sistemática entre la realidad y la alucinación, a través de la creación artística llamada "activa y paranoica": "(Il) est proche le moment où [...] il sera possible de systématiser la confusion".[5] La guerra mundial convirtió ese momento crucial en una dolorosa realidad.

En su ensayo "Rückblickend auf den Surrealismus", de 1950, Adorno denunció la emancipación surrealista como una falacia. Su crítica se dirigió directamente contra el principio artístico del automatismo psíquico esgrimido por Breton como el medio de una nueva libertad poética. No es posible comparar los sueños con la escritura automática –apuntaba Adorno–. Aquel mismo proceso que absorbe lo mejor de las energías del poeta surrealista, a saber, la liberación de los frenos que la propia conciencia impone sobre la vida psíquica, tiene lugar en el sueño sin el menor esfuerzo y con mucha mayor eficacia. Adorno concluía: en lugar de emancipar el inconsciente, la técnica del automatismo psíquico más bien ha producido sus sucedáneos.[6]

2

La estética del surrealismo cancelaba la experiencia de una realidad objetiva y, en esta misma medida, deponía el gobierno de una conciencia racional y soberana, junto con los valores morales y estéticos represivos asociados a ese principio de individuación. Tal superación del Ego debía posibilitar la experiencia de una nueva realidad poética. Breton la llamó experiencia de lo maravilloso, ligando con ello el surrealismo con la tradición estética del romanticismo. "Le merveilleux est toujours beau", escribió en este sentido en su primer *Manifeste du Surréalisme*.[7]

Pero en este manifiesto Breton no solamente consideraba la experiencia surrealista como el descubrimiento de una nueva realidad extraña y exótica, onírica e irreal. Al mismo tiempo, definía la estética surrealista como una "creencia" en la "realidad superior" de sus mundos maravillosos de sueños, alucinaciones y rituales. Considerado bajo su significado más riguroso, el surrealismo pretendía alcanzar un auténtico nuevo reino ontológico. Según las propias palabras de Breton, el surrealismo era "une sorte de réalité absolue", la síntesis de sueño y realidad objetiva en una esfera absoluta del ser.[8]

Semejante voluntad ontológica del surrealismo cristalizó en una serie de diferentes productos artísticos. El primero de ellos, y el más elemental de todos, era la liberación del inconsciente a través de la escritura automática. A continuación venían los objetos surrealistas, también llamados "deseos solidificados". En

4. Artaud, A.: *Oeuvres complètes*, vol. I. Gallimard, París 1970, p. 323.

5. *Salvador Dalí - Rétrospective 1920-1980*. Centre Georges Pompidou, Musée National d'Art Moderne, París 1979, p. 277.

6. Adorno, T.W.: *Gesammelte Schriften (Noten zur Literatur)*, vol. II. Suhrkamp Verlag, Frankfurt del Main 1974, p. 106.

7. Breton, A.: *Oeuvres complètes*, vol. I. Gallimard, París 1988, p. 319.

8. *Ibídem*.

SALVADOR DALÍ
Cannibalisme d'automme, 1936-37
Óleo sobre tela, 80 x 80 cm
Tate Gallery, Londres

su artículo "Introduction au discours sur le peu de réalité", publicado en 1924, Breton pretendió materializar la estética surrealista mediante la producción de esta clase de objetos irracionales o surreales. Su propuesta visaba nada menos que la producción en masa de dichos objetos alucinatorios: "Je proposais récemment de fabriquer, dans la mesure du possible, certains de ces objets que'on n'approche qu'en rêve et qui paraissent aussi peu defendables sous le rapport de l'utilité que sous celui de l'agréement."[9] La distribución masiva de estos objetos mágico-realistas o fetichistas se convertiría en una revolución surrealista por derecho propio.

3

En el marco de esta transición entre la experiencia surrealista de una realidad no-reprimida y la producción de un nuevo mundo a la vez objetivo e irracional, el revisionismo estético de Salvador Dalí desempeñó un papel protagonista que nunca ha sido reconocido de una manera apropiada. Pero es precisamente desde este punto de vista a la vez cultural y ontológico que los programas surrealistas de Dalí, y en particular su manifiesto de 1929 *L'âne pourri* en torno a la llamada "paranoia crítica", ponen de manifiesto su relevancia a la vez estética y civilizatoria. La prescripción daliniana, que se inspiró en los primeros ensayos de Lacan, dedicados a la paranoia y su relación con la creación artística, radicalizaba el proyecto surrealista de producción de una realidad nueva según lo había formulado Breton. Dalí la llamó anticipatoriamente reino de los "simulacros".

La propuesta de Dalí incluía una serie de etapas sucesivas. En la primera de ellas tenía lugar la emergencia de esos simulacros en medio de una confusión generalizada de las normas culturales, y bajo el principio de una violencia difusa contra los valores morales establecidos. Al igual que en la teoría de la escritura automática formulada por Breton, la condición negativa de la llamada producción crítico-paranoica consistía en la desactivación de la experiencia consciente y racional de la realidad. Pero Dalí daba un paso adelante con respecto a la definición bretoniana de la poética surrealista del inconsciente o de los sueños realizados. El objetivo de paranoia crítica consistía, además, en la destrucción completa y masiva de toda confianza subjetiva en una realidad cotidiana y normal. En sus conferencias pronunciadas en México en 1936, Artaud definía el *Zeitgeist* surrealista bajo un horizonte similar como un *esprit suicidaire*. Al igual que en los programas de Dalí, este espíritu suicida consistía en la devaluación y destrucción de la realidad cotidiana: "L'idée est de briser le réel, d'egarer les sens, de démoraliser si possible les apparences."[10]

Una vez concluida la destrucción de la realidad objetiva, un nuevo mundo de simulacros sistemáticamente producidos debía emanar espontáneamente del inconsciente. Estos simulacros eran al mismo tiempo irracionales e intencionales, antilógicos y sistemáticos. La realidad superior de este nuevo reino de objetos irracionales abrazaría simultáneamente el carácter estético de lo sublime y la dimensión mística de una visión extática. Por último, el poder inexorable de estas visiones compulsivas o paranoicas desplazaría a todas las realidades restantes y a todas las formas imaginables de la experiencia y la comunicación humanas.

Dalí comparó esta transformación surrealista de una vida cotidiana gris o incluso putrefacta en sublimes o maravillosas alucinaciones con la transubstanciación del sufrimiento y la miseria humanas en visiones extáticas de goce absoluto representadas por el misticismo católico del Barroco español. En el manifiesto *L'âne pourri*, este artista declaraba que incluso si uno de estos simulacros "adoptara la apariencia de un asno podrido, y aunque este asno estuviera real y horriblemente podrido, y cubierto de millares de moscas y hormigas [...] nada podría convencernos de que su cruel putrefacción no fuera otra cosa que

9. *Ibídem*, vol II, p. 277.

10. Artaud, A.: *op. cit.*, vol. VIII, p. 175.

el destello duro y cegador de nuevas piedras preciosas […] rien ne peut me convaincre que cette cruelle putréfaction de l'âne soit autre chose que le reflet aveuglant et dur de nouvelles pierres précieuses."[11]

La contribución daliniana a la estética surrealista es mucho más importante de lo que generalmente se admite. Claro que Dalí puede verse simplemente como un caso especial entre los artistas surrealistas polarizados en torno a la figura de Breton. Sus obras, por otra parte, acarrean de un modo u otro el estigma de lo meramente excéntrico. Dalí, además, no era francés. Peor aún: era un español. Su producción y su presentación artísticas exhibían explícitamente las tradiciones españolas del misticismo católico y la estética de lo grotesco. Dalí, en fin, manifestó su profunda fascinación barroca por los aspectos más teatrales de la vida. En sus cuadros y en sus escándalos este pintor dio vigorosa expresión a los valores de una cultura española marcada por la represión y el autoritarismo, y por sus dramáticos contrastes y conflictos. Sus *performances* artísticas fueron siempre provocativas, irritantes, engañosas y espectaculares.

Todas estas características convertían a Dalí en un miembro bochornoso para el movimiento surrealista, con todas sus ilusiones de libertad y su reivindicación de revoluciones progresistas. Y, sin embargo, los manifiestos, las películas, las obras plásticas y las novelas de Dalí deben ubicarse precisamente en el punto de inflexión de la línea evolutiva que conecta en un extremo el moderno surrealismo y, en el otro extremo, el espectáculo posmoderno. Su objetivo de producir una realidad irracional completamente nueva mediante el método de la paranoia crítica era, como el propio Dalí había manifestado, la última consecuencia de la liberación metonímica del inconsciente propuesta por Breton, que éste se negaba a asumir. La producción automática de una realidad irracional capaz de suplantar y destruir la experiencia humana en un mundo caótico, conflictivo y agónico, entre risas cínicas, escándalos escatológicos de la muerte y putrefacción civilizatoria, era una lúcida anticipación de nuestro presente histórico.

En 1958, el primer número de la revista de la Internationale Situationiste, una vanguardia francesa de intelectuales vagamente relacionados con el surrealismo de la posguerra, publicó un breve ensayo titulado "Amère victoire du surréalisme". En él se llegaba a la siguiente conclusión: el surrealismo ha triunfado en un mundo que, en lo fundamental, no ha cambiado. Semejante victoria se ha vengado, sin embargo, contra el propio surrealismo. Esta misma cultura paralizada "mantiene la actualidad del surrealismo al precio de promocionar la multiplicación de sus repeticiones degradadas."[12]

Esta crítica situacionista del surrealismo levantaba nuevas cuestiones: la actitud frente a la sociedad de consumo y a un mundo de valores y objetos mercantilizados, la crítica de los simulacros y la teoría del espectáculo tardomoderno. Adorno ya había sugerido una relación de contigüidad entre el surrealismo y la estética mercantil en su interpretación de la revolución surrealista desde la perspectiva cultural e histórica de la posguerra europea. En su ensayo sobre esta cuestión había puesto de manifiesto el vínculo existente entre la técnica del *collage* de Max Ernst y sus materiales extraídos de los medios de comunicación de masas. Con ello, Adorno advertía las similitudes entre la fragmentación surrealista del cuerpo y las técnicas visuales de la pornografía de masas. Años más tarde, y bajo una intención crítica muy parecida, Pasolini hacía citar a los verdugos de su film *Saló* la idealización del libertino por Pierre Klossowski y la defensa del irracionalismo de Bataille, en medio de un decadente escenario renacentista, decorado con pinturas futuristas y surrealistas. De esta manera, vinculaba el irracionalismo surrealista con el exterminio de masas humanas en la era del fascismo y, al mismo tiempo, con la destrucción consumista de vida y culturas en la edad posmoderna.

Una vez más, Dalí nos ofrece en este marco una clave para comprender el ambiguo significado cultural del surrealismo. En uno de sus ensayos más sugerentes, *La conquête de l'irrationel*, escrito en 1935, el pintor revelaba un vínculo generalmente oculto entre la estética del surrealismo y un conflicto radical de la

11. *Salvador Dalí - Rétrospective 1920-1980.* Centre Georges Pompidou, Musée National d'Art Moderne, París 1979, p. 277.

12. *Internationale situationiste*, n. 1, París, julio 1958, p. 3.

FRANCIS PICABIA
Cannibale
Revista, 24 x 16 cm
Institut Valencià d'Art Modern
Generalitat Valenciana

cultura industrial. La cultura contemporánea "ha sido estupidizada sistemáticamente por el maquinismo y una arquitectura castigadora", escribía Dalí en clara alusión a la vez contra la arquitectura funcionalista y la estética vanguardista del maquinismo.

La burocratización y la racionalización de la cultura lleva consigo una "agonía de la imaginación", escribía a continuación, bajo una perspectiva común con el rechazo del moderno racionalismo industrial por Breton. Pero Dalí introducía en esta perspectiva bretoniana un elemento enteramente nuevo. Por una parte, la moderna cultura funcionalista se caracterizaba, efectivamente, por una frustración irracional y lo que el propio Dalí denominó "un hambre de afectos paternales y otros semejantes." Por otra parte, las modernas culturas racionalizadas ya no podían proporcionar aquel consuelo y compensación que Dalí formuló en los términos brutales de "la sagrada hostia totémica, el alimento espiritual y simbólico que el catolicismo ha ofrecido durante siglos para aplacar el frenesí caníbal del hambre moral e irracional."

Uno de los temas centrales del ensayo daliniano *La conquête de l'irrationnel* era el fascismo europeo. En vano la humanidad moderna busca la "dulzura triunfal y corrupta de la chepa rechoncha de cualquier nodriza hitleriana, atávica, militarista y territorialista" –escribía a este propósito–. ("La douceur gâteuse et triomphale du dos dodu, atavique, tendre, militariste et territorial, d'une nourrice hitlérienne quelconque.")[13] Al igual que Freud, Ferenczi o Reich, Dalí veía en el fascismo la expresión de impulsos irracionales insatisfechos y traumas reprimidos. Pero, a diferencia de éstos, la aproximación daliniana a los modernos movimientos fascistas de masas no procuraba el esclarecimiento de sus impulsos ocultos. En su lugar, Dalí propuso sustituir el escarnio fascista por el consumo de masas.

El nombre que Dalí dio a este giro radical de la estética surrealista fue "canibalismo". En cierta medida esta palabra se había convertido en moneda de cambio para los medios de la vanguardia artística parisina. A comienzos de los años veinte, Picabia ya había publicado una revista titulada *Cannibale*. Pero Dalí transformó lo que para sus correligionarios surrealistas no era más que un gesto provocativo y vacío, en un programa artístico y civilizatorio sistemático. Su último propósito no era el cumplimiento de sueños, ni tampoco una nueva poética revolucionaria, sino, para utilizar sus mismas palabras, la conversión del surrealismo estético en un surrealismo comestible.

Dalí escribió a este respecto en su inconfundible jerga embrollada y turbulenta: "Bajo semejantes circunstancias, Salvador Dalí propone […] comer surrealidades, puesto que nosotros, los surrealistas, somos un manjar excelente, decadente, estimulante, extravagante y ambivalente […] Somos caviar, y el caviar, créanme Ustedes, constituye la extravagancia y la inteligencia del gusto, particularmente en una época como la presente en la que el hambre irracional al que acabo de referirme, ese hambre infinito, impaciente e imperialista, crece de día en día más desesperadamente… No existe alimento más adecuado al clima de confusión ideológica y moral en el que tenemos el honor y el placer de vivir."[14]

El programa canibalista comprendía una doble subversión estética del surrealismo. Primero, desplazaba el automatismo psíquico en provecho de la producción activa de un nuevo universo de objetos irracionales. En segundo lugar, convertía la experiencia artística en una estética de consumo de masas. El triunfo de esta doble conversión estética distingue a nuestra época canibalista como una era de escarnio y consumismo masivos. Dalí la llamó *L'âge d'or*.

4

A lo largo de esta visión general he tratado de poner de manifiesto tres etapas históricas fundamentales de la estética y de la crítica surrealistas. En sus comienzos, el surrealismo apareció como una iluminación liberadora. Más tarde, a la luz de la Segunda Guerra Mundial, la estética surrealista fue comprendida

13. Dalí, S.: *La conquête de l'irrationnel*. Éditions Surréalistes, París 1935, p. 8.

14. *Ibíd*em, p. 9-10.

más bien desde el punto de vista de su confluencia con las estrategias de escarnio de las masas de los totalitarismos europeos. La obra de Dalí representa la vía de acceso a la tercera etapa de la evolución de la estética surrealista en la cultura tardomoderna. Su programa canibalista se presentaba explícitamente como una alternativa a las movilizaciones de masas del fascismo. El canibalismo daliniano constituía la más cruda expresión artística de una civilización cuyo objetivo final era el consumo de desechos y el espectáculo de su propia autodestrucción que la humanidad contemplaba como expresión de su grandeza histórica.

Desde este punto de vista, el canibalismo programático de Dalí puede definirse como la transición de las mitologías de las masas fascistas a la producción posmoderna de simulacros. Y su obra artística debe comprenderse, bajo esta misma perspectiva, como la encrucijada de las estrategias de embaucamiento de la Contrarreforma española y la metafísica surrealista de un renovado reino de alucinaciones colectivas y realidades virtuales posmodernas.

THÉODORE DE BRY (Frankfurt, 1590-1634)
Historia Americae sive novi, Tertia Pars

Al llegar a esta tercera etapa y, con ella, a esta conclusión final de la lógica que recorre la utopía surrealista, es preciso hacerse una última pregunta: ¿Qué fue de aquella energía liberadora que había constituido el punto de partida de la experiencia artística de jóvenes artistas e intelectuales como Aragon y Artaud, Ernst o Lorca? Si la estética surrealista ha desembocado a finales del siglo XX en la producción y consumo de simulacros, y si el automatismo psíquico ha acabado reducido al principio banalizador de la comunicación de masas posmoderna, ¿qué ha sido entonces de aquella "iluminación profana" que originalmente se atribuyó a la poética surrealista?

Para responder a esta pregunta será preciso viajar brevemente a un lugar tan remoto y misterioso como las selvas húmedas de Brasil. Nuestro hilo de Ariadna seguirá siendo el canibalismo. Sin embargo, antes de entrar en el tema de la antropofagia brasileña quiero introducir un breve comentario sobre la historia europea y eurocéntrica de este concepto. Tiene que tenerse en cuenta, en primer lugar, que antes de ser una costumbre culinaria de los pueblos indígenas de América y el Caribe, la antropofagia fue fundamental y fundamentalísticamente una invención y una obsesión europeas. Los primeros conquistadores y misioneros del Nuevo Continente desplazaban los relatos de sus propias atrocidades contra las ciudades y los pueblos de América con historias sobre la ferocidad caníbal de sus salvajes. La antropofagia fue un elemento de importancia central en la representación del descubrimiento del Nuevo Mundo a lo largo del siglo XVI, como, por ejemplo, pusieron de manifiesto los grabados sobre las *Americas reperta* de Jan van der Street. Montaigne y De Bry acogieron los primeros testimonios de rituales y relatos antropofágicos con una mezcla ambivalente de emociones. Sus comentarios e interpretaciones sobre el tema revelan al mismo tiempo su ansiedad frente a los signos de una vida dionisíaca bajo los que la antropofagia se arropaba (signos asociados con fantasías reprimidas de crueldad y de amenazas), y, por otra parte, su nostalgia por un Paraíso perdido (una nostalgia definida por la desnudez orgiástica). Artistas modernos como Dalí o Picabia compartían esa misma ambivalencia frente a una antropofagia al mismo tiempo temida y deseada.

En el Brasil de 1920, la pintora Tarsila do Amaral y el poeta y filósofo Oswald de Andrade, junto a un grupo heterogéneo de novelistas, lingüistas y filósofos, fundaron una corriente artística e intelectual a la que llamaron Movimiento Antropofágico. Bajo el signo de la Antropofagia se publicaron manifiestos y poemas, se hicieron cuadros, se escribieron novelas y ensayos, y se llamó la atención pública sobre un significado nuevo y revolucionario de la antropofagia y de las civilizaciones precoloniales de América. Es preciso señalar, sin embargo, que para estos artistas de la vanguardia latinoamericana el canibalismo era algo diferente de los lugares comunes de horror fachoso e hipócrita envidia frente a la desnudez

TARSILA DO AMARAL
Antropofagia, 1929
Óleo sobre tela, 126 x 142 cm
José y Paulina Nemirovsky, São Paulo

orgiástica bajo los que se representaban y representan las culturas milenarias de las selvas americanas. La Antropofagia apuntaba, en primer lugar, a las raíces históricas de las destruidas civilizaciones de América. En segundo lugar, revelaba un nuevo significado de la relación humana con la naturaleza, con su propio cuerpo, con su sexualidad, sus afectos y, no en último lugar, su comunidad. La Antropofagia brasileña transformó los miedos y los odios tradicionalmente ligados a los relatos europeos sobre el canibalismo americano, en el reconocimiento artístico de un estado de libertad sin trabas y una visión poética de renovación cultural.

"Só a Antropofagia nos une [...] Já tínhamos o comunismo. Ja tínhamos a língua surrealista. A idade de ouro." ("Sólo la Antropofagia nos une. Socialmente. Económicamente. Filosóficamente [...] Ya teníamos comunismo. Ya teníamos un lenguaje surrealista. La edad de oro.") –escribió Oswald de Andrade en su "Manifesto Antropófago" de 1928–.[15]

La crítica europea y eurocéntrica ha considerado el Movimiento Antropófago como un retoño del futurismo y el surrealismo de las primeras décadas del siglo XX, algo así como una traducción de las vanguardias francesas e italianas a un portugués con acento tropical y salvaje. Ciertamente, las influencias –generalmente mutuas aunque rara vez mutuamente reconocidas– entre las vanguardias de las ex metrópolis y las vanguardias de las poscolonias, son variadas y coloridas. Sin embargo, en sus aspectos más radicales precisamente, la visión filosófica y política, y la concepción de la cultura de Oswald de Andrade y Tarsila do Amaral, deben leerse más bien como el extremo opuesto del culto futurista de la máquina y el industrialismo, y de la escatología surrealista de los simulacros y su promesa de redención virtual. Paradójica e irónicamente, lo que los surrealistas ponían en escena como una apremiada ruptura con los valores del moderno capitalismo industrial y de la tradición clasicista europea, Oswald de Andrade lo encontraba sin mayores esfuerzos y en significativa abundancia entre las ruinas y tesoros olvidados del pasado de las civilizaciones históricas de América. También la defensa futurista de lo nuevo se convertía en el Movimiento Antropófago en su opuesto: en el reconocimiento de las culturas populares brasileñas y sus milenarias memorias orales. La edad de oro, en fin, que las vanguardias europeas se prometían como un futuro virtual, fue reivindicado antropofágicamente por los artistas brasileños como el trasfondo cultural de una realidad plurirreligiosa, multiétnica y multicultural.[16]

La Antropofagia brasileña abrió una perspectiva política y artística diametralmente opuesta a la dialéctica de las vanguardias europeas. Éstas partían de la abstracción y la eliminación del pasado, y visaban tendencialmente la suplantación de la experiencia artística individual por la lógica artificial de la máquina o la elevación de la representación estética a espectáculo real.[17] La mirada de la Antropofagia, por el contrario, trataba de lograr una reconstrucción de las memorias culturales, la recreación, a partir de sus símbolos y conocimientos, de una relación no hostil entre naturaleza y la civilización, la restauración placentera de una desnudez sagrada y el rechazo de una opresión civilizatoria magníficamente emperifollada.

La fuerza iluminadora de la Antropofagia partía de una resexualizada oralidad y, con ella, de una cultura centrada en la asimilación y la comunicación presencial, corpórea, erótica. Esta oralidad abrazaba, simultáneamente, la sacralización chamánica del cuerpo y la memoria histórica transmitida a través de tradiciones, rituales de danza y canto, y las presencias mágicas de la naturaleza… Por eso, la obra culminante que cristalizó esta nueva sensibilidad y concepción del mundo fue *Macunaíma, O herói sem nenhum caráter*, de Mário de Andrade. *Macunaíma* es una novela épica. Novela en torno a un héroe épico que recuerda inmediatamente al Quijote cervantino. Es también la novela de un héroe dionisíaco. Por eso mismo transgrede el concepto cristiano de héroe cultural y su extensión a lo largo de los

15. De Andrade, O.: *Do Pau Brasil à Antropofagia e às utopias.* Editora Civilização Brasileira, Río de Janeiro 1978, p. 13, 16.

16. Nunes, B. - Oswald Canibal. (Editora Perspectiva, São Paulo, 1979); De Campos, H.: "Apresentação", en *Oswald de Andrade. Trechos Escolhidos.* Agir, Río de Janeiro 1967, p. 5-18.

17. Subirats, E.: *Linterna mágica.* Siruela, Madrid 1997.

valores modernos del sujeto patriarcal y racional. *Macunaíma* abre al lector un mundo maravilloso de risas obscenas, juegos lascivos, las fantasías poéticas de mitos milenarios y los misterios chamánicos de la selva. Una subversión dionisíaca de la civilización metropolitana e industrial como no hay igual en la literatura universal del siglo XX. Por eso las críticas literarias dominantes, canonizadoras y eurocéntricas, la han regionalizado.

La Antropofagia nace como una defensa de un concepto amplio de oralidad y, por consiguiente, como de-mitificación de la dialéctica de escritura, muerte y conversión que define el proceso colonizador americano –y que define la conciencia moderna, es decir, cristiana e ilustrada, como sujeto colonizador *tout court*–.[18] La Antropofagia es una crítica radical de los fundamentos mitológicos patriarcales de esta misma racionalidad moderna.

En su ensayo tardío *A Crise da Filosofia Messiânica*, Oswald de Andrade redefinió esta crítica intelectual y artística de la civilización capitalista que había formulado aforísticamente en los programas antropofágicos de los años veinte. Y en esta obra replanteó el sueño civilizatorio que los animaba. El sueño poético, el proyecto intelectual, la utopía antropofágica, se fundaban en una síntesis de lo mágico y la razón moderna, en una asimilación de la tecnología moderna por el espíritu chamánico de la selva. Ello significaba establecer un diálogo abierto entre el "salón y la selva", entre cultura erudita y cultura popular, entre la memoria del pasado y los proyectos del futuro, y entre regionalismo y cosmopolitismo. Significaba también una renovada armonía entre tecnología y naturaleza. Semejante propuesta recibió un título hermoso: "Matriarcado do Pindorama". Síntesis de un sistema matriarcal de producción centrado en los ciclos vitales de la naturaleza, en el cuerpo y el deseo, y, por otra parte, en el desarrollo tecnocientífico moderno.[19]

La utopía de Oswald de Andrade señalaba en dirección a una renovación de los lenguajes artísticos y de la cultura moderna. Más aún: su espiritualidad redentora representa la otra escena de la dialéctica de autodestrucción de la experiencia artística y producción de un nuevo reino *sui generis* de sucedáneos, fetiches y simulacros que atraviesa las vanguardias del siglo XX (y que atraviesa de manera particular la transición del dadaísmo al surrealismo y, finalmente, al canibalismo posmoderno, según he señalado en estas páginas). En esta medida, la Antropofagia trasciende los límites lógicos e históricos de las vanguardias artísticas europeas y su internacionalismo globalizador. Se puede decir que la Antropofagia es la superación de los límites que definen negativamente el surrealismo y sus degradados productos finales. Este es el sentido de las palabras con que Oswald cerraba su manifiesto de 1929 publicado en su *Revista de Antropofagia*: "Depois do surrealismo, só a antropofagia."[20]

El Movimento Antropófago era parte de una cultura internacionalmente marginada, definida por su riqueza multicultural y multiétnica, y por sus dependencias y miserias poscoloniales. Todas estas razones no lo hacen menos, sino mucho más relevante en el panorama de fracaso y agotamiento que ha concluido la modernidad del siglo XX. La crítica y la utopía que aportaron el conjunto de estos artistas e intelectuales brasileños señalan, por el contrario, hacia un sentido creador y abierto al futuro, tanto artística como cultural y políticamente. No debe olvidarse tampoco en este contexto que de Gauguin a Lorca, de los expresionistas alemanes a los surrealistas franceses, desde Stravinsky a Klee, el propio arte europeo del siglo XX ha mantenido un diálogo intenso entre lo moderno y lo que todavía llamamos primitivo, entre los valores abstractos de la racionalidad tecnocientífica y los valores abstractos definidos por las religiones y culturas planetarias más antiguas en África, América y Asia; un diálogo que ha ocupado, además, un lugar central en la renovación de un sentido espiritual capaz de humanizar la civilización tardomoderna. Acaso deban recordarse aquí por eso mismo las palabras de Hermann Bahr en

OSWALD DE ANDRADE
A crise da filosofia messiânica (La crisis de la filosofía mesiánica), 1950
Colección Waldemar Torres

18. Subirats, E.: *El continente vacío*. Siglo XXI, México 1993.

19. *Revista de Antropofagia* (n. 1); *Diário de São Paulo* (17-III-1929), p. 205 y s.

20. *Ibídem.*, p. 6.

su ensayo sobre la revuelta del expresionismo alemán: "Wir selber alle [...] müssen Barbaren sein." ("Tenemos que transformarnos a nosotros mismos en bárbaros para salvar el futuro de la humanidad del estado en el que se encuentra el día de hoy [...] hemos de escapar de una 'civilización' que está devorando a nuestras almas.")[21]

Pero nuestros paisajes históricos no son ya los del expresionismo alemán o la Antropofagia brasileña. La civilización ha perdido toda dimensión humana en la era de Auschwitz e Hiroshima, bajo cuyos estigmas histórico-universales seguimos viviendo. La utopía tropicalista está desierta de su colorido a partir de los genocidios perpetrados en el Amazonas bajo la tutela de las misiones cristianas y de las corporaciones financieras globales. El Paraíso tropical también ha cambiado de signo en favor de sus asociaciones mediáticas con el poder financiero, la corrupción política y la violencia fomentados por el narcotráfico, la militarización global y el turismo internacional. Y también la Antropofagia ha sucumbido a los rituales caníbales del consumo mercantil en nuestra sociedad del espectáculo. Son las señales de una edad de decadencia y desilusión. Descompuestos políticamente, fragmentados por la cultura industrial, sus miembros arrancados y dispersos, aquel sueño del Edén, la crítica de la teología y la teleología occidental de la colonización, o las utopías de emancipación poscolonial, en fin, el cuerpo de la Antropofagia, se ha transformado en memoria poética, en solidificada *promesse de bonheur*. Y como sucede siempre en los mitos y cuentos orales del Amazonas, esos sueños, esas protestas y esas poéticas se han metamorfoseado en estrellas y se encuentran en el firmamento.

21. Bahr, H.: "Expresssionismus", en Kindermann, H. (ed.): *Essays von Hermann Bahr*. H. Bauer Verlag, Viena 1962, p. 225.

CRONOLOGÍA

GÊNESE ANDRADE

1889
Proclamación de la República de Brasil.

1890
Fundación de la Escola Nacional de Belas Artes en Río de Janeiro.

1891
Primera Constitución Republicana de Brasil.

1911
Oswald de Andrade funda su primera revista: *O Pirralho* (São Paulo), que existirá hasta 1917.
Inauguración del Teatro Municipal de São Paulo.

1912
Oswald de Andrade hace su primer viaje a Europa.

1913
Primera exposición de Lasar Segall en Brasil, en São Paulo.
Giulio Michele proyecta el Viaducto Santa Ifigênia, en São Paulo.

1914
Primera exposición individual de Anita Malfatti, en la Casa Mappin, São Paulo.
Revista *A Cigarra* (São Paulo, Río de Janeiro).

1915
La divina increnca, de Juó Bananere.

1916
Revista do Brasil (São Paulo).
Mon coeur balance y *Leur âme*, de Oswald de Andrade y Guilherme de Almeida.

1917
Huelga general en São Paulo.
Há uma gota de sangue em cada poema, de Mário de Andrade, con el seudónimo Mário Sobral.
A cinza das horas, de Manuel Bandeira.
Juca mulato, de Menotti del Picchia.
A frauta de Pã, de Cassiano Ricardo.
Exposición de Anita Malfatti en São Paulo que suscita polémica impulsada por el artículo de Monteiro Lobato "Paranóia ou mistificação", a propósito de la exposición.
Primera exposición individual de Emiliano Di Cavalcanti, en São Paulo.
Exposición de Vicente do Rego Monteiro, en Recife.
Paul Claudel y Darius Milhaud llegan a Río de Janeiro. Darius Milhaud se impresiona con Ernesto Nazareth y conoce a Villa-Lobos.
"Pelo telefone", de Donga y Mauro de Almeida, primera samba de Carnaval.

1918
En la *garçonnière* de Oswald de Andrade, en la calle Líbero Badaró, 67, se hace un "diario"

bajo el título *O Perfeito Cozinheiro das Almas deste Mundo*, que se interrumpe en 1919.
Urupês, de Monteiro Lobato.
Fundación del Museu de Arte da Bahia.
Prole do Bebé Nº 1, de Heitor Villa-Lobos.

1919
Carnaval, de Manuel Bandeira.
Idéias de Jeca Tatu, de Monteiro Lobato.
A dança das horas y *Messidor*, de Guilherme de Almeida.
Espectros, de Cecília Meireles.
Le départ sous la pluie, de Sérgio Milliet.
Exemplo regenerador (São Paulo), película experimental de José Medina.
Rádio Clube de Pernambuco, primera difusora comercial.

1920
Revista *Papel e Tinta* (São Paulo, Río de Janeiro).
Vicente do Rego Monteiro expone en Río y en São Paulo obras con temática indígena.
Exposición individual de John Graz.
Los modernistas descubren a Victor Brecheret, que hace el proyecto del *Monumento às Bandeiras*.
Fundación de la primera universidad brasileña en Río de Janeiro.

1921
Discurso de Oswald de Andrade en el Trianon, en São Paulo, oficializando el moder-

nismo, ocasión en que se presenta *Las máscaras*, de Menotti del Picchia.

"O Meu Poeta Futurista", artículo de Oswald de Andrade sobre Mário de Andrade publicado en el *Jornal do Commercio*.

A estética da vida, de Graça Aranha.

Jardim das confidências, de Ribeiro Couto.

Os fantoches da meia-noite, de Di Cavalcanti.

1922

Conmemoración del Centenario de la Independencia de Brasil.

Fundación del Partido Comunista brasileño.

Semana de Arte Moderna, realizada en febrero, en el Teatro Municipal de São Paulo, en la cual participan Mário de Andrade, Oswald de Andrade, Menotti del Picchia, Ronald de Carvalho, Graça Aranha, Manuel Bandeira, Rubens Borba de Moraes, Anita Malfatti, Di Cavalcanti, Victor Brecheret, Álvaro Moya, Heitor Villa-Lobos, Guiomar Novaes, etc.

Paulicéia desvairada, de Mário de Andrade.

Os condenados, de Oswald de Andrade.

O homem e a morte, de Menotti del Picchia.

Revista *Klaxon* (São Paulo).

Fundación del Museu Histórico Nacional en Río de Janeiro.

Fundación de la Rádio Sociedade do Rio de Janeiro, primera radio comercial de Brasil.

1923

Oswald viaja a Europa con Tarsila do Amaral; dicta en la Sorbonne la conferencia "L'effort intellectuel du Brésil contemporain".

Vicente do Rego Monteiro publica *Légendes, croyances et talismans des indiens de l'Amazone*.

Revista *Novíssima* (São Paulo).

Paulo Prado y Monteiro Lobato asumen la dirección de la *Revista do Brasil*.

Noneto, de Heitor Villa-Lobos.

Warchavchik y Lasar Segall llegan a Brasil.

1924

"Manifesto da Poesia Pau Brasil", de autoría de Oswald de Andrade, publicado en el diario *Correio da Manhã*, de Río de Janeiro, el 18 de marzo.

Memórias sentimentais de João Miramar, de Oswald de Andrade.

Poesias, de Manuel Bandeira.

Blaise Cendrars visita Brasil.

Tarsila do Amaral ilustra *Feuilles de route*, de Blaise Cendrars.

Revista *Estética* (Río de Janeiro).

Exposición individual de Lasar Segall.

Construcción del edificio Sampaio Correia en São Paulo, primer edificio de gran apariencia en cemento armado.

1925

Columna Prestes.

Pau Brasil, de Oswald de Andrade.

Raça y *Meu*, de Guilherme de Almeida.

Chuva de pedra, de Menotti del Picchia.

Borrões de verde e amarello, de Cassiano Ricardo.

O espírito moderno, de Graça Aranha.

A escrava que não é Isaura, de Mário de Andrade.

Formación del Grupo Verde-Amarelo: Guilherme de Almeida, Menotti del Picchia, Plínio Salgado y Cassiano Ricardo.

A Revista (Minas Gerais).

Manifesto "Acerca da Arquitetura Moderna", de Gregori Warchavchik.

1926

Formación del Partido Democrático, de oposición.

Losango cáqui, de Mário de Andrade.

Jogos pueris, de Ronald de Carvalho.

Pathé-Baby, de Alcântara Machado.

Vamos caçar papagaios, de Cassiano Ricardo.

A anta e o curupira y *O extrangeiro*, de Plínio Salgado.

Diario modernista *Terra roxa e outras terras* (São Paulo).

Gilberto Freyre organiza el Primer Congresso Brasileiro de Regionalismo en Recife y divulga el "Manifesto Regionalista" de su autoría.

Primera exposición individual de Victor Brecheret, en São Paulo.

Exposición de Tarsila do Amaral en la Galerie Percier, en París.

Marinetti visita São Paulo y Río de Janeiro.

Segundo viaje de Blaise Cendrars a Brasil.

Revista *Cinearte* (Río de Janeiro), espacio de discusión del cine brasileño.

Humberto Mauro comienza el "Ciclo de Cataguases".

1927

El gobierno aprueba una ley que permite la represión de las actividades políticas y de los sindicatos de trabajadores.

A estrela de Absinto y *Primeiro caderno do aluno de poesia Oswald de Andrade*, de Oswald de Andrade.

Clã do Jaboti y *Amar, verbo intransitivo*, de Mário de Andrade.

O mundo do menino impossível y *Poemas*, de Jorge de Lima.

Brás, Bexiga e Barra Funda, de Alcântara Machado.

O curupira e o carão, de Plínio Salgado, Menotti del Picchia y Cassiano Ricardo.

Revista *Festa* (Río de Janeiro).

Revista *Verde* (Cataguases, Minas Gerais). En el número 3 de la revista se divulga el "Manifesto do Grupo Verde de Cataguases".

Viaje de Mário de Andrade a Amazonas.

Tercer viaje de Blaise Cendrars a Brasil.

Comienza la construcción de la primera casa modernista de Warchavchik en São Paulo.

Proyecto de Flávio de Carvalho para el "Palácio do Governo de São Paulo".

1928

Tarsila do Amaral pinta el cuadro *Abaporu*.

"Manifesto Antropófago", de Oswald de Andrade, publicado en el primer número de la *Revista de Antropofagia* (São Paulo).

Macunaíma y *Ensaio sobre música brasileira*, de Mário de Andrade.

Essa negra Fulô, de Jorge de Lima.

República dos Estados Unidos do Brasil, de Menotti del Picchia.

Martim Cererê, de Cassiano Ricardo.

Laranja da China, de Alcântara Machado.

A Bagaceira, de José Américo de Almeida.

Retrato do Brasil, de Paulo Prado.

Se publica el poema "No meio do caminho", de Carlos Drummond de Andrade, en la *Revista de Antropofagia*.

Primera exposición individual de Cícero Dias, en Río de Janeiro.

Rino Levi llega a Brasil.

Terminada la primera casa modernista de Warchavchik.

Camargo Guarnieri hace música para *Losango cáqui*.

1928-29

Viaje etnográfico de Mário de Andrade por el nordeste del Brasil.

1929

Oswald conoce a Benjamin Péret, se separa de Tarsila do Amaral y rompe relaciones con Mário de Andrade.

Manifiesto "Nhengaçu Verde-Amarelo", del Grupo da Anta.

Diario *Leite Criôlo* (Belo Horizonte, Minas Gerais).

Primera exposición de Tarsila do Amaral en Brasil en el Palace Hotel, Río de Janeiro.

Primera exposición individual de Cândido Portinari en el Palace Hotel, Río de Janeiro.

Primeras películas habladas.

Heitor Villa-Lobos comienza la composición de las *Bachianas*.

Inauguración del edificio Martinelli en São Paulo.

Benjamin Péret visita Río de Janeiro acompañado de su mujer, la cantante Elsie Houston.

Le Corbusier visita São Paulo y Río de Janeiro y toma contacto con los modernistas.

Flávio de Carvalho hace el proyecto para la Fazenda Capuava en Valinhos, São Paulo.

Primera central de teléfonos automáticos.

Primeras experiencias de televisión en Río de Janeiro.

1930

Golpe de Estado. Se inicia la llamada Segunda República en Brasil, con Getúlio Vargas en el poder.

Remate de males, de Mário de Andrade.

Libertinagem, de Manuel Bandeira.

Alguma poesia, de Carlos Drummond de Andrade.

Poemas, de Murilo Mendes.

O Quinze, de Rachel de Queiroz.

Exposición de la Escuela de París en Río de Janeiro, Recife y São Paulo, llevada por Vicente do Rego Monteiro y Géo-Charles.

Diez grabados en madera, de Goeldi.

Lúcio Costa es nombrado director de la Escola Nacional de Belas Artes de Río de Janeiro.

Warchavchik expone la "Casa Modernista" en São Paulo.

Fundación de Cinédia, en Río de Janeiro, primera gran compañía de producción cinematográfica.

Limite, película de vanguardia de Mário Peixoto.

Bachianas brasileiras, de Heitor Villa-Lobos.

Carmen Miranda alcanza éxito nacional con su canción *Tá aí…*

1931

Oswald funda con Pagú el diario *O Homem do Povo*.

Cobra Norato, de Raul Bopp.

O país do carnaval, de Jorge Amado.

Lúcio Costa inaugura, en Río de Janeiro, la XXXVIII Exposição Geral de Belas Artes, que será conocida como Salão de 1931 o Salão Revolucionario. En éste, Cícero Dias expone *Eu vi o mundo… ele começava no Recife*, que motiva innumerables reacciones.

Experiência Nº 2, de Flávio de Carvalho.

1932

Revolución constitucionalista en São Paulo.

Creación de la Ação Integralista Brasileira, por Plínio Salgado.

Poemas escolhidos, de Jorge de Lima.

Menino do engenho, de José Lins do Rego.

História do Brasil, de Murilo Mendes.

Primera exposición individual de Cândido Portinari en Brasil.

Formación de la Sociedade Pró-Arte Moderna (SPAM) y del Clube dos Artistas Modernos (CAM).

1933

Serafim Ponte Grande, de Oswald de Andrade.

Parque industrial, de Patrícia Galvão (Pagú), con el seudónimo Mara Lobo.

Urucungo, de Raul Bopp.

Doidinho, de José Lins do Rego.

Caetés, de Graciliano Ramos.

Cacau, de Jorge Amado.

Clarissa, de Érico Veríssimo.

O que é o integralismo y *Psicologia da revolução*, de Plínio Salgado.

Casa-grande & Senzala, de Gilberto Freyre, con ilustraciones de Cícero Dias.

Evolução política do Brasil, de Caio Prado Júnior.

Ganga Bruta, película de Humberto Mauro, clásico del cine mudo.

Teatro da Experiência –*Bailado do deus morto*–, de Flávio de Carvalho, cerrado por la policía.

Exposição da Arquitetura Tropical, en Río de Janeiro.

1934

Segunda Constitución Republicana de Brasil.

A escada vermelha y *O homem e o cavalo*, de Oswald de Andrade.

Brejo das almas, de Carlos Drummond de Andrade.

São Bernardo, de Graciliano Ramos.

Bangüê, de José Lins do Rego.

O anjo, de Jorge de Lima.

Suor, de Jorge Amado.

Gilberto Freyre organiza el Iº Congresso Afro-Brasileiro.

Primera exposición individual de Flávio de Carvalho.

Iº Salão Paulista de Belas Artes.

Fundación de la Universidade de São Paulo (USP).

Edificio Columbus, de Rino Levi.

1935

Calunga, de Jorge de Lima.

Tempo e eternidade, de Jorge de Lima y Murilo Mendes.

Jubiabá, de Jorge Amado.

Aparición del Grupo Santa Helena.

Fundación de la Universidade do Distrito Federal.

1935-36

Viaje etnográfico de Dina y Claude Lévi-Strauss a Mato Grosso.

1936

Estrela da manhã, de Manuel Bandeira.

Raízes do Brasil, de Sérgio Buarque de Holanda.

Sobrados e mucambos, de Gilberto Freyre.

Angústia, de Graciliano Ramos.

Victor Brecheret inicia el *Monumento às Bandeiras* en São Paulo.

Le Corbusier llega a Río de Janeiro.

Proyecto del edificio del Ministério da Educação e Saúde Pública, posteriormente Ministério da Educação e Cultura (MEC), bajo la dirección de Lúcio Costa y Oscar Niemeyer; paisajismo de Roberto Burle Marx; murales de Cândido Portinari; esculturas de Bruno Giorgi y Celso Antônio. También participa Le Corbusier.

Creación del Instituto Nacional do Livro (INL).

Primer viaje de Stefan Zweig a Brasil.

Giuseppe Ungaretti, de paso por Brasil, dicta conferencias en la USP y lo invitan a dar clase en esta Universidad.

1937

Implantación del Estado Novo.

Tercera Constitución Republicana de Brasil.

A morta y *O rei da vela*, de Oswald de Andrade.

Capitães de areia, de Jorge Amado.

Revista *Dom Casmurro* (Río de Janeiro).

O descobrimento do Brasil, de Humberto Mauro, con música de Villa-Lobos.

Realización del primer Salão de Maio, en São Paulo.

I Salão Familia Artística Paulista que reúne artistas de origen proletario.

Creación del SPHAN (Serviço do Patrimônio Histórico e Artístico Nacional), proyecto elaborado por Mário de Andrade.

Hildegard Rosenthal (Hildegard Baum) deja la Alemania nazi para vivir en São Paulo.

Giuseppe Ungaretti ocupa la cátedra de Lengua y Literatura Italianas en la USP y se queda en Brasil hasta 1942.

Cícero Dias se traslada a Francia.

1938

A poesia em pânico y *As metamorfoses*, de Murilo Mendes.

Novos poemas, de Vinícius de Morais.

Vidas secas, de Graciliano Ramos.

Olhai os lírios do campo, de Érico Veríssimo.

George Bernanos va a vivir a Brasil, Barbacena (Minas Gerais), donde se queda hasta 1945.

1939

Creación del DIP (Departamento de Imprensa e Propaganda).

Viagem, de Cecília Meireles.

As três Marias, de Rachel de Queiroz.

Número especial de la *Revista Anual do Salão de Maio* (São Paulo), cubierta metálica.

Revista *Renovação* (Recife).

1940

Sentimento do mundo, de Carlos Drummond de Andrade.

Poemas de bolso, de Vicente do Rego Monteiro.

Marcel Gautherot se instala en Río de Janeiro.

Fundación de la Orquestra Sinfônica en Río de Janeiro.

Primeiro Salão Moderno de Artes Plásticas en Porto Alegre.

Segundo viaje de Stefan Zweig a Brasil. Va en búsqueda de informaciones para escribir de su libro *Brasil, país do futuro*.

1941

Os condenados, de Oswald de Andrade.

Poesias, de Mário de Andrade.

I Congreso de Poesia do Recife.

Revista *Clima* (São Paulo).

Fundación de Atlântida, productora cinematográfica cuyas comedias (*chanchadas*) tendrán inmenso éxito.

Stefan Zweig y su mujer van a vivir en Petrópolis.

1942

O movimento modernista y *Pequena história da música*, de Mário de Andrade

Poesias, de Carlos Drummond de Andrade.

Pedra do sono, de João Cabral de Melo Neto.

Vaga música, de Cecília Meireles.

Formação do Brasil contemporâneo: a colônia, de Caio Prado Júnior.

Oscar Niemeyer comienza el Conjunto da Pampulha, en Belo Horizonte, Minas Gerais, que tendrá obras de Cândido Portinari y Burle Marx.

Orson Welles llega a Río de Janeiro y empieza la filmación de *It's All True*.

Stefan Zweig y su mujer Charlotte se suicidan en Petrópolis.

1943

Marco Zero. I: A revolução melancólica, de Oswald de Andrade.

O baile das quatro artes y *Aspectos da literatura brasileira*, de Mário de Andrade.

A pintura em pânico, de Jorge de Lima.

Cinco elegias, de Vinícius de Morais.

Fogo morto, de José Lins do Rego.

Terras do sem fim, de Jorge Amado.

Perto do coração selvagem, de Clarice Lispector.
A poesia afro-brasileira, de Roger Bastide.
Monsieur Ouine, de Georges Bernanos, publicado en Brasil, en francés.
Álbum *Mangue*, de Lasar Segall.
Inauguración del Edificio del Ministério da Educação e Cultura (MEC).

1944

Publicación del poema "Cântico dos cânticos para flauta e violão", de Oswald de Andrade, dedicado a su última esposa, Maria Antonieta d'Alkmin, en la *Revista Acadêmica*, con ilustraciones de Lasar Segall.
Diário crítico (vol. 1), de Sérgio Milliet.
Primera exposición individual de Alfredo Volpi.

1945

El Presidente de la República Getúlio Vargas es depuesto por un movimiento militar. Fin del Estado Novo. Elecciones democráticas.
Ponta de lança, Poesias reunidas O. Andrade, Marco Zero. II: Chão y "A arcádia e a inconfidência", de Oswald de Andrade.
A rosa do povo, de Carlos Drummond de Andrade.
O engenheiro, de João Cabral de Melo Neto.
Mar absoluto, de Cecília Meireles.
Mundo enigma, de Murilo Mendes.
Insônia e Infância, de Graciliano Ramos.
Brigada ligeira, de Antonio Candido.
I Congreso Brasileiro de Escritores, en São Paulo.
Muerte de Mário de Andrade.

1946

Cuarta Constitución Republicana de Brasil.
Poemas, sonetos e baladas, de Vinícius de Morais.
Sagarana, de Guimarães Rosa.
O lustre, de Clarice Lispector.
Revista *Joaquim* (Curitiba).
Pierre Verger se instala en Bahía.

1947

Publicación de "O escaravelho de ouro", poema de Oswald de Andrade, en la *Revista Acadêmica*.
João Cabral de Melo Neto se integra en el Consulado General de Barcelona, como vicecónsul, donde permanecerá hasta el año 1950. Empieza a editar obras de poetas brasileños y españoles en su prensa manual bajo el sello O Livro Inconsútil. Imprime su libro *Psicologia da composição* y conoce a los catalanes Joan Brossa y Antoni Tàpies, con los cuales tendrá intensa relación intelectual.
Poemas negros, de Jorge de Lima.
Poesia liberdade, de Murilo Mendes.
O ex-mágico, de Murilo Rubião.
Primera exposición individual de Geraldo de Barros, en el Teatro Municipal de São Paulo.
Fundación del Museu de Arte de São Paulo (MASP).

1948

Mafuá do malungo, de Manuel Bandeira.
Fundación del Museu de Arte Moderna (MAM) de São Paulo.
Fundación del Museu de Arte Moderna (MAM) de Río de Janeiro.
Fundación de la Sociedade de Arte Moderna de Recife.
Alexander Calder viaja a Brasil.

1949

Livro de sonetos, de Jorge de Lima.
A cidade sitiada, de Clarice Lispector.
O tempo e o vento I, de Érico Veríssimo.
João Cabral de Melo Neto conoce a Joan Miró y escribe un ensayo sobre su obra, publicado con grabados originales del artista.
Albert Camus visita São Paulo.
Waldemar Cordeiro crea el Art Club de São Paulo.
Fundación de la compañía de producción cinematográfica Vera Cruz (São Paulo).

1950

A crise da filosofia messiânica, de Oswald de Andrade.
O cão sem plumas, de João Cabral de Melo Neto.
Auto do possesso, de Haroldo de Campos.
O carrossel, de Décio Pignatari.
FotoFormas, exposición de Geraldo de Barros en el Museu de Arte de São Paulo.
Exposición de Max Bill en el Museu de Arte de São Paulo.
Fundación del Clube dos Amigos da Gravura, en Porto Alegre.
Primer canal de televisión –TV Tupi–, en São Paulo.

1951

Claro enigma, de Carlos Drummond de Andrade.
O rei menos o reino, de Augusto de Campos.
Elizabeth Bishop llega a Brasil donde se quedará, con algunas interrupciones, hasta 1970.
I Bienal Internacional de Artes Plásticas de São Paulo.
Comienzo de las actividades del Ateliê de Abstração de Samson Flexor, en São Paulo.

1951-52

Congresos de cine brasileño (São Paulo y Río de Janeiro) contribuyen a la organización de los profesionales de cine y a la concienciación de los problemas de producción y distribución.

1952

Invenção de Orfeu, de Jorge de Lima.
Formación del Grupo Noigandres y publicación de la Revista *Noigandres*, n. 1 (São Paulo).
Brésil, de Pierre Verger, originalmente publicado en París en 1950.
Exposición y manifiesto del Grupo Ruptura, de São Paulo, en el Museu de Arte Moderna.
Formación del Grupo Frente, en Río de Janeiro.
Fundación del Clube de Gravura de São Paulo.
Primera retrospectiva del cine brasileño, en São Paulo.

1953

Fazendeiro do ar, de Carlos Drummond de Andrade.

Romanceiro da inconfidência, de Cecília Meireles.

Memórias do cárcere, de Graciliano Ramos.

I Exposição Nacional de Arte Abstrata.

Fundación del Clube de Gravura de Recife.

1954

Um homem sem profissão. I: Sob as ordens de mamãe (libro de memorias), de Oswald de Andrade.

Muerte de Oswald de Andrade.

Itinerário de Pasárgada, de Manuel Bandeira.

A luta corporal, de Ferreira Gullar.

"Da função moderna da poesia", tesis de João Cabral de Melo Neto.

Ciranda de pedra, de Lygia Fagundes Telles.

Apertura del Parque Ibirapuera, en São Paulo, proyecto de Oscar Niemeyer y su equipo.

1955

João Cabral de Melo Neto escribe *Morte e vida severina*.

O homem e sua hora, de Mário Faustino.

Rio 40 graus, película de Nelson Pereira do Santos, precursora del Cinema Novo.

1956

Duas águas, de João Cabral de Melo Neto.

Grande sertão: veredas y *Corpo de baile*, de Guimarães Rosa.

I Exposição Nacional de Arte Concreta, en el Museu de Arte Moderna de São Paulo.

New look, traje tropical para hombres, proyectado y presentado por Flávio de Carvalho, en un *happening* en las calles de São Paulo.

João Cabral de Melo Neto es nombrado cónsul adjunto y se marcha a Barcelona. Después va a vivir a Sevilla para hacer investigaciones históricas en el Archivo General de Indias, donde permanece hasta 1958.

1957

I Exposição Nacional de Arte Concreta, itinerante, en el edificio del MEC en Río de Janeiro.

Ruptura de Ferreira Gullar con el Grupo Concretista de São Paulo.

Lúcio Costa gana el Concurso do Plano Piloto da Nova Capital do Brasil y se inicia la construcción de la ciudad de Brasilia.

1958

"Plano-Piloto para Poesia Concreta", publicado en la Revista *Noigandres*, n. 4

Bossa-Nova.

1959

"Manifesto Neo-Concreto", de Ferreira Gullar, y I Exposição de Arte Neoconcreta, en el Museu de Arte Moderna, Río de Janeiro.

"Teoria do não-objeto", de Ferreira Gullar.

Tempo espanhol, de Murilo Mendes.

Chega de saudade, primer elepé de João Gilberto.

Barravento, de Glauber Rocha.

Introdução ao cinema brasileiro, de Alex Viany, punto crucial en la elaboración del discurso histórico sobre el cine brasileño.

1960

Inauguración de Brasilia.

João Cabral de Melo Neto es nombrado primer secretario de la Embajada y se marcha a vivir a Madrid.

Formación del Grupo Invenção, organizado por el Grupo Noigandres.

Fundación del Movimento de Cultura Popular, en Recife.

Os cafajestes, de Ruy Guerra.

1961

Instauración del parlamentarismo en Brasil.

Dois parlamentos, de João Cabral de Melo Neto, publicado en Madrid.

Terceira feira y *Serial*, de João Cabral de Melo Neto.

1962

Revista *Invenção* 1 e *Invenção* 2 (São Paulo).

Antologia Noigandres 5 (Do verso à Poesia Concreta).

"Manifesto Poesia-Práxis".

João Cabral de Melo Neto es trasladado a Sevilla.

Último viaje de Le Corbusier a Brasil; visita Río de Janeiro y Brasilia y recorre todos los edificios de la nueva capital.

1963

Vuelve el presidencialismo.

"Manifesto Música Nova", de Willy Corrêa de Oliveira y Gilberto Mendes.

1964

Golpe Militar.

ARTES PLÁSTICAS

Anita Malfatti, Cícero Dias y Mário de Andrade, Río de Janeiro 1927

FIGURAS DE LO MODERNO (POSIBLE)

ANNATERESA FABRIS

1

En un artículo publicado en 1985 en la *Revue de l'Art*, Hans Belting plantea algunas de las cuestiones relativas a la relación entre el «canon del arte moderno» y la práctica del arte actual que parecen responder de cerca a las indagaciones que se pretenden proponer para el análisis del modernismo brasileño. Escribe así: «¿En qué difiere el canon del arte moderno de la práctica del arte actual? Sin duda, toda mirada retrospectiva interrumpe la continuidad del acto creador. Anula también "la mirada retrospectiva", por tanto el estado de espíritu propiamente moderno. La reflexión sobre el arte moderno, el préstamo a sus modelos y la tolerancia con sus contradicciones significan que los artistas se encuentran hoy en una situación históricamente transformada. El arte y la historia del arte están entonces sujetos a una nueva perspectiva, cuyas implicaciones permanecen hipotéticas. Paradójicamente, la pérdida del sentido de la continuidad suprime el sentimiento de la distancia (de lo nuevo a lo antiguo) que caracteriza todo progreso. De la misma manera desaparece también el conflicto entre la vanguardia y la tradición. El arte antiguo permanecía intacto e intangible detrás del horizonte del arte moderno. Hoy los artistas abordan el arte antiguo sin respeto aparente, pero con curiosidad y, como Guttuso antes que ellos, se sientan en la misma mesa de Rembrandt y Manet. Una vez liberados de los problemas de la antigua modernidad, la distinción convencional entre arte antiguo y moderno les interesa menos que la cuestión de saber si el arte aún es un campo de creación o si no pasa de un motivo de comentario.»[1]

Si la formulación de Belting no es inédita –puesto que la construcción histórico-artística no deja de tener relaciones inmediatas con el arte del presente–, ésta, no obstante, puede servir de hilo conductor a una reflexión interesada en discutir cómo se elabora la imagen de un determinado fenómeno y cómo es posible deconstruirla a la luz de nuevas visiones historiográficas.

Basado en aquello que Belting define como el grado cero de las Secesiones y los Rechazados,[2] el arte moderno se reconoce en la vanguardia y en la toma de posición contra la tradición, haciendo de la ruptura su ámbito de actuación privilegiada. Si estas cuestiones vienen siendo ampliamente debatidas en la historiografía europea y norteamericana –nada raro en función de los postulados posmodernos–, no es lo que se nota en general en la producción brasileña. Presa, en la mayoría de las veces, en la autoimagen que el modernismo forjó de sí, buena parte de la historiografía brasileña utiliza, sin problematizarlos, los conceptos de vanguardia y arte moderno, sin parecer darse cuenta de su relatividad en un contexto cultural como el nuestro.

Señalar esta cuestión no significa reconocer como totalmente correcta una tendencia opuesta, inspirada en el pensamiento de Greenberg, que pretende discutir la modernidad del arte brasileño por un criterio

1. Belting, H.: «La fin d'une tradition». *Revue de l'Art*, n. 69, París, 1985, s.p.

2. *Ibíd.*

apenas formalista, cuyas referencias deben buscarse sobre todo en la vertiente constructiva de las vanguardias históricas. Ronaldo Brito, el principal exponente de esta línea, tiene razón cuando subraya el sincretismo que presidió la *Semana de Arte Moderna* (febrero de 1922), transformada acríticamente en «Símbolo de la Modernidad Brasileña». Al hacer tales afirmaciones, el crítico deja, sin embargo, de lado otras consideraciones de carácter histórico-cultural para concentrarse tan sólo en categorías formales, que no consiguen dar cuenta de la complejidad que la configuración de un proyecto artístico moderno adquirió en Brasil:

«Preferir aún ahora la incipiente plástica modernista a nuestra diversa e incluso compleja aventura artística desde los años cincuenta, francamente [...]. El choque con nuestra modernidad comienza por exigir la superación de esa fascinación plástico-literaria medio sensiblera a favor de una atención intrínseca al pensamiento visual. Nuestra histórica insensibilidad, de raíces lusas, al fenómeno visual, se extiende al período modernista. Las diferentes versiones de la brasileñidad tendrían casualmente entre sí diferencias cruciales; dividían, no obstante, una notoria incompetencia para dar cuenta de la verdad plástica de las obras más importantes, si no las únicas en merecer propiamente el título de obras, de nuestro modernismo».[3]

La modernidad a toda costa y la negación de toda modernidad padecen de un mismo mal: la falta de referencias históricas sólidas; el poco o ningún interés en investigar los múltiples discursos que el modernismo engendró; el desvío de cualquier tentativa de análisis de un contexto cultural complejo y contradictorio, en el cual lo moderno y lo tradicional se encuentran con frecuencia no en situación de conflicto, sino de convivencia casi pacífica.

En el caso del modernismo no se trata, por tanto, de repetir acríticamente una visión que el movimiento forjó de sí por motivos estratégicos y, mucho menos, de aplicar en su estudio un modelo enraizado en la autonomía del arte, contrario a sus objetivos y a sus directrices. Si el arte producido por el modernismo no es moderno en el sentido de las vanguardias europeas, es necesario comprender y no sólo señalar tal diferencia, pues en ella reside un modo de recepción que puede ser la llave de acceso a las peculiaridades del fenómeno brasileño.

En este sentido, tal vez sea interesante echar mano de la idea de obra de arte no sólo como objeto, sino también como acto de lectura, como movimiento, como postura frente a una obra anterior. En esa propuesta de Harold Bloom, creación y crítica se encuentran y se confrontan,[4] generando una comprensión más articulada de la cuestión cultural, enriquecida por la visualización simultánea del objeto y de los discursos producidos en torno a éste. Aplicando tales ideas al Modernismo se hace necesario determinar no sólo sus fuentes, sino también detectar las razones que presidieron determinadas elecciones, motivaron otras tantas exclusiones, generaron juicios erróneos o francamente falsos.

Si esta tarea no es de las más fáciles –pues presupone un conocimiento profundo de los diferentes interlocutores del Modernismo– se configura, sin embargo, cada vez más necesaria para deshacer equívocos y lecturas superficiales y para determinar el horizonte de expectativas[5] con el cual trabajaban los artistas y los intelectuales brasileños de la época. Una operación de este tipo podrá presentar resultados sorprendentes si se piensan dentro de los parámetros de análisis tradicionales, pero nada excepcionales si se plantean dentro del marco de referencias de un episodio complejo como la constitución de la noción de arte moderno y sus relaciones con el universo de la industrialización.

Si se aceptara la premisa de que la edad industrial provocó una mudanza profunda en la función del arte y en la naturaleza de la imagen,[6] y si se confrontara este presupuesto con las concepciones vigentes en Brasil en el momento constitutivo del Modernismo, se encontrará un cuadro de referencias bastante

3. Brito, R.: «O jeitinho moderno brasileiro». *Gávea*, n. 10, Río de Janeiro, marzo 1993, p. 7-8.

4. Bloom, H.: *A angústia da influência*. Imago, Río de Janeiro 1991.

5. Jauss, H.R.: *Pour une esthétique de la réception*. Gallimard, París 1978, p. 79.

6. Le Bot, M.: *Pintura y maquinismo*. Cátedra, Madrid 1979, p. 30.

diferente de aquel europeo, próximo a una visión realista (cuando no académica), y opuesto a aquellas categorías antisublimes y deshumanizadoras que representaban uno de los rasgos fundamentales de las vanguardias históricas. Esta diferencia de enfoque no es casual, debiendo reportarse a la cuestión de la revolución tecnológica, mucho más mito que presencia efectiva en el Brasil de comienzo del siglo XX, que se proyecta en el universo del artificio por un deseo de actualización sin, no obstante, haber vivido de cerca las profundas transformaciones antropológicas engendradas por el nuevo modelo de producción.

La modernidad defendida por los artistas de São Paulo responde a esa voluntad de actualización, informada por el principio de la estilización y por la determinación de un núcleo temático basado en la imagen de la ciudad industrial. Conforme a la situación de São Paulo, vista no pocas veces por un prisma proyectivo, la propuesta modernista es portadora de implicaciones estéticas y sociológicas. Conscientes de que el horizonte tecnológico transformó las concepciones y los modos de vida de la sociedad occidental, los modernistas desean participar del clima de renovación mundial y encontrar una expresión artística adecuada a los desafíos del siglo XX, sin conseguir, sin embargo, dejar de lado una serie de presupuestos humanistas, en franco desacuerdo con algunas de las propuestas fundamentales de las vanguardias.[7]

Un análisis atento de los artículos escritos por los modernistas antes de 1922 permitirá comprender las razones que los llevaron a elegir como símbolo de una actitud moderna a Brecheret y no a Anita Malfatti. El lenguaje ecléctico del escultor, en el cual coexisten sin contradicciones la poética de lo no-acabado de Rodin, una cierta elegancia de derivación *art nouveau*, resquicios de la línea serpentinada de Michelangelo, algunos rasgos arcaizantes y registro naturalistas, es considerado moderno por una actitud crítica anclada en categorías híbridas, si no académicas, que confieren primacía al tema, al dominio técnico, a la inserción del artista en el ámbito de una tradición secular (Menotti del Picchia), o que propician una lectura totalmente viciada de sugestiones literarias de carácter decadentista (Oswald de Andrade). Anita Malfatti, por el contrario, por ser portadora de un léxico formado en el contacto con el Expresionismo, el Fauvismo, el Cubismo y caracterizado por una escritura nerviosa (sobre todo en el caso de sus dibujos), una pincelada amplia, volúmenes simplificados, colores antinaturalistas, por el principio de la deformación que se traduce en asimetrías acentuadas, planos angulares y proporciones alteradas, no es comprendida inmediatamente por sus compañeros modernistas, que no dejaban de ver la pintura a partir de categorías aún realistas.

Algunos estudios sobre el premodernismo y modernismo sobre todo en el campo de la literatura, muestran que muchas de las indagaciones que se están proponiendo no pueden permanecer restringidas a lo que se convino en llamar «grupo modernista». El concepto de modernidad, a su vez, ha sido visto a partir de enfoques múltiples, más allá de una mera ecuación con el comportamiento de vanguardia, lo que viene a problematizar el marco de referencias hasta entonces existente y a señalar la necesidad de ampliar el abanico de opciones para una discusión que pretenda emanciparse de las fórmulas consagradas. Dos consecuencias pueden señalarse ya: 1) la percepción de que la discusión de la modernidad tiene que abarcar el siglo XIX, dejando de asimilarse automáticamente a la autoimagen modernista; 2) el cuestionamiento de la idea de premodernismo y la búsqueda de posibles nuevos marcos diferenciadores entre una situación cultural no del todo moderna y otra que se asume como integralmente moderna, mostrando las contradicciones y los límites de tal concepción.[8]

Habiendo sido el Modernismo un acontecimiento multidisciplinar, los análisis actuales tienen que pautarse en un enfoque múltiple, capaz de dar cuenta de los ritmos temporales diferenciados en los que las diversas expresiones artísticas habían elaborado sus propuestas lingüísticas, permitiendo detectar la existencia de núcleos de investigación bastante desiguales entre sí. Si en el caso de la literatura o, al

7. Para ulteriores datos, cfr. Fabris, A.: *O futurismo paulista: hipóteses para o estudo da chegada da vanguarda ao Brasil*. Perspectiva-EDUSP, São Paulo 1994.

8. En el campo literario pueden recordarse las siguientes reevaluaciones críticas: Miceli, S.: *Poder, sexo e letras na República Velha*. Perspectiva, São Paulo 1977; Süssekind, F.: *Cinematógrafo de letras*. Companhia das Letras, São Paulo 1987; Antelo, R.: *João do Rio: o dândi e a especulação*. Timbre-Taurus, Río de Janeiro 1989. Pueden recordarse también dos trabajos dedicados al análisis de la caricatura como estructuradora de una visualidad moderna: Belluzzo, A.M.: *Voltolino e as raizes do modernismo*. Marco Zero, São Paulo 1991; Velloso, M.P.: *Modernismo no Rio de Janeiro: turunas e quixotes*. Editora Fundação Getúlio Vargas, Río de Janeiro 1996.

menos, de algunos autores, se puede hablar de hecho de una introyección de las categorías del arte moderno con la propuesta de nuevas formas de poética, no se puede decir lo mismo de las artes plásticas, que presentan un panorama mucho más contradictorio, en el cual la innovación y la tradición conviven sin conflictos aparentes.

Eso puede ser explicado, en parte, por el momento histórico en el que el arte modernista brasileño se elabora, marcado por el retroceso de las vanguardias y por la ascensión de aquellas instancias reguladoras conocidas como vuelta al orden. Este hecho, que aún espera ser estudiado en todas sus implicaciones, permite explicar algunos caracteres principales de la producción modernista brasileña. Si ella, en efecto, no se caracteriza por la conquista de un nuevo espacio y por la discusión/superación de la problemática del referente exterior es porque intenta crear una adecuación entre una visión realista y la incorporación de estilemas y de esquemas compositivos, oriundos tanto de las vanguardias como de los lenguajes de la vuelta al orden.

La persistencia de una visión realista merece indagarse en otra dirección que permita determinar los eslabones existentes entre el siglo XIX y el siglo XX, gracias a los cuales el nombre de Almeida Jr. se impone como una evocación constante en cuanto a la posibilidad de elaboración de un arte moderno y brasileño. Almeida Jr., apreciado tanto por Monteiro Lobato, quien tomó posición decididamente contra la concepción moderna de Anita Malfatti en 1917, como por Oswald de Andrade y Mário de Andrade, acaba por configurarse como una presencia paradigmática en el interior de un proyecto modernizador que parece establecer una genealogía subjetiva, al buscar en el pasado ideas y valores capaces de legitimar la teoría y la práctica del presente. La valorización de Almeida Jr. permite situar en el mismo orden figuras de artistas bastante diferentes entre sí como Tarsila do Amaral, Portinari, Guignard y Cícero Dias. Es lo que demuestra una carta de Mário de Andrade a Luís Martins, fechada en julio de 1940:

«Siento un "mal-gusto" en las armonías de colores de A. Júnior, transmitido, sobre todo, por la realización realística del color de la tierra y de la piel quemada del campesino, que encontrará eco en el "mal-gusto" provinciano de señora rica, de Tarsila, y en ciertas armonías virtuosísticas pero sin comparación genealógica del Portinari del *Café*, del *São João* y ciertos cuadros de la fase actual. Y aún el Guignard (probablemente vía Matisse) de ciertas flores y cuadros del género. Y el Cícero Dias de las acuarelas».[9]

2

La importancia conferida a un pintor realista no deja de tener relaciones con la formación de buena parte de los artistas brasileños en las décadas de 1920 y 1930. A no ser en el caso de Anita Malfatti, que estudió con Lovis Corinth (1912) y en la Independent School of Art de Nueva York (1915), y de Lasar Segall, que participó en la Sezession de Dresden - Grupo 1919 antes de fijar su residencia en São Paulo (1923), los artistas brasileños que se formaban en Europa tenían delante de ellos un marco de referencias en el cual los éxitos del arte moderno se cuestionan y se revisan en nombre de los valores de la tradición. ¿Cuál es el estatuto del arte moderno en el París de las décadas de 1920 y 1930, al cual se dirigen artistas como Tarsila do Amaral, Anita Malfatti, Rego Monteiro, Ismael Nery, Gomide, Brecheret, Di Cavalcanti, Portinari, entre otros?

No se trata de una pregunta ociosa, pues el París de la primera posguerra es una ciudad muy diferente de la de los años iniciales del siglo XX. El clima antiintelectual y anticubista que imperaba en la ciudad al comienzo de la década de 1920 se traduce de varias maneras: 1) en la ascensión de artistas como De Segonzac, Utrillo, Kissling, Marie Laurencin y en la revisión del fauvismo por parte de Matisse, Vlaminck y Derain, aclamados por la crítica al situarse en contraste con los «excesos» y los «fallos» del cubismo; 2)

9. Amaral, A.: *Artes plásticas na Semana de 22.* Perspectiva, São Paulo 1976, p. 34.

en la adopción de una técnica realista por artistas como Picasso, Severini, Gris que proponen estructuras perspectivistas convencionales en composiciones bien clásicas, bien enraizadas en temas históricos y fuentes de la historia del arte; 3) en la supervivencia de un léxico cubista con frecuencia esquemático; 4) en la valoración de los temas básicos de la pintura posrenacentista como la composición de figuras y retratos, el paisaje y la naturaleza muerta.[10]

Aunque la revisión de los alcances del arte moderno fue iniciada por artistas como Picasso, Severini, Matisse ya hacia 1914, es en 1919 cuando la cuestión se hace pública, generando un debate que acabará por poner en jaque las principales conquistas de las vanguardias históricas. El término vuelta al orden es muy sintomático de un cambio profundo en relación con el arte y la cultura forjados a partir de 1870. Hablar de vuelta al orden es admitir que el período que media entre 1870 y 1914 estuvo marcado por el desorden y que la salvación contra semejante estado de cosas estaba en la recuperación de la tradición. Recuperación tanto de la tradición pictórica, o sea, del oficio, colocado entre paréntesis por las experiencias más radicales de las vanguardias, como de la tradición nacional que, en el caso de Francia, consistía en la reafirmación de una expresión precisa y lógica, cartesiana por tanto, en una línea que iba de Fouquet a Braque.[11]

Es sintomático que Lhote, de quien Tarsila do Amaral será alumna en 1923, participara en la operación de rectificación del curso del cubismo propiciada por la exposición de Braque en la Galerie L'Effort Moderne (marzo de 1919). No era la primera vez, sin embargo, que artistas vinculados al cubismo intentaban atraer el movimiento a un proceso de normalización. Lhote, ya en 1917, había manifestado el deseo de «reintegrar en la tradición clásica lo que, en el esfuerzo de la última generación de pintores, es compatible con la verdad eterna de la pintura». El segundo maestro parisiense de Tarsila do Amaral, Gleizes, cinco años antes, en un texto escrito en colaboración con Metzinger, proponía la vuelta a las «leyes de la pintura» después de un «período de confusión» marcado por la huida de la tradición.[12]

Aunque Jean Laude afirme que pintores como Lhote, Metzinger y Gleizes no pueden considerarse artistas que rechazaban deliberadamente toda pesquisa innovadora, es difícil no percibir en sus obras una trivialización de la gramática cubista. Si tales artistas son responsables de la divulgación del cubismo a gran escala, no se puede olvidar que ellos integran una banda mediana inclinada a la imitación de los resultados de Picasso y Braque, sin una comprensión real de los problemas que radicaban en la base de la nueva poética. Esto se manifiesta en el gusto anecdótico policrómico de Gleizes y en la descomposición poco osada de Lhote, con quien Tarsila do Amaral aprenderá a concebir el cuadro como un conjunto de planos interrelacionados, basado en la simplificación geométrica y en la contención formal.[13]

Tarsila do Amaral puede considerarse la figura más emblemática de la relación de los artistas brasileños con la problemática de la modernidad. Una problemática aprendida en el extranjero para después implantarla en Brasil, lo que explicaría el carácter normativo de la pintura modernista, además de sus innegables relaciones con el fenómeno de la vuelta al orden. No se puede olvidar que en París la artista no realiza sólo su proceso de iniciación moderna. La atmósfera nacionalista que impregnaba la escuela de París es también determinante en este proceso de formación, generando en la pintora la voluntad de conciliar el aprendizaje moderno (sobre todo las lecciones de su tercer maestro francés, Léger) con un conjunto de signos formales provenientes de la cultura popular brasileña. De esto deriva un aspecto peculiar de su pintura que Icleia Cattani denomina «lugares inciertos», es decir, espacios de representación situados entre dos sistemas formales y dos culturas, en los cuales lo que se hace evidente es la permanencia de diferencias y de multiplicidades espaciales y temporales. La síntesis elaborada por Tarsila do Amaral, sobre todo en el momento pau-brasil, no excluye los aspectos antagónicos de los diversos

10. Batchelor, D.: «Essa liberdade e essa ordem: a arte na França após a Primeira Guerra Mundial», en: Batchelor, D. *et alii*: *Realismo, racionalismo, surrealismo: a arte no entre-guerras*. Cosac & Naify, São Paulo 1998, p. 9-16; Batista, M. R.: *Os artistas brasileiros na Escola de Paris - Anos 20*. vol. I, Escola de Comunicações e Artes da Universidade de São Paulo, São Paulo 1987, p. 17.

11. Laude, J.: «Retour et/ou rappel à l'ordre?», en AA. VV.: *Le retour à l'ordre dans les arts plastiques et l'architecture, 1919-1925*. Centre Interdisciplinaire d'Études et de Recherches sur l'Expression Contemporaine, Saint-Étienne 1975, p. 15-16.

12. Cattani, I.: «Pintura "modernista" em São Paulo: relações entre vanguarda e retorno à ordem». *Comunicações e Artes*, vol. 14, n. 21, São Paulo, agosto 1989, p. 76.

13. Laude, J.: *Op. cit.*, p. 15; Fabris, Annateresa: «Futurisme et cubisme au Brésil: débat critique et propositions artistiques». *Ligeia*, n. 21-24, París, octubre 1997-junio 1998, p. 211.

sistemas simbólicos movilizados: al contrario, los acoge armoniosamente, realizando una utopía visual, difícil de vislumbrarse en aquel espacio real que era la ciudad.[14]

La ciudad, que es concebida por los cubistas como un espectáculo heterogéneo, hecho de disonancias y discontinuidades, de desintegraciones y simultaneidades, aparece de manera singular en el imaginario de Tarsila do Amaral. Lejos de ser el espacio de la transformación y del tránsito constante de signos –como afirman sus compañeros literatos–, se configura como un espacio vacío y geométricamente determinado, despojado de toda tensión en virtud de la presencia de artefactos tecnológicos tratados de manera totémica. Interpretación particular de las transformaciones que la incipiente industrialización de São Paulo estaba provocando en el espacio urbano, en ella se inscriben los signos de un orden inmóvil y estratificado, cuyo hieratismo es realizado por el uso de líneas duras y por una iluminación distribuida de manera igual en toda la superficie de la tela.[15]

Existe una explicación para este tipo de iconografía, que puede encontrarse fuera del espacio específico de la representación artística. La modernidad de Tarsila do Amaral, descendiente de la burguesía cafecultora paulista, representaría un intento de conciliación entre la manutención de los compromisos de clase y la voluntad de renovación de las estructuras culturales. El deseo de modernización, no acompañado por el proyecto de transformación del orden social vigente, habría resultado en una modernidad de superficie, exenta de rupturas y de cualquier tensión dialéctica.[16]

Llevando este razonamiento al plano artístico, parece que es posible aplicar a la tentativa modernista como un todo una reflexión de Valentim Facioli sobre la recepción del surrealismo en Brasil. El punto de partida del autor son dos textos memorialísticos de Murilo Mendes, en los que el poeta hace referencia a un «surrealismo a la brasileña», es decir, a la adopción de técnicas surrealistas adecuadas a su proyecto creador, ampliado en el caso de Ismael Nery, creador de un «realismo *autre*, en la línea de la invención y la metamorfosis». El hecho de que Murilo Mendes no se haya adherido al «sistema» del surrealismo lleva a Facioli a escribir:

«En las condiciones brasileñas de la época, la libertad de elección posible y plausible se limitaba, por tanto, a la elección de técnicas artísticas y sus efectos, como opción particularizante y parcial de estilo artístico, lo que era mejor que nada e interfería en el modo de producción de sentido, pero bien poco delante de las posibilidades abiertas por el surrealismo como intervención en las condiciones sociales de producción, circulación y recepción de la obra artística erudita».[17]

3

Si poéticas como el cubismo (en la cual se encuadran Rego Monteiro, Antônio Gomide, además de algunos trabajos de Di Cavalcanti e Ismael Nery), el futurismo (aceptado sobre todo como plataforma teórica en su versión florentina y presente, por refracción, en las experiencias art déco de la «Familia Graz-Gomide»), el surrealismo (del cual suministran peculiares versiones la Tarsila do Amaral antropófaga, Cícero Dias, Ismael Nery, Maria Martins) no parecen responder de cerca a los requisitos demandados al arte moderno por el grupo innovador de São Paulo, es porque en ellas no se detecta la posibilidad de configurar una expresión nacional. Tarsila do Amaral, en una serie de obras producidas entre 1923 y 1930, responde, sin duda, a esta preocupación, pero es en el expresionismo de Lasar Segall donde Mário de Andrade localiza, desde 1924, la posibilidad de elaborar un proyecto artístico moderno y nacional al mismo tiempo.

Partidario de una postura humanista, relacionándose con dificultad y desconfianza con el horizonte tecnológico, Mário de Andrade se aproxima a la plataforma expresionista, donde percibe la posibilidad de

14. Cattani, I.: «Les lieux incertains ou l'apprentissage de la modernité de Tarsila do Amaral», en AA.VV.: *L'incertain dans l'art*. Cérap, París 1998, p. 19-21, 25.

15. Marchán Fiz, S.: *Contaminaciones figurativas: imágenes de la arquitectura y la ciudad como figuras de lo moderno*. Alianza Editorial, Madrid 1986, p. 44; Fabris, A.: «O espetáculo da rua: imagens da cidade no primeiro modernismo», en Bulhões, M.A. - Kern, M. L. B. (ed.): *A Semana de 22 e a emergência da modernidade no Brasil*. Secretaria Municipal da Cultura, Porto Alegre 1992, p. 33-34.

16. Zilio, C.: *A querela do Brasil*. Funarte, Río de Janeiro 1982, p. 54-55; Cattani, I.: «O desejo de modernidade e as representações da cidade na pintura de Tarsila do Amaral», en Bulhões, M.A. - Kern, M.L.B. (ed.): *Op. cit.*, p. 38.

17. Facioli, V.: «Modernismo, vanguardas e surrealismo no Brasil», en Ponge, R. (ed.): *Surrealismo e Novo Mundo*. Editora da Universidade/UFRGS, Porto Alegre 1999, p. 298-300.

aquella «obra-acción» tan central en su práctica artística y crítica. La visión realista que penetra su discurso crítico si, por un lado, enraíza en el ejemplo paradigmático de Almeida Jr., por otro, es consecuencia de su interpretación del expresionismo como posibilidad de un arte dirigido hacia lo social, a la acción, hacia una relación intrínseca entre el artista y la humanidad. En el expresionismo el poeta vislumbra la posibilidad de constituir una estética nacional, en la cual la diferencia en relación con el modelo exterior deja de ser un obstáculo para convertirse en característica que tiene que ser asumida y enfatizada. Fruto de una confrontación entre el mundo exterior y el lirismo original del individuo, el expresionismo permite tomar una posición cualificada en relación con la realidad, estructurar el concepto de «arte interesado» en el cual se enraizaría la posibilidad de un lenguaje nacional, diferente de los modelos exteriores, pero no por eso ajeno al contexto universal.

La posibilidad de configurar un arte nacional a partir del ejemplo expresionista permite relativizar la idea de que la década de 1920 fue, como pretendían los modernistas, un período «de destrucción» al que seguiría «una fase más serena, más modesta y cotidiana, más proletaria, por decirlo así, de construcción».[18] Si hubiera dudas sobre esta postura, bastaría prestar atención a la opción compositiva adoptada por Di Cavalcanti desde 1925 en adelante: la configuración de una plástica nacional reúne en un mismo movimiento el diálogo con la Escuela de París (espacio geométrico, composición lineal, búsqueda de la ortogonalidad, uso de colores a veces metálicos) y la preocupación por una forma sensual y monumental (derivada del Picasso neoclásico) y por un cromatismo bastante contrastado. La lectura que de éste hace Mário de Andrade en 1932 es, en cierta manera, especular a las primeras tentativas de «nacionalización» de Segall. Si la obra del artista ruso fue considerada como una «cristalización maravillosa de la vida», contraria a la «construcción, más científica que artística de ciertos *esprits nouveaux* o futuristas italianos», en Di Cavalcanti son valorados la «fidelidad al mundo objetivo» y el «amor de significar la vida humana en algunos de sus aspectos detestables», que lo tendrían a salvo «de perder tiempo y de perderse durante las pesquisas del modernismo. Las teorías cubistas, puristas, futuristas, habían pasado por él, sin que le desviaran de su camino».[19]

La opción lingüística de Di Cavalcanti y el discurso crítico de Mário de Andrade apuntan un cambio de rumbo en relación con los postulados modernistas de la primera hora. Si al principio fue necesario definir una identidad artística nacional, en los años treinta el eje del debate se desplaza al campo de la identidad social, llevando el modernismo plástico a confrontarse con la problemática de un lenguaje más accesible al público. La preocupación por el tema se hace más central que en el decenio anterior: bajo el impacto de la revolución de 1930, de la revolución constitucionalista de 1932, de la intentona comunista (1935), de la ascensión del integrismo (1936), de la exacerbación de la oposición entre derecha e izquierda, los modernistas confieren un nuevo significado a la poética del expresionismo, concebida sobre todo en términos realistas.

Acaba por realizarse de una vez aquella transformación de significado que Mário de Andrade había iniciado con su análisis particular de la obra de Segall. De poética del yo individual (Anita Malfatti), el expresionismo se convierte en poética del ser social. El recurso a la deformación asume otro significado; se transforma en una manera de criticar el mundo en sus aspectos más flagrantemente injustos, confiriendo casi siempre un aire digno y heroico a aquellos actores sociales olvidados o marginados por la historia oficial. Esta interpretación del expresionismo, que confluyó con un renovado interés por el realismo, no tiene que ser vista como una tendencia particular de Brasil en aquel momento. Ésta integra un debate más amplio, que involucra a países como Francia, Inglaterra y Estados Unidos, en cuyo epicentro se sitúa la búsqueda de una relación efectiva del arte con la realidad contemporánea,

18. Andrade, M. de: «O movimento modernista», conferencia pronunciada el 30 de abril de 1942, publicada en *Aspectos da literatura brasileira*. Martins, São Paulo; Instituto Nacional do Livro, Brasilia 1972, p. 242. Este ensayo se reproduce íntegramente en el dossier documental de este catálogo.

19. Fabris, A.: «O impasse de Di Cavalcanti». *Cultura Visual*, Salvador vol. 1. n. 1, enero-julio 1998, p. 26-28; Andrade, M. de: «Pintura-Lasar Segall», en Miller, Á. *et alii: Lasar Segall: antologia de textos nacionais sobre a obra e o artista*. Funarte - Instituto Nacional de Artes Plásticas, Río de Janeiro 1982, p. 19; Andrade, M. de: «Di Cavalcanti». *Diário Nacional*, São Paulo 8-V-1932.

capaz de superar el formalismo de las vanguardias, reinstaurar el tema y configurar una visión utópica no sólo de la sociedad, sino de la propia condición existencial de la humanidad.

En ese nuevo contexto se inserta otra figura paradigmática de la modernidad brasileña, Portinari, que se convertirá en el gran exponente de ese segundo momento marcado por la institucionalización del modernismo y por su integración a la esfera oficial con la transferencia de su eje de irradiación de São Paulo a Río de Janeiro. En la temporada parisiense (1929-31), Portinari se encontró con el Picasso poscubista, que llama su atención no sólo por asumir francamente el propio virtuosismo, sino sobre todo por evidenciar una actitud libre ante la pintura, que lo llevaba a caminar con desenvoltura por el legado de la historia del arte, sin renegar, sin embargo, de su condición de artista moderno. Estos dos aspectos de la poética de Picasso reverberarán en la postura de Portinari frente al arte moderno: no admitida en sus formulaciones más radicales, será asumida en aquellos estilemas y en aquellos aspectos parciales que no pongan en peligro su concepción humanista, anclada en el ejemplo del Renacimiento.

A lo largo de los años treinta, Portinari elabora los aspectos fundamentales de su visión realista, a través de la cual forja una iconografía nacional basada en tres temas fundamentales: figuras populares, trabajadores y evocaciones de la infancia en Brodósqui. Los dos primeros se caracterizan, en general, por figuras de consistencia escultórica, gigantescas y con deformaciones expresivas, que se insertan en un espacio determinado por una perspectiva no rígida. Las evocaciones de la infancia, por el contrario, son menos tangibles, menos concretas en términos físicos. Su elemento determinante es el paisaje concebido como espacialidad infinita a partir de la cual se estructura toda la composición.

En el rastro de las transformaciones que el modernismo está sufriendo en las décadas de 1930 y 1940, se asiste a la aparición de nuevos artistas que establecen un diálogo, a veces marginal, con la vertiente privilegiada por el movimiento en aquel período. Si un expresionismo de connotaciones realistas puede considerarse el rasgo distintivo de Lívio Abramo y Oswaldo Goeldi, Guignard y Pancetti representan maneras diferentes de incorporar las poéticas de la vuelta al orden sin optar por un realismo por demás manifiesto. Un realismo expresionista caracteriza, por el contrario, el primer momento de Scliar que, a no ser en el dibujo, se sitúa claramente bajo la égida de Portinari, de quien aprende sobre todo el sentido de la deformación. Un realismo penetrado por las lecciones de Rodin es la nota dominante de la escultura asociada al modernismo, que se distingue por la atención dada al volumen, concebido de manera sintética y no por eso adverso a una cierta monumentalidad, como demuestra el primer momento de Bruno Giorgi. Una presencia realmente aparte puede considerarse la de Flávio de Carvalho: no tanto por transitar varios lenguajes (sobre todo expresionismo y surrealismo), como por no temer asumir actitudes próximas a la provocación dadaísta –incomprendida y rechazada por los modernistas–, en una constante fusión entre arte y vida que permite explicar el aspecto profundamente autobiográfico de su producción.

4

Si Portinari fue considerado por los modernistas como el prototipo del artista nacional (seguido por Segall, Di Cavalcanti y Guignard), en los años cincuenta surge otro «maestro brasileño», Volpi. Es interesante seguir la argumentación de Mário Pedrosa, que propone este nuevo marco a partir de dos aspectos de su producción: «la insuperada maestría técnica del pintor y el carácter brasileño de su arte». La maestría técnica, que agrada tanto a Pedrosa, no se limita a aquella concepción artesanal del quehacer artístico que caracterizaba a Volpi desde los orígenes de su carrera. El crítico la localiza en la capacidad de integrar espacio y figura, de crear síntesis formales y cromáticas, de estructurar la composición de dentro hacia fuera, de depurar la realidad de manera que pueda captar su «esencia pictórica y plástica universal». Un claro ejemplo de esa capacidad transformadora estaría en sus paisajes:

«Véanse sus paisajes y acompáñese su evolución, desde los primeros de Mogi a los últimos de Itanhaém: la paleta sensible, como ninguna otra, va aclarando, aclarando, para, de una pintura de colores atmosféricos, abrirse, exaltarse en los tonos más puros, más ricos, más substancialmente brasileños de la pintura nacional, de todos los tiempos».[20]

Al carácter afirmativo de la universalidad de Volpi se puede contraponer la hipótesis de la «dificultad de forma», enunciada por Rodrigo Naves, que detecta en buena parte del arte brasileño una «resistencia a estructurar fuertemente los trabajos», de lo que derivaría un «movimiento íntimo y retraído», distante del carácter prospectivo de parcela considerable de las experiencias modernas. En ese contexto el «aspecto un tanto primitivo de los trabajos de Guignard y Volpi [...] tiene una profunda significación. El rechazo a la violenta sociedad del trabajo los marca de principio a fin. Esas obras tímidas suponen un modo suave de moldear las cosas, y están más cerca de un artesanado amoroso o de un extractivismo rústico que de una conformación taxativa de la industria. No obstante, ese ideal dulce que defienden conspira contra sus expectativas, ya que esas apariencias amenas y esas formas frágiles no pueden oponerse a la presión de lo real, que los coacciona sin cesar».[21]

Volpi ocupa, según Naves, una posición peculiar dentro de la modernidad brasileña. El carácter inmediato y reflexivo que confiere al color lo diferencia de la «identidad substanciosa» de Tarsila do Amaral, cuyo cromatismo sedimenta «una nación ingenua pero ideal». La dignidad austera de sus figuras, captadas en su singularidad intrínseca, lo diferencia de la «idealización simbolista de la miseria», típica de Portinari. Este marco de diferencias no implica afirmar que Volpi es una presencia aislada: existe una afinidad profunda con Guignard, quien comparte con él la concepción de una naturaleza que «se resiste a manifestarse».[22]

Al margen de la *Semana de Arte Moderna*, aunque en condiciones de participar en ella por ser «ya buen pintor, con una vena nada académica sino impresionista o posimpresionista, a la manera italiana»,[23] Volpi sólo pasa a ser conocido por los modernistas en la década de los treinta. Interesado cada vez más en los valores intrínsecamente pictóricos, que llevarán a los concretistas a ver en él un artista constructivo de gran originalidad, Volpi se distancia gradualmente de los primeros referenciales impresionistas, posimpresionistas, expresionistas y realistas. Deja a un lado la sugestión volumétrica para realzar aquello que le parece realmente determinante: el color. El alejamiento de los códigos ilusionistas le lleva a transformar el referente bien en juegos cromáticos, bien en figuras geométricas hasta alcanzar un registro abstractizante al inicio de la década de 1950.

La búsqueda de una visión más despojada y ajena a la retórica nacional, que aún se hacía presente en la obra de Portinari y Di Cavalcanti, no es exclusiva de la trayectoria de Volpi. Una percepción de carácter abstracto puede detectarse en ese momento en la primacía que Brecheret pasa a conferir a los planos y a los volúmenes; en la simplificación del tratamiento de la figura por parte de Bruno Giorgi, que se sirve simultáneamente de la deformación y de un juego equilibrado de llenos y vacíos; en el abandono de la sugestión temática en favor de ritmos geométricos más depurados en Lívio Abramo. Por no hablar de la transformación por la que pasa la pintura de Cícero Dias después de su traslado a Francia (1937). El primer diálogo con Chagall y Matisse, que se había concretizado en visiones inusuales ambientadas en un espacio irreal y asimétrico, deja paso, en los años cuarenta, a la búsqueda de una ordenación más evidente a través de aquellas que Walter Zanini define como «formas de contornos errantes tendientes a la circularidad».[24]

Los mismos representantes del modernismo canónico –Portinari, Segall y Di Cavalcanti–, pese a su desconfianza en relación con el lenguaje que proscribe la importancia del tema, no dejan de tener sus galanteos

20. Pedrosa, M.: «O mestre brasileiro de sua época, en *Acadêmicos e modernos*. EDUSP, São Paulo 1998, p. 271-273.

21. Naves, R.: *A forma difícil: ensaios sobre arte brasileira*. Ática, São Paulo 1996, p. 21.

22. *Ibíd.*, p. 180, 186, 188.

23. Pedrosa, M.: «Entre a Semana e as Bienais», en *Mundo, homem, arte em crise*. Perspectiva, São Paulo 1975, p. 276.

24. Zanini, W.: «Arte contemporânea», en Zanini, W. (ed.): *História geral da arte no Brasil*. vol. II, Instituto Walter Moreira Salles-Fundação Djalma Guimarães, São Paulo 1983, p. 689.

con la abstracción. Los resultados alcanzados son casi siempre problemáticos (por superficiales), pudiendo ser considerados una excepción de calidad algunos lienzos de Segall dedicados a la selva (1954-55). En ellos el referente exterior es substituido por un ritmo vertical de gran depuración formal gracias también a un juego cromático determinado por la alternancia de bandas claras y oscuras.

5

Mientras que varios artistas del primer modernismo se enfrentaban con el agotamiento (si no la diso-lución) de los principios que habían guiado el arte brasileño desde los años veinte, la generación que comenzaba a despuntar en la década de los años cuarenta y de la cual saldrán algunos de los principa-les exponentes del concretismo denota un interés renovado por la poética expresionista. Es el caso de Waldemar Cordeiro que, por haber vivido en Roma entre 1925 (año de su nacimiento) y 1946, no debe de haber permanecido ajeno al expresionismo particular de la Escuela Romana (Scipione, Mafai, Antonietta Raphaël), como demuestran algunas de sus obras iniciales. Es el caso también de Sacilotto, que comienza a despertar la atención de la crítica al participar en la exposición *Novíssimos* (Río de Janeiro, 1946) junto a Grassmann, Otávio Araújo y Luiz Andreatini, en relación con los cuales son evo-cados los nombres de Kubin y Kokoschka, y de Charoux, integrante de la muestra *19 Pintores* (São Paulo, 1947) que recibe una crítica bastante tibia en virtud de algunas características comunes del grupo de expositores, reunidas por Sergio Milliet en categorías como pobreza técnica, indecisión y ausencia de imaginación.[25]

La valoración negativa de esta nueva boga expresionista no deja de ser significativa en relación con los rumbos que la generación emergente imprimirá al arte brasileño. A la constatación del agotamiento de una poética se añade, entre otros factores, la actuación de Léon Degand, director del Museu de Arte Moderna de São Paulo, que organiza, en 1949, la exposición *Do figurativismo ao abstracionismo*. El título de la muestra es programático: Degand elabora una historia evolucionista del arte moderno, basada en la idea de progreso, que tendría en la abstracción su desagüe inevitable. El *parti-pris* del comisario se expli-cita claramente en la selección de sólo tres artistas brasileños que comenzaban a realizar obras de carác-ter abstracto: Cícero Dias, Samson Flexor y Waldemar Cordeiro.

Si aún no se han realizado estudios que permitan determinar con mayor claridad cómo, en varios artistas, ocurrió el paso del expresionismo a la abstracción geométrica, existe otra vertiente que puede ser explo-rada para comprender el surgir de un proyecto constructivo en el Brasil de los años cincuenta. El releva-miento de las profesiones ejercidas por los artistas que primero se adhieren al nuevo lenguaje permite aventurar una hipótesis. Si Maluf era cartelista, Cordeiro publicista e ilustrador, Geraldo de Barros dise-ñador industrial, Sacilotto dibujante técnico, ¿no será posible pensar que la práctica profesional extraar-tística, que obedecía a condiciones muy diferentes de las de la pintura, objetivando un rigor y una econo-mía formal bastante raros en la visualidad brasileña, haya servido de punto de pasaje hacia una nueva con-cepción artística? Un artículo de Cordeiro, «O objeto» (1956) parece aportar algunos elementos de refuer-zo a la hipótesis ahora expuesta, sobre todo la idea de «arte productivo» y la necesidad de crear un nuevo vínculo con la vida. Negando que el arte sea expresión, Cordeiro lo define «producto», anhelando con ello poner fin al idealismo y deseando emanciparlo «de la condición secundaria y dependiente a la que había sido relegado». El segundo aspecto responde de cerca a las preocupaciones políticas del artista:

«Creemos con Gramsci que la cultura sólo pasa a existir históricamente cuando crea una unidad de pen-samiento entre los "simples" y los artistas e intelectuales. En efecto, solamente en esta simbiosis con los simples el arte se depura de los elementos intelectualistas y de naturaleza subjetiva, volviéndose vida.

25. Amaral, A.: «O desenho jovem dos anos 40», en *O desenho jovem nos anos 40*. Pinacoteca do Estado, São Paulo, noviembre 1976, s.p.

Considerando que enfrentarse al arte como objeto significa situarlo en la esfera de la experiencia directa y que esta forma de conocimiento es más sensibilidad y menos memoria, podemos deducir de todo eso una nueva posibilidad para la reeducación artística, al nivel del conocimiento natural del hombre.»[26]

En el seno de ese proyecto está, de nuevo, el horizonte tecnológico. Si los modernistas deseaban crear un arte capaz de expresar la nueva realidad que venía configurándose en São Paulo desde 1880 gracias a la expansión cafetera, al flujo de mano de obra europea y a una incipiente industrialización, los concretistas están plenamente inmersos en la euforia desarrollista que domina el Brasil de la segunda posguerra, cuyo emblema más significativo será la construcción de Brasilia. Los modernistas acabaron enfrentándose pronto con el fenómeno de la institucionalización en el momento en que el Estado asume la tarea de realizar su programa de modernización de Brasil, que genera no pocos estorbos y oscilaciones. Los concretistas tienen como campo referencial para su actuación la voluntad de superar el atraso tecnológico y alinearse a los países más avanzados. Enfrentarse al arte entonces dominante, heredero de la plataforma modernista, era una manera de afirmar su modernidad. La voluntad de cambiar el mundo no dejaba de presentar contornos utópicos: si no se realiza aquella renovación de lo cotidiano auspiciada por Cordeiro es porque la realidad no se modifica a partir de actos de volición, como ya había demostrado la derrota de los proyectos constructivistas en Europa.

Modernismo y concretismo siguen siendo cuestiones abiertas, señalando posibles modos de construcción de una identidad moderna en el ámbito de un país que responde con dificultad a todos los desafíos de la modernidad y que se proyecta, por ello mismo, en imágenes emblemáticas, sea la nación, sea la razón plástica.

26. Cordeiro, W.: «O objeto», en *Projeto construtivo brasileiro na arte (1950-1962)*. Museu de Arte Moderna, Río de Janeiro; Pinacoteca do Estado, São Paulo 1977, p. 74-75.

Vicente do Rego Monteiro
Antropófago, 1921
Lápiz sobre papel, 38,5 x 14 cm
Elza Azjenberg

ANITA MALFATTI

Estudo para A Boba (Estudio para La tonta)
1915-16
Carbón sobre papel, 59 x 40 cm
Museu de Arte Brasileira da FAAP

O Homem das sete cores
(El hombre de los siete colores), 1915-16
Carbón y pastel sobre papel, 60,7 x 45 cm
Museu de Arte Brasileira da FAAP

Nu reclinado (Desnudo reclinado), década de
1920
Óleo sobre tela, 59 x 72,2 cm
Colección particular

Anita Malfatti
Retrato de Homem (Torso)
(Retrato de hombre [Torso]), s.f.
Óleo sobre tela, 70,2 x 47,5 cm
Museu de Arte Brasileira da FAAP

Fernanda de Castro, 1922
Óleo sobre tela, 73,5 x 54,5 cm
Colección Marta Rossetti Batista

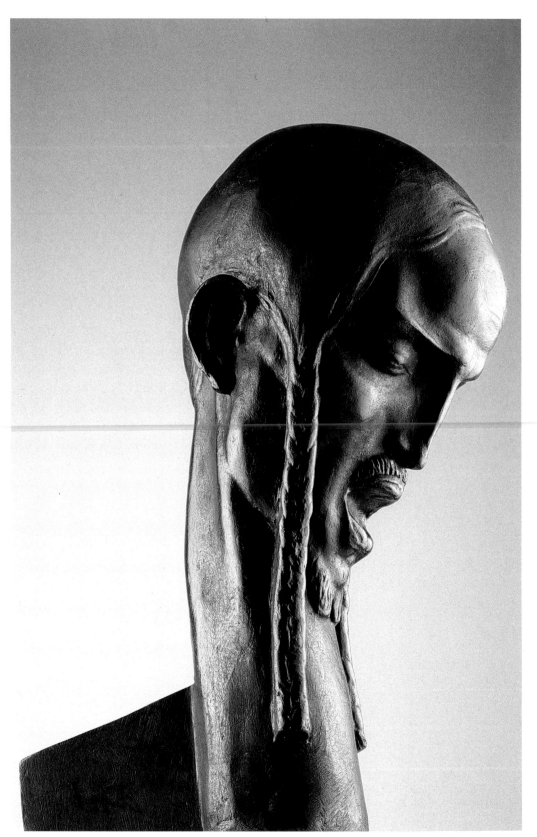

VICTOR BRECHERET
Cabeça de Cristo (Cabeza de Cristo), 1919-20
Bronce, 32 x 14 x 24,2 cm
Colección de Artes Visuais do Instituto de Estudos
Brasileiros - USP

Victor Brecheret

Cabeça (Inspiração)
(Cabeza [Inspiración]), ca 1923
Bronce, 24,5 x 19 x 27,7 cm
Museu de Arte Brasileira da FAAP

Deposição (Madona com Cristo)
(Descendimiento. Madona con Cristo), 1920
Bronce, 70 x 14 x 15 cm
Museu de Arte Brasileira da FAAP

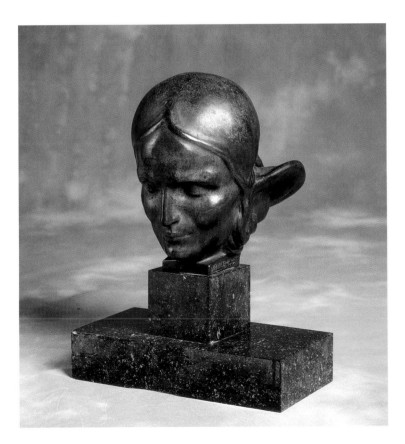

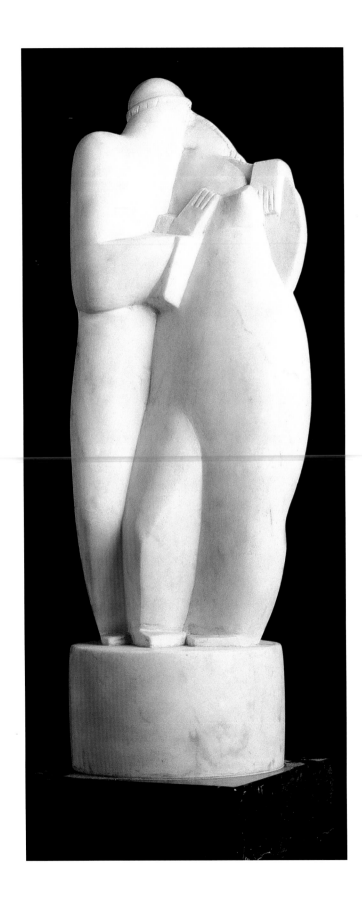

VICTOR BRECHERET
O beijo (El beso), 1933
Mármol, 33 x 12 x 12 cm
Colección Sandra Brecheret Pellegrini

VICTOR BRECHERET
Banhista (Bañista), años 20
Mármol blanco, 60 x 26 x 35 cm
Colección Marta y Paulo Kuczynski

Victor Brecheret
O Índio e a Suaçuapara
(El indio y el ciervo), 1951
Bronce, 79,5 x 101,8 x 47,6 cm
Colección Museu de Arte Contemporânea da Universidade
de São Paulo

Tarsila do Amaral

Auto-Retrato (Autorretrato), 1924
Óleo sobre papel y tela, 38 x 32,5 cm
Fondo artístico cultural de los Palácios do Governo do
Estado de São Paulo/Brasil

Retrato de Oswald de Andrade, 1923
Óleo sobre tela, 60 x 50 cm
Marília de Andrade

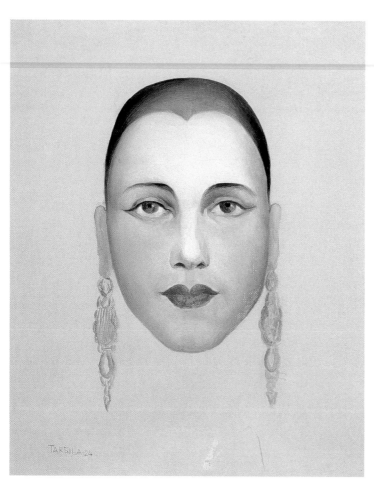

Tarsila do Amaral
A Caipirinha (La pueblerina), 1923
Óleo sobre tela, 60 x 81 cm
Colección particular

Tarsila do Amaral
Sol poente (Puesta de sol), 1929
Óleo sobre papel, 54 x 65 cm
Geneviève y Jean Boghici

Tarsila do Amaral
Sono (Sueño), ca. 1928
Óleo sobre tela, 60,5 x 72,7 cm
Geneviève y Jean Boghici

Tarsila do Amaral
Abaporu (Antropófago), 1928
Óleo sobre tela, 85 x 73 cm
Eduardo Costantini

Tarsila do Amaral
Operários (Obreros), 1933
Óleo sobre tela, 150 x 205 cm
Fondo artístico cultural de los Palácios do Governo do
Estado de São Paulo/Brasil

Emiliano di Cavalcanti
Samba, 1925
Óleo sobre tela, 175 x 154 cm
Geneviève y Jean Boghici

Menina de Guaratinguetá
(Muchacha de Guaratinguetá), ca. 1929
Óleo sobre tela, 81 x 65 cm
Sérgio S. Fadel

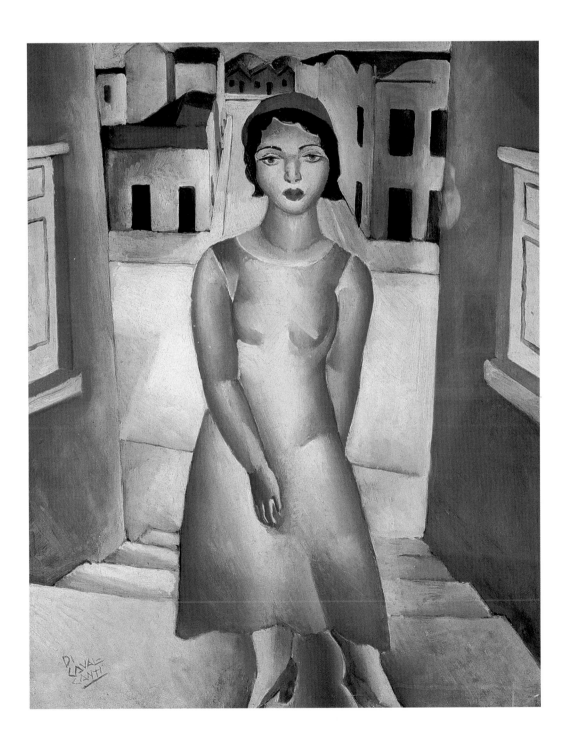

EMILIANO DI CAVALCANTI
Cinco moças de Guaratinguetá
(Cinco jóvenes de Guaratinguetá), 1930
Óleo sobre tela, 94,5 x 75 cm
Colección Museu de Arte de São Paulo Assis
Chateaubriand

Emiliano di Cavalcanti
Mulata, 1938
Óleo sobre tela, 93 x 74 cm
Museu de Arte Brasileira de la FAAP

EMILIANO DI CAVALCANTI

Cena noturna (Escena nocturna), ca. 1940
Óleo sobre tela, 55 x 46 cm
Sérgio S. Fadel

A praia (La playa), 1944
Óleo sobre tela, 130 x 160 cm
Colección particular

Lasar Segall
Menino com lagartixas
(Niño con lagartijas), 1924
Óleo sobre tela, 98 x 61 cm
Museu Lasar Segall - São Paulo
Ministério da Cultura do Brasil

Lasar Segall

Encontro (Encuentro), 1924
Óleo sobre tela, 66 x 54 cm
Museu Lasar Segall - São Paulo
Ministério da Cultura do Brasil

Cabeça atrás da persiana
(Cabeza detrás de la persiana), 1928
Acuarela y guache sobre papel, 30,8 x 37,6 cm
Museu Lasar Segall - São Paulo

Pogrom, 1937
Óleo con arena sobre tela, 184 x 150 cm
Museu Lasar Segall - São Paulo
Ministério da Cultura do Brasil

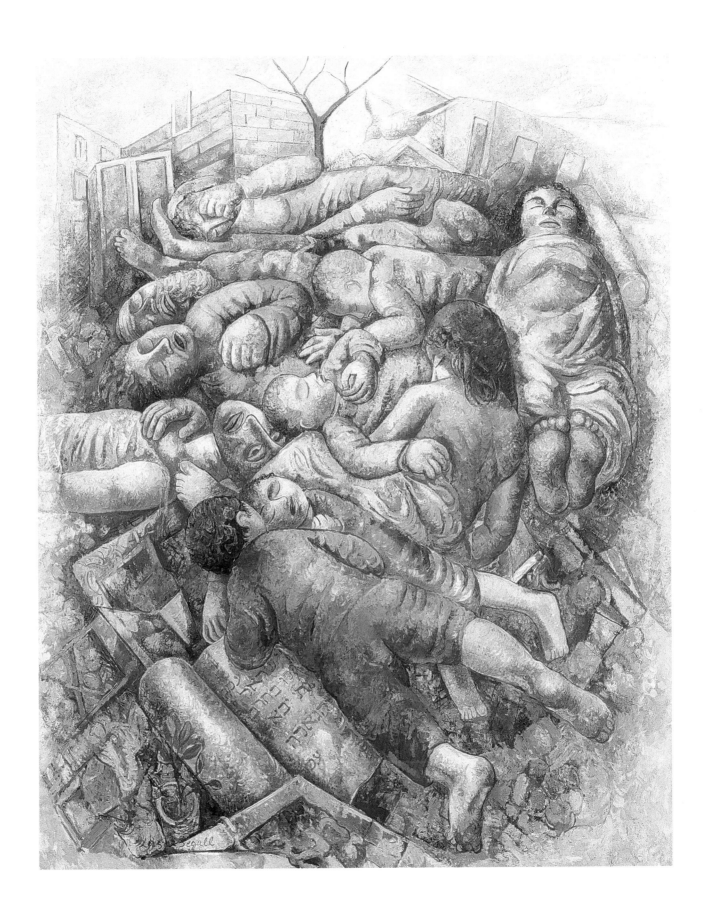

LASAR SEGALL

Jovem de cabelos compridos
(Joven de pelo largo), 1942
Óleo sobre tela, 65 x 50 cm
Museu Lasar Segall - São Paulo
Ministério da Cultura do Brasil

Caboclas montadas (Mestizas a caballo), 1948
Óleo sobre tela, 62 x 50,6 cm
Museu de Arte Brasileira da FAAP

Vicente do Rego Monteiro
Cabeça de operário (Cabeza de obrero), 1923
Óleo sobre tela, 45 x 38 cm
Colección Adolpho Leirner, São Paulo

VICENTE DO REGO MONTEIRO
Nu com bola vermelha
(Desnudo con bola roja), 1927
Óleo sobre tela, 130 x 90 cm
Fondo artístico cultural de los Palácios do
Governo do Estado de São Paulo/Brasil

Vicente do Rego Monteiro
O urso (El oso), 1925
Óleo sobre tela, 62 x 76 cm
Geneviève y Jean Boghici

VICENTE DO REGO MONTEIRO

Tênis (Tenis), 1928
Óleo sobre tela, 100 x 82 cm
Fondo artístico cultural de los Palácios do Governo do
Estado de São Paulo/Brasil

O combate (El combate), 1927
Óleo sobre tela, 130 x 132,5 cm
Museo de Grenoble

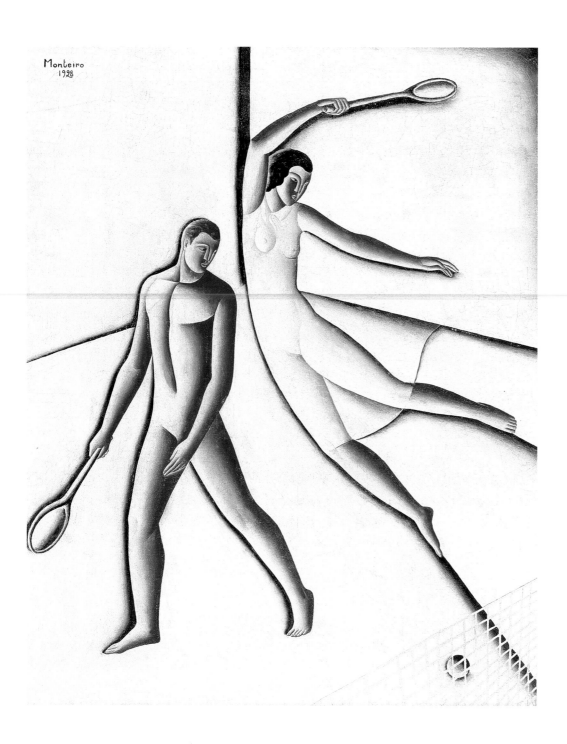

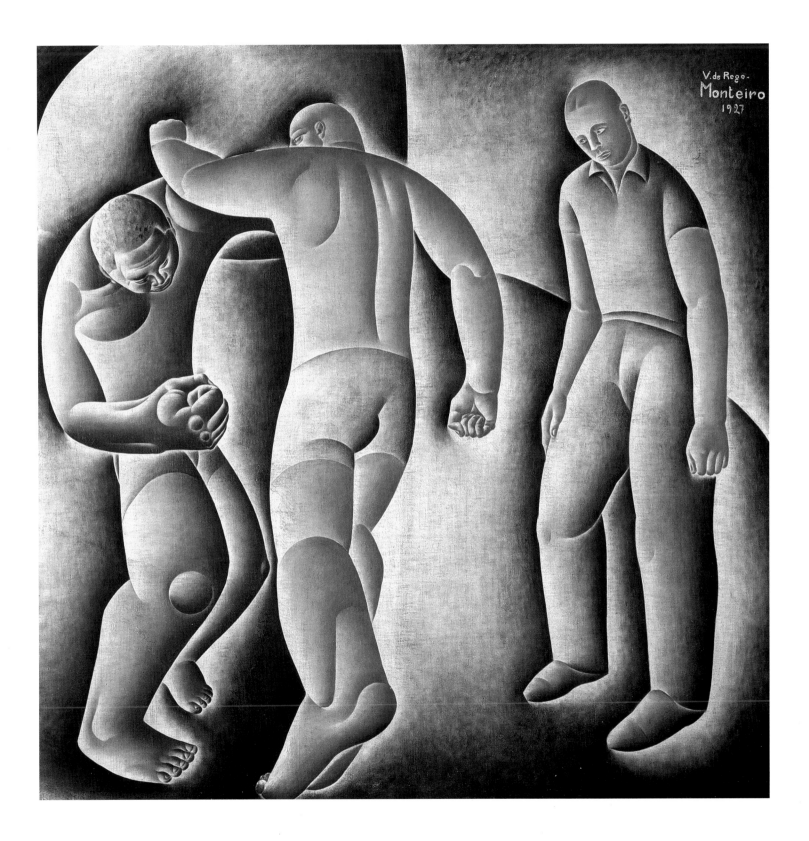

ISMAEL NERY

Andrógino, s.f.
Acuarela sobre papel, 27 x 18,5 cm
Colección L. F. Nazarian

Auto-Retrato satânico
(Autorretrato satánico), s.f.
Óleo sobre tela, 31,9 x 25,8 cm
Chaim José Hamer

Auto-Retrato Cristo
(Autorretrato Cristo), s.f.
Óleo sobre tela, 32,7 x 23,7 cm
Chaim José Hamer

ISMAEL NERY

Casal (Matrimonio), s.f.
Óleo sobre papel, 43,5 x 38 cm
Colección particular

Duas irmãs (Dos hermanas), s.f.
Óleo sobre tela, 40,3 x 32,8 cm
Colección de Artes Visuais do Instituto de Estudos
Brasileiros - USP

ISMAEL NERY
Essencialismo (Esencialismo), s.f.
Óleo sobre tela, 72,4 x 37,8 cm
Chaim José Hamer

Antônio Gomide
Abajur (Pé) (Pie de lámpara), s.f.
Madera, 43 x 20 x 20 cm
Colección Adolpho Leirner, São Paulo

ANTÔNIO GOMIDE
Arqueiro (Arquero), 1930
Acuarela sobre papel, 24 x 15,5 cm
Colección Fúlvia Leirner, São Paulo

Antônio Gomide
Mulher deitada (Mujer acostada), 1922
Óleo sobre tela, 50 x 60 cm
Fondo artístico cultural de los Palácios do Governo do
Estado de São Paulo/Brasil

Antônio Gomide

Ponte Saint-Michel (Puente Saint-Michel), 1923
Lápiz sobre papel, 35,5 x 21,4 cm
Colección Museu de Arte Contemporânea da Universidade de
São Paulo

Pierrô e Colombina (Pierrot y Colombina), ca. 1922
Acuarela sobre papel, 31,6 x 22 cm
Rodolpho Ortemblad Filho

ANTÔNIO GOMIDE
Nu cubista (Desnudo cubista), 1930
Óleo sobre tela, 60,6 x 37,8 cm
Colección Gerard Loeb

Regina Gomide Graz

Panneau (Panel), década de 1920
Tapiz de seda, 145 x 124 cm
Colección Adolpho Leirner, São Paulo

Sem título (Mulher com galgos)
(Sin título [Mujer con galgos]), s.f.
Tapiz, 174,5 x 110 cm
Fúlvia Leirner

John Graz
Diana caçadora (Diana cazadora), 1920
Tapiz, 79,6 x 150 cm
Fúlvia Leirner

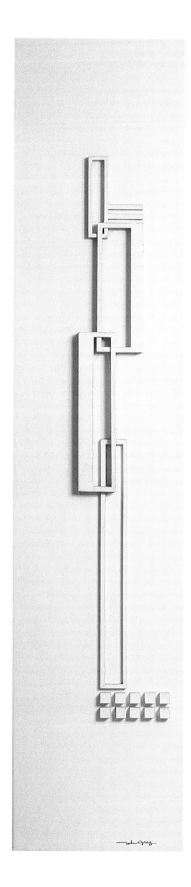

John Graz

Painel (Panel), ca. 1938
Madera, 173 x 36,5 cm
Colección Adolpho Leirner, São Paulo

Projeto de vitral (Projecto de vidriera), década
de 1930
Guache sobre papel, 30,5 x 22,5 cm
Colección Annie Graz

Cândido Portinari
O sapateiro de Brodósqui (El zapatero de
Brodósqui), 1941
Témpera sobre tela, 187 x 177 cm
Museos Castro Maya IPHAN / MINC

CÂNDIDO PORTINARI

Marias, 1936
Óleo sobre tela, 58 x 72 cm
Colección Beatriz y Mário Pimenta Camargo

Mestiça (Mestiza), 1934
Óleo sobre tela, 46 x 38 cm
Museo de Arte Brasileira da FAAP

Nova York (Nueva York), 1940
Óleo sobre cartón pegado en madera, 44 x 37 cm
Rodolpho Ortemblad Filho

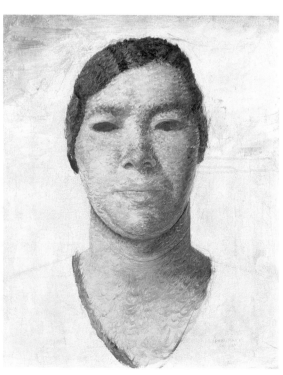

CÂNDIDO PORTINARI
Enterro na rede (Entierro en la red), 1944
Óleo sobre tela, 180 x 226 cm
Colección Museu de Arte de São Paulo Assis
Chateaubriand

Alberto da Veiga Guignard

Sem título (Vaso de flores)
(Sin título [Jarrón con flores]), década de 1930
Óleo sobre tela, 41 x 33 cm
Colección particular

Retrato de Murilo Mendes, 1930
Óleo sobre tela, 60,5 x 52 cm
Centro de Estudos Murilo Mendes da Universidade
Federal de Juiz de Fora

Natureza morta (Naturaleza muerta), 1952
Óleo sobre madera, 60 x 70 cm
Sr. y Sra. de Almeida Braga

Alberto da Veiga Guignard
Os noivos (Los novios), 1937
Óleo sobre madera, 58 x 48 cm
Museos Castro Maya IPHAN / MINC

FLÁVIO DE CARVALHO

Viaduto Santa Ifigênia à noite
(Viaducto Santa Ifigenia de noche), 1934
Óleo sobre tela, 38 x 48 cm
Colección Orandi Momesso

Sem título (Sin título), 1947
Tinta china sobre papel, 46 x 64 cm
Maria Lucia Cunha Campos dos Santos

Retrato do poeta italiano Ungaretti
(Retrato del poeta italiano Ungaretti), 1941
Óleo sobre tela, 110 x 97 cm
Galleria Nazionale d'Arte Moderna e Contemporanea, Roma

FLÁVIO DE CARVALHO
Paisagem mental (Paisaje mental), 1955
Óleo sobre tela, 74 x 91,5 cm
Isaac Krasilchik

ALFREDO VOLPI

Circo, s.f.
Témpera sobre tela, 38 x 55 cm
Colección particular

Paisagem (Paisaje), década de 1940
Óleo sobre tela, 33 x 46 cm
Colección Marta y Paulo Kuczynski

ALFREDO VOLPI
Natureza morta (Naturaleza muerta), s.f.
Témpera sobre tela, 73 x 100 cm
Colección Marta y Paulo Kuczynski

ALFREDO VOLPI
Reunião à mesa (Reunión en la mesa), ca. 1943
Óleo sobre tela, 81,4 x 60,3 cm
Colección Museu de Arte Contemporânea da Universidade
de São Paulo

ALFREDO VOLPI
Bandeiras verdes sobre rosa
(Banderas verdes sobre rosa), 1957
Témpera sobre tela, 50 x 73 cm
Colección Adolpho Leirner, São Paulo

Alfredo Volpi
Casas, 1957
Óleo sobre tela, 116 x 73 cm
Museu de Arte Moderna da Bahia

José Pancetti

Paisagem do Rio de Janeiro
(Paisaje de Río de Janeiro), s.f.
Óleo sobre tela, 81,5 x 81,5 cm
Colección Orandi Momesso

Mangaratiba, 1946
Óleo sobre tela, 33 x 46 cm
Colección Museu de Arte Contemporânea
da Universidade de São Paulo

Sem título (Sin título), 1945
Óleo sobre tela, 43,5 x 38 cm
Colección Marta y Paulo Kuczynski

São João del Rey (San Juan del Rey), 1945
Óleo sobre tela, 46 x 38 cm
Isaac Krasilchik

José Pancetti
Menino bom (Niño bueno), 1945
Óleo sobre tela, 65 x 55 cm
Colección Marta y Paulo Kuczynski

Auto-Retrato com flor na boca
(Autorretrato con flor en la boca), 1944
Óleo sobre tela, 41 x 31 cm
Colección Marta y Paulo Kuczynski

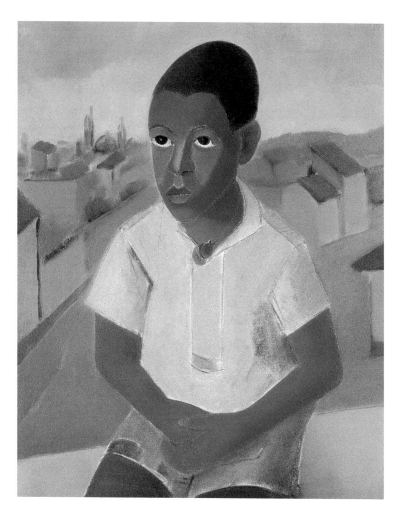

CÍCERO DIAS
Sem título (Freiras e meninas)
(Sin título [Monjas y muchachas])
Guache sobre papel, 48 x 66 cm
Colección particular

Cícero Dias

Eu vi o mundo... ele começava no Recife

(Yo vi el mundo... éste empezaba en Recife)

1926-29

Óleo sobre papel, 150 x 1250 cm

Sr. y Sra. de Almeida Braga

CÍCERO DIAS

Vitrola (Gramola), 1928
Acuarela sobre papel, 40 x 27 cm
Colección de Artes Visuais do Instituto de Estudos
Brasileiros - USP

Jogos (Juegos), 1928
Óleo sobre aglomerado, 55 x 50 cm
Museu de Arte Brasileira da FAAP

Lívio Abramo

Espanha (España), 1939-40
Xilografía sobre papel, 19 x 23 cm
Biblioteca Guita y José Mindlin

Espanha (España), 1953
Xilografía sobre papel, 13 x 25 cm
Biblioteca Guita y José Mindlin

LÍVIO ABRAMO

Botânico (Botánico), 1953
Xilografía sobre papel, 20 x 16 cm
Biblioteca Guita y José Mindlin

Paraguay, 1957
Xilografía sobre papel, 40 x 20 cm
Biblioteca Guita y José Mindlin

Lívio Abramo
Espanha (España), 1936
Xilograbado sobre papel, 13 x 19 cm
Biblioteca Guita y José Mindlin

Oswaldo Goeldi

Cabeça fantástica (Cabeza fantástica), ca. 1927
Xilograbado, 15 x 14,7 cm
Fondo Museu Nacional de Belas Artes, RJ

"Tropischer Garten" (Jardim tropical)
(Jardín tropical), ca. 1930
Xilograbado, 14,6 x 15 cm
Fondo Museu Nacional de Belas Artes, RJ

Sem título (Sin título), s.f.
Dibujo, lápiz sobre papel, 30 x 21,5 cm
Maria Lucia Cunha Campos dos Santos

Oswaldo Goeldi

Noturno (Nocturno), ca. 1950
Xilograbado, 20,8 x 26,9 cm
Fondo Museu Nacional de Belas Artes, RJ

Pesadelo (Pesadilla), ca. 1935
Xilografía sobre papel, 18,5 x 14,5 cm
Fundación Biblioteca Nacional

Felino, ca. 1940
Xilograbado a color, 30 x 22,3 cm
Fondo Museu Nacional de Belas Artes, RJ

MARIA MARTINS

La femme a perdu son ombre
(La mujer ha perdido su sombra), 1946
Bronce, 128 x 27,5 x 23 cm
Geneviève y Jean Boghici

Prometeu (Prometeo), 1948
Bronce, 104,5 x 57,3 x 94 cm
Geneviève y Jean Boghici

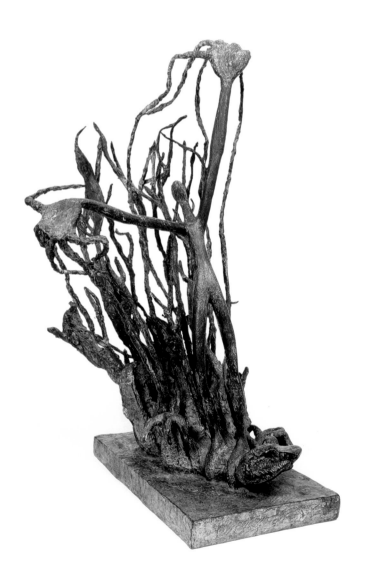

Maria Martins
Não te esqueças nunca que eu venho dos Trópicos (No te olvides nunca que vengo de los Trópicos), 1942
Bronce, 95 x 120 x 70 cm
Sérgio S. Fadel

BRUNO GIORGI
Operários (Obreros), 1947
Bronce, 42 x 18 8,5 cm
Isaac Krasilchik

Mulata, 1944
Terracota, 55 x 39 x 30 cm
Colección Marta y Paulo Kuczynski

Bruno Giorgi
São Jorge (San Jorge), 1953
Bronce, 106 x 97,5 x 56 cm
Colección Museu de Arte Contemporânea da Universidade
de São Paulo

CARLOS SCLIAR
Retrato de Letícia Lacerda, 1940
Óleo sobre tela, 63 x 48 cm
Sebastião Lacerda

Carlos Scliar
Auto-Retrato da FEB
(Autorretrato de la FEB), 1945
Óleo sobre tela, 28,5 x 20 cm
Colección Gerard Loeb

MARCELO GRASSMANN
Sem título (Sin título), s.f.
Xilograbado sobre papel, 14,5 x 24 cm
Colección Museu de Arte Moderna de São Paulo, Brasil

Sem título (Sin título), 1957
Tinta china sobre cartón, 35,1 x 12,4 cm
Colección Museu de Arte Moderna de São Paulo, Brasil

Sem título (Sin título), 1957
Tinta china sobre cartón, 35,1 x 12,4 cm
Colección Museu de Arte Moderna de São Paulo, Brasil

MARCELO GRASSMANN

Homem, mulher e criança
(Hombre, mujer y niño), 1944
Tinta china sobre papel, 22 x 16,1 cm
Colección de Artes Visuais do Instituto de Estudos
Brasileiros -USP

Sem título (Sin título), 1958
Tinta china sobre papel, 28 x 24 cm
Maria Lucia Cunha Campos dos Santos

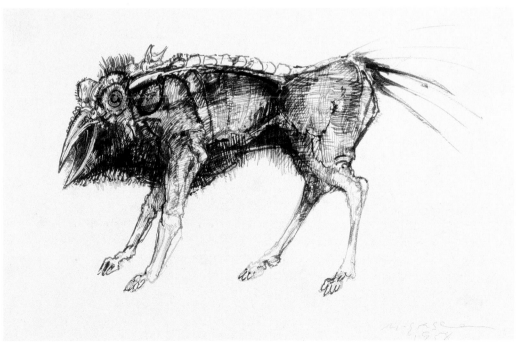

Antônio Maluf
Progressões (Progresiones), 1953
Témpera sobre cartón, 41 x 70 cm
Colección Adolpho Leirner, São Paulo

Waldemar Cordeiro
Idéia visível (Idea visible), 1955
Tinta y masa sobre aglomerado, 60 x 61 cm
Eugênio Pacelli Pires dos Santos

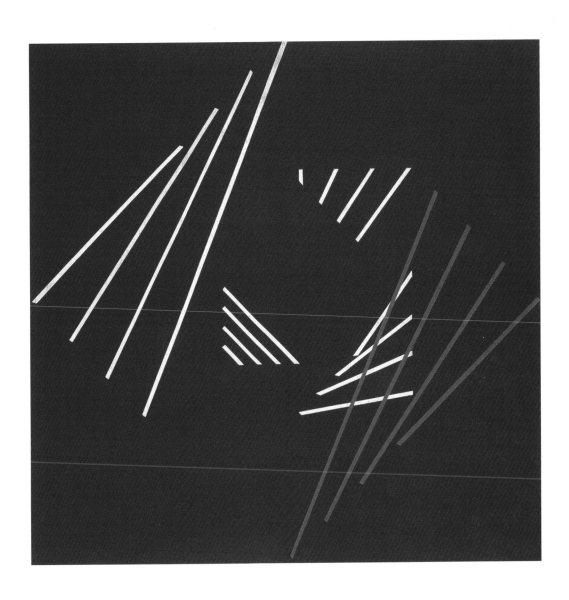

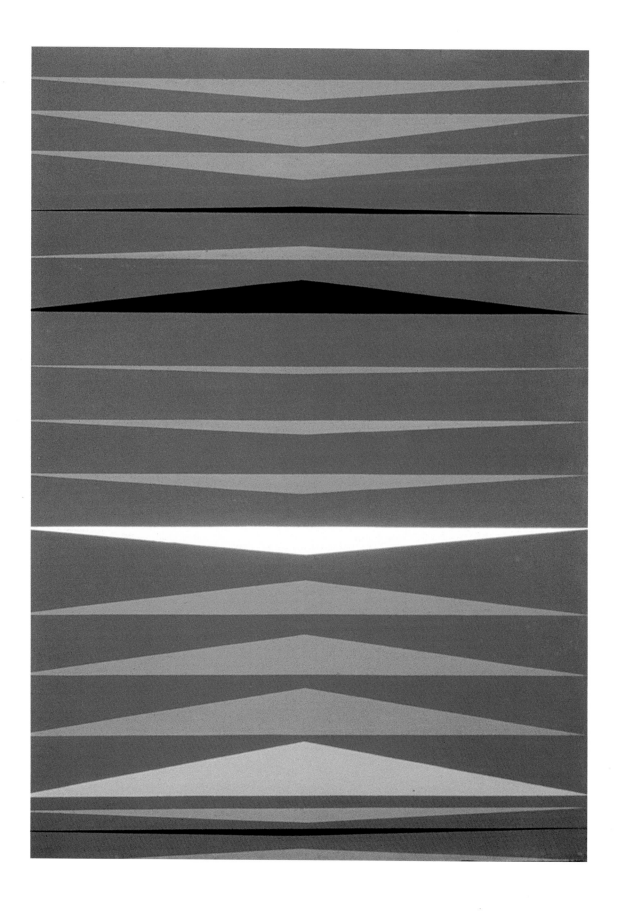

Ivan Serpa
Faixas ritmadas (Bandas rítmicas), 1953
Tinta industrial sobre aglomerado, 122 x 81,5 cm
Colección Adolpho Leirner, São Paulo

Lothar Charoux
Abstrato geométrico
(Abstracto geométrico), 1952
Óleo sobre tela, 60,5 x 49 cm
Colección Adolpho Leirner, São Paulo

GERALDO DE BARROS
Movimento X Movimento
(Movimiento X Movimiento), 1952
Esmalte sobre Kelmite, 60 x 60 cm
Fabiana de Barros

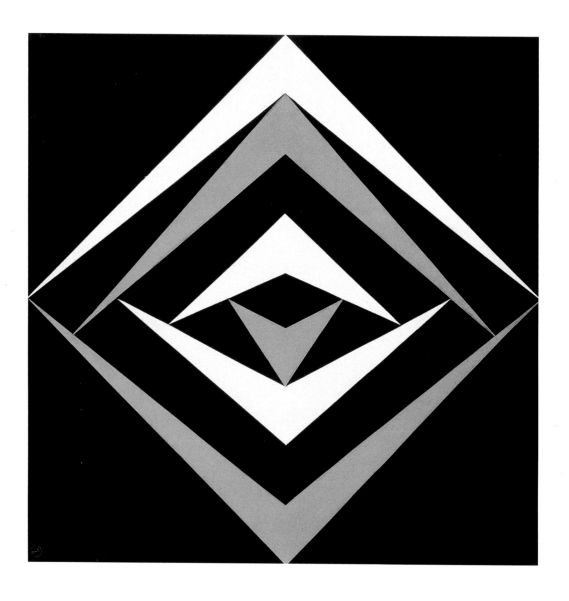

Luiz Sacilotto
Vibrações verticais (Vibraciones verticales), 1952
Esmalte sobre madera, 40 x 54 cm
Colección L. Biezus

ANATOL WLADYSLAW
Composição (Composición), 1952
Óleo sobre tela, 55 x 55 cm
Colección Adolpho Leirner, São Paulo

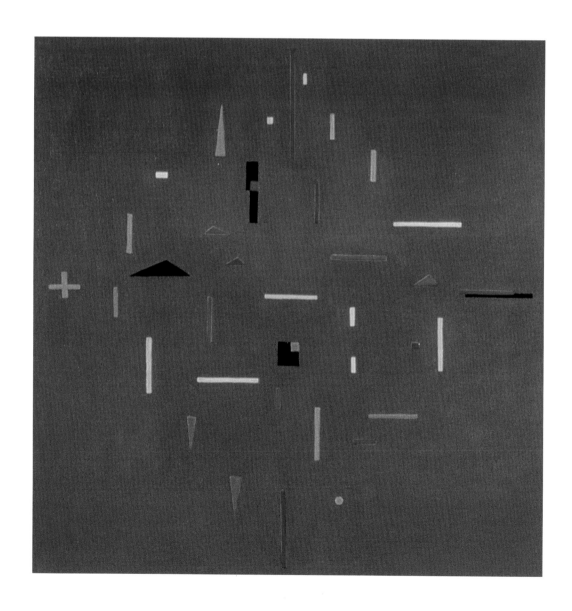

Grupo de la "Semana del 22"

TUPÍ OR NOT TUPÍ
EL GRITO DE GUERRA EN LA LITERATURA DEL BRASIL MODERNO*
JORGE SCHWARTZ

Precisamos desvespuciar e descolombizar a América e descabralizar o Brasil
(a grande data dos antropófagos: 11 de outubro, isto é, último dia de América sem Colombo)
OSWALD DE ANDRADE, 1950

BIBLIOTECA BRASILEÑA
LOS POETAS

Toda la América
de
Ronald de Carvalho

TRADUCCIÓN Y PRÓLOGO
de
FRANCISCO VILLAESPESA

RONALD DE CARVALHO
Toda la América, 1930
Colección MJM, Madrid

* Salvo indicación contraria, las traducciones son nuestras. También es preciso aclarar que tomamos la decisión de no traducir los textos cuyo portugués nos pareció comprensible para el público hispanohablante.

1. En Brasil, debe entenderse el "modernismo" como la corriente que heredó la terminología inglesa *modernism*: lejos de tener que ver con el modernismo iberoamericano, debe identificarse con lo que, en español, denominaríamos "vanguardia".

2. Cfr. *Catálogo de la Exposición de la Semana de Arte Moderna de 1922 en São Paulo*. Cfr. Zanini, W. (ed.): *História geral da arte no Brasil*. Vol. II. Instituto Moreira Salles, São Paulo 1983; y Amaral, A.: *Artes plásticas na Semana de 22*. Bovespa, São Paulo 1992.

1 LA REVOLUCIÓN MODERNISTA: "Semana del 22"[1]

La muestra *Brasil 1920-1950: de la Antropofagia a Brasilia* recorre cuatro décadas fundamentales para la producción artística y cultural de ese país. Su carácter interdisciplinar –pues reúne expresiones de las artes plásticas, la literatura, la fotografía, el cine, la música, la arquitectura, y llega a incluir presencias extranjeras– refleja el doble movimiento de la producción artística brasileña del período que, al mismo tiempo que busca actualizar los elementos nacionales, se siente atraída por la medusa de los vientos vanguardistas europeos y trata de no caer en la mera imitación de modelos ajenos ni de perder, con la adopción de los nuevos lenguajes, su carácter nacional.

El recorrido de este texto por cuatro décadas de literatura cobra impulso en el proceso de interrelación entre diversos géneros artísticos que se dio en la *Semana de Arte Moderna* o "Semana del 22". Este fenómeno de carácter multiartístico, consistió en una secuencia de conferencias, lecturas de poemas y conciertos que tuvieron lugar en el Teatro Municipal de São Paulo durante tres días, hasta hoy recordados como convulsivos: el 13, el 15 y el 17 de febrero de 1922. El ingreso "oficial" del Brasil en la modernidad no se limitó, por lo tanto, a un espectáculo retórico: lo acompañó una exposición de arquitectura y artes plásticas.[2]

Concebida inicialmente por el pintor Emiliano Di Cavalcanti, la Semana se realizó como iniciativa conjunta de pintores y poetas: Mário de Andrade, Oswald de Andrade, Ronald de Carvalho, Guilherme de Almeida, Renato Almeida, Menotti del Picchia y Manuel Bandeira, cuya literatura se hizo presente mediante la lectura del poema "Os sapos", que produjo en el público alborotada reacción; de músicos como Villa-Lobos; de intelectuales como Graça Aranha y René Thiollier y de eminentes personalidades de la sociedad paulista, en especial Paulo Prado, mecenas del movimiento. En el área de arquitectura, la exposición estaba representada por Antonio García Moya y Georg Przyrembel; en el de la escultura por Victor Brecheret y Wilhelm Haarberg; y en el de la pintura por Anita Malfatti, Emiliano Di Cavalcanti, John Graz, Martins Ribeiro, Zina Aita, João Fernando de Almeida Prado, Ignácio da Costa Ferreira –conocido como Ferrignac– y Vicente do Rego Monteiro. A este grupo inicial de la primera hora se sumaron, posteriormente, la pintora Tarsila do Amaral, los escritores Antônio de Alcântara Machado, Raul Bopp, Cassiano Ricardo, Plínio Salgado, y el arquitecto Gregori Warchavchik.

Ahora bien, el movimiento del 22 no ocurrió por generación espontánea y la instalación de la modernidad en el Brasil tuvo momentos anticipatorios y, como no podía dejar de ser, polémicos. Prueba de ambas afirmaciones fue la vehemente negación del *esprit nouveau*, propalada por el nacionalismo a ultranza de Monteiro Lobato, que contrastaba con los ecos del manifiesto futurista de Marinetti, tempranamente importado al Brasil vía Bahía por Almacchio Diniz y, personalmente, por Oswald de Andrade en 1912, a la vuelta de su primer viaje a Europa.[3] También fueron pioneras del movimiento las dos exposiciones individuales que, en 1913, Lasar Segall realizó en São Paulo y en Campinas y que, en aquel momento, resultaron prácticamente ignoradas por la crítica local. Por su parte, la muestra de Anita Malfatti de 1917 había llegado acompañada por los ecos de la guerra europea y por los clamores de la primera gran huelga obrera del país. Su pintura llevaba la marca intensa del expresionismo con el que había tenido contacto durante sus estudios en Berlín y en la Independent School of Art de Nueva York. Pero la artista pagó caro su carácter pionero: su muestra fue objeto de polémica y escándalo. Sin embargo, la crítica ha sido y es unánime en reconocer su exposición como la primera mirada moderna en las artes plásticas; su obra constituyó, sin duda, un punto de partida para las vanguardias históricas brasileñas y permitió que las posteriores manifestaciones del nuevo espíritu fuesen recibidas con menos intolerancia, reconociéndose poco a poco el significado de la irreversible trayectoria hacia la modernidad.

La segunda mitad de los años diez se configuró, por lo tanto, como una etapa preparatoria; un premodernismo, una primera vanguardia en la que encontramos a sus protagonistas reproduciendo, inclusive en francés, desgastados repertorios simbolistas: Sérgio Milliet, con *Le départ sous la pluie*, de 1919 u Oswald de Andrade y Guilherme de Almeida, con *Mon coeur balance; Leur Âme*, de 1916. Pero la presencia de "lo extranjero" no se redujo a la imitación de un canon europeo o francés; llegó a constituir también la parodia y crítica de una situación local. Juó Bananere, al escribir en una mezcla macarrónica de portugués e italiano *La Divina Increnca* (1915), se burlaba de la sólida presencia de la inmigración italiana que empezaba a ocupar la futura megalópolis paulista y a contaminar el portugués coloquial. En esos mismos años, varios componentes del pequeño grupo modernista se aglutinaron alrededor de la *garçonnière* de Oswald de Andrade, donde redactarían el cuaderno colectivo *O perfeito cozinheiro das almas deste mundo...* (1918), cuyos juegos e imágenes de todo tipo revelan una especie de profesión de fe: hacer de la vida literatura.

Una imagen clave de este período es el poema "amar", que aparece en el referido cuaderno. A partir de un típico sello comercial, "Amaral & Araras", Oswald de Andrade se deleita con su potencial de aliteraciones, fragmenta la estampa y la espacializa en la página, al estilo de las *parole in libertà* de Marinetti. Juega con las palabras "amar" / "Miramar"; esta última le sirve de seudónimo para firmar lo que hoy puede ser leído como un poema visual (reproducido en p. 161); posteriormente, llegará a integrar el título de su novela *Memórias sentimentais de João Miramar* (1924) y le dará nombre al personaje central. El "poema" de 1918 es, en fin, una intuitiva iluminación de lo que, casi cuatro décadas más tarde, culminará en la poesía concreta. También de forma premonitoria Oswald de Andrade escribirá en el "Manifiesto Antropófago" de 1928: "Somos concretistas".

Volviendo ahora a la "Semana del 22", podemos señalar que llega teñida por las conmemoraciones del primer centenario de la independencia del Brasil y es coetánea a la fundación del Partido Comunista brasileño. Por su parte, el acontecimiento marca la superación de los modelos anquilosados del siglo XIX, el agotamiento de una literatura con demasiada influencia de los cánones europeos finiseculares, el ingreso del Brasil en la modernidad y el nacimiento de una literatura nacional, amalgamada con una fuerte afirmación de brasilidad. "Las mismas modernísimas corrientes literarias, que en todas partes tienen un carácter marcadamente cosmopolita, aquí en el Brasil, se intensifican, se arraigan a la tierra, nacionalizándose en todos sus más altos representantes", observa con mirada extranjera el español Francisco Villaespesa.[4] Sea por los caminos de un realismo como el de Monteiro Lobato en *Urupês* de 1918 y en *Idéias de Jeca Tatu* de 1919, por el lenguaje irónico-paródico de Oswald de Andrade en *Pau Brasil* (1925), o por trayectorias que rozan el onirismo, como en el caso de Raul Bopp y de Murilo Mendes, la búsqueda de una literatura autó-

Juó Bananere (seudónimo de Alexandre Ribeiro Marcondes Machado)
La Divina Increnca (El Divino Embrollo), 1915
Colección Waldemar Torres

3. La primera noticia de Marinetti en el Brasil, así como la traducción del primer manifiesto, aparecen el 30 de diciembre de 1909 en el *Jornal de Notícias* de Bahía.

4. Cfr. el prólogo a De Carvalho, R.: *Toda la América*. Alejandro Pueyo, Madrid 1930, p. 16; traducida por el propio F. Villaespesa.

noma pasa durante esas cuatro décadas, del veinte al cincuenta, por innumerables soluciones retóricas, ideológicas y lingüísticas. Éstas alcanzan madurez e independencia en la poesía de João Cabral de Melo Neto, y en la prosa de Clarice Lispector y de Guimarães Rosa, artistas prácticamente no superados hasta nuestros días, y llegan finalmente al radicalismo vanguardista que se abre con la poesía concreta de los años cincuenta, cuando se impone otro tipo de tradición.

Logotipo de la revista *Klaxon*

2 LA ANTROPOFAGIA: Por una dialéctica de la descolonización

Si elegimos como punto de partida de la exposición la antropofagia, se debe a que nuestro propósito es destacar una de las tesis más originales que se formularon en América Latina en función de resolver las tensiones y contradicciones propias de un país que, por un lado, quería desprenderse de sus raíces patriarcales y colonizadas y, por otro, trataba de adecuarse a las revolucionarias manifestaciones artísticas y culturales de las vanguardias históricas europeas. Bisagra entre lo nacional y lo cosmopolita, la metáfora antropófagica privilegió como símbolo al indio devorador. Mário de Andrade, frente a la aparente contradicción de tener que sobrevivir en los tristes trópicos y alimentarse de la inevitable tradición europea, afirma en el primer libro que se abre a la poesía moderna en el Brasil, *Paulicéia desvairada* (1922): "Soy un tupí tañendo un laúd". Aunque el indio ya se encontraba presente en la pintura y en la literatura colonial, presencia que culminó en el siglo XIX con la visión romántica de la novela indianista de José de Alencar, la relectura antropófaga de la década de los veinte le otorga una función revolucionaria, mesiánica y utópica.

En el "Manifiesto de la Poesía Pau Brasil" de 1924, Oswald de Andrade anticipa varios de los postulados que culminarán en el ideario antropófago desarrollado en el Manifiesto de 1928, texto que reproducimos en el dossier de este catálogo. En los años cincuenta retoma tal ideario, bajo forma de tesis, en *A crise da filosofia messiânica* y en *A marcha das utopias*. Superados los "ismos" de las vanguardias históricas y habiendo digerido a Hans Staden, al Montaigne de *Des Cannibales*, al buen salvaje de Rousseau, a Marx, a Freud y a Breton, Oswald de Andrade propone el movimiento antropofágico como la última de las revoluciones. Una revolución que, en última instancia, aboliría el sistema patriarcal capitalista para restituir, a través de las conquistas tecnológicas, una nueva era de ocio sagrado –el ocio indígena que fue destruido por los europeos con la introducción de la esclavitud y del sistema de producción– en un nuevo espacio: el Matriarcado de Pindorama, nombre de la tierra del Brasil en *nheengatú*, la "lengua general" indígena. En esta valoración de lo indígena vemos que, mientras la vanguardia parisina buscó en África y en la Polinesia el sustrato primitivo para diseñar los principios del cubismo, el Brasil lo descubrió en su propia tierra. Por eso, en la conferencia pronunciada en 1923 en la Sorbonne, Oswald de Andrade afirmaba que en el Brasil "el negro es un elemento realista".

El Brasil no resiste a las resonancias europeas vanguardistas en las conocidas búsquedas de lo primitivo ya presentes en Gauguin, Picasso, Paul Klee, el Aduanero Rousseau y en la literatura negrista de Paul Morand, André Gide, Blaise Cendrars, entre los principales, y en revistas como *Cannibale* (1920), de Francis Picabia. La ventaja con relación a Europa es que en el Brasil lo primitivo emana como una fuerza interior autóctona, sin recurrir al artificio de la importación. Por eso, a Tarsila, para pintar *A Negra* en 1923, le bastó la rememoración de una fuerte presencia afrobrasileña en su infancia.[5] Y, por eso, también las historias de los indios antropófagos tupinambás, plasmados en la narrativa de Hans Staden (*Zwei Reisen nach Brasilien*, Marburgo 1557), volvieron a circular con altos tirajes, gracias al esfuerzo de divulgación por parte de Monteiro Lobato, en el Brasil de los años veinte. La fecha inaugural de la nueva era antropofágica, fijada por Oswald de Andrade en su manifiesto, es el año 374, en el que tiene lugar la deglución del Obispo Sardinha por parte de los indios caetés del nordeste del Brasil. Lejos de saciar el hambre, el acto de la devo-

5. No podemos olvidar que en 1922 habían pasado menos de tres décadas de la abolición de la esclavitud en el Brasil.

ración (acto "marxilar", como diría irónicamente Oswald de Andrade para resaltar su sentido dialéctico), tiene un valor ritualístico de incorporación de los atributos del "otro", gesto tribal que, al asimilar y añadir las cualidades del enemigo, tiene por finalidad superar las limitaciones del "yo". "La razón antropofágica", como la denomina Haroldo de Campos, es, por fin, el gesto ideológico que Oswald de Andrade encuentra para resolver el dilema de la dependencia cultural de los centros europeos en ebullición (París, Berlín, Moscú, Milán, Florencia, Lisboa), sin caer en la mera imitación de modelos extranjeros ni tener que refugiarse en los desgastados temas locales, pregonados por las tendencias nacionalistas.

Dos imágenes emblemáticas ilustran el concepto de antropofagia. Por un lado, la fotografía, de autoría de José Medeiros, de un indio yawalapití en la "Expedición Roncador-Xingú" de 1949, que sintetiza el binomio naturaleza/cultura, floresta/máquina –o, si se prefiere, el "crudo/cocido" de Lévi-Strauss– mediante la admirable toma del indígena empujando la hélice de un monomotor. Se trata de la perfecta traducción del "bárbaro tecnizado" de Eduard von Keyserling, al que alude Oswald de Andrade en su manifiesto.

Por otro lado, *Antropófago*, el dibujo prácticamente desconocido del pintor pernambucano Vicente do Rego Monteiro, de 1921. Esta imagen nos revela un indio escultural, recostado en la placidez de un ocio paradisíaco, perdido con la llegada del primer portugués al Brasil y saboreando un fémur. Le cabe a su autor, si no el papel de precursor de la temática de la antropofagia, el de ser su verdadero anticipador. En 1920 descubre la cerámica de los indios de la isla de Marajó, en el norte del país; se vuelca a la temática indígena con intensidad y, aún en ese año, expone en São Paulo cuarenta y tres muestras de dibujos y acuarelas que, posteriormente, se llevan a Río de Janeiro y a Recife. Sin duda, resulta difícil creer que Oswald de Andrade, quien desde muy pronto sigue de cerca los pasos del movimiento de la pintura nacional, no viera esta muestra en São Paulo y no se enterara de las repercusiones de la misma en Río de Janeiro.[6]

Según las palabras del crítico brasileño Walter Zanini, Rego Monteiro es el primer artista moderno que se vuelca de forma sistemática en los aspectos congénitos del país, a través de representaciones de la vida y de las leyendas indígenas.[7] En 1921 el pintor fija su residencia en París y, dos años después, publica allí su espléndido libro ilustrado *Legendes, Croyances et Talismans des Indiens de l'Amazone* (1923), en el que introduce muchas de las tradiciones y mitos indígenas que reaparecerán en la célebre novela antropofágica de Mário de Andrade, *Macunaíma* (1928). Nuevamente, resulta difícil pensar que Oswald de Andrade no hubiera visto en París este libro ni la producción pictórica de Rego Monteiro, vinculada al tema indígena que también las vanguardias desarrollarían. Por eso, el pintor, al ser invitado en 1930 por Oswald de Andrade a adherirse a la tribu antropófaga, rechaza el pedido, pues se considera anterior al grupo y, por lo tanto, su precursor.[8] En este sentido, es preciso decir que, hasta hoy, no se le ha restituido a Rego Monteiro el papel que desempeñó, aunque de forma incipiente e indirecta, en la historia del movimiento modernista.

Sin duda, podemos llegar a una conclusión: a aquello que Rego Monteiro y Mário de Andrade intuyen y anticipan, Oswald de Andrade le da sustentación teórica, Tarsila do Amaral extraordinaria forma plástica y, de esta feliz combinación, resulta una aguerrida retórica de política cultural, celebrada hasta nuestros días. La poesía y la pintura Pau-Brasil de Oswald de Andrade y de Tarsila de 1924 prefiguran, cuatro años antes, el movimiento de la antropofagia, que tiene lugar en 1928. Ambos artistas se conocen en 1922 y, dos años después, Oswald publica su "Manifiesto de la Poesía Pau Brasil". Poco después, surge el libro de poesía *Pau Brasil* –publicado en París en 1925, con ilustraciones de Tarsila– y también comienza la producción representativa de la pintura Pau-Brasil: *A caipirinha* (La pueblerina), 1923, *Carnaval em*

Silueta de Mário de Andrade, s.f.

6. Cfr. "Em prol de uma pintura nacional" (1915), en Andrade, O. de: *Estética e política*, organizada por Maria Eugenia Boaventura (Globo, São Paulo 1992, p. 141-143).

7. Cfr. Zanini, W.: *Vicente do Rego Monteiro. Artista e poeta*. Empresa das Artes/Marigo Editora, São Paulo 1997, p. 69.

8. Cfr. Andrade G.: "A relação entre texto e imagem na poesia latino-americana do século XX" (Tesis doctoral en curso. Universidad de São Paulo).

Madureira (1924), *Morro da favela* (1924), *La gare* (1925) y otras telas de la misma serie.[9] El uso metafórico del pau-brasil, la madera que fue el primer producto de exportación brasileño, ya contiene el germen del movimiento, al subvertir la tradicional relación entre metrópoli y colonia: "Dividamos: Poesía de importación. Y la poesía Pau Brasil, de exportación", afirma Oswald de Andrade en el "Manifiesto de la Poesía Pau Brasil". Por el valor de su pigmento rojizo, el palo brasil, de difícil obtención, fue muy disputado y valorizado, a partir del siglo XV, por la moda de las cortes europeas y por la de los hábitos usados por la jerarquía de la Iglesia.

Se trata de la radicalización de una poesía y de una pintura ingenua, en que el tema nativista es reciclado según los procedimientos de la vanguardia internacional. Finalmente, el cierre del manifiesto de Oswald de Andrade sintetiza e invierte el sentido tradicional del concepto de "bárbaro" y nos da la dimensión multiculturalista de esta revolución: "Bárbaros, crédulos, pintorescos y tiernos. Lectores de periódicos. Pau Brasil. La floresta y la escuela. El Museo Nacional. La cocina, el mineral, y la danza. La vegetación. Pau Brasil".

La formidable pareja, "Tarsiwald" como los llegó a llamar Mário de Andrade, participa de una de las etapas más creativas y más intensas de las vanguardias históricas brasileñas: desde la agresiva *Revista de Antropofagia* (1928), Oswald ataca el *establishment* cultural y artístico brasileño, mientras Tarsila produce la etapa más fecunda y radical de su pintura. Así rememora ella, en forma de síntesis, estos dos momentos:

"Mi pintura, que fue llamada Pau-Brasil, tuvo su origen en un viaje a Minas, en 1924, con Doña Olívia Guedes Penteado, Blaise Cendrars, Mário de Andrade, Oswald de Andrade, Gofredo da Silva Telles, René Thiollier, Oswald de Andrade Filho, que era un niño, y yo. El contacto con la tierra llena de tradición, las pinturas de las iglesias y de las viviendas de aquellas pequeñas ciudades esencialmente brasileñas –Ouro Preto, Sabará, São João del Rei, Tiradentes, Mariana y otras– despertaron en mí el sentimiento de brasilidad. Son de esa época las telas *Morro da favela* y *Religião brasileira* y muchas otras que se encuadran en el movimiento Pau-Brasil, creado por Oswald de Andrade.

Otro movimiento, el antropofágico, resultó de un cuadro que, el 11 de enero de 1928 pinté para regalárselo a Oswald de Andrade quien, frente a aquella figura monstruosa de pies colosales pesadamente apoyados en la tierra, llamó a Raul Bopp para compartir su espanto. Ambos, delante de ese cuadro, al cual le dieron el nombre de *Abaporu* –antropófago–, resolvieron crear un movimiento artístico y literario con raíces en tierra brasileña."[10]

3 LA RUTA ANTROPOFÁGICA DE MÁRIO DE ANDRADE

Aunque no de manera oficial y en un estilo contrapuesto y complementario al de Oswald de Andrade, Mário también embarca en la ruta antropófaga. Su gran viaje es de carácter interno, mental; le sirven de medios la magnífica biblioteca, en cuyos anaqueles –como observa Telê Ancona Lopez– se mueve como un verdadero *globetrotter*,[11] y una gigantesca correspondencia con todo el país. Sus viajes, raros pero fundamentales, son tres en total y todos lo conducen a la médula del Brasil. Después del "viaje barroco" a Minas Gerais, de 1924, el gran viaje es por el Amazonas, de mayo a agosto de 1927. Por último, a fines del 28 e inicios del 29, realiza el "viaje etnográfico" por el Nordeste del Brasil (Alagoas, Río Grande do Norte, Paraíba y Pernambuco), destinado a registrar elementos folclóricos. El resultado visual de estos dos últimos periplos suma más de ochocientos registros fotográficos, todos ellos con anotaciones personalizadas en cada una de las fotos de 3,7 x 6 cm. La serie de tomas revela su talento visual innato y su observación nos permite señalar que hay entre ellas un denominador común: una doble mirada dirigida

Vicente do Rego Monteiro en motocicleta, Recife, 1945

Vicente do Rego Monteiro. Prueba Automovilística, Francia, final de los veinte.

9. Es necesario aclarar que, en la cronología, la obra no se subordina exclusivamente a la temática Pau-Brasil; por ejemplo, *A Negra*, de 1923, tiene mucha más afinidad con la temática de antropofagia.

10. Cfr. el testimonio en el *Catálogo da exposição Tarsila 1918-1950*. Museu de Arte Moderna, São Paulo diciembre de 1950; ver también ensayo de Tarsila, "Pau-Brasil y Antropofagia" (1931), reproducido en el dossier documental de este catálogo.

11. Cfr. en *Mário de Andrade: fotógrafo e turista aprendiz*. Instituto de Estudos Brasileiros, São Paulo 1993, p. 113.

hacia la naturaleza y hacia el propio sujeto. Se trata de un verdadero descubrimiento de dos interiori-
dades –una geográfica y otra psíquica– que se complementan. Fotos magistrales como *Sombra mía* o
Retrato de mi sombra – ¿dónde está el poeta?, así como los innumerables retratos de sí mismo (en pija-
ma, con trajes típicos, con ropa de bañista, como timonel con su *kodak*), son reveladoras de la búsqueda de un yo; un yo que se funde con las entrañas del Brasil y que, poco tiempo después, aún en el año
28, desembocará en la escritura de la gran novela *Macunaíma*, cuyo primer capítulo aparece en forma
de anticipo precisamente en el segundo número de la *Revista de Antropofagia*.

De esta inmersión en el universo amazónico también forma parte Raul Bopp. Nacido en Río Grande
do Sul, este poeta y diplomático produce *Cobra Norato* (1931), un libro de poemas que puede ser considerado el último gran heredero de la estirpe de los "antropófagos". Participante activo del movimiento, pues incluso fue "gerente" de la *Revista de Antropofagia* y, años más tarde, su historiador (*Vida
e morte da antropofagia*[12]), le dedica su libro a Tarsila do Amaral. Con cubierta del pintor Flávio de
Carvalho, su obra es un gran viaje poético por los mitos amazónicos y, posiblemente, el más brasileño de los libros de poemas brasileños de todos los tiempos, como llegará a decir Carlos Drummond
de Andrade.[13]

En contraste con la perspectiva nacionalista-telúrica, presente en *Macunaíma*, en *Cobra Norato*, y en la
obra de Cassiano Ricardo, *Martim Cererê*, de 1928, encontramos la vehemencia de la poesía urbana
propia de las vanguardias en la *Paulicéia desvairada*, de Mário de Andrade y, en especial, en el grupo de
poemas "Postes da Light", en la obra *Pau Brasil*, de Oswald de Andrade. En la *Paulicéia desvairada*, el
"Prefacio interesantísimo" –en forma de poema– vale como manifiesto, como afirmación de principios
literarios, reveladores de una relación conflictiva entre las imposiciones de la tradición y las urgencias
de la modernidad. El poema "falação" ["charla"], que abre el libro *Pau Brasil*, también se presenta como
poema-manifiesto, anticipando tres años los principios enunciados en el "Manifiesto Antropófago". En
la narrativa urbana surge como novedad la prosa cinematográfica en la que se destacan dos novelas:
Memórias sentimentais de João Miramar (1924) de Oswald de Andrade y *Pathé Baby* de 1926, que es el
primer libro de Alcântara Machado, director de la *Revista de Antropofagia*. La primera obra inaugura,
con su sintaxis fragmentaria, la prosa cinematográfica en el Brasil. La segunda abre con un verdadero
programa de cine, que promete veintitrés secuencias europeas. Cada una de ellas, ilustrada por A. Paim
Vieira –que firmaba como Paim–, corresponde a una ciudad: una caricatura que simula una pantalla
de cine mudo, acompañada por cuatro músicos que poco a poco desaparecen del escenario. En su
voluntad de "kodakar" el mundo, *Pathé Baby* podría ser considerada, como estructura y tema, hermana gemela de *Veinte poemas para ser leídos en el tranvía* (1922), de Oliverio Girondo. Pero el cosmopolitismo de Alcântara Machado, fruto de la inevitable *tournée* por Europa, deja de lado en este texto
cualquier tipo de referencia al Brasil.[14]

Pero esta misma década de los veinte, tan intensamente cosmopolita, es también testigo de un gran
número de huelgas obreras y movimientos nacionalistas, como la mítica "Columna Prestes" que, bajo el
mando de Luís Carlos Prestes, capitanea, de marzo de 1925 a febrero de 1927, una marcha militar sin precedentes por trece estados del Brasil manifestando su oposición a la República Vieja (régimen de Arthur
Bernardes) y sumando casi veinticinco mil kilómetros sin una derrota. La década culmina con la guerrilla antropofágica que Oswald de Andrade emprende a través de su revista, coincide con el agotamiento
de los "ismos" europeos y entra en su mayor crisis con el *crack* de la bolsa de Nueva York en el 29 y la
revolución del 30 en el Brasil. Ésta marca el final de la República Vieja y da inicio a la Era Vargas, que de
1937 a 1945 se radicalizará bajo un régimen dictatorial conocido como Estado Novo.

ANTÔNIO DE ALCÂNTARA MACHADO
Pathé Baby, 1926
Biblioteca Guita y José Mindlin

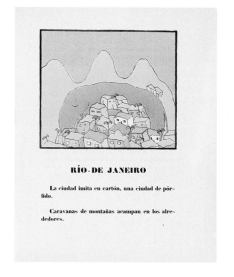

OLIVERIO GIRONDO
Veinte poemas para ser leídos en el tranvía
Colouma, París 1922
Colección MJM, Madrid.

12. Civilização Brasileira/INL, Río de Janeiro 1977.

13. Cfr. en *Poesia completa de Raul Bopp*, org. por
Augusto Massi (José Olympio/Edusp, Río de
Janeiro/São Paulo 1998, p. 41).

14. Con sus otros dos libros sucederá lo contrario (*Brás,
Bexiga e Barra Funda* y *Laranja da China*).

Tarsila, Tribunal de menores, del libro de Osório
César: *Onde o proletariado dirige...*, 1932
Ilustrado por Tarsila do Amaral
Libreria A Sereia.

4 DE LO ESTÉTICO A LO POLÍTICO: La década de los treinta

Los cambios no se hacen esperar en los medios artísticos y culturales del país. Con el *rappel à l'ordre*, el artista cosmopolita le cede paso al intelectual *engagé*. De hecho, esta década pone fin al experimentalismo estético de las vanguardias y abre paso a la investigación de lo social, privilegiando el compromiso político y estableciendo una nueva sintonía con lo que está sucediendo en la Europa de entreguerras. Oswald de Andrade reniega de su pasado vanguardista y se autodenomina "payaso de la burguesía". Junto con Patrícia Galvão (Pagú), su nueva compañera, funda el aguerrido periódico *O homem do povo* (1931) y pasa a escribir novelas de compromiso social. No menos comprometida es la novela de Pagú, *Parque industrial. Romance proletário,* de 1933, que publicó bajo el seudónimo de Mara Lobo. En este mismo año el escritor Jorge Amado, ya militante del PC de Río de Janeiro, en la presentación de su segunda novela *Cacáu,* de 1933, se plantea el siguiente interrogante: "Traté de contar en este libro, con un máximo de literatura para un máximo de honestidad, la vida de los trabajadores en las haciendas de cacao del sur de Bahía. ¿Será una novela proletaria?"

Los ecos de la revolución de octubre se fortalecen y el viaje a París se reemplaza, ahora, por el viaje a Moscú. Sobrevive como registro de esta etapa el libro de Osório César, *Onde o proletariado dirige...* de 1932, memoria del viaje a Rusia con su compañera Tarsila do Amaral, quien le dedica una magnífica cubierta y varios dibujos para tal publicación. Pero nada ilustra mejor este vuelco hacia el arte comprometido con la clase obrera que el óleo *Operários* (Obreros) de Tarsila, de 1933. En esta especie de mural social de época se amontonan en serie los ovalados y sombríos rostros de obreros representantes de las más diversas etnias sobre un fondo de chimeneas verticales, contraponiéndose claramente al luminoso clima utópico, onírico y cromático de la década anterior.

La otra cara del modernismo cosmopolita y urbano, fundamentalmente encabezado por Oswald y Mário de Andrade, que nuclea escritores y pintores en São Paulo y Río de Janeiro, también tiene dos vértices geográficos. Uno, en el sur, con la figura pionera de Monteiro Lobato. El otro, en el nordeste, representado por la fecunda inspiración del sociólogo Gilberto Freyre. En sus primeros libros, *Urupês* de 1918 y *Jeca Tatú* de 1919, el escritor paulista Monteiro Lobato hace hincapié en una tradición nacionalista y rural. El antihéroe Jeca Tatú es un campesino del estado de São Paulo (el *caipira*), caracterizado como triste, indolente y enfermo. A pesar del magnífico carácter emprendedor de Monteiro Lobato, defensor acérrimo de las cuestiones nacionales, o tal vez precisamente por esto, su Jeca Tatú se identifica con el perfil pesimista diseñado por Paulo Prado una década más tarde en *Retrato do Brasil,* cuyo significativo subtítulo es "Ensaio sobre a tristeza brasileira". Por detrás de ambas tentativas de definición de la brasilidad –la de Lobato y la de Prado– están las conocidas y prejuiciosas teorías de la indolencia tropical, herederas de la antropología del XIX.

Hacia fines de los años veinte, Menotti del Picchia, Cassiano Ricardo y Plínio Salgado habían formado un grupo cuyo exacerbado nacionalismo derivó en abierta oposición a la antropofagia de Oswald de Andrade. La consigna era dar la espalda a Europa y a la cultura urbana, vistas como contaminadas y decadentes; por eso, Plínio Salgado pregona una guerra contra todo lo que, inculcándose como brasileño, fuera esencialmente extranjero y, en este sentido, aclara: no se trata de indianismo sino de americanismo; de la absorción de la vida urbana por el espíritu rudo del sertón, donde están las grandes reservas nacionales.[15] Estos principios desembocan en el movimiento del "Anta", en español "tapir", y en el Verdeamarillismo, cuyos postulados se encuentran en los libros *A anta e o curupira* (1926) y *O curupira e o carão* (1927).[16] Las consecuencias de este nacionalismo conservador y xenófobo las vemos en los años treinta con el Movimiento Integralista, de inspiración fascista, bajo el liderazgo de Plinio Salgado.[17] Una de sus mejores expresiones iconográficas la encontramos en la poco conocida revista *S. Paulo* (1936), dirigida por Cassiano Ricardo, en la cual el elogio a la productividad, a la perfección física, al ejemplo y al orden dignificantes constituyen una versión tropical de la estética fascista.

En el otro vértice geográfico, cuatro años después de la "Semana del 22", se organiza en Recife –capital del estado de Pernambuco– el Primer Congreso Regionalista del Nordeste (febrero de 1926). Con éste se inaugura una tradición que incluye, en el área de la pintura, nombres como los de Cícero Dias y Vicente do Rego Monteiro y, en la poesía, una serie de autores que va desde Jorge de Lima hasta João Cabral de Melo Neto, pasando por el Manuel Bandeira de la "Evocación de Recife". No por casualidad, en estos mismos años Cícero Dias completa su gran mural *Eu vi o mundo... ele começava no Recife* (Yo vi el mundo... éste empezaba en Recife), 1926-29.[18] La visión etnocéntrica de Recife como ombligo del mundo no es privilegio de Cícero Dias. Gilberto Freyre nos presenta una visión del mundo que trata de hacer frente y protegerse del sur urbano, modernizante y cosmopolita. ¿Cómo? Defendiendo una tradición "nordestina", de la forma que aparece retratada en el Primer Congreso y, posteriormente, en el Manifiesto Regionalista, en el que defiende a ultranza la región del nordeste en todos sus aspectos: población rural, turismo, culinaria, artesanía, arquitectura, naturaleza, farmacología, música y patrimonio histórico y artístico. Una revolución local que, para hacer sobrevivir sus diversidades, se ve compelida a dar la espalda a Europa (y al sur del país) y, en esencia, a todo aquello que en el Brasil no fuese o no representase los valores del nordeste. En este sentido, así termina el manifiesto de 1926:

"[De todo lo cual se deduce] la necesidad de que este Congreso de Regionalismo se defina a favor de valores así negligenciados, y no solamente en pro de las iglesias maltratadas y de los jacarandás [...], de la plata y el oro de familia y de la iglesia, vendidos a los extranjeros por brasileños para quienes la conciencia regional y *el sentido tradicional del Brasil está desapareciendo bajo una ola de mal cosmopolitismo y de falso modernismo. Es todo el conjunto de la cultura regional el que necesita ser defendido y desarrollado.*"[19]

Pocos años más tarde, el mismo Gilberto Freyre revolucionaría los estudios de sociología y de antropología en el Brasil con *Casa-grande & senzala* (1933),[20] libro que hasta hoy se edita con el dibujo de Cícero Dias. Éste, en gran formato y en estilo *naif*, reproduce la casa del dueño de la hacienda (*o senhor do engenho*) y la de los esclavos.[21] Los estudios para explicar el carácter brasileño adquieren ahora un cuño menos intuitivo, más académico. Con Gilberto Freyre, que revoluciona los estudios afrobrasileños, se pasa del concepto de raza al concepto de cultura. Así como en el Perú de 1928 surgen los *7 ensayos de interpretación de la realidad peruana* de Mariátegui y en Cuba una serie de obras de Fernando Ortiz que culminan con el *Contrapunteo cubano del tabaco y del azúcar* de 1940, en el Brasil de esos años algunos autores adoptan la postura de "explicadores" del país y desarrollan una especie de vocación para el ensayo. Surge, entonces, por primera vez, un análisis apoyado en principios marxistas; se trata de la obra de Caio Prado Jr., *Evolução política do Brasil. Ensaio de interpretação materialista da história brasileira* de 1933. Y aparece también *Raízes do Brasil* (1936), de Sérgio Buarque de Holanda,[22] que inaugura la colección "Documentos Brasileños", dirigida precisamente por Gilberto Freyre. La obra explica el "carácter brasileño", a partir de las tradiciones y el lenguaje que, según el autor, moldean lo que él denomina "hombre cordial", formulación que se contrapone a la de Mário de Andrade que, en los años veinte, había definido a *Macunaíma* como "el héroe sin ningún carácter". La tríada "Freyre, Prado Jr. y De Holanda" promueve, a partir de variadas perspectivas científicas, un cambio radical en la reflexión sobre la especificidad de lo brasileño.

En esta misma década de los treinta y a pesar del incipiente papel intervencionista del Estado, empieza a consolidarse el mercado editorial brasileño. Se dejan atrás las típicas ediciones de autor, prácticamente

PLÍNIO SALGADO
A Anta e o Curupira
(El Tapir y la *curupira*), 1934
Colección Waldemar Torres

18. Pintado entre 1926 y 1929 –o sea, cuando el autor tenía entre 19 y 22 años de edad– el panel originalmente medía 2 x 15 metros. La última parte, que incluía la representación de los genitales femeninos, fue objeto de un acto de vandalismo. Actualmente, el cuadro-mural está reducido a 12 metros.

19. La cursiva es nuestra. Cfr. Freyre, G.: *Manifesto Regionalista*, org. por Fátima Quintas (7ª. ed. rev. y aum. Fundaj / Massangana, Recife 1996, p. 75).

20. Existe traducción al español de Benjamín de Garay y Lucrecia Manduca: *Casa-grande & senzala* (Ayacucho, Caracas 1977, 567 págs.).

21. A partir de la novena edición de 1958 el dibujo se convierte en una acuarela, también de Cícero Dias (rep. pág. 177).

22. Existe traducción al español de Ernestina de Champourcin: *Raíces del Brasil* (Fondo de Cultura Económica, México 1955, 182 págs.).

Silueta de Carlos Drummond de andrade, s.f.

autofinanciadas, que marcaron la producción de la generación modernista y se pasa a una etapa en la que predomina el fortalecimiento de editoriales de gran tiraje y de gran calidad, como es el caso de la José Olympio y la Compañía Editora Nacional. En 1936, inclusive, durante el régimen de Vargas se crea el Instituto Nacional del Libro. La hegemonía de la producción editorial del eje Río - São Paulo se ve también desafiada por la antológica Livraria do Globo, con sede en la ciudad de Puerto Alegre, en el extremo sur del país.

La misma década ve nacer también a toda una generación que problematiza con fuerza el hombre de la tierra; se trata de la novela del nordeste, representada por autores oriundos de Pernambuco, de Paraíba, de Ceará, de Alagoas, de Bahía, que Antonio Candido define como una novela fuertemente marcada por el neonaturalismo y de inspiración popular, que se interesa por los dramas característicos del país: la decadencia de la aristocracia rural y la formación del proletariado, en el caso de José Lins do Rego; la poesía y la lucha del trabajador, en la obra de Jorge Amado y Amando Fontes; la vida de los bandoleros del nordeste (los *cangaceiros*) en autores como José Américo de Almeida y Rachel de Queiroz, el éxodo rural en la prosa elaborada de Graciliano Ramos.[23]

Pero los años treinta se destacan, sobre todo, por el surgimiento de los poetas líricos del siglo; se trata de nombres como Carlos Drummond de Andrade, Augusto Frederico Schmidt, Manuel Bandeira, Jorge de Lima y Murilo Mendes. En su poesía se opera un claro pasaje del "modernismo", en tanto escuela, a "lo moderno" en tanto rasgo de una escritura contemporánea. En la correspondencia entre Mário de Andrade y Manuel Bandeira y a sólo dos años de los acontecimientos de la "Semana del 22", el poeta paulista hace esta importante distinción: "No soy más modernista. Pero soy moderno, como tú".[24] Después de haber fundado la vanguardia, Mário de Andrade anticipa una especie de despedida prematura de esa etapa guerrillera, para anunciar lo que será la nueva poesía brasileña, que resurge como la "generación del 30", o segunda generación modernista. En un temprano y certero balance, escribe un largo ensayo sobre la generación que nace en el *annus mirabilis* de 1922 y que culmina con la siguiente afirmación:

"El año 1930 queda precisamente marcado en la poesía brasilera por la aparición de cuatro libros: *Alguma poesia*, de Carlos Drummond de Andrade; *Libertinagem*, de Manuel Bandeira; *Pássaro cego*, de Augusto Frederico Schmidt y *Poemas*, de Murilo Mendes [...] Si se hicieron y se hacen versos no es porque sean jóvenes, sino porque son poetas."[25]

Carlos Drummond de Andrade aparece en el tercer número de la *Revista de Antropofagia* de julio de 1928, con el poema, para la época renovador y provocante, "No meio do caminho". Dos años más tarde, en 1930, publica su primer libro *Alguma poesia* y en él incluye el clásico poema.[26] El poeta de Itabira, estado de Minas Gerais, ya nace con la imagen de gran poeta. Mário de Andrade, tal vez por la proximidad —recordemos que Drummond le dedica el libro–, evita excederse en elogios. Sin embargo, aún explicitando que lo considera el mejor de los cuatro poetas desde el punto de vista del ritmo, no deja de realizar indicaciones que lo consagrarán durante el resto de su existencia. En este sentido, dice: "Carlos Drummond de Andrade, timidísimo, es al mismo tiempo extremadamente inteligente y sensible, rasgos que se contraponen con ferocidad; de todo este combate está hecha su poesía."[27]

El segundo poeta –hoy injustamente olvidado por la crítica– que merece nuestra consideración es Augusto Frederico Schmidt. Mário de Andrade observa sus raíces hebreas pero al mismo tiempo destaca el carácter católico de su poesía que se conjuga con una intensa búsqueda de brasilidad. En este sentido, con referencia a *Pássaro cego*, concluye: "Realmente, éste es el único libro brasileño de poesía contemporánea que siento imposible que un extranjero invente".[28]

23. Cfr. Candido, A.: *Literatura e sociedade*. Companhia Editora Nacional, São Paulo 1973, p. 123.

24. Carta del 29 de diciembre de 1924, en *Correspondência Mário de Andrade & Manuel Bandeira*, org. por Marco Antonio de Moraes (Edusp/IEB, São Paulo 2000, p. 169).

25. "A poesia em 1930" (ensayo de 1932), en *Aspectos da literatura brasileira* (Martins, São Paulo, s.f., p. 27).

26. "En medio del camino había una piedra / había una piedra en medio del camino / había una piedra / en medio del camino había una piedra. // Nunca me olvidaré de este acontecimiento / en la vida de mis retinas tan fatigadas. / Nunca me olvidaré que en el medio del camino / había una piedra / había una piedra en medio del camino / en medio del camino había una piedra." Cfr. *Revista de Antropofagia* 3, Julio 1928, p. 1.

27. Cfr. Andrade, M. de: *art. cit.*, p. 33.

28. Cfr Andrade, M. de: *art. cit.*, p. 43.

En el libro de Manuel Bandeira de 1930, *Libertinagem*, vemos sedimentada la herencia modernista ya en la propia cubierta. El título aparece fragmentado en formato casi constructivista, totalmente aceptable después de la renovadora cubierta de la revista *Klaxon* de ocho años antes, para la cual un Bandeira simbolista había contribuido con un poema en francés, "Bonheur Lyrique". Con tres líneas de cuatro grandes letras cada una –LIBE / RTIN / AGEM– rompe con toda norma y tradición sintácticas. El libro contiene poemas hoy considerados clásicos de la poesía brasileña moderna, como "Vou-me embora pra Passárgada", "Evocação do Recife" o "Poética". Este último es un verdadero poema-manifiesto, en él se afirma: "Estoy harto del lirismo comedido / Del lirismo bien comportado [...] No quiero saber nada más del lirismo que no sea liberación". *Libertinagem* sedimenta varios de los elementos renovadores de la nueva poesía introducida por la generación del 22: el verso libre, las formas irónico-coloquiales, la introducción de elementos populares y cotidianos, la presencia del humor y la búsqueda, en las formas orales, de una expresión genuinamente brasileña. En este mismo libro encontramos el poema "Rondó dos cavalinhos", dedicado a Alfonso Reyes y escrito durante el almuerzo de despedida para éste en Río de Janeiro. Durante los cuatro años en que fue embajador en esta ciudad, Reyes publicó el *Correo Literario de Alfonso Reyes* (1930-1937) y este poema es un registro lírico de la relación entre los dos escritores.[29] En este sentido, los vínculos de Manuel Bandeira con la literatura hispanoamericana son significativos: fue el primer catedrático de esta materia en la Facultad Nacional de Filosofía –posteriormente Universidad Federal de Río de Janeiro– y publicó en 1949 una obra pionera, *Literatura hispano-americana*, con ensayos originales en los cuales se analiza y se traduce, por vez primera en el Brasil, entre otras cosas, la poesía de Sor Juana Inés de la Cruz.[30]

Con respecto a Murilo Mendes, Mário de Andrade, además de considerar su obra *Poemas* de 1930 como el más importante de los cuatro libros que evalúa en el balance que citamos más arriba, ya vislumbra sus relaciones con el surrealismo, relaciones que marcarán gran parte de la producción posterior del poeta.[31] En realidad, Murilo Mendes representa un raro y sofisticado cruce entre cristianismo y surrealismo. Una poesía que en su etapa más madura, de acuerdo con el crítico José Guilherme Merquior, trae un sentido plástico de la finitud, una idea heroica de la divinidad y la poesía como martirio.[32] *História do Brasil* de 1932 –obra que nunca llegó a ser reeditada en vida del autor– aparece con una espléndida cubierta de Di Cavalcanti y establece un puente entre el modernismo heroico del 22 y la producción lírica de la década de los treinta. En este libro, Murilo Mendes retoma la tradición que, en 1925, Oswald de Andrade inaugurara en *Pau Brasil*: una relectura paródica de la historia del Brasil a través de los *poemas-piada* (poemas-chiste), poemas satíricos que rompen con la historiografía oficial del país, como "Homo brasiliensis": "O homem / É o único animal que joga no bicho".[33]

5 IMPULSOS SURREALIZANTES Y TEMÁTICA NEGRISTA

Aunque la década de los treinta se destaca en el panorama cultural del Brasil por la fuerte tendencia socializante, el surrealismo, como último de los "ismos" europeos, también le imprime su marca. Claro que esto ocurre de forma mucho más tenue que en el caso del expresionismo y del cubo-futurismo de la década anterior. Y si bien puede parecer contradictoria la coexistencia del surrealismo con una vena acentuadamente realista, como es el caso de la novela regionalista del nordeste, el hecho es que ambas corrientes, en mayor o menor grado, están presentes en la literatura de la época. Y, en este sentido, el surrealismo, a pesar de que significó una inmersión en el subconsciente, desarrolló como una de sus bases políticas el compromiso social y, a partir de 1927, sus representantes –Breton, Élouard, Aragon y Péret– se afiliaron al PC francés. Péret, surrealista de primera hora, vivió tres años en Brasil, entre 1929 y 1931, pero

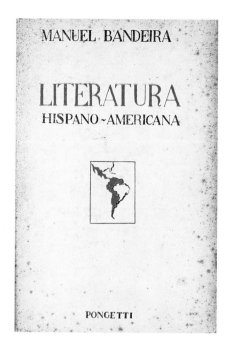

MANUEL BANDEIRA
Literatura Hispano-Americana, 1949
Colección Waldemar Torres

29. Cfr. Montello, J.: "O Brasil no Diário de Alfonso Reyes". *Revista da Academia Brasileira de Letras*. Fase VII. Número 6. Río de Janeiro, 1996, p. 5-13.

30. Mucho después, en 1965, Bandeira traduciría *Los verdes campos del Edén*, de Antonio Gala.

31. "Murilo Mendes no es un *surréaliste* en el sentido de la escuela, pero me parece difícil imaginar un uso más seductor y convincente de la lección sobrerrealista" afirma Mário de Andrade en *art. cit.*, p. 42.

32. Merquior, J.G. "Notas para uma Muriloscopia", en Mendes, M.: *Poesia completa e prosa*, org. por Luciana Stegagno Picchio. Nova Aguilar, Río de Janeiro 1994, p. 14-15.

33. El fragmento explota el juego entre los dos sentidos que el fragmento "jogo do bicho" tiene en Brasil: el literal y el de nombrar a la lotería popular brasileña de carácter clandestino.

Di Cavalcanti, por
Di Cavalcanti, s.f.

sus vínculos con el grupo de la antropofagia, al contrario de lo que ocurrió en el caso de Cendrars, están lejos de haber creado una escuela o dejado una fuerte influencia. Por eso, es necesario aclarar que, cuando en el "Manifiesto Antropófago" Oswald de Andrade afirma que "ya teníamos una lengua surrealista", la afirmación –de tono irónico– se refiere a las lenguas indígenas, anteriores a la imposición de una *ratio* lusitana y del propio surrealismo francés.

Hacia fines de los años treinta empezamos a notar en el Brasil no una marca surrealista, sino un impulso surrealizante, especialmente a través de la poesía y de los fotomontajes de Jorge de Lima. En *A pintura em pânico*, de 1943, este poeta dialoga o responde con cuarenta y cinco fotomontajes al libro de poesía de Murilo Mendes, *A poesía em pânico*, publicado en 1938, precisamente un año antes de que el recurso de los famosos fotomontajes apareciese en la prensa paulista por primera vez, de la mano de Mário de Andrade. La idea de una producción conjunta entre Jorge de Lima y Murilo Mendes, cuyas afinidades éticas y estéticas ya se manifiestan en el libro *Tempo e eternidade* (1935), producido a cuatro manos, aparece en la "Nota liminar" de Murilo Mendes a *A pintura em pânico*, de Jorge de Lima, en la cual afirma: "Empezamos juntos el trabajo". Inclusive, uno de los referidos cuarenta y cinco fotomontajes, el número 9, "A poesia em pânico", es un claro homenaje de Jorge de Lima a su compañero, Murilo Mendes.[34]

De los once fotomontajes originales existentes en el Instituto de Estudos Brasileños de la Universidad de São Paulo que Jorge de Lima le regaló a Mário de Andrade y que se publican en 1939, hemos seleccionado cinco para esta exposición (rep. págs. 184-185). En realidad no se sabe hoy de la existencia de los fotomontajes propiamente dichos: sólo restan de ellos las hermosas versiones fotográficas en tono sepia. Los reúne un tema común: el enigma (de fondo freudiano) del eterno femenino. Las imágenes, de sintaxis típicamente surrealista, no esconden la deuda con Max Ernst, con De Chirico y con Dalí.[35]

Aunque el surrealismo no tiene en el Brasil la fuerza de una escuela, da origen a otras manifestaciones sorprendentes, como es el caso de los cuentos del escritor minero Murilo Rubião, quien en 1947 publica su primer libro, *O ex-mágico*, inaugurando el género fantástico, género en el que combina la herencia de Machado de Assis con una fuerza narrativa de estirpe kafkiana. Al contrario de lo que sucede con el género fantástico en la América Hispánica, Murilo Rubião constituye una verdadera excepción dentro del marco de las letras brasileñas de la época.[36] Resta decir que en el terreno de la artes plásticas, emanan con una fuerza extraordinaria las esculturas surrealistas de Maria Martins.

Otra vertiente tenue, pero no por ello menos genuina, es la que remite al negrismo. Paradójicamente, dado el altísimo componente negro del país, la moda negrista parisina y el Harlem Renaissance de los años veinte no tienen en la literatura brasileña un papel determinante como, de hecho, ocurrió en la poesía afrocubana, en la afroantillana e, inclusive, en la uruguaya de la época. Tampoco se ha dado en la poesía brasileña un cruce entre el surrealismo y el negrismo, como se dio, por ejemplo, en "El rey de Harlem", de Federico G. Lorca (1929). Al contrario, tal vez por ser el elemento constitutivo de lo real –como lo caracterizaba Oswald en su conferencia de 1923 en la Sorbonne–, la temática negrista en la poesía brasileña apunta casi siempre hacia un referente de nítidos contornos realistas. Inicialmente, el modernismo produjo un único libro dedicado exclusivamente al tema: *Urucungo. Poemas negros* (1933) de Raul Bopp, quien se mantiene fiel a la búsqueda de una expresión autóctona, tal como lo había hecho dos años antes con *Cobra Norato* (1931). Entre uno y otro libro se pasa de la mitología de la floresta amazónica a la temática afrobrasileña y, en este sentido, *Urucungo* es prácticamente la única expresión de tal temática. Los treinta no tuvieron en la literatura negrista una fecundidad equivalente a la de un estudio como el de Gilberto Freyre, *Casa-grande & senzala* (1933), quien inclusive dirigió, un año más tarde y en Pernambuco, el Primer Congreso Afro-Brasileño. En este sentido, *Leite Criôlo*, diario negro de Belo

34. Esta imagen, que también ha sido utilizada para la cubierta del libro de Murilo Mendes, *A poesia em pânico*, tiene en el libro atribuida la autoría a él y a Jorge de Lima.

35. Paulino, A.M.: *O poeta insólito: fotomontagens de Jorge de Lima*. IEB-USP, São Paulo1987.

36. Existe traducción al español de Cyro Laviero: Rubião, M.: *La casa del girasol rojo y otros relatos*. Grupo Libro 88, Madrid 1991.

Horizonte cuyo primer número se publica el 13 de mayo de 1929, constituye una verdadera rareza. Además de esta obra, dos libros de temática negrista se destacan en nuestra exposición: *Poemas Negros*, de Jorge de Lima (1947), en el que aparecen varios textos de temática afrobrasileña y que incluye el famoso "Essa negra Fulô", publicado originalmente en el libro homónimo en 1928.

Poemas Negros está ilustrado por Lasar Segall, autor de la segunda obra que incluimos en esta exposición: *Mangue* (1943), libro de grabados que cuenta con introducciones escritas por Jorge de Lima, Mário de Andrade y Manuel Bandeira. En él, Segall diseña la antológica zona de prostitución carioca del barrio de Mangue que, posteriormente, merecerá los grandes poemas de Bandeira y de Vinícius de Moraes. Si bien, en la obra de Segall, artista de origen ruso-lituano, es importante la temática de inmigración o la hebrea, no menos lo es la negrista. Sus pinturas clásicas, como *Menino com lagartixas* (Niño con lagartijas) de 1924, revelan el impacto que el negro y la naturaleza tropical, dos elementos que interpreta como pertenecientes a un mismo universo semántico, ejercieron sobre su espíritu. En este sentido, una lectura más actual nos permitiría afirmar que la mirada europea de Segall siempre identificó al negro del Brasil con el mundo de la pobreza y con el de la naturaleza; y tomando la perspectiva del clásico binomio civilización/barbarie, podríamos interpretar que tal identificación tiene que ver con la "barbarie".

6 NUEVOS RUMBOS: La generación del 45

En 1945, año en el que finaliza la Segunda Guerra Mundial y que coincide con el fin del período que en Brasil comienza en 1930 y que posteriormente se conoce como el del "Estado Novo" (1937-45), surgen las primeras señales de lo que será una gran efervescencia política y cultural. Se realiza en São Paulo el famoso Primer Congreso Brasileño de Escritores, que inicia un proceso gradual de apertura política. En 1946 se promulga la cuarta constitución republicana, que inaugura una era democrática. Un año después se crea el Museo de Arte de São Paulo (MASP) y, en 1948, dos Museos de Arte Moderno: el MAM de São Paulo y el de Río de Janeiro. Hacia finales de 1949 la Compañía Vera Cruz instala la industria cinematográfica y en 1950 surge la primera emisora brasileña de televisión (TV Tupí, São Paulo).

En el terreno de la lírica, el año 1945, que marca una referencia generacional, abre un nuevo horizonte y en él se registran especialmente dos títulos: *A rosa do povo*, de Carlos Drummond de Andrade y *O engenheiro*, de João Cabral de Melo Neto. El único epígrafe de *A rosa do povo* está en el poema "O medo" ("El miedo"), en el cual se reproduce una constatación de carácter muy coloquial de Antonio Candido: "Porque há para todos nós um problema sério ... Este problema é o do medo." Ese "todos nosotros" remite a la así denominada generación del 45, silenciada bajo la dictadura de Getúlio Vargas. Esta generación fue testigo también de varios momentos políticos, como el de la ascensión fascista del Movimiento Integralista de Plínio Salgado, el de la Guerra Civil Española y el de la Segunda Guerra Mundial. Los versos de Drummond, "Éste es tiempo de partido / tiempo de hombres partidos", del poema "Nosso tempo", ilustran con gran lirismo y precisión el ser escindido que escribe tal composición en 1945. *A rosa do povo* condensa, como ningún otro libro anterior o posterior, la tensión entre lirismo y participación, entre individuo y sociedad. La marca sartreana del intelectual *engagé*, que responde a la llamada a la participación social, está presente en el título de uno de los poemas de Drummond: "A flor e a náusea". A pesar del cambio que este poeta produce en los contenidos poéticos, la herencia modernista sigue presente en la expresión de lo cotidiano y en la búsqueda permanente de definición del objeto poético. Bajo este aspecto, Antonio Candido afirma que su poesía difiere de la de los otros modernistas, inclusive de la de Mário de Andrade, pues mientras éstos tratan de detener el transcurso de la cotidianidad a fin de obtener un 'momento poético' suficiente en sí mismo, Drummond procede a una fecundación y a una extensión del hecho, para llegar a una especie de discreta epopeya de la vida contemporánea.[37]

Anónimo
Fotografía de Manuel Bandeira dedicada a Mário de Andrade, 1936,
23,3 x 20 cm
Archivo Mario de Andrade - Instituto de Estudos Brasileiros - USP

37. Cfr. Candido, A.: "Inquietudes na poesia de Drummond", en *Vários escritos*. Duas Cidades, São Paulo 1970, p. 109.

Un aspecto que llama la atención en las relaciones entre cultura y estado es que, precisamente, durante el último período de profunda represión cultural del "Estado Novo", surgen las voces literarias más originales de la segunda mitad del siglo. Hacia finales de 1943 se publica la primera novela de Clarice Lispector, *Perto do coração selvagem*. Si la prosa de vanguardia del modernismo vivió su apogeo con las novelas de Oswald de Andrade –*Memórias sentimentais de João Miramar* y *Serafim Ponte Grande*– y la de Mário de Andrade, *Macunaíma*, la próxima renovación surge dos décadas más tarde, con esta novela de Lispector. En la reseña publicada a pocos meses de su publicación, Antonio Candido manifiesta el impacto causado por esa nueva prosa, difícil de categorizar en aquel entonces. "Tuve un verdadero *shock* al leer *Perto do coração selvagem*" –afirma el crítico–, al entrar en contacto con la novela de una escritora que, hasta el momento, desconocía completamente e, inmediatamente, le vaticina la grandeza que, sin duda, le reservó la posteridad.[38] Con Lispector surge la abolición del clásico tiempo cronológico y se privilegia la dimensión psicológica, el carácter discontinuo de la narrativa, pero ya no en los moldes de la prosa cinematográfica de los modernistas, sino que con los *flashback* proustianos y el flujo de la conciencia de Joyce. Se trata de una obra en la que prevalece una subjetividad femenina próxima a la de Katherine Mansfield y la de Virginia Woolf. Dado el carácter intimista y dilacerado de la obra, nos permitiríamos aplicar a la narrativa de Lispector lo que Manuel Bandeira dijo sobre Murilo Mendes: es semejante a un gusano de seda, que extrae todo de sí mismo.[39]

Las dos grandes voces de la prosa contemporánea brasileña están sin duda representadas en sus cuentos y en sus novelas y, también, en la obra de João Guimarães Rosa. Mientras Lispector trabaja con una prosa que se origina en los centros urbanos, Guimarães Rosa realiza un tratamiento excepcional del lenguaje en el espacio regional. A ambos, por una necesidad académica de adecuarlos a una generación o a una cronología, se les ha considerado como pertenecientes a una tercera generación modernista –la primera sería del 22, la segunda del 30 y la tercera la del 45– o, como también se la ha llamado, a la nueva prosa de vanguardia. Desde nuestra perspectiva, tanto uno como otro superan cualquier categorización. En el caso de Guimarães Rosa –inicialmente, un médico del interior de Minas Gerais y, posteriomente, un diplomático de carrera– sorprende saber que su primer cuento fue publicado en pleno auge de la era antropofágica. Se trata de "O mistério da morte de Highmore Hall", seleccionado en el concurso de la conocida revista carioca *O Cruzeiro*, que lo publicó en el número del 7 de diciembre de 1929.[40] Su primer libro de cuentos, *Sagarana*, es de 1946 y su gran obra, *Grande sertão: veredas*, de 1956.[41] Dos tradiciones confluyen en su *opus magna*: el experimentalismo de las novelas de Oswald y Mário de Andrade de los años veinte y la temática regionalista presente en el paisaje del sertón brasileño de los treinta. Pero, a diferencia de la generación de la novela del nordeste, existe en la prosa roseana el regionalismo comprometido con el referente rural que desemboca en lo universal. El tratamiento dado al lenguaje es absolutamente renovador e inusitado. Una verdadera prosa poética que recuerda la novelística de Joyce, en la que se trata –para usar la terminología de Mário de Andrade– de "desregionalizar" el portugués, utilizando vocablos oriundos de las fuentes y de las regiones más diversas, al punto de ser el propio lenguaje a veces el gran protagonista de la obra. El perfeccionismo de esta escritura está registrado en los bastidores de la novela, cuyos manuscritos registran más de treinta mil variantes.

7 POESÍA CONCRETA: ¿La última revolución?

La década de los cincuenta tiene su auge en los así denominados "años JK" (Juscelino Kubitschek, 1956-60). El inicio de este período constituye una muestra de la gran diversidad lírica en la poesía brasileña. Dos obras maestras surgen en poco espacio de tiempo. Jorge de Lima publica en 1952 *Invenção de Orfeu*,

38. Cfr. Candido, A.: "No raiar de Clarice Lispector" (1944), en *Vários escritos, op. cit.*, p. 126-127.

39. Cfr. Bandeira, M.: "Apresentação de Murilo Mendes", en Mendes, M.: *Poesia completa e prosa*, p. 35.

40. Agradezco la información a Waldemar Torres.

41. En este punto, merece destacarse especialmente la traducción de *Gran sertón: veredas*, de João Guimarães Rosa (Seix Barral, Barcelona 1963, 464 págs.), realizada por Ángel Crespo, nombre del traductor y divulgador de las letras brasileñas en España, gracias a cuya iniciativa circularon muchos de los poetas que mencionamos en este trabajo.

una epopeya de diez cantos y once mil versos, que se considera su texto más importante. Un año más tarde surge otro gran poema de fondo histórico, *Romanceiro da Inconfidência* (1953), de Cecília Meireles. El lirismo de esta poeta de características intimistas se renueva al reconstituir en 85 romances la epopeya histórica de Minas Gerais, que tuvo como mayor héroe y víctima a Tiradentes (1746-92), líder de los *inconfidentes*, quienes trataron de liberar al Brasil del régimen colonial portugués. Un año después de publicado, la artista plástica Renina Katz se inspira en el libro y produce una gran serie de dibujos preparatorios de los grabados de una edición ilustrada, que permanece inédita. Incluimos en nuestra exposición uno de los dibujos de la magnífica serie, preservada por el bibliófilo José Mindlin (rep. pág. 197).

Dibujo de Cecília Meireles por Arpad Szenes, s.f.

En un país con herencias culturales tan diversas, regiones tan contrapuestas y corrientes de pensamiento tan heterogéneas, la literatura está lejos de tener un carácter homogéneo; por eso, no es sorprendente encontrar tal polifonía de obras en un mismo período, como las producidas por Jorge de Lima, Cecília Meireles, Clarice Lispector, João Guimarães Rosa, João Cabral, obras a las que se suman, en esta época, las voces iniciales de la generación concretista. En este sentido, surgen en el campo intelectual latinoamericano las primeras manifestaciones de arte concreto: "La era artística de la ficción representativa llega a su fin", con esta frase comienza en Argentina el "Manifiesto Invencionista", del Grupo Arte Concreto-Invención, publicado en 1946 en la revista *Arte Concreto* de Buenos Aires. Se trata de una evidente crítica al arte realista y de cuño referencial. Pocos años después las publicaciones de tres poetas de São Paulo llaman la atención por apartarse de la tradición literaria de la generación del 45: son ellos Augusto de Campos, Haroldo de Campos y Décio Pignatari. Estos tres jóvenes, que se conocen en São Paulo en 1948, con 17, 19 y 21 años de edad, respectivamente, fundan un movimiento para realizar poco menos que una revolución en la literatura brasileña. Se trata de los inconformistas del 48 –como afirma Décio Pignatari–, que forman el grupo *Noigandres* en 1952 y fundan la poesía concreta en 1956.[42] Es también la época de la Primera Bienal de São Paulo (1951). Cuando el grupo publica sus primeros libros de poesía, está vinculado a la editorial Cadernos do Clube de Poesia, aún en manos de la generación del 45. Son tales libros: *Auto do possesso* (1950), de Haroldo de Campos, *O carrossel* (1950), de Décio Pignatari y *O rei menos o reino* (1951), de Augusto de Campos. En los años siguientes surgen autores totalmente convertidos a los nuevos tiempos: Edgar Braga, José Lino Grünewald, Pedro Xisto, Mário da Silva Brito y Ferreira Gullar quien, en 1954, publica su importante libro de poesía, *A luta corporal*. Un año después se publica *O homem e sua hora*, único libro de poesía del amazonense Mário Faustino (1930-1962) quien, en la segunda mitad de los años cincuenta, se convierte en el mayor divulgador de los nuevos repertorios literarios a través de *Poesia-Experiência* (1956-58), suplemento dominical del *Jornal do Brasil* de Río de Janeiro. Utilizando el precepto poundiano de que la crítica se ejerce por medio de la discusión y de la traducción, trata de restablecer un nuevo linaje, en el que la tradición de la poesía francesa, inglesa y alemana encuentra un cauce en la moderna poesía brasileña, especialmente en la poesía concreta.[43]

Los postulados teóricos del grupo concretista remiten directamente a los olvidados principios de la "Semana del 22" y a una tradición literaria brasileña que busca identificarse con el radicalismo inventivo de Oswald de Andrade, en cuya poesía los concretistas saludan la reducción vocabular (la síntesis del verso), la inserción de lo cotidiano, la palabra como objeto y la extraordinaria fuerza del elemento visual. Se trata de una trayectoria a contramano del expresionismo y del surrealismo, en la que la herencia cubofuturista se dirige rumbo a la abstracción constructivista. Al releer su propia tradición, los poetas concretos reivindican un cierto Drummond de Andrade, un cierto Manuel Bandeira, un cierto Murilo Mendes y mucho del rigor constructivo de João Cabral de Melo Neto. En un momento en que constatan

42. Pignatari, D.: "A situação atual da poesia no Brasil", en: *Segundo Congresso Brasileiro de Crítica e História Literária*. Faculdade de Filosofia de Assis, Assis 1961, p. 386.

43. Cfr. la "Introducción" de Benedito Nunes a Faustino, M.: *Poesia-experiência*. Perspectiva, São Paulo 1977.

mallarmeanamente la "crisis del verso",[44] son ellos los responsables de la creación de una nueva tradición literaria, en la que surgen con fuerza olvidados poetas brasileños del siglo XIX, como Sousândrade (Joaquim de Souza Andrade) y Pedro Kilkerry. Y, en última instancia, son también ellos los responsables por romper, a partir de los años sesenta, con el silencio que reinó durante casi cuarenta años alrededor de la obra de Oswald de Andrade.

Como toda estrategia de vanguardia, el grupo concretista establece un discurso crítico paralelo a la producción poética, sea en forma de manifiestos, como en la reivindicación de un *paideuma*, término poundiano para nombrar la tradición literaria. En primer lugar, asumen el Mallarmé de *Un lance de dados*, los principios ideográmicos de composición –vía Pound y Ernst Fenollosa–, así como los principios del montaje de Eisenstein. En la prosa, Joyce y Gertrude Stein forman parte de este linaje. Se trata de una tradición constructivista –con raíces en las *parole in libertà* futuristas–, en la cual se da una profunda asociación entre lo visual y lo pictórico (Malevich, Mondrian, Albers), distanciados ahora del clásico postulado *ut pictura poesis* y en dirección a la autonomía del signo poético.

La revista *Noigandres* (1952-62),[45] que publica cinco números en el espacio de diez años, es el registro vivo de la evolución del grupo. El primer número representa un marco fundacional. En el número 2 aparece por primera vez el término "poesía concreta". Con el número 3, de 1956, publicado en ocasión de la I Exposición Nacional de Arte Concreto en el Museo de Arte Moderno de São Paulo, se funda oficialmente el movimiento. Pocos meses después, en febrero de 1957, la misma exposición tiene lugar en el famoso edificio del Ministerio de Educación y Cultura de Río de Janeiro. Renace en esta muestra, y con gran intensidad, el espíritu interdisciplinario de la "Semana del 22".[46] En el número 3, se introduce la abolición del verso tradicional y se crea una nueva sintaxis espacializada. El poema adquiere cualidades cromáticas y cobra una dimensión que se vincula al ambiente urbano, al lenguaje de los periódicos, de los medios, de los carteles y del *design* industrial. Y aún más: se eliminan las tradicionales distancias entre forma y fondo, en la cual los signos adquieren una autonomía "verbivocovisual". La correspondencia con Ezra Pound y el diálogo con Eugen Gomringer y con Max Bill le otorgan al proyecto una dimensión internacional, desconocida hasta entonces por la poesía brasileña. El cuarto número, de 1958, contiene el "Plano-Piloto para Poesia Concreta", nombre que coincide con el que, un año antes, se había utilizado para realizar el "Concurso do Plano Piloto da Nova Capital do Brasil". Al año siguiente, en 1959, coincidiendo con la I Exposición de Arte Neoconcreto en el MAM de Río de Janeiro que marca la fundación de toda una nueva generación artística, Ferreira Gullar, distanciado ya del grupo concretista, publica el "Manifiesto Neoconcreto". El quinto y último número de la revista *Noigandres* es de carácter retrospectivo; el subtítulo "Do verso à poesia concreta 1949-1962" indica el cierre de un capítulo del movimiento como tal y abre nuevos rumbos y tendencias.

En 1960 se inaugura Brasilia, la nueva capital del país, con un programa oficial de música compuesta por dos líderes de la Bossa Nova: Tom Jobim y Vinícius de Moraes: *Sinfonia da Alvorada*. En el transcurso de ese mismo año, surge el "Cinema Novo" y el panorama cultural del país inicia una nueva etapa. En 1961, durante el II Congreso Brasileño de Crítica e Historia Literaria en la ciudad de Assis (São Paulo), Décio Pignatari anuncia "el salto participante", que representa la faz comprometida de la poesía concreta. A esta altura ya vemos realizadas algunas de las profecías de Oswald de Andrade. Cuando el poeta paulista afirmó que "a massa há de chegar ao biscoito fino que eu fabrico", no sospechaba que su poesía, así como sus manifiestos y ensayos filosóficos, producirían una verdadera revolución, con desdoblamientos en la literatura y en las artes plásticas, con el concretismo y el neoconcretismo; en el teatro, con José Celso Martinez Correia; en la música, con el movimiento tropicalista; e, inclusive, en el cine de Joaquim Pedro

44. Cfr. Pignatari, D.: *art. cit.*, p. 372.

45. *Noigandres* (*d'enoi ganres*), palabra introducida en la poesía provenzal de Arnaut Daniel y recuperada en el *Canto XX* de Ezra Pound, connota "algo que protege contra el tedio".

46. Prueba de lo que decimos es la observación de Mário Faustino, quien comenta que, en el momento en que la exposición se encuentra en el Ministerio de Educación, un grupo de poetas de vanguardia se junta a escultores, pintores, grabadores y dibujantes en un esfuerzo en pro de la solución de algunos de los aparentes impases estéticos de la época (cfr. Faustino, M.: *op.cit.*, p. 209).

de Andrade y de Júlio Bressane. Y aún más: la profecía antropofágica de Oswald de Andrade se realizó en la cultura brasileña emancipada y de exportación.

8 HOMENAJE A ESPAÑA: Murilo Mendes y João Cabral de Melo Neto

Uno de los núcleos bibliográficos propuestos para esta exposición está dedicado a las relaciones entre la moderna poesía brasileña y España. *Tempo espanhol*, de Murilo Mendes, publicado en Lisboa en 1959, es un sofisticado pasaporte poético por la geografía, la literatura, la pintura, la arquitectura y la música de España. Lo complementa *Espaço espanhol*, libro póstumo organizado por Luciana Stegagno Picchio, escrito en Roma entre 1966 y 1969, que también podría verse como un cuaderno de viaje, esta vez en prosa. En él Murilo Mendes retoma muchos de los temas de la poesía anterior y revela sus estrechos vínculos con la *intelligentsia* española. Esta sucesión de fragmentos (semejantes en estructura a sus *Retratos-relâmpago*), demuestra la pasión de Murilo Mendes por un país donde podría haberse establecido si en 1956 –un año antes de radicarse definitivamente en Roma– la España franquista no le hubiese negado la residencia en el país.[47]

Pero el gran homenaje a los vínculos entre Brasil y España le cabe a João Cabral de Melo Neto. Éste pertenece a la estirpe de los poetas-diplomáticos que, al contrario de Murilo Mendes, tuvo varias permanencias en España. Su obra poética –desde *Paisagens com figuras* (1954-55) hasta sus últimos libros: *Sevilha andando* y *Andando Sevilha* (1987-93)– está impregnada del ambiente de Andalucía y Sevilla; una poesía especialmente habitada por mujeres sevillanas. Durante su estadía como vicecónsul en Barcelona (1947-50) se dedicó a imprimir en su gráfica artesanal, "El Libro Inconsútil", pequeñas tiradas de libros. Se trata de obras que son hoy pequeñas rarezas bibliográficas y constituyen un testimonio de su esfuerzo por difundir la poesía brasileña en España pues, además de obras de su autoría, publicó la poesía de Ledo Ivo, Joaquim Cardozo, Cecília Meireles, Murilo Mendes, Augustro Frederico Schmidt, Vinícius de Moraes y Carlos Drummond de Andrade. Pero, además, algunos de los ejemplares de su imprenta revelan los diversos vínculos que Melo Neto estableció con poetas españoles contemporáneos. En este sentido, hoy nos sorprende saber que *Sonets de Caruixa*, el primer libro de poesía del catalán Joan Brossa, haya salido de esa gráfica. Éste es el caso también, entre otros, de la poesía de Alfonso Pintó y de Juan Eduardo Cirlot.[48]

Por último, como prueba de la relación estrecha que Melo Neto estableció con España, es necesario mencionar el extenso ensayo, de su autoría, sobre la pintura de *Joan Miró* (1950), publicado en Barcelona por Edicions de l'oc, con dos grabados originales del pintor catalán, en una reducida y lujosa edición de 150 ejemplares. También no deja de causar sorpresa su exhaustivo trabajo académico *O Arquivo das Índias e o Brasil. Documentos para a história do Brasil existentes no Arquivo das Índias de Sevilha* (1966), un imponente trabajo de tenor científico: una bibliografía de casi ochocientas páginas de documentos depositados en el famoso archivo, referentes al Brasil.

Sin duda, como ya anticipamos, João Cabral siempre buscó en su poesía vínculos y paralelismos entre el Pernambuco natal y Sevilla. Una espléndida muestra de lo que decimos, la encontramos en los dos poemas, en realidad, las dos variantes geográficas de una misma matriz genética, que reproducimos a continuación:[49]

47. Cfr. Mendes, M.: *Poesia completa e prosa, op. cit.*, p. 72.

48. Los testimonios de Joan Brossa y A. Tàpies reproducidos en el dossier del catálogo, son la prueba contundente de estos fuertes vínculos de João Cabral con artistas y escritores catalanes.

49. Ambos poemas, traducidos por Rodolfo Mata, pertenecen al libro *A educação pela pedra* de la *Obra Completa* de João Cabral de Melo Neto, p. 337 y 344. Conservamos en cursiva, las palabras que, en el original en portugués, aparecen en español.

Cosas de cabecera, Recife

Diversas cosas se alinean en la memoria
en un estante con el rótulo: Recife.
Cosas como de cabecera en la memoria
a un tiempo cosas y, al mismo, índice;
y como en índice: densas, recortadas,
bien legibles, en sus formas simples.

2

Algunas de ellas, además de las contadas:
el tragaluz, cristal del número cuatro;
y los adoquines de algunas calles,
de líneas elegantes mas de grano áspero;
las vigas de tejados, puntas agudas
también como para cortar, tejados;
las casas, paginadas como en *romancero*,
varias columnas por folio, encuadernadas.
(Cosas de cabecera, afirmando módulos:
ejemplo, el bulto esbelto de los pisos altos).

Cosas de cabecera, Sevilla

Diversas cosas se alinean en la memoria
en un estante con el rótulo: Sevilla.
Cosas en su origen sólo expresiones
de gitanos de ahí; mas claras y concisas
al grado de condensarse en cosas,
bien concretas, en sus formas nítidas.

2

Algunas de ellas, además de las contadas
no *esparramarse*, hacer la dosis correcta;
por derecho, hacer cualquier quehacer,
y el del ser, con la incorrupción de la recta;
con nervio, dar la tensión a lo que se hace
de la cuerda de arco y la re-tensión de la flecha;
pies claros, calidad de quien baila,
si bien puntuado el lenguaje de la pierna.
(Cosas de cabecera suman: *exponerse*,
hacerlo en el extremo, donde el riesgo comienza).

De la película *Liames, o mundo espanhol de João
Cabral de Melo Neto*, 1979
© Instituto Moreira Salles

HANS STADEN
Meu captiveiro entre os selvagens do Brasil
(Mi cautiverio entre los salvajes de Brasil), 1925
Libro
Cilza Bignotto

MICHEL EYQUEM DE MONTAIGNE
Essais (Ensayos), 1604
Libro
Biblioteca Guita y José Mindlin

HANS STADEN Y CÂNDIDO PORTINARI
Portinari devora Hans Staden, 1998
Libro, Ilustración de Hans Staden, *Zwei Reisen Nach Brasilien*, Marburgo, 1557.
Jorge Schwartz

VICENTE DO REGO MONTEIRO

Legendes croyances et talismans des Indiens de l' Amazone. Adaptations de P.L. Duchartre. Ilustrations de V. de Rego Monteiro (Leyendas creencias y talismanes de los indios del Amazonas. Adaptación de P.L. Duchartre. Ilustraciones de V. do Rego Monteiro), 1923
Libro ilustrado
Colección Ruy Souza e Silva

RAUL BOPP

Cobra norato e outros poemas (Cobra norato y otros poemas).
Libro. Cubierta de Joan Miró
Dau al set, Barcelona 1954.
Colección MJM, Madrid

Cobra norato, 1952
Libro. Cubierta de Jean Ponç
Dau al set, Barcelona 1954.
Colección MJM, Madrid

Cobra norato (Nheengatú da margem esquerda do Amazonas) (Cobra norato. Nheengatú de la margen izquierda del Amazonas), 1ª edición, 1931
Libro. Cubierta de Flávio de Carvalho
Rui Moreira Leite

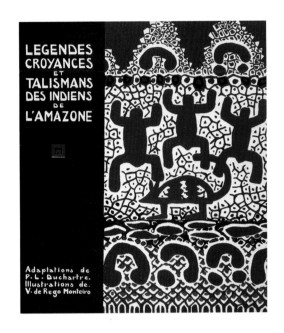

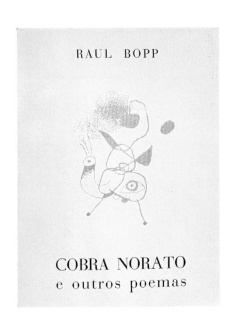

José Medeiros

Expedição Roncador Xingu
(Expedición Roncador Xingú), 1949
Fotografía, 40 x 30 cm
Zenaide Medeiros y José Medeiros Filho

Revista de antropofagia
año 1, nº 1, mayo de 1928
Revista
Biblioteca Guita y José Mindlin

Mário de Andrade
Macunaíma: o herói sem nenhum caráter
(Macunaíma: El héroe sin carácter), 1928
Libro
Colección Waldemar Torres

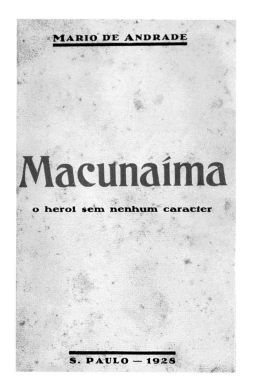

Monteiro Lobato
Urupês (Hongos), 1918
Libro
Colección Waldemar Torres

Sérgio Milliet
Le Départ Sous la Pluie. Poèmes
(La partida bajo la lluvia. Poemas), 1919
Libro. Cubierta E. Di Cavalcanti
Colección Waldemar Torres

Menotti del Picchia
Juca mulato (Yuca mulato), 1917
Libro
Colección Waldemar Torres

Oswald de Andrade
O perfeito cozinheiro das almas deste mundo… (Diário coletivo da garçonnière de Oswald de Andrade) (El perfecto cocinero de las almas de este mundo… Diario colectivo del estudio de Oswald de Andrade), 1987 (original 1918)
Libro
Jorge Schwartz

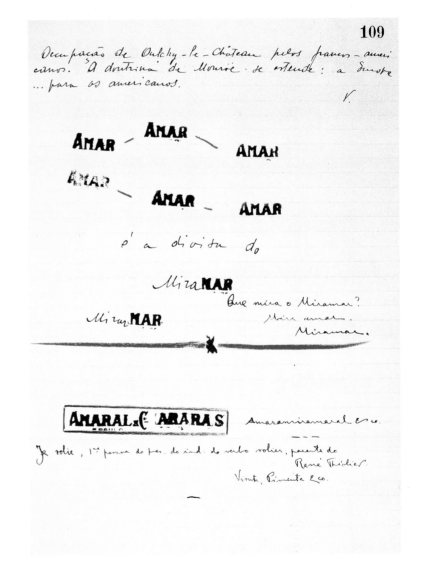

Mário de Andrade
O losango cáqui ou os afetos militares de mistura com os porquês de eu saber alemão
(El rectángulo caqui o los afectos militares junto con el porqué yo sé alemán), 1926
Libro. Cubierta E. Di Cavalcanti
Colección Waldemar Torres

Oswald de Andrade
A Estrela do Absyntho (La estrella de absenta), 1927
Libro. Cubierta Victor Brecheret
Colección Waldemar Torres

Primeiro caderno do alumno de poesia
(Primer cuaderno del alumno de poesía), 1927
Libro. Cubierta Tarsila do Amaral
Colección Rui Moreira Leite

Memórias Sentimentaes de João Miramar
(Memorias sentimentales de João Miramar), 1924
Libro. Cubierta Tarsila do Amaral
Colección Waldemar Torres

MÁRIO DE ANDRADE
Paulicea Desvairada (Paulicea enloquecida), 1922
Libro. Cubierta Guilherme de Almeida
Ilustraciones Álvaro Moya
Thales Estanislau do Amaral Sobrinho

O movimento modernista
(El movimiento modernista), 1942
Libro
Colección Waldemar Torres

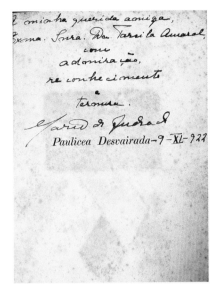

A OBSESSÃO DO SABIO

Klaxon, nº 1, 15 de mayo de 1922
Revista
Biblioteca Guita y José Mindlin

Klaxon, nº 2 , 15 de junio de 1922
Revista
Biblioteca Guita y José Mindlin

TARSILA DO AMARAL
Álbum de fotos de Tarsila do Amaral,
ca. 1922-28
Fotografía Grupo de la Semana del 22:
De izquierda a derecha, y de arriba abajo: el
periodista italiano Francesco Pettinati, un
anónimo, René Thiollier, Manuel Bandeira, A.F.
Schmidt, Paulo Prado, Graça Aranha, Manoel
Vilaboim, Goffredo da Silva Telles, Couto de
Barros, Mário de Andrade, Cândido Motta
Filho. Sentados: Rubens Borba de Moraes,
Luís Aranha, Tácito de Almeida, Oswald de
Andrade. El grupo no está completo; faltan el
escritor Menotti del Picchia y las mujeres
participantes de la Semana.
Álbum de fotos, 22 x 53,5 cm
Thais Amaral Perroy

AAM - Série Exposições Coletivas.
Catálogo de la *Exposição da Semana de Arte
Moderna*, 1922
Catálogo. Cubierta de E. Di Cavalcanti
Archivo Anita Malfatti - Instituto de Estudos
Brasileiros - USP

Programa da Semana de Arte Moderna
(Programa de la Semana de Arte Moderno)
15 de febrero de 1922
Programa, 26,5 x 16,5 cm
Cubierta de E. Di Cavalcanti
Archivo Mário de Andrade - Instituto de Estudos
Brasileiros - USP

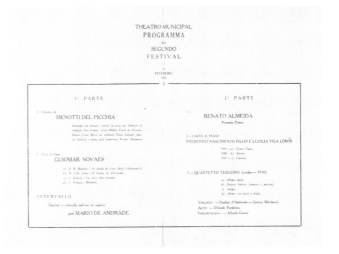

OSWALD DE ANDRADE
Pau Brasil, 1925
Libro. Cubierta e ilustraciones de Tarsila do Amaral
Biblioteca do Instituto de Estudos Brasileiros-USP

"Carnaval"

"Pão de açúcar"

"Cidade"

CARNAVAL HISTORIA DO BRASIL POSTES DA LIGHT

**Convite da exposição de Tarsila do Amaral.
Galerie Percier** (Invitación de la exposición de
Tarsila do Amaral. Galerie Percier), París, 1926
Invitación, papel, 12,6 x 15,8 cm
Thales Estanislau do Amaral Sobrinho

Tarsila do Amaral
**Fotografía de Tarsila do Amaral. Exposición
Galerie Percier**, junio de 1926
Fotografía, 21,8 x 16,7 cm
Archivo Mário de Andrade - Instituto de Estudos
Brasileiros - USP

**Saci-Pererê (Estudo Para Contracapa do
Catálogo da Galerie Percier)** (Duendecillo
[Estudio para la contraportada del catálogo
de la Galerie Percier]), 1925
Tinta china sobre papel, 21,5 x 17 cm
Fúlvia Leirner

**Catálogo da exposição de Tarsila do Amaral
na Galerie Percier** (Catálogo de la exposición
de Tarsila do Amaral en la Galerie Percier)
París, 1926
Catálogo
Thales Estanislau do Amaral Sobrinho

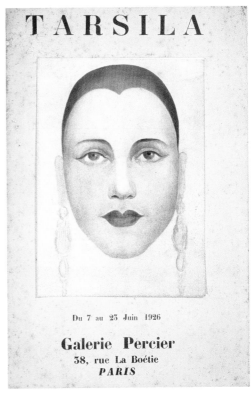

RONALD DE CARVALHO
Jogos pueris (Juegos pueriles), 1926
Libro con ilustraciones de Nicola de Garo
Librería A Sereia

CHEIRA a mar! cheira a mar!
As rêdes pesadas batem como asas,
as rêdes humidas palpitam no crepusculo.

NO ar doirado das acacias
fluctua mollinhoso o cheiro dos tama-
rindos.

Antônio de Alcântara Machado
Pathé Baby, 1926
Libro. Ilustraciones de Paim
Biblioteca Guita y José Mindlin

Laranja da China (Naranja de la China), 1928
Libro
Biblioteca Guita y José Mindlin

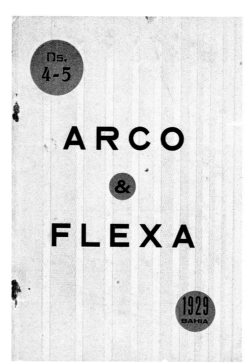

Verde, nº 1, septiembre de 1927
Revista
Biblioteca do Instituto de Estudos Brasileiros-USP

Arco & Flexa, Bahía, nº 4-5, 1929
Revista
Biblioteca do Instituto de Estudos Brasileiros-USP

GUILHERMINO CÉSAR Y FRANCISCO I. PEIXOTO
Meia pataca (Media peseta), 1928
Libro
Colección Waldemar Torres

CASSIANO RICARDO
Martim Cererê ou o Brasil dos meninos, dos poetas e dos Heróis (Martín Cererê o el Brasil de los niños, los poetas y los héroes), 1928
Libro. Ilustraciones de E. Di Calvalcanti
Colección Waldemar Torres

Manuel Bandeira
Libertinagem (Libertinaje), 1930
Libro
Colección Waldemar Torres

Carlos Drummond de Andrade
Alguma poesia (Alguna poesía), 1930
Libro
Colección Waldemar Torres

Murilo Mendes
História do Brasil (Historia del Brasil), 1932
Libro. Cubierta de E. Di Cavalcanti
Colección Waldemar Torres

João Cabral de Melo Neto
O Engenheiro, (El ingeniero), 1945
Libro
Biblioteca Guita y José Mindlin

Carlos Drummond de Andrade
A rosa do povo (La rosa del pueblo), 1945
Libro
Colección Waldemar Torres

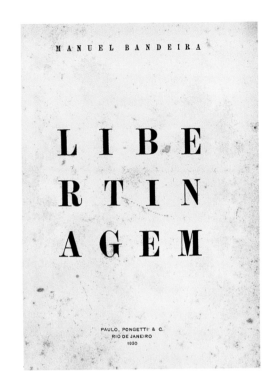

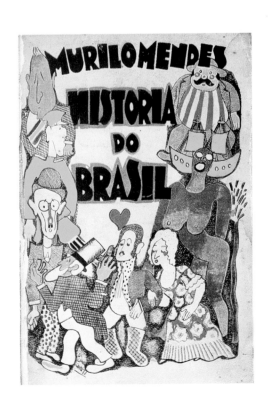

Osório César
Onde o proletariado dirige...
(Donde el proletariado dirige...), 1932
Libro. Cubierta e ilustraciones de Tarsila do Amaral
Librería A Sereia

O Homem do povo, 27 de marzo de 1931
Revista
Ana Maria de Almeida Camargo

Mara Lobo, "Pagú", (Patrícia Rehder Galvão)
Parque industrial. Romance proletário
(Parque industrial. Novela proletaria), 1933
Libro
Colección Waldemar Torres

Patrícia Galvão (Pagú)
Caricatura de Tarsila, s.f.

Graciliano Ramos
Vidas sêcas (Vidas secas), 1938
Libro. Cubierta Santa Rosa
Biblioteca Guita y José Mindlin

Erico Veríssimo
Olhai os lírios do campo
(Mirad los lirios del campo), 1938
Libro
Colección Waldemar Torres

Jorge Amado
Cacáu (Cacao), 1933
Libro. Cubierta Santa Rosa
Colección Waldemar Torres

José Lins do Rego
Menino de Engenho (Niño de la plantación)
1932
Libro. Cubierta Manuel Bandeira (dibujante)
Colección Waldemar Torres

Rachel de Queiroz
João Miguel (Juan Miguel), 1932
Libro. Cubierta Penna
Colección Waldemar Torres

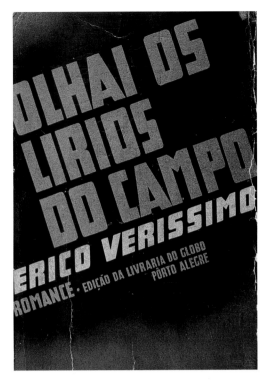

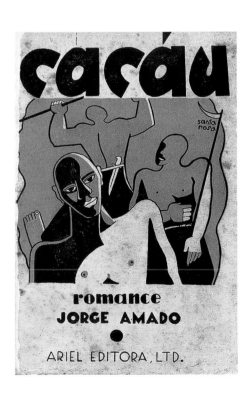

Clima, São Paulo, nº 1, mayo de 1941
Revista
Biblioteca do Instituto de Estudos Brasileiros-USP

Festa (Fiesta), año 1, nº 3, 1934
Revista
Biblioteca Guita y José Mindlin

ALFONSO REYES
Monterrey. Correo Literario de Alfonso Reyes, nº 1, 1930
Revista. Ilustración "Tenis", de Vicente do Rego Monteiro
Colección MJM, Madrid

Joaquim, nº 15, noviembre de 1947
Revista. Cubierta de E. Di Cavalcanti
Biblioteca Guita y José Mindlin

GILBERTO FREYRE
Casa grande & senzala: Formação da família brasileira sob o regimen de economia patriarcal (Casa grande & cabaña: formación de la familia brasileña bajo el régimen de la economía patriarcal), 1933
Libro
Colección Guillermo Giucci

Programa do 1º Congresso Regionalista do Nordeste (Programa del 1er Congreso Regionalista del Nordeste)
del 7 al 15 de febrero de 1925
Programa, 28,5 x 19,5 cm, 2 p.
Archivo Mário de Andrade - Instituto de Estudos Brasileiros - USP

GILBERE FREYRE
Ilustração da casa-grande & senzala
(Ilustración de la casa-grande & cabaña)
Ilustración, 7 x 11 cm
Archivo Histórico do Rio Grande do Sul

Cícero Dias
Casa grande do Engenho Noruega, antigo
Engenho dos Bois (Casa grande de la
Plantación Noruega, antigua Plantación de los
Bueyes), 1933
Acuarela sobre papel, 43 x 43 cm
Fondo Fundação Gilberto Freyre

PAULO PRADO
Retrato do Brasil. Ensaio sobre a tristeza brasileira (Retrato de Brasil. Ensayo sobre la tristeza brasileña), 1828
Libro
Biblioteca Guita y José Mindlin

SÉRGIO BUARQUE DE HOLANDA
Raízes do Brasil, 1936
Libro
Colección Waldemar Torres

CAIO PRADO JR.
Evolução política do Brasil. Ensaio de interpretação materialista da história brasileira (Evolución política de Brasil. Ensayo de interpretación materialista de la historia brasileña), 1933
Libro
Biblioteca Guita y José Mindlin

Leite criôlo, año 1, 13 de Mayo de 1929
Revista, 23,5 x 32,5 cm, 8 p.
Biblioteca do Instituto de Estudos Brasileiros-USP

RAUL BOPP
Urucungo. Poemas negros, 1933
Libro. Cubierta Santa Rosa
Colección Waldemar Torres

JORGE DE LIMA
Poemas negros, 1947
Libro
Colección Waldemar Torres

Lasar Segall
Mangue, 1943
Libro. Xilografías de Lasar Segall
Colección MJM, Madrid

Hildegard Rosenthal
Lasar Segall pintando *Navío de emigrantes*, 1940
Fotografía
Museu Lasar Segall

Benjamin Péret

Candomblé e Makumba ("Mané Kuru, Perekê, Allan Kardec e Cia"), 24 / 12 / 1930
Recorte del periódico *Diario da Noite*
Archivo Mário de Andrade - Instituto de estudos brasileiros-USP

Tarjeta para conferência de Benjamin Péret
(Invitación para conferencia de Benjamin Péret)
18 de marzo de 1929
Invitación, 10 x 7 cm
Thais Amaral Perroy

A escrita automática (La escritura automática)
verano de 1929
Manuscrito, 23 x 16 cm, 3 p.
Colección Sérgio Lima

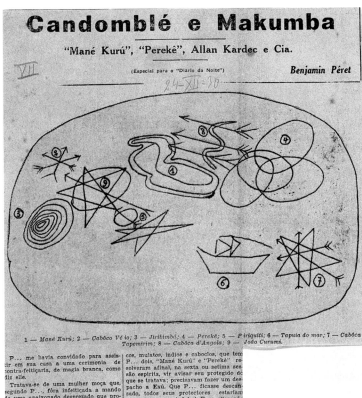

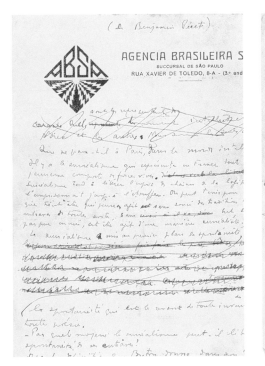

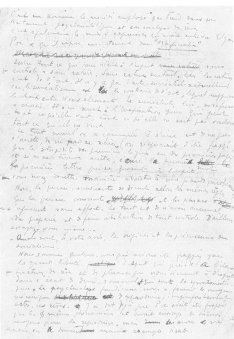

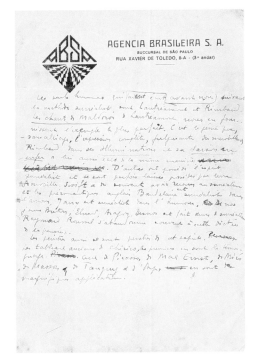

Cassiano Ricardo

Vamos caçar papagaios
(Vamos a cazar papagayos), 1933, 2ª ed.
Libro
Biblioteca Guita y José Mindlin

Vamos caçar papagaios
(Vamos a cazar papagayos), 1926
Cubierta del libro, abierta y restaurada, 1ª ed.
Ilustración de Belmonte
Librería A Sereia

S. Paulo, nº 2, febrero, 1936
Revista, 45,5 x 32 cm, 24 p.
Biblioteca do Instituto de Estudos Brasileiros-USP

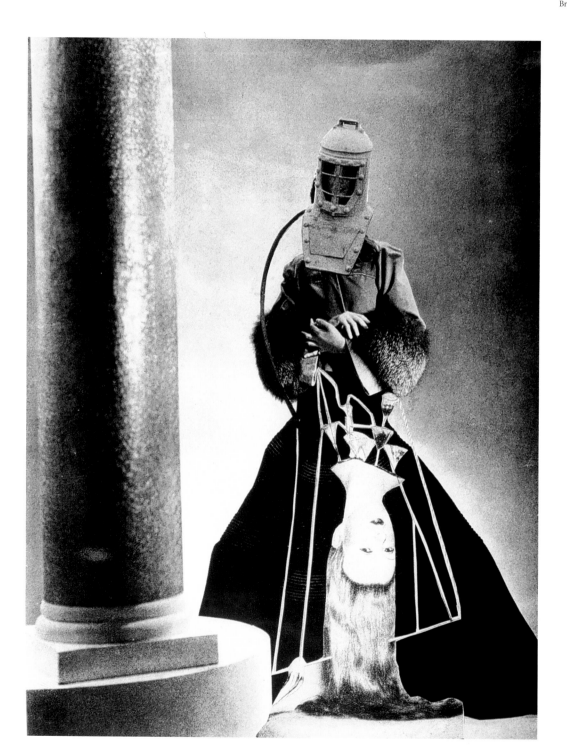

JORGE DE LIMA

Mulher com cabeça de escafandro
(Mujer com cabeça de escafandra), 1939
Fotografía, fotomontaje, 15,3 x 11,4 cm
Archivo Mario de Andrade - Instituto de Estudos
Brasileiros - USP

Mulher sem rosto, com casaco de pele
(Mujer sin rostro, con abrigo de pieles), 1939
Fotografía, fotomontaje, 15,6 x 11,3 cm
Archivo Mário de Andrade - Instituto de Estudos
Brasileiros - USP

Manequins de mulher sem rosto
(Maniquíes de mujer sin rostro), 1939
Fotografía, fotomontaje, 14,7 x 10,3 cm
Archivo Mário de Andrade - Instituto de Estudos
Brasileiros - USP

Mulher com perfil de gorila
(Mujer con perfil de gorila),1939
Fotografía, fotomontaje, 14,8 x 11,2 cm
Archivo Mario de Andrade - Instituto de Estudos
Brasileiros - USP

**Mulher com roupa de gala, paisagem e
signos da morte**
(Mujer en traje de gala, paisaje y
signos de la muerte), 1939
Fotografía, fotomontaje, 15,3 x 11,3 cm
Archivo Mário de Andrade - Instituto de Estudos
Brasileiros - USP

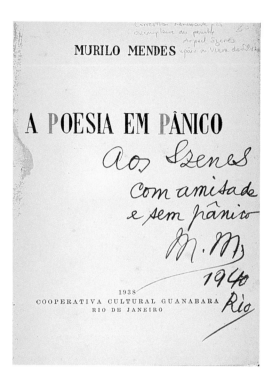

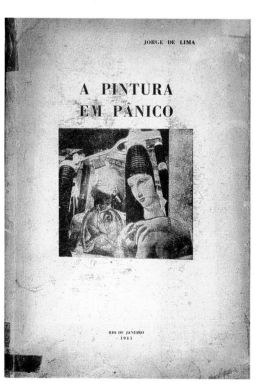

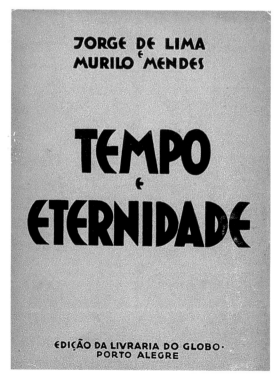

MURILO MENDES
A poesia em pânico
(La poesía en pánico), 1938
Libro. Fotomontaje de Murilo Mendes
y Jorge de Lima. Tipografía de Santa Rosa
Colección MJM, Madrid

JORGE DE LIMA
A pintura em pânico (La pintura en pánico)
1943
Libro ilustrado (con 45 fotomontajes)
Biblioteca Guita y José Mindlin

MURILO MENDES Y JORGE DE LIMA
Tempo e eternidade
(Tiempo y eternidad), 1935
Libro
Colección MJM, Madrid

ARPAD SZENES
Murilo Mendes, 1940-1947
Dibujo, 32,5 x 22 cm
Fundación Arpad Szenes-Vieira da Silva

MURILO MENDES
Janela do caos (Ventana al caos), 1949
Libro
Colección Waldemar Torres

MURILO MENDES

JANELA
DO CAOS

AVEC SIX LITHOGRAPHIES DE
FRANCIS PICABIA

MCMXLIX
IMPRIMERIE UNION PARIS

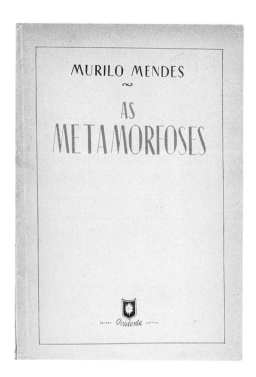

Murilo Mendes
As metamorfoses (Las metamorfosis)
Libro con ilustraciones de Cândido Portinari
Cubierta de Santa Rosa
Ed. Occidente Ltda., Río de Janeiro 1938
Colección MJM, Madrid

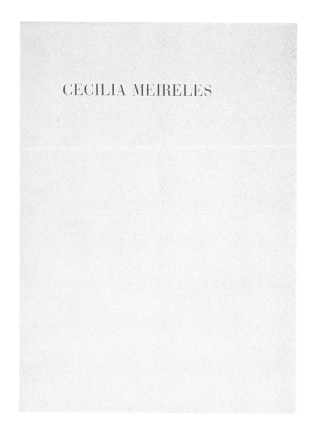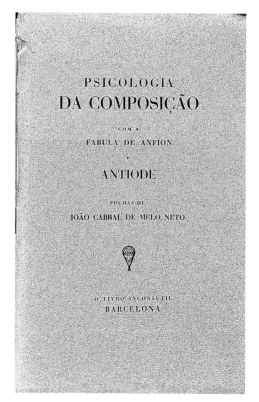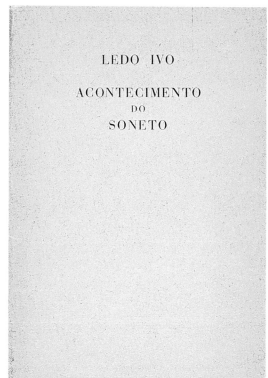

Cecília Meireles
Seis canciones, s.f.
Libro. Selección y traducción de Alfonso Pintó
Colección MJM, Madrid

João Cabral de Melo Neto
Logotipo
Libros publicados por la editorial El libro inconsútil, propiedad del autor

Psicologia da composição com a fábula de Anfion e Antiode (Psicología de la composición con la fábula de Anfión y Antioda), 1947
Libro. Selección y traducción de Alfonso Pintó
Colección MJM, Madrid

Ledo Ivo
Acontecimento do soneto
(Acontecimiento del soneto), 1948
Libro. Selección y traducción de Alfonso Pintó
Colección MJM, Madrid

JOAQUIM CARDOZO
Pequena antologia pernambucana
(Pequeña antología pernambucana), s.f.
Libro
Biblioteca Guita y José Mindlin

JUAN EDUARDO CIRLOT
El poeta conmemorativo, s.f.
Libro
Biblioteca Guita y José Mindlin

AFONSO PINTÓ
Corazón en la tierra, s.f.
Libro
Biblioteca Guita y José Mindlin

MANUEL BANDEIRA
Mafuá do malungo
(Feria de compañeros), 1948
Libro. Dedicatoria del autor: " A João Cabral de
Melo Neto/Impressor deste livro e magro
/Poeta, como en gosto, arquiteto, oferto, dedico
e consagro"
Colección Waldemar Torres

JOAQUIM CARDOZO

PEQUENA ANTOLOGIA
PERNAMBUCANA

*

O LIVRO INCONSÚTIL

EL POETA
CONMEMORATIVO

DOCE SONETOS-HOMENAJE
DE
JUAN EDUARDO
CIRLOT

EL LIBRO INCONSÚTIL

CORAZÓN
EN LA
TIERRA

POEMA
DE
ALFONSO PINTÓ

CORAZÓN
EN LA
TIERRA

POEMA
DE
ALFONSO PINTÓ

EL
LIBRO INCONSÚTIL
BARCELONA

MANUEL BANDEIRA

MAFUÁ
DO MALUNGO

ALMA A LA LUNA

POEMAS

DE JUAN RUIZ CALONJA

EL LIBRO INCONSÚTIL

BARCELONA MCMXLVIII

SONETS DE CARUIXA

PER

Joan Brossa

JUAN RUIZ CALONJA
Alma a la luna, 1948
Libro
Biblioteca Guita y José Mindlin

JOAN BROSSA
Sonets de Caruixa (Sonetos de Caruixa), 1949
Libro
Biblioteca Guita y José Mindlin

VINÍCIUS DA MORAES
Elegía al primer amigo, s.f.
Libro
Colección MJM, Madrid

AUGUSTO FREDERICO SCHMIDT
La vuelta del hijo pródigo, s.f.
Libro
Colección MJM, Madrid

CARLOS DRUMMOND DE ANDRADE
Dois poemas (Dos poemas), s.f.
Libro. Selección y traducción de Alfonso Pintó
Colección MJM, Madrid

VINICIUS DE MORAES

AUGUSTO FREDERICO
SCHMIDT

CARLOS DRUMMOND
DE ANDRADE

João Cabral de Melo Neto
O Arquivo das Índias e o Brasil; documentos para a história do Brasil existentes no Arquivo das Índias de Sevilha
(El Archivo de Indias y el Brasil; documentos de la historia de Brasil existentes en el Archivo de Indias de Sevilla), 1966
Libro
CEDAE-Universidade Estadual de Campinas-Unicamp

Murilo Mendes
Tempo espanhol (Tiempo español), 1959
Libro
Colección Waldemar Torres

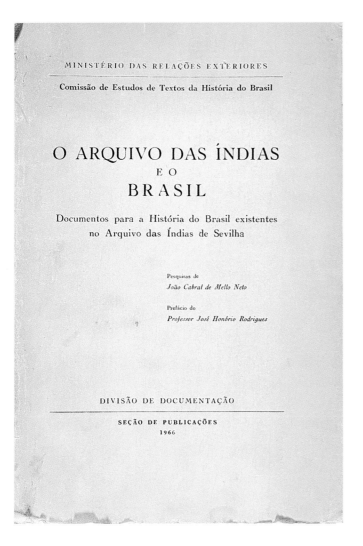

FLÁVIO DE CARVALHO
Experiência nº 2 realizada sobre uma procissão de Corpus Christi. Uma possível teoria e uma experiência (Experiencia nº 2 realizada sobre una procesión de Corpus Christi. Una posible teoría y una experiencia), 1931
Libro. Cubierta e ilustraciones de Flávio de Carvalho
CEDAE-Universidade Estadual de Campinas-Unicamp

Flávio de Carvalho caminando por el centro de
São Paulo con sus atuendos del "New look", 1956
Fotografía, 30 x 40 cm

Museu de Arte Brasileira da FAAP, São Paulo

Flávio de Carvalho

**"New Look" Traje do "Novo homem dos
Trópicos"** ("Nuevo look" Traje del "Nuevo
hombre de los Trópicos"), 1956
1 blusa, 60 cm; 1 falda, 60 x 50 cm y 2 blusas:
39 y 69 cm

Colección Heloísa de Carvalho

Moda de verão para o novo homem
(Moda de verano para el nuevo hombre), 1956
Diseño, 90 x 63 cm

Colección Heloísa de Carvalho

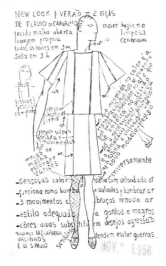

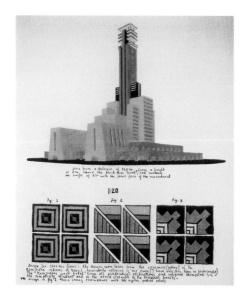

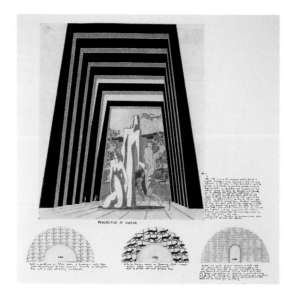

Flávio de Carvalho
Dibujos para el Faro de Colón, 1931
Reproducido en *The Journal of Decorative and Propaganda Arts*, 21, Miami 1995, pp. 198-99

RASM. Revista Anual do Salão de Maio, nº 1 1939
Catálogo/revista, 20 x 20 cm
Colección Waldemar Torres

Cecília Meireles
Romanceiro da Inconfidência
(Romancero de la conspiración), 1953
Libro
Biblioteca Guita y José Mindlin

Renina Katz
Romance XXXVIII ou do embuçado
(Romance XXXVIII o del embozado), 1956
Dibujo, tinta china sobre papel
Biblioteca Guita y José Mindlin

CLARICE LISPECTOR
Perto do coração selvagem
(Cerca del corazón salvaje), 1942
Libro
Colección Waldemar Torres

JOÃO GUIMARÃES ROSA
Grande sertão veredas, 1956
Libro
Biblioteca Guita y José Mindlin

Primeiras estórias, 1962
Libro
Biblioteca Guita y José Mindlin

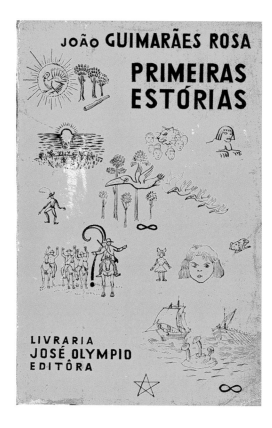

Vicente do Rego Monteiro

Poemas de bolso (Poemas de bolsillo), 1941
Libro
Colección MJM, Madrid

Mois, je vis l'arrivée de Chistophe Colombe
(Yo vi la llegada de Cristóbal Colón), finales de
la década de 1950
Caligrama
Andrée Appercelle

Renovação (Renovación), junio de 1941
Revista
Fundação Joaquim Nabuco - Instituto de Documentação

Renovação (Renovación), marzo de 1941
Revista
Fundação Joaquim Nabuco - Instituto de Documentação

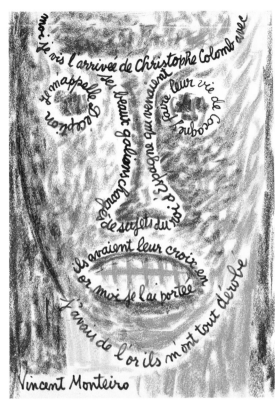

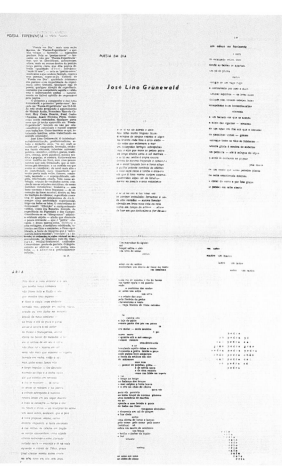

MÁRIO FAUSTINO
O homem e sua hora (El hombre y su hora), 1955
Libro
Colección Waldemar Torres

"Poesia-Experiência"
Suplemento del *Jornal do Brasil*, 1957
Periódico
Augusto de Campos

HAROLDO DE CAMPOS
Auto do possesso (Auto del poseso), 1950
Libro
Biblioteca Guita y José Mindlin

DÉCIO PIGNATARI
O carrossel (El carrusel), 1950
Libro
Biblioteca Guita y José Mindlin

AUGUSTO DE CAMPOS
O rei menos o reino (El rey menos el reino), 1951
Libro
Jorge Schwartz

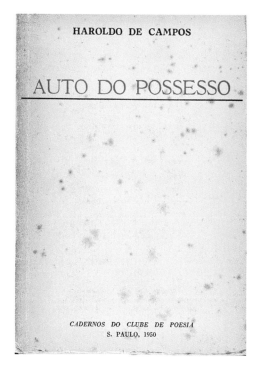

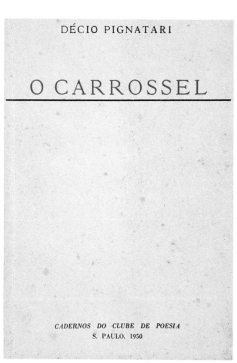

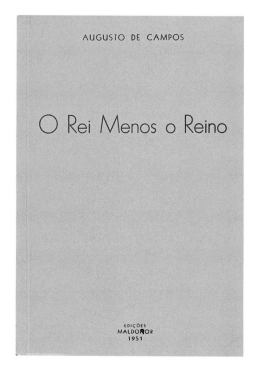

Edgard Braga
lunário do café (lunario del café), 1954
Libro
Biblioteca Guita y José Mindlin

Ferreira Gullar
A luta corporal (La lucha corporal), 1954
Libro
Colección Waldemar Torres

Pedro Xisto
haikais & concretos
(haikus & concretos), 1962
Libro
Biblioteca Guita y José Mindlin

plano-pilôto para poesia concreta

poesia concreta: produto de uma evolução crítica de formas. dando por encerrado o ciclo histórico do verso (unidade ritmico-formal), a poesia concreta começa por tomar conhecimento do espaço gráfico como agente estrutural. espaço qualificado: estrutura espácio-temporal, em vez de desenvolvimento meramente temporístico-linear. daí a importância da idéia de ideograma, desde o seu sentido geral de sintaxe espacial ou visual, até o seu sentido específico (fenollosa/pound) de método de compor baseado na justaposição direta — analógica, não lógico-discursiva — de elementos. "il faut que notre intelligence s'habitue à comprendre synthético-idéographiquement au lieu de analytico-discursivement" (apollinaire). eisenstein: ideograma e montagem.

precursores: mallarmé (un coup de dés, 1897): o primeiro salto qualitativo: "subdivisions prismatiques de l'idée"; espaço ("blancs") e recursos tipográficos como elementos substantivos da composição. pound (the cantos): método ideográmico. joyce (ulysses e finnegans wake): palavra-ideograma; interpenetração orgânica de tempo e espaço. cummings: atomização de palavras, tipografia fisiognômica; valorização expressionista do espaço. apollinaire (calligrammes): como visão, mais do que como realização. futurismo, dadaismo: contribuições para a vida do problema. no brasil: oswald de andrade (1890-1954): "em comprimidos, minutos de poesia". joão cabral de melo neto (n. 1920 — o engenheiro e a psicologia da composição mais anti-ode): linguagem direta, economia e arquitetura funcional do verso.

poesia concreta: tensão de palavras-coisas no espaço-tempo. estrutura dinâmica: multiplicidade de movimentos concomitantes. também na música — por definição, uma arte do tempo — intervém o espaço (webern e seus seguidores: boulez e stockhausen; música concreta e eletrônica); nas artes visuais — espaciais, por definição — intervém o tempo (mondrian e a série boogie-woogie; max bill; albers e a ambivalência perceptiva; arte concreta, em geral.

ideograma: apêlo à comunicação não verbal. o poema concreto comunica a sua própria estrutura: estrutura-conteúdo. o poema concreto é um objeto em e por si mesmo, não um intérprete de objetos exteriores e/ou sensações mais ou menos subjetivas. seu material: a palavra (som, forma visual, carga semântica). seu problema: um problema de funções-relações dêsse material. fatôres de proximidade e semelhança, psicologia da gestalt. ritmo: fôrça relacional. o poema concreto, usando o sistema fonético (digitos) e uma sintaxe analógica, cria uma área linguística específica — "verbivocovisual" — que participa das vantagens da comunicação não verbal, sem abdicar das virtualidades da palavra. com o poema concreto ocorre o fenômeno da metacomunicação: coincidência e simultaneidade da comunicação verbal e não verbal, com a nota de que se trata de uma comunicação de formas, de uma estrutura-conteúdo, não da usual comunicação de mensagens.

a poesia concreta visa ao mínimo múltiplo comum da linguagem. daí a sua tendência à substantivação e à verbificação: "a moeda concreta da fala" (sapir). daí suas afinidades com as chamadas "linguagens isolantes" (chinês): "quanto menos gramática exterior possui a linguagem chinêsa, tanto mais gramática interior lhe é inerente" (humboldt via cassirer). o chinês oferece um exemplo de sintaxe puramente relacional baseada exclusivamente na ordem das palavras (ver fenollosa, sapir e cassirer).

ao conflito de fundo-e-forma em busca de identificação, chamamos de isomorfismo. paralelamente ao isomorfismo fundo-forma, se desenvolve o isomorfismo espaço-tempo, que gera o movimento. o isomorfismo, num primeiro momento da pragmática poética concreta, tende à fisiognomia, a um movimento imitativo do real (motion); predomina a forma orgânica e a fenomenologia da composição. num estágio mais avançado, o isomorfismo tende a resolver-se em puro movimento estrutural (movement); nesta fase, predomina a forma geométrica e a matemática da composição (racionalismo sensível).

renunciando à disputa do "absoluto", a poesia concreta permanece no campo magnético do relativo perene. cronomicrometragem do acaso. contrôle. cibernética. o poema como um mecanismo, regulando-se a si próprio: "feed-back". a comunicação mais rápida (implícito um problema de funcionalidade e de estrutura) confere ao poema um valor positivo e guia a sua própria confecção.

poesia concreta: uma responsabilidade integral perante a linguagem. realismo total. contra uma poesia de expressão, subjetiva e hedonística. criar problemas exatos e resolvê-los em têrmos de linguagem sensível. uma arte geral da palavra. o poema-produto: objeto útil.

augusto de campos
décio pignatari
haroldo de campos

AUGUSTO DE CAMPOS, DÉCIO PIGNATARI, HAROLDO DE CAMPOS
Plano-Piloto Para Poesia Concreta
(Plano piloto para la poesia concreta), 1958
Manifiesto, 35 x 29 cm, 1 p.
Augusto de Campos

KLAUS WERNER
Fotografía de Haroldo de Campos, Décio Pignatari y Augusto de Campos, 1952
Fotografía, 24 x 16,5 cm
Augusto de Campos

IVAN CARDOSO
Fotografía grupo concretista, veinte años después, 1972
Fotografía, 23,5 x 18 cm
Haroldo de Campos

Ronaldo Azeredo
velocidade (velocidad), *Noigandres,* nº 4, 1958
Poema, 28,5 x 40 cm, 1 p.
Colección Ésio Macedo Ribeiro

Décio Pignatari
hombre hembra hambre, *Noigandres,* nº 4, 1958
Poema, 28,5 x 40 cm, 1 p.
Colección Augusto de Campos

VVVVVVVVVV
VVVVVVVVVE
VVVVVVVVEL
VVVVVVVELO
VVVVVVELOC
VVVVVELOCI
VVVVELOCID
VVVELOCIDA
VVELOCIDAD
VELOCIDADE

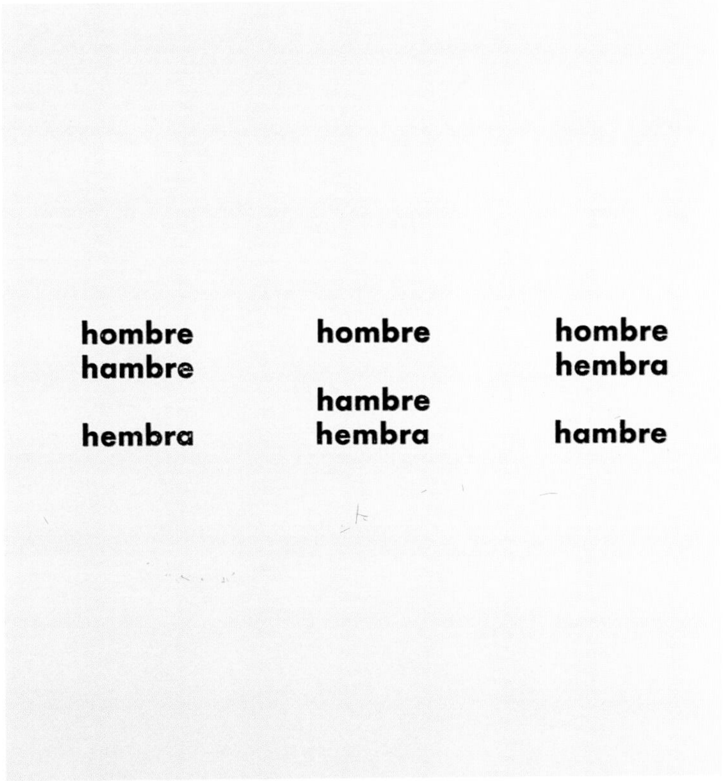

hombre   hombre   hombre
hambre   hembra
            hambre
hembra   hembra   hambre

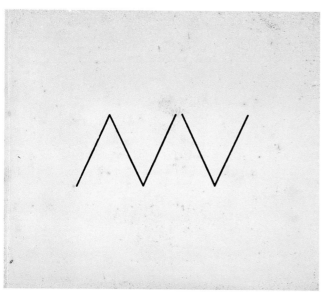

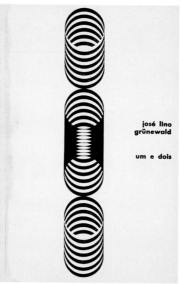

Clarival do Prado Valladares
nu (desnudo), 1952
Libro
Biblioteca Guita y José Mindlin

José Lino Grünewald
um e dois (uno y dos), 1958
Libro
Biblioteca Guita y José Mindlin

Augusto de Campos, Décio Pignatari, Haroldo de Campos, José Lino Grünewald, Ronaldo Azeredo
Antologia Noigandres 5. Do verso à poesia concreta (Antología Noigandres 5. Del verso a la poesia concreta), 1962
Revista/libro
Biblioteca Guita y José Mindlin

Augusto de Campos, Haroldo de Campos, Décio Pignatari
Teoría da poesia concreta (Teoría de la poesía concreta), 1964
Libro
Biblioteca Guita y José Mindlin

Augusto de Campos

Lygia Fingers, 1953
Manuscrito, 32 x 22 cm
Augusto de Campos

Lygia Fingers, ca. 1954
Dactiloscrito, 32 x 22 cm
Augusto de Campos

Lygia Fingers, 1955
Versión impresa, 24 x 18 cm
Augusto de Campos

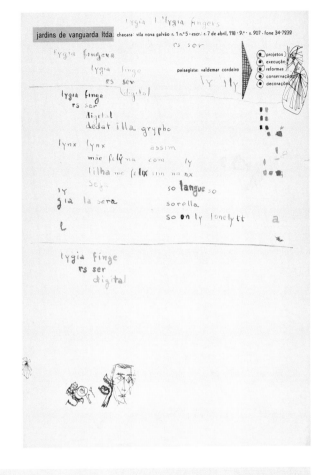

Jean Manzon, "Café do Brasil", ca. 1950

MODERNIDAD Y FOTOGRAFÍA EN BRASIL

Rubens Fernandes Junior

A pesar de que la historia de la fotografía en Brasil en la primera mitad del siglo XX ya hizo el relato de sus principales fotógrafos profesionales y los principales movimientos, todavía existen lagunas que deben ser investigadas y nombres que no pueden ser olvidados.

En esta exposición, *Brasil 1920-1950: de la antropofagia a Brasilia*, que está bajo el comisariado general de Jorge Schwartz, se presenta la fotografía producida en ese período a través de algunos de sus nombres principales, cuya obra se inscribe en cualquier antología de fotografía del siglo XX. La reunión de estos trabajos contempla tanto la fotografía documental audaz y refinada del profesional actuante en Brasil como la producción que cuestiona la materialidad de los soportes y las diversas posibilidades de manipulación y construcción de la imagen fotográfica. Se ha evitado reforzar la visión de un Brasil exótico y generoso, grandioso y fácil, tan difundida en el exterior, para mostrar un país con identidad propia y asumida a través del rasgo paradójico de lo armonioso y lo disonante. Al mismo tiempo, pone en evidencia que nuestra producción fotográfica siempre estuvo en sintonía con la mejor fotografía producida en los centros más tradicionales y de vanguardia.

Los trabajos aquí presentados representan el momento en que diferentes aspectos de la modernidad llegan a la fotografía brasileña, aunque muy tardíamente. En 1922, en la *Semana de Arte Moderna*, realizada en el Teatro Municipal de São Paulo, al contrario que todas las manifestaciones de vanguardia que se suceden en Europa, no se contempló la fotografía y el cine como lenguaje y manifestación. Curiosamente, nuestra vanguardia incluyó en su programa la pintura, la literatura, la escultura, la música y la arquitectura, pero se olvidó de la fotografía y del cine, aunque éstos representasen los lenguajes más contemporáneos y revolucionarios de la época, siendo incluidos en todas las manifestaciones de ruptura de las vanguardias europeas, principalmente el futurismo italiano y el dadaísmo, más próximos a los artistas brasileños.

Sin embargo, investigando el movimiento modernista brasileño es fácil constatar que la fotografía, como registro y documentación, fue muy utilizada, y que el cine tampoco fue excluido, como lo revela la declaración de Mário de Andrade (1889-1945), uno de los exponentes de la *Semana de Arte Moderna*, en el primer número de la revista *Klaxon*, publicado el 15 de mayo de 1922: "*Klaxon* sabe que el cinematógrafo existe. [...] La cinematografía es la creación artística más representativa de nuestra época. Es preciso aprender su lección".[1]

Este fragmento, extraído del texto de apertura de la revista, en realidad un editorial-manifiesto, muestra la importancia del cine en el movimiento modernista, pero sólo como reflexión y crítica. Se tiene la impresión de que Mário de Andrade fue el único modernista que desarrolló, intuitivamente, una actividad con la fotografía. Mário, suscrito a la revista alemana *Der Querschnitt*, editada en Berlín, desarrolló

1. Andrade, M. de: En *Klaxon*, n. 1, 1922, p. 2.

entre 1923 y 1931, con su cámara bautizada como Kódak, una fotografía atrevida e innovadora. Para Telê Ancona Lopez, esa experiencia "configura la incursión consciente en la fotografía como lenguaje, la redefinición de la mirada a través de la cámara; la experiencia artística, marcada por un fuerte sentido de composición. [...] Mário subvierte los planos, corta, prueba el 'close'; calcula, compone y, ya se sabe, no duda en tomar figuras de espaldas".[2]

Influenciado por los trabajos de los diversos artistas publicados en la revista alemana, Mário produce una fotografía diferenciada, mirando al mundo a través de una cámara no con el simple propósito de documentar, sino para crear imágenes que fuesen intrigantes, capaces de despertar un sentido de novedad y extrañeza en el público. Esa posibilidad de expresión poco a poco encontró su camino: radicalidad en los encuadres, sombras acentuadas, formas y ángulos inusitados. Todo eso para romper con el procedimiento tradicional de fotografiar y, principalmente, para desarticular los automatismos de visión y perturbar nuestras percepciones rutinarias.

Antes de esa producción, considerada hoy como una de las primeras manifestaciones de lo moderno en la fotografía brasileña, podemos destacar el trabajo de Valério Otaviano Rodrigues Vieira (1862-1941), fotógrafo, pintor y músico que subvirtió todos los parámetros de visualización a partir de una producción única, desarrollada en la primera década del siglo XX. Artista de raro talento, fue un emprendedor y pionero en poner su técnica al servicio de una estética de carácter teatral-ilusionista.

Su obra más conocida, *Os trinta Valérios* (Los treinta Valérios) de 1900, sorprendió a la Exposición Internacional de Saint Louis en 1904, cuando fue agraciado con la Medalla de Plata. Genio inquieto, Valério Vieira produjo en esa fotografía, en realidad un fotomontaje, 30 poses diferentes de sí mismo, representando músicos, niños, espectadores. Paradigma de la moderna fotografía brasileña, Valério Vieira produjo algunas de las imágenes más representativas de principio de siglo. Osado en sus propuestas, dejó en su producción artística soluciones técnicas revolucionarias para su época. Divertida y provocativa, su

VALÉRIO VIEIRA
Los treinta Valérios (Autorretrato), 1900
Fotomontaje

2. Lopez, T.A.: En *Mário de Andrade: fotógrafo e turista aprendiz*. Instituto de Estudos Brasileiros, USP, São Paulo 1993, p. 111-115.

ANÓNIMO
Revista *S. Paulo*, 1935
Fotomontaje

JEAN MANZON
"Café do Brasil", ca. 1950
© Coleção Pirelli, São Paulo

3. Andrade, M. de: "Será o Benedito!", en Crónicas del suplemento en fotograbado de *O Estado de São Paulo*. PUC, São Paulo 1992, p. 71.

obra es pionera en el género en Brasil, y muy por delante de trabajos similares que asombraron al mundo de la fotografía en las décadas siguientes.

En las primeras décadas de expansión y consolidación del lenguaje, la fotografía también estaba presente en las revistas ilustradas, entre ellas, *Revista da Semana* (1899), *O Malho* (1900), *Kosmos* (1904), *A Vida Moderna* (1905), *Fon-Fon* (1906), *Careta* (1907), *Paratodos* (1918). En medio de toda esa efervescencia nació el Foto-clube, movimiento elitista que reunía profesionales liberales de diferentes áreas, que tomaban la fotografía como posibilidad de expresión artística de autor. Tras algunas tentativas frustradas de iniciar el movimiento fotoclubista en Brasil, podemos destacar la actuación del Foto Club Brasileño, fundado en 1923 en Río de Janeiro, y del Foto Clube Bandeirante, fundado en 1939 en São Paulo, como las primeras iniciativas de largo aliento de instituir el movimiento. En cierta manera, el fotoclubismo surgió como reacción a la producción masificada de la fotografía y, entre los años 1920 y 1950, tuvo repercusiones en todas las grandes ciudades brasileñas.

Otras dos experiencias importantes en el desarrollo del lenguaje fotográfico brasileño en dirección a la modernidad, fueron las revistas *S. Paulo* y *O Cruzeiro*. Los fotógrafos Benedito Junqueira Duarte (1910-94), bajo el seudónimo de Vamp, y Theodor Preising (1883-1962) participaron como productores de las imágenes de la revista *S. Paulo*, periódico mensual publicado a partir de diciembre de 1935, durante la gestión del gobernador Armando Salles de Oliveira. Revista de gran formato, 44 x 30 cm, impresa en rotograbado, valoraba la fotografía, particularmente el fotomontaje, dentro de un proyecto gráfico atrevido, que aproximaba icónicamente la simultaneidad del cine y la velocidad de la metrópolis emergente.

Otro trabajo interesante realizado a fines de los años treinta, y significativo por su carácter pionero, fue el del poeta Jorge de Lima (1895-1953), que produjo una serie de fotomontajes. A partir de fragmentos recogidos en diarios y revistas, nacionales e internacionales, Jorge de Lima buscó construir un mundo visible basándose en los absurdos de las proporciones de los objetos seleccionados para la producción de la imagen, mostrando lo insólito y angustiante de los enigmas y de los objetos sin sentido y sin identidad. En esa alegoría visual, el poeta busca, como escribió Mário de Andrade, "coordinar un mundo fantástico y sugerente".[3]

La revista semanal *O Cruzeiro*, creada en 1928, fue otra importante contribución para la fotografía brasileña y para la construcción de la imagen de un Brasil moderno y en sintonía con la información internacional y los avances tecnológicos. De circulación nacional, su período áureo fue entre 1944 y 1960, cuando el espacio de la fotografía creció significativamente, inaugurando un lenguaje que marcó definitivamente la fotografía informativa.

El momento de ruptura para la revista fue la llegada del fotógrafo francés Jean Manzon, que al poco tiempo fue imponiendo un estilo para *O Cruzeiro*, limitado al buen encuadre, la precisión en el foco, la iluminación estudiada y bien resuelta. Esos procedimientos formales Manzon los adquirió con su experiencia de trabajo en la revista *Paris Match*, que junto con *Life* eran las mayores influencias de la revista brasileña. Colaboró en la formación de un equipo de fotógrafos que produjo avances significativos en la calidad de la fotografía documental, entre ellos José Medeiros (1921-90), Pierre Verger (1902-96), y Marcel Gautherot (1910-96), los dos últimos como fotógrafos colaboradores de la revista, y todos incluidos en esta exposición.

José Medeiros fue, sin duda, el gran nombre de la fotografía periodística brasileña, y supo imponer su trabajo creativo y diferenciado. Supo percibir la importancia de la vitalidad de nuestro pueblo y la registró en la época, revelando un Brasil desconocido por el gran público. Con su estilo creativo e inspirado, muy diferente de los fotógrafos de su generación, fue considerado por el cineasta Glauber Rocha como el único fotógrafo brasileño que hizo una "luz brasileña". Medeiros clavó su lente en el pueblo brasileño y fue tras lo que había de más expresivo en términos políticos y culturales, siendo responsable de la construcción del más agudo y sintético documento visual de nuestra sociedad de ese período. Fotografió las tribus indígenas sin exaltación folclórica, pero con la magia y la explosión del descubrimiento; fotografió y publicó en 1957 el primer libro sobre candomblé, aflorando en el ensayo algo divino, dramático y misterioso sobre la cultura negra; por último, fotografió con admiración e imaginación el fútbol, la política, el manicomio, el carnaval, la playa carioca y otras manifestaciones, en un período de grandes transformaciones en el país.

Si José Medeiros fue múltiple en su desarrollo temático, exigencia de la fotografía periodística desarrollada en la revista *O Cruzeiro,* el fotógrafo y etnólogo Pierre Verger, al contrario, centró su foco en las manifestaciones profanas y religiosas de los negros en Bahía. De origen francés, Verger llegó a Brasil por primera vez en 1946, después de viajar 15 años por diferentes regiones del mundo, fotografiando y reuniendo información de todos los lugares que visitó, en especial los países africanos, donde aprendió a amar los cultos religiosos. En ese momento, al encontrarse con la ciudad de El Salvador, nació su interés por sumergir sus estudios en las costumbres de los negros de Bahía.

Su trabajo fotográfico, serio y consciente, apoyado en la más pura intuición y sensibilidad, capta el gesto libre del ciudadano en su cotidiano. Con luz propia y encuadre clásico, Pierre Verger dejó una preciosa iconografía sobre las fiestas religiosas, la dinámica de la ciudad, el carnaval como la gran fiesta popular, la religiosidad y la cultura negra. Su mirada sutil registró la luz delicada que recortaba el pueblo en el trabajo y en las fiestas –religiosas y profanas– como un observador especial, un mensajero escogido por los dioses para producir la memoria con ciencia y pasión. Registrar la dignidad del pueblo y de sus manifestaciones fue el gran desafío de Pierre Verger, que supo, como nadie, mostrar que la fotografía no es la demostración de lo obvio, sino de la emoción y de la revelación del otro.

Por otra parte, para el fotógrafo Mário Cravo Neto, la calidad de la fotografía de Pierre Verger sólo es comparable a la de Henri Cartier-Bresson, el fotógrafo más consagrado de este siglo. Ya el escritor Jorge Amado escribió que Verger realizó un "retrato completo, bello, dramático, verdadero, de la ciudad de Bahía en la década de los cuarenta, vista desde todos los ángulos, en su pobreza, en su fuerza de vivir, en su belleza, en la afirmación de su gente. Verger anduvo por las calles y los callejones, subió y bajó laderas, tocó la realidad y el misterio, y la fuerza que lo impulsó fue el amor: amor por la ciudad y por el pueblo".[4]

Otro fotógrafo importante en ese período fue el francés Marcel Gautherot. Como Pierre Verger, también descubrió Brasil a través de la lectura del libro *Jubiabá,* de Jorge Amado. Llegó a Brasil por primera vez en 1939, y volvió para quedarse en 1940. De inmediato comenzó a trabajar en el SPHAN (Serviço do Patrimônio Histórico e Artístico Nacional), identificándose con su director Rodrigo Mello Franco de Andrade, y con el amplio movimiento modernista en Brasil, que incluía el diálogo con el pasado y con el presente del país, conjugando la relación entre lo popular y lo erudito sin discriminación. Podemos afirmar que él también trajo una mirada documental esmerada y técnica, colaborando decisivamente con la construcción de la memoria visual del país. Supo valorar la fotografía de origen antropológico, interesándose menos por el paisaje y monumentos y más por el hombre brasileño.

Compartiendo esa urgencia por fotografiar lo diferente, otros dos nombres están presentes en esta exposición: Claude Lévi-Strauss (1908-) y Hildegard Rosenthal (1913-90). Lévi-Strauss fotografió en Brasil entre 1935 y 1939, período en el que vivió en São Paulo como miembro de la comisión universitaria en Brasil, ocupando una plaza de profesor de sociología en la recién inaugurada Universidad de São Paulo. Tanto sus registros en las diversas expediciones científicas que hizo al Mato Grosso y a la Amazonia como

4. Amado, J.: "O Feiticeiro", en: *Pierre Verger Retratos da Bahia: 1946 a 1952.* Currupio, Salvador 1990.

sus fotografías de la ciudad de São Paulo tienen un interés tan sólo documental. Pero, como escribió Susan Sontag en su *Ensayos sobre la fotografía*, "el distanciamiento estético parece inscrito en la propia experiencia de ver fotografías, si no de inmediato, por lo menos, seguramente, con el paso del tiempo. El tiempo acaba elevando la mayor parte de las fotografías, hasta las que son de aficionado, al nivel de arte".[5] Hildegard Rosenthal también llegó a Brasil al final de la década de los treinta, 1937, instalándose en São Paulo. Inmediatamente comenzó su trabajo como fotógrafo para el suplemento en rotograbado del periódico *O Estado de São Paulo*, y para la revista *A Cigarra*. Fotografiando más intensamente en los años cuarenta y cincuenta, descubrió la ciudad de São Paulo como escenario de las grandes transformaciones hacia el espíritu de una modernidad tardía: el movimiento y la velocidad, el exceso, el flujo inestable y transitorio, la destrucción y la construcción. Visto hoy, todo ese registro provoca la nostalgia de la ciudad de otrora, más elegante y armoniosa. Pero Hildegard supo captar el ritmo de la ciudad, marcada por los automóviles y por los tranvías, por el movimiento de vaivén del ciudadano anónimo en la multitud. Sus diferentes ángulos de visión también resultan de la necesidad de sorprender la ciudad en su movimiento de contraste entre barrio y centro, como si nos estuviese obligando, a través de sus imágenes diferentes y singulares, a establecer los diálogos entre el pasado y el futuro de un mismo tiempo, o a evocar reminiscencias de sentido para provocar nuestra imaginación.

Podemos afirmar, sin embargo, que la moderna fotografía brasileña comenzó en los años cuarenta, con la participación de estos fotógrafos ya destacados anteriormente. El final de la década de los cuarenta fue significativo para el florecimiento del arte y la cultura; y durante más de una década el país vivió un intenso proceso de fermentación social, política y cultural. En el período de transición de los años cuarenta a los cincuenta es cuando efectivamente se inició ese estimulante proceso que creó y consolidó nuestras más importantes instituciones culturales: el Museu de Arte de São Paulo y el Museu de Arte Moderna de Río de Janeiro; la Sociedade Brasileira de Comédia, embrión del Teatro Brasileiro de Comédia; la compañía cinematográfica Vera Cruz, tentativa de reafirmar industrialmente el cine brasileño; la Sociedade Brasileira de Progresso e Ciência; la inauguración de la TV Tupí, primera emisora de televisión en Brasil; y, en 1951, la realización de la I Bienal Internacional de São Paulo.

En la fotografía brasileña, además de los fotógrafos citados, podemos destacar a Geraldo de Barros (1923-98) en São Paulo y, más tarde, a José Oiticica Filho (1906-64) en Río de Janeiro. Originarios del movimiento fotoclubista, fueron expulsados de sus respectivos clubes, precisamente porque buscaban la ruptura como forma de trabajo, llevando el espíritu de modernidad a la fotografía brasileña. Ellos expresaron una comprensión más atrevida del arte fotográfico, incluyendo un profundo debate sobre los límites de la propia concepción de la fotografía.

En ese contexto de reflexión sobresale la obra de Geraldo de Barros, pionero de una discusión estética más profunda para la fotografía y responsable de dirigir la fotografía brasileña hacia la contemporaneidad. En 1950, el Museu de Arte de São Paulo exhibió su ensayo *FotoFormas*, que sorprendió por el coraje y por la provocación. Con una fuerza creativa que impresionó hasta a sus contemporáneos, Geraldo de Barros demostró que su actitud antinaturalista era, en realidad, un deseo de experimentación sin miedo, sin amarras de arte codificado. Él trajo a la fotografía la idea de construcción de un sistema de representación que se articulaba con otras manifestaciones visuales e instituía una nueva posibilidad para la mirada.

En su serie de imágenes, lo insólito se evidencia en soporte fotográfico, construido a partir de sobreposiciones; de intervenciones en los negativos, rayándolos, pintándolos o recortándolos; de solarización parcial de las imágenes. En fin, quita a la fotografía toda su "veracidad documental", valorando y explicitando la idea elaborada a partir de un proyecto previsualizado. Pietro Maria Bardi, director del Masp,

5. Sontag, S.: *Ensaios sobre a fotografia*. Arbor Ltda, traducción de Joaquim Paiva, Río de Janeiro 1981, p. 21.

afirmó, en ocasión de la exposición, que "Geraldo de Barros ve, en ciertos aspectos o en los elementos de lo real, especialmente en los detalles, generalmente escondidos, señales abstractas, fantasiosas, olímpicas: líneas que le gusta entrelazar con otras líneas en una alquimia de combinaciones más o menos imprevistas y, a veces, ocasionales, que acaban siempre componiendo armonías formales agradables. La composición es para Geraldo un deber, él la organiza escogiendo entre el millón de segmentos lineales que percibe, sobreponiendo un negativo sobre otro, modulando los tonos de sus únicos colores que son el blanco y el negro, reforzando las tintas en aquel trabajo de laboratorio tan cuidado y agradable".[6]

Su inquietud generó un universo estético singular en el arte brasileño y particularmente en la fotografía, con una producción expresiva y desconcertante sin precedentes. Geraldo de Barros, influido por la teoría de la Gestalt –que le presentó su crítico y amigo Mário Pedrosa–, inició su preocupación por la forma, buscando cada vez más, como afirmó en diversas ocasiones, lo *esencial*, para un trabajo plástico de intriga e instigación, hoy referencia imprescindible para la fotografía brasileña.

Con seguridad, las fotografías seleccionadas por Jorge Schwartz, comisario de la exposición *Brasil 1920-1950: de la antropofagia a Brasilia*, representan lo mejor de la producción de ese período en que el país se preparó para el gran salto industrial y cultural. Esos aires innovadores y democráticos también contaminaron la fotografía brasileña, que ganó impulso y reconocimiento, buscando una producción más atractiva, situada entre un registro documental de excepcional calidad y una posibilidad experimental hasta entonces inédita en la producción fotográfica de Brasil.

6. Bardi, P.M.: "FotoFormas", en *Catálogo de la Exposición*, Museu de Arte de São Paulo, São Paulo 1950.

MÁRIO DE ANDRADE

Abrolhos paisagem vista da escotilha
(Abrojos, paisaje visto desde la escotilla)
13 de mayo de 1927
Fotografía, 6,1 x 3,7 cm
Archivo Mário de Andrade - Instituto de Estudos
Brasileiros - USP

Bordo do São Salvador, Junho-1927
(A bordo del São Salvador, junio de 1927)
Fotografía, 7,6 x 5,1 cm
Archivo Mário de Andrade - Instituto de Estudos
Brasileiros - USP

MÁRIO DE ANDRADE

Praia do Chapéu Virado, Belém/Maio1927/nº46: Mário de Andrade na praia em traje preto de banho (Playa del Chapéu Virado, Belén/Mayo de 1927/ nº46: Mário de Andrade en la playa con bañador negro)
Fotografía, reproducción, 3,7 x 6,1 cm
Archivo Mário de Andrade - Instituto de Estudos Brasileiros - USP

Passeio do Chapéu Virado, o Forde Empacou/Belém 22 de Maio 1927/Non Ducor, Duco (Paseo del *Chapéu Virado*, el Ford se atascó / Belén 22 de mayo de 1927/*Non Ducor, Duco*)
Fotografía, 3,7 x 6,1 cm
Archivo Mário de Andrade - Instituto de Estudos Brasileiros - USP

Vista panorâmica - Montagem de 5 fotos (3,7 x 6,1 cm) (Vista panorámica. Montaje de 5 fotos (3,7 x 6,1 cm) Belém, s.f.
Fotografía, 2,8 x 20 cm
Archivo Mário de Andrade - Instituto de Estudos Brasileiros - USP

O sítio se chamava Felicidade, 9-VI-27 Solimões/A poesia de Einstein (El lugar se llamaba Felicidad, 9 de junio de 1927 Solimões/La poesía de Einstein)
Fotografía, reproducción, 3,7 x 6,1 cm
Archivo Mário de Andrade - Instituto de Estudos Brasileiros - USP

Veneza/Em Santarém/Junho (riscado) 1927 (É o hotel) 31 de Maio/To be or not to be Veneza/Eis aqui estão ogivas de/Santarém (Venecia/En Santarém/Junio (tachado) 1927 (Es el hotel) 31 de Mayo/To be or not to be Venecia/He aquí ojivas de/Santarém)
Fotografía, 6,1 x 3,7 cm
Archivo Mário de Andrade - Instituto de Estudos Brasileiros - USP

MÁRIO DE ANDRADE
Na lagoa do Amanium/Perto do Igarapé de Barcarena/Manaus 7-VI-27/Minha obra prima (En la laguna de Amanium/Cerca del Igarapé de Barcarena/Manaos, 7 de junio de 1927/Mi gran obra)
Fotografía, 6,1 x 3,7 cm
Archivo Mário de Andrade - Instituto de Estudos Brasileiros - USP

Mário de Andrade
No Lago do Amanium/Arredores de Manaus
7-VI-27 (En el Lago de Amanium/Alrededores
de Manaos, 7 de junio de 1927)
Fotografía, 6,1 x 3,7 cm
Archivo Mário de Andrade - Instituto de Estudos
Brasileiros - USP

MÁRIO DE ANDRADE

Aposta do ridículo em Tefé 12-VI-27
(Apuesta del ridículo en Tefé 12 de
junio de 1927)
Fotografía, 6,1 x 3,7 cm
Archivo Mário de Andrade - Instituto de Estudos
Brasileiros - USP

**Assacaio. Na mão direita uma flor feito
caximbo. Um grupo de flores Bicos-de-Araras
na outra, 17-VI-27** (Assacaio. En la mano
derecha una flor como si fuese una pipa. Un
grupo de flores Bicos-de-Araras en la otra,
17 de junio de 1927)
Fotografía, 6,1 x 3,7 cm
Archivo Mário de Andrade - Instituto de Estudos
Brasileiros - USP

**Eu tomado de acesso de heroísmo
peruano 21-VI-27** (Yo cogido en un ataque de
heroísmo peruano, 21 de junio de 1927)
Fotografía, 6,1 x 3,7 cm
Archivo Mário de Andrade - Instituto de Estudos
Brasileiros - USP

**A bordo do Pedro I: Mário de Andrade preso
à manivela, de boné** (A bordo del Pedro I:
Mário de Andrade atado a la manivela, con
gorra), 18 de mayo de 1927
Fotografía, 6,1 x 3,7 cm
Archivo Mário de Andrade - Instituto de Estudos
Brasileiros - USP

Mário de Andrade

**Jangadas de mogno encostando no São
Salvador/Pra embarcar. Nanay, 23-Junho-
1927, Perú/Vitrolas futuras**
(Balsas de caoba. Acercándose al São
Salvador/Para embarcar. Nanay, 23 de junio de
1927, Perú/Gramófonos futuros), 23 de junio
de 1927
Fotografía, 6,1 x 3,7 cm
Archivo Mário de Andrade - Instituto de Estudos
Brasileiros - USP

**Almoço da 3ª classe/Baependy - Ao largo
6-VIII-27/Em terceira voracidade**
(Almuerzo de 3ª clase/Baependy - A lo largo
6 de agosto de 1927/En tercera voracidad)
Fotografía, 6,1 x 3,7 cm
Archivo Mário de Andrade - Instituto de Estudos
Brasileiros - USP

Fazenda São Francisco VI-1931
(Hacienda San Francisco junio de 1931)
Fotografía, 3,7 x 6,1 cm
Archivo Mário de Andrade - Instituto de Estudos
Brasileiros - USP

MÁRIO DE ANDRADE
Sombra Minha, Santa Tereza do Alto/1-I-1927
(Sombra mía, Santa Tereza do Alto, 1 de enero
de 1927)
Fotografía, 3,7 x 6,1 cm
Archivo Mário de Andrade - Instituto de Estudos
Brasileiros - USP

Mário de Andrade
Rio Madeira. Retrato da minha sombra trepada no toldo do Vitória, Julho 1927. Que-dê o poeta? (Río Madeira. Retrato de mi sombra encaramada en el toldo del Victoria, julio 1927. ¿Dónde está el poeta?)
Fotografia, 6,1 x 3,7 cm
Archivo Mário de Andrade - Instituto de Estudos Brasileiros - USP

MÁRIO DE ANDRADE

Rua Nova, Recife II-29/Da minha janela de hotel (Calle Nueva, Recife febrero de 1929/Desde mi ventana del hotel)
Fotografía, 6,1 x 3,7 cm
Archivo Mário de Andrade - Instituto de Estudos Brasileiros - USP

Olinda/Fev 1929 (Olinda, febrero de 1929)
Fotografía, 6,1 x 3,7 cm
Archivo Mário de Andrade - Instituto de Estudos Brasileiros - USP

Igreja de Itaquerê, III-1930
(Iglesia de Itaqueré, marzo de 1930)
Fotografía, 3,7 x 6,1 cm
Archivo Mário de Andrade - Instituto de Estudos Brasileiros - USP

Mário de Andrade
Roupas freudianas, Fortaleza 5-VIII-27
Fotografia Refoulenta Refoulement
(Ropas freudianas, Fortaleza 5 de agosto de
1927. Fotografía *Refulenta Refoulement*)
Fotografía, 3,7 x 6,1 cm
Archivo Mário de Andrade - Instituto de Estudos
Brasileiros - USP

Cícero Dias/II-1929, febrero de 1929
Fotografía, 6,1 x 3,7 cm
Archivo Mário de Andrade - Instituto de Estudos
Brasileiros - USP

Cícero Dias no Engenho dele/II-1929
(Cícero Dias en su plantación / febrero de 1929)
Fotografía, 6,1 x 3,7 cm
Archivo Mário de Andrade - Instituto de Estudos
Brasileiros - USP

MÁRIO DE ANDRADE
**Santa Tereza do Alto/12-X-27. Oswald de
Andrade na varanda** (Santa Teresa do
Alto/12 de octubre de 1927. Oswald de
Andrade en el balcón)
Fotografía, 8,7 x 6,1 cm
Archivo Mário de Andrade - Instituto de Estudos
Brasileiros - USP

GREGORI WARCHAVCHIK
**Oferecido por Gregori Warchavchik a
Mário, 10 dias antes de falecer**
(Ofrecido por Gregori Warchavchik a Mário,
10 días antes de morir), 1945
Fotografía, 13,1 x 8,1 cm
Archivo Mário de Andrade - Instituto de Estudos
Brasileiros - USP

Marcel Gautherot

Retrato. Rio São Francisco, ca. 1950
Fotografía, 30 x 30 cm
Instituto Moreira Salles

Casamento (Boda), ca. 1950
Fotografía, 30 x 30 cm
Instituto Moreira Salles

Homem recostado em uma carranca de proa
(Hombre recostado en un mascarón de proa), ca. 1946
Fotografía, 30 x 30 cm
Instituto Moreira Salles

Marcel Gautherot
Homem com chapéu (Puxada do Xaréu)
(Hombre con sombrero [pesca]), ca. 1960
Fotografía, 30 x 30 cm
Instituto Moreira Salles

Puxada do Xaréu. Pesca com rede
(Pesca con red), ca. 1960
Fotografía, 30 x 30 cm
Instituto Moreira Salles

Procissão. Nosso Senhor dos Navegantes
(Procesión. Nuestro Señor de los Navegantes)
ca. 1950
Fotografía, 30 x 30 cm
Instituto Moreira Salles

Marcel Gautherot

Menina na escadaria. Igreja Nosso Senhor do Bonfim (Niña en la escalinata. Iglesia Nosso Senhor do Bonfim), ca. 1955
Fotografía, 30 x 30 cm
Instituto Moreira Salles

Ritual. Lavagem das escadarias. Igreja Nosso Senhor do Bonfim (Ritual. Lavado de las escalinatas. Iglesia Nosso Senhor do Bonfim) ca. 1950
Fotografía, 30 x 30 cm
Instituto Moreira Salles

Marcel Gautherot

Jangadas e elevador Lacerda
(Balsas y ascensor Lacerda) ca. 1950
Fotografía, 30 x 30 cm
Instituto Moreira Salles

Vista da cidade (Vista de la ciudad), ca. 1957
Fotografía, 30 x 30 cm
Instituto Moreira Salles

Autoretrato (Autorretrato), ca. 1945
Fotografía, 24 x 24 cm
Instituto Moreira Salles

HILDEGARD ROSENTHAL
Bonde na Praça dos Correios
(Tranvía en la Plaza de Correos), ca. 1940
Fotografía, 30 x 40 cm
Instituto Moreira Salles

HILDEGARD ROSENTHAL
O padeiro. Avenida Angélica
(El panadero. Avenida Angélica), ca. 1940
Fotografía, 30 x 40 cm
Instituto Moreira Salles

HILDEGARD ROSENTHAL
Ferrovia. Passagem de nível e passarela para pedestres no Brás (Ferrocarril. Paso a nivel y pasarela para peatones en el barrio de Brás)
ca. 1940
Fotografía, 40 x 30 cm
Instituto Moreira Salles

Hildegard Rosenthal
Centro da cidade. Rua Marconi, sentido
Avenida São Luís (Centro de la ciudad. Calle
Marconi, sentido Avenida São Luís), ca. 1940
Fotografía, 40 x 30 cm
Instituto Moreira Salles

HILDEGARD ROSENTHAL
O entregador de bebidas
(El repartidor de bebidas), ca. 1940
Fotografía, 30 x 40 cm
Instituto Moreira Salles

Hildegard Rosenthal
Leiteiro. Praça Marechal Deodoro
(Lechero. Plaza Marechal Deodoro), ca. 1940
Fotografía, 30 x 40 cm
Instituto Moreira Salles

HILDEGARD ROSENTHAL

Menino vendedor de jornais
(Niño vendedor de periódicos), 1939
Fotografía, 40 x 30 cm
Instituto Moreira Salles

**Centro da cidade. Rua Direita. Centro
bancário e comercial** (Centro de la ciudad.
Calle Direita. Centro bancario y comercial)
ca. 1940
Fotografía, 40 x 30 cm
Instituto Moreira Salles

HILDEGARD ROSENTHAL
Chuva: Avenida São João, esquina com rua
Líbero Badaró (Lluvia: Avenida São João,
esquina con calle Líbero Badaró), ca. 1940
Fotografía, 30 x 40 cm
Instituto Moreira Salles

Hildegard Rosenthal
Viaduto do Chá. Centro, ca. 1940
Fotografía, 30 x 40 cm
Instituto Moreira Salles

Hildegard Rosenthal
Autoretrato (Autorretrato), ca. 1940
Fotografía, 18 x 24 cm
Instituto Moreira Salles

Pierre Verger

Basílica do Bonfim, 1947
Fotografía, 40 x 30 cm
Fundación Pierre Verger

Carnaval, Afoxé Filhos de Ghandi
(Carnaval grupo hijos de Ghandi), 1959
Fotografía, 40 x 30 cm
Fundación Pierre Verger

PIERRE VERGER

Carnaval, bloco da Embaixada Mexicana
(Carnaval, banda de la Embajada Mexicana)
1946-52
Fotografía, 40 x 30 cm
Fundación Pierre Verger

Cena de rua (Escena de calle), 1946-52
Fotografía, 40 x 30 cm
Fundación Pierre Verger

D. Maria Bibiana do Espírito Santo, Mãe do terreiro Axé Opô Afonjá
(D. Maria Bibiana do Espírito Santo, madre espiritual de la Casa Axé Opô Afonjá), 1950
Fotografía, 40 x 30 cm
Fundación Pierre Verger

PIERRE VERGER
Cena de rua (Escena de calle), 1946-52
Fotografía, 40 x 30 cm
Fundación Pierre Verger

PIERRE VERGER
Capoeira, Rampa do Mercado Modelo
(Capoeira, Rampa del Mercado Modelo)
1946-52
Fotografía, 40 x 30 cm
Fundación Pierre Verger

**Criança tocando corneta durante festejos da
Semana Santa**
(Niño tocando la corneta durante los festejos
de Semana Santa), 1946-52
Fotografía, 40 x 30 cm
Fundación Pierre Verger

PIERRE VERGER

Cena de rua (Escena de calle), 1946-52
Fotografía, 40 x 30 cm
Fundación Pierre Verger

Autoretrato (Autorretrato), 1946-52
Fotografía, 24 x 18 cm
Fundación Pierre Verger

GERALDO DE BARROS

Sin título (Sevilla), 1951
Gelatina de plata sobre papel, 30 x 30 cm
Copia moderna, 1977
Musée de L'Élysée, Lausana

Abstracción (Estación de São Paulo), 1949
Gelatina de plata sobre papel, 28,5 x 28,5 cm
Copia de época
Musée de L'Élysée, Lausana

Geraldo de Barros
Abstracción (São Paulo), 1949
Gelatina de plata sobre papel, 37,5 x 27,5 cm
Copia de época
Musée de L'Élysée, Lausana

Geraldo de Barros

Sin título (São Paulo, serie Fotoformas), 1950
Gelatina de plata sobre papel, 31 x 30,5 cm
Copia moderna, 1977
Musée de L'Élysée, Lausana

Movimiento giratorio (São Paulo, serie Fotoformas), 1949
Gelatina de plata sobre papel, 29 x 28,5 cm
Copia moderna, 1999
Musée de L'Élysée, Lausana

Geraldo de Barros
Sin título (São Paulo, serie Fotoformas), 1949
Gelatina de plata sobre papel, 31 x 27,5 cm
Copia de época
Musée de L'Élysée, Lausana

Geraldo de Barros
Sin título (São Paulo), 1949
Gelatina de plata sobre papel, 26,5 x 38 cm
Copia de época
Musée de L'Élysée, Lausana

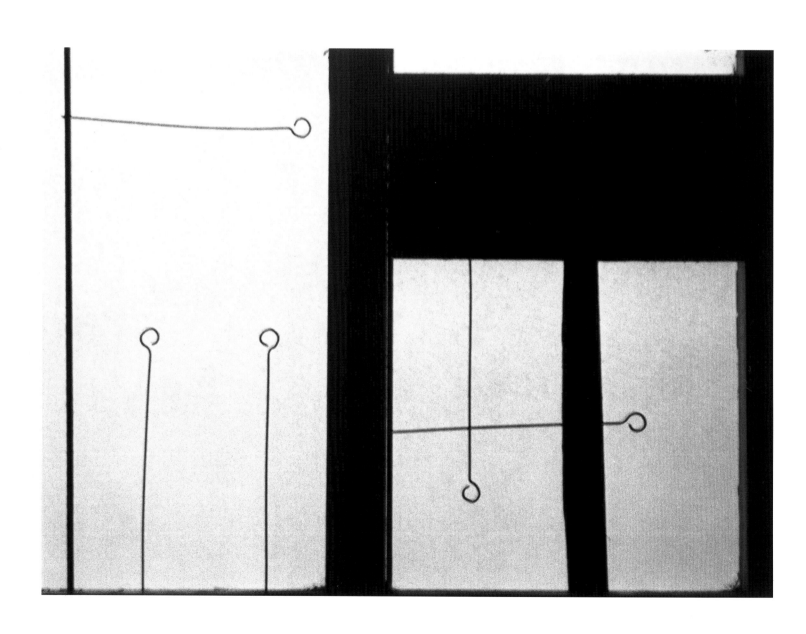

Geraldo de Barros
Sin título (São Paulo), 1949
Gelatina de plata sobre papel, 40 x 30 cm
Copia moderna, 1977
Musée de L'Élysée, Lausana

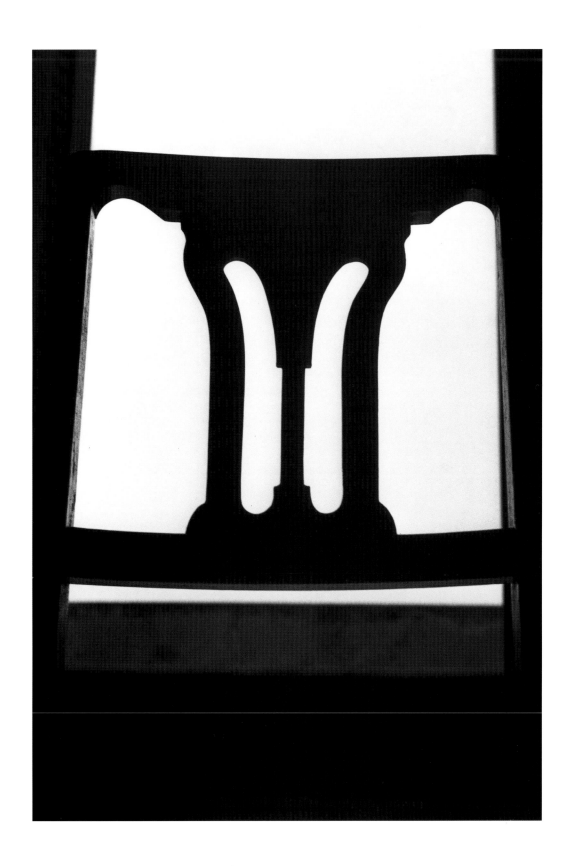

GERALDO DE BARROS
Sin título (Granada), 1951
Gelatina de plata sobre papel, 40 x 30 cm
Copia moderna, 1977
Musée de L'Élysée, Lausana

Geraldo de Barros
Autorretrato (São Paulo, serie Fotoformas)
1949
Gelatina de plata sobre papel, 24 x 18 cm
Copia moderna, 1999
Colección Fabiana de Barros

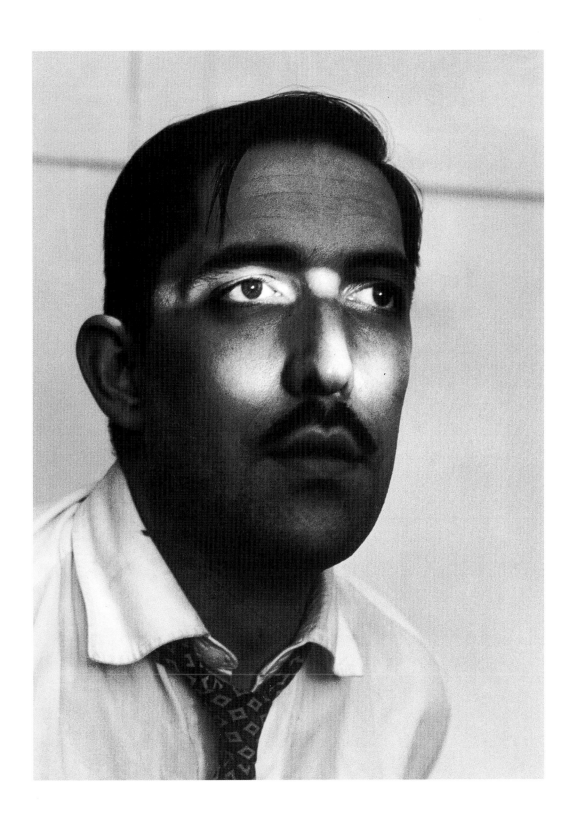

CINE

Aurora y Carmen Miranda, 1935

EQUILIBRIO INESTABLE ENTRE LA VANGUARDIA Y LA INDUSTRIA CULTURAL

Jean-Claude Bernardet

"Filmación brasileña. El primer intento de producir películas de arte realizado por Rossi Film a título experimental consistió en un pequeño drama, realizado en algunas horas del día 14 de marzo de 1919." Este era el rótulo de apertura de *Exemplo regenerador*, de José Medina, posiblemente el primer filme brasileño de ficción que presenta un carácter autorreflexivo, y con seguridad el primero en anunciarse como experimental. ¿De qué experiencia se trataba?

Todo indica que hasta los años veinte, las películas de ficción se filmaban en forma de "cuadros", es decir, un espacio teatral donde se desarrollaba la acción, ocupando la cámara la posición de un espectador. En 1918, el cineasta Antônio Campos publica unos artículos[1] que dan idea de este procedimiento. Da un ejemplo extraído del guión del filme *O curandeiro*, realizado por él: "En una habitación rústica [...] se ve a la esposa de Chico en actitud de oración, sosteniendo una vela encendida en una de las manos." Explica que el cuadro tiene que ser "cinematografiado con suficiente distancia para que se muestre toda la habitación", situando a la actriz "en primer plano, a fin de que se destaquen los rasgos fisionómicos". Campos califica este tipo de cuadro de "ordinario o primario", pero existen también los "suplementarios", divididos en "comparativos", "de adorno" y "excitantes". El "comparativo" mostraría a una mujer en casa cuidando de un niño, introducido en medio de un cuadro que presentaría a su marido borracho en la calle. El "de adorno", realizado para romper la monotonía, entrecortaría el discurso de un orador mostrando a un asistente atento, y a otro bostezando. El "excitante" aumenta el poder de emoción, mostrando, por ejemplo, la saeta de un reloj que se aproxima lentamente a la hora en punto en que se espera un desenlace cualquiera. También explica que el primero de estos cuadros suplementarios proviene de los italianos y "está muy de moda", mientras que debemos el segundo a los americanos y europeos, siendo el tercero yanqui.

Estos textos tienen la importancia de revelar una actitud de investigación y reflexión teórica por parte de cineastas brasileños de la época, lo que en general despreciamos; investigación y reflexión que tienen la forma de una "modernización" en el sentido del antropólogo Darcy Ribeiro, es decir, el lenguaje cinematográfico brasileño se actualiza a partir de estímulos externos para equipararse a la cinematografía de los países desarrollados. No propone otra cosa la "experiencia" de *Exemplo regenerador*: la filmación, ya no por cuadros sujetos al lenguaje teatral, sino, en la terminología de la época, en "continuidad". Dicho sin rodeos, se trata de que el cine brasileño asimile el montaje griffithiano, de colocarlo en el rumbo de aquello que sería la "narrativa cinematográfica clásica".

Escribir "equipararse" tal vez sea una exageración, y Campos lo sabía, pues no es tanto la existencia de una cinematografía brasileña la que motiva las "reglas" propuestas por el cineasta, sino su *posibilidad*. De

1. Revista *A Fita*. São Paulo, julio-septiembre 1918.

hecho, la introducción a las "reglas" justifica: "Ahora que la cinematografía nacional ha logrado algún desarrollo en nuestra tierra, no es un despropósito dar en esta revista algunas indicaciones o reglas a los escritores que quieran dedicarse a este género..."

Cuando Mário de Andrade reflexiona sobre el lenguaje cinematográfico tampoco sus preocupaciones provienen de una cinematografía brasileña existente: "Existen ciertos problemas, referentes al cine, que aparentemente poco nos interesan, pues no hay por aquí artistas ni estudios que se dediquen especializadamente a producir películas de ficción." Así, Mário de Andrade dirige sus reflexiones hacia otro interlocutor: "Esa falta de importancia sin embargo es sólo aparente; estos problemas, aunque no tengan artistas a los que preocupar, tienen siempre un público que educar y orientar."[2] A esto se limitaban las ocasionales relaciones entre productores de cine y modernistas, separados por un abismo, los primeros enclaustrados en una subcultura despreciada e ignorada por la cultura erudita donde estaban encastillados los segundos, mejor dicho, ignorancia recíproca.[3] En efecto, Mário de Andrade, había "artistas a los que preocupar" con estos problemas, como lo prueban los artículos de Antônio Campos, la apertura de *Exemplo regenerador*, y Adalberto de Almada Fagundes, que publica textos sobre técnica del guión a mediados de los años veinte.

El abismo entre producción cinematográfica y modernismo se concreta en la persona de Menotti del Picchia. Autor de un célebre *Juca mulato*, amigo de los modernistas y participante de la "Semana de 22", Del Picchia y su hermano tenían una empresa de cine, Independência Film, cuya principal producción fue un noticiario cinematográfico en nada diferente del de Rossi Film, y que realizó un filme de inspiración fascistoide, *Alvorada de glória*,[4] con guión de Menotti, y *Vício e beleza*,[5] una película que no era "apropiada para señoritas y niños" y que tenía sesiones reservadas al público masculino, o sea, un "porno".

En realidad, el modernismo no ignoró del todo la producción brasileña, pues Mário de Andrade llegó a comentar *Do Rio a São Paulo para casar*,[6] única crítica de filme brasileño proveniente de los modernistas. Su actitud revela generosidad y buena voluntad, pero... Sinceramente envía "aplausos" a un "intento de comedia". "El enredo no está mal. Aunque sería necesario extirparle algunas incoherencias. El montaje no está mal. Aunque sería necesario extirparle algunas incoherencias." Así mismo "es necesario continuar". Las reservas se dirigen principalmente respecto al hecho de que las costumbres de los personajes parecen más americanas que brasileñas: "que se presente un muchacho a la novia, la primera vez que la ve, en mangas de camisa, es imitación de hábitos deportivos que no son nuestros." Pero la relación con el cine americano es ambigua: por un lado "¡trasplantar el arte estadounidense a Brasil! Un gran beneficio", afirma irónicamente refiriéndose, sin embargo, al contenido; por otro lado, continua: "Es necesario comprender a los estadounidenses y no imitarlos ridículamente. Aprovechar de ellos lo que tienen de bueno desde el punto de vista técnico y no desde el punto de vista de las costumbres."[7] Se afirma aquí una posición que perdurará en el pensamiento cinematográfico brasileño hasta aproximadamente los años sesenta, a saber, la existencia de un lenguaje cinematográfico neutro, mera cuestión técnica independiente de los contenidos, el cual se realiza mejor en el cine estadounidense.

En cuanto a Oswald de Andrade, introdujo la producción de un filme brasileño en la novela *Memórias sentimentais de João Miramar*.[8] El tono es gracioso: asociado a un "bandoriental", "con planos de acaparamiento y lucha en el mercado brasileño, con todas las películas del continente", Miramar imagina ganar ríos de dinero invirtiendo en un filme histórico producido por la Empresa Cinematográfica Cubatense,[9] que después se convierte en la portentosa Piaçagüera Lighting and Famous Pictures Company of São Paulo and Around. El filme sería interpretado por la "joven estrella cinematográfica Melle. Rolah", francesita por quien Miramar se apasiona. Unos embrollos eróticos echan el proyecto a perder, dando la

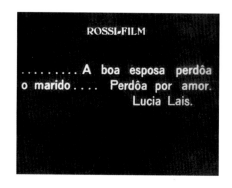

JOSÉ MEDINA
Exemplo regenerador, 1919
Cinemateca Brasileira Ministério da Cultura

2. Revista *Klaxon*, n. 6, 15-X-1922.

3. A este respecto, ver Xavier, I.: *Sétima arte: um culto moderno*, obra fundamental para el conocimiento del pensamiento cinematográfico brasileño en los años veinte y sus relaciones con la vanguardia.

4. Dirección de Victor del Picchia y Luiz de Barros. El filme (1931) fue comentado así por el integralista Plínio Salgado: "ritmo brasileño en toda la línea ondulante del sentimiento de nuestra gente, en el amor y en la valentía, en la voz y en el idioma." Posteriormente, Menotti del Picchia negó su participación en este filme, sobre la cual las noticias de la época no dejaban duda. Al respecto, ver Galvão, M.R.: *Crônica do cinema paulistano*.

5. Dirigida por Antônio Tibiriçá, 1926.

6. Prod. Rossi Film; dir. José Medina, 1925.

7. *Klaxon*, n. 2, 15-VI-1922.

8. Editora Globo, 1999, 11ª ed.

9. Hoy centro industrial, Cubatão era en la época el quinto infierno.

JOAQUIM PEDRO DE ANDRADE
O Homem do Pau-Brasil, 1980
Cinemateca Brasileira Ministério da Cultura

razón al buen sentido de la esposa: "Sólo sé que es una estupidez este negocio del cine, donde te metiste sin decírmelo." Más o menos a eso se limitan las relaciones de los modernistas con el cine brasileño; no, sin embargo, con el cine.

Las preocupaciones cinematográficas de los modernistas, sin relaciones con cualquier forma de producción y en dirección opuesta a las búsquedas de los cineastas que, con nuestro vocabulario actual, podemos calificar de "actualización conservadora", se vuelcan hacia el futurismo, aunque Mário de Andrade refute el término. Bastan algunas pocas referencias para percibir qué lejanas del lenguaje del cine brasileño y de sus experiencias estaban las preocupaciones cinematográficas de los modernistas: para Mário de Andrade, poesía es "polifonía", "rapidez y síntesis", "superposición de ideas e imágenes."[10] Esta es la perspectiva poética que traslada a su ideario cinematográfico: "El *cine* realiza la vida en aquello que ésta presenta de movimiento y simultaneidad visual."[11] El *cine* de los modernistas sólo se realizó en la literatura, lo que enseguida fue señalado, en la prosa, por A.C. Couto de Barros al comentar *Os condenados*, novela de Oswald de Andrade: "El libro inaugura en nuestro medio una técnica absolutamente nueva, imprevista, cinematográfica";[12] y, en la poesía, por Carlos Alberto de Araújo, que imagina a Mário de Andrade escribiendo *Pauicéia desvairada*: "Él escribe, y mientras escribe, está viendo, está sintiendo una representación cinematográfica subconsciente."[13] En los años cuarenta, Antônio Candido enfatizaría esta interpretación: "Sería más exacto decir, como ya se ha dicho, que [Oswald de Andrade] lanzó ostensivamente y a gran escala (en Brasil, por lo menos), la técnica cinematográfica. Lo que se observa en *Os condenados* es menos el proceso del contrapunto que el de la discontinuidad escénica, el intento de simultaneidad, que obcecó al modernismo", y respecto de *A revolução melancólica*: "este libro continua fielmente el cinematografismo y la síncopa de *Os condenados*."[14] Esa línea interpretativa perdura hasta hoy, y Haroldo de Campos comenta que la prosa de Oswald de Andrade "participa íntimamente de la sintaxis analógica del cine", añadiendo una oportuna restricción: "por lo menos de un cine entendido a la manera eisensteiniana."[15]

Cuarenta años después...

Si quisiéramos pensar en una relación entre modernismo y cine en Brasil, tenemos que saltar a la década de los sesenta. Del Cinema Novo se dijo que efectuó, en relación al lenguaje cinematográfico, una operación análoga a la del modernismo, que se oponía al naturalismo y al parnasianismo. La narración, la concepción del espacio, la construcción de personajes, el ritmo, etc., de los filmes del Cinema Novo quebraron el lenguaje de los años cincuenta. A partir de este momento, ya no fue posible pensar el cine sin tomar una posición, a favor o en contra, ante esa revolución del lenguaje. Además de esto, al final de la década, se desarrolla un movimiento artístico conocido como tropicalismo, que abarcó a la música, el teatro, las artes plásticas y el cine. En el seno del tropicalismo, el modernismo conoció una recuperación, particularmente Oswald de Andrade, cuya obra *O rei da vela*, considerada hasta entonces teatralmente inviable, fue montada con inmensa repercusión y consecuencias culturales. Se realizaron filmes inspirados en Oswald de Andrade, como *Bárbaro e nosso*,[16] cuyo título se basaba en un poema suyo,[17] o *Dez jingles para Oswald de Andrade*,[18] cuyo guión es del poeta concretista Décio Pignatari. Con *O homem do Pau-Brasil*,[19] Joaquim Pedro de Andrade realiza un largometraje de ficción que condensa el espíritu de la obra del poeta modernista. Anteriormente, había realizado *Macunaíma*,[20] basado en la novela de Mário de Andrade. Esta comedia recibió una calurosa acogida tanto por parte de públicos populares como cultos, caso probablemente único en la historia del cine brasileño. El fructífero diálogo entre el cine y el modernismo se prolonga en la obra de Júlio Bressane, de manera notable en *Tabu* (1982), que cuenta con Oswald de Andrade entre sus personajes.

10. "A escrava que não é Isaura", en *Obra imatura*. Martins, São Paulo 1980.

11. "Cinema". *Klaxon*, n. 6, 15-X-1922.

12. *Klaxon*, n. 6, 15-X-1922.

13. *Klaxon*, n. 7, 30-XI-1922.

14. Candido, A.: *Brigada ligeira*. Martins, São Paulo 1945.

15. "Miramar na mira", en Andrade, O. de: *Memórias sentimentais de João Miramar*. Globo, São Paulo 1999.

16. São Paulo. Dirigida por Márcio de Souza, 1968.

17. "Por ocasião da Descoberta do Brasil", en Andrade, O. de: *Pau Brasil*. Globo, Río de Janeiro 1998. El verso dice: "O Carnaval. O Sertão e a Favela. Pau-Brasil. Bárbaro e nosso."

18. Dirigida por Rolf da Luna Fonseca, 1974.

19. Río de Janeiro, 1980.

20. Río de Janeiro, 1969.

Mientras tanto...

Fuera de cualquier futurismo, de la poesía urbana, del simultaneísmo y otras agitaciones, el cine brasileño tuvo su vanguardia en los años veinte: *Limite*, de Mário Peixoto (1930-31), "Arte por el arte", exultaba Otávio de Faria –motivo por el cual Glauber Rocha lo rechazaría décadas después–. Esta obra de puros ritmos, de ambigua meditación visual sobre los límites de la existencia, con sus largos planos, sus caminos y aguas, su fotografía luminosa, sus complejas metáforas, representa un enigma: nada existe en el cine brasileño de la época, sea en la producción o en la reflexión teórica, nada existe en la cultura en general, literaria, plástica, musical, filosófica, que explique su aparición entre nosotros. Todo en *Limite*, que Peixoto realiza después de una prolongada estancia en Europa, sugiere la vanguardia cinematográfica francesa de los años veinte, aunque el autor insistiera en afirmar que su fuente era el expresionismo alemán. Me agrada el comentario de Júlio Bressane:[21] *Limite* es el filme más radical de la vanguardia francesa, que la vanguardia francesa nunca realizó. Lejos del concepto de influencias y plagios, Bressane y *Limite* nos invitan a reflexionar sobre la posibilidad de la radicalización en los países periféricos de unos principios estéticos elaborados por los países centrales.

Pero los cineastas de las primeras décadas del siglo XX estaban lejos de las preocupaciones modernistas y futuristas, y de Mário Peixoto. Con su "actualización conservadora", inspirada en el cine americano, pretendían incorporarse al mercado, y cualquier actitud de ruptura estética, esencial para los modernistas, no habría tenido ningún sentido para estos cineastas –cineastas de una cinematografía casi inexistente–. A pesar del vuelo promisorio conocido como Bella Época de Cine Brasileño (1907-11), los filmes importados ya ocupaban las pantallas desde finales del siglo XIX, y a partir de 1908-10 la sistematización del comercio cinematográfico a nivel internacional marginó a la producción brasileña. Los cineastas tardaron en comprender el fenómeno y sus causas, pero muy pronto hubo percepciones esporádicas. En 1920 la productora Romeiros da Guia publica un texto precursor, donde afirma que "las empresas de exhibición [...] buscando sólo el lucro inmediato, no piensan en el desarrollo de la cinematografía nacional [...] Solamente una medida legislativa tendría fuerza para dar aliento al cine nacional [...] los cines estarán obligados, bajo la pena de un severo gravamen, a incluir al menos una película nacional a la semana [...] Nacerá la búsqueda y en consecuencia de esto la producción de filmes brasileños, creciendo en volumen, irá de mejoría en mejoría hasta la victoria."[22]

Se acostumbra a decir que el mercado cinematográfico interno fue *conquistado* por el filme extranjero. Tiendo a pensar con Paulo Emílio Salles Gomes que esta afirmación es inexacta. Más correcto sería decir que éste fue creado por y para el filme extranjero, y de éste la producción brasileña intentó conquistar una parcela. Cuando los cineastas se dieron cuenta de que no tenían fuerzas para enfrentarse a los distribuidores extranjeros, fueron llevados a solicitar el apoyo del estado. Presionado por los cineastas que comenzaban a organizarse –momento considerado como el nacimiento de la conciencia *cinematográfica* en Brasil–, el gobierno adoptó medidas estableciendo una reserva de mercado. En 1932, durante el primer gobierno de Getúlio Vargas, se crea la exhibición obligatoria de cortometrajes, que fue posteriormente extendida a los largometrajes. Sin duda, estas medidas estatales posibilitaron una cierta regularidad en la producción de películas que podían llegar a las pantallas, pero no alteraron estructuralmente la situación, pues reconocían implícitamente que el mercado pertenece al filme extranjero y que una parte de ese mercado tiene que ser reservado al filme brasileño.

Ante la fortaleza del filme extranjero, y con una situación económica y una estructura de mercado cuyo entendimiento no estaba facilitado por la ideología liberal que, esencialmente, era la de los cineastas, despuntaban interpretaciones sin fundamento (por ejemplo, la mala voluntad de los exhibidores) y

MÁRIO PEIXOTO
Limite, 1930
Cinemateca Brasileira Ministério da Cultura

21. Uno de los cineastas brasileños más importantes de las últimas décadas.

22. *O Estado de São Paulo*, 19-XI-1920.

esperanzas de corta duración. Por ejemplo, se pensó que la aparición del cine sonoro significaría el fin de la dominación del mercado internacional por los americanos: el hablado aniquilaba la esencia del cine, que por definición era mudo, según algunos o, según otros, la ininteligibilidad de la lengua inglesa abría el camino de las cinematografías nacionales. Refiriéndose al desempleo de los músicos, Noel Rosa cantaba: "*O cinema falado / é o grande culpado / da transformação*", en una canción precisamente titulada "Não tem tradução" (1933), refiriéndose a las víctimas del cine sonoro: los músicos, que tocaban en las salas estaban desempleados. Es sintomático de la situación de la producción que no haya una canción celebrando que estos músicos podrían hacer bandas sonoras.

Con el título "Conseqüências dos talkies", *Cinearte* (6-XI-1929) reproduce un manifiesto enviado a la Cámara de los Diputados por el Centro Acadêmico Cândido de Oliveira de la Facultad de Derecho de la Universidad de Río de Janeiro:

"Considerando que los pocos conjuntos orquestales existentes en los cines acaban de ser despedidos por las empresas cinematográficas, con el pretexto de la exhibición de los filmes sonoros y hablados [...] Considerando que los filmes sonoros y hablados constituyen una manifestación del imperialismo industrial norteamericano que pretende imponernos el idioma y los temas musicales extranjeros [...] Considerando, finalmente, que en Italia, Cuba y en otros países, los gobiernos ya han entendido la necesidad de disposiciones que garanticen la defensa del patrimonio artístico nacional: el Centro [...] solicita una reglamentación rigurosa de la exhibición de los filmes llamados 'sonoros y hablados' de manera que se obste a la perniciosa acción imperialista de la industria norteamericana, se defienda el patrimonio artístico nacional."

Otra noticia de la misma página divulga: "El gobierno italiano prohibió la exhibición de todo y cualquier filme que contenga el diálogo o las canciones en idioma extranjero."

Después vinieron los subtítulos.

La inexistencia de un mecanismo de filtración de los filmes no bloqueó totalmente la producción, pues los extranjeros no invadían un área que llamaremos doméstica. Temas locales, como el deporte, sobre todo el fútbol, funerales de personalidades, inauguraciones, el carnaval, fiestas cívicas, desfiles militares, publicidad de haciendas e industrias, etc., no interesaban a los extranjeros. Si el tema podía tener alguna repercusión internacional, intervenía una productora extranjera: la Fox no dejó de cubrir la visita del rey de Bélgica a Brasil en 1920. Esa área reservada permitió una producción relativamente constante de "naturales", es decir, filmes documentales y noticiarios. Algunos alcanzaron un determinado éxito, la gran mayoría estaba subvencionada por los mismos interesados. Los "naturales" siempre provocaron polémica, no sólo porque sus productores, los llamados *cavadores*, no siempre tenían una honestidad intacta (filmar sin película en la cámara, recibir el dinero y desaparecer del mundo tiene que haber ocurrido más de una vez), sino fundamentalmente porque el *sueño* era el cine a la americana, filmado en estudio. No obstante, los "naturales" fueron esenciales para la permanencia de una actividad cinematográfica. Eran ellos quienes mantuvieron activos a productores y laboratorios, ellos quienes llegaban a las pantallas, y ellos quienes permitían, una y otra vez, la producción de un largometraje de ficción que el mercado no solicitaba.

Esta situación dio a la cinematografía brasileña, al menos hasta los años treinta, una estructura diferente de la de los países industrializados, en los que el espectáculo de ficción es la base de la producción. Durante largo tiempo los historiadores brasileños insistieron en escribir la historia del cine en Brasil como una historia de la ficción cinematográfica, siguiendo en esto los modelos europeos, y sólo tardíamente aceptaron la presencia estructural del filme documental como sustento de la producción. La ocupación de los mercados por el filme extranjero no se limitó a marginar el filme, marginó la propia ficción cinematográfica, con consecuencias de difícil estimación. Si a ello añadimos la desaparición de una gran parte del patrimonio cinematográfico, se puede concluir que quien estudia el imaginario de la sociedad brasileña por su cine de ficción obtendrá unos resultados limitados. En contrapartida, el documental abre para el estudio del imaginario un campo de trabajo hasta ahora poco explorado. En este sentido es indispensable citar el ensayo pionero de Paulo Emílio Salles Gomes "A expressão social dos filmes documentais no cinema mudo brasileiro (1898-1930)."[23] En este esbozo interpretativo, Salles Gomes crea dos categorías que abarcan a una gran parte de la producción documental de la época: el *ritual del poder* tiene como tema al presidente de la república, los políticos, los militares, la alta sociedad; "la *cuna espléndida* es el culto a las bellezas naturales del país", tema de los más relevantes, porque el esplendor de la naturaleza virgen era como una respuesta a la industrialización. Un tema nos sugiere la inversión del imaginario social en estos filmes: cataratas, caídas de agua, rápidos, saltos, cascadas, están entre los paisajes más explorados por el cine; un comentario periodístico del filme *A estrada de ferro Noroeste* (1918) destaca "el bello salto de Itapura [...] que ni las más afamadas Niágara conseguirán empañar [...] Una belleza, de momento, una incalculable fuente de riqueza, mañana, cuando sean aprovechados sus 50.000 caballos de fuerza." La cascada se enclava en la *cuna espléndida*, pero es una promesa de industrialización, es un símbolo fronterizo entre la maravilla virgen y el futuro prometedor.[24] Pero hay un inconveniente, las bellezas naturales se encuentran en el interior, cuya miseria se acaba filtrando en las imágenes. Esta "miseria revelada" choca, alarmando a unos, escandalizando a otros: y si un filme que muestra a "un mestizo vendiendo zumo de caña en una calabaza [...] una cuadrilla de negritos bañándose en el río [...] fuese para el extranjero",[25] he aquí la imagen de Brasil comprometida. Pero esta era la base que sustentaba a la magra ficción, que posibilitaba algunos filmes de largo metraje. La Rossi Film probablemente no habría producido los filmes de José Medina sin el apoyo de su noticiario cinematográfico, ni Lustig ni Kemeny habrían realizado *São Paulo, a sinfonia da metrópole* (1929).

Otávio de Faria, novelista y uno de los líderes del Chaplin-club que publicaba *O fan*, revista de teoría cinematográfica, no se equivocó al escribir que, de *São Paulo, a sinfonia da metrópole*, "se salvan algunas imágenes, bien situadas, bien fotografiadas, agradables", después de lo cual "se encamina hacia el más banal de los documentales. Se muestra el proceso de fundición de São Paulo, etc. Como documental falla. Como filme de ritmo mucho más." Otávio de Faria tenía como referencia *Berlín, sinfonía de una gran ciudad* (1927), del alemán Walter Ruttmann, que tenía como referencia *Rien que les heures* (1926): el filme de Alberto Cavalcanti abrió ese ciclo de películas conocidas como las "sinfonías de la ciudad".

São Paulo, a sinfonia da metrópole pretende cantar la urbanidad agitada de la "metrópolis" en una perspectiva futurista, si creemos en las imágenes finales y en el cartel, que recuerdan paisajes urbanos de *Metrópolis* (1927) de Fritz Lang. Sin embargo, el filme arrastra la profunda marca de su producción y del contexto sociocultural en el que fue realizado. La producción: varias secuencias, montadas con material previamente filmado para noticiarios y documentales, no se diferencian del filme institucional subvencionado (la escuela primaria, el presidio donde el trabajo regenera). Por otro lado, éste expresa la

RUDOLFO REX LUSTIG, ADALBERTO KEMENY
São Paulo, a sinfonia da metrópole, 1929
Cinemateca Brasileira Ministério da Cultura

23. En Augusto Calil, C. - Machado, M.T. (org.): *Paulo Emílio, um intelectual na linha de frente*. Embrafilme - Brasiliense, São Paulo 1986 (1ª ed. del ensayo: 1974).

24. El tema de la cascada se prolongó en el cine brasileño: aún en 1978, Arnaldo Jabor acababa *Tudo bem* con las cascadas de Foz de Iguazú, en esta ocasión usadas con ironía.

25. Citado por Paulo Emílio Salles Gomes.

ideología dominante conservadora. Un ejemplo: el trabajo no aparece sólo en el presidio, aunque ahí tenga su presentación más detallada, sino también en una fundición de tubos: ¿cómo está introducida ésta? Después del rótulo: "Subiendo a uno de los más altos rascacielos", entran burgueses en un ascensor. Otro rótulo prosigue: "Para apreciar mejor la ciudad fabril: Brás, Mooca, Belém..."[26] La secuencia del trabajo industrial está mediada por una mirada burguesa para la cual la ciudad y el trabajo se ofrecen como un espectáculo. Y la secuencia desemboca en una animación abstracta de círculos y estrellas, que es adonde lleva el trabajo industrial. El filme revela más bien una sociedad basada en el cultivo y el comercio del café, resultando las "Fábricas – Fundiciones – Industrias mil [que] comienzan a girar sus ruedas, resollando por las chimeneas expulsando humo de hornos crepitantes" un deseo cantado por los rótulos y una perspectiva de futuro. Distribuido por la Paramount, el filme tuvo éxito y el poeta paulista Guilherme de Almeida lo saludó enfáticamente: "no es un filme documental, es un poema",[27] en una crítica usada en la divulgación.

Este descompás entre lo que anuncian los títulos y lo que se ve, entre la urbanidad cantada y una tranquilidad y mediocridad del paisaje urbano, está igualmente presente en otro filme del mismo año: *Fragmentos da vida*, comedia de José Medina. Los rótulos celebran la ciudad que crece "desafiando las nubes, llevando en esa ansia incontenida el sudor de los trabajadores humildes [...] la ciudad cubriéndose de rascacielos, llenándose de plazas, donde [predomina] la elegancia y el gusto de sus habitantes y su afirmación económica [...] la gran ciudad [que] absorbe energías y más energías. São Paulo es un pequeño mundo de realización, de progresos, de promesas." Esta retórica acompaña la construcción, no de algún gigantesco rascacielos, sino de una casita sostenida por andamios hechos de troncos de árboles. Y cuando el filme aborda *el lado de allá*, es decir, lo que hay del otro lado del progreso, no son trabajadores lo que éste presenta, sino *vagabundos*, maleantes que rehusan trabajar. Basado en un cuento de O. Henry que el director leyera en un viaje a Estados Unidos, este filme inteligente y bien construido incluso hoy divierte a los espectadores.

Lívio Tragtenberg y Wilson Sukorski crearon en 1998 para *São Paulo, uma sinfonia da metrópole* un acompañamiento musical que se posiciona ante esa tensión entre una urbanidad en el fondo pacata y la pretendida agitación futurista. Con la ironía (la música parece a veces como para un dibujo animado) y otros recursos pretenciosos, marcaron el abismo que separa una ciudad casi provinciana mostrada en las imágenes, de su sueño. Los recursos electrónicos disfrazan irónicamente el deseo del filme, destacando así lo que no es.

Prácticamente ausente de los filmes, la ficción no dejaba de imperar en el medio cinematográfico, esa es al menos la tesis de Paulo Emílio Salles Gomes en notables artículos de los años 1960-61.[28]

Eu sou diretora da escola do Estácio de Sá
E felicidade maior neste mundo não há
Já fui convidada para ser estrela de nosso cinema
Ser estrela é bem fácil
Sair do Estácio é que é
O "x" do problema.[29]

¿Qué invitación habría recibido esta señora? La "x" del problema es el núcleo de la cuestión. El estrellato era algo inherente al cine, aunque difícil de pensarse en el marco de la escasa producción brasileña. Sin estrellas, sin embargo, no hay cine, es necesario crearlas. En eso se empeñó la revista *Cinearte* en los años

26. Barrios obreros de São Paulo.

27. *O Estado de São Paulo*, 1929. *Natural*, es decir, documental.

28. Salles Gomes, P.E.: "Uma situação colonial?", "Um mundo de ficções", "A agonia da ficção", "O gosto da realidade", "O dono do mercado", "A vez do Brasil", "Uma revolução inocente", en *Crítica de cinema no Suplemento Literário*. vol. II, Embrafilme - Paz e Terra, Río de Janeiro 1981. Varias ideas expuestas aquí provienen de estos artículos, así como de *Humberto Mauro, cataguazes, Cinearte* (Perspectiva, São Paulo 1974), del mismo autor.

29. Canción "O x do problema", de Noel Rosa (1936). Referencia a la escuela de samba, en el barrio del Estácio de Sá.

veinte y treinta, publicando fotografías con atractivo erótico y biografías de jóvenes actrices, que hasta recibían cartas de lectores, aunque sus apariciones se limitaran a algunos pocos filmes marginados por el mercado. Esta era una característica

"Lelita Rosa, la Greta Garbo nacional [...] sueño de opio [...] licor místico [...] cocaína [...] Un cuadro típicamente brasileño de Tarsila." (*carta de un lector*)

GILDA DE ABREU
O ébrio, con el cantante Vicente Celestino, 1946
Cinemateca Brasileira Ministério da Cultura

fundamental de la cinematografía brasileña hasta los años cincuenta. El cine son estudios, *star system*, elencos y equipos fijos. Es decir, el cine es el modelo americano, que fue implantado sobre un mercado interno y externo creciente. El mimetismo brasileño creó ilusiones e invirtió los factores: creemos productoras y estudios –aunque sin la base del mercado–, creemos estrellas, el resto ya vendrá. Se hicieron innumerables intentos, muchos fueron un desastre. En los años veinte, Adalberto de Almada Fagundes fracasó; en los años treinta, la Sul Americana quebró antes de usar sus lujosos estudios. Cinédia, de Adhemar Gonzaga, consiguió producir en los años treinta una serie de filmes, aunque tuvo que producir también los odiados noticiarios para equilibrar las cuentas de la empresa. En los años cincuenta, Vera Cruz ya en sus inicios se desequilibró financieramente, pero antes de la quiebra produjo diecisiete filmes con el apoyo de fondos estatales. Por cierto, Alberto Cavalcanti, que fue director de producción de los primeros filmes de la empresa, percibió la falta de adecuación de la política de Vera Cruz a la situación brasileña, pero no tenía poder para interferir. Todas estas empresas se enfrentaron en el curso de esas décadas al mismo problema: no había cómo dar salida a la producción, ya que la distribución y la exhibición estaban en manos de los extranjeros, principalmente americanos. Resultado: sus filmes no eran distribuidos, o eran entregados a compañías americanas, que no tenían el menor interés en el desarrollo de las productoras brasileñas. El mayor éxito de Vera Cruz, *O cangaceiro*,[30] fue distribuido por la Columbia. La idea tan difundida de que la calidad de los filmes resolvería los problemas de mercado, pues conquistaría la adhesión del público, nunca pasó de una ilusión, así como las campañas nacionalistas y los eslóganes del tipo "todo filme brasileño tiene que ser visto."

JOSÉ CARLOS BURLE
Carnaval Atlântida, 1952
Cinemateca Brasileira Ministério da Cultura

Esto no impidió que algunas empresas con estudios, la Cinédia por ejemplo, funcionaran relativamente bien por un tiempo. Pero funcionaron mejor las empresas que evitaron la inversión inmobiliaria y se articularon con un esquema de distribución. La Atlântida, sólo se equilibra cuando Severiano Ribeiro se vuelve socio mayoritario al final de los años cuarenta y, en esa época, Severiano Riberio significaba la mayor red de exhibición en Brasil. Ribeiro pasó a producir para su circuito de exhibición, esquema que basó en un género cuyo éxito se prolongó durante casi quince años: una comedia popular, conocida por el mote despreciativo de *chanchada* (porquería), ya que los críticos y la elite despreciaban estos filmes considerados vulgares. Oswaldo Massaini también pasó a producir después de haber montado un esquema de distribución; su empresa tenía un nombre revelador: Cinedistri: cine-distribución. Ribeiro apostó exclusivamente por la *chanchada*; cuando el género se agotó y la comicidad popular emigró a la televisión, la productora entró en decadencia. Massaini tuvo un comportamiento empresarial más consecuente: habiéndose dedicado inicialmente a la *chanchada*, diversificó su abanico de producción, lo que le valió la Palma de Oro en 1962 por *O pagador de promessa*.[31]

La *chanchada* es una comedia cuyo enredo se interrumpe para introducir números musicales: es el "parar para cantar". En este sentido es diferente del género americano, cuyas piezas musicales contribuyen al avance de la trama. Dos filmes fueron precursores del género: *Coisas nossas* (1931)[32] y *Alô alô Carnaval* (1935), producido por Cinédia.[33] En este último, Carmen Miranda y su hermana interpretan la

30. Dirigido por Lima Barreto, 1952.

31. Dirigido por Anselmo Duarte.

32. São Paulo. Dirigido por el americano Wallace Downey.

33. Río de Janeiro. Dirigido por Adhemar Gonzaga, director de Cinédia.

Caiçara, São Paulo 1950
Fotografía de personaje mirándose en el espejo
Cinemateca Brasileira Ministério da Cultura

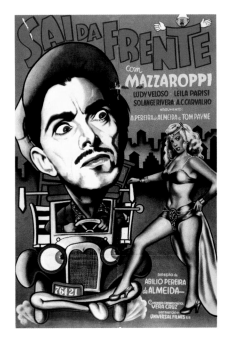

Sai da frente, São Paulo 1951
Cartel
Cinemateca Brasileira Ministério da Cultura

34. Dirigido por José Carlos Burle, 1952.

35. Río de Janeiro. Dirigido por Gilda de Abreu.

célebre canción de título revelador: "As cantoras do rádio", que indica dónde la *chanchada* fue a buscar el éxito, a saber, a la radio y a sus estrellas, y al teatro de revista. Si el cine brasileño conoció el *star system* (algo que sólo ocurrió realmente en la radio y después en la televisión), fue gracias a la *chanchada*, con sus cantantes radiofónicos, sus cómicos, Grande Otelo y Oscarito principalmente, sus villanos, José Lewgoy y Wilson Grey, su galán, Anselmo Duarte. El éxito propició la aparición de diversas productoras, cuyos cómicos y galanes entraban en competencia. Habiendo conquistado a un amplio público y por tanto a los exhibidores, la *chanchada* no dependía de las leyes proteccionistas para sobrevivir. Si fuera posible aplicar el concepto de *industria cultural* a algún aspecto del cine brasileño, con seguridad éste sería la *chanchada*.

La *chanchada* era más consciente de lo que sus detractores pensaban y reflexionaba sobre la industria cultural y la producción cinematográfica de Brasil, como atestigua *Carnaval Atlântida*.[34] Esa comedia chusca de los productores brasileños que imitan a los americanos, así como de la pretendida y pretenciosa "calidad internacional" de Vera Cruz, que abre su producción con *Caiçara*, oponiendo a la vulgaridad *chanchadesca*, su archienemiga, el melodrama burgués con tintes de cultura popular. Vera Cruz acabó contratando al cómico popular Mazzaroppi. Hasta los años cincuenta, sólo la comedia creó un público, ningún otro género se desquitó en la producción en serie. Un hecho que no impidió que algún filme policíaco, de aventuras o melodrama, consiguiera tener éxito esporádicamente. Es el caso de *O ébrio* (1946),[35] proyectado durante más de veinte años y cuya repercusión se debe, en gran parte, al hecho de que el actor principal era el famoso cantante Vicente Celestino.

Hasta la quiebra de Vera Cruz, el cine brasileño mantuvo una constante tensión entre la idealización industrial con sus estudios y los métodos artesanales de producción, cuya maleabilidad permitía adecuarse mejor a una situación precaria marcada por un mercado ausente. Se convino en llamar a esa producción como *independiente*. Es lo que posibilitó los impulsos regionales de los años veinte: al contrario que en los países industrializados, cuyo cine provocó una fuerte concentración económica y técnica en grandes ciudades, Brasil conoció una dispersión de la producción por su territorio, pues la producción carioca y paulista, privada de un mercado, no se capitalizaba. Así, de manera esporádica, se produjo cine desde Pelotas en Río Grande do Sul, hasta Recife en el nordeste y Manaus en el Amazonas. El impulso más famoso acabó siendo el de Cataguazes, en el estado de Minas Gerais, donde Humberto Mauro inició su carrera. A estos *independientes* se deben los momentos culminantes del cine brasileño.

A mediados de los años cincuenta y después de la quiebra de Vera Cruz, se inicia una producción *independiente* que desembocará en el Cinema Novo de los años sesenta, inaugurada por *Rio 40 gráus* (1955) de Nelson Pereira dos Santos. Este filme marca un viraje, no sólo por abordar críticamente la sociedad brasileña, ni por asociar cine crítico y cine popular, movilizando elementos de la *chanchada*, ni por haber sido producido de manera cooperativa, ni por asimilar rasgos del neorrealismo italiano, ni incluso por haber sido prohibido por el jefe de la policía de Río de Janeiro, bajo la alegación de que los cuarenta grados del título serían nefastos para el turismo, sino por la reacción a esta prohibición. De hecho, el filme no fue defendido solamente por cineastas, sino que provocó en Río de Janeiro una campaña liderada por la Associação Brasileira de Imprensa y organizaciones estudiantiles. Por primera vez en la historia del cine brasileño, la sociedad se sentía concernida por un filme no sólo a nivel de su entretenimiento, sino por problemas sociales fundamentales.

Esa producción *independiente*, aunque más flexible, se enfrentaba a los mismos problemas de las compañías: la distribución y la exhibición. "Confiábamos en el nacionalismo y en la tolerancia de las plateas, que hasta hoy no me ha desengañado. En breve, sin embargo, [...] verificamos el risueño engaño: el filme nacional, bajo todos los pretextos, encontraba una resistencia compacta e invencible entre los distribui-dores, amarrados como estaban al monopolio extranjero [...]. A falta de recursos y comodidades, mi entusiasmo había adoptado desde luego el imperativo nacional: quien no tiene perro, caza con gato. Sin actores, montadores, maquilladores, etc., toda la familia actuaba, y se filmaba al hombre de la ciudad y del campo en sus menesteres habituales. La naturaleza era sorprendida, y se calentaba uno la mollera para suplir con imaginación los medios mecánicos: confeccioné relámpagos y tempestades usando la luz solar, un paño negro y una regadera." A aquella declaración de Humberto Mauro (1952),[36] agreguemos que él consideraba que el cine era una cascada, y también el amor por su Minas Gerais natal, luz y paisajes, su excelencia en retratar tipos populares (y olvidemos qué aspectos de su estética y sus personajes femeni-nos provienen en línea recta de Griffith), cualidades presentes en su obra más madura, *Ganga bruta* (1933), aún concebida como película muda. Todo esto llevó a que los cineastas independientes adopta-ran a Mauro como patrón del cine brasileño. De hecho, la obra de Mauro y su actitud como productor y realizador sugieren que la expresión *cine brasileño* tal vez no remita a ninguna realidad concreta, si enten-demos por *cine* una industria cultural, pero que existen *filmes brasileños*, y que estos filmes raramente provienen de alguna petición del mercado o cosa que valga, pero encuentran su origen en voluntades individuales.

Rio, 40 gráus, Río de Janeiro 1955
Cartel
Cinemateca Brasileira Ministério da Cultura

36. Citado por Alex Viany en *Introdução ao cinema bra-sileiro*. Instituto Nacional de Livro, Río de Janeiro 1959.

O guarany, 15 de junio de 1916
Anuncio del Royal Theatre en el periódico
O Estado de São Paulo

Pátria Brasileira, 24 de mayo de 1917
Anuncio del Royal Theatre en el periódico
O Estado de São Paulo

Vicio e Belleza, ca. 1920
Anuncio en prensa

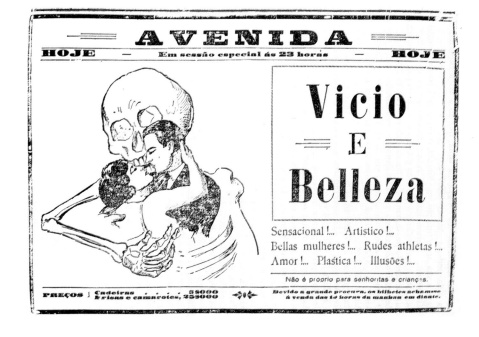

Fragmentos da vida
(Fragmentos de vida), 1929
Fotografía del suelo, andamios y hombre cayendo
Ciemateca Brasileira Ministerio da Cultura

Ganga bruta, 1933
Fotografía del personaje en la hierba arrglándo-
se la media
Cinemateca Brasileira Ministerio de Cultura

Cinearte, año IV, nº 172, p. 17, 1929
Revista, fotografía Lelita Rosa, 31,8 x 23,4 cm
Cinemateca Brasileira Ministerio de Cultura

592
São Paulo, a symphonia da metrópole
(São Paulo, sinfonía de la metrópolis), 1929
Fotografía del anuncio del periódico
(focos en la ciudad)
Ciemateca Brasileira Ministerio da Cultura

Decreto nº 21.240 de 4 de abril de 1932
Papel, 18,2 x 13 cm
Biblioteca Jenny Klabin Segall
Museu Lasar Segall, São Paulo

Da execução da Lei da obrigatoriedade de exibição do filme complemento nacional...
(De la ejecución de la Ley de obligatoriedad de exhibición de películas de complemento nacional...), 1939
Papel, 23 x 16,3 cm
Biblioteca Jenny Klabin Segall
Museu Lasar Segall, São Paulo

DECRETO N. 21.240 de 4 de Abril de 1932

Nacionalisa o serviço de censura dos filmes cinematograficos, crêa a "Taxa Cinematografica para a educação popular" e dá outras providencias.

1932
PAPELARIA VELHO
RUA MARECHAL FLORIANO, 13
RIO DE JANEIRO

CINEMA BRASILEIRO

DA EXECUÇÃO DA LEI DA OBRIGATORIEDADE

DE EXIBIÇÃO

DO

Filme "COMPLEMENTO NACIONAL"

NOS PROGRAMAS DOS CINEMAS

EDIÇÃO DA
Associação Cinematografica de Produtores Brasileiros
1º - 1 - 1939

A dupla do barulho. Grande Otelo e Oscarito
(El doble de ruido. Gran Otelo y Oscarito), 1952
Fotografía Gran Otelo y Oscarito con frac,
gelatina de plata sobre papel
Atlântida Cinematográfica

Alô alô Carnaval (Hola, hola, Carnaval), 1936
Cartel de reestreno, 95 x 65 cm
Cinemateca Brasileira Ministério da Cultura

Alô, alô Carnaval (Hola, hola, Carnaval), 1935
Fotografía de Aurora y Carmen Miranda con
frac y chistera
Cinemateca Brasileira Ministério da Cultura

Limite (Límite), 1930
Fotografía del personaje con melena al viento
Cinemateca Brasileira Ministério da Cultura

Limite (Límite), 1930
Cartel de la década de 1980, 44 x 61 cm
Cinemateca Brasileira Ministério da Cultura

A Scena muda, marzo de 1921
Periódico, 31,5 x 24 cm
Biblioteca Jenny Klabin Segall
Museu Lasar Segall, São Paulo

Paratodos (Para todos), año 7, n. 316
3 de enero de 1925
Revista, 32,2 x 24 cm
Biblioteca Jenny Klabin Segall
Museu Lasar Segall, São Paulo

Cinearte, enero de 1927
Revista, 31,5 x 23,4 cm
Biblioteca Jenny Klabin Segall
Museu Lasar Segall, São Paulo

Cinearte, diciembre de 1926
Revista, 31,8 x 23,4 cm
Biblioteca Jenny Klabin Segall
Museu Lasar Segall, São Paulo

Cinearte, marzo de 1926
Revista, 31,8 x 23,4 cm
Biblioteca Jenny Klabin Segall
Museu Lasar Segall, São Paulo

O fan (El fan), n. 1, 1928
Revista, 47 x 34 cm
Cinemateca Brasileira Ministério da Cultura

Filmundo, Revista de Cinema e Actualidades
(Filmundo, revista de cine y actualidad)
diciembre de 1932
Revista, 23,2 x 16,2 cm
Biblioteca Jenny klabin Segall
Museu Lasar Segall, São Paulo

Filme, agosto 1949
Revista, 23,3 x 16,5 cm
Biblioteca Jenny Klabin Segall
Museu Lasar Segall, São Paulo

Jornal do Cinema, octubre de 1954
Revista de *El fan*, 36,4 x 27,3 cm
Biblioteca Jenny Klabin Segall
Museu Lasar Segall

Cinelândia, junio de 1952
Revista, 42 x 27,7 cm
Biblioteca Jenny Klabin Segall
Museu Lasar Segall, São Paulo

O cangaceiro (El salteador), 1952
Fotografía, paisaje con caballos a contra luz
Cinemateca Brasileira Ministério da Cultura

O ébrio (El borracho), 1946
Cartel de la década de 1980, 112 x 76 cm
Cinemateca Brasileira Ministério da Cultura

Revista de Cinema, abril de 1954
Revista, 22,7 x 17 cm
Biblioteca Jenny Klabin Segall
Museu Lasar Segall, São Paulo

Cinema Brasileiro, julio de 1940
Libro, 31,4 x 23,2 cm
Biblioteca Jenny Klabin Segall
Museu Lasar Segall, São Paulo

História da cinematografia pernambucana
1944
Libro y página suelta, 28 x 22 cm
Biblioteca Jenny Klabin Segall
Museu Lasar Segall, São Paulo

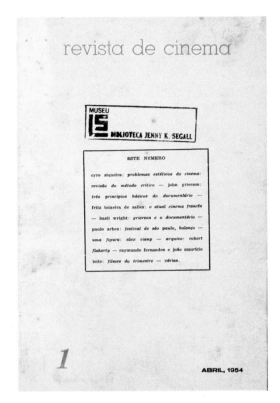

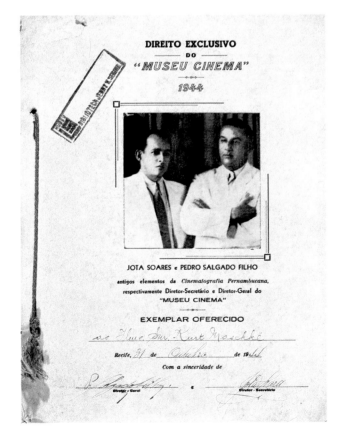

ALBERTO CAVALCANTI
Filme e realidade, 1953
Libro, retrato interior de Alberto Cavalcanti por
Flávio de Carvalho, 27 x 22,3 cm
Biblioteca Jenny Kablin Segall
Museu Lasar Segall, São Paulo

ALBERTO CAVALCANTI

ALBERTO CAVALCANTI

★

FILME E REALIDADE

Prefácio de BENEDITO J. DUARTE

*A realidade, com o seu senti-
do mal interpretado e a ênfase mal
colocada, não é senão a ficção.*

RABINDRANAH TAGORE

LIVRARIA MARTINS EDITÔRA S. A.
SÃO PAULO

I Festival Internacional de Cinema do Brasil.
Retrospectiva do Cinema Brasileiro
(1º Festival Internacional de Cine de Brasil.
Retrospectiva del Cine brasileño), febrero de
1954
Programa, 31,5 x 24,5 cm
Biblioteca Jenny Klabin Segall
Museu Lasar Segall, São Paulo

Programa do 1º Festival Internacional de
Cinema do Brasil (Programa del 1º Festival
Internacional de Cine de Brasil), 1954
Catálogo, 32 x 23 cm
Cinemateca Brasileira Ministério da Cultura

I Festival Internacional de Cinema do Brasil
(1º Festival Internacional de Cine de Brasil),
febrero de 1954
Catálogo, papel, 23,5 x 16,3 cm
Biblioteca Jenny Klabin Segall
Museu lasar Segall, São Paulo

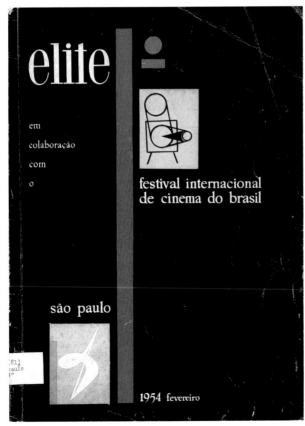

F. SILVA NOBRE

MERCADO DE CINEMA NO BRASIL

PONGETTI

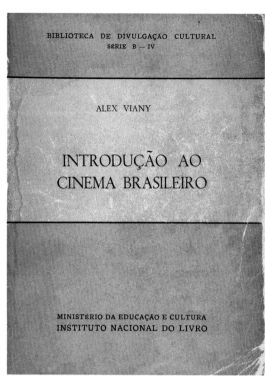

BIBLIOTECA DE DIVULGAÇÃO CULTURAL
SÉRIE B — IV

ALEX VIANY

INTRODUÇÃO AO CINEMA BRASILEIRO

MINISTÉRIO DA EDUCAÇÃO E CULTURA
INSTITUTO NACIONAL DO LIVRO

Silva Nobre
Mercado de cinema no Brasil, 1957
Libro, 19 x 13,5 cm
Biblioteca Jenny Klabin Segall
Museu Lasar Segall, São Paulo

Alex Viany
Introdução ao cinema brasileiro, 1959
Libro
Jean-Claude Bernardet

Revista de Cultura Cinematográfica
septiembre de 1957
Revista, 25 x 17,3 cm
Biblioteca Jenny Klabin Segall
Museu Lasar Segall, São Paulo

UM CINEMA MELHOR
para
UM MUNDO MELHOR

Nossa capa:
CALLE MAYOR
de J. A. Bardem

UMA PUBLICAÇÃO DA UPC
CIRCULAÇÃO BIMESTRAL

Revista de Cultura
cinematográfica

N.º 2
Cr$ 10.00
ANO I

Macunaíma, 1969
Cartel original, 93,5 x 65 cm
Cinemateca Brasileira Ministério da Cultura

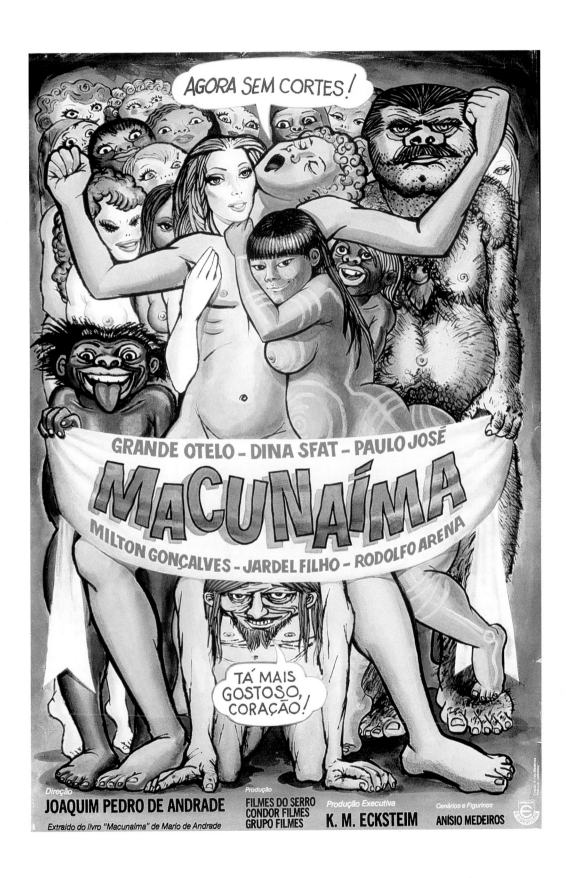

MÚSICA

Heitor Villa-Lobos y Edgar Varèse, París 1927

ANTROPOFAGIA Y MÚSICA

José Miguel Wisnik

El período que va del movimiento modernista a la inauguración de Brasilia comprende un ciclo especialmente fecundo de la vida brasileña. Incluye desde *Macunaíma* (1928), de Mário de Andrade, hasta el *Grande sertão: veredas* (1956) de Guimarães Rosa; de la Antropofagia de Oswald de Andrade (1928) hasta la Bossa Nova de Tom Jobim y João Gilberto (1958); de la música de Villa-Lobos a las obras de Oscar Niemeyer. Todas ellas piezas clave para el entendimiento del país, al mismo tiempo que movimientos decisivos para el pensamiento sobre el modo de inserción brasileña en el mundo. Ciertas líneas de fuerza del período se extienden todavía, más allá de los cuadros cronológicos de esta exposición, al *Cinema Novo* de Glauber Rocha y a la *Tropicalia* de Caetano Veloso y Gilberto Gil, en los años sesenta, movimientos que se alimentan directamente de las propuestas y de las realizaciones modernistas.

Cito intencionadamente ejemplos que van de la literatura a la música, al cine y a la arquitectura, y donde se combinan manifestaciones eruditas con manifestaciones de la cultura popular y de masas. Quiero señalar con eso el carácter algo funcional y mezclado de la singularidad cultural brasileña, unido a su vocación para cruzar o disipar fronteras, lo que no deja de ser un rasgo "antropofágico" (aunque la antropofagia sea, solamente, una entre las varias tendencias y estrategias culturales del período, habiendo permanecido incluso poco reconocida hasta la segunda mitad de los años sesenta, cuando se produce su revalorización por los movimientos de la poesía concreta, del Taller de Teatro, y del tropicalismo en música popular).

En 1924, Oswald de Andrade afirmaba que "el Carnaval es el acontecimiento religioso de la raza", y que "Wagner se sumerge ante las comparsas del Botafogo" ("Manifiesto de la poesía Pau Brasil"). La afirmación es a propósito disparatada: imagina la Tetralogía aniquilada o festivamente arrastrada, por las masas populares que bailan en Carnaval en un barrio de Río de Janeiro. La *boutade*, bien al estilo del autor, indicaba humorísticamente la potencialidad de una "ópera" popular callejera, en que la distinción entre lo erudito y lo popular, así como la distinción entre arte y vida, no funcionase ya de la manera usual, insinuándose, en vez de eso, las formas emergentes del carnaval urbano en contrapunto paródico con la cultura erudita.

Más allá del sentido literal, la afirmación oswaldiana es una metáfora musical de la cultura, al mismo tiempo seria y desmadrada, que constata con realismo la fuerza de un fenómeno popular de masas naciente (el carnaval urbano en la capital de un país mestizo y tardo-esclavista), al mismo tiempo que proyecta en él las energías utópicas de un nuevo modelo de arte que arrastraría consigo los modelos tradicionales de importación europea.

Se acepte o no esa criba, debe reconocerse su validez para favorecer el entendimiento del lugar que ocupa la música en la vida brasileña, y del modo de formación de la música brasileña moderna, que resulta frecuentemente del contacto entre lo erudito y lo popular, y de los saltos de un nivel a otro, a veces con efectos asumidamente carnavalizantes.

Comencemos por Heitor Villa-Lobos, el más importante músico erudito brasileño de este siglo. Hijo de un funcionario de la Biblioteca Municipal, profesor e instrumentista amateur que lo formó en el estudio del violoncelo y en la admiración por Bach, el joven Heitor saltaba por la ventana, durante los años diez, para ir al encuentro de los *chorões*[1] y los sambistas cariocas, músicos populares de la noche, entre los cuales era conocido con el apodo de "Violão Clássico".[2] Hay mucho de simulación en la versión de vida y obra creada para sí por el propio compositor (incluyendo el famoso viaje que habría hecho por todo Brasil recogiendo música popular e indígena, hasta los más recónditos rincones del Amazonas), pero la verdad es que esa fuga hacia la bohemia carioca, así como rasgos de sus viajes musicales por Brasil, están estampados en su obra, del *Noneto* (1923) a los *Choros* (años veinte) y a las *Bachianas brasileiras* (años treinta). En la década de los veinte, cuando se volvió conocido en París, impresionando por la fuerza algo bárbara de sus sonoridades, declaró a la prensa francesa (mintiendo como Macunaíma) que sus melodías, auténticamente indígenas, habían sido anotadas por él en plena selva amazónica, en la inminencia de ser devorado por caníbales que cantaban y bailaban.

No confundamos esa antropofagia puramente anecdótica, a través de la cual el compositor jugaba con la atracción por el exotismo que él mismo despertaba entonces en Europa, con la antropofagia como identificación afirmativa del rasgo multicultural y multiétnico de la condición brasileña, que se inscribe anárquicamente en los manifiestos de Oswald de Andrade, en el *Macunaíma* de Mário de Andrade (novela concebida bajo la forma musical de la rapsodia), en la música popular urbana de las marchas carnavalescas de Lamartine Babo y, posteriormente, en las canciones, pronunciamientos y actitudes del movimiento tropicalista, en 1967-68 (que se inspiran en gran parte en la obra de Oswald, con la cual dialogan).

En una película de 1983, *Tabu*, Julio Bressane proyectó un encuentro imaginario entre Oswald de Andrade y Lamartine Babo, poeta modernista, compositor carnavalesco y cantante de radio de los años treinta. El encuentro, significativo de esa doble remisión de la poesía de vanguardia a la canción de masas y viceversa, bajo el signo del carnaval, no es propiamente verídico o histórico, sino una alegoría de los niveles disparatados con los que se traza la fisonomía del Brasil moderno. La película, además, sólo es concebible en el contexto posbossa nova y postropicalismo, cuando la música popular urbana ganó, en Brasil, fueros de poesía altamente relevante, realizando en muchos aspectos el encuentro que la película representa imaginariamente.

Hay un momento musical de la película en el que se condensa algo de la esencia del procedimiento antropofágico: reproduciendo una escena del *Tabu* de Murnau y Flaherty, en donde se muestra una danza nativa polinesia rodada en el propio lugar, Bressane superpone una marchita carnavalesca de Lamartine Babo (*O teu cabelo não nega*), en la que se hace el elogio a la mulata, no sin rasgos, entre inocentes y cínicos, del pasado esclavista brasileño. Al son de *O teu cabelo não nega*, las nativas de Murnau se transfiguran, como si bailasen un carnaval dislocado, proyectado hacia el tiempo de una inocencia imposible y, sin embargo, casi tangible, escandido sorprendentemente entre las coincidencias y divergencias del ritmo de las imágenes y la música. Naturaleza y cultura, mito e historia, arcaico y moderno, candidez y violencia, entran en un estado de suspensión indecible, que no esconde, sin embargo, el artificio alegórico que lo desnaturaliza. En esa figura, nativas polinésicas filmadas por un cineasta alemán

1. Intérpretes del género musical choro, música y baile popular de Brasil (N. del T.).

2. Guitarra clásica (N. del T.).

y un reportero americano de los años veinte, se vuelven enigmáticamente brasileñas y extrañamente familiares, al mismo tiempo que familiarmente extrañas, recibiendo de vuelta, alterada por el circuito, su cuota de extrañeza y dulzura. Podemos decir que ahí tenemos una pequeña y significativa muestra de devoración antropofágica como procedimiento estético: siendo profundamente brasileña, en su ambivalencia entre la promesa de felicidad contenida en la utopía carnavalesca y la exposición de los índices de arbitrio y violencia que perpetúan las marcas del pasado esclavista, el pasaje contiene una reflexión implícita sobre la naturaleza múltiple y transnacional de la cultura. En ella, sin dejar de ser un documento de barbarie (para recordar la frase de Walter Benjamin), cada acto cultural es, también, un acto de singularidad plural.

El contrapunto entre Oswald de Andrade y Lamartine Babo, punto de apoyo de la película de Julio Bressane, se justifica en la comparación entre los actores. Sin que hubiese intención o influencia, podemos apreciar las correspondencias entre una canción como "História do Brasil", de Lamartine, y un poema como "Brasil", de Oswald.

La canción*:

¿Quién fue el que inventó Brasil?

Fue Cabral

fue Cabral

el día 21 de abril

dos meses después del carnaval

Ahí Peri besó a Ceci

Ceci besó a Peri

al son

al son del Guaraní

del Guaraní al guaraná

se creó la *feijoada*

y después el *Parati*.

En ese mito de fundación paródico, el descubrimiento-invención de Brasil aparece, en un anacronismo provocado, como posterior al carnaval y humorísticamente simultáneo a su propia representación en la novela y ópera romántica *O Guarani*, de José de Alencar y Carlos Gomes, dando origen, a su vez, a esos iconos populares y nacionales modernos, la *feijoada*[3] el *guaraná*[4] y la *cachaça Parati*.[5] Brasil, al mismo tiempo precabralino y actual, engulle su propia historia en un movimiento simultáneo que carnavaliza todo, incluyendo sus mitos de fundación novecentista.

El poema de Oswaldo de Andrade**:

Pepe Pereira llegó en carabela

Y preguntó al guaraní de la selva virgen

– ¿Eres cristiano?

– No. Soy bravo, soy fuerte, soy hijo de la Muerte.

– ¡*Teterê tetê* Quizá Quizá *Quecê*!

A lo lejos el tigre aullaba. ¡Uu, ua, uu!

El negro aturdido salido del fogón

*Quem foi que inventou o Brasil? / Foi seu Cabral / foi seu Cabral / no dia 21 de abril
dois meses depois do carnaval // Aí Peri beijou Ceci / Ceci beijou Peri / ao som
ao som do Guarani / do Guarani ao guaraná / criou-se a feijoada / e depois a Parati.

3. Plato típico brasileño (N. del T.).

4. Refresco típico brasileño (N. del T.).

5. Aguardiente de caña (N. del T.).

**O Zé Pereira chegou de caravela / E preguntou pro guarani da mata virgem / – Sois cristão? / – Não. Sou bravo, sou forte, sou filho da Morte. / – Teterê tetê Quiçá Quiçá Quecê! / Lá longe a onça resmugava Uu! Ua! uu! / O negro zonzo saído da fornalha / Tomou da palavra e respondeu / – Sim pela graça de Deus / Canhem Babá Canhem Babá Cum Cum / E fizeram o Carnaval

Tomó la palabra y respondió
– Sí, por la gracia de Dios.
¡Diablo, Borracho, Diablo, Borracho, *Cum Cum*!
E hicieron el Carnaval

El poema oswaldiano registra las instancias fundamentales de la colonización brasileña: la escena de la catequesis (donde el indio responde paródicamente a la interpelación del colonizador con un fragmento del poeta romántico Gonçalves Dias), la esclavitud, el trabajo brutalizado en el ingenio del monocultivo azucarero (*O negro zonzo saído da fornalha*) y, aún así, la fiesta que resulta del *quid pro quo* de las incongruencias entre el mercantilismo salvacionista cristiano (del portugués tocando el bombo carnavalesco y remotamente pagano de Zé Pereira) y los dionisismos tribales del indio y del africano, cuyas respuestas a la pregunta del colonizador, negativas o afirmativas, son onomatopéyicas y rítmicas, respuestas del significante y no del significado. Curiosamente, ellas prefiguran las sonoridades básicas de la batería de la escuela de samba, nacidas de la orquestación ruidosa de ese encuentro de portugués, indio y africano: tamboriles (*Teterê tetê Quiçá Quiçá Quecê!*), sordo y caja (*Canhem Babá Cum Cum*) secundados a lo lejos por los *glissandi* ritmados de la *cuíca* (instrumento melódico de percusión hecho con piel de gato), sugeridos por el rugido del tigre (*Uu! uau! uu!*). Como dice el propio Oswald, en otra parte, "nunca fuimos catequizados, lo que hicimos fue carnaval."

Esas piezas lúdicas, que dan una versión que se puede llamar infantil, además de perverso-polimorfa, de la historia nacional, pueden ser entendidas como parte de un movimiento de liberación de lo colonizado, que invierte anárquicamente las versiones oficiales, apropiándose de ellas para imprimirles otros sentidos en los que el lastre de la experiencia colectiva inconsciente salga a la superficie. Más que eso, asumir abiertamente lo que hay de falso y rebajado en la historia del colonizado significa al mismo tiempo, rescatándolo con humor, afirmar un nuevo *ethos* y un nuevo *pathos*, más trágico-carnavalesco que épico.

Dicho en otros términos, se trata de una formación sociocultural hecha de aculturaciones y deculturaciones: una falta de identidad que resulta siempre de la mezcla y el dislocamiento, y donde la alteridad que también falla (pues el otro, el esclavo, la tiene negada por su propia condición) se insinúa y prolifera en los significantes corporales y sonoros. Asumiendo afirmativamente las vicisitudes de lo colonizado, y tomándolas a su favor, la Antropofagia busca hacer del *déficit* un *plus*, compensando lo que presenta de irrisorio y fracasado con su vocación por abrazar las diferencias.

Heitor Villa-Lobos

La figura de Villa-Lobos domina largamente el panorama de la música erudita brasileña en este siglo, estando su personalidad indisociablemente ligada al arco productivo del modernismo. Componiendo en 1910 obras inicialmente marcadas por un romanticismo tardío y muchas veces descriptivista, llega a la *Semana de Arte Moderna* de 1922, como figura destacada, con piezas donde se oye una cierta liberación de la disonancia, relativización de los encadenamientos armónicos y la utilización de nuevas combinaciones instrumentales, como en el *Cuarteto simbólico* (1921) para flauta, saxofón, celesta y arpa, con coro oculto de voces femeninas. Al mismo tiempo, ensaya algunas piezas características innovadoras, como las *Tres danzas africanas* (1914-16), donde combina ritmos sincopadamente brasileños con la escala debussysta de tonos enteros.

Incluso con esos procedimientos, todavía tímidamente modernos (aunque presentados con su conocida desenvoltura), que remiten a las líneas de la música francesa del fin de siglo, Villa-Lobos provocó escándalo y mucha reacción en el medio musical brasileño, todavía marcado por un gusto predominantemente novecentista.

Inmediatamente después de la *Semana de Arte Moderna*, que funcionará como un aguijón provocador, el compositor expande el arco de sonoridades: de las investigaciones instrumentales, de los arreglos politonales, de la complejidad de las texturas rítmicas, y pasa a hacer un amplio uso de referencias a composiciones populares brasileñas, montadas en agregados de células muchas veces simultáneas y discontinuas. Es, por tanto, en el movimiento con el cual desata el lastre de su experiencia con la música popular puesto en contacto con el repertorio de la vanguardia europea que Villa-Lobos desencadena, en los años veinte, el impulso generador de su obra, que se confunde con una especie de visión sonora del Brasil.

En ese sentido, la trayectoria de Villa-Lobos se identifica ejemplarmente con el arco del gran ciclo al que se refiere esta Exposición, y que va de la *Semana de Arte Moderna* a Brasilia, en vísperas de cuya inauguración el compositor falleció, en 1959. Algunas características generales de ese período vital, brillante y fecundo de la cultura brasileña, pueden ayudar a situar las propias obras. Él marca el momento en que la cultura letrada de un país esclavista tardío entrevió la posibilidad de liberación de sus potencialidades más oscuras y reprimidas, ligadas secularmente al mestizaje y a la mezcla cultural, teñidas de deseo, violencia, abundancia y miseria; la posibilidad de afirmar su destino y de revelarse a través de la unión de lo erudito con lo popular.

Con todas las diferencias que en él se acogen, o que en él luchan, el período tiene como nota cultural dominante la expectativa de un Brasil transformado desde arriba, por intelectuales modernizadores y comprometidos con la orquestación de las fuerzas populares y nativas, incluso y a veces principalmente en aquello que el país pueda contener de arcaico, inconsciente y disonante. Contentos y descontentos se unen en un coro de contrarios que tiene como propuesta común la cultura y la nación, para las cuales se busca muchas veces una fórmula totalizadora inclinándose turbulentamente entre la sinfonía y el carnaval, entre la utopía anárquica y el impulso autoritario.

En verdad, ese deseo de modernización de Brasil por la alta cultura, aliada a la fuerza de lo popular, fue minado en las últimas tres décadas debido a tres causas principales: la modernización conservadora (la dictadura), la industria cultural y la globalización; pero contiene el código genético de algunas de las cuestiones del Brasil contemporáneo, que no se superan con facilidad. El tropicalismo (1967-68), último marco reconocible de un movimiento cultural con empuje nacional e internacional, señala al mismo tiempo, y contradictoriamente, el fin del ciclo modernista y la voluntad de darle una nueva e incisiva actualidad.

Pues ese proyecto difuso y amplio del modernismo, si tuvo en el escritor y musicólogo Mário de Andrade un animador atormentado (para el cual el destino de Brasil aparece como dilema y pregunta), y en el novelista Guimarães Rosa el más profundo y universal simbolizador (para el cual el destino de Brasil aparece como *karma*, mutación y enigma), tuvo en Villa-Lobos su expresión instintiva, inmediatamente sensible, desbordante, grandilocuente y voluntarista. Para él, Brasil es una tumultuosa afirmación: al mismo tiempo problemática y "solucionática", para usar la famosa expresión de un jugador de fútbol. En ese sentido, Villa-Lobos es un perfecto oswaldiano al revés: antropófago sentimental y prolífico, romántico e inconsciente, rastrero de la "bellaquería de los primeros mestizos" (como dijo Oswald de Andrade de él, en un poema cifrado), buscando, como un doble de Getúlio Vargas y padre de la patria macunaímico, la conversión del país en un gran orfeón cívico (con ocasión de la dictadura del Estado Novo, de 1937 a 1945, cuando puso en práctica un proyecto cívico-pedagógico con el que buscaba, a través de la enseñanza de la música en las escuelas, dar amplia penetración a la música "elevada", en oposición a la expansión de la música de masas y de la radio).

Como dijimos, su ligazón con el *choro* carioca, género de música instrumental urbana y suburbana, será la llave para la expansión de su gran proyecto en los años veinte, la serie de los *Choros*. El aprovechamiento del *choro* popular no es, sin embargo, directo y simplista. A lo largo de la década, cuando se produce su eclosión en Brasil y en Europa, la música de Villa-Lobos promueve un verdadero arrastre de géneros, técnicas y materiales, en una vorágine que carga consigo el sinfonismo descriptivo romántico, los timbres y los modos debussystas, los bloques sonoros polirrítmicos y politonales emparentados con el Stravinski de la *Consagración*, las melodías indígenas cogidas en Jean de Léry o en los fonogramas de Roquette Pinto, los cantos de la región del "sertão", la música de los quioscos de plaza, con sus bandas, el vals suburbano, la batería de la escuela de samba.

Al mismo tiempo que adaptaba a su modo las innovaciones de la vanguardia europea, asimilando sus liberaciones sonoras, Villa-Lobos absorbió rápida y crecientemente los componentes prismáticos de la psique musical brasileña, aglomerados, recombinados y ambientados, en masas orquestales punteadas por alusiones florestales, del sertão, cantos de pájaros, ritos, ranchos, *cantigas*, *dobrados*.[6] La cultura y la naturaleza, los significantes indígenas, africanos, urbanos, suburbanos y rurales, captados y amplificados por el ojo mágico del *choro* carioca, componen la reducción o traducción grandiosa de un Brasil latente percibido como susto, trauma, impulso y encantamiento. Toda la música de Villa-Lobos puede ser entendida como el retorno a un interminable (como si jamás hubiera sido consumado del todo) *Descubrimiento de Brasil* (nombre, para más señas, de una gran suite orquestal compuesta para la película de Humberto Mauro en 1937).

Es lo que se siente oyendo el poco conocido *Noneto* de 1923, y es lo que se extiende en la serie de *Choros*, que van de una pieza para guitarra según el modelo de Ernesto Nazareth (*Choros*, n. 1) hasta las grandes concentraciones sinfónicas y corales con que magnifica, entre muchas turbulencias, el *Rasga coração*, de Anacleto de Medeiros y de Catullo da Paixão Cearense (en *Choros* n. 10, de 1926).

Acompañando algo del espíritu general de la época, las piezas de la década de los veinte son de un lirismo más rudo y "bárbaro" que las piezas de la década del treinta, como indica el título de *Rudepoema*, 1926. Además, se cristalizó en Brasil el reconocimiento de un Villa-Lobos más fácil y fluido, palpable y delimitado, que no hace justicia ni a los arranques desmesurados y más sorprendentes, ni a los preciosismos de cámara de su obra inmensa y desigual.

La recepción de Villa-Lobos en Europa señala el interés por la desmesura de su voluntad musicalizadora, testimonio de una América del Sur ambivalentemente llena de atraso y potencia, que puede ser vista con admiración, curiosidad o desdén. Señala también la admiración por la originalidad de sus formaciones instrumentales y de sus texturas sonoras, por las cuales se interesan tanto el pianista romántico Arthur Rubinstein como un sonorista experimental como Edgar Varèse. Porque Villa-Lobos combina a veces admirablemente saxofón, arpa, celesta y coro, *cuíca* y cuerdas, onomatopeyas indígenas, tímpano, *reco-reco* y *caxambu*[7] (Melodía de la Montaña).

A veces, adorna su ímpetu espontáneo con intenciones constructivas curiosas como en la pieza *New York Skyline Melody*, de 1939, calcada sobre el entorno de los edificios de Manhattan. (Éste es, además, el año de la Feria Mundial de Nueva York, en la cual Brasil participa con un pabellón creado por Lúcio Costa y Oscar Niemeyer –los futuros autores del proyecto urbanístico y arquitectónico de Brasilia–, con una gran

6. Composiciones musicales propias de la cultura luso-brasileña (N. del T.).

7. Instrumentos de percusión típicos brasileños (N. del T.).

muestra de música erudita y alguna música popular, despuntando allí el inicio de la carrera americana de la cantora Carmen Miranda, que se constituirá después en un icono hollywoodiano de variantes tropicales.) Pero el proceso de composición de melodías armonizadas a partir de la silueta de paisajes, ya había sido probado por Villa-Lobos cuando compuso la *Melodía de la montaña*, a partir del gráfico accidentado de la *Serra da Piedade* ("Sierra de la Piedad"), localizada en Minas Gerais.

Primitivo y cosmopolita, índice de dimensiones telúricas del mundo del son que se expresan en las músicas nacionales de países periféricos, al mismo tiempo que indicador de transformaciones sonoras de avanzada, aunque puntuales y no sistemáticas, Villa-Lobos tiene un lugar en la música del mundo de este siglo que se acaba, inseparable de los arranques desiguales y poderosos con que la cultura "subdesarrollada" buscó su vía de afirmación.

Gilberto Mendes reconoció en el carácter disparatado y desigual de su obra un rasgo de autenticidad e independencia propios de las músicas creativas de las Américas (como las de Charles Ives, Cowell o George Antheil) cuyo supuesto "mal gusto" no sería un accidente ni un desvío, sino una dimensión propia de la tumultuosa búsqueda de la cual ellas hacen parte y en la cual están envueltas.[8]

La música de Villa-Lobos alimentó la "estética del hambre" de Glauber Rocha, casi inconcebible sin un suplemento de fuerza telúrica, antropológica y cósmica que ella presta a la épica del subdesarrollo y al drama barroco brasileño, así como alimenta hasta hoy el incansable dionisismo trágico-carnavalesco del teatro de José Celso Martinez Côrrea. Tom Jobim tenía en él a su ídolo y modelo, lo que deja marcas visibles en los desarrollos sinfónicos contenidos en *Urubu* y *Terra brasilis* (además de la frustrada *Sinfonia da Alvorada*).

Nazareth y Milhaud

La estancia en Brasil del compositor francés Darius Milhaud (que vivió en Río de Janeiro en 1917-18, como agregado de Paul Claudel, entonces embajador de Francia) marcó de manera significativa su obra posterior, como es el caso de *Le boeuf sur le toit*, 1919, para orquesta, y *Saudades do Brasil*, 1921, para piano. Más que por los compositores eruditos brasileños, Milhaud se interesó por la música popular urbana, en especial los *maxixes*, "tangos brasileños" y los éxitos de carnaval (data de esa época la samba de Donga, *Pelo telefone*, considerado el inaugurador del género al cual Milhaud se refiere en sus memorias). Los *maxixes* se encontraban magníficamente tratados por dos compositores que despertaron vivamente su atención: Ernesto Nazareth y Marcelo Tupinambá. "Los ritmos de esa música popular me intrigan y me fascinan [...]. Compré entonces unos cuantos *maxixes* y tangos, y me esforcé en tocarlos con sus síncopas que pasan de una mano a otra. Mis esfuerzos fueron compensados y pude expresar por fin y analizar, ese '*quase nada*' [casi nada] tan típicamente brasileño".

Cabe recordar que la música de Nazareth, como apunta Mário de Andrade citando a Brasílio Itiberê, resulta de la síntesis realizada por los *pianeiros* (pianistas), músicos "que se alquilaban para tocar para la pequeña burguesía y después en las salas de espera de los primeros cines", fundiendo *lundús* y *fados* (danzas de origen popular negro y polcas y habaneras importadas), trasladando la música de una capa social a otra, al mismo tiempo que convertían formas vocales en formas típicamente instrumentales (hacemos notar que el "pianismo" de las piezas de Nazareth, tan afines al instrumento, incorpora también rasgos instrumentales de la guitarra, la flauta, el *cavaquinho*,[9] el *ofcleide*[10]).

Viniendo de esa línea "pianística", la obra de Nazareth es producto, como todo el *maxixe*, de una síntesis de elementos africanos y europeos. Además de eso, en su caso particular, elementos recién venidos de las capas populares se funden con las influencias cultas (el pianismo de Nazareth tiene mucho de chopiniano). El

8. Cfr. "A Música", en Ávila, A.: *O Modernismo*. Perspectiva, São Paulo 1975, p. 127-138.

9. Guitarra pequeña con cuatro cuerdas (N. del T.).

10. Instrumento de viento provisto de una larga caña de latón y claves, ideado en Francia en el s. XIX (N. del T.).

material con que Milhaud se presenta no es estrictamente "folclórico" (como él mismo lo llama), sino el resultado compuesto de la interferencia de varios niveles culturales. Además de eso, la riqueza rítmico-melódica, asociada a un esquematismo armónico que funciona sobre movimientos cadenciales elementales, se presta bien al tratamiento politonal que Milhaud imprimirá a su música, inmediatamente después de su período carioca.

Sobre *Le boeuf sur le toit*, dice Hans Heinz Stuckenschmidt: "Cantos populares brasileños, melodías de carnaval de Río de Janeiro se unen ahí, de la forma más simple, a dos, tres y, hasta una vez, a cuatro tonalidades. El encanto paradójico de esta música se relaciona con la siguiente circunstancia: el autor utiliza en cada registro tonal las más simples cadencias de tono, dominante y subdominante; éstas, sin embargo, una vez puestas en consonancia con cadenas de acordes situadas en un segundo nivel tonal, producen una forma de armonía de las más disonantes y de carácter acentuadamente moderno. El efecto obtenido, en ese caso particular, es comparable a los monstruos sonoros que la ejecución simultánea de dos orfeones produce, en una feria, o de dos armónicas tocando en tonalidades distintas".[11]

Al valorar la música brasileña, Milhaud resalta el carácter sorprendentemente original y creativo de la música popular urbana, lo que confirma aquel rasgo que venimos señalando: la vocación, en la música brasileña, para el cruce y la visión de diferentes niveles culturales, rasgo al que también Darius Milhaud se mostró sensible, incorporándolo en su obra. El compositor francés no demuestra, sin embargo, el mismo interés por aquellos compositores jóvenes que, en la esfera erudita, se ejercitan en el lenguaje de Debussy, porque eso no le representa novedad, aunque fuese el caso de Villa-Lobos, que se preparaba de esa forma para dar su propio salto.

Nacionalismo y dodecafonismo

Escritor con formación musical, estudioso de la cultura popular y profesor de historia de la música, al mismo tiempo que poeta y novelista, Mário de Andrade tuvo una influencia considerable en los rumbos de la composición erudita en los años veinte, treinta y principios de los cuarenta. En el mismo año de publicación de la novela *Macunaíma*, 1928, publica su *Ensaio sobre a música brasileira*, en el cual defiende la tesis de que la composición brasileña debe basarse en una investigación sistemática de la música popular rural, capaz de sugerir direcciones para la constitución de un lenguaje musical original, que se distinga de la mera transposición de modelos europeos. Junto a una colección de temas populares, investigados *in situ*, desarrolla un análisis de los rasgos melódicos, rítmicos, armónicos y polifónicos de la música popular brasileña, de modo que le permita discutir sobre los procesos de su incorporación a la música de concierto.

Si la antropofagia de Oswald de Andrade tendrá su desdoblamiento natural décadas más tarde en el campo de la música popular urbana, el proyecto de Mário de Andrade defiende una alianza entre la música erudita y la música popular rural, en la cual ve resguardadas las bases de una cultura nacional auténtica, libre de las influencias extranjeras y de los llamativos comerciales e industriales. Se le puede comparar a Béla Bartók, por la combinación de investigación musical y creación, pero es un Bartók dividido entre la música y la literatura, que preconiza caminos para los músicos mientras escribe la "rapsodia" ficcional *Macunaíma*. En ésta, sin embargo, las fuentes populares son incorporadas a sus fundamentos técnicos, creando una plurifábula metanarrativa basada en una intuición profunda de la morfología del cuento popular, en vez de simplemente estilizar temas folclóricos, lo que no siempre fue comprendido por los músicos que desarrollaron los principios de la composición nacionalista.

11. *La musique du XXème. siècle*. Hachette, París 1969, p. 79.

Respaldada por los esfuerzos musicológicos y programáticos de Mário de Andrade, la composición erudita basada en motivos populares rurales predomina en el programa que siguió al movimiento modernista. Esa dirección general está presente también, y sin duda, en la obra de Villa-Lobos, cuya personalidad poco común impide, sin embargo, situarlo en el ámbito de la escuela nacionalista. Pero se puede hablar, de hecho, de un grupo numeroso y consistente (para los padrones brasileños de la música de concierto) de autores que constituyen, salvando las distancias, una escuela de composición con rasgos comunes, ligados a la estilización del folclore. Ellos son Francisco Mignone, Lorenzo Fernández, Camargo Guarnieri, Luciano Gallet, Fructuoso Vianna.

Al final de la década de los treinta se exilia en el Brasil el músico alemán Hans Joachim Koellreutter. Su presencia tendrá, con los años, un fuerte poder de influencia pedagógica con marca innovadora. Reuniendo a su alrededor a un grupo de jóvenes alumnos de composición, entre los cuales se encontraban Cláudio Santoro, Guerra-Peixe, Edino Krieger, Eunice Catunda, y formando el movimiento Música Viva, que asume una postura crítica y polémica en relación con el panorama vigente, Koellreutter introduce los fundamentos de la técnica dodecafónica, que chocan, en principio, con los moldes de composición nacionalistas y, como vimos, hegemónicos en aquella época. Situados a la izquierda estética y política, Santoro y Guerra Peixe ensayan la práctica de un tipo de composición cosmopolita y postonal, hasta que las directivas zdanovistas, dictadas a finales de los años cuarenta, representan para ellos un verdadero cortocircuito estético político. En la secuencia, tenderán también a la composición a partir de fuentes populares, pero ciertamente con rasgos de su formación postonal, que los distingue de los nacionalistas clásicos.

Todo eso indica un panorama complejo y oscilante, más que claramente dualista. Nacionalismo y cosmopolitismo, folclorismo y dodecafonismo, se oponen en un movimiento sujeto a idas y venidas, que indica, en su búsqueda de caminos, el carácter problemático de la inserción de la música erudita en Brasil, fundada en una legitimación siempre precaria, oscilante entre la cultura popular y la modernidad internacional, al mismo tiempo que amenazada por la onda creciente de la música popular urbana.

Se puede decir que el nacionalismo representó un proyecto sistemático de cultura musical erudita, empeñado en la creación de un público, una tradición instrumental, una comprensión histórica, además de una poética, basados todos en el presupuesto de la autenticidad pura de la música popular rural. En el campo específico de la cultura musical, ese proyecto sufre, en un determinado momento, la sacudida estética de la ruptura atonal, que a su vez sufre la sacudida política del zdanovismo. Considerado el contexto mayor, es el presupuesto no urbano del nacionalismo musical, el paradigma del folclore rural, el que sufre con el avance de la industrialización mercadológica de la llamada cultura de masas.

En 1950 el nacionalista Camargo Guarnieri, heredero simbólico de Mário de Andrade, en un episodio turbulento y confuso, ataca el dodecafonismo simbolizado por Koellreuter. Es éste, sin embargo, quien pondrá música, años más tarde, a *Café*, de Mário de Andrade, proyecto de ópera comprometida que Mário esperaba ver realizado por el nacionalista Francisco Mignone. Ésa es una de las señales indicativas de cómo, en un país en que la música de concierto nunca se consolida completamente como un sistema estable de autores, obras, público e intérpretes, los caminos de su legitimación se hacen a través de una búsqueda incesante y muchas veces tortuosa.

Samba y bossa nova

Por otro lado, la música popular urbana encuentra en Brasil un amplio espacio de irradiación y repercusión (no pocas veces sentido en los medios eruditos y literarios como abusivo). El hecho es que, desde finales de 1910, la introducción del gramófono creó espacio para la expansión de la canción, empujada por la samba (género de música que trajo a la superficie las bases rítmicas de las canciones de negros, muchas veces improvisadas a partir de estribillos colectivos), y a partir de entonces condensada y compacta con vistas a su nuevo estatus de mercancía industrializada. Reconocido en 1917 a través del éxito de *Pelo telefone*, composición de Donga que adaptaba y hacía un bricolaje de temas anónimos conocidos, la samba se fue constituyendo poco a poco, pero en especial al final de la década de los treinta, como símbolo de la cultura popular brasileña moderna, capaz de apoyarse en signos de aquello que era, hasta poco tiempo antes, marca y estigma de un esclavismo mal admitido.

Desarrollada a lo largo de los años veinte (con Sinhô, João da Baiana, el propio Donga), los años treinta (con Ismael Silva, Wilson Batista, Noel Rosa, Assis Valente), los años cuarenta (con Dorival Caymmi y Ari Barroso), y los años cincuenta (con Geraldo Pereira), la tradición de la samba fue ganando, más que su ciudadanía, la condición de emblema –entre malandrín y apologético– de Brasil. A lo largo de ese tiempo transcurre la producción de Pixinguinha, más encaminada hacia el *choro* que hacia la samba, con su extraordinaria finura instrumental.

La expansión de la música popular urbana se produce, al mismo tiempo, en estrecha unión con el fenómeno del carnaval de la calle (señalado por Oswald en su "Manifesto da poesia Pau Brasil"), fenómeno que gana fuerza con la modernización urbanística de Río de Janeiro, uniendo en una especie de caleidoscopio social polimorfo la fiesta antes separada de ricos, pobres y clase media. Una parte considerable de las grabaciones de sambas y *marchinhas*[12] –entre las cuales destacan las de Lamartine Babo, ya citadas– se definía hasta los años cincuenta por el espíritu carnavalesco, o se destinaban directamente a ese uso.

En las décadas de los cuarenta y los cincuenta, la música popular centrada en Río de Janeiro, y especialmente transmitida por la Radio Nacional, rinde culto también a Bahía, a través de Dorival Caymmi y Ari Barroso, al nordeste, a través de los *baiões*[13] de Luiz Gonzaga, y al sur del país, también representado por el intimismo de Lupicínio Rodrigues. Se puede decir que el papel difusor de la Radio Nacional acabó por decantar la experiencia de la música popular urbana, consolidándola como una tradición moderna y ampliamente enraizada en la memoria colectiva, con su abanico de "cantantes de radio", de reyes y reinas de la voz.

Esa consolidación nacional de la música popular brasileña tiene su impacto internacional en la figura de Carmen Miranda, y su consagración como fetiche pintoresco, exótico y bizarro del mundo subdesarrollado, serán asumidos ostensiblemente por el Tropicalismo, de los años 1967-68, –en una estrategia propiamente antropofágica– como afirmación paródica de la diferencia a través de la cual el colonizado, señalando voluntaria y críticamente las marcas de su humillación histórica, libera los contenidos reprimidos y les da una potencia afirmativa.

Pero eso no habría sido posible sin la Bossa Nova, que, a finales de la década de los cincuenta, revoluciona la música popular brasileña al incorporar armonías complejas de inspiración debussysta o jazzista, íntimamente ligadas a melodías matizadas y modulantes, cantadas de modo coloquial y lírico irónico, ritmadas según un sistema de golpes en la percusión que radicalizaba el carácter suspendidamente sincopado de la samba. Esa síntesis resulta especialmente de la poesía de Vinícius de Moraes, de la imaginación melódico-armónica de Tom Jobim, de la interpretación rigurosa de las mínimas inflexiones de la canción y de la solución rítmica encontrada por João Gilberto.

12. Género musical muy popular (N. del T.).

13. Canto popular al son de la viola, procedente de la región del nordeste del Brasil (N. del T.).

A partir del momento en que Vinicius de Moraes, poeta lírico reconocido desde la década de 1930, emigró del libro a la canción a finales de los años cincuenta y principios de los sesenta, la frontera entre poesía escrita y poesía cantada fue indagada por generaciones de compositores y letristas, lectores de grandes poetas como Carlos Drummond de Andrade, João Cabral, Manuel Bandeira, Mário de Andrade o Cecília Meireles. El paradigma estético resultante de esa emigración, entre las colaboraciones de Vinicius de Moraes y Tom Jobim, podría remitirnos, si quisiésemos, a la época áurea de la canción francesa o al acabado y a la elegancia de las canciones de George e Ira Gershwin. Las composiciones de Tom Jobim y Newton Mendonça, al sentido irónico, paródico o metalingüístico de las canciones de Cole Porter.

Para un país cuya cultura y cuya vida social se enfrentaban a cada paso con las marcas y los estigmas del subdesarrollo, la Bossa Nova representó, se puede decir, un momento privilegiado de la utopía de una modernización dirigida por intelectuales progresistas y creativos, plasmada también en esa misma época en la construcción de Brasilia, y que encontraba su correspondencia popular en el fútbol de la generación de Pelé. Como las demás manifestaciones contemporáneas, resuenan en sus armonías y en la percusión rítmica, las señales de identidad de un país capaz de producir símbolos de validez internacional, sin que su singularidad los remita necesariamente a lo pintoresco y folclórico.

La evolución de la Bossa Nova proporcionó elementos musicales y poéticos para la fermentación política y cultural de los años sesenta, en los cuales la democracia y la dictadura militar, la modernización y el atraso, el desarrollismo y la miseria, las bases arcaicas de la cultura colonizada y el proceso de industrialización, la cultura de masas internacional y las raíces nativas, no podían ser comprendidas simplemente como oposiciones dualistas sino como integrantes de una lógica paradójica y complejamente contradictoria, que nos distinguía y al mismo tiempo nos incluía en el mundo.

La compresión y la agresiva formulación de ese estado de cosas se encuentran en el movimiento de la Tropicalia, y en la obra de sus principales representantes, Caetano Veloso, Gilberto Gil, Tom Zé. La alegoría barroca del Brasil (llevada a cabo sobre todo en el cine de Glauber Rocha), la carnavalización paródica de los géneros musicales, que se traduce en una densa trama de citas y en un desplazamiento de registros sonoros y poéticos, traen a escena al mismo tiempo, al cantante nordestino, el bolero urbano, The Beatles y Jimi Hendrix. En el ámbito de la canción de masas, esos fenómenos tienen una afinidad explícita con la estrategia "antropofágica" oswaldiana, revalorizada en 1967 por el Teatro Taller con la puesta en escena de *O rei da vela*.

A este propósito, la canción emblemática del movimiento, Tropicalia, de Caetano Veloso, une las diferentes puntas del asunto: inspirada por la Antropofagia y por el redescubrimiento, en 1967, de la pieza de Oswald de Andrade, compone una figuración de las sorprendentes, dolorosas y desafiantes incongruencias de Brasil, vistas a través de la alegoría de una Brasilia onírica, dislocada como monumento, al mismo tiempo moderno y carnavalesco, plural y precario, trazado con ímpetu prospectivo sobre el suelo de un inconsciente colonial movedizo y laberíntico***:

sobre la cabeza los aviones
bajo mis pies los camiones
apunta contra los altiplanos
mi nariz
yo organizo el movimiento

***sobre a cabeça os aviões / sob os meus pés os caminhões / aponta contra os chapadões / meu nariz // eu organizo o movimento / eu oriento o carnaval / eu inauguro o monumento / no planalto central / do país // viva a bossa-sa-sa / viva a palhoça-ça-ça-ça-ça // o monumento é de papel crepom e prata / os olhos verdes da mulata / a cabeleira esconde atrás da verde mata o luar / do sertão // o monumento não tem porta / a entrada é uma rua antiga estreita e torta / e no joelho uma criança sorridente feia e morta / estende a mão // viva a mata-ta-ta / viva a mulata-ta-ta-ta-ta // no pátio interno há uma piscina / com água azul de amaralina / coqueiro brisa e fala nordestina / e faróis // na mão direita tem uma roseira / autenticando eterna primavera / e nos jardins os urubus passeiam / a tarde inteira entre os girassóis // viva maria-ia-ia / viva bahia-ia-ia-ia-ia // no pulso esquerdo um bang-bang / em suas veias corre muito pouco sangue / mas seu coração balança a um samba de tamborim // emite acordes dissonantes / pelos cinco mil alto-falantes / senhoras e senhores ele põe os olhos grandes / sobre mim // viva iracema-ma-ma / viva ipanema-ma-ma-ma-ma // domingo é o fino da bossa / segunda-feira está na fossa / terça-feira vai à roça / porém // o monumento é bem moderno / não disse nada do modelo do meu terno / que tudo mais vá pro inferno / meu bem / que tudo mais vá pro inferno / meu bem // viva banda-da-da-da / carmen Miranda-da-da-DADA.

yo oriento el carnaval
yo inauguro el monumento
en el altiplano central
del país

viva la *bossa-sa-sa*
viva la cabaña-ña-ña-ña-ña

el monumento es de papel crespón y plata
de ojos verdes la mulata
la cabellera esconde tras la verde mata la luz de la luna
del sertão

el monumento no tiene puerta
la entrada es una calle antigua estrecha y torcida
y en la rodilla una criatura sonriente fea y muerta
extiende la mano

viva la mata-ta-ta
viva la mulata-ta-ta-ta-ta

en el patio interior hay una piscina
con agua azul de *amaralina*
cocotero brisa y habla nordestina
y faroles

en la mano derecha hay una rosa
testificando eterna primavera
y en los jardines los urubús pasean
la tarde entera entre los girasoles

viva maría-ía-ia
viva bahía-ia-ia-ia-ia

del pulso izquierdo un bang-bang
en sus venas corre muy poca sangre
pero su corazón baila una samba de tamboril

emite acordes disonantes
por los cinco mil altoparlantes
señoras y señores él pone sus ojos grandes
sobre mí

viva iracema-ma-ma
viva ipanema-ma-ma-ma-ma

domingo es lo mejor de la *bossa*
lunes está en la fosa
martes va al campo
sin embargo

el monumento es muy moderno
no dije nada del corte de mi traje
pues lo demás se va al infierno
mi bien
pues lo demás se va al infierno
mi bien

viva banda-da-da
carmen Miranda-da-da-DADA.

M. E. 7418

HEITOR VILLA-LOBOS

Choros nº 1, 1920
Partitura, 1ª ed.
Museu Villa-Lobos, Río de Janeiro

Choros nº 2, 1924
Partitura, 1ª ed.
Museu Villa-Lobos, Río de Janeiro

MÁRIO DE ANDRADE

Ensaio sobre música brasileira
(Ensayo sobre música brasileña), 1928, 1ª ed.
Libro
Biblioteca Guita y José Mindlin

**Programa de concerto de Villa-Lobos no
Teatro Municipal do Rio de Janeiro**
(Programa del concierto de Villa-Lobos en el
Teatro Municipal do Río de Janeiro, con
dedicatoria de Villa-Lobos a Mário de
Andrade), 1922
Archivo Mário de Andrade - Instituto de Estudos
Brasileiros - USP

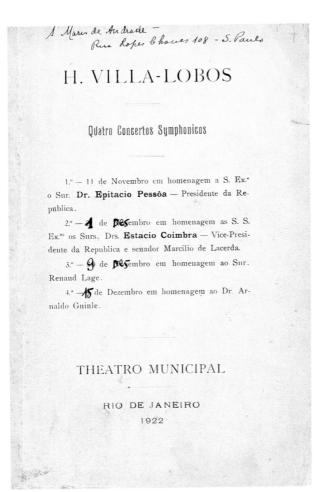

Fotografía de Villa-Lobos con Edgar Varèse en París, 1927
Gelatina de plata, 17 x 11,5 cm
Colección J.C. Andrade Muricy / Fundación Biblioteca Nacional, Río de Janeiro

HEITOR VILLA-LOBOS
Guia prático (Guía práctica), 1932
Partitura
Museu Villa-Lobos, Río de Janeiro

Fotografía de Villa-Lobos con Tomás Terán soltando una cometa en París, 1923-27
Gelatina de plata, 21,5 x 30 cm
Fundación Biblioteca Nacional, Río de Janeiro

Villa-Lobos tocando una *cuíca*, s.f.
Gelatina de plata, 30 x 21,5 cm
Colección arquivo Bricio de Abreu / Fundación Biblioteca Nacional, Río de Janeiro

HEITOR VILLA-LOBOS
Bachianas Brasileiras nº 5 (aria, 1938)
Manuscrito original
Museu Villa-Lobos, Río de Janeiro

O trambolho do mundo (sem a bomba atômica) (El tropiezo del mundo; sin la bomba atómica), 1948
Tarjeta, 15 x 16 cm
Archivo Histórico do Rio Grande do Sul, Porto Alegre

HEITOR VILLA-LOBOS
Série de fotos do Manossolfa, década de 1930
Fotografías, 18 x 12 cm y 12 x 9 cm
Museu Villa-Lobos, Río de Janeiro

**Villa-Lobos dirigiendo con batuta en el
Estadio Vasco de Gama,** década de 1940
Gelatina de plata, 24 x 18 cm
Fundación Biblioteca Nacional, Río de Janeiro

**Estadio Vasco de Gama en un día de
concentración orfeonista**, década de 1940
Gelatina de plata, 17 x 24 cm
Fundación Biblioteca Nacional, Río de Janeiro

Retrato de Villa-Lobos con Ari Barroso, s.f.
Fotografía
Museu da Imagem e do Som, Río de Janeiro

Villa-Lobos al piano con *reco-reco*, s.f.
Gelatina de plata, 21,5 x 30 cm
Fundación Biblioteca Nacional, Río de Janeiro

HEITOR VILLA-LOBOS

Canto orfeônico, vol. 1 e 2., 1940
Partitura
Museu Villa-Lobos, Río de Janeiro

New York Skyline Melody
(Melodía del horizonte de Nueva York), 1939
Partitura, manuscrito original
Museu Villa-Lobos, Río de Janeiro

Ernesto Nazareth posando en el coche en São Paulo, 1926
Gelatina de plata, 11,5 x 17 cm
Fundación Biblioteca Nacional, Río de Janeiro

ERNESTO NAZARETH
Improviso, Estudo de Concerto, 1962
Edición impresa facsímil, original de 1930
partitura con dedicatoria impresa, 33 x 24 cm, 5 p.
Fundación Biblioteca Nacional, Río de Janeiro

Retrato de Ernesto Nazareth, 1930
Gelatina de plata, 17,5 x 11,5 cm
Fundación Biblioteca Nacional

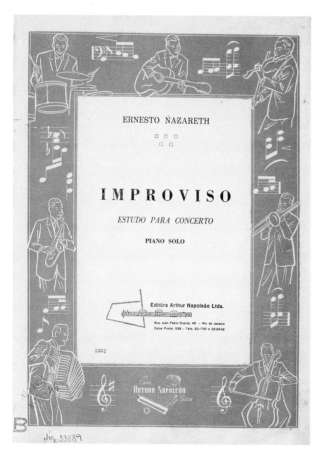

Fotografía de Lamartine Babo disfrazado de diablo, 1961
Gelatina de plata
Museu da Imagem e do Som, Río de Janeiro

<small>LAMARTINE BABO</small>
Teu cabelo não nega (Tu pelo no lo niega), 1932
Partitura manuscrita autógrafa
(manuscrito original), 32 x 23 cm, 3 p.
Fundación Biblioteca Nacional, Río de Janeiro

<small>FRANCISCO MIGNONE</small>
3ª Fantasia Brasileira para piano e orquestra de cordas, 1934
Partitura manuscrita autógrafa, manuscrito
original, 37,5 x 27,5 cm, (39 p.)
Fundación Biblioteca Nacional, Río de Janeiro

Fotografía de Lamartine Babo con Getúlio Vargas, década de 1930
Gelatina de plata
Museu da Imagem e do Som, Río de Janeiro

Carmen Miranda con Lamartine Babo, s.f.
Gelatina de plata, 14 x 12 cm
Colección Archivo Bricio de Abreu / Fundación Biblioteca
Nacional, Río de Janeiro

Francisco Mignone con su esposa Maria Josefina, s.f.
Gelatina de plata
Museu da Imagem e do Som, Río de Janeiro

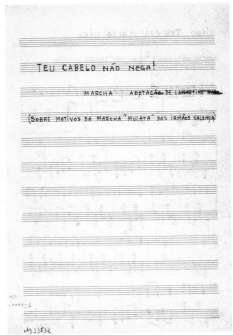

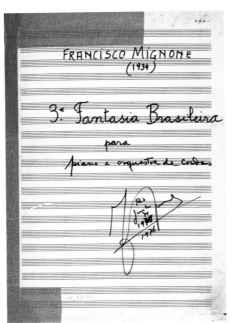

Camargo Guarnieri (a la izquierda) con Bronvislau Horowitz, 1952
Gelatina de plata, 18 x 24,5 cm
Colección Archivo Bricio de Abreu / Fundação Biblioteca Nacional, Río de Janeiro

CAMARGO GUARNIERI
Vai, Azulão (Ve, pájaro azulón), s.f.
Partitura manuscrita autógrafa, manuscrito original, 32 x 24 cm, 4 p.
Colección Alexandre Glinsky / Fundación Biblioteca Nacional, Río de Janeiro

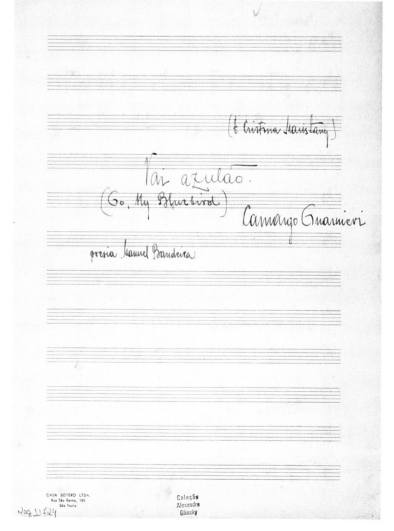

Carmen Miranda con disfraz, 1955
Gelatina de plata, 26 x 20 cm
Colección Archivo Bricio de Abreu / Fundación Biblioteca
Nacional, Río de Janeiro

**Carmen Miranda con un paquete de café en
la Feria de Los Angeles**, 1953
Gelatina de plata, 20 x 26 cm
Colección Bricio de Abreu / Fundación Biblioteca
Nacional, Río de Janeiro

Tom Jobim y Vinícius de Moraes
Brasília sinfonia da alvorada, 1961
Disco (LP), 31 x 30 cm
Colección Waldemar Torres

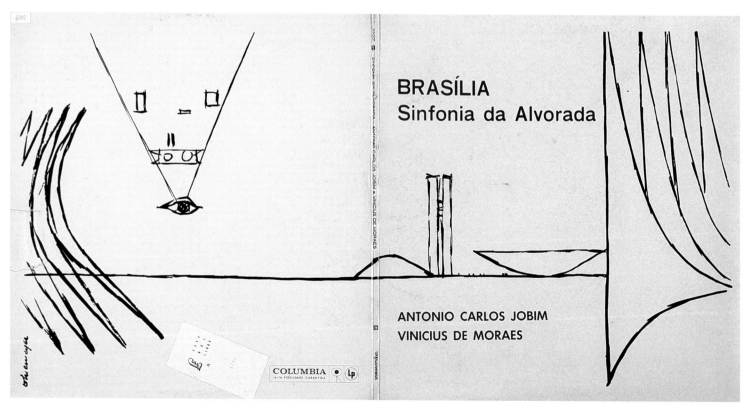

TRADUCTORES DEL BRASIL

Blaise Cendrars, 1924

TRADUCTORES DEL bRASIL
Carlos Augusto Machado Calil

"Esa consciencia de nuestra normalidad humana
únicamente los extranjeros son quienes nos la pueden dar."
MÁRIO DE ANDRADE, comentario sobre el libro *Brazil Builds*, 1943

Brasil sólo se volvió conocido por los extranjeros a principios del siglo XIX. En aquella época la colonia portuguesa estaba elevada a sede del reino, lo cual precipitó su independencia. Franqueados sus puertos, ésta pasó a ser visitada regularmente por misiones artísticas, científicas y militares. Su objetivo era *descubrir* qué había quedado oculto después de trescientos años de explotación colonial.

Sólidamente instaladas en sistemas culturales hegemónicos, esas misiones no podían atenerse al simple inventario del patrimonio natural del territorio. La reciente diseminación del espíritu iluminista instaba a la acción complementaria, a la *revelación* del acervo reunido en la comunidad de las naciones y en el propio país, que buscaba urgentemente, en el proceso de la independencia, un proyecto de identidad indispensable para llegar a convertirse en una nación.

Durante el Imperio que sucede a la independencia, mientras se mantenía unido el inmenso territorio, se consolidaba la dominación económica de los ingleses y la cultural de los franceses. Buenos tiempos aquellos en los que se podía servir a dos señores. Por cierto, el modelo de doble independencia era también una herencia portuguesa.

La primera referencia de los viajeros del siglo XIX fue la exuberancia de la naturaleza. Inevitable, ésta se anteponía al simple desplazamiento de los viajeros que recorrían caminos improbables, en un esfuerzo de unir regiones que se mantenían extrañas a pesar de la unidad política. Un obstáculo que proporciona una maravillosa admiración, la pujanza de la Naturaleza convierte la presencia del hombre en prácticamente imperceptible en el escenario, y repone la dimensión cultural en los términos remotos de la Creación.

Los viajeros de la primera mitad del siglo XIX fueron convocados por los nativos para dar testimonio, además del espectáculo de la Naturaleza, de su mayor obra cultural, el Carnaval, celebrado como síntesis espontánea del cruce de las contribuciones raciales, bajo el signo de la alegría y de la liberación sexual.

Dentro de los estrechos límites de este artículo, vamos a seguir, en un rápido sobrevuelo, las experiencias, muchas de ellas ejemplares, de algunos extranjeros que visitaron Brasil en el siglo XX y que, voluntaria o involuntariamente, quedaron afectados por ellas.

Paul Claudel, Darius Milhaud, Blaise Cendrars, Filippo T. Marinetti, Le Corbusier, Benjamin Péret, Giuseppe Ungaretti, Claude Lévi-Strauss, Georges Bernanos, Stefan Zweig, Orson Welles, Alfonso Reyes, Gabriela Mistral, Maria Helena Vieira da Silva, Arpad Szenes, Pierre Verger, Elizabeth Bishop, involucrados con Brasil en diferentes niveles, bajo diversos pretextos, quedaron todos marcados de manera indeleble por ese paso que, de ameno a trágico, les perturbó el curso respectivo de sus vidas.

La mayor o menor disponibilidad del viajero hacia la contingencia brasileña ayuda en la aproximación de aquello que tiene de particular y personal cada trayectoria, sugiriendo una clasificación elemental entre transitivos e intransitivos. Al primer grupo pertenecen Milhaud, Cendrars, Le Corbusier, Ungaretti, Bernanos, Zweig, Welles, Verger; al segundo, Claudel, Marinetti, Péret, Lévi-Strauss, Bishop. La calidad de la relación establecida con el medio que lo recibe no implica una escala de valor para la obra "brasileña" de cada uno. Elizabeth Bishop y Lévi-Strauss desmienten cualquier improvisada asociación entre adhesión personal y calidad o intensidad del testimonio.

Desde el punto de vista de los visitados, la acogida generosa dispensada al extranjero, que no esconde la imposición del reconocimiento, parece situarse entre un arraigado complejo de inferioridad, del que Mário de Andrade trató en más de una ocasión, y el comportamiento voluble de quien siente que "nada le es extranjero, pues todo lo es", en la provocativa formulación de Paulo Emílio Salles Gomes. En esa dialéctica habría sucumbido el más intransitivo de nuestros viajeros, el escritor francés Henri Michaux, para quien la inteligencia brasileña es "cafeinada, llena de reflejos, nunca de reflexiones." Claudel le hace coro al constatar que "los poetas brasileños constituyen una pequeña colección de canarios mecánicos." Bernanos, por su parte, afirma que la brasileña "es la más estremecedora, la más sensible, la más vigorosa inteligencia del mundo", porque proviene del milagro de la mezcla de razas que, sobre todo, hace tan bellas a sus mujeres... Michaux reconocía que, a pesar del tiempo que pasó en el país, no había conseguido establecer contacto con los brasileños.[1]

¿Qué le habría hecho falta a Michaux para *encontrarse* con los brasileños? En un país de relaciones personales y sentimentales, que atribuye poco valor a los mecanismos institucionales del protocolo público o de la convivencia privada, le faltó, sin duda, la figura del mediador cultural, capaz de introducirlo en los grupos de interés para que fuese tomado por ellos como uno de los suyos.

Este es el papel de Paulo Prado respecto a Claudel, Cendrars y Le Corbusier; del matrimonio Veloso Guerra con Milhaud; de Mário Pedrosa y Livio Xavier con Péret; de Herivelto Martins con Orson Welles; de Mário de Andrade con el matrimonio Lévi-Strauss; de Graça Aranha e Yan de Almeida Prado con Marinetti; de Caribé con Verger; de Lota de Macedo Soares con Elizabeth Bishop, etc.

Aunque no garantice el resultado, la mediación, cuando se ejerce, da perfiles concretos a la aproximación cultural, sin evitar extrañamientos y conflictos. El examen comparativo de las "aventuras brasileñas" de escritores, músicos, cineastas, pintores, profesores, subraya la reincidencia de impresiones y comportamientos que, más allá de los clichés, configuran una imagen del país y de su pueblo construida a contrapelo de las convenciones diplomáticas o políticas. Los viajeros, pese a los relatos en contra, dialogan con sus pares en sus culturas de origen. Sus testimonios sólo son reflejos de las desviaciones a las que sometieron las respectivas trayectorias de sus vidas, acompañados, muchas veces, de resentimientos por los prejuicios que les habrían sido causados.

Lévi-Strauss, en su célebre *Tristes tropiques*, no deja de señalar el atraso ocasionado en su carrera académica por la opción brasileña, es decir, por el trabajo de campo etnográfico con los indios del Mato Grosso. ¿Alguien duda hoy en día de que la extraordinaria carrera intelectual de este profesor y científico fue marcada decisivamente por la experiencia que vivió en Brasil? Él mismo escuchó, en un discurso, de boca de Fernand Braudel, su compañero de los tiempos heroicos de la fundación de la Universidad de São Paulo, que "Brasil fue el gran período de nuestras vidas." En la misma dirección y con el mismo sentimiento, Claudel dirá en una carta: "Puede decirse todo lo que se quiera de Brasil, mas no se puede negar que es uno de esos países que dejan marcas que impregnan el alma y en ella dejan un cierto tono, un determinado perfil y una cierta sazón, de los que nunca conseguirá deshacerse."[2]

1. Michaux, E.: "Observations", en *Passages*. Gallimard, París 1967, p. 153-55- Debo esta indicación a Claude Leroy.

2. "*On peut dire tout ce qu'on voudra du Brésil mais on ne peut nier que ce soit un de ces pays mordants qui imprègnent l'âme et lui laissent je ne sais quel ton, quel tour et quel sel dont elle ne parviendra plus à se défaire.*" Claudel, P.: *Oeuvres en prose*. Bibliothèque de la Pléiade. Gallimard, París 1965, p. 1.095-96.

El Paraíso terrestre, la Democracia racial y la Belleza insuperable

Entre los mitos insistentemente difundidos respecto a Brasil se agrupan los del Paraíso terrestre, la Democracia racial y la Belleza insuperable de la bahía de Guanabara. Laboriosamente construidos desde los primeros tiempos de la colonización, han servido de coartada a los nativos en las sucesivas ocasiones en que convenían para la seducción del extranjero. También nuestros invitados fueron sometidos por ellos y la particular reacción de cada uno habla de la disponibilidad individual para convertirse en *otro*.

Blaise Cendrars nos cuenta que cuando el barco finalmente se aproximaba a la costa brasileña, se oía una exclamación generalizada entre los pasajeros: "¡Es el Paraíso terrestre!..." Glosando el mito, con la historia de la colonización de Brasil en la mente, el escritor sugería una fórmula para resumir las descripciones superlativas de turistas, cronistas y aventureros: "Aviso: Paraíso para explorar."[3]

Trop, c'est trop, título de un libro de Cendrars dedicado en buena parte a Brasil, encuentra poderoso eco en el poema "Razones de viaje" ("Questions of travel") de Elizabeth Bishop.

"Aquí hay tantas cascadas; los tupidos ríos / corren tan de prisa en dirección al mar, / y la presión de tantas nubes en las cumbres / las hace derramarse a los costados en cámara lenta, / convirtiéndolas en cascadas ante nuestros ojos."

Giuseppe Ungaretti, poeta italiano, acostumbrado a los países calientes pero no al trópico, decía que en Brasil "los árboles en plena ciudad crecían en una noche. Se veían crecer. Si no se cuidase el jardín, en pocos días no se podría ya salir de casa [...]. En esta naturaleza nueva y delirante, los negros [vivían] aparentemente felices, sin ninguna privación, sin necesidad de ropa para cubrirse, capaces de nutrirse de los platanales libres, siempre dispuestos para la danza, la religión, la superstición, el sortilegio: macumbas y candomblés..."[4]

Stefan Zweig, visitante oficial, encantado con el país que le fue convenientemente presentado por las autoridades brasileñas, escribió en su *Brasil, país do futuro* que "la nación brasileña hace siglos que se funda en el principio de la mezcla libre y sin estorbo, de la completa equiparación de negro, blanco, rojo y amarillo [...]. La absoluta igualdad de los ciudadanos en la vida pública, así como en la vida privada, aquí existe de hecho, en la escuela, en los empleos, en las iglesias, en las profesiones y en la vida militar, en las universidades, en las cátedras." El futuro –y el presente– se encargarían de desmentir la dulce ilusión del señor Zweig.

Georges Bernanos vio Río de Janeiro como un sumiso espejismo femenino: "Este país, esta ciudad, no se puede describir. Esta ciudad tan bella, tan prodigiosamente bella, tan bella y tan humilde. Tiene el aire de extenderse a sus pies, con sus joyas incalculables, sus perfumes, y su mirada tiene la inocencia y la docilidad de ciertos animales. El aire es de una dulzura salvaje."

Filippo Tommaso Marinetti encarna la virilidad de los futuristas por medio de la metáfora –de dudoso gusto– que asocia su sexo al poderoso barco italiano que lo transporta. "Evidentemente la bahía de Río de Janeiro está enamorada del *Giulio Cesare*, ese promontorio de Italia de cortante perfil imperial que se lanza en la península en busca de puertos dignos de sus dimensiones. La bella bahía, segura de agradar y capaz de amar, ofrece todas las curvas de sus playas y de sus montañas y abre de par en par sus muelles estrechando geométricamente el transatlántico cada vez más contra su corazón de tráfago ardiente." El autor de *Mafarka, il futurista*, en un texto inédito, alcanza el éxtasis conquistando a la hembra brasileña más hermosa: "con un refuerzo de estrellas tropicales agredí amorosamente y poseí las montañas de Río de Janeiro que huían de mí escenográficamente."

3. Cendrars, B.: *Le Brésil*. Les Documents d'Art. Mónaco 1952, p. XI, XV.

4. Piccioni, L.: *Vita di un poeta. Giuseppe Ungaretti*. Rizzoli, Milán 1970, p. 140.

El Cacique y Jacaremirim

Paul Claudel (1868-1955), escritor y diplomático, fue designado ministro de la Legación Francesa de Río de Janeiro a finales de 1916, cuando servía en Roma. Inicialmente inclinado a rehusar el puesto, acabó aceptando y decidió traer al joven compositor Darius Milhaud (1892-1974) como secretario y encargado de relaciones públicas.

A la llegada, el primero de febrero, después de los saludos oficiales, es llevado inmediatamente a pasear en automóvil a lo largo de la bahía de Guanabara. En el diario anota su primera impresión: "Copacabana y las playas de arena blanca, cubiertas de gente que se baña en las tres olas del mar." Milhaud, en sus memorias, evoca el calor intenso y la atmósfera de la sede de la Legación, situada magníficamente en la calle Paissandu, con sus palmeras imperiales.

Claudel se despertaba a la seis, iba a misa, trabajaba hasta las diez. Después asumía íntegramente su función de diplomático hasta las cinco. Entonces salía a pasear solo, a lo largo de la bahía, caminando a pasos largos, frotándose las manos, absorto en sus pensamientos. Era un año particularmente difícil para Francia, no se vislumbraba la victoria en la Gran Guerra. Además de eso, Claudel viajó solo, dejando a la familia –su mujer embarazada y sus cuatro hijos– en Europa.

Su diario de aquella época es un relato cruzado: sigue con preocupación la evolución de la guerra, registra su creciente relación con Audrey Parr (esposa de un diplomático inglés), anota la presencia del paisaje brasileño, que frecuenta los fines de semana, en excursiones a Petrópolis, Teresópolis y los alrededores de Río de Janeiro, con derecho a entradas en la selva, contiene muchas citas del Evangelio, acompañadas de consideraciones metafísicas, y documenta la lenta construcción de temas y personajes de *Le soulier satin*, que, a pesar de las indicaciones caribeñas, respira una fuerte atmósfera brasileña. Aquí y allí encontramos referencias lacónicas al "Convênio".

Claudel no era mejor escritor que diplomático. Por su formación en economía, tenía gusto por los asuntos financieros, que manejaba con habilidad. El autorretrato brasileño que dibujó en *La Messe là-bas* es muy elocuente: "Heme hoy de nuevo aquí / con la pena en las manos / transformo los sacos de azúcar y de café en / mil reyes mientras desgrano la Biblia."[5]

Durante su mandato brasileño, Claudel se dedicó intensamente al establecimiento de un acuerdo bilateral con Brasil, que acabó conocido como Convênio Franco-Brasileiro, por el cual el país se unió a los aliados en la Gran Guerra.

Iniciado en 1916 con la compra de 250.000 sacos de café por el gobierno francés por mediación de la Cía. Prado-Chaves, fue pacientemente negociado en Francia durante el año 1917 por Paulo Prado (1869-1943), que se benefició de las relaciones privilegiadas de Graça Aranha. Firmado el 3 de diciembre de 1917, aseguraba la compra por el gobierno francés de dos millones de sacos de café, que aliviaban las reservas brasileñas, que se habían acumulado a raíz de las dificultades del comercio internacional, perjudicado por la guerra en Europa. En cambio, Brasil arrendaba a los franceses, por 110 millones de francos, 300 navíos alemanes aprehendidos en sus costas, con capacidad para 250.000 toneladas. Brasil vendía también maíz, azúcar y judías. La operación no implicaba la transferencia de dinero contante; se realizaba en compensación de la deuda brasileña con Francia. Según Claudel, esa solución, propuesta por Paulo Prado, era "brillante". No había necesidad de que los países involucrados convirtieran sus deudas en libras o dólares. El gobierno brasileño pagaba a sus acreedores en moneda local y lo mismo haría el gobierno francés.

En enero de 1918, una declaración del nuevo gobierno brasileño, que acababa de tomar posesión, denuncia el Convênio como lesivo para los intereses del país. El pretexto evocado fue que el ministro brasileño en París no había participado en la negociaciones entre los países, conducidas por Paulo Prado. Éste, como

5. *"Moi de même aujourd'hui je suis là, / et pendant que la plume à la main je / transforme les sacs de sucre et de café en / milreis et que je dépouille la Bible."* Claudel, P.: *La Messe là-bas*. Nouvelle Revue Française, París 1919[5], p. 59. Mil réis era una medida de moneda brasileña de entonces.

miembro de la Comissão de Valorização do Café del gobierno de São Paulo, no tendría poderes para negociar en nombre del país. Detrás de esta maniobra, estaba la presión del gobierno americano, que no se conformaba con el acuerdo diseñado por Claudel-Prado, que le había impedido el acceso a la flota alemana aprehendida en las costas brasileñas. Alegaban la necesidad de ésta para el transporte de tropas americanas, material de apoyo e inclusive comida para la misma Francia, agotada por el esfuerzo de la guerra. La relación entre los dos negociadores se intensificó hasta el punto que establecieron una correspondencia que, conservada por Prado, contiene jugadas de ajedrez político, en mensajes a veces timbrados con "secreto absoluto".[6] Y la amistad quedó sellada en esta confesión de Claudel: "Eres una persona con la que cuento absolutamente sin ninguna clase de reserva..."[7]

Mientras Claudel era recluido, su secretario, gracias a una sociabilidad calurosa, establecía innumerables relaciones con el mundo musical de Río de Janeiro, en el campo erudito y popular. Convivía con Alberto Nepomuceno, el más renombrado entre los eruditos; con Villa-Lobos, que ya entonces despuntaba; con los Leão Veloso, cuya hija Nininha era la compañera preferida de Milhaud en las veladas de piano a cuatro manos. Fue entre ellos donde conoció la música de Satie.

Pero la pasión de Milhaud era el Carnaval y la música popular. Aunque elogiase "las cualidades de *vigor*, de *grandeza*, de *profundidad del sentimiento*" del *Trio* de Nepomuceno, que escuchó en un concierto del "maestro",[8] no dejaría de censurar el proceso de alienación de esos compositores que escribían, dependiendo de la generación, con Wagner, Saint-Saëns, o Debussy como referencia. En un artículo de 1920, Milhaud declara su deuda para con los músicos populares y pide a sus colegas eruditos brasileños que hagan lo mismo: "Sería deseable que los músicos brasileños comprendiesen la importancia de los compositores de tangos, de *maxixes*,[9] de sambas y de *cateretês*,[10] como Tupinambá o el genial Nazareth. La riqueza rítmica, la fantasía indefinidamente renovada [...], la invención melódica de una imaginación prodigiosa, que se encuentran en cada obra de estos dos maestros, hacen de estos últimos la gloria del Arte Brasileño."[11] A juzgar por la obra futura, solamente Villa-Lobos leyó y aprovechó el texto del francés.

Milhaud no perdió tiempo. "Fascinado e intrigado" por los ritmos populares, intentó desvelarles el secreto, que a su juicio estaba contenido en una sutil suspensión en el interior de la síncopa. "Compré entonces una cantidad de *maxixes* y tangos y me esforcé por tocarlos con sus síncopas que pasan de una mano a la otra. Mis esfuerzos fueron recompensados y pude finalmente expresar y analizar esta 'insignificancia' tan típicamente brasileña."

La polémica suscitada por la ora vibrante ora melancólica obra brasileña de Milhaud –*Le boeuf sur le toit*, *Saudades do Brasil*, "Souvenir de Rio" del *Carnaval d'Aix*, "Brasileira" de *Scaramouche*, y las *Danses de Jacaremirim*–, considerada por algunos críticos ingenuos como un plagio, da testimonio de que en ella el compositor se apropió de ritmos y melodías con fervor y pericia.

La única partitura compuesta en Brasil fue la del ballet *L'homme et son désir*. Sugerida por Claudel, que se encargó del libreto, ésta no podía dejar de subrayar la marca simbolista, sin ningún resquicio del ambiente en que fue gestada, a no ser el aprovechamiento onomatopéyico de los ruidos de la selva del Corcovado, "inmediatamente tras la puesta de sol." Grillos, sapos, pájaros "animaban la selva de ruidos variados, cuya intensidad llegaba rápidamente al paroxismo."

Nijinsky, en temporada de los Ballets Rusos en el Teatro Municipal de Río, demostró a Claudel la "victoria de la respiración sobre el peso" consumando "la posesión del cuerpo por el espíritu."[12] Esta percepción coincidió con la poderosa revelación del amor por Audrey Parr, que Claudel había conocido en Roma, y a cuya gracia y sonrisa no pudo resistir. "Es tan grande mi amor que olvidó los caminos de la carne."

6. Este es el texto de una de ellas: "Confidencial – La cuestión de que te hablé es de la más alta importancia. La situación actual no puede prolongarse y por diferentes razones que acabo de conocer, exige de una manera u otra una solución rápida. Si lo crees necesario podré partir el domingo a São Paulo, o preferentemente a Guarujá y tendré con todos mis amigos de São Paulo una charla donde aclararé completamente otra vez la situación en la que estableceremos el plan de acción –*secreto absoluto*– Claudel." Inédito, posiblemente de enero de 1918.

7. "*Vous êtes un homme sur quoi je compte absolument sans aucune espèce de réserve, et j'espère que vous faites de même avec moi. Notre collaboration ne m'a laissé que des souvenirs les plus affectueux et les plus agréables, et mon plus grand regret a été de quitter le Brésil sans vous avoir serré la main.*" Carta inédita de Claudel a Prado, fechada en Bahía, 27 de noviembre de 1919, de camino a Nueva York.

8. Carta de Milhaud a Alberto Nepomuceno (en papel de la Legación de la República Francesa en Brasil), Río de Janeiro, el 26 de mayo de 1917. Divisão de Música e Arquivo Sonoro, Biblioteca Nacional, Río de Janeiro.

9. Danza urbana, generalmente instrumental, originaria de la ciudad de Río de Janeiro. Es el resultado de la fusión entre la habanera y la polca con una adaptación del ritmo sincopado africano. (N. de los T.)

10. Danza rural, en hileras opuestas y cantada. (N. de los T.)

11. Milhaud, D.: "A Música Brasileira". *Ariel*, n. 7, São Paulo, abril 1924, p. 264. Originalmente publicado en *La Revue Musicale*, I, n. 1, París, noviembre 1920.

12. Claudel, P.: "Nijinsky", en *Positions et propositions*. Gallimard, París 1928[6], p. 230. Reproducido en el apartado de documentos.

Milhaud, imparcial, la describe como "una amiga deliciosa, de una belleza deslumbrante y de una fantasía inextinguible." Bien dotada, traducía la imaginación del poeta en la escenografía y los figurines. Ella llamaba a Claudel "Cacique"; él a ella Margotine, nombre del hada malvada de un cuento infantil. En la compañía de "Jacaremirim"[13] dieron forma al drama autobiográfico: "la eterna danza de la Nostalgia, del Deseo y del Exilio."

A finales de 1918, Claudel es designado para una misión económica en Washington. Parten, él y su secretario, en uno de los barcos fletados por el Convênio, que sin mantenimiento adecuado, de vez en cuando navegaba a capricho por el litoral del nordeste. Fue de ese modo que conocieron Salvador y Recife. Claudel parece indiferente, si no aliviado, con el hecho de dejar un país apenas "comenzado", al que llamó como "paraíso de la tristeza". Milhaud lo sigue desconsolado. "Yo amaba profundamente Brasil."

"Dios escribe recto con líneas torcidas", el proverbio recogido en el país, se convertirá en un epígrafe de *Le soulier de satin*, que reelabora en gran teatro metafísico el exilio brasileño de Claudel.

La familia de Cendrars

Blaise Cendrars (1887-1961), el escritor que hizo de Brasil su segunda patria, y al que le dedicó una parte sustantiva de su obra, nacido Frédéric Louis Sauser en La Chaux-de-Fonds, un pueblecito suizo. Pronto manifestó una inquietud que lo llevaría a romper las fronteras del monótono mundo burgués. Adolescente aún, fue a San Petersburgo para aprender la profesión de joyero. Pasaba más tiempo en la biblioteca pública que en el taller. Acabó abandonando a la familia y salió a ver mundo.

En 1912, Fréderic está en Nueva York, donde pasa hambre y frío. Atraído por la *Creación* de Häendel, entra en una iglesia protestante. Allí siente la inspiración para su primer gran poema: "Pascua en Nueva York". En versos libres, exhorta al Señor que mire a los pobres y desheredados por el amor y la fortuna. Y adopta el seudónimo sonoro: Blaise Cendrars.

Su publicación en París causó sensación. Había nacido un poeta. La reputación de poeta ultramoderno es confirmada por la publicación al año siguiente de *La prose du Transsibérien et de la petite Jehanne de France*, cuya edición de lujo combina los versos libres con manchas coloreadas realizadas por Sonia Delaunay. Una obra simultaneísta, que impulsa el diálogo entre poesía y pintura.

Con el estallido de la guerra de 1914, Cendrars se presenta como voluntario para ir a combatir al frente. En 1915, en una batalla en Champagne, su brazo derecho fue alcanzado por unas astillas de granada. La amputación le salva la vida, pero el poeta queda lisiado.

Una crisis terrible se sucede. No soporta bien el dolor de la mutilación. En 1917, recupera la capacidad de escribir, ahora con la mano izquierda, pero decide "abandonar la poesía". Se dedica al trabajo editorial y se enamora del cine, una de sus grandes pasiones. Sin empleo ni profesión, se enrola en el grupo de los Ballets Suédois y escribe el argumento de *A criação do mundo*, danza negra con escenografía de Léger y música de Milhaud. El éxito lo restituye al centro del movimiento artístico y literario, pero ya muestra signos de fatiga con las intrigas de ese mundillo de narcisos.

Estamos en 1923. París está repleto de jóvenes brasileños, haciendo el servicio militar en las artes modernas. Tarsila do Amaral, Di Cavalcanti, Villa-Lobos, Brecheret, Sérgio Milliet, Oswald de Andrade, Anita Malfatti, Souza Lima, mientras que Paulo Prado, intelectual y exportador de café, llegaba, según su costumbre, para pasar allí el verano.

El bullicioso ambiente de París aproxima a los brasileños al escritor disponible. Cendrars, bohemio, se divierte con la irreverencia de éstos y se convierte en camarada de Di Cavalcanti, Oswald y Sérgio Milliet.

13. Milhaud publicó una entrevista consigo mismo, que firmó "Jacaremirim", en *Littérature*, abril 1919, p. 21-3. Cf. Eulalio, A.: "Nota sem música sobre o Milhaud brasileiro", en *A Aventura Brasileira de Blaise Cendrars*. Quíron, INL, São Paulo - Brasilia 1978, p. 79.

No escapa de la fascinación por la belleza y dulzura de Tarsila y decide patrocinar su aprendizaje de la lengua cubista, que daba una oportunidad al orden nuevo.

Al final de ese año, Oswald, en el apogeo de su breve carrera de empresario, cuando dilapidaba la fortuna heredada de su padre, llama la atención con negocios fabulosos en ultramar y Cendrars muerde el anzuelo. Consultado, Paulo Prado acepta de buen grado asumir los gastos del viaje y de la invitación formulada. En enero de 1924, Cendrars embarcaba en Le Havre con destino a Brasil.

La travesía del Atlántico se reveló altamente estimulante. Mecido por la llegada del calor y por la luminosidad creciente, Cendrars anotaba los poemas coloquiales que constituirían su primera obra "brasileña", las *Feuilles de route* (Rep. pág. 354). Cuando cruza el Ecuador ya es un nuevo hombre que vislumbra el Paraíso terrestre y telegrafía a la amiga-musa en París para transmitirle la sensación recién conquistada: "Vivir hace bien…" Se entrega con generosidad a una experiencia que le ampliará la percepción y contribuirá a su maduración en tanto que hombre y escritor.

Cendrars comienza a conquistar los medios literarios y cultivados de la São Paulo pacata y provinciana. El grupo que lo hospedaba lo lleva a conocer el Carnaval de Río, el circuito de Oro de las Minas, las plantaciones de café, a lo que Cendrars reacciona con un indefectible "¡Qué maravilla!" La profunda señal de esos paisajes sólo será percibida por los contemporáneos cuando la obra futura denuncie su impacto en la memoria del extranjero.

La importación de Cendrars, sólo dos años después de la realización de la *Semana de Arte Moderna*, fue decisiva para la consolidación del movimiento modernista en Brasil. El acervo de realizaciones artísticas era entonces muy escaso y la presencia de Blaise, que llegó a la intimidad de Oswald y Tarsila, fue indispensable para el desarrollo de la obra de éstos, a partir del Manifesto Pau-Brasil, de Oswald, publicado en mayo de 1924. En él encontramos: "Una sugestión de Blaise Cendrars: Tenéis las locomotoras llenas, vais a partir. Un negro gira la manivela del desvío rotativo en que estáis. El menor descuido os hará partir en la dirección opuesta a vuestro destino."

Cendrars, que había publicado una *Antologia negra* en 1921, advierte a los amigos brasileños sobre la contribución que los negros podrían hacer –y estaban haciendo– en el proceso de consolidación de una cultura popular espontánea, liberada de los patrones de imitación. Su interés por las chabolas, que visitaba a bordo de una ambulancia de hospital, por la música de los negros, que forjaban un nuevo ritmo, la samba, su convivencia con el compositor Donga, que le presentaba a los intelectuales cariocas, llevaron a Gilberto Freire a reconocer, con un punto de sorpresa y desprecio, que en el movimiento de valorización del negro, que entonces comenzaba, se encontraba la señal del paso de Cendrars.

La poesía y la pintura pau-brasil deben mucho a Cendrars. Oswald publicó su libro en la editorial de Blaise, Au Sans Pareil, y a él le dedicó el volumen: "A Blaise Cendrars, con ocasión del descubrimiento de Brasil", alusión al viaje a Minas donde el extranjero llamaba la atención de los nativos sobre la riqueza que se escondía bajo la capa del país rural, arcaico, atrasado, pero que disponía del acervo más extraordinario de arquitectura y escultura barrocas del continente americano. Los poemas de *Pau Brasil* guardan cierta semejanza con *Feuilles de route*. Son libros hermanos, aunque Cendrars practique en él la antipoesía con lirismo.

Tarsila, estimulada por el afecto de ambos, germina lentamente hasta encontrar su estilo y vocación. Cendrars la acompaña paso a paso, de la confección de las telas a partir de las anotaciones hechas durante el viaje a Minas hasta la definición de la fecha y el lugar de la exposición en París que la consagraría como la gran pintora de Brasil. Invitado a escribir la presentación de catálogo de la exposición,

Cendrars manda poemas inéditos y dice: "No hice un prefacio, reservándome el derecho de escarnecer a todo el mundo en caso de que París entera no reconociera que Tarsila es genial, que ella es la más bella y la mayor pintora de hoy en día."

En la obra desigual de Cendrars, donde a veces predomina el gusto por lo exótico, se encuentra un pequeño poema que él envió, a guisa de prefacio, a Tarsila para su publicación en el catálogo de la exposición en la Galerie Percier de París en 1926. Se trata de "Saint-Paul", sin exageración la mejor traducción en poesía de esa ciudad frenética, cuya monstruosidad actual el poema ya anunciaba (reproducido en el apartado de documentos). Glosando "la ciudad que más crece en el mundo" y su miscelánea de estilos, alabando la ausencia de tradición que permite la aglomeración democrática de la metrópolis, apuntando la lógica del lucro fácil y compartiendo la creencia ciega en el futuro, Cendrars realizó el mejor retrato en movimiento de una ciudad que nunca quedó terminada.

En un viaje al interior del estado, Paulo Prado introduce a Cendrars y Oswald en el fascinante mundo de la hacienda Morro Azul, propiedad de su amigo y ex funcionario de la compañía Prado-Chaves, Luis Bueno de Miranda. Ese extraordinario anfitrión, creador de un método revolucionario de plantar café y astrónomo aficionado, que se jactaba de haber descubierto la constelación de la Torre Eiffel, impresiona inmediatamente a los dos poetas camaradas que cuidarán de transfigurar esa experiencia en sus respectivas obras. Oswald le dedicará el poema "Morro Azul", en *Pau Brasil*, y Cendrars, la narrativa fantástica de "La Torre Eiffel sideral", en *Le lotissement du ciel*, donde el hacendado-astrónomo es llamado "Oswaldo Padroso", una evidente combinación de los nombres de sus dos mejores amigos brasileños.

La amable temporada brasileña transcurría demasiado mundana e intelectual por demás para las expectativas del turista que al final había venido a hacer las Américas. Propone la realización de un filme de propaganda del país, una superproducción para el circuito internacional que dirigiría él, pero la revolución del general Isidoro Dias Lopez, que estalló en julio de 1924 con sorprendente violencia –São Paulo es ocupada por los rebeldes y bombardeada por las tropas federales–, cambia el escenario político y trae intranquilidad económica. Y los proyectos más o menos grandiosos se suspenden.

A pesar de eso, Cendrars no volvió a Francia con las manos vacías. En Brasil, había recuperado la inspiración y la confianza para recomenzar la carrera de escritor, ahora como "novelista"... Instalado en su casa de campo, en poco menos de un mes escribe de un tirón *L'or*, la saga del general suizo Johann August Sutter, quien fundó Sacramento, en California, y quedó arruinado con la carrera del oro en sus tierras.

Cendrars volvería a Brasil en 1926 y 1927, siempre de la mano amiga de Paulo Prado. El objetivo de esos viajes continuaba siendo el deseo de ingresar en el mundo de los altos negocios, fuesen de turismo, propaganda, especulación inmobiliaria, edición o promoción cultural. Ninguno dio resultado, aunque ganara algún dinero en Brasil. No es necesario recordar que el poeta murió en la miseria.

El viaje marcó la obra de Cendrars. Prácticamente todos los libros escritos después de 1924 contienen alguna referencia directa o indirecta a nuestro país. *L'homme foudroyé* y *Le lotissement du ciel* son libros capitales, donde Brasil comparece, implícita y explícitamente, componiendo el paisaje de una tierra situada en la dimensión de mito.

L'homme foudroyé (1945) marcó el reencuentro de Cendrars con la alta literatura. Primer volumen de una tetralogía, en un género que llamó "memorias" –relatos de cosas vistas, vividas e imaginadas–, en ella el escritor asume el papel de personaje que inicia al lector en los misterios de la vida y confiere veracidad a sus fábulas. Después de una crisis personal que se arrastró por buena parte del decenio de 1930 y de su repliegue en la autoclandestinidad, durante la Segunda Gran Guerra, en el que guardó el más riguroso silencio, Cendrars volvía a hablar. En una dicción especial, elaborada por él para uso propio, reconstruía, a partir de su caso personal, el inventario de una generación que habiendo hecho la Primera Guerra, jamás imaginó tener que soportar una Segunda, provocada por causas semejantes.

Un escritor sólo habla de sí mismo. Pero es un hombre público, cuya vida observada por el público y por la crítica tiene que expresar la experiencia de todos sobre una época determinada. En este libro, el autor se pregunta por qué escribe. "Escribo. Vosotros leéis. No puedo hacer otra cosa. Es todo lo que sé. Y, yo, me siento fulminado. No hay rencor en lo que escribo. Pero describo la vida."

El *hombre fulminado* por el oficio de escribir coge su deportivo convertible Alfa Romeo y toma el rumbo de la N 10, carretera nacional que pasa cerca de su casa de campo. En un procedimiento muy suyo, va con él al encuentro de Brasil, donde avanza por la región del *sertão* hasta llegar a la última estación de gasolina. Allí vive un negro cubano, que había hecho la guerra contra Estados Unidos, donde perdió una pierna, escultor de figuras humanas en madera, de tamaño natural. Manolo Secca es su nombre. Su obra representa un paso de la Pasión, aquel que describe la captura de Cristo en el huerto de los olivos. La peculiaridad es que él esculpe las imágenes sobre pequeños automóviles, en una especie de chatarra santificada. ¿Fantasía? Sin duda. ¿Pero quién no recordó las esculturas de Aleijandinho en Cogonhas do Campo?

Los principales personajes brasileños de Cendrars están inspirados en figuras e historias verdaderas. "La Torre Eiffel sideral", de *Le lotissement du ciel*, describe la llegada de Cendrars a una villa perdida en los confines de Brasil, que está inaugurando la iluminación eléctrica, etapa intermedia de su viaje a la hacienda Morro Azul, donde los pajarillos volaban en la más completa libertad, sin ser amenazados por los cazadores, y donde vivía su peculiar dueño, Oswaldo Padroso, descubridor de la constelación de la Torre Eiffel sideral, apasionado por Sarah Bernhardt y un devoto amante de la civilización francesa.

El personaje de Oswaldo Padroso es emblemático. En él, lo que interesa a Cendrars ya no es el relato de los antípodas, sino el examen de los reflejos y las contradicciones que se instalan en la relación entre una sociedad emergente –la brasileña– en comparación con su modelo de cultura: la francesa. En ese texto, Cendrars acaba por promover un ajuste de cuentas personal con el imaginario brasileño que le fascinó desde el primer contacto.

En la medida que el tiempo pasaba, Brasil, ya un recuerdo lejano, se transformaba para Cendrars en su *Utopialand*, donde el futuro del hombre blanco se proyectaría. De contornos míticos, esa tierra de las innumerables oportunidades, extravagante, pintoresca, sobre todo paradójica, le fascinaba porque no pertenecía a nadie: "Así es Brasil, de una grandeza inefable donde la civilización y el salvajismo no contrastan sino que se mezclan, se conjugan, se casan, de una manera activa y perturbadora. Se queda uno con la respiración entrecortada de admiración y, frecuentemente, de terror o de pasión."

En *L'homme foudroyé*, Cendrars declara que pertenece a la familia de los "simples, humildes, inocentes, marginados, pobres vejados que aún no han perdido la esperanza." Su último texto manuscrito, desenlace de un movimiento cíclico, evocaba la Pascua, pero no aquella de Nueva York, sino la de los pobres vejados de Divinópolis, de Sabará, del viaje a Minas con los jóvenes amigos modernistas. Allí –"en el corazón del mundo"– él había dejado su sentimiento de paladín de la modernidad con los "verdaderos pobres, los vejados y que no han perdido la esperanza."

Brasil 2 x 0 Péret

Benjamin Péret (1899-1959), poeta surrealista, se casó en París, en 1926, con la cantante brasileña Elsie Houston. Para Mário de Andrade, cuya profesión era la de profesor de música, "el timbre de su voz era malicioso, sinuoso, evasivo como una flauta."[14]

14. Andrade, M. de: "Elsie Houston". *Mundo Musical*, 1943.

En enero de 1929, desembarcaron en Río de Janeiro para probar vida en Brasil. La familia Houston, de origen norteamericano, tenía su importancia en la sociedad de Río y el matrimonio fue recibido con crónicas en la prensa. "Entre ellos hay muchas afinidades, sobre todo un desesperado amor por la sinceridad", festejó un periódico.

Oswald de Andrade, en la *Revista de Antropofagia*, anunciaba la buena nueva a los miembros de su tribu: "Está en São Paulo, Benjamin Péret, el gran nombre del surrealismo parisiense. No olvidemos que el surrealismo es uno de los mejores movimientos pre-antropofágicos. La liberación del hombre como tal, a través del citado inconsciente y de turbulentas manifestaciones personales, fue sin duda uno de los espectáculos más emocionantes para cualquier corazón de antropófago que en estos últimos años haya acompañado la desesperación de la civilización [...]. Después del surrealismo, sólo la antropofagia."[15]

Como era de costumbre con los intelectuales extranjeros, Péret fue invitado a dar una conferencia, que se realizó en mayo en el Salão Vermelho del Explanada Hotel, el más elegante de São Paulo (Rep. pág. 181). La tituló "L'esprit moderne, du symbolisme au surréalisme" y en ella disertó sobre los orígenes del movimiento en Mallarmé, Rimbaud, Swift, Jacques Vaché y Huysmans, sus relaciones con el psicoanálisis y la valoración del sueño como revelación del inconsciente. Concluía revaluando el mundo por medio del surrealismo. La repercusión en la prensa daba cuenta de un público "reducido pero seleccionado de lo que tenemos de mejor en nuestros círculos de cultura y de sociedad." Tras dos horas, "una calurosa y sincera salva de aplausos acentuó el triunfo que Péret obtuvo con su conferencia encantadora."[16]

De encantador, Péret no tenía nada. Provocador, se envolvía en polémicas. No evitaba en un ambiente burgués sus groserías que chocaban por la gratuidad. Cuando veía un sacerdote, lo amenazaba con la agresión física, lo cual incomodaba a sus amigos brasileños, oriundos de familias católicas. El ambiente cultural brasileño, incluso el de vanguardia, era burgués, y sus miembros pasaron a evitar mayores contactos con el poeta inconveniente.

Péret concede una entrevista, donde crea una polémica al declarar que el "objetivo de mi viaje a Brasil no era en absoluto dar conferencias, sino visitar el interior del país, principalmente los estados de Mato Grosso, Goiás y Amazonas, atraído por sus bellezas naturales y sus indios." El reportero, titular de una columna en un periódico importante, extiende la conversación sobre los movimientos artísticos contemporáneos. Péret aprovecha para criticarlos severamente, con la intención de valorizar su surrealismo. El tiro sale por la culata. El periodista, ofendido en su estética, abre con un titular altisonante: "El surrealismo no es nada. Vagas consideraciones lógicas entorno a una teoría literaria que nadie aborda con seriedad". Y pasa a las agresiones personales, afirmando que de ahora en adelante "peré" (en escritura adaptada al idioma) es sinónimo de nuevo rico. Furioso, Péret vuelve a la prensa para aclarar contra lo que de hecho investía al surrealismo y su importancia como "única iniciativa válida y desinteresada dirigida hacia la liberación del espíritu."[17]

En el campo literario, sólo el grupo de la antropofagia aceptaba a Péret sin restricciones. Pero su relación era irónica: la antropofagia quería incluir el surrealismo como parte de su tradición. De ese modo aquélla lo superaba. Péret no podría admitir tal situación. El conflicto latente no se consumó porque la antropofagia murió antes, víctima de "un *changé des dames* general. [Entre sus miembros] uno tomó la mujer del otro."[18]

Péret tenía otros intereses. Con su cuñado Mário Pedrosa, fundó la Liga Comunista de Brasil, de oposición trotskista, facción de la Internacional Comunista que luchaba por su reorientación política. Secretario de la Liga en Río de Janeiro, Péret era miembro de una célula de trabajadores de artes gráficas (era corrector de profesión), y propuso la edición de los escritos de Trotsky. Con el alias de *Mauricio*, actuaba como elemento de contacto con la oposición de izquierda.

15. *Revista de Antropofagia*, n. 1, 2ª edición, *Diário de São Paulo*, 17-III-1919.

16. "A conferência de Benjamin Péret sobre o 'Espírito moderno'". *Correio Paulistano*, 20-III-1929.

17. *Diário de São Paulo*, 2, 5, 7-III-1929.

18. Raul Bopp, "Diário de Antropogafia".

Al margen de esto, se dedica a estudiar la poética (y la política) de la religión de los negros, tal como era entonces practicada en Río de Janeiro. En una carta a Elsie, que había permanecido en São Paulo a causa de la penuria del matrimonio, informa que la macumba se hace en Cascadura, en la periferia de la ciudad, y obedece a dos vertientes: ley de Angola y ley de Nagó. Está registrando testimonios para grabar en disco los cantos de candomblé. Y comenta el éxito de su mujer, cuyo disco *Cadé minha pomba rola* se emite en la radio tres veces al día.

En una serie de trece artículos publicados en el *Diário da Noite*, a finales de 1930 y principios de 1931, bajo la rúbrica "Candomblé e Makumba", Péret relata su iniciación en ese mundo sincrético.[19] En ellos trata desde el origen de la palabra *makumba*, por influencia de la *maconha*, proveniente de Bahía, hasta el carácter social de las religiones. Si para Freud "toda neurosis es una religión deformada", Péret completa: "toda religión es una neurosis en estado latente."

Partiendo del principio de que "el hombre hace la religión y no lo contrario", concluyó que ésta es la "realización fantástica de la esencia humana, porque la esencia humana no tiene realidad verdadera." La apropiación de esa realidad por las religiones y por la Iglesia Católica, en particular, define su carácter reaccionario. Acaba con una exhortación: "¡Esperamos la caída de todos los dioses y cristos en descomposición! ¡Viva el hombre libre y sencillo!"

No faltó humor en ese relato de visitas a los *terreiros*[20] clandestinos, donde se practicaban la religión auténtica y la macumba para los turistas. En una incursión, después de comerse la gallina tradicional, se manifiestan las convulsiones y baja el "santo". Todos se arrodillan (¿Péret también?) y el *pai* de santo[21] lanza una corazonada para la lotería. Péret busca la suerte y pierde...

En una sesión espiritista, organizada para neutralizar la brujería de Exú hecha contra una muchacha, el lector percibe el sentido de espectáculo del ritual, en cuya escenificación Péret es absorbido como figurante. El *pai* de santo aprovecha la ocasión para demostrar sus dotes de políglota: "Oh, Exú, *c'est pour vous... C'est pour vous...*". Finalmente, Péret es autorizado por la divinidad para que escriba sus artículos...

El 10 de diciembre de 1931, un decreto del gobierno provisional, que sucede a la Revolución del 30, atendiendo la petición del jefe de policía, expulsa a Péret del país. Acusado de propaganda comunista y de investigar en los archivos de las Fuerzas Armadas y del propio Palacio del Gobierno, "lo que pone en evidencia la audacia de sus propósitos", Péret es embarcado con destino a Le Havre. Trae consigo a su mujer y a su hijo brasileño, nacido ese mismo año (Rep. pág. 351).

La "audacia" de Péret fue escribir *O almirante negro*, un libro que, basado en documentos oficiales, narraba la Revuelta de la Chibata, de 1910, liderada por el marinero João Cândido. Luchando por la extinción de los castigos corporales a la marinería, situó a Río de Janeiro ante el punto de mira de los navíos de la Armada y venció la resistencia de los oficiales. Una vez logrado el objetivo, se entregó pacíficamente. El libro fue secuestrado por la policía cuando estaba en prensa y fue destruido.

En julio de 1955 volvía a Brasil para asistir a la boda de su hijo Geyser, piloto de aviación comercial. Aprovechó para realizar su viejo deseo de visitar Bahía, Amazonas, Mato Grosso y Pará. En un reportaje, publicado en una revista de gran circulación,[22] Péret describe su temporada entre los indios xavantes y carajás, habitantes del Alto Xingú. Constata que los indios sólo se visten para recibir visitas. El color tan blanco de su piel despierta el interés de los indios. Sin conseguir contener su curiosidad, una india lo desviste. Pero como se quedó mucho tiempo entre ellos, acaba volviéndose familiar.

Ante las condiciones miserables en que viven los indios de la isla del Bananal, cuya inmundicia y hábitos de mendicidad, alcoholismo, prostitución y enfermedades venéreas le causan malestar, diagnostica: "En efecto, es necesario inculcar al indio el deseo de participar en la civilización, antes que precipitarlo en ella sin suministrarle los medios para ocupar allí un lugar decente."

19. "Candomblé e Makumba", *Diário da Noite*, São Paulo, del 25-XI-1930 al 30-I-1931. Colección de Mário de Andrade, Instituto de Estudos Brasileiros - Universidade de São Paulo. Reproducido en el apartado de documentos.

20. Lugar donde se realizan las celebraciones de los cultos afrobrasileños de la macumba y el candomblé. (N. de los T.)

21. Sacerdote de los cultos afrobrasileños que se dirige a la divinidad, de la cual recibe intrucciones que transmite a los creyentes. (N. de los T.)

22. "Benjamin Péret (surrealista) entre os índios". *Manchete*, Río de Janeiro 5-V-1956.

En abril de 1956, cuando se preparaba para dejar el país, Benjamin Péret fue encarcelado, e incomunicado, bajo la acusación de crímenes políticos practicados en 1931. Por considerar su prisión "arbitraria e injusta" decidió protestar haciendo una huelga de hambre, con la firme determinación de no interrumpirla hasta obtener la libertad. Atendiendo a la petición de intelectuales, liderados por Manuel Bandeira y Carlos Drummond de Andrade, el presidente de la República manda archivar el antiguo proceso de expulsión. Y Péret puede entonces partir con el sentimiento agudo del doble rechazo.

Lo concreto y lo imaginario de Le Corbusier

Charles-Édouard Jeanneret (1887-1967), en mayo de 1929, escribe a Blaise Cendrars, suizo como él de La Chaux-de-Fonds: con un viaje confirmado a Buenos Aires para el próximo semestre, querría hacer escala en São Paulo, donde podría dar tres conferencias sobre arquitectura y urbanismo. "¿Podrá tu amistad llevarme al país del café?" Pide al amigo que le ayude a conseguir un contrato en condiciones favorables, es decir, algo que compense la "incomodidad". También necesita información sobre los barcos que hacen aquella línea y pregunta cómo podría "disfrutar sin ningún límite en la casa flotante."

En julio de 1926, cuando Cendrars volvía de su segundo viaje a Brasil, le advirtió a Le Corbusier que el gobierno brasileño había solicitado al Parlamento el presupuesto necesario para la construcción de la nueva capital federal, prevista por la Constitución, "una ciudad de un millón de almas: PLANATINA, ¡en una región todavía virgen!" Este asunto no evolucionó, pero el arquitecto no se olvidó de él.

Cendrars pone en acción de inmediato a Paulo Prado, su mecenas y gran amigo, a quien ya había presentado a Jeanneret. En una carta al propio Prado, le confiesa que "efectivamente el sueño de 'Planatina' no se me va de la cabeza: me agradaría poder construir en esos países nuevos algunos de los grandes trabajos de los que me he ocupado aquí..."

Prado le asegura una remuneración compatible y Le Corbusier desembarca en São Paulo el 20 de noviembre. Concede entrevistas a la prensa, donde es tratado como una celebridad, al paso que gravita alrededor de Josephine Baker, la famosa cantante-bailarina americana que había conocido a bordo (Rep. pág. 360). También venía ella a São Paulo para un espectáculo, al cual su fiel admirador asistió. Leída su conferencia, Le Corbusier viaja a la hacienda de São Martinho, en el interior del estado de São Paulo, propiedad de la familia Prado.

A principios de diciembre, se desplaza a Río y sucumbe inmediatamente a la luz, a la belleza y al modo de vida deportivo y relajado de la capital de la República. Eufórico, describe su nuevo estado de espíritu: "Se viste con colores claros, las personas son acogedoras; soy recibido con los brazos abiertos, estoy feliz [...]; nado ante mi hotel, en albornoz cojo el ascensor y vuelvo a mi habitación a treinta metros del agua; por la noche deambulo a pie; hago amigos a cada instante."

Conducido por Di Cavalcanti, a quien conocía de París y que le había hecho un retrato en 1923, Le Corbusier visita una chabola. Y provoca la indignación de los dirigentes locales, "gente civilizada", que se siente avergonzada con su actitud.[23] La atención de Jeanneret se siente atraída hacia la cuestión de las chozas del Morro: "el negro hace su casa casi siempre verticalmente, encumbrada sobre pilotes en la parte delantera, con la puerta trasera del lado de la colina; desde lo alto de las chabolas se ve siempre el mar [...] el viento reina allí, provechoso en el reino de los trópicos; existe una altivez en el ojo del negro que todo lo contempla." En esa incursión antropológica, Le Corbusier observa que la sabiduría popular refrenda sus teorías y Río es realmente el cantero ideal para la implantación de una obra ejemplar.

Sobrevuela la ciudad en el avión que el alcalde Antônio Prado Jr (hermano de Paulo Prado) le pone a su disposición: "todo adquiere la precisión de un plano." Antes de llegar a Río, Le Corbusier había estado en

23. "Prologue à l'Amérique" ("Voyages, d'artistes"). *L'Intransigeant*, París 4-II-1930.

Buenos Aires, Montevideo y São Paulo. Cada ciudad presentaba un problema particular al urbanista, que él se proponía resolver. Buenos Aires necesitaba adecuar su flujo a una infraestructura portuaria gigantesca, São Paulo tenía (y tiene) una crisis de circulación, y Río presenta unos accidentes geográficos de tal escala que su urbanización no escapaba de una humilde sumisión a éstos.

Pues bien, por donde pasó, durante ese viaje a América del Sur, Le Corbusier sugirió, como solución para *todos los problemas* examinados, la sobreposición en la red urbana de uno o dos ejes cruzados, a una altura aproximadamente de 100 metros, sobre los que asentarían pistas de alta velocidad para dar fluidez al tráfico. En el volumen contenido entre los dos soportes simétricos, que darían sustentación al inmenso viaducto, ideó un gigantesco conjunto de apartamentos, con acceso por los dos lados.

Esa solución, arbitraria cuando analizaba Buenos Aires, Montevideo o São Paulo, pareció fundamental para ser aplicada sobre la topografía de Río. Sus altas montañas y morros –cortados de manera longitudinal por un viaducto que los unía o se desviaba de ellos en contornos sinuosos–, aceptaban formalmente una intervención que, de tan racional, reparaba ciertos desniveles de responsabilidad del Creador. Se trataba, para un Le Corbusier perfectamente consciente de la afrenta, del "deseo de jugar una partida 'afirmación-hombre' contra 'presencia-naturaleza'."

La inteligencia carioca, sobre todo literaria, recoge la propuesta por su valor digamos "lírico". Graça Aranha y Renato Almeida imprimen el diseño de Le Corbusier en la portada de la revista *Movimento Brasileiro*. El poeta Murilo Mendes, visionario, ve arquitectura en el aire: "Un día, paseando con él por la avenida Beira-mar, le vi trazar en el espacio, metódicamente, el esquema de su originalísimo proyecto de monobloque: una inmensa línea de construcciones horizontales, que unían la Praia Vermelha con el Ponte do Calabouço [...] Se evitaría esta inflación retórica de la casa, que es el rascacielos; conservándose la línea original de la bahía..." [24]

Le Corbusier, en su fantasía inagotable, era un hombre muy objetivo en cuestiones financieras. Para neutralizar cualquier argumento sobre el coste astronómico de su proyecto, él mismo busca las fuentes de financiación en la rentabilización de su viaducto de viviendas. Al pie del dibujo en lápiz negro, titulado *Perspectiva de auto-estrada construída sobre as moradias, etc.*, se encuentran anotaciones manuscritas con cálculos sobre los costes y estimativos de renta, provenientes de la venta de apartamentos dispuestos en los laterales de la elevación[25] (Rep. pág. 357).

Sus cuentas parten de las coordenadas de extensión (6 km), altura (65 apartamentos) y anchura de la vía elevada (20 m) para concluir que su producto alcanzaría 1,8 millones de metros cuadrados de superficie de apartamentos. Alquilado a 80 francos el metro cuadrado habitable, la renta generada sumaría 144 millones de francos. Como ese valor representa en media el 10% de la inversión, la obra inmovilizaría un capital de 1.500 millones de francos... Estimando en 15 el número de habitantes por metro cuadrado de superficie, esa ciudad vertical podría albergar 120.000 habitantes. Para rematar la cifra añade: "He aquí cómo se puede ganar dinero en urbanismo y no gastarlo."

A pesar de los esfuerzos de persuasión, y avanzando en la mística racionalista –"cuando las soluciones son grandes [...] y cuando la naturaleza se integra en ellas, es entonces cuando se está próximo de la *unidad*"–, Le Corbusier tuvo que archivar el proyecto en la carpeta copiosa de los imaginarios de hormigón.

Feliz, excitado, estimulado por lo que veía, y gozaba, con un "motor de luz en el corazón", Le Corbusier concedía, el 8 y 9 de diciembre, dos conferencias en la Asociação dos Arquitectos, cuyo tenor quedó fijado en el texto "Corolário Brasileiro", que sirve de base a estos nuestros rápidos comentarios (ver apartado de documentos). En ellas compareció todo el grupo de jóvenes arquitectos e ingenieros –Carmem Portinho, Álvaro Vital Brazil, Carlos Leão, entre otros–. Sorbían las palabras del maestro, un compulsivo

24. Mendes, M.: "Retratos Relâmpago", en *Poesia Completa e Prosa* (org. de L. S. Picchio). Nova Aguilar, Río de Janeiro 1994, p. 1.272.

25. Publicado en la revista *Forma* (Río de Janeiro), 7/8, marzo-abril 1931, p. 20-2, ilustrando el texto "Corolário brasileiro". Fondo: Fondation Le Corbusier, París, registro 31.878: Tirada, lápiz negro, papel tirada encolado sobre cartón, 47 x 65 cm, 1929.

en "formular sistemas claros, indiscutibles, incluso espectaculares." Lúcio Costa fue a dar una ojeada y el conferenciante le pareció un "fantoche". En esa época, era un partidario del movimiento nacionalista que preconizaba la vuelta al estilo colonial.

El 10 de diciembre, ya a bordo del transatlántico de lujo *Lutetia*, Le Corbusier escribía a Paulo Prado: "me despedí del continente, en un hotel de Copacabana, en una tarde entera de caricias con Jandyra, la mulata cuyo cuerpo, lo juro, es bello, puro y delicado, perfecto y adorablemente joven. Me dijo que es costurera. Cavalcanti [el pintor Di Cavalcanti] dijo que es cocinera. Qué milagro. El imaginario de Corbu encarna a toda América en el cuerpo perfecto y puro de una cocinera."[26]

A partir de 1933, por influencia de los colegas, Lúcio Costa se adhiere al movimiento moderno y se apropia del ideario de Le Corbusier, por cuya obra se "apasiona". Lo que de ella le interesaba sobremanera era la confluencia de las transformaciones propuestas en los campos de la arquitectura y del urbanismo con las demandas de los movimientos sociales, entonces muy en boga. El carácter totalizador del abordaje de Le Corbusier venía al encuentro de las expectativas del urbanista brasileño. Lúcio Costa, en un gesto valiente de emancipación intelectual, afirmaba entonces que la "desnacionalización de la arquitectura es consecuencia de la internacionalización de la cultura", que tiene que ofrecer respuestas a la cuestión social.

En 1935, el gobierno autoritario de Getúlio Vargas abría un concurso público para la construcción de la sede del Ministerio de Educación y Salud. El proyecto vencedor, representante de la vertiente nacionalista más tenaz, presentaba la ornamentación típica de la isla de Marajó. Insatisfecho con el resultado, el ministro Capanema ordena pagar el premio pero cancela el proyecto e invita a Lúcio Costa a que presente otro. En una actitud que se repetirá muchas veces en su carrera, éste compartía el encargo con los colegas que habían disputado el concurso: Carlos Leão, Oscar Niemeyer, Affonso Eduardo Reidy, Jorge Moreira y Ernani Vasconcelos, muchos de ellos fieles seguidores de Jeanneret. Escrupuloso, Lúcio Costa propone que el maestro fuese el consultor del proyecto –Le Corbusier no podía construir en Brasil porque era extranjero, lo que violaba la legislación–. Es entonces contratado para dar conferencias, que es lo que hizo de hecho, y bien, aunque sobre todo haya trabajado intensamente en los dos estudios donde se proyectaban la sede del Ministerio y la Ciudad Universitaria.

En julio de 1936, Le Corbusier vuelve a Río en el dirigible *Hindenburg*. A finales de mes inicia la serie de seis conferencias en la Escola de Música de Río de Janeiro. El 10 de agosto envía al ministro Capanema el proyecto del edificio del Ministerio de Educación, aunque desplazado al aterramiento del Flamengo. El ministro no lo acepta y solicita una reformulación. El 13 de agosto, Le Corbusier entrega el proyecto en el terreno original de la Esplanada do Castelo. Dos días después regresa a Francia. En octubre, reclama al ministro el pago de sus honorarios. Y propone la construcción de una Escola de Altos Estudos Franco-Brasileiros.

Las obras del Ministerio de Educación se arrastrarían hasta 1945. Entre las características del proyecto, se alinean el volumen elevado sobre pilotes, la planta libre, jardín verde, *brise-soleils* horizontales y una fachada de cristal, originales del ideario del maestro. Le Corbusier recomendó especialmente el uso de materiales locales (como el granito), de cerámica (de la tradición portuguesa) y de la elegante palmera imperial.

En su inauguración, el maestro había dicho: "Esos jóvenes brasileños conseguirán hacer un edificio de ese porte basado en mis principios, lo que hasta ahora aún no he conseguido." Al poco tiempo, aflora un resentimiento que turbará con melancolía la madurez y la vejez del gran Corbu. En una carta inédita a Paulo Prado confiesa estar sumergido "furiosamente en torbellinos de mi vida fecunda-estéril." Fecunda por la creatividad que la caracteriza y estéril en función del odio que suscita a su alrededor.

26. Carta inédita a Paulo Prado: *"Doncs je fis mes adieux au continent par une entière après-midi de tendresses avec Jandyra la mulêtresse, dont le corps, je vous le jure, est beau, pur, fin, parfait et adorablement jeune. Elle m'a dit être couturière. Cavalcanti [Di Cavalcanti] dit qu'elle est cuisinière. Voyex le miracle. L'imaginaire de Corbu incarne toute l'Amérique dans le corps parfait et pur d'une cuisinière."*

Los discípulos brasileños, especialmente Lúcio Costa y Niemeyer, tras deglutir la lección de Le Corbusier, evolucionarán, en el mejor estilo antropofágico, en el sentido de la liberación del dogma funcional y su superación por el "deseo constante de hacer una obra de arte en el sentido más puro de la expresión", en un evidente retorno a la exitosa tradición barroca brasileña.

En diciembre de 1962, Le Corbusier vuelve a Brasil para conocer Brasilia. Recorre todos los edificios de la nueva capital. Recibe encargos para la construcción de la Embajada de Francia y la Casa de Cultura Francesa en la Universidad de Brasilia. Instado a dar sus impresiones, se desliza con amables palabras protocolares, que no pueden ocultar la frustración de no haber proyectado la tan soñada Planaltina.

El último viaje al fin del mundo

Claude Lévi-Strauss (1908) vino a Brasil por azar, un país por el cual no tenía ninguna particular atracción. Profesor de instituto, un día recibe una llamada telefónica de Georges Dumas preguntándole si mantenía la intención de hacer etnografía. Ante su respuesta positiva, le invita a dar clases de sociología en la recién fundada Universidad de São Paulo.

Proyecto de la elite cultural y económica de esa próspera ciudad, la universidad había sido creada para dotar de espíritu científico y humanista a la inteligencia paulista, todavía moldeada según parámetros del siglo XIX, en el que el conocimiento se distribuía entre la medicina, el derecho y la ingeniería. Proyecto revolucionario, por las consecuencias que deflagraría en el país, sobrepasando rápidamente los contornos regionales en que fue concebido, contó principalmente con jóvenes profesores franceses e italianos. Los gobiernos de esos dos países colaboraron en el reclutamiento de los docentes y en la concesión de una retribución complementaria, convirtiéndose en ventajosa la opción por Brasil.

En febrero de 1935, Claude Lévi-Strauss y su mujer Dina embarcan en Marsella con destino a São Paulo. Se instalan en una casa de un barrio de clase media, "con jardín", lo suficientemente grande como para albergar también al padre de él, pintor y fotógrafo. La promoción del profesor de secundaria a universitario, el bajo coste de la vida, la comodidad proporcionada por la contratación de servicio doméstico, facilitan la impresión de un ascenso social. El pacato ritmo de la vida provinciana y el estímulo de la naturaleza tropical y de los hábitos distintos impregnaban el trabajo de una "alegría juvenil". "Tantas cosas nuevas esperaban sólo, para sacarlas a la luz, un observador dotado de un poco de imaginación y perspicacia."

El grupo de profesores franceses, compuesto por Pierre Monbeig, Fernand Braudel y Jean Maugüé, conducidos por el matrimonio Lévi-Strauss, se aventuraba los fines de semana en incursiones por los alrededores de la ciudad, en ensayos de antropología casera. Muchas veces acompañaban a Mário de Andrade, el polígrafo escritor también aprendiz de etnógrafo, en el estudio de campo de manifestaciones de cultura popular. Fue Dina quien suministró a Mário de Andrade la metodología científica que necesitaba en sus investigaciones, ayudándole, por ejemplo, a componer una ficha patrón de recolección de datos.

El escritor dirigía en esa época el Departamento de Cultura de la ciudad con un proyecto de intervención pública cuya generosidad y alcance repercuten todavía hoy. Dina dirigió, en ese departamento, el Curso de Etnografía y Folclore. De él resultó la creación, en 1936, de la Sociedad de Etnografía y Folclore, dirigida por ambos.

En esas salidas, Lévi-Strauss anotaba las peculiaridades de una sociedad primitiva, que residía muy próxima a São Paulo. Entre sus supersticiones, una llamó particularmente la atención del profesor, la misteriosa separación de todos los alimentos en dos grupos incompatibles: *comida caliente* y *comida fría*. ¿Quién sabe si no tendríamos ahí la prefiguración de la famosa antítesis de la antropología estructural, que opone lo *crudo* a lo *cocido*?

Caminando por la ciudad, provisto de cámaras fotográficas de calidad, dos Leica (35 mm) y una Voigtländer (6 x 6 cm), Lévi-Strauss apuraba la mirada, disparando sus objetivos en dirección a los primeros edificios, como el Martinelli o el Columbus, de calles soporíferas, o abarrotadas de tranvías, automóviles y transeúntes, cuyo tráfico es interrumpido por el paso de una manada de bueyes, de llanuras con riachuelos transformados en albañales a cielo abierto, desfiles de Carnaval, un eventual negro vestido con esmero, la fachada de un cine que exhibe una improbable película brasileña. Escenas que apenas permiten anticipar la explosión de la ciudad en vías de convertirse en una metrópolis.

Como profesor, Lévi-Strauss estimulaba a sus alumnos a ejercitar también ellos la investigación de campo, comenzando por su entorno: el barrio, los fenómenos reincidentes, el espectro de las actividades profesionales, etc. Les reiteraba el privilegio de "vivir una experiencia en tiempo y dimensiones reales." Los trabajos que encargaba a los alumnos estaban relacionados con su situación de residentes en una ciudad ("inmenso desorden") en transformación.

Las fotografías de São Paulo revelan un paisaje humano sencillo y pobre. El punto de vista del científico-fotógrafo progresivamente adquiere acuidad en el posicionamiento del observador y pericia en la disposición de los elementos: en una de ellas, unos niños juegan junto a un muro, en primer plano, contra la textura de los tejados que se suceden, con una calle al fondo que se aleja hacia la derecha en plena luz tropical. Simétricamente, en el lado opuesto, un pasillo externo expone ropa blanca tendida. El cuadro, por necesidad, está rematado con palmeras en la derecha. Con rigurosa morfología, el movimiento de expansión radiante de la ciudad en dirección a su futuro guarda una relación profunda con el origen modesto.[27]

Lévi-Strauss no se deja engañar por ese movimiento ingenuo de una sociedad que quiere crecer a cualquier precio, sobre todo mediante la erradicación del pasado. Europeo, no entiende la negación de la historia y de las marcas indelebles que deja en el tejido urbano. Intenta aceptar "el sistema urbano americano", desprovisto de dimensión temporal, pero si "las ciudades son nuevas y extraen de esa modernidad su ser y su justificación", él no les perdona que no se mantengan nuevas.

Entre noviembre de 1935 y marzo de 1936, Dina y Claude Lévi-Strauss emprenden un viaje etnográfico al estado del Mato Grosso, en el que estudian a los indios kadiweu, bororo y nhambikwara. La misión fue patrocinada por el Musée de l'Homme (París), el Departamento de Cultura de la Prefectura de São Paulo, el gobierno del estado de São Paulo y el Museu Nacional de Río de Janeiro.

De esa expedición quedaron cuatro testimonios. Dos exclusivos de Claude: el célebre *Tristes tropiques*, publicado en 1955, con un espacio de tiempo suficiente para que su autor elaborase una profunda reflexión sobre la experiencia en particular y el oficio de la etnografía ante civilizaciones en crisis agónica, y una serena evocación en el libro de fotografías *Saudades do Brasil*, de 1994, cuyo título fue tomado prestado de la suite para piano de Milhaud.

Del matrimonio quedan el catálogo de la exposición *Indiens du Matto-Grosso*,[28] presentada en París a principios de 1937, aún bajo el impacto del extraordinario y aventurero viaje, y los filmes documentales que ellos rodaron entre los indios, a petición de Mário de Andrade. En esos filmes,[29] que Lévi-Strauss volvió a ver en 1987 en medio de otras "reliquias", no hay montaje, el discurso es pre-cinematográfico. Incluso así, el cineasta aficionado obtuvo a veces bellos efectos de montaje interno en el propio plano, cuando describe la actividad de tejido entre los bororo.

Dos textos reflexivos, dos testimoniales. En ellos, que llevan la firma del matrimonio, asoma la urgencia de las declaraciones; en él el relato adquiere una ambigüedad angustiada, comprimida entre el *pathos* de la conciencia histórica y el testimonio impotente y privilegiado de las últimas manifestaciones de un régimen existencial que había logrado un equilibrio entre la dimensión humana y su entorno,

27. Fotografía reproducida en las p. 74-5 de *Saudades de São Paulo*. Instituto Moreira Salles, Companhia das Letras, São Paulo 1996, y en el catálogo, p. 363.

28. Cf. Lopez, T.P.A.: "Homenagem a Dina e Claude Lévi-Strauss: Exposição 1937, Paris". *Revista do Instituto de Estudos Brasileiros*, n. 38, Universidade de São Paulo, São Paulo 1995, p. 202-20.

29. *A vida de uma aldeia Bororo. Cerimônias funerais entre os índios Bororo. Aldeia de Nalike*. Dirección: Dina y Claude Lévi-Strauss. Fotografía: Claude Lévi-Strauss. Producción: Departamento de Cultura de la Prefectura de São Paulo (gestión de Mário de Andrade). Duración: 21 minutos, 1935.

entre cultura y naturaleza. Sucesión de los últimos resplandores del paraíso terrestre. Hay tanto una espontaneidad en el discurso escrito o cinematográfico, por demás complementarios, como una compasión por esos seres cuya vida es una conjugación permanente del tiempo presente. Ofrecen al lector la oportunidad de compartir la intimidad de esas sociedades, cuya "regresividad" pone en jaque nuestro concepto de civilización.

En los textos reflexivos, la escritura de Claude es delicada, y, con una tonalidad proustiana, habla antes del sujeto que de su objeto. Éste comparece para dar contorno a la crisis del científico social: ¿por qué no se echa de bruces sobre su propia sociedad? Por la dificultad de vislumbrar cuando se es agente del proceso y la claridad de la mirada que emerge de fuera. Se opta por la etnografía para reparar un difuso sentimiento de culpa por la destrucción de la sociedad del otro; al mismo tiempo, la vocación responde al convite de reconstruir un tiempo en el que el viejo mundo "ha perdido la oportunidad de escoger entre sus misiones." Pido permiso para añadir civilizadoras, lo que define los términos del conflicto, por medio del cual a quien recibe la visita sólo le queda, en la mejor de las hipótesis, disolverse en el contexto importado.

El olfato es el sentido más desarrollado en el hombre Lévi-Strauss. Por una especial homofonía de la lengua francesa, Brasil le despertaba el aroma de "perfume quemado", escribía en *Tristes tropiques*. En ese libro son innumerables las menciones a los placeres y emociones despertados por un determinado olor. La aproximación al litoral brasileño, con su exuberante selva atlántica, "quintaesencia del reino vegetal", le provocó una "embriaguez olfativa". En pleno interior del país tuvo oportunidad de meter la nariz en un pimiento fresco abierto hacía poco y de respirar el sabor agridulce que emana de un cigarro.

Cuarenta años después, cuando preparaba *Saudades do Brasil*, se abalanzó sobre las fotografías del viaje al Mato Grosso, y de ellas afluyó inmediatamente el olor de la creosota, con el cual había protegido sus pertenencias de la acción nefasta de las hormigas e insectos, muy activos en medio de la selva. El olor de la creosota tiene aquí la función de la magdalena de Proust. Es la llave que abre el baúl de los recuerdos brasileños de Lévi-Strauss, cristalizados en las conmovedoras fotografías de aquellos pobres indios de los que nada más había quedado, sea memoria o descendencia. "...sólo una escena fugitiva, un escondrijo en el paisaje, una reflexión atrapada en el aire, permiten comprender e interpretar horizontes que de otro modo permanecerían estériles."

El Brasil inmenso del perfume quemado había quedado reducido a una pequeña aldea situada sobre una pequeña elevación de tierra arcillosa en medio del Pantanal. Allí la juventud de Claude quedó aprisionada en un sortilegio de amena creosota.

Cine y macumba

En 1941, cuando dirigía su segundo largometraje, *The magnificent Ambersons*, en el estudio de la RKO en Hollywood, Orson Welles (1915-1985) recibió una llamada de Washington. Del otro lado, hablaba Jock Whitney, millonario y socio de David Selznick, reclutado por otro David, el Rockefeller, para dirigir la División de Cine del Office of the Coordinator of Inter-American Affairs (CIAA). En nombre de la Casa Blanca, invitaba a Orson a dirigir un documental sobre el Carnaval, a petición del gobierno brasileño.

La creación de ese sector del Departamento de Estado era eminentemente política: neutralizar la influencia del Eje, especialmente en Brasil y Argentina; crear condiciones de seguridad para los Estados Unidos en el Atlántico Sur instalando bases militares en Fortaleza y Natal, indispensables para el acceso al norte de África, donde se daba la batalla decisiva para la suerte de la Segunda Gran Guerra. Otro objetivo, menos expuesto, era combatir el nacionalismo creciente en la región, que les había dado un susto tremendo con la nacionalización del petróleo de México, en el gobierno del general Lázaro Cárdenas (1938). Nelson Rockefeller había sido escogido por Roosevelt para dirigir el CIAA, e implementar la Política de Buena Vecindad, por ser un empresario consciente de las ventajas a preservar y a conquistar en el vasto territorio de América Latina, ya que había sufrido en su piel las consecuencias de la nacionalización mexicana de la Standard Oil. Estaba además bien relacionado con gobiernos y elites sociales y empresariales. Su método, el de la persuasión por la simpatía y la aparente adhesión a los valores culturales regionales, se basaba siempre en el extraordinario poder de la industria cultural americana, cuya punta de lanza era (y aún es) el cine.

Orson Welles, el niño prodigio de esa industria, a los 26 años ya había brillado en el teatro, en la radio y en el cine, con el sorprendente *Citizen Kane*, estrenado en 1941. Aunque el viaje causase un serio perjuicio al calendario de filmación de *Ambersons* y *Journey into fear*, rodados en estudios contiguos, Welles aceptó la invitación.

It's all true fue hecho para el Office of the Coordinator of Inter-American Affairs y "*sólo para él*, y sin ninguna otra razón. Quien financió el proyecto fue la RKO, porque fueron chantajeados, forzados, influenciados, persuadidos por Nelson Rockefeller, que entonces era uno de sus propietarios, como contribución a su esfuerzo de guerra. Yo nunca recibí salario. Ir allá era mi contribución", dijo Welles en una entrevista de los años setenta concedida a Peter Bogdanovich.

Cuando un filme interesaba a la política externa americana, como era el caso, el gobierno concedía, mediante contrato, una especie de seguro de 300.000 dólares para pagar al estudio en el caso de que el filme no recuperase su coste a través de las entradas.

La situación era ambigua en muchos aspectos. Rockefeller era el hombre del CIAA, y al mismo tiempo uno de los propietarios de la RKO. La película era institucional y sin embargo la inversión financiera era privada, lo que presuponía un resultado comercial. Welles era director del documental y al mismo tiempo embajador itinerante de los Estados Unidos en defensa del Panamericanismo, función que desempeñó con seriedad, más de la que deseaba el estudio.

Sin guión, con un equipo reclutado a última hora, cuyos miembros no tuvieron tiempo de hacer las maletas, Welles desembarcaba en Río el 8 de febrero de 1942.

Fue recibido con todas las honras debidas a su talento y cargo. Y Welles se esmeró en seducir a sus nuevos amigos. Llegó a divulgar una historia fantástica: era casi brasileño; ¡había sido concebido en el país durante las vacaciones de sus padres! "He venido a Brasil con la intención de mostrar a los Estados Unidos y al mundo la verdad sobre esta ciudad y sobre Brasil."

Durante el Carnaval, Welles filma con el pesado equipo de Technicolor, usando cañones de luces de las Fuerzas Armadas brasileñas para iluminar las escenas de la calle. Se enfrenta con dificultades: "¡Filmar el Carnaval es como intentar capturar una tempestad!" De hecho, las imágenes que sobrevivieron a los accidentes de la producción son estáticas, sin profundidad, sin ritmo; en ellas se ve que Welles está impedido en su trabajo, probablemente sujeto a las condiciones insolubles de un rodaje en alquiler.

Dotado de una curiosidad inagotable, contrata un equipo de periodistas e intelectuales nativos para subsidiar el proyecto que aún no tenía guión. Y define un tema: la historia de la samba. Con informaciones suministradas por Herivelto Martins y Grande Otelo, Welles manda reconstruir, en el estudio de Cinédia, con grandes dosis de realismo, la recién destruida plaza Onze, tradicional punto de acceso de la población de las chabolas en demanda de la ciudad.

El tema evoluciona hacia algo como música de los negros, lo que pasa a desagradar tanto al Departamento de Prensa y Propaganda del gobierno Vargas, como al representante de la RKO en Río.

En ocasiones, Orson desaparecía. Lo encontraban en una chabola tocando el pandero y bebiendo cachaza con sus amigos sambistas. Entre Welles y Río de Janeiro se estableció una perfecta compatibilidad de genios. Circulaba con la misma desenvoltura en el Casino de Urca ("uno de los últimos lugares verdaderamente alegres del mundo"), en los ambientes de la alta sociedad carioca, en ambientes diplomáticos y oficiales y en la discriminada chabola.

Welles adquirió tanta intimidad con los sambistas y sus ritmos que tocaba el pandero y cantaba, en un excelente portugués, el "Tabuleiro da baiana", en compañía de Carmen Miranda.

Su intención era crear un documental ligeramente ficcionalizado, de sello informativo, sin descuidar la diversión del público. Sería necesario dejar al público americano boquiabierto, del mismo modo como reaccionó el equipo durante la filmación. Welles pensaba valerse del montaje para reproducir el ritmo de la batucada. Establecería un contrapunto entre Linda Batista, cantando en el escenario del Casino de Urca, con Grande Otelo, cantando en el centro de la plaza Onze.

Para conferir autenticidad al relato, Welles estaba convencido de que su presencia en el filme era indispensable, como una especie de testigo ocular del acontecimiento, además de maestro de ceremonias. Actuaría junto al público como un traductor cultural, buscando equivalentes en el universo americano. Pero el Carnaval parecía poco para representar a un país tan grande, cuya realidad era capaz de superar a la más extravagante de las ficciones.

Hojeando un ejemplar de la revista *Time*, del 8 de diciembre de 1941, un Orson perplejo leyó la epopeya de cuatro pescadores que salieron de Fortaleza en una balsa de pesca y después de dos meses de viaje costeando el litoral de Brasil llegaron a Río para pedir al presidente de la República que ampliara los beneficios de la jubilación, recientemente creados, a la categoría de los pescadores.

Welles, que gustaba de las hipérboles, quiso añadir este episodio al filme sobre el país hiperbólico. Pensó comenzar *It's all true* por la comunidad de los pescadores, y después el documental acompañaría el trayecto de la balsa por los cinco mil kilómetros de recorrido hasta Río. Para obtener una relación con el Carnaval, haría coincidir la llegada de la balsa con la fiesta en las calles. Izada del mar, la embarcación y sus tripulantes desfilarían por la avenida, recibiendo la consagración popular.

Cuando se preparaba para filmar la reconstrucción de la llegada de la balsa en la bahía de la Guanabara, Welles asistió en la playa a la irrupción de una oleada que cubrió la embarcación y le dio la vuelta de boca abajo. Del mar revuelto emergieron sólo tres pescadores. Su líder, Jacaré, había desaparecido.

El accidente llegaba en una mala hora. La producción en Río tenía dificultades financieras. Y el socorro solicitado a la RKO tardaba, pues allí se trababa una batalla alrededor de la dirección del estudio. En esa lucha sucumbieron Rockefeller y el presidente de la compañía, un hombre que admiraba a Welles y que lo había contratado, así como a todo su grupo del Mercury Theatre.

Welles, en Brasil, había perdido la suerte. *The magnificent Ambersons* fue montado a su vuelta y lanzado en los Estados Unidos para fracasar en la taquilla. *It's all true* estaba fuera de presupuesto y de plazo. Su fama de niño mimado y perdulario había crecido en Río, a costa de algunas situaciones pintorescas.[30] Había cambios de dirección en la RKO y, para causar más estrago, la muerte trágica de Jacaré.

El accidente trastornó al director, quien, aconsejado de suspender el rodaje del episodio, decidió enfrentarse al infortunio. Abandonado por la RKO, montó un equipo mínimo y se desplazó a Fortaleza para recrear en tono épico, e idealizado, la vida miserable, pero digna, de la comunidad de los pescadores.

Fue una experiencia única en la que Welles se la jugó en cuerpo y alma. Sin presupuesto, sin equipo adecuado o infraestructura, filmando al aire libre, con actores improvisados entre la gente de la comunidad, Orson rodaba el protofilme del Cinema Novo, más de diez años antes de la eclosión de ese movimiento, cuyo lema era "la estética del hambre."

30. El hecho más comentado era el escándalo del Hotel Copacabana. Según Welles, él había recibido en la cuenta del hotel una tasa preventiva sobre los eventuales estragos en el mobiliario de su habitación. Estaba almorzando en compañía del embajador de México, el escritor Alfonso Reyes, que juzgó el asunto de "ridículo". —"Y si de hecho rompieses alguna cosa, ¿cómo reaccionarían?" Y tiró la mesilla del café por la ventana de la habitación del Hotel Copacabana. Welles lo encontró divertido y lanzó una silla. En medio de carcajadas, lanzaron todo lo que estaba al alcance de la mano. —"Ya que pagamos por eso, al menos vamos a hacer algún estrago." Tomaron todo como una "broma", una diversión entre embajadores. Los periódicos explotaron sobremanera el "escándalo".

La versión editada de ese episodio, que debemos a la dedicación de Richard Wilson, el asistente de Welles, nos muestra un guión de Flaherty filmado por Eisenstein. La referencia a la manera de narrar del primero era consciente; el estilo visual del cineasta soviético tal vez ya estuviese latente en una oculta identidad estética. De cualquier modo, aquél se manifestaría en otras obras de Welles, notablemente en *Otelo*.

En *Quatro homens numa jangada* (*Four men on a raft* / "Cuatro hombres en una balsa") Welles estetiza el paisaje, el trabajo y el universo simbólico de los pescadores y sus familias (Rep. pág. 365). Sin olvidar jamás el documental, es decir, la revelación de su asombro por la existencia improbable de una comunidad que vive completamente aislada, según unos preceptos arcaicos, busca un ángulo espectacular para conquistar la adhesión del espectador. Pero el objetivo de Welles es en realidad ético: la constatación de que ese mundo ha preservado una dignidad y una solidaridad que la evolución social ha deteriorado.

Tiene mucho de ideal ese paraíso de limpieza, pureza, integridad, de una era precapitalista. El hombre se ennoblece lidiando con sus necesidades primordiales, adquiere una pericia inusual en los métodos primitivos. La antropología de la cara oprimida, en la cual los rostros son indagados con minuciosidad como un paisaje insólito, fotografía resignación y dureza en los semblantes. La pobreza que de ellos emana es feliz y hermosa.

La escenificación documental en el episodio de los balseros está toda construida en planos de abajo arriba, que engrandecen el objeto; la cámara muchas veces fue acomodada en agujeros excavados en la arena de la playa para obtener el efecto de elevación del hombre común a héroe de nuestro pueblo.

De vuelta a Río, Welles se enfrenta al sinsabor de leer, en un anuncio publicado en la prensa, que el estudio RKO advierte que no respetará ningún otro compromiso asumido por él en nombre de la producción de *It's all true*. A finales de julio, Nelson Rockefeller solicita el retorno de Welles, cuyo visado de permanencia en Brasil acababa de expirar. En agosto, Brasil se une a los aliados y envía 25.000 hombres para combatir en Italia. Misión cumplida.

"Invertí demasiado esfuerzo y pasión verdadera en el proyecto como un todo, para que fracasase y acabase en nada. Tengo tanta fe en él que llega al fanatismo, y puede creer que si *It's all true* se va al limbo yo voy detrás."

Durante años luchó por financiación para concluir su filme brasileño. No la obtuvo; su carrera en Hollywood había quedado irremediablemente comprometida.

Con el paso del tiempo, la memoria de los protagonistas pasó a privilegiar las señales de maldición en torno de ese filme. En una ocasión la prensa de Río publicó que Welles y Wilson fueron a una macumba y pensaron integrarla en el filme; la reacción no tardó por parte del estudio. La película suspendida, los líderes "macumbistas" buscaron la oficina de la productora para saber cuándo se filmaría. Se habían hecho trajes nuevos de lino blanco por un coste de 200 dólares. Querían resarcirse. Wilson les explicaba las dificultades y la inevitable cancelación del rodaje cuando es llamado por teléfono en la habitación contigua. Al volver, no encuentra a nadie; en la portada de su ejemplar del guión, junto al título *It's All True*, habían clavado un anillo de agujas.[31]

Welles jamás aceptó este fracaso. Avanzada su edad, recalca el acontecimiento con la intención de eximirse de cualquier responsabilidad. En las declaraciones de Bogdanovich se sale con esta: "Ni la idea, ni el proyecto eran míos [...] no fue idea mía ir allá y gastar todo aquel dinero. Particularmente no me agradaba ese proyecto. Me gustaba la samba, pero no quería ir a vivir allí en América del Sur; es la parte del mundo que menos me atrae."

¿Orson Welles se habría dado cuenta algún día de que el problema crucial de ese filme fue la hostilidad generada por su opción de valorar la samba, el morro, la cultura negra, la saga de los miserables balseros,

31. "*I was trying to explain our plight gently, and negotiate a price for the new robes which Welles could pay personally, when I was called to the phone in the next room. When I came back the macumbistas were gone. Stuck in the hard cover of my script, around the title of* It's All True, *was a little ring of needles.*" Wilson, R.: "It's Not Quite All True". *Sight and Sound*, vol. 39, 4, otoño 1970, p. 193.

decepcionando a quien imaginase que él estaba allí para presentar a Brasil al mundo según los presupuestos del gobierno brasileño y de su elite, para quien los negros y la cultura popular eran inequívocas señales del atraso del país?

No es lo que se desprende de su despedida, publicada en una revista brasileña en agosto de 1942: "...el filme no será perjudicado. Washington tiene interés en él. Y ahora quiero hacer público mi agradecimiento a todos los brasileños, en cuyo país tuve la mayor y más duradera experiencia de toda mi vida. ¡Adiós, Brasil! ¡Hasta pronto!"[32]

El poeta Vinícius de Moraes, en aquella época crítico de cine, luchaba por descifrar la grandeza y la flaqueza del cineasta: "Welles es un muchachito, lleno de sueños, y creo incluso que hasta cierto punto inconsciente de su importancia en el mundo en que vivimos. [...] Si no merece la confianza de Hollywood, poco podrá hacer, ahora que ha conocido un éxito pocas veces igualado [...]. De aquí a poco la estupidez de Hollywood, llena de sus extravagancias, le da el tiro de gracia..." ¿Pero no se lo había dado ya?

Renacimiento en Bahía

Pierre "Fatumbi" Verger (1902-1996), fotógrafo francés, llegó a Salvador en agosto de 1946, atraído por la lectura de *Jubiabá*, de Jorge Amado. Se hospedó en una modesta habitación del Hotel Chile, con vistas a la bahía de Todos os Santos. Había dado la vuelta al mundo, de Tahití a Bolivia, de la China a Italia, del Ecuador a África, sin descanso.

"En Bahía, el espectáculo está en las calles. En los años cuarenta, eran calmadas y agradables. Lugar de paseo y de reuniones amigables y educadas, en vez del paso congestionado de gente empujándose, apresurada, atareada, llenas de automóviles ruidosos de hoy en día."

Comienza a fotografiar con su Rolleiflex. Sin prisa, vemos surgir un mundo al margen, en el que no se ven los blancos –el único supuestamente se esconde tras la cámara–, en el cual los mestizos son raros, donde la cortesía y la espontaneidad se dan la mano. Instala al negro en el centro del paisaje urbano.

Desfilan ante su objetivo afectuoso prostitutas, niños en diversos quehaceres, travestidos, una mujer que insulta, adornos de las comparsas carnavalescas, la blancura del traje contrastada con el color de la piel de los "Filhos de Ghandi"... Como Debret, elabora el inventario visual de tipos y profesiones y de los menesteres del ocio: niño con corneta, gente entregada al sueño en plena calle, hombre con traje blanco que espera a su dama en la esquina.

Dos chicas en la ventana. Una mano con las uñas hechas está posada en el hombro de una de ellas. Su cuerpo se oculta en la sombra como una cómplice divinidad protectora. La postura de las chicas es discretamente orgullosa, la mirada escrutadora. En la ventana vacía de al lado, se lee: "Se alisa el cabello". ¿Realmente, de qué está hecha la poesía? (Rep. pág. 250).

Verger, como otros de nuestros conocidos, hace un uso acentuado del *contre-plongée* para resaltar la belleza contenida en el rostro de un niño con una insolente colilla de cigarro, colgando de la boca, o la exhalación de un cuerpo masculino en plena lucha de *capoeira*.[33] El retrato que hace de la Mãe-Senhora la convierte en una reina negra, más imponente que la Victória de los blancos.

Exaltación del cuerpo, la belleza del cuerpo desnudo. El negro es hermoso.

Bahía, en aquella época, tenía una atmósfera animada, un encanto antiguo, y frecuentar los *terreiros* formaba parte de la bohemia. De esa manera Verger se aproxima a la Mãe-Senhora, soberana del *terreiro* de Axé Opô Afonjá. Verger no pregunta nunca nada, sólo observa, convive, se integra en el ambiente. Cae en el agrado de ella, que lo proclama: "Ojuobá, los ojos de Xangô, aquel que todo lo descubre y todo lo sabe."[34] Se convierte en su hijo espiritual.

32. *Cena Muda*, 4 de agosto de 1942, p. 12.

33. Juego atlético, constituido por un sistema de ataque y defensa, de origen folclórico brasileño, surgido entre los esclavos angoleses en el Brasil colonial. (N. de los T.)

34. Amado, J.: "Nota introductória", en Verger, P.: *Ewé: o uso das plantas na sociedade iorubá*. Companhia das Letras, São Paulo 1995, p. 9-10.

Entre 1949 y 1988 hace sucesivos viajes a Nigeria y a Benín, siempre pasando por París, donde obtiene del Instituto de África Negra financiación para investigar. En esos desplazamientos lleva y trae mensajes de Mãe-Senhora a sus "parientes" africanos. Y la distancia que separa el golfo de Benín de la bahía de Todos os Santos se reduce considerablemente.

En Benín, encontró 112 cartas enviadas en el siglo XIX por un "sastre" negrero que "remitía fardos (esclavos) marcados a hierro, sobre el ombligo o bajo el seno izquierdo, para sus clientes de Bahía." Con la orientación de Fernand Braudel, prepara una tesis que le da el título de doctor por la Sorbona. *Fluxo e refluxo do tráfico de escravos entre o golfo de Benin e a Bahia de Todos os Santos* demuestra la unidad que existe entre los dos continentes hasta el punto de consagrar la expresión "africanos de Brasil y brasileños de África" para designar la naturaleza de esa diáspora.

Romántico, Verger cree que en la cosmogonía común reside la fuente del orgullo y de la resistencia con que los negros se enfrentaron a la esclavitud y después a la discriminación. "Me impresiona lo que esa religión es capaz de hacer con los descendientes africanos. Cuando conocí a Balbino (*pai* de santo del ritual Axé Opô Aganju, en Salvador), él no sabía ni leer, pero era una persona contenta de sí misma, no se sentía humillado ante nadie y hablaba de igual a igual con cualquiera, porque es un hijo de Xangô."

Verger sorprende aún, pues de alguna manera habla en nombre de la comunidad negra, cuando vislumbra "afabilidad en las relaciones entre blancos y negros en Brasil y en Bahía." A medida que se dedica a las investigaciones, pasa a la utilización de la fotografía desde el punto de vista exclusivamente documental, como soporte de los análisis "científicos".

En África, Verger se interesa por el arte adivinatorio. Contrariando a la tradición, que determina que toda iniciación es hereditaria, estudia la materialización del Ifá y es consagrado *babalaô*,[35] con el nombre de "Fatumbi", que significa "renacido en Ifá". Preguntaron a los sacerdotes negros: ¿por qué han aceptado a un blanco entre ellos? "Porque él raspó el fondo de la calabaza." ¿En realidad, de qué está hecha la religión?

En su última entrevista, concedida en 1996 a Gilberto Gil, maestro de ceremonias del filme *Pierre Fatumbi Verger, mensageiro entre dois mundos*, Verger confiesa que "apreciaba el ritual, pero no tenía creencias, no creía en nada, ni en la propia sombra." Gil entonces pregunta: "¿Y el trance es una 'incorporación'?"[36] Verger responde: "Es la manifestación de la verdadera naturaleza de la gente", alusión al estado pre-cultural. "Para mí, no es una 'incorporación', es una posibilidad de olvidar todas las cosas que no tienen nada que ver con uno..." Gil insiste: "¿Ya conoció ese olvido?" Verger: "No, porque soy un idiota de francés racionalista, eso tiene algo de 'despoetizador' horrible."

Poeta de la fotografía, "antipoeta" de la religión. ¿Quién escribió *Brasil, terra dos contrastes*? Roger Bastide, poeta de la sociología, francés como él, hijo de Xangô como él, maestro de Verger.

Cajú con judías negras

Elizabeth Bishop (1911-1979) tomó puerto en Santos, escala del viaje de circunnavegación de América, en diciembre de 1951. Originaria de Nueva Inglaterra, tenía compulsión por el Sur: ya había conocido Florida, México y Haití. Acababa de superar una crisis de depresión, durante la cual llegó a pensar en suicidarse. Quería reencontrar a una brasileña que había conocido en Nueva York.

"Aquí una costa; aquí un puerto; / aquí, tras una dieta frugal de horizonte, un paisaje: / morros de formas nada prácticas, llenos –¿quién sabe?– de autocompasión, / tristes y agrestes bajo el frívolo follaje. // Una pequeña iglesia en lo alto de ellos. Y almacenes, / algunos en débiles tono rosa o azul / y unas

35. *Pai* de santo. (N. de los T.)

36. *Incorporação*: apropiación del cuerpo del médium por parte de un guía o espíritu. (N. de los T.)

palmeras altas e inseguras. Ah, turista, / ¿es esto entonces lo que este país tan lejos al sur // tiene para ofrecer a quien busca nada menos / que un mundo diferente, una vida mejor...?" ("Llegada a Santos")

Sigue hacia Río y se hospeda en casa de Maria Carlota Costellat de Macedo Soares (Lota). La antipatía por Río es inmediata: "ciudad sin vigor, totalmente relajada [...], corrupta." Prefiere quedarse en Petrópolis, donde Lota construía una casa en sus alrededores. Un día, ante un vendedor ambulante, prueba una fruta desconocida ("combinación indecente de fruta con castaña"), fruta masculina, cuyo hueso es exterior: un inocente cajú. Padece una terrible alergia que le impide durante algunos días ni siquiera abrir los ojos... "Mi cabeza se hinchó hasta convertirse en una calabaza". La poeta intolerante recibió unos cuidados tan pródigos de su anfitriona que pronto surgió una relación duradera entre ellas, ofreciéndole, para bien o para mal, un destino brasileño. Necesitada, Elizabeth apreció el hecho de que las amigas apenadas la llamaran "pobrecita"...

"En tu cabello brillan estrellas / fugaces, esquivas. / ¿Por dónde irán ellas / tan rápido, decididas? / —Ven, déjame lavarlo, aquí en esta vasija / abollada y brillante como la luna." ("El baño de champú")

La penosa aceptación de Brasil proviene del amor de Lota, que actúa como mediadora. Bishop se mueve en el medio social, intelectual y político de la amiga (el de Carlos Lacerda, compuesto por antigetulistas). Para ella los políticos brasileños están desprovistos de "ímpetu moral". Comenta que los medios intelectuales y políticos son tan restringidos que, en el fondo, se confunden o se complementan. Ve con reserva el ambiente cultural, deplora el provincianismo de los intelectuales locales, desconfía de las perspectivas del país.

Aprecia la poesía de Drummond y de João Cabral, que tal vez hayan tenido alguna influencia en la obra de ella. Prefiere los cuentos ("historias chejovianas, ligeramente siniestras y fantásticas") de Clarice Lispector a los de Jorge Luis Borges. Traduce algunos de ellos y los publica en revistas americanas.

Lentamente Bishop se distiende. Se vuelve más tolerante y muchas veces se pregunta si el modo de vida del país, de su "pueblo simplón pero simpático", a pesar de todas la flaquezas, no es más alegre y más puro. En realidad siempre permaneció exterior al drama social: "como país, creo que Brasil *no tiene salida* –no es trágico como México, sino sólo letárgico, egoísta, medio autocomplaciente, medio loco.–"

Con especial sensibilidad para la observación de la naturaleza, Bishop encontró en el trópico un raro estímulo, al cual no sólo correspondió, sino que a veces superó en la tarea de nombrar, distinguir, clasificar y, sobre todo, humanizar por la erotización. En el poema "Brasil, 1º de enero de 1502", que alude al descubrimiento de la bahía de Guanabara (reproducido en el apartado de documentos), el acentuado cromatismo establece los términos en que se anticipa, como lagartos en el juego amoroso, la sobreexcitación erótica vivida por el colono portugués ante las indias. Bishop habla de un sentimiento común en muchos extranjeros que –¿puritanos?– se sorprenden de la naturalidad con que esa lascivia fue incorporada a la cultura del país.

La poesía de Elizabeth Bishop está hecha de ver y oír. La poeta mira la realidad con binóculos. En "El ladrón de Babilonia" ella se retrata entre "Los ricos, en sus apartamentos, / sin la menor ceremonia, / apuntaban sus binóculos / al morro de Babilonia..." El papel del oído en sus escritos es esencial. Por medio de sones sucesivos –pregón (*go peep-peep on his whistle*), matraca (*rattle*), respiración del soldado (*the soldier panting*), llanto del bebé (*the babies crying*), ladrido del perro (*the mongrels barking*)– se va estrechando el horizonte del ladrón Micuçu en "Babilonia". Su muerte es la muerte del sonido: "Recibió en el oído una bala [...] / Y se apagó su vista."

Por indicación de Lota, Elizabeth lee *Minha vida de menina*, el diario de una niña de Diamantina, interior de Minas Gerais, de finales del siglo XIX. "Cuanto más leía el libro, más placer le encontraba. Las escenas y acontecimientos relatados en él eran extraños y remotos en el espacio y en el tiempo, y sin embargo no habían perdido su frescura; eran tristes, graciosos y eternamente verdaderos."

Decide traducirlo al inglés, en cuya tradición literaria un diario se acoge más cómodamente. Pensaba titularlo *Black beans and diamonds* ("Judías negras y diamantes"), alusión a la sabrosa comida minera y a la explotación de las gemas que hace de la región una de las más ricas del siglo XVIII colonial. Pero el editor prefirió un título menos emblemático: *The diary of 'Helena Morley'*.

Bishop se entregó al libro que traducía. Identificándose con esa niña de origen inglés (su verdadero nombre era Alice Dayrell), proyectó a su adorada abuela en la abuela de Helena. Al verter las peripecias de la niña a su idioma estaba en cierto modo tomando posesión de la propia infancia.

Tenía plena consciencia de que estaba avalando la obra de una autora desconocida ante un público de lengua inglesa; por ese motivo, se encontró con el ánimo para suprimir más de treinta entradas, realizando una verdadera edición del texto. En este proceso, cometió equívocos por distraída: confundió, por ejemplo, col con repollo. Pero su traducción tiene autonomía, aunque no resista un cotejo con el original...[37]

Por otro lado, los límites de su entendimiento de la realidad brasileña están allí claramente expresados. "Después de tantos años, soy como un perro: entiendo todo cuanto me dicen, pero no hablo muy bien." Encontraba el portugués una "lengua muy difícil. Hasta los brasileños se preocupan cuando escriben en su propio idioma. Desde nuestro punto de vista, ella parece deformada...', escribió a un compatriota en una carta.

A Bishop le gustaba el aislamiento de la casa de la Samambaia, en la sierra de Petrópolis. "Lo que existe de flora y fauna aquí parece un sueño [...]. Además de una profusión de montañas inaccesibles, y nubes que entran y salen por la ventana de mi habitación, hay cascadas, orquídeas..." Pero a partir de 1961 vuelve a vivir en Río, ya que Lota es invitada por el gobernador de Río de Janeiro a dirigir la obra de aterramiento del Flamengo.

Lota trabaja en exceso, se implica en política y Bishop se siente abandonada. Vuelve a beber. Se refugia en Ouro Preto, donde compra una casa, la Casa Mariana. Lota sufre una crisis de agotamiento. Viajan a Europa pero la situación empeora y se ven obligadas a volver. La amiga se recupera lentamente. Bishop es aconsejada que desaparezca por un tiempo. Viaja a los Estados Unidos. En Nueva York recibe la visita de Lota quien, todavía deprimida, ingiere una dosis excesiva de calmantes. Permanece en coma una semana y Bishop no avisa a la familia con la esperanza de que se recupere. Con la muerte, ocurrida en 1967, viene la reacción del círculo familiar y de amigos de Lota, culpándola de la tragedia.

Elizabeth se muda a San Francisco. "El apartamento es muy grande, luminoso y soleado. Pero, ¡Dios mío, cómo siento nostalgias de Brasil!" "Aquellos limones brasileños, pequeñitos y retorcidos, tienen mucho más sabor." Prepara traducciones –de Bandeira, Drummond, Joaquim Cardozo, João Cabral, Vinícius de Moraes– para una antología de poesía brasileña.[38] Resultados irregulares; las mejores traducciones son la de "Viagem na família", de Drummond, cuya métrica "es exactamente igual" a la del original y la del "Soneto da intimidade", de Vinícius.

El último poema de Bishop es "Perra rosada". En él irrumpe con impaciencia la vieja repugnancia por el Río de Janeiro de la cultura del cuerpo y de la playa, un autorretrato cruel de su vida brasileña, la miseria y la degradación en medio del Carnaval, la fiesta que ella nunca se perdía.

"Sol fuerte, cielo azul. El Río suda. / Playa apiñada de barracas. Desnuda, / con paso rápido cruzas la rúa. // ¡Nunca vi un can tan en carnes, tan sin nada! / Desnudo y tan rosado, sin un pelo... / Cuando alguien la ve cambia de calle. // ...Y sus bebés, ¿dónde están? // (Tetas llenas de leche.) ¿En qué chabola / los escondes, en qué callejuela, / para llevar tu vida tan de perra? // Mira de ser práctica, la mejor / solución

37. Cf. Machado, M.T.: *Para inglês ler – o diário de Helena Morley traduzido por Elizabeth Bishop.* Tesis doctoral, inédita, Universidade de São Paulo, 2000.

38. Bishop, E.B. - Brasil, E. (orgs.): *An Antology of twentieth-century Brazilian poetry.* Wesleyan University Press, Middletown, Connecticut 1972.

es vestir alguna *fantasia*. / ¡El Carnaval es siempre un milagro! / Un can rapado no estaría bien visto. / ¡Toma un traje y baila que es Carnaval!"

Elizabeth Bishop tardó veinte años en escribirlo, el tiempo de subyugar el desprecio a Brasil y de incorporar el exceso, la tolerancia, la impureza y la decadencia a su perfil estoico.

Extraños en un extraño teatro

Nuestros viajeros amaron en Brasil, amaron Brasil, en él padecieron decepciones, tuvieron sus carreras arruinadas o revitalizadas, algunos fueron incluso castigados con tragedias: Zweig se suicida en Petrópolis, Ungaretti pierde a su hijo pequeño en una operación desgraciada. Habían dado testimonio de la grandeza del paisaje, la dulzura y la inconsecuencia de su pueblo, la violencia resultante de la implantación de una civilización trasplantada. Aquí vivieron algunos días felices, acariciados por su brisa amena y el afecto espontáneo.

"Fue en Río donde aprendí a desconfiar de la lógica. Vivir es un acto mágico", dijo Cendrars, maestro de la convivencia y de la comunicación. "¿Habría sido mejor quedarse en casa, donde quiera que sea eso?", se pregunta Elizabeth Bishop, señora de la reclusión, desconfiada del encuentro, amoroso o cultural.

Testigo perplejo del fin de un pueblo entero, el de los tupi-kawaib, que se disuelve sin esbozar ninguna clase de resistencia en contacto con el blanco, a Lévi-Strauss sólo le vino al pensamiento volver la espalda a la barbarie: "Adiós viajes, adiós salvajes."

En el período de apenas medio siglo asistimos a la sustitución de la hegemonía cultural de Francia por Estados Unidos, a pesar de la protesta del indignado Bernanos, para quien el envilecimiento será inevitable en una "sociedad donde la autarquía económica conduce lógicamente a la autarquía intelectual y espiritual."[39]

La irreductible experiencia brasileña, cuyo elemento irracional proporciona un movimiento de sospecha, gana identidad por el extrañamiento. Una poeta venida de fuera supo traducir ese sentimiento en palabras: "¿Será justo ver a unos extranjeros interpretando una pieza en este teatro de lo más extraño?"

Filmografía

A vida de uma aldeia Bororo. Cerimônias funerais entre os índios Bororo. Aldeia de Nalike. Dirección: Dina y Claude Lévi-Strauss. Fotografía: Claude Lévi-Strauss. Gestión: Mário de Andrade. Producción: Departamento de Cultura de la Prefectura de São Paulo. Duración: 21 min. 1935.

It's all true (filme inacabado de Orson Welles). Guión y dirección: Richard Wilson, Myron Meisel y Bill Krohn. Narración: Miguel Ferrer. Producción: Regine Konckier, Richard Wilson, Bill Krohn, Myron Meisel, Jean-Luc Ormières. Cía. productora: Les Films Balenciaga. Distribución: Paramount Pictures. Duración: 86 min. 1993.

Pierre Fatumbi Verger, mensageiro entre dois mundos. Dirección: Luiz Buarque de Hollanda. Guión: Marcos Faerstein. Dirección de fotografía: Cesar Charlone. Montaje: João H. Ribeiro, Vicente Kubrusly. Música: Nana Vasconcelos. Producción: Flora Gil, Leonardo Monteiro de Barros, Pedro Buarque. Productoras: Conspiração Filmes, Gêgê Produções Artísticas y GNT Globosat. Duración: 83 min. Año de producción: 1998.

39. Bernanos, G.: *Lettre aux Anglais*. Atlantica Editora, Río de Janeiro 1942, p. IV.

Claudel no Jardim Botânico do Rio de Janeiro (Claudel en el Jardín Botánico de Río de Janeiro), ca. 1917
Fotografía, 17 x 12 cm
Société Paul Claudel

Claudel fête l'armistice
(Claudel celebra el armisticio), Río de Janeiro 1917
Fotografía, 17 x 12 cm
Société Paul Claudel

Darius Milhaud
Carta a Alberto Nepomuceno, 1917
Carta, 14 x 21,5 cm, 2 p.
Fundación Biblioteca Nacional

Anónimo
Retrato de Darius Milhaud, s.f.
Fotografía, gelatina de plata sobre papel, 13 x 9 cm
Archivo Mário de Andrade - Instituto de Estudos Brasileiros - USP

José Monteiro (Seudónimo Zé Boiadêro)
O boi no telhado (El buey en el tejado), ca. 1917
Partitura, 25,5 x 32 cm, 4 p. (editores Viuda
Guerreiro y Cia)
Colección Biblioteca Abraão de Carvalho/ Fundación
Biblioteca Nacional

Filippo Tommaso Marinetti
Futurismo: Manifestos de Marinetti e seus companheiros, Río de Janeiro 1926
Libro, 22 x 18 cm, 15 p.
Ed. Pimenta de Mello
Institut Valencià d'Art Modern Generalitat Valenciana

Anónimo
Marinetti na favela (Marinetti en la favela),
Río de Janeiro 1926
Fotografía, 9 x 12 cm
Biblioteca del Museu de Arte de São Paulo Assis
Chateaubriand

Benjamin Péret com filho brasileiro
(Benjamin Péret con hijo brasileño), ca. 1934
Fotografía, 22 x 15 cm
Jacqueline Houstin Casals Péret

Olivia Guedes, Blaise Cendrars, Tarsila do Amaral, Oswald de Andrade Neto (Nonê) y Oswald de Andrade en la Plantación Santo Antonio, 1924
Fotografía, 8,1 x 14 cm
Carlos Augusto Calil

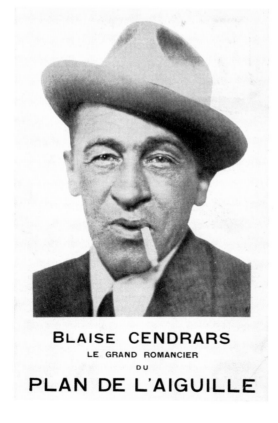

TARSILA DO AMARAL
Boceto para el cartel de la conferencia de Blaise Cendrars (III), 1924
Tinta china sobre papel, 23,3 x 15,5 cm
Thales Estanislau do Amaral Sobrinho

FRÉDÉRIC LOUIS SAUSER (BLAISE CENDRARS)
Cartão postal de "Le grand romancier du plan de l'aiguille" (Tarjeta postal de "El gran novelista del plano de la aguja"), 1930
Tarjeta postal manuscrita, 14 x 9 cm
Archivo Lasar Segall, Museu Lasar Segall, São Paulo

FRÉDÉRIC LOUIS SAUSER (BLAISE CENDRARS)
Poemas de Cendrars para el catálogo de la
exposición de Tarsila en la Galerie Percier,
25 de abril de 1926
Dactiloscrito, 32 x 21 cm
Thales Estanislau do Amaral Sobrinho

FRÉDÉRIC LOUIS SAUSER (BLAISE CENDRARS)
Une nuit dans la forêt
(Una noche en el bosque), 1929
Libro, Reto Melchior

FRÉDÉRIC LOUIS SAUSER (BLAISE CENDRARS)
Carta conjunta a Tarsila do Amaral y Oswald
25 de abril de 1926
Dactiloscrito, 27 x 21 cm
Thales Estanislau do Amaral Sobrinho

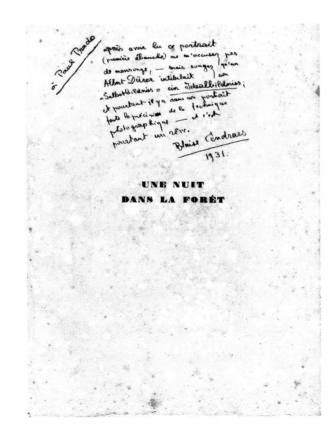

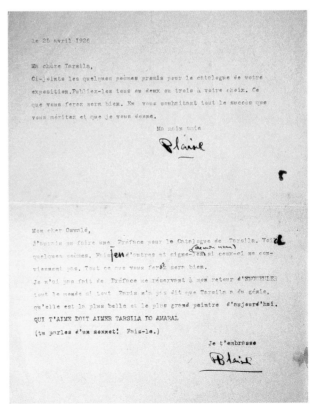

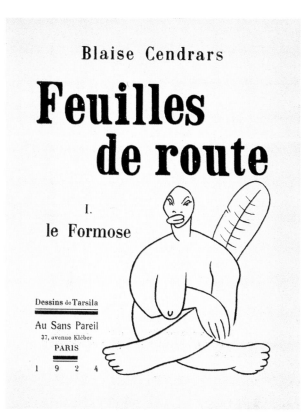

Tarsila do Amaral
Estudo para a Negra (Estudio para negra), 1923
Tinta china sobre papel, 23,5 x 17 cm
Fúlvia Leirner

Frédéric Sauser (Blaise Cendrars)
Feuilles de route. Dessins de Tarsila
(Hojas de ruta. Dibujos de Tarsila), 1924
Libro y páginas interiores
Institut Valencià d'Art Modern Generalitat Valenciana

CHARLES ÉDOUARD JEANNERET
(LE CORBUSIER)
Dibujo de la Bahía de Río con edificios, s.f.
Lápiz y pastel sobre papel, 71 x 75 cm
Fundación Le Corbusier, París

EMILIANO DI CAVALCANTI
Caricatura de Le Corbusier, París 1923
Lápiz sobre papel, 16,1 x 10,6 cm
Museu de Arte Contemporanea. - USP

CHARLES ÉDOUARD JEANNERET (LE
CORBUSIER)
Vista de São Paulo, 1929
Grafito y lápices de colores, 11 x 17 cm
Anotación: Sao Paulo/sombra
bairros//negros/rosa/muito preto/Oswald de
Andrade
Fundación Le Corbusier, París

Forma, 4 y 5, São Paulo, de octubre de 1930 a enero de 1931
Revista, 22 x 31 cm
Biblioteca do Instituto de Estudos Brasileiros - USP

Movimento brasileiro, diciembre de 1929
Revista, 23,7 x 32,5 cm, 24 p.
Biblioteca do Instituto de Estudos Brasileiros - USP

CHARLES ÉDOUARD JEANNERET
(LE CORBUSIER)
**São Paulo (Vista General con Autopista
elevada)**, 1929
Guache sobre cartón, 30 x 40 cm
Antonio Carlos de Figueiredo Ferraz

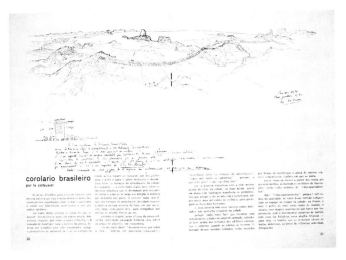

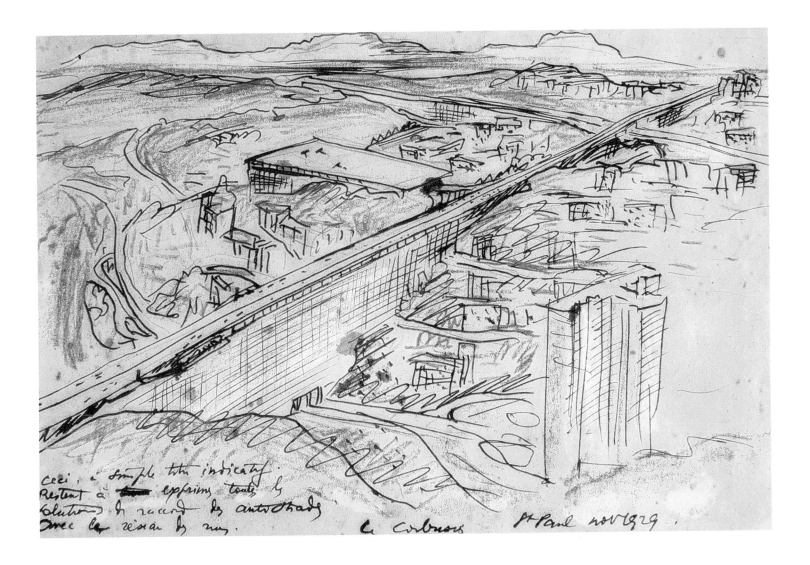

Charles Édouard Jeanneret (Le Corbusier)
**Panel nº 4: Ilustración para la conferencia
"La continuidad de los servicios públicos"**, 1936
Dibujo sobre tela, lápiz de cera sobre
papel pegado en tela, 121,5 x 243,5 cm
Fondo Museu Nacional de Belas Artes, RJ

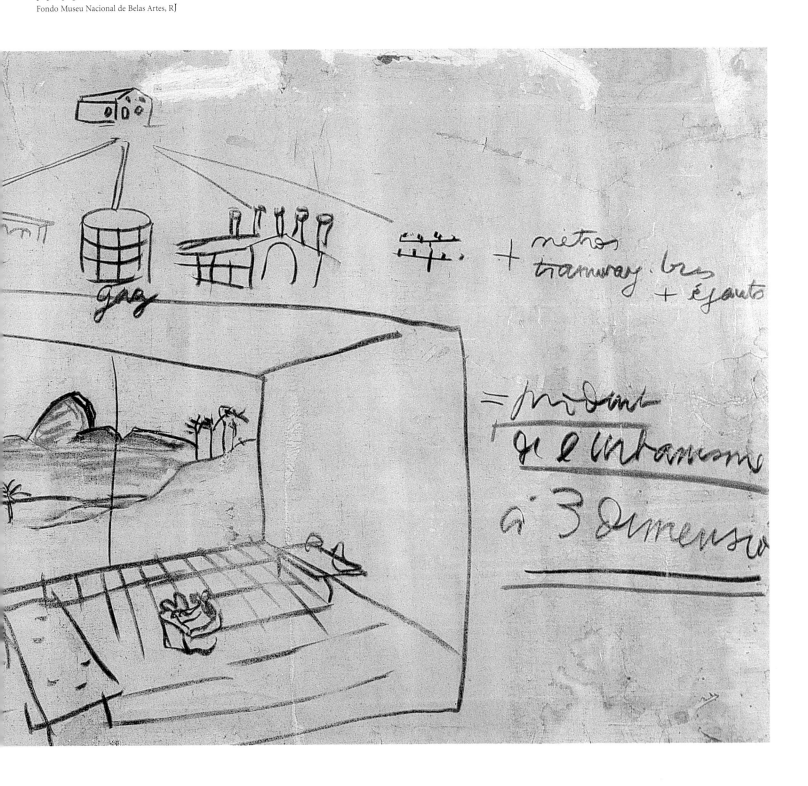

Autorretrato de Le Corbusier con Josephine
Baker delante del Pão de Açúcar, Río de Janeiro,
1929
Dibujo sobre material impreso, 17 x 11 cm
Fondation Le Corbusier

Le Corbusier (a la derecha de Josephine Baker)
en su primer viaje al Brasil, 1929

CLAUDE LÉVI-STRAUSS
Saudades do Brasil (Nostalgia de Brasil), 1994
Álbum de fotos, 28,5 x 25 cm
Carlos Augusto Calil

Saudades de São Paulo
(Nostalgia de São Paulo), 1996
Álbum de fotos, 28 x 22,5 cm
Carlos Augusto Calil

**Bloco carnavalesco, da série "Saudades de
São Paulo"** (Grupo carnavalesco, de la serie
"Nostalgia de São Paulo"), 1935-37
Fotografía, 30 x 40 cm
Instituto Moreira Salles

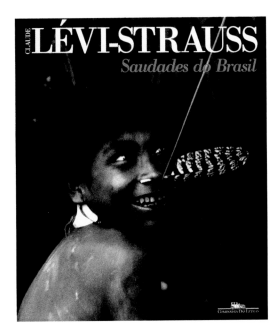

CLAUDE LÉVI-STRAUSS
Vale do Anhagabaú, da série "Saudades de São Paulo" (Valle de Anhagabaú, de la serie "Nostalgia de São Paulo"), 1935-37
Fotografía, 30 x 40 cm
Instituto Moreira Salles

A casa e o pai, da série "Saudades de São Paulo" (La casa y el padre, de la serie "Nostalgia de São Paulo"), 1935-37
Fotografía, 30 x 40 cm
Instituto Moreira Salles

Claude Lévi-Strauss
Bois e bondes, da série "Saudades de São Paulo" (Bueyes y tranvías, de la serie "Nostalgia de São Paulo"), 1935-37
Fotografía, 30 x 40 cm
Instituto Moreira Salles

Os meninos e a cidade, da série "Saudades de São Paulo" (Los niños y la ciudad, de la serie "Nostalgia de São Paulo"), 1935-37
Fotografía, 30 x 40 cm
Instituto Moreira Salles

CLAUDE LÉVI-STRAUSS
Carnaval noturno, da série "Saudades de São Paulo" (Carnaval nocturno, de la serie "Nostalgia de São Paulo"), 1935-37
Fotografía, 30 x 30 cm
Instituto Moreira Salles

"Cuatro hombres en una balsa", episodio de
It's All true

Orson Welles durante el rodaje de *It's All True*
Ceará 1942

GIUSEPPE UNGARETTI
Carta a Clarice Lispector, 29 de julio de 1945
Manuscrito, tinta sobre papel, 28 x 22 cm
Fundación Casa de Rui Barbosa, Ministério da Cultura

Giuseppe Ungaretti con Murilo Mendes, 1958
Fotografía, 15,7 x 10,7 cm
Carlos Augusto Calil

GIUSEPPE UNGARETTI
Traducción del texto de Clarice Lispector,
4 de septiembre de 1945
Dactiloscrito, tinta sobre papel, 29 x 22,5 cm
Fundación Casa de Rui Barbosa, Ministério da Cultura

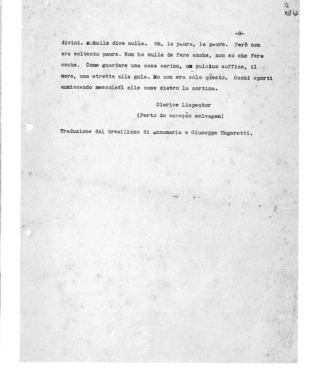

Elizabeth Bishop
Para Manuel Bandeira, con un regalo, ca. 1955
Dactiloscrito, tinta sobre papel (poema
mecanografiado), 28 x 21 cm
Fundación Casa de Rui Barbosa, Ministério da Cultura

Carta a Carlos Drummond de Andrade y
traducción del poema "Viaje en la familia"
27 de junio de 1963
Dactiloscrito, tinta sobre papel (carta
mecanografiada), 28 x 21,5 cm
Fundación Casa de Rui Barbosa, Ministério da Cultura

Traducción del poema "Soneto de la intimidad"
de Vinícius de Moraes,
10 de marzo de 1969
Dactiloscrito, tinta sobre papel
(mecanografiado), 28 x 21,5 cm
Fundación Casa de Rui Barbosa, Ministério da Cultura

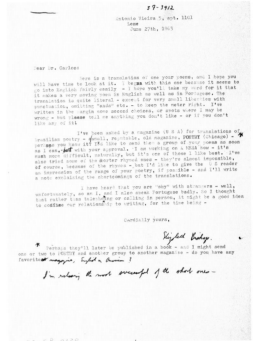

ARQUITECTURA

Lina Bo Bardi, 1952

CONSTRUIR UNA ARQUITECTURA, CONSTRUIR UN PAÍS

Carlos A. Ferreira Martins

En 1956, año en que se puso en marcha el concurso de Brasilia, el arquitecto Henrique Mindlin publicaba su *Modern Architecture in* Brazil.[1] Concebido inicialmente como una continuación del famoso *Brazil Builds*,[2] de Philip E. Goodwin, el libro de Mindlin presentaba la relevación extensiva de la producción arquitectónica brasileña en las escasas dos décadas que lo separaban del famoso episodio de la presencia de Le Corbusier en Río de Janeiro, en ocasión del proyecto del Ministerio de Educación.

Prologando el libro, Sigfried Giedion traducía la mezcla de admiración, sorpresa y desconcierto que esa producción causaba en el panorama internacional con una insólita afirmación: "Hay algo de irracional en el desarrollo de la arquitectura brasileña."[3]

Las razones de esa aparente "irracionalidad" eran varias y desde entonces han sido muy repetidas. El crecimiento explosivo, la desenfrenada especulación inmobiliaria y la ausencia de planeamiento urbano consecuente en las ciudades brasileñas constituían serias trabas para el desarrollo de una arquitectura saludable. Y a eso se sumaba la precariedad de las condiciones técnico-constructivas de una sociedad con una industrialización incipiente y un modelo económico todavía dependiente del monocultivo extensivo de exportación. Y, sin embargo, constataba Giedion, la "arquitectura brasileña crece como una planta tropical."

Su dificultad no consistía sólo en comprender la separación entre las condiciones sociales y económicas "atrasadas" y la expresión cultural alcanzada por la arquitectura erudita, sino también en la manera como el lenguaje moderno había sido absorbido y transformado: "Comparado con los Estados Unidos [...] Brasil está encontrando su expresión arquitectónica propia con una rapidez sorprendente."[4]

En la dinámica entre la absorción de principios y procedimientos proyectuales de la vanguardia europea y la constitución de un lenguaje propio, Giedion reconoce que el papel desempeñado por Le Corbusier es importante pero insuficiente para explicar el "fenómeno brasileño":[5] "Sin duda, la venida de Le Corbusier al país, en 1936, ayudó a las vocaciones brasileñas a encontrar su propio camino. Pero Le Corbusier había visitado muchos otros países sin ningún resultado, excepto titulares hostiles en los periódicos, como ocurrió cierta vez en Nueva York."[6]

Giedion nos advertía así de la precariedad que envolvería cualquier tentativa de pensar el desarrollo de la arquitectura moderna en Brasil, dentro del marco esquemático de las relaciones de "influencia" o "absorción" de principios y propuestas de las vanguardias centrales, por artistas e intelectuales de un país "periférico."[7]

Pero lo que para él aparece como característica distintiva del "fenómeno brasileño" es el grado de difusión de la nueva arquitectura en el país: "Si ciertas características son claramente visibles en las obras de algunas individualidades excepcionales, éstas no están ausentes en el nivel medio de la producción arquitectónica. Eso no ocurre en la mayoría de los otros países."[8]

1. Mindlin, H.E.: *Modern Architecture in Brazil*. Reinhold Publishers, Nueva York 1956. El libro fue también publicado en francés por Frèal, París, y en alemán por Verlag Georg Callwein, Múnich. La primera publicación en portugués tardó más de cuarenta años: *Arquitectura Moderna no Brasil*. Aeroplano, Río de Janeiro, 1999. Traducción del inglés de Paulo Pedreira y presentación de Lauro Cavalcanti.

2. Goodwin, P.L.: *Brazil Builds. Architecture New and Old, 1652-1942*. Museum of Modern Art, Nueva York 1943. Fotografías de E.G. Kidder Smith.

3. Giedion, S.: *O Brasil e a Arquitectura Contemporânea*, 1956. Prefacio de Mindlin, p. 17-18.

4. *Ibídem*.

5. Utilizamos aquí la expresión propuesta por Jorge Francisco Liernur como tema general para el número monográfico de la revista *Block*, dedicada a Brasil. Liernur, J.F. - Gorelik, A - Ferreira Martins, C.A. (eds.): "Brasil". *Block. Revista de cultura de la arquitectura, la ciudad y el territorio*. Centro de Estudios de la Arquitectura Contemporánea, Buenos Aires, UtdT, n. 4, 1999.

6. Giedion, S.: *op. cit.*, p. 17.

7. Para el desarrollo de este tema, cf. Ferreira Martins, C.A.: "État, nature et culture. Le Corbusier et Lúcio Costa aux origines de l'architecture moderne au Brésil", en *Le Corbusier et la Nature*. III Rencontres de la Fondation Le Corbusier, FLC, París 1991.

8. Giedion, S.: *op. cit.*

En su texto, Mindlin llama todavía la atención sobre otro aspecto de ese proceso: el de la difusión del nuevo lenguaje hacia fuera del ámbito específico de la producción erudita. Tras considerar que aún había un gran número de "obras de calidad dudosa", resultado de la "incomprensión de los principios fundamentales de la arquitectura moderna", concluía, relativizando esa objeción: "Este es un resultado inevitable de la elevadísima tasa de edificación inherente al desarrollo económico brasileño [...] Aun así, hasta incluso las construcciones contemporáneas de calidad inferior muestran que los imitadores están buscando, a su manera, seguir el buen camino."[9]

A mediados de los años cincuenta, la arquitectura brasileña parecía estar en una situación peculiar y diferenciada en relación a otros países. Por un lado, reconocida internacionalmente como una arquitectura que había encontrado, en un corto espacio de tiempo, un "estilo propio". Por otro lado, una arquitectura cuyas características esenciales dejaban de ser atributo exclusivo de individualidades de excepción para plasmarse en una producción extensiva de alta calidad media. Por fin, una arquitectura que, pese a todas las contradicciones y dificultades, comenzaba a romper los límites de producción erudita y a imponerse, por lo menos en sus rasgos más superficiales, como referencia para el gusto de la clase media.

Significativamente, el momento de su mayor aceptación fue también el de la ruptura de la unanimidad de la crítica internacional. La presencia en Brasil, con ocasión de las primeras Exposiciones Internacionales de Arquitectura de São Paulo, de Giedion, Gropius, Aalto, Rogers y Max Bill, entre otros, encendió un debate polarizado entre la admiración por la originalidad de la arquitectura brasileña y la crítica feroz al supuesto abandono de las premisas sociales de la ortodoxia moderna.[10]

Arquitectura y modernismo: la paradoja de la identidad

A casi medio siglo de distancia, el momento de mayor proyección de la arquitectura moderna en Brasil, parece continuar desafiando los esquemas usuales de interpretación. La Arquitectura Moderna Brasileña aparecía, y continúa apareciendo, en sus rasgos más característicos, marcada por algunas contradicciones aparentes, de las cuales la más visible, y decisiva para comprender las peculiaridades de la constitución de un lenguaje moderno y al mismo tiempo brasileño,[11] está en la forma particular por la cual se articula la relación entre modernidad y tradición o, más precisamente, en la ecuación que se establece entre modernidad y construcción de la identidad nacional.[12]

Cuando el grupo de jóvenes intelectuales y artistas de São Paulo decidió organizar, en 1922, la Semana de Arte Moderna, punto de partida del movimiento modernista[13] en Brasil, escogió como representantes de las nuevas tendencias en arquitectura a Álvaro Moya y Georg Przirembel. El primero desarrollaba proyectos de carácter ecléctico con motivos precolombinos y el segundo presentó un proyecto adscrito al movimiento neocolonial.

Además de indicar la ausencia en el país de una producción arquitectónica claramente adscrita a lo que en Europa constituía la producción de vanguardia, esa elección era un síntoma de la vacilación que permanecería todavía por algunos años, incluso entre los principales y más informados mentores del movimiento modernista, entre las proposiciones de las vanguardias europeas y la fuerte incidencia del sentimiento nacionalista, expresado en el ámbito de la arquitectura por el movimiento neocolonial.

El propio Mário de Andrade confesaba su indecisión en un texto de 1928: "Por más que ciertas tendencias e ideas se hayan incrustado en mi cabeza no considero eso un mal. Pero no puedo considerar que sea un bien, a pesar de todo mi entusiasmo por lo que sea brasileño. Mi espíritu a ese respecto está en tal confusión que resolví adquirir ideas firmes sobre el caso."[14]

9. Mindlin, H.E.: *op. cit.*, p. 29

10. A partir de la publicación del libro de Goodwin, algunas importantes publicaciones internacionales empezaron a dedicar números monográficos a Brasil. Ver especialmente, *Architectural Record,* vol. 95, marzo 1944; *Architectural Forum,* noviembre 1947; *L'Architecture D'Aujourd'hui,* n. 13-14, septiembre 1947, y n. 42-43, agosto 1952. El debate toma su tono más álgido en "Report on Brazil", publicado por la *Architectural Review,* vol. 114, julio 1953, p. 234-50.

11. Liernur, en su artículo sobre el significado del libro de Goodwin, en la construcción de lo que llama el "caso brasileño", indica la aparente paradoja entre la adjetivación nacional y la vocación hasta entonces internacionalista del "moderno". Cf. Liernur, J.F.: "The South American Way". *Block,* n. 4, p. 23-41.

12. Es significativo que, en Brasil, hayan sido precisamente algunos exponentes del grupo modernista (en especial Mário de Andrade, Rodrigo de Mello Franco y Lúcio Costa) los responsables de la idealización y puesta en marcha del Serviço de Patrimônio Histórico e Artístico Nacional, creado en 1938.

13. Es fundamental, especialmente para el lector de lengua española, tener en cuenta que en Brasil, modernismo o modernista se refiere al movimiento que, pese a su heterogeneidad interna, tenía en común la propuesta de superación de la producción académica, y actualización frente a las vanguardias europeas. No debe ser confundido con el sentido de modernista aplicado a la producción arquitectónica española y particularmente catalana del inicio de siglo.

14. Posterior a los manifiestos de Warchavchik y Rino Levi, así como a los provocativos proyectos de Flávio de Carvalho para el concurso realizado para la construcción de la nueva sede de gobierno de S. Paulo. Cf. Mário de Andrade, artículo para el *Diário Nacional,* Forjaz de Souza, R.: *Trajetórias da Arquitetura Modernista.* PMSP, São Paulo 1982, p. 11.

Tres años antes se habían publicado, aparentemente sin gran repercusión inmediata, los primeros textos en defensa de la arquitectura moderna. Gregori Ilitch Warchavchik[15] publicó, en 1925, el manifiesto "Acerca da Arquitetura Moderna", en el que afirma la necesidad de superar los prejuicios estilísticos y propone una nueva directriz para la arquitectura: "Construir una casa lo más cómoda posible, esto es lo que debe preocupar al arquitecto constructor de nuestra época de pequeño capitalismo, donde el aspecto económico predomina sobre todas las demás. La belleza de la fachada tiene que resultar de la racionalidad del plano de la disposición interior, como la forma de la máquina viene determinada por el mecanismo que es su alma." Para concluir con un tono normativo: "Abajo las ornamentaciones absurdas y viva la construcción lógica: he aquí la divisa que debe adoptar el arquitecto moderno."[16]

Otros tres años fueron necesarios para que Warchavchik tuviese la oportunidad de realizar el proyecto y la construcción de su residencia, la Casa de la calle Santa Cruz, y afrontar las dificultades, culturales y técnicas interpuestas por el medio para la realización de las propuestas modernas. La censura estética de las autoridades, la ausencia de un mercado de construcción que ofreciese los "componentes estandarizados" de la doctrina racionalista y la falta de mano de obra cualificada para trabajar con el hormigón armado constituían, junto con el gusto del público, las principales trabas para la introducción de la nueva arquitectura, como él mismo relataría en documento al CIAM de Bruselas.[17]

La virulenta reacción de los arquitectos tradicionalistas hacia su primera obra y especialmente hacia los artículos de defensa de la arquitectura moderna, que pasó a publicar sistemáticamente en la prensa de mayor difusión, acabaron por llamar la atención de los intelectuales y mecenas del grupo modernista hacia el joven arquitecto ruso, los cuales se movilizaron para hacer de la inauguración de su segunda obra -una pequeña residencia en el nuevo barrio jardín del Pacaembú- un verdadero acontecimiento plástico y literario.

Visitada por Le Corbusier durante la construcción,[18] la casa fue abierta al público en marzo y abril de 1930 como la *Exposição de uma Casa Modernista*. Presentando el jardín tropical de su esposa Mina Klabin Segall, muebles e iluminación del arquitecto, obras de los principales artistas modernistas, un pequeño bronce de Lippschitz, almohadas de Sonia Delaunay y alfombras de Bauhaus, además de tertulias nocturnas con los representantes de la literatura modernista, la Casa de la calle Itápolis consiguió tanto el objetivo de la divulgación para el gran público[19] como la esperada incorporación de la arquitectura moderna a los esfuerzos de la vanguardia brasileña.

En las obras siguientes Warchavchik siguió perfeccionando la técnica del hormigón armado y de la impermeabilización que le permitió construir las primeras terrazas-jardín, los balcones en voladizos y las ventanas en esquina, tan característicos de sus proyectos de articulación volumétrica simple. En octubre de 1931 construyó la residencia Nordchild, también inaugurada de forma destacada como la *primera casa modernista* de Río de Janeiro, visitada en esa ocasión por Frank Lloyd Wrigth.[20]

A partir de julio de 1932, Warchavchik se asoció con Lúcio Costa, en una oficina donde trabajaba el joven estudiante Oscar Niemeyer y que fue responsable de algunas obras entre las cuales destaca el pequeño pero notable conjunto de casas obreras de Gamboa, con 10 unidades distribuidas en dos plantas independientes, que puso fin a la colaboración entre los dos.

Durante estos años otros arquitectos realizaban sus primeras incursiones en el nuevo lenguaje. En Río de Janeiro, Affonso Eduardo Reidy iniciaba su destacada trayectoria individual con la construcción del Albergue de Boa Vontade, de 1931. En São Paulo, Júlio de Abreu construía en 1927 el primer edificio de apartamentos con estructura de hormigón y fachada despojada, Jayme da Silva Telles elaboraba varios proyectos no construidos de fuerte sabor racionalista y Flávio de Carvalho coleccionaba polémicas con sus proyectos vanguardistas para el Palacio de Gobierno y la Asamblea Estadual.

15. Nacido en Odessa, en Rusia, llegó a Brasil en 1923, después de su formación en el Instituto de Belle Arti di Roma, donde fue alumno de Marcello Piacentini y Gustavo Giovanonni.

16. Warchavchik, G.: "Acerca da 'Arquitetura Moderna'". *Correio da Manhã*, Río de Janeiro 1-XI-1925. Reproducido íntegramente en el apartado de documentos de este catálogo.

17. Cf. Warchavchik, G.: *L'Architecture D'Aujourd'hui dans l'Amérique du Sud*. Informe presentado como delegado brasileño en el III CIAM. Publicado en *Cahiers d'Art*, París, n. 2, 1931.

18. De esa visita resultó la indicación de Warchavchik como representante de los CIAM para América del Sur. Cf. Carta de Le Corbusier a Sigfried Giedion de 27/11/1929. Publicada en Ferraz, 1965, p. 29.

19. Nota publicada en el *Diário da Noite*, de 14-IV-1930, que indica la visita de "más de 20.000 personas a la más completa muestra de arte moderno brasileño." Reproducida en Ferraz, 1965, p. 85.

20. Wright estaba en Río de Janeiro para participar como jurado del concurso internacional de proyectos para el Faro de Colombo.

Paralelamente, Rino Levi, llegado a Brasil en 1928, comenzaba a recoger los frutos de su manifiesto de 1925, publicado cuando todavía era estudiante en Roma, donde defendía una arquitectura acorde a las nuevas técnicas y nuevas exigencias de la sociedad, pero vinculada a una "estética de las ciudades", adecuada al clima y a las costumbres: "La estética de las ciudades es un nuevo estudio necesario para el arquitecto y a él está estrictamente conectado el estudio del transporte y todos los demás problemas urbanos. [...] Es necesario estudiar lo que se hizo y lo que se está haciendo en el exterior y resolver nuestros casos sobre la estética de las ciudades con alma brasileña."[21]

Después de algunas residencias construidas para una clientela de origen italiano, Levi construyó en 1934 el Edifício Columbus, que venía desarrollando desde 1930, y que se destaca por la solución final de torre sin fachada principal y por el riguroso detallismo constructivo que será la marca identificativa de su carrera.

Sería por tanto excesivo atribuir a Warchavchik el mérito de pionero absoluto en la implantación de la arquitectura moderna en Brasil.[22] Pero se debe reconocer la contribución de una obra que propugnaba la integración de las artes plásticas y aplicadas en la construcción de un ambiente moderno, así como su papel en el estímulo del desarrollo de soluciones y elementos constructivos que quedarían incorporados a la producción regular del mercado de construcción civil del país.

FLÁVIO DE CARVALHO
Proyecto para el Palacio de Gobierno
São Paulo 1928

La investigación racionalista de los años treinta

Sin embargo, una conjunción de factores, económicos, políticos y culturales parecían definir que, a partir de 1930, la renovación artística y arquitectónica brasileña tendría en Río de Janeiro su epicentro. Capital del país desde el Imperio, el esquema político vigente durante la llamada República Vieja había reservado, sin embargo, el poder político a una alternancia entre las oligarquías de Minas Gerais y São Paulo, principal centro productor y exportador de café. La crisis internacional de 1929 y la quiebra de la economía cafetera crearon las condiciones para que las tensiones sociales acumuladas durante la década de los veinte, confluyesen en el movimiento militar que llevó a Getúlio Vargas al poder. La centralización administrativa, un conjunto de políticas modernizadoras y diversos cambios políticos hicieron que Vargas se librase progresivamente de sus aliados de la izquierda y de la derecha para consolidarse como poder bonapartista[23] y que Río de Janeiro recuperase el protagonismo político y cultural.

La designación de Lúcio Costa, hasta entonces integrante del grupo neocolonial dirigido por José Mariano Filho, como director de la Escola Nacional de Belas Artes (ENBA) fue una especie de bomba de efecto retardado en la formación de lo que vendría a ser la "arquitectura moderna brasileña". Breve y demasiado alterado para que se produjese una verdadera renovación en la enseñanza formal,[24] ese episodio fue no obstante suficiente para que Costa dirigiese el famoso Salão del 31, primer momento en que el oficialista Salão Nacional de Artes Plásticas acogió la producción de vanguardia en las artes plásticas nacionales. Y, sobre todo, para que los jóvenes estudiantes, solidarios con el director y con las nuevas orientaciones de la arquitectura, se dedicasen con afán al estudio de las nuevas tendencias europeas. Como la Escuela atraía a alumnos de todo el país, eso significó una diáspora modernista que se manifestaría, en los años siguientes, en diversos puntos del territorio nacional.

No es cierto, sin embargo, que estos primeros años de investigación racionalista se hayan dado bajo la hegemonía incontestable de Le Corbusier. Paulo de Camargo y Almeida, responsable del primer edificio construido sobre pilotes en Brasil (Edifício Delfim Moreira, 1933) y de la primera experiencia en prefabricación (Asilo São Luiz, 1935), así como algunos de sus contemporáneos, entre ellos Paulo Antunes

21. El texto manifestaba claramente el impacto de las lecciones de Marcello Piacentini en su curso de Edilizia Citadina, en la Universidad de Roma. Cf. Levi, R.: "A arquitectura e a estética das cidades". *O Estado de São Paulo*, 15-X-1925. Reproducido en el apartado de documentos de este catálogo.

22. En 1948 el crítico de arte Geraldo Ferraz protagonizó una polémica con Lúcio Costa, a quien acusaba de oscurecer el papel pionero de Warchavchik. En su respuesta el autor carioca afirmaba que las realizaciones de Niemeyer "tienen vínculo directo con las fuentes originales del movimiento mundial de renovación..." Cf. Costa, L.: "Carta Depoimento". *O Jornal*, 14-III-1948. Reproducida en Costa, L.: *Sobre Arquitectura*. GFAU-UFRGS, Porto Alegre 1962, p. 119-28.

23. La bibliografia sobre el período Vargas, que se mantiene en el poder dictatorial de 1930 a 1945, para volver al poder en las elecciones de 1950 y marcar la historia del país con su suicidio en 1954, es enorme. Para la caracterización del golpe militar de 1930, cf. Fausto, B.: *A Revolução de 1930. História e Historiografia*. Brasiliense, São Paulo 1972. Para las relaciones entre el estado Varguista y la constitución de la arquitectura moderna, cf. Ferreira Martins, C.: *Arquitectura e Estado no Brasil. Elementos para a constituição do discurso moderno no Brasil*. FFLCH-USP, São Paulo 1987.

24. Lúcio Costa asumió la dirección por acto de fuerza del ministro de Educación, ignorando los estatutos y a la congregación de la Escuela, y provocando la reacción de los catedráticos que acabaron por alejarlo de su cargo. Durante casi la mitad de su corto período al frente de la institución las actividades estuvieron paralizadas por una huelga de estudiantes en solidaridad con el joven director.

Ribeiro, Attilio Corrêa Lima, los hermanos Marcelo y Milton Roberto, realizan obras de calidad donde están presentes las referencias más generales de la producción de la vanguardia internacional.

Un ejemplo notable es la corta pero expresiva obra realizada por Luís Nunes en Recife, capital del estado de Pernambuco, entre 1935 y 1937. Ex alumno de la ENBA, Nunes asumió la Dirección de Arquitectura y Urbanismo de la Prefectura de Recife[25] y catalizó a su alrededor un equipo de jóvenes profesionales que incluía, entre otros, al paisajista Roberto Burle Marx, al ingeniero arquitecto Francisco Saturnino de Brito y al ingeniero calculista Joaquim Cardoso, que destacaría como calculista de Oscar Niemeyer. Defendiendo la arquitectura como trabajo de equipo y postulando la actuación a través del aparato del estado, en una perspectiva claramente vinculada a la vanguardia alemana, Luís Nunes realizó obras destacadas como el Hospital da Brigada Militar (1934), el pequeño y precioso Laboratório de Anatomia (1935-1936) o la Escola Rural Alberto Torres (1936-1937), donde la modestia del programa y de los recursos materiales no fue óbice para la realización de la bella rampa de acceso sustentada por arcos paraboloides de hormigón, proyectados por Cardoso. El Reservatório de Olinda (1936-1937), construido con hormigón armado y elementos vaciados de cemento, conocidos como *combongós*,[26] se afirma en pleno corazón barroco de la ciudad en una actitud de afirmación de la obra moderna frente al patrimonio histórico construido, bastante distinta de aquella que sería la postura dominante a partir de los años cuarenta, con la acción de Lúcio Costa al frente de la Dirección de Monumentos del SPHAN. Es destacada también la contribución del joven Burle Marx, que realiza en Recife algunos jardines y plazas públicas notables por la transición entre una concepción formal, todavía inspirada en la tradición del jardín francés, y el carácter innovador de la utilización enfática, apoyada en un profundo conocimiento botánico de las especies autóctonas, como en los magníficos jardines de la Casa Forte (1935-1937).[27]

El período inmediatamente anterior a la presencia de Le Corbusier, en su segunda estancia en Río, estaría marcado todavía por el proyecto de los hermanos Marcelo y Milton Roberto para la nueva sede de la Associação Brasileira de Imprensa (ABI), vencedor de un concurso realizado en 1935. A pesar de una impostación austera de sabor académico, el edificio contrasta fuertemente con las obras eclécticas de su entorno por la imponente fachada en hormigón armado dotada de *brise-soleil* verticales fijos y por la planta liberada por la utilización de *pilotis*.

Estado, arquitectura moderna y construcción de la nación

En la primera mitad de los años treinta se asistió a la consolidación de una producción ya más formada en los paradigmas internacionales, que preparó el terreno para el momento clave del proyecto del Ministerio de Educación, con todo el peso de la presencia directa de Le Corbusier y el fuerte significado de la elección del lenguaje moderno para la representación simbólica de aquel ministerio que se autoatribuía la tarea de formación del "hombre nuevo" brasileño.

Como es sabido, se realizó un concurso público de proyectos para la construcción de la nueva sede del Ministerio de Educación y Salud Pública.[28] Resultando vencedor un proyecto ecléctico, los intelectuales modernistas, que constituían su entorno, convencieron al ministro Gustavo Capanema que invitara a Lúcio Costa a la realización del nuevo proyecto y que fuera efectivamente construido. Éste propuso al ministro formar un equipo con todos los arquitectos de "tendencia moderna" que habían participado en el concurso e invitar a Le Corbusier para que actuase como asesor del equipo brasileño, tanto en el proyecto para el Ministerio como en la elaboración del plano de la Ciudad Universitaria entonces en desarrollo.[29]

El cotejo de los varios bocetos preliminares permite concluir que la innegable importancia de Le Corbusier en la adopción de algunas de las características básicas del nuevo edificio, no disminuye la

25. Pasando por distintas reformulaciones en función del agitado escenario político del país, la sección encargada del proyecto y construcción de los edificios públicos del estado de Pernambuco, no resistió la muerte de su creador, a finales de 1937. Significativamente, la obra de Nunes no mereció ser destacada en los textos de Goodwin (1943) o Mindlin (1956). Cf. Bruand, 1981, p. 77-79.

26. Variante de *combongó*: elemento vaciado modular de cerámica o cemento, utilizado para la construcción de paredes que permiten el paso del aire y controlan la insolación.

27. Para una aproximación a la obra del excepcional paisajista, ver Burle Marx, R.: *Arte e Paisagem*. Nobel, São Paulo 1996; Leenhardt, J. (org.): "Dans les jardins de Roberto Burle Marx". Actes Sud, París 1994; y Adams, W.H.: *Roberto Burle Marx. The Unnatural Art of the Garden*, Museum of Modern Art, Nueva York.

28. Posteriormente transformado en Ministerio de Educación y Cultura (MEC), como es más conocido.

29. Al contrario de la versión según la cual el ministro de Capanema tenía una clara opción por la arquitectura del maestro franco-suizo, aquél había invitado a Marcello Piacentini para elaborar el plano de la ciudad universitaria. Cf. Tognon, M.: *Arquitectura Italiana no Brasil*. Unicamp, Campinas 2000. Para una descripción exhaustiva del proceso de elaboración del Ministerio, cf. Lissovsky, M. - Morales de Sá, P.S.: *Colunas da Educação. A construção do Ministério de Educação e Saúde*. Ministerio de Cultura/IPHAN - Fundación Getúlio Vargas - CPDOC, Río de Janeiro 1996. Cf. Bruand, 1981, p. 81-92. Para una discusión de carácter monumental del nuevo edificio, cf. Comas, C.: "Prototipo y monumento. Un ministerio, el Ministerio". *Projeto*, n. 102, 1987, p. 137-49.

responsabilidad del equipo brasileño[30] por algunas de las soluciones que hicieron del Ministerio una obra de absoluta importancia en la arquitectura moderna en Brasil. El bloque vertical de 14 pisos recibió un tratamiento diferenciado en función de la exposición al sol, con *brise-soleil* horizontales y móviles en la cara norte y una enorme fachada de vidrio en la cara sur. La contribución del ingeniero Emílio Baumgart en el cálculo estructural fue decisiva para hacer viables algunas de las características más significativas del nuevo edificio, como el gran espacio de acceso creado por las columnas en doble altura, la concisión rítmica de los pilotes exentos que sustentan el bloque horizontal y la original solución de contrarresto que enfrentaba el desafío representado por la fuerte brisa marina perpendicular a las grandes superficies de las caras norte y sur. Es también en este momento cuando se afirma la idea de *síntesis de las artes,* con la revelación de la forma libre en el paisajismo de Burle Marx y la utilización de los murales de cerámica de Cândido Portinari,[31] que permanecerían como un rasgo distintivo y recurrente de la arquitectura moderna brasileña.

La solución final, elegante y monumental, afirmaba una nueva concepción urbanística, opuesta a la tradición de ocupación perimetral de la manzana,[32] al ocupar el centro del terreno disponible con un edificio de gran altura, sin invalidar su utilización como plaza. La concepción del edificio corresponde así a un momento en que proposiciones urbanísticas y lenguaje arquitectónico se imbrican fuertemente, como en el proyecto de Costa para la Vila de Monlevade (1934), en los varios proyectos para la Ciudad Universitaria de Río de Janeiro (1936-1939) y en las propuestas de Reidy para el área de desmonte del Morro de Santo Antônio (1939).

Estos rasgos aparecerían nuevamente en el pabellón de Brasil en la Feria Internacional de Nueva York, de Costa y Niemeyer, considerado por Goodwin como uno de los más elegantes pabellones del evento, marcado por la levedad de la estructura,[33] por la inesperada solución de la rampa y de la fachada lateral en curva, y por el recorte de la laja de cubierta, estableciendo un contrapunto con el diseño libre del jardín de Burle Marx, dominado por el espejo de agua que exhibía las gigantescas victorias-regias amazónicas.

El éxito de estos dos edificios y el gran número de encargos oficiales trajeron, para la crítica y la historiografía, otra aparente paradoja: la de un estado autoritario y centralizador que, a partir de la segunda mitad de los años treinta, se sitúa en una dirección opuesta al proceso internacional y elige la arquitectura moderna como su lenguaje oficial. Es lo que expresa Goodwin, con sorpresa, al constatar que Río de Janeiro presenta, en sus edificios oficiales, una arquitectura caracterizada por la levedad y por el frescor, mientras Londres, Berlín o Washington permanecerían marcadas por los rasgos del pasado.[34]

Así, la aparente disyunción entre modernidad e identidad aparecerá ecuacionada gracias, por una parte, al patrocinio de un estado autoritario empeñado en la construcción ideológica de la nacionalidad y, por otra, a la capacidad de los arquitectos brasileños de incorporar de forma libre y particular la doctrina lecorbusieriana. Tarea realizada, en el plano teórico, por Lúcio Costa y en el ámbito de proyección por el "grupo carioca", con Niemeyer como figura destacada pero no solitaria.

En la concepción de Lúcio Costa, que se consolidará como la matriz teórica hegemónica a lo largo de los años cuarenta-cincuenta, la arquitectura moderna, antes de ser antihistórica, es el instrumento de reenganche con el "verdadero espíritu de la arquitectura tradicional brasileña."[35] En la traducción arquitectónica del proyecto modernista, la identidad no se busca en el pasado sino que se inventa, se *proyecta* en el futuro.[36]

Libertad formal y levedad estructural serán la traducción nacional de la idea-fuerza de Le Corbusier, de la "técnica como base del lirismo". La arquitectura moderna brasileña pasaría a ser, en sus ejemplos más significativos, la expresión de una concepción estructural avanzada. De las clásicas colaboraciones entre

30. Compuesta por Lúcio Costa, Jorge Machado, Affonso E. Reidy, Carlos Leão, Ernani Vasconcelos y Oscar Niemeyer.

31. Según declaraciones de los arquitectos del equipo, la utilización de los azulejos, así como el valor plástico de la vegetación nacional fueron sugeridos por Le Corbusier. Cf. Bruand, 1981, p. 91

32. Traída por los urbanistas franceses de la Societé Française des Urbanistes (S.F.U.) Cf., especialmente, Donat Agache, A.: *Cidade do Rio de Janeiro. Remodelação, extensão e embelezamento.* Foyer Brésilien, París 1930.

33. El proyecto estructural de Emílio Baumgart, ya conocido y respetado en Brasil como autor de soluciones originales para grandes estructuras, probó la originalidad de su método de cálculo al demostrar a los ingenieros norteamericanos responsables de la feria la estabilidad de su estructura dimensionada en cerca de 30% menos volumen de hormigón que el previsto por la norma estadounidense.

34. Goodwin, p. 91. No es posible desarrollar aquí plenamente esta cuestión. Nosotros preferimos pensar que esa ligazón es el resultado de una estrategia deliberada de los líderes de la corriente modernista que ve en el estado la única posibilidad de institucionalización antes que una decisión de hombres de estado "lúcidos y con gran capacidad de visión" como indica de forma recurrente la historiografía oficial. Cf. "Identidad y estado en el proyecto modernista". *Óculum,* n. 2, 1991.

35. Para Costa, la arquitectura brasileña, resultado de la lenta decantación de los modelos importados de la metrópolis ibérica, tuvo su curso natural interrumpido por el neoclasicismo y, posteriormente, por el eclecticismo, siendo la arquitectura moderna, especialmente la vertiente lecorbusieriana, quien debe retomar aquél "espíritu", bebido en la fuente de la tradición grecolatina. La matriz teórica de Costa está desarrollada en *Razões da Nova Arquitectura* (1934), *Documentação Necessári* (1938), *Depoimento de um Arquitecto Carioca* (1951), todos publicados en Costa, L.: *Registro de uma Vivência.* Empresa das Artes, São Paulo 1995. El primero de ellos está reproducido en el apartado de documentos de este catálogo. La interpretación de Costa sirvió de referencia estructural que se consolidó como trama narrativa dominante de la historiografía de la arquitectura moderna brasileña, sobrepasando las obras de Goodwin y Mindlin, ya citadas, así como Santos, P.: *Quatro Séculos de Arquitectura.* Río de Janeiro 1981; Bruand, Y.: *Arquitectura Contemporânea no Brasil.* Perspectiva, São Paulo 1981; y Lemos, C.: "Arquitectura Contemporânea", en Zanini, W.: *História Geral da Arte no Brasil.* Instituto Moreira Salles, São Paulo, entre otros. Para una discusión de esa trama y de sus límites, véase nuestro "Hay algo de irracional... Apuntes sobre la historiografía de la arquitectura moderna en Brasil". *Block, op. cit.,* 8-22.

36. Para esta discusión en el ámbito general del proyecto modernista, véase Brito, R.: "A Semana de 22. O trauma do Moderno", en Tolipan, S. (org.): *Sete Ensaios sobre o Modernismo,* Funarte, Río de Janeiro 1983, p. 13-18.

Le Corbusier
Ministerio de Educación y Salud
Croquis de la primera propuesta
Río de Janeiro 1936

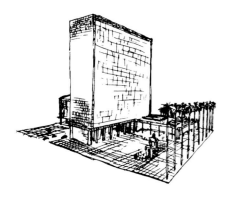

Le Corbusier
Ministerio de Educación y Salud
Croquis elaborado a partir de la foto de la
maqueta de la propuesta del equipo brasileño
París 1937

37. Para la lectura de los proyectos de Pampulha cf. Bruand, 1981, p. 109-18. Cf. también David Underwood, D.: *Oscar Niemeyer and the Architecture of Brazil*. Rizzoli, Nueva York 1994, p. 42-70.

Lúcio Costa y Emílio Baumgart a la simbiosis entre Oscar Niemeyer y Cardoso y a la elegancia poco común de las obras de Affonso E. Reidy, se afirma progresivamente la noción de que la arquitectura es, ante todo, estructura.

Para algunos autores habría dos marcos fundamentales en ese proceso: mientras el MESP sería el momento clave de la *arquitectura moderna en Brasil*, el Conjunto da Pampulha representaría el nacimiento de una *arquitectura moderna brasileña*. En las cuatro obras encargadas a Niemeyer por el entonces alcalde de Belo Horizonte, y futuro presidente de la nación, Juscelino Kubitschek, hay un verdadero *tour de force* de aplicación y superación del lenguaje lecorbusieriano. En el brillante juego entre abertura y cierre de volúmenes y la grilla estructural del Casino, situado en un pequeño promontorio sobre el lago, la *promenade* es condición indispensable para el disfrute del espacio interno, así como para la contemplación del paisaje. El edificio del Yacht Club, con su solución de cubierta en "tijera invertida" –dos planos de cubierta vueltos hacia un canalón transversal– garantiza al mismo tiempo continuidad y autonomía espacial, estableciendo un motivo que será recurrente en la producción posterior. En la pequeña Casa do Baile, la idea del contrapunto espacial entre construcción y paisaje, demostrada por Le Corbusier en sus proyectos urbanos sudamericanos y, posteriormente, en Argel, encuentra su aplicación en una escala contenida y virtuosa, en una sinuosidad de la marquesina que acompaña al dibujo de la pequeña isla artificial en que se sitúa la obra. La pequeña Igreja de São Francisco de Assis rompe definitivamente con la grilla estructural, explorando la potencialidad estructural y plástica del hormigón armado en la utilización de la bóveda parabólica como solución para la unidad interna del espacio de culto. En la cara opuesta al lago, el rítmico perfil de las cuatro bóvedas yuxtapuestas encuadran el panel de cerámica de Portinari, estableciendo el tema de la fascinación de Niemeyer por la curva como recurso de preferencia en su propia *recherche patiente* del equilibrio plástico, por la referencia al paisaje tropical y, no menos, por la superación de aquello que el autor denuncia como la rigidez, formal y de principios, de la arquitectura de *international style*.[37]

Arquitectura para la metrópolis

El impacto de esas obras, en el país y fuera de él, contribuyó a la afirmación interna del nuevo lenguaje, de raíz lecorbusieriana, aunque con un "lenguaje propio" claramente definido. En la segunda mitad de los años cuarenta se asistiría todavía a una demanda de obras públicas de escala significativa, asociadas a la continuidad del proceso de modernización inducido por el estado central, como el plano urbanístico de J.L. Sert y Paul L. Wiener para la Cidade dos Motores (1945-47), o el concurso para la construcción del Centro Tecnológico da Aeronáutica (1947), ganado por Niemeyer. Pero, de forma concomitante, el enorme ritmo de crecimiento de las principales ciudades y especialmente la pujanza económica de São Paulo abría, debido a las nuevas demandas del mercado inmobiliario, un campo de trabajo que atrajo tanto a los arquitectos de la "escuela carioca" como a una nueva leva de inmigrantes de la Europa de la posguerra. No sólo a la segunda generación de italianos, como Lina y Pietro Maria Bardi, Daniele Calabi, Mario Russo y Giancarlo Palanti, sino también a europeos de otras nacionalidades y formaciones como Bernard Rudofski, Lucjan Korngold y Adolf Franz Heep. En el contacto profesional de estos recién llegados con los ingenieros-arquitectos oriundos de la Escuela Politécnica, se establecían las condiciones para que la metrópolis paulista –pero también, aunque en menor medida, Río de Janeiro, Recife, Belo Horizonte y otras ciudades– se convirtiese en el crisol de referencias de donde se extraían las soluciones para los nuevos programas y tipologías impuestos por la industrialización de la economía y por los nuevos patrones de consumo de bienes materiales y culturales.

Edificios fabriles, como la Fábrica Duchen (1950) de Niemeyer o los Telares Parahiba, de Rino Levi, cines como los construidos por Rino Levi, espacios museológicos como los proyectados por Lina Bo Bardi y Affonso Eduardo Reidy, gimnasios como los de Ícaro Castro Mello, demostraban que el lenguaje arquitectónico brasileño podía abordar, de manera consistente, otros proyectos además de los edificios de representación simbólica del poder estatal.

Algunos de los críticos del "formalismo" de la arquitectura brasileña señalan los conjuntos de viviendas de Pedregulho (1947) y Gávea (1952) de Reidy como excepción que confirmaría la regla de la "ausencia de preocupación social". La investigación más reciente muestra que la obra de Reidy, excepcional desde el punto de vista plástico y constructivo, es tan sólo la punta del iceberg. Fruto de la política del final del primer período Vargas y financiados por los Institutos de Pensiones, durante la década de los cuarenta y principios de los cincuenta, se construyeron decenas de conjuntos de viviendas[38] para obreros y trabajadores en todo el país por arquitectos de renombre como Carlos Frederico Ferreira, Attilio Corrêa Lima, Eduardo Kneese de Mello o Francisco Bologna, entre muchos otros.

Paralelamente, el proceso de verticalización de las principales ciudades impuso el modelo del edificio residencial de clase media, atendiendo a las demandas de mayor proximidad de los centros comerciales y de servicios, incluso culturales. Nuevos barrios en expansión fueron laboratorios de intensiva experimentación, donde no se trataba de aplicar las nociones derivadas de la "existencia mínima" sino de adaptar a los edificios residenciales las comodidades de la casa unifamiliar. El Edifício Prudência, de Rino Levi (1944), y el Louveira, de Artigas (1946), constituyen referentes importantes en la definición de nuevas soluciones para el modelo del edificio multifamiliar. Los tres edificios construidos por Lúcio Costa en el Parque Guinle (1952), permitieron al autor retomar sus tesis sobre la adaptación funcional y la complementariedad plástica de los dispositivos de control solar modernos (*brise-soleil*) y tradicionales (*combongó* y celosías de madera), ya probados en los proyectos de la Vila de Monlevade (1934) y en el Park Hotel de Nova Friburgo (1942).

Esto no significó el abandono de las residencias unifamiliares como campo privilegiado de experimentación espacial. Especial importancia tienen las viviendas proyectadas para los propios arquitectos, como las de Artigas (1949), la residencia Carmem Portinho, de Reidy, o la Casa de Vidro, primera obra construida por Lina Bardi (1951). Mención especial merece seguramente la Casa de Canoas, de Oscar Niemeyer (1953), refinada síntesis de la preocupación y del respeto a las condiciones específicas del lugar y la plena afirmación de la forma libre, experimentada ya en Nueva York y Pampulha.

El proceso de metropolización trajo nuevos y diversificados modelos, como los edificios de uso mixto (comercio, servicios y vivienda), los apart-hoteles, las galerías comerciales y los grandes conjuntos. Algunos de los mejores ejemplos, como el Edifício Nações Unidas, de Abelardo de Souza (1954), el Conjunto Nacional, del joven David Libeskind (1955), y el excepcional COPAN, de Oscar Niemeyer (1952-56), reafirman el carácter moderno del edificio que, lejos de concebirse como objeto aislado, asume y complementa el entorno urbano en que se inserta, replantea las relaciones entre espacio público y privado, y afirma su convicción optimista con las posibilidades de una nueva socialización urbana.

Los años cincuenta, momento de mayor afirmación nacional de la creencia en las posibilidades de desarrollo democrático de un "país del futuro", son también un período de operaciones urbanísticas sectoriales destinadas a la incorporación de grandes áreas urbanas en actividades de ocio, cultura y sociabilidad. Dos de ellas se destacan tanto por las propuestas paisajísticas a gran escala urbana de Burle Marx, como por incluir edificios públicos de refinada solución estructural y espacial.

DAVID LIBESKIND
Conjunto Nacional, São Paulo 1955
Fotomontaje

BURLE MARX Y OSCAR NIEMEYER
Parque Ibirapuera, ca. 1951-54

38. Cf. Bonduki, N.: *Origens da habitação Social no Brasil*. Estação Liberdade, São Paulo 1998. Ver especialmente el capítulo 4, "Habitação social e Arquitectura Moderna: os conjuntos habitacionais dos IAPs", p. 132-176. La investigación, todavía en desarrollo, indica la construcción de más de 80.000 unidades entre 1942 y 1953.

39. Citado por De Sá Barbosa, R.: "Brasília, evolução. História de uma idéia". *Módulo*, 18-VI-1960.

40. La primera noticia que Le Corbusier recibe de Brasil es una postal de Blaise Cendrars, donde anuncia la intención del nuevo gobierno de construir Planaltina y sugiere que esté atento a esa posibilidad. Cf. *Blaise Cendrars a Le Corbusier*, 13 de julio de 1926. Archivos de Fondation Le Corbusier G.2.2 Durante los años treinta, el tema se mantiene como objeto de reflexión, como muestra de la tesis de Portinho, C.: *Anteprojeto para a Futura Capital do Brasil no Planalto Central*, presentada a la Universidad de Brasil y publicada en dos partes en la *Revista Municipal de Engenharia*, en marzo y mayo de 1939.

41. Belo Horizonte, nueva capital del Estado de Minas Gerais, fue construida a partir del plano de Aarão Reis, de 1994. Goiâna, nueva capital de Goiás, a partir del plano de Attilio Corrêa Lima de 1934. Además de las acciones oficiales, un gran número de ciudades nuevas fueron iniciativa privada, como Londrina, Maringá y las demás ciudades construidas, en los años treinta, por la Companhia de Colonização do Norte do Paraná, de capital inglés.

42. Cf., para una descripción completa del proceso de decisión y de concurso, Evenson, N.: *Two Brazilian Capitals. Architecture and Urbanism in Rio de Janeiro e Brasília*. Yale University Press, New Haven - Londres 1973.

43. El concurso y la construcción de Brasilia fue conducido por NOVACAP, una empresa estatal creada con ese fin. Las bases iniciales del concurso, divulgadas en términos diferentes de aquellos inicialmente propuestos por una Comisión del Instituto de Arquitectos de Brasil, provocaron una crisis en el órgano de representación profesional. La ausencia del compromiso inequívoco con el resultado, la previsión de que la autoría de los edificios representativos sería determinada a posteriori por la Comisión del Plan y no por concurso público, y el número predominante en el jurado de miembros indicados por la propia Comisión, originaron críticas ásperas de algunos arquitectos importantes, como los hermanos Roberto, Jorge Moreira y Affonso Eduardo Reidy. Estos dos rehusaron a participar en el concurso. Cf. *Arquitectura e Engenheria*, n. 33, marzo-abril 1957; *Módulo*, 8-VII-1957; *Architectural Review*, vol. 122, diciembre 1957.

44. El jurado estaba formado por Israel Pinheiro (presidente sin derecho a voto), un representante del Instituto de Arquitectos (Paulo Antunes Ribeiro), uno de la Asociación de Ingenieros (Horta Barbosa), dos nombres indicados por la NOVACAP (Oscar Niemeyer y su biógrafo Stamos Papadaki), y dos urbanistas extranjeros, William Holford y André Sive.

45. Cf. Evenson, 1973, p. 135

En el Parque de Ibirapuera, concebido para la conmemoración del IV Centenario de São Paulo, proyectó entre los bloques de exposición una gigantesca marquesina que articulaba las grandes dimensiones del parque. En uno de los bloques, hoy destinado a la Bienal de Arte de São Paulo, invirtió el esquema del enlosado en forma libre hacia el interior de un edificio con apariencia exterior de una caja convencional y creó un espacio interno sorprendente en el juego de rampas y planchas recortadas.

En Río de Janeiro, el Aterro do Flamengo retomó las experiencias de desmontes de los morros para ganar terreno al mar y dotar a la ciudad de un inmenso parque lineal costero, que para muchos es la obra prima de Burle Marx, y que se cierra, en el límite norte, con el excepcional Museu de Arte Moderna de Reidy (1954-67).

Brasilia: ocupación simbólica y económica del territorio

Juscelino Kubitschek afirmó una vez que "Brasilia no es una improvisación, es una maduración."[39] Propuesta en un principio durante la Inconfidencia Minera (1789), y reafirmada después de la independencia (1822), la idea de construcción de una nueva capital en el centro geográfico del país, quedó incorporada en la Constitución republicana de 1891. Retomada en los años veinte y treinta,[40] permaneció en el horizonte urbanístico y político, reforzada por las tan felices experiencias de creación de capitales regionales y de un gran número de nuevas ciudades.[41] El optimismo desarrollista, que tuvo su auge con la elección de Kubitschek como presidente de la República en 1956, parecía ser el caldo político y cultural necesario para ejecutar, finalmente, el antiguo proyecto nacional.[42]

A la convocatoria del edicto, publicado en septiembre de 1956, respondieron un total de 26 equipos, algunos formados con la colaboración de técnicos de otras especialidades, pero todos coordinados por arquitectos de carrera. Así, y a pesar de realizarse bajo una intensa polémica y algunas ausencias significativas,[43] el concurso puede ser considerado un momento de *summa* y reverificación de la experiencia urbanística acumulada por la arquitectura moderna en Brasil.

La divulgación del resultado, el 16 de marzo de 1957, premiaba por unanimidad, a excepción del voto por separado del representante del IAB,[44] la elección del anteproyecto de Lúcio Costa y distribuía los otros premios y menciones previstos.

Siete propuestas fueron premiadas. Aunque la mayoría de los críticos insista en la común inspiración racionalista y en la aplicación del principio de disposición funcional del espacio derivada de la Carta de Atenas, el análisis de los planos y las memorias muestra una significativa diversidad de referencias doctrinarias y de énfasis en las relaciones entre lugar, programa y trazado.

El quinto lugar fue dividido entre tres equipos: el de Henrique Mindlin y Giancarlo Palanti, el liderado por Artigas, Cascaldi, Camargo Almeida y Vieira da Cunha, y el equipo Construtécnica, organizado por Milton Ghiraldini.

Mindlin y Palanti presentaban tan sólo "un esbozo de dirección para el futuro desarrollo" de la ciudad, apoyado en dos grandes ejes, delimitando cuatro grandes sectores de viviendas en manzanas. A lo largo del sinuoso eje este-oeste se sucedían: el centro de gobierno, ministerios, el centro cívico y comercial, las embajadas y el palacio presidencial, en un esquema general que recuerda el aplicado por Le Corbusier en Chandigarh.[45]

La propuesta de Artigas, Cascaldi, Vieira da Cunha y Camargo Almeida estaba entre las que se preocupaban por enfatizar la dimensión de planificación urbana y regional, incorporando un gran número de asesores. El esquema general preveía el desarrollo del área residencial en supermanzanas de baja densidad y zonas de viviendas verticalizadas, distribuidas a lo largo de un gran eje este-oeste y un eje transversal articulando el centro gubernamental al norte y el núcleo comercial al sur. Elogiando el rigor del diagnóstico regional, el jurado remarcaba, como aspecto negativo, la baja densidad de viviendas. Construtécnica proponía un cinturón verde de pequeñas propiedades rurales y cuatro grandes sectores de viviendas circundando un área central que concentraba tanto los edificios gubernamentales y representativos como los equipamientos culturales, comerciales y de servicios.

El tercer y cuarto premios fueron divididos igualmente entre los equipos de los hermanos Roberto y Rino Levi. El proyecto presentado por Marcelo, Milton y Maurício Roberto, se destacaba tanto por la voluminosa memoria, que incluía un detallado plano director para todo el distrito federal, como por la sorprendente solución urbanística. La propuesta presentaba la ciudad como "metrópolis polinuclear", compuesta por siete Unidades Urbanas de 72.000 habitantes cada una. Destinada a albergar a cada uno de los sectores básicos de actividad de la ciudad y complementada por el sector gubernamental localizado en la orilla del lago. Estas Unidades Urbanas, que podrían llegar a 14, presentaban un diseño octogonal radiocéntrico, como ciudades ideales renacentistas. Para el representante inglés del jurado, todo eso indicaba "una excelente y comprensiva visión del desarrollo urbano, excepto en su objetivo fundamental. No era una idea para una ciudad capital."[46]

La propuesta del equipo liderado por Rino Levi es también sorprendente por razones diversas. Su proyecto es un *tour de force* visionario apoyado en la construcción de unidades de viviendas en gigantescos conjuntos de ocho torres interconectadas, cada una compuesta por cuatro unidades de veinte pisos, en un total de 300 metros de altura y con capacidad para albergar, en cada conjunto, 48.000 habitantes. Un complejo sistema de ascensores locales y veloces garantizaría la circulación vertical. Los dieciocho conjuntos rodeaban el centro gubernamental, horizontal y situado próximo al lago. A pesar de prever también "unidades extensivas de vivienda", con residencias unifamiliares y pequeños bloques en el cinturón de la ciudad, son las supertorres las que definen el perfil de la ciudad, anulando simbólica y espacialmente cualquier protagonismo del centro gubernamental.

La propuesta de Gonçalves, Millman y Rocha, galardonada con el segundo premio, centraliza la ocupación cercana al lago, aunque no establezca relación formal con el trazado de los márgenes. En un esquema rigurosamente geométrico y autocentrado, subraya la jerarquización de la ocupación, privilegiando el sector gubernamental, que funciona como referencia axial de todo el conjunto. Dos grandes sectores de viviendas para funcionarios gubernamentales están simétricamente dispuestos en conexión con el área institucional, y un tercero, destinado a los trabajadores del comercio y de la industria, se localiza entre los dos distritos respectivos, en la parte más elevada del terreno.

Se volvió casi legendaria la simplicidad y candidez del plano piloto presentado por Lúcio Costa. Sin estudios técnicos de apoyo, presentando una memoria que se refería a una serie numerada de croquis diseñados a mano, Costa afirmaba al principio de su memoria que "no pretendía competir", sino tan sólo presentar una idea que "surgió, por así decir, en un instante", pero que más adelante en el texto calificará como "intensamente pensada y resuelta". En la casi ostensiva modestia que se volvió parte de su persona, decía comparecer "como un simple *maquis* del urbanismo", que no pretendía proseguir en el desarrollo de la idea sino, eventualmente, "en calidad de mero asesor".[47]

Este *maquis* del urbanismo defendía la precedencia de su disciplina con vigor, afirmando que lo fundamental en ese momento era exactamente definir con claridad la concepción urbanística y no elaborar planes de desarrollo regional. Y se disponía a defender una ciudad capaz de atender satisfactoriamente las funciones propias de una ciudad moderna, "no sólo como *urbs*, sino como *civitas*, poseedora de los atributos inherentes a una capital." La ciudad-capital moderna, como la del pasado, afirmaba, tenía como

46. William Holford; Evenson, 1973, p 134.

47. Estas citaciones, como las siguientes, son de Costa, L.: "Relatório do Plano Piloto de Brasília", en *Brasilia, ciudad que inventé*. DPHA/Arquivo Público do Distrito Federal, Brasilia 1991.

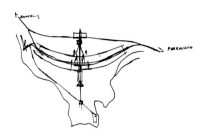

LÚCIO COSTA
Croquis para el concurso del Plano Piloto de
Brasilia, 1957

atributo fundamental su condición de ciudad monumental, "no en el sentido de ostentación, sino en el sentido de manifestación palpable, es decir, consciente de aquello que vale y significa."

Planteado el problema en estos términos, la solución se presentaría casi de manera natural. La "concepción urbanística de la ciudad", énfasis y no pleonasmo, "nació del gesto primario de quien señala un lugar o toma posesión de él: dos ejes cruzándose en ángulo recto, es decir, el propio signo de la señal de la cruz."

Lúcio Costa, consciente del valor y el significado de sus palabras, reafirmaba, con la concisión del gesto propuesto, la tradición lusitana de la implantación de la cruz, jalón de piedra destinado a registrar simbólicamente la posesión de las nuevas tierras conquistadas, el valor mítico del ángulo recto, decisivo en la poética de Le Corbusier y la carga simbólica del ritual fundacional de los dos ejes, el *cardo* y el *decumano* romanos.

En su propuesta para la capital moderna, el eje arqueado, vía de acceso a la ciudad, está marcado lateralmente, de norte a sur, por las supermanzanas residenciales, con la preocupación de garantizar la separación entre el tráfico motorizado y el peatonal, "sin llevar, con todo, tal separación a extremos esquemáticos y antinaturales."

En el cruce, a nivel, de los dos ejes, Costa proponía una gran plataforma construida donde se articulaba la estación de autobuses central, flanqueada por dos centros comerciales.

De este a oeste se desarrollaba un eje monumental, que presentaba a un extremo los edificios destinados a los poderes fundamentales de la república que, "al ser tres y autónomos, encontrarán en el triángulo equilátero, vinculado a la arquitectura de la más remota antigüedad, la forma elemental apropiada para contenerlos." A lo largo de la gran explanada, dispuesta en terraplén, se alinean los ministerios, empezando por los de Relaciones Exteriores y Justicia, y terminando por el de Educación, "a fin de estar cerca del sector cultural." En la continuación del eje monumental, cerrando la visión opuesta a la plaza de los Tres Poderes, la gran torre de televisión, que señala los sectores hoteleros, bancarios y de entretenimiento.

La visión de Costa, es él quien lo dice, buscaba una ciudad que "siendo monumental, fuera también cómoda, acogedora e íntima." Al mismo tiempo, "diseminada y concisa, bucólica y urbana, lírica y funcional."

Para el jurado, "innumerables proyectos presentados podrían ser descritos como demasiado desarrollados; el del número 22, al contrario, parece sumario. En realidad, sin embargo, explica todo lo que es necesario saber en esta fase, y omite todo lo que no tiene propósito."

Es posible, sin duda, atendiendo al mecanismo de funcionamiento de la ciudad, ver ahí, como buena parte de los críticos, una aplicación rigurosa de los principios del urbanismo funcional. Pero también es lícito verificar que cuando arqueamos el eje norte-sur, "a fin de contenerlo en el triángulo equilátero que define el área urbanizada", el trazado de la ciudad asume la forma de un avión con las alas ligeramente curvadas y la metáfora parece completarse, remitiendo a la idea de un territorio cuyas dimensiones sólo podrían ser conquistadas por el avión.

El nexo indisoluble entre proyecto arquitectónico e idea de construcción del país, entre propuesta urbanística y conquista del territorio, queda reforzada por las palabras finales del informe de Costa: "Brasilia, capital aérea y terrestre; ciudad parque. Sueño archisecular del Patriarca."[48] Y más todavía en la foto aérea de 1957, donde el gesto fundacional grabado en la selva virgen, no es el surco del arado de los bueyes sagrados de la liturgia romana, sino la marca de las gigantescas excavadoras con las que Brasil creía estar abriendo su camino hacia el futuro.

48. José Bonifácio de Andrade e Silva, llamado el Patriarca de la Independencia, propuso en 1823 la transferencia de la capital para Goiás y sugirió el nombre de Brasilia.

Gregori Warchavchik
Casa modernista, Rua Itápolis, São Paulo 1929
Fotografía, blanco y negro

GREGORI WARCHAVCHIK

Vivienda Luiz da Silva Prado (Casa de la calle Bahía): plano bajo del alzado principal, 1929
Papel vegetal, grafito, 54 x 74 cm
Biblioteca da Faculdade de Arquitectura e Urbanismo da Universidade de São Paulo

Vivienda Luiz da Silva Prado (Casa de la calle Bahía): vista de la calle Itápolis, 1930
Fotografía, blanco y negro, 24 x 30 cm
Biblioteca da Faculdade de Arquitectura e Urbanismo da Universidade de São Paulo

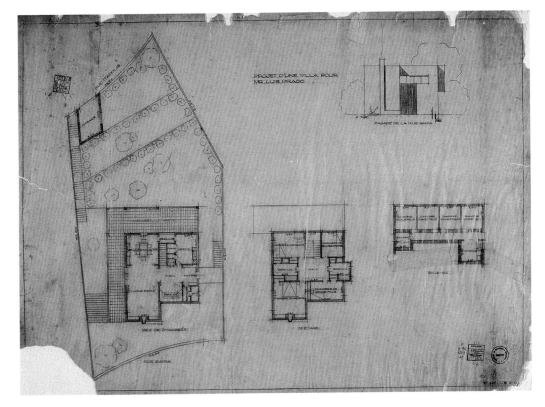

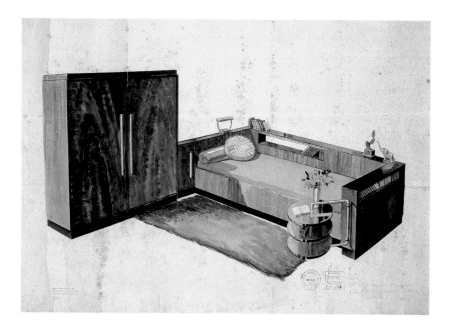

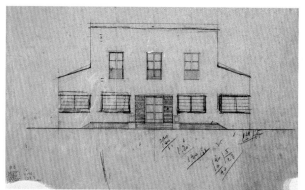

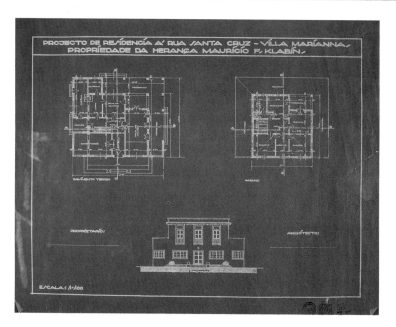

GREGORI WARCHAVCHIK

**Vivienda del arquitecto:
perspectiva del dormitorio**, São Paulo 1928
Papel de dibujo, acuarela, 36,5 x 50,5 cm
Biblioteca da Faculdade de Arquitectura e Urbanismo da
Universidade de São Paulo

**Vivienda del arquitecto: croquis del alzado
principal**, São Paulo 1927
Papel vegetal, grafito, 48 x 55,5 cm
Biblioteca da Faculdade de Arquitectura e Urbanismo da
Universidade de São Paulo

**Vivienda del arquitecto: alzado del plano de
la planta baja al primer piso**, São Paulo 1927
Papel de dibujo, heliografía, 58 x 74,5 cm
Biblioteca da Faculdade de Arquitectura e Urbanismo da
Universidade de São Paulo

Gregori Warchavchik

Vivienda Nordshild (Casa Modernista en Río de Janeiro): plano bajo del alzado principal, 1930
Papel vegetal, grafito, 58 x 67,5 cm
Biblioteca da Faculdade de Arquitectura e Urbanismo da
Universidade de São Paulo

Vivienda Nordshild, (Casa Modernista en Río de Janeiro): vista de la vivienda, 1931
Papel fotográfico, blanco y negro, 22,5 x 28,5 cm
Biblioteca da Faculdade de Arquitectura e Urbanismo da
Universidade de São Paulo

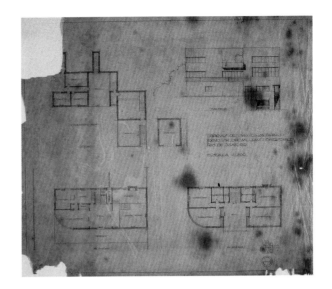

RINO LEVI

UFA Palace: perspectiva del alzado principal
São Paulo 1936
Papel vegetal, grafito, 67 x 71,3 cm
Biblioteca da Faculdade de Arquitectura e Urbanismo da
Universidade de São Paulo

Edificio Columbus: perspectiva del plano
São Paulo 1935
Papel vegetal, grafito, 53 x 111,5 cm
Biblioteca da Faculdade de Arquitectura e Urbanismo da
Universidade de São Paulo

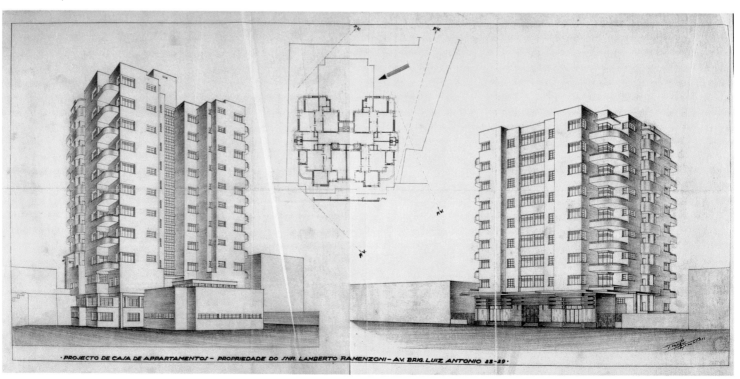

Gregori Warchavchik y Lúcio Costa

Conjunto de casas para obreros: vista del pasillo alzado, Gamboa, Río de Janeiro 1934
Fotografía, blanco y negro, 17 x 23 cm
Biblioteca da Faculdade de Arquitectura e Urbanismo da Universidade de São Paulo

Conjunto de casas para obreros: vista general
Gamboa, Río de Janeiro 1934
Fotografía, blanco y negro, 17 x 23 cm
Biblioteca da Faculdade de Arquitectura e Urbanismo da Universidade de São Paulo

Conjunto de casas para obreros: vista del conjunto, Gamboa, Río de Janeiro 1934
Fotografía, blanco y negro, 12 x 15 cm
Biblioteca da Faculdade de Arquitectura e Urbanismo da Universidade de São Paulo

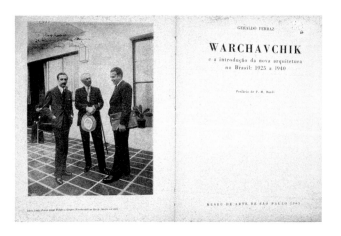

Geraldo Ferraz
Warchavchik e a introdução da nova arquitetura no Brasil: 1925 a 1940
(Warchavchik y la introducción de la nueva arquitectura en Brasil: 1925 a 1940), 1965
Libro con fotografía interior: Lúcio Costa, Frank Lloyd Wright y Gregori Warchavchik, Río de Janeiro 1931
Colección particular, São Paulo

Oscar Niemeyer
Guardería "Obra do Berço"
Lagoa, Río de Janeiro 1937
Fotografía de G.E.Kidder Smith, ca. 1942
61 x 51 cm
Corbis-Bettmann Internacional

1ª Vivienda del arquitecto en Gávea
Río de Janeiro 1939
Fotografía de G.E.Kidder Smith, ca. 1942
51 x 61 cm
Corbis-Bettmann Internacional

Luiz Nunes

**Escuela Rural Alberto Torres: estructura de la
rampa**, Recife, ca. 1935
Papel vegetal, 77,5 x 94 cm
Archivo Público del Estado de Pernambuco

**Hospital de la Brigada Militar: perspectiva y
perspectiva aérea**, Recife, ca. 1934
Papel vegetal, 44,5 x 75 cm y 52 x 80 cm
Archivo Público del Estado de Pernambuco

Depósito de agua de Olinda, 1936
Fotografía de G.E.Kidder Smith, ca. 1942, 51 x 61 cm
Corbis-Bettmann Internacional

Luiz Nunes y equipo
Laboratorio de Anatomía, Recife 1935
Fotografía de G.E.Kidder Smith, ca. 1942
51 x 61 cm
Corbis-Bettmann Internacional

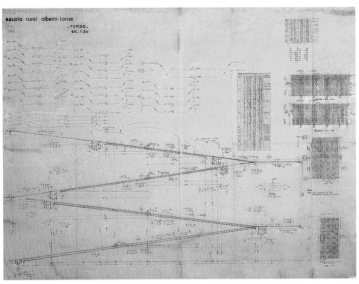

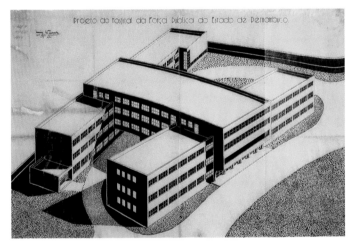

ROBERTO BURLE MARX

Jardín de la Casa Forte: perspectiva axial
Recife, ca. 1935
Dibujo, perspectiva axial, tinta china
sobre papel, 49 x 64 cm
Fondos de Burle Marx & Cia. Ltda

Plaza del Entroncamiento: perspectiva de la fuente, Recife, ca. 1936
Dibujo, tinta china sobre papel, 62 x 51 cm
Fondos de Burle Marx & Cia. Ltda

Plaza Euclides da Cunha: perspectiva del jardín, Recife, ca. 1935
Dibujo, perspectiva del jardín, tinta china
sobre papel, 38 x 54 cm
Fondos de Burle Marx & Cia. Ltda

Attilio Correa Lima y equipo

Estación de hidroaviones: vista desde el ventanal, Río de Janeiro 1937
Fotografía de G.E.Kidder Smith, ca. 1942
51 x 61 cm
Corbis-Bettmann Internacional

Estación de hidroaviones: vista del acceso
Río de Janeiro 1937
Fotografía de G.E.Kidder Smith, ca. 1942
51 x 61 cm
Corbis-Bettmann Internacional

Marcelo y Milton Roberto
Associação Brasileira de Imprensa (ABI):
vista interna del pasillo, Río de Janeiro 1936
Fotografía de G.E.Kidder Smith, ca. 1942
61 x 51 cm
Corbis-Bettmann Internacional

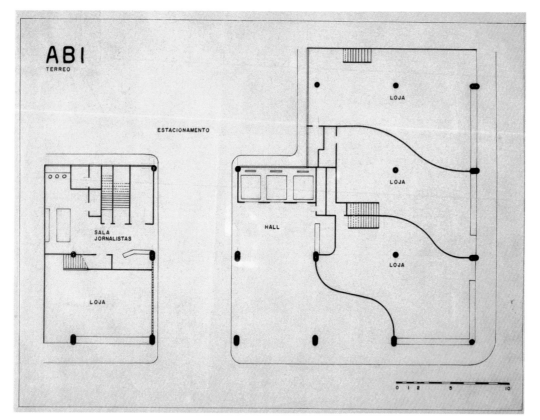

MARCELO Y MILTON ROBERTO
**Associação Brasileira de Imprensa (ABI):
plano bajo**, Río de Janeiro 1936
Plano, tinta china sobre papel vegetal
17,2 x 22,2 cm
MM Roberto Arquitectos

**Associação Brasileira de Imprensa (ABI):
plano del 6º piso**, Río de Janeiro 1936
Plano, tinta china sobre papel vegetal
16,8 x 22,2 cm
MM Roberto Arquitectos

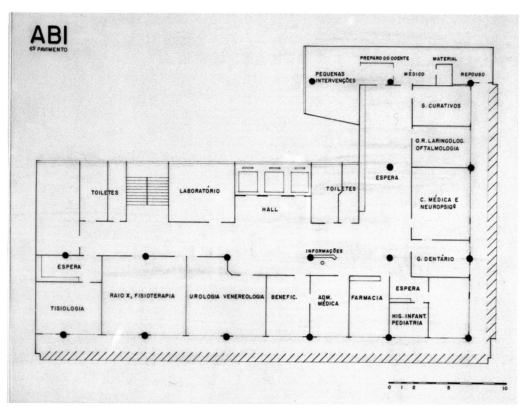

MARCELO Y MILTON ROBERTO
Associação Brasileira de Imprensa (ABI):
planta del 11º piso, Río de Janeiro 1936
Plano, tinta china sobre papel vegetal
17,2 x 23,3 cm
MM Roberto Arquitectos

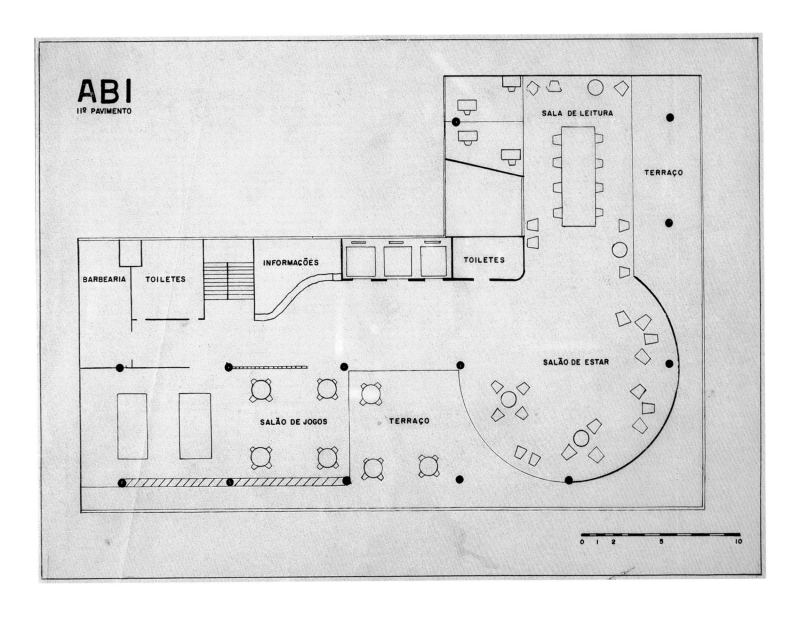

Philip L. Goodwin
Brazil Builds. Architecture New and old, 1652-1942 (Brasil construye. Nueva y vieja arquitectura, 1652-1942), 1943
Libro
Colección particular, São Paulo

BRAZIL BUILDS

ARCHITECTURE NEW AND OLD 1652-1942

BY PHILIP L. GOODWIN

PHOTOGRAPHS BY G. E. KIDDER SMITH

THE MUSEUM OF MODERN ART, NEW YORK, 1943

ÁLVARO VITAL BRASIL
Escuela Primaria Raul Vidal
Niterói, Río de Janeiro 1942
Fotografía de G.E.Kidder Smith, ca. 1942
51 x 61 cm
Corbis-Bettmann Internacional

CHARLES ÉDOUARD JEANNERET
(LE CORBUSIER)
**Projecto para la Ciudad Universitaria de la
Universidad de Brasil: perspectiva del plano
general**, Río de Janeiro 1936
Plano, copia heliográfica, 88 x 145 cm
ETU, Oficina Técnico-Universitária de la Universidade
Federal do Rio de Janeiro

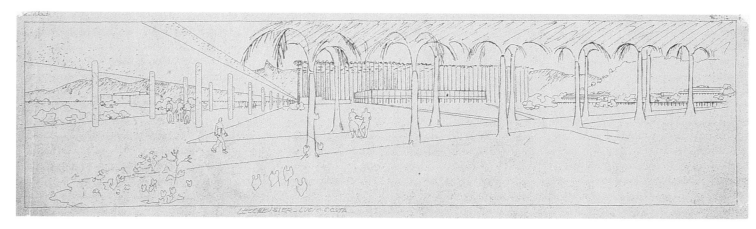

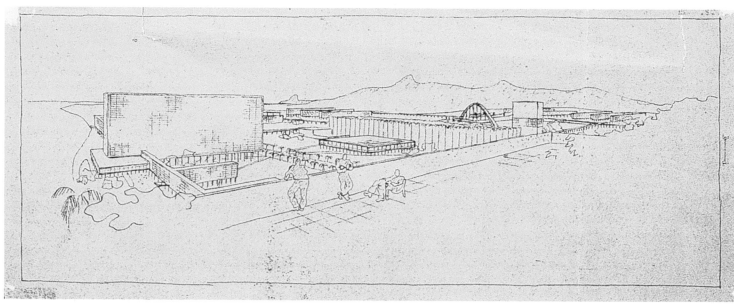

Roberto Burle Marx
Jardín suspendido del Ministerio de Educación y Salud Pública, 1937
Guache

Marcel Gautherot
Retrato de Roberto Burle Marx, ca. 1955
Fotografía, 24 x 24 cm
Instituto Moreira Salles

Roberto Burle Marx
Jardín del Ministerio de Educación y Salud Pública: vista aérea, Río de Janeiro 1939-45
Fotografía de Marcel Gautherot, ca. 1950
36 x 36 cm
Instituto Moreira Salles

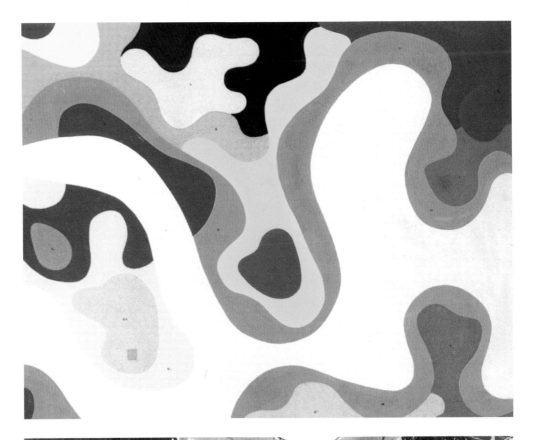

Lúcio Costa y equipo

Ministerio de Educación y Salud Pública: vista de las columnas, Río de Janeiro 1937-45
Fotografía de Marcel Gautherot, ca. 1950
36 x 36 cm
Instituto Moreira Salles

Ministerio de Educación y Salud Pública: vista de la terraza-jardín, Río de Janeiro 1937-45
Fotografía de Marcel Gautherot, ca. 1950
36 x 36 cm
Instituto Moreira Salles

Ministerio de Educación y Salud Pública: Persiana partesol de la fachada norte, Río de Janeiro 1937-45
Fotografía de G.E.Kidder Smith, ca. 1942
51 x 61 cm
Corbis-Bettmann Internacional

Ministerio de Educación y Salud Pública: vista de la fachada sur, Río de Janeiro 1937- 45
Fotografía de Marcel Gautherot, ca. 1950
36 x 36 cm
Instituto Moreira Salles

Ministerio de Educación y Salud Pública: vista del auditorio, Río de Janeiro 1937-45
Fotografía de G.E.Kidder Smith, ca. 1942
51 x 61 cm
Corbis-Bettmann Internacional

LÚCIO COSTA Y EQUIPO
Ministerio de Educación y Salud Pública:
vista general de la fachada norte
Río de Janeiro 1937-45
Fotografía de Marcel Gautherot, ca. 1950
48 x 36 cm
Instituto Moreira Salles

Oscar Niemeyer

Marquesina de la Casa de Baile, Conjunto de la Pampulha, Belo Horizonte 1942
Fotografía de Marcel Gautherot, ca. 1950
36 x 36 cm
Instituto Moreira Salles

Casino de Pampulha: vista del conjunto de la laguna, Belo Horizonte 1942
Fotografía de G.E.Kidder Smith, 1942
51 x 61 cm
Corbis-Bettmann Internacional

Casino de Pampulha: vista de la fachada principal, Belo Horizonte 1942
Fotografía de G.E.Kidder Smith, 1942
51 x 61 cm
Corbis-Bettmann Internacional

Oscar Niemeyer

Iglesia de San Francisco de Assis, vista de la fachada principal, Conjunto de la Pampulha
Belo Horizonte 1942
Fotografía de Marcel Gautherot, ca. 1950
36 x 40 cm
Instituto Moreira Salles

Iglesia de San Francisco de Assis con mural de azulejos de Cândido Portinari, Conjunto de la Pampulha, Belo Horizonte 1942
Fotografía de Marcel Gautherot, ca. 1950
36 x 36 cm
Instituto Moreira Salles

Oscar Niemeyer
Yatch Clube da Pampulha: vista de la fachada sur, Belo Horizonte 1942
Fotografía de Marcel Gautherot, ca. 1950
36 x 36 cm
Instituto Moreira Salles

Lúcio Costa
Park Hotel São Clemente: perspectiva de la fachada, Río de Janeiro 1945
Papel vegetal, tinta china, 51 x 75 cm
Oficina Balbi & Associados

Park Hotel São Clemente: fotografía del acceso al jardín, Río de Janeiro, ca. 1950
Fotografía de Julieta Sobral, 24 x 24 cm
Oficina Balbi & Associados

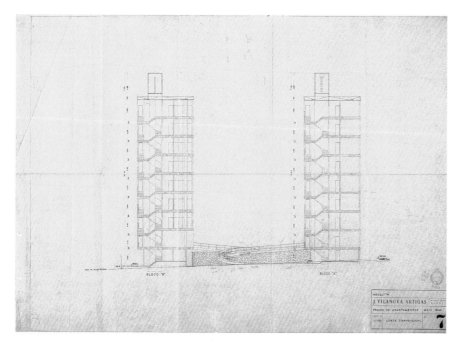

João Vilanova Artigas
Edifício Louveira/Alzado del bloque B, 1948
Papel manteca, tinta china y grafito, 59 x 84 cm
Biblioteca da Faculdade de Arquitectura e Urbanismo da
Universidade de São Paulo

Lina Bo Bardi
Museu de Arte de São Paulo (MASP), 1957
Fotografía anónima

Rino Levi

Teatro Cultura Artística: perspectiva del alzado, São Paulo 1943
Papel vegetal, grafito, 65 x 95 cm
Biblioteca da Faculdade de Arquitectura e Urbanismo da
Universidade de São Paulo

Edifício Prudência: perspectiva
São Paulo 1944
Papel vegetal, grafito, 66 x 80 cm
Biblioteca da Faculdade de Arquitectura e Urbanismo da
Universidade de São Paulo

Instituto Sedes Sapientae, São Paulo 1941
Fotografía de G.E.Kidder Smith, ca. 1942
61 x 51 cm
Corbis-Bettmann Internacional

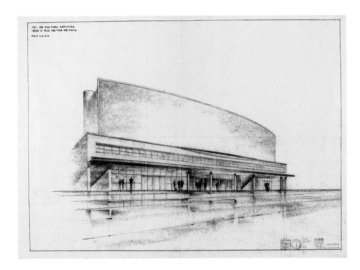

Abelardo Riedy de Souza
Edifício Três Marias: perspectiva
São Paulo 1952
Papel cartulina, guache, 99 x 89 cm
Biblioteca da Faculdade de Arquitectura e Urbanismo da
Universidade de São Paulo

Carlos Frederico Ferreira
Conjunto de viviendas sociales de Realengo:
vista de la fachada en construcción
Río de Janeiro 1942
Fotografía de G.E.Kidder Smith, 1942
61 x 51 cm
Corbis-Bettmann Internacional

OSCAR NIEMEYER

Centro Tecnológico de Aeronáutica: vista del acceso al alojamiento tipo A
São José dos Campos 1947
Fotografía de Marcel Gautherot, ca. 1950
36 x 36 cm
Instituto Moreira Salles

Centro Tecnológico de Aeronáutica: vista del acceso al alojamiento tipo C
São José dos Campos 1947
Fotografía de Marcel Gautherot, ca. 1950
36 x 36 cm
Instituto Moreira Salles

Centro Tecnológico de Aeronáutica: alojamiento tipo C, São José dos Campos 1947
Fotografía de Marcel Gautherot, ca. 1950
36 x 36 cm
Instituto Moreira Salles

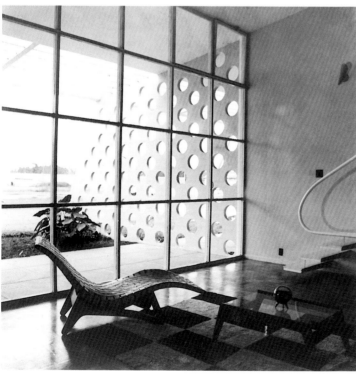

Oscar Niemeyer

Escuela Júlia Kubitschek, Diamantina 1951
Fotografía de Marcel Gautherot, ca. 1955
36 x 54 cm
Instituto Moreira Salles

**Retrato del arquitecto ante la vivienda de
Canoas**, Río de Janeiro 1955
Fotografía de Marcel Gautherot, 1955
36 x 36 cm
Instituto Moreira Salles

Oscar Niemeyer y Roberto Burle Marx
**Vivienda de Edmundo Cavanellas: vista de la
fachada y jardín**, Río de Janeiro
Fotografía de Marcel Gautherot, ca. 1955
36 x 54 cm
Instituto Moreira Salles

Oscar Niemeyer
Edifício Copan, 1951
Fotografía de Juca Martins, 1997, 12 x 36 cm
Instituto Moreira Salles

AFFONSO EDUARDO REIDY Y CÂNDIDO
PORTINARI
**Conjunto de viviendas Pedregulho: vista del
colegio y muro**, Río de Janeiro 1947-52
Fotografía de Marcel Gautherot, ca. 1954
36 x 36 cm
Instituto Moreira Salles

AFFONSO EDUARDO REIDY
**Conjunto de viviendas Pedregulho: vista del
colegio y bloque lineal**, Río de Janeiro 1947-52
Fotografía de Marcel Gautherot, ca. 1954
36 x 54 cm
Instituto Moreira Salles

Affonso Eduardo Reidy

Conjunto de viviendas Pedregulho: vista de la rampa del colegio, Río de Janeiro 1947-52
Fotografía de Marcel Gautherot, ca. 1954
36 x 36 cm
Instituto Moreira Salles

Conjunto de viviendas Pedregulho: bloque B, centro de salud y lavandería
Río de Janeiro 1947-52
Fotografía de Marcel Gautherot, ca. 1954
36 x 42 cm
Instituto Moreira Salles

ROBERTO BURLE MARX

**Jardín de la vivienda de Odette Monteiro:
planimetría colorida**, Río de Janeiro, ca. 1945
Planimetría coloreada, guache sobre papel
89,5 x 120 cm
Fondos de Burle Marx & Cia. Ltda

Jardín de la vivienda de Odette Monteiro
Río de Janeiro, ca. 1945
Fotografía de Marcel Gautherot, ca. 1951
36 x 36 cm
Instituto Moreira Salles

RINO LEVI Y ROBERTO BURLE MARX
Vivenda de Olivo Gomes: vista del jardín
São José dos Campos 1951
Fotografía de Marcel Gautherot, 1951
36 x 36 cm
Instituto Moreira Salles

LINA BO BARDI

Casa de Vidro. Lina Bo en la escalera de casa, 1951
Fotografía de Francisco Alburquerque, 1952
18 x 23 cm
Archivo Instituto Lina Bo e P.M. Bardi

Casa de Vidro. Vista general de la casa
São Paulo 1951
Fotografía de Peter C. Scheir, s.f.
23,5 x 30,5 cm
Archivo Instituto Lina Bo e P.M. Bardi

Lina Bo Bardi

Museo frente al Océano. Fotomontaje con la maqueta, 1951
Fotografía de Hans Gunter Flieg, 1951
18 x 24 cm
Archivo Instituto Lina Bo e P.M. Bardi

Museu de Arte de São Paulo (MASP). Estudio de la fachada con cristal, 1957
Acuarela y estilográfica, 33 x 47,5 cm
Archivo Instituto Lina Bo e P.M. Bardi

Museu de Arte de São Paulo (MASP). Estudio intermedio de la fachada, 1957
Tinta china, grafito y acuarela, 31,5 x 90 cm
Archivo Instituto Lina Bo e P.M. Bardi

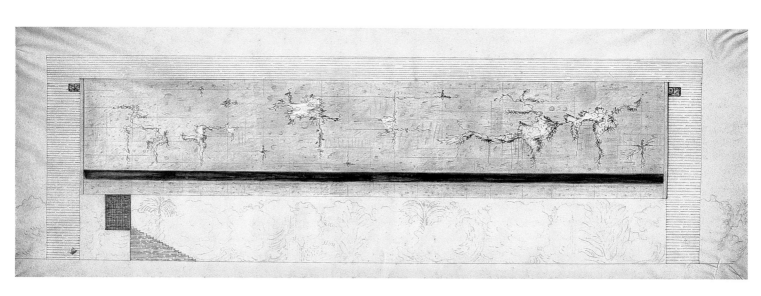

Lina Bo Bardi

Museu de Arte de São Paulo (MASP). Estudio de vegetación para el jardín, 1957
Lápiz de color y estilográfica, 15,5 x 24,8 cm
Archivo Instituto Lina Bo e P.M. Bardi

Caballete de hormigón y cristal, 1963
Croquis. Grafito, lápiz de color y pegamento
33,5 x 24 cm
Archivo Instituto Lina Bo e P.M. Bardi

Museu de Arte de São Paulo (MASP). Perspectiva del mirador con exposición ficticia, 1957
Tinta china, grafito y pegamento, 46,5 x 64,5 cm
Archivo Instituto Lina Bo e P.M. Bardi

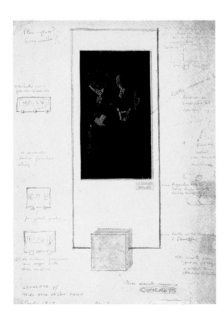

Affonso Eduardo Reidy

Museu de Arte Moderna (MAM): vista del Jardín de Piedras, Río de Janeiro 1953
Fotografía de Marcel Gautherot, ca. 1966
36 x 36 cm
Instituto Moreira Salles

Retrato del arquitecto frente al Museu de Arte Moderna (MAM), Río de Janeiro 1953
Fotografía de Marcel Gautherot, ca. 1966
36 x 36 cm
Instituto Moreira Salles

Museu de Arte Moderna (MAM): vista del anexo, Río de Janeiro 1953
Fotografía de Marcel Gautherot, ca. 1966
36 x 45 cm
Instituto Moreira Salles

ROBERTO BURLE MARX
Parque Ibirapuera, perspectiva parcial
São Paulo, ca. 1953
Tinta sobre duratex, 122 x 151,2 cm
Fondos de Burle Marx & Cia. Ltda

Roberto Burle Marx

Projecto paisajístico del aterramiento del Parque do Flamengo, Río de Janeiro 1953-67
Fotografía de Marcel Gautherot, ca. 1967
36 x 136 cm
Instituto Moreira Salles

Aterramiento del Parque do Flamengo: vistas aéreas, Río de Janeiro 1953-67
Fotografía de Marcel Gautherot, ca. 1967
36 x 36 cm
Instituto Moreira Salles

ROBERTO BURLE MARX
**Aterramiento del Parque do Flamengo: vista
aérea con Pão de Açúcar**, Río de Janeiro 1953-67
Fotografía de Marcel Gautherot, ca. 1967
36 x 36 cm
Instituto Moreira Salles

João Vilanova Artigas

Anteproyecto para el concurso del Plano Piloto de Brasilia y croquis del centro administrativo de las unidades vecinas, 1956-57
Papel manteca, lápiz de color, 50 x 69 cm
Biblioteca da Faculdade de Arquitetura e Urbanismo da Universidade de São Paulo

Anteproyecto para el concurso del Plano Piloto de Brasilia y croquis de la distribución zonal general, 1956-57
Papel manteca, lápiz de color, 50,5 x 70 cm
Biblioteca da Faculdade de Arquitetura e Urbanismo da Universidade de São Paulo

Marcelo, Milton y Maurício Roberto
Anteproyecto para el concurso del Plano Piloto de Brasilia: plano de una unidad urbana, s.f.
Plano, tinta china sobre papel vegetal
34,4 x 38,4 cm
MM Roberto Arquitectos, 1957

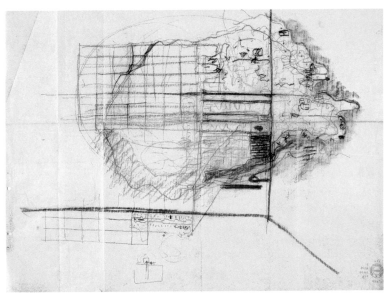

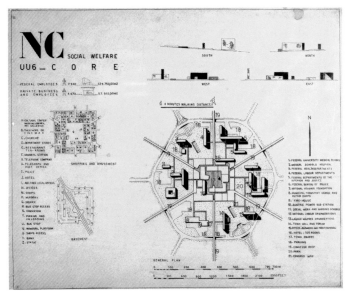

RINO LEVI

**Anteproyecto para el concurso del Plano
Piloto de Brasilia: plano del sector de
viviendas del centro de Brasilia**, 1956-57
Papel vegetal, tinta china, 87 x 106 cm
Biblioteca da Faculdade de Arquitectura e Urbanismo da
Universidade de São Paulo

**Anteproyecto para el concurso del Plano
Piloto de Brasilia: plano, alzado, sección y
perspectiva de la ciudad vertical**, 1956-57
Papel vegetal, grafito, 66,5 x 101,5 cm
Biblioteca da Faculdade de Arquitectura e Urbanismo da
Universidade de São Paulo

**Anteproyecto para el concurso del Plano
Piloto de Brasilia: plano general**, 1956-57
Papel vegetal, tinta china, 86 x 98 cm
Biblioteca da Faculdade de Arquitectura e Urbanismo da
Universidade de São Paulo

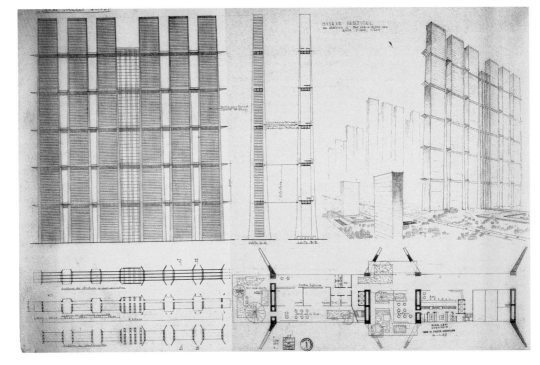

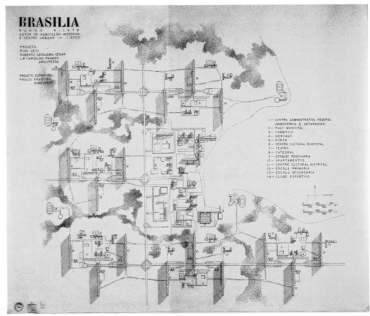

HENRIQUE MINDLIN
L'Architeture Moderne au Bresil
(La arquitectura moderna en Brasil), 1956
Libro
Colección particular, São Paulo

BORUCH MILMAN, JOÃO HENRIQUE ROCHA Y
NEY FONTES GONÇALVES
**Anteproyecto para el concurso del Plano
Piloto de Brasilia: plano del sector de
viviendas**, 1956-57
Tinta china sobre papel vegetal, 103 x 76 cm
Colección Boruch Milman

**Anteproyecto para el concurso del Plano
Piloto de Brasilia: plano general**, 1956-57
Tinta china sobre papel vegetal, 99 x 161 cm
Colección Boruch Milman

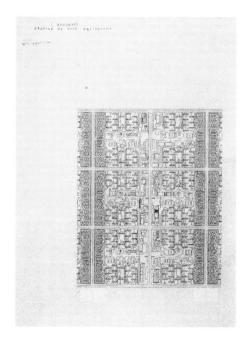

Lúcio Costa
Croquis manuscrito del Plan Piloto general.
Proyecto vencedor del concurso, 1956-57
Original desaparecido

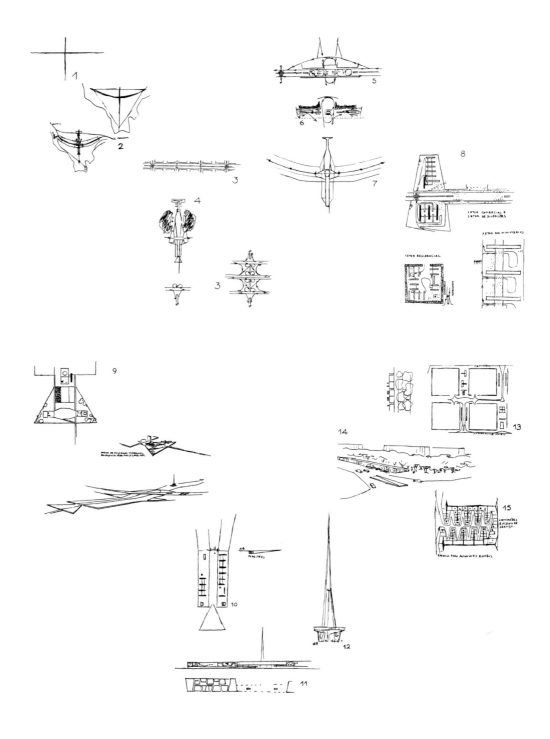

ÍNDICE DE OBRAS POR AUTORES

* Obras reproducidas no expuestas
** Obras expuestas no reproducidas

ARTES PLÁSTICAS

LÍVIO ABRAMO

Espanha (España), 1939-40
Xilograbado sobre papel, 19 x 23 cm
Biblioteca Guita y José Mindlin
Rep. pág. 119

Espanha (España), 1953
Xilograbado sobre papel, 13 x 25 cm
Biblioteca Guita y José Mindlin
Rep. pág. 119

Botânico (Botánico), 1953
Xilograbado sobre papel, 20 x 16 cm
Biblioteca Guita y José Mindlin
Rep. pág. 120

Paraguay, 1957
Xilograbado sobre papel, 40 x 20 cm
Biblioteca Guita y José Mindlin
Rep. pág. 120

Espanha (España), 1936
Xilograbado sobre papel, 13 x 19 cm
Biblioteca Guita y José Mindlin
Rep. pág. 121

**Meninas de Fábrica (Muchachas de fábrica), 1935
Xilograbado, 14,4 x 17,7 cm
Museu de Arte Moderna de São Paulo

TARSILA DO AMARAL

Retrato de Oswald de Andrade, 1923
Óleo sobre tela, 60 x 50 cm
Colección Marília de Andrade
Rep. pág. 62

Auto-Retrato (Autorretrato), 1924
Óleo sobre papel y tela, 38 x 32,5 cm
Acervo Artístico Cultural dos Palácios do Governo do Estado de
São Paulo/Brasil
Rep. pág. 62

A Caipirinha (La pueblerina), 1923
Óleo sobre tela, 60 x 81 cm
Colección particular
Rep. pág. 63

Sol poente (Puesta de sol), 1929
Óleo sobre papel, 54 x 65 cm
Colección Geneviève y Jean Boghici
Rep. pág. 64

Sono (Sueño), ca. 1928
Óleo sobre tela, 60,5 x 72,7 cm
Colección Geneviève y Jean Boghici
Rep. pág. 65

Abaporu (Antropófago), 1928
Óleo sobre tela, 85 x 73 cm
Fundación Eduardo F. Costantini, Buenos Aires
Rep. pág. 67

Operários (Obreros), 1933
Óleo sobre tela, 150 x 205 cm
Acervo Artístico Cultural dos Palácios do Governo do Estado de
São Paulo/Brasil
Rep. págs. 68 y 69

*Antropofagia, 1929
Óleo sobre tela, 126 x 142 cm
Colección José y Paulina Nemirovsky
Rep. pág. 29

GERALDO DE BARROS

Movimento X Movimento
(Movimiento X Movimiento), 1952
Esmalte sobre Kelmite, 60 x 60 cm
Colección Fabiana de Barros
Rep. pág. 136

VICTOR BRECHERET

Cabeça de Cristo (Cabeza de Cristo), 1919-20
Bronce, 32 x 14 x 24,2 cm
Colección de Artes Visuais do Instituto de
Estudos Brasileiros - USP
Rep. pág. 56

Cabeça (Inspiração) (Cabeza [Inspiración]), ca. 1923
Bronce, 24,5 x 19 x 27,7 cm
Museu de Arte Brasileira da FAAP, São Paulo
Rep. pág. 57

Deposição (Madona com Cristo)
(Descendimiento. Madona con Cristo), 1920
Bronce, 70 x 14 x 15 cm
Museu de Arte Brasileira da FAAP, São Paulo
Rep. pág. 57

O beijo (El beso), 1933
Mármol, 33 x 12 x 12 cm
Colección Sandra Brecheret Pellegrini
Rep. pág. 58

Banhista (Bañista), años 20
Mármol blanco, 60 x 26 x 35 cm
Colección Marta y Paulo Kuczynski
Rep. pág. 59

O Índio e a Suaçuapara (El indio y el ciervo), 1951
Bronce, 79,5 x 101,8 x 47,6 cm
Museu de Arte Contemporânea da Universidade de São Paulo
Rep. pág. 61

FLÁVIO DE CARVALHO

Viaduto Santa Ifigênia à noite
(Viaducto Santa Ifigenia de noche), 1934
Óleo sobre tela, 38 x 48 cm
Colección Orandi Momesso
Rep. pág. 104

Sem título (Sin título), 1947
Tinta china sobre papel, 46 x 64 cm
Colección Maria Lucia Cunha Campos dos Santos
Rep. pág. 104

Retrato do poeta italiano Ungaretti
(Retrato del poeta italiano Ungaretti), 1941
Óleo sobre tela, 110 x 97 cm
Galleria Nazionale d'Arte Moderna e Contemporanea, Roma
Rep. pág. 105

Paisagem mental (Paisaje mental), 1955
Óleo sobre tela, 74 x 91,5 cm
Colección Isaac Krasilchik
Rep. pág. 106

LOTHAR CHAROUX

Abstrato geométrico (Abstracto geométrico), 1952
Óleo sobre tela, 60,5 x 49 cm
Colección Adolpho Leirner
Rep. pág. 135

WALDEMAR CORDEIRO

Idéia visível (Idea visible), 1955
Tinta y masa sobre aglomerado, 60 x 61 cm
Colección Eugênio Pacelli Pires dos Santos

SALVADOR DALÍ

*Cannibalisme d'automme, 1936-37
Óleo sobre tela, 80 x 80 cm
Tate Gallery, Londres
Rep. pág. 25

THÉODORE DE BRY
(Frankfurt, 1590-1634)
*Historia Americae sive novi, Tertia Pars
Rep. pág. 28

EMILIANO DI CAVALCANTI
Samba, 1925
Óleo sobre tela, 175 x 154 cm
Colección Geneviève y Jean Boghici
Rep. pág. 70

Menina de Guaratinguetá
(Muchacha de Guaratinguetá), ca. 1929
Óleo sobre tela, 81 x 65 cm
Colección Sérgio S. Fadel
Rep. pág. 71

Cinco moças de Guaratinguetá
(Cinco jóvenes de Guaratinguetá), 1930
Óleo sobre tela, 94,5 x 75 cm
Museu de Arte de São Paulo Assis Chateaubriand
Rep. pág. 72

Mulata, 1938
Óleo sobre tela, 93 x 74 cm
Museu de Arte Brasileira da FAAP, São Paulo
Rep. pág. 73

Cena noturna (Escena Nocturna), ca. 1940
Óleo sobre tela, 55 x 46 cm
Colección Sérgio S. Fadel
Rep. pág. 74

A praia (La playa), 1944
Óleo sobre tela, 130 x 160 cm
Colección particular
Rep. pág. 75

CÍCERO DIAS
Sem título (Freiras e meninas)
(Sin título [Monjas y muchachas]), s.f.
Guache sobre papel, 48 x 66 cm
Colección particular
Rep. pág. 115

Eu vi o mundo... ele começava no Recife
(Yo vi el mundo... éste empezaba en Recife), 1926-29
Óleo sobre papel, 150 x 1250 cm
Colección Sr. y Sra. de Almeida Braga
Rep. págs. 116 y 117

Jogos (Juegos), 1928
Óleo sobre aglomerado, 55 x 50 cm
Museu de Arte Brasileira da FAAP, São Paulo
Rep. pág. 118

Vitrola (Gramola), 1928
Acuarela sobre papel, 40 x 27 cm

Colección de Artes Visuais do Instituto de
Estudos Brasileiros - USP
Rep. pág. 118

BRUNO GIORGI
Mulata, 1944
Terracota, 55 x 39 x 30 cm
Colección Marta y Paulo Kuczynski
Rep. pág. 126

Operários (Obreros), 1947
Bronce, 42 x 18 8,5 cm
Colección Isaac Krasilchik
Rep. pág. 126

São Jorge (San Jorge), 1953
Bronce, 106 x 97,5 x 56 cm
Museu de Arte Contemporânea da Universidade de São Paulo
Rep. pág. 127

OSWALDO GOELDI
Cabeça fantástica (Cabeza fantástica), ca. 1927
Xilograbado, 15 x 14,7 cm
Museu Nacional de Belas Artes, Río de Janeiro
Rep. pág. 122

Felino, ca. 1940
Xilograbado a color, 30 x 22,3 cm
Museu Nacional de Belas Artes, Río de Janeiro
Rep. pág. 123

Sem título (Sin título), s.f.
Dibujo, lápiz sobre papel, 30 x 21,5 cm
Colección Maria Lucia Cunha Campos dos Santos
Rep. pág. 122

"Tropischer Garten" (Jardim tropical)
(Jardín tropical), ca. 1930
Xilograbado, 14,6 x 15 cm
Museu Nacional de Belas Artes, Río de Janeiro
Rep. pág. 122

Noturno (Nocturno), ca. 1950
Xilograbado, 20,8 x 26,9 cm
Fondo Museu Nacional de Belas Artes, Río de Janeiro
Rep. pág. 123

Pesadelo (Pesadilla), ca. 1935
Xilograbado sobre papel, 18,5 x 14,5 cm
Fundación Biblioteca Nacional, Río de Janeiro
Rep. pág. 123

ANTÔNIO GOMIDE
Abajur (Pé) (Pie de lámpara), s.f.

Madera, 43 x 20 x 20 cm
Colección Adolpho Leirner
Rep. pág. 89

Arqueiro (Arquero), 1930
Acuarela sobre papel, 24 x 15,5 cm
Colección Fúlvia Leirner, São Paulo
Rep. pág. 90

Mulher Deitada (Mujer recostada), 1922
Óleo sobre tela, 50 x 60 cm
Acervo Artístico Cultural dos Palácios do Governo do Estado de
São Paulo/Brasil
Rep. pág. 91

Pierrô e Colombina (Pierrot y Colombina), ca. 1922
Acuarela sobre papel, 31,6 x 22 cm
Colección Rodolpho Ortemblad Filho
Rep. pág. 92

Ponte Saint-Michel (Puente Saint-Michel), 1923
Lápiz sobre papel, 35,5 x 21,4 cm
Museu de Arte Contemporânea da Universidade de São Paulo
Rep. pág. 92

Nu cubista (Desnudo cubista), 1930
Óleo sobre tela, 60,6 x 37,8 cm
Colección Gerard Loeb
Rep. pág. 93

MARCELO GRASSMANN
Sem título (Sin título), s.f.
Xilograbado sobre papel, 14,5 x 24 cm
Museu de Arte Moderna de São Paulo
Rep. pág. 130

Sem título (Sin título), 1957
Tinta china sobre cartón, 35,1 x 12,4 cm
Museu de Arte Moderna de São Paulo
Rep. pág. 130

Sem título (Sin título), 1957
Tinta china sobre cartón, 35,1 x 12,4 cm
Museu de Arte Moderna de São Paulo
Rep. pág. 130

Homem, mulher e criança
(Hombre, mujer y niño), 1944
Tinta china sobre papel, 22 x 16,1 cm
Colección de Artes Visuais do Instituto de Estudos Brasileiros -USP
Rep. pág. 131

Sem título (Sin título), 1958
Tinta china sobre papel, 28 x 24 cm
Colección Maria Lucia Cunha Campos dos Santos
Rep. pág. 131

Colección Marta y Paulo Kuczynski
Rep. pág. 114

CÂNDIDO PORTINARI

O sapateiro de Brodósqui
(El zapatero de Brodósqui), 1941
Témpera sobre tela, 187 x 177 cm
Museus Castro Maya IPHAN/MINC, Río de Janeiro
Rep. pág. 97

Marias, 1936
Óleo sobre tela, 58 x 72 cm
Colección Beatriz y Mário Pimenta Camargo
Rep. pág. 98

Mestiça (Mestiza), 1934
Óleo sobre tela, 46 x 38 cm
Museu de Arte Brasileira da FAAP, São Paulo
Rep. pág. 98

Nova York (Nueva York), 1940
Óleo sobre cartón pegado en madera, 44 x 37 cm
Colección Rodolpho Ortemblad Filho
Rep. pág. 98

Enterro na rede (Entierro en la red), 1944
Óleo sobre tela, 180 x 226 cm
Museu de Arte de São Paulo Assis Chateaubriand
Rep. pág. 99

VICENTE DO REGO MONTEIRO

Antropófago, 1921
Lápiz sobre papel, 38,5 x 14 cm
Colección Elza Ajzenberg
Rep. pág. 53

Cabeça de operário (Cabeza de obrero), 1923
Óleo sobre tela, 45 x 38 cm
Colección Adolpho Leirner
Rep. pág. 81

Nu com bola vermelha
(Desnudo con bola roja), 1927
Óleo sobre tela, 130 x 90 cm
Acervo Artístico Cultural dos Palácios do Governo do Estado de
São Paulo/Brasil
Rep. pág. 82

O Urso (El oso), 1925
Óleo sobre tela, 62 x 76 cm
Colección Geneviève y Jean Boghici
Rep. pág. 83

Tênis (Tenis), 1928
Óleo sobre tela, 100 x 82 cm

Acervo Artístico Cultural dos Palácios do Governo do Estado de
São Paulo/Brasil
Rep. pág. 84

O Combate (El combate), 1927
Óleo sobre tela, 130 x 132,5 cm
Musée de Grenoble
Rep. pág. 85

LUIZ SACILOTTO

Vibrações verticais (Vibraciones verticales), 1952
Esmalte sobre madera, 40 x 54 cm
Colección L. Biezus
Rep. pág. 137

CARLOS SCLIAR

Retrato de Letícia Lacerda, 1940
Óleo sobre tela, 63 x 48 cm
Colección Sebastião Lacerda
Rep. pág. 128

Auto-Retrato da FEB (Autorretrato de la FEB), 1945
Óleo sobre tela, 28,5 x 20 cm
Colección Gerard Loeb
Rep. pág. 129

LASAR SEGALL

Menino com lagartixas (Niño con lagartijas), 1924
Óleo sobre tela, 98 x 61 cm
Museu Lasar Segall - São Paulo
Ministério da Cultura do Brasil
Rep. pág. 77

Cabeça atrás da persiana
(Cabeza detrás de la persiana), 1928
Acuarela y guache sobre papel, 30,8 x 37,6 cm
Museu Lasar Segall - São Paulo
Ministério da Cultura do Brasil
Rep. pág. 78

Encontro (Encuentro), 1924
Óleo sobre tela, 66 x 54 cm
Museu Lasar Segall - São Paulo
Ministério da Cultura do Brasil
Rep. pág. 78

Pogrom, 1937
Óleo con arena sobre tela, 184 x 150 cm
Museu Lasar Segall - São Paulo
Ministério da Cultura do Brasil
Rep. pág. 79

Caboclas montadas (Mestizas a caballo), 1948
Óleo sobre tela, 62 x 50,6 cm

Museu de Arte Brasileira da FAAP, São Paulo
Rep. pág. 80

Jovem de cabelos compridos
(Joven de pelo largo), 1942
Óleo sobre tela, 65 x 50 cm
Museu Lasar Segall - São Paulo
Ministério da Cultura do Brasil
Rep. pág. 80

IVAN SERPA

Faixas ritmadas (Bandas rítmicas), 1953
Tinta industrial sobre aglomerado, 122 x 81,5 cm
Colección Adolpho Leirner
Rep. pág. 134

ALFREDO VOLPI

Circo, s.f.
Témpera sobre tela, 38 x 55 cm
Colección particular
Rep. pág. 107

Paisagem (Paisaje), década de 1940
Óleo sobre tela, 33 x 46 cm
Colección Marta y Paulo Kuczynski
Rep. pág. 107

Natureza morta (Naturaleza muerta), s.f.
Témpera sobre tela, 73 x 100 cm
Colección Marta y Paulo Kuczynski
Rep. pág. 108

Reunião à mesa (Reunión en la mesa), ca. 1943
Óleo sobre tela, 81,4 x 60,3 cm
Museu de Arte Contemporânea da Universidade de São Paulo
Rep. pág. 109

Bandeiras verdes sobre rosa
(Banderas verdes sobre rosa), 1957
Témpera sobre tela, 50 x 73 cm
Colección Adolpho Leirner
Rep. pág. 110

Casas, 1957
Óleo sobre tela, 116 x 73 cm
Museu de Arte Moderna da Bahia
Rep. pág. 111

ANATOL WLADYSLAW

Composição (Composición), 1952
Óleo sobre tela, 55 x 55 cm
Colección Adolpho Leirner
Rep. pág. 138

LITERATURA

OSWALD DE ANDRADE

*A crise da filosofia messiânica
(La crisis de la filosofía mesiánica), 1950
Colección Waldemar Torres
Rep. pág. 30

ANTÔNIO DE ALCÂNTARA MACHADO

Pathé Baby, 1926
Libro, ilustraciones de Paim, 20 x 15,5 cm, 225 p.
São Paulo, Hélios, 1926
Biblioteca Guita y José Mindlin
Rep. pág. 146 y 169

Laranja da China (Naranja de la China), 1928
Libro, 20 x 14 cm, 150 p.
São Paulo, Empreza Gráphica Limitada, 1928
Biblioteca Guita y José Mindlin
Rep. pág. 169

GUILHERME DE ALMEIDA

**Rua (Calle), 1961
Libro
São Paulo, Martins, 1961
Colección MJM, Madrid

JORGE AMADO

Cacáu (Cacao), Río de Janeiro, Ariel, 1933
Cubierta Santa Rosa
Libro, 13,5 x 19 cm, 197 p.
Colección Waldemar Torres
Rep. pág. 173

TARSILA DO AMARAL

Álbum de fotos de Tarsila do Amaral, ca. 1922-28
Álbum de fotos, 22 x 53,5 cm
Colección Thais Amaral Perroy
Rep. pág. 165

Catálogo da exposição de Tarsila do Amaral na Galerie Percier (Catálogo de la exposición de Tarsila do Amaral en la Galerie Percier), París, 1926
Catálogo, 23,2 x 15,5 cm, 12 p.
Colección Thales Estanislau do Amaral Sobrinho
Rep. pág. 167

Convite da exposição de Tarsila do Amaral. Galerie Percier (Invitación de la exposición de Tarsila do Amaral. Galerie Percier), París, 1926
Invitación, papel, 12,6 x 15,8 cm

Colección Thales Estanislau do Amaral Sobrinho
Rep. pág. 167

Fotografía de Tarsila do Amaral. Exposición Galerie Percier, junio de 1926
Fotografía, 21,8 x 16,7 cm
París
Archivo Mário de Andrade - Instituto de Estudos Brasileiros - USP
Rep. pág. 167

Saci-Pererê (Estudo Para Contracapa do Catálogo da Galerie Percier) (Duendecillo [Estudio para la contraportada del catálogo de la Galerie Percier]), 1925
Tinta china sobre papel, 21,5 x 17 cm
Colección Fúlvia Leirner
Rep. pág. 167

*Tribunal de menores
Ilustración del libro de Osório César, *Onde o proletariado,* … 1932
Librería A Sereia, São Paulo
Rep. pág. 147

TARSILA DO AMARAL Y OSWALD DE ANDRADE

**Manuscrito de Oswald con esbozo a lápiz de Tarsila de *A Caipirinha*
Cuaderno de dibujo
Colección Pedro Corrêa do Lago

MÁRIO DE ANDRADE

Macunaíma: o herói sem nenhum caráter
(Macunaíma: El héroe sin carácter), São Paulo, Oficina Gráfica Eugenio Cupolo, 1928
Libro, 14,5 x 12 cm, 283 p.
Colección Waldemar Torres
Rep. pág. 160

O losango cáqui ou os afetos militares de mistura com os porquês de eu saber alemão (El rectángulo caqui o los afectos militares junto con el porqué yo sé alemán), São Paulo, Casa Editora A. Tisi, 1926
Cubierta de Emiliano di Cavalcanti
Libro, 18,5 x 13 cm
Colección Waldemar Torres
Rep. pág. 162

O movimento modernista (El movimiento modernista), Río de Janeiro, Casa do Estudante do Brasil, 1942
Libro, 16,5 x 12 cm, 81 p.
Colección Waldemar Torres
Rep. pág. 163

Paulicea Desvairada (Paulicea enloquecida)
São Paulo, Casa Mayença, 1922

Cubierta Guilherme de Almeida, ilustraciones
Álvaro Moya
Libro, 19 x 14 cm
Colección Thales Estanislau do Amaral Sobrinho
Rep. pág. 163

*Silueta de Mário de Andrade, s.f.
Rep. pág. 144

OSWALD DE ANDRADE

O perfeito cozinheiro das almas deste mundo… (Diário coletivo da garçonnière de Oswald de Andrade) (El perfecto cocinero de las almas de este mundo… Diario colectivo del estudio de Oswald de Andrade), São Paulo, ExLibris, 1987 (orig. 1918)
Libro, 34,5 x 25 cm, 203 p.
Colección Jorge Schwartz
Rep. pág. 161

A Estrela do absyntho (La estrella de absenta)
São Paulo, Hélios, 1927
Cubierta de Victor Brecheret
Libro, 19,5 x 12,5 cm, 209 p.
Colección Waldemar Torres
Rep. pág. 162

Memórias sentimentaes de João Miramar
(Memorias sentimentales de João Miramar)
São Paulo, Ed. Independência, 1924
Cubierta de Tarsila do Amaral
Libro, 16 x 11,5 cm, 119 p.
Colección Waldemar Torres
Rep. pág. 162

Primeiro caderno do alumno de poesia
(Primer cuaderno del alumno de poesía), São Paulo
Editorial del Autor, 1927
Cubierta de Tarsila do Amaral
Ilustraciones internas de Oswald de Andrade
Libro, 26,8 x 22 cm
Colección Rui Moreira Leite
Rep. pág. 162

Pau Brasil (Palo Brasil), París, Sans Pareil, 1925
Cubierta e ilustraciones interiores de Tarsila do Amaral
Libro, 16,5 x 13 cm, 112 p.
Biblioteca do Instituto de Estudos Brasileiros-USP
Rep. pág. 166

**O homem e o cavalo (El hombre y el caballo)
São Paulo, Ed. do Autor, 1934
Libro, 18,5 x 12,8 cm
Colección Rui Moreira Leite

FOTOGRAFÍA

Fotografía, 3,9 x 6,5 cm
Archivo Mário de Andrade - Instituto de Estudos Brasileiros - USP

Assacaio. Na mão direita uma flor feito caximbo. Um grupo de flores Bicos-de-Araras na outra, 17-VI-27 (*Assacaio*. En la mano derecha una flor como si fuese una pipa. Un grupo de flores *Bicos-de-Araras* en la otra, 17 de junio de 1927)
Fotografía, 6,1 x 3,7 cm
Archivo Mário de Andrade - Instituto de Estudos Brasileiros - USP
Rep. pág. 220

**Bordo do Baependy/II-VIII-27/Equilíbrio (A bordo del Baependy/2 de agosto de 1927/Equilibrio), 2 de agosto de 1927
Fotografía, 3,7 x 6,1 cm
Archivo Mário de Andrade - Instituto de Estudos Brasileiros - USP

Bordo do São Salvador Junho-1927
(A bordo del São Salvador, junio de 1927)
Fotografía, 7,6 x 5,1 cm
Archivo Mário de Andrade - Instituto de Estudos Brasileiros - USP
Rep. pág. 215

**Catuiga/Pra Hager/Marmeleiros e/Facheiro
(*Catuiga/Pra Hager/*Membrilleros y/antochero)
Fotografía, 3,7 x 6,1 cm
Archivo Mário de Andrade - Instituto de Estudos Brasileiros - USP

Cícero Dias/II-1929, febrero de 1929
Fotografía, 6,1 x 3,7 cm
Archivo Mário de Andrade - Instituto de Estudos Brasileiros - USP
Rep. pág. 226

Cícero Dias no Engenho dele/II-1929
(Cícero Dias en su plantación/febrero de 1929)
Fotografía, 6,1 x 3,7 cm
Archivo Mário de Andrade - Instituto de Estudos Brasileiros - USP
Rep. pág. 226

Eu tomado de acesso de heroísmo peruano 21-VI-27
(Yo cogido en un ataque de heroísmo peruano 21 de junio de 1927)
Fotografía, 6,1 x 3,7 cm
Archivo Mário de Andrade - Instituto de Estudos Brasileiros - USP
Rep. pág. 220

*Fazenda São Francisco VI-1931
(Hacienda San Francisco junio de 1931)
Fotografía, 3,7 x 6,1 cm
Archivo Mário de Andrade - Instituto de Estudos Brasileiros - USP
Rep. pág. 221

**"Grades espirituais/Museu Goeldi/Belém 21-Maio 1927/ Menotti, Plínio, Cassiano e o autor"
("Rejas espirituales/Museo Goeldi/Belén, 21 de Mayo de 1927/ Menotti, Plínio, Cassiano y el autor"), 21 de mayo de 1927

Fotografía, 3,7 x 6,1 cm
Archivo Mário de Andrade - Instituto de Estudos Brasileiros - USP

*Igreja de Itaquerê, III-1930
(Iglesia de Itaqueré, marzo de 1930)
Fotografía, 3,7 x 6,1 cm
Archivo Mário de Andrade - Instituto de Estudos Brasileiros - USP
Rep. pág. 224

Jangadas de mogno encostando no São Salvador/Pra embarcar. Nanay, 23-Junho-1927, Perú/Vitrolas futuras (Balsas de caoba acercándose al São Salvador/Para embarcar. Nanay, 23 de junio de 1927, Perú/Gramófonos futuros)
Fotografía, 6,1 x 3,7 cm
Archivo Mário de Andrade - Instituto de Estudos Brasileiros - USP
Rep. pág. 221

**Maloca Huitota/Por trás Nanay 23-VI-27
(Aldea indígena Huitota/Por detrás de Nanay 23 de junio de 1927), 23 de junio de 1927
Fotografía, 3,7 x 6,1 cm
Archivo Mário de Andrade - Instituto de Estudos Brasileiros - USP

**Martins, s.f.
Fotografía, 3,7 x 6,1 cm
Archivo Mário de Andrade - Instituto de Estudos Brasileiros - USP

Na lagoa do Amanium/Perto do Igarapé de Barcarena/Manaus 7-VI-27/Minha obra prima
(En la laguna de Amanium/Cerca del Igarapé de Barcarena/Manaos 7 de junio de 1927/Mi gran obra)
Fotografía, 6,1 x 3,7 cm
Archivo Mário de Andrade - Instituto de Estudos Brasileiros - USP
Rep. pág. 218

**Natal 5-I-29 (Navidad 5 de enero de 1929), 5 de enero de 1928
Fotografía, 3,7 x 6,1 cm
Archivo Mário de Andrade - Instituto de Estudos Brasileiros - USP

**No Coqueiro "Bom Pasar"
(En el cocotero "Pasarlo bien")
Fotografía, 3,7 x 6,1 cm
Archivo Mário de Andrade - Instituto de Estudos Brasileiros - USP

No Lago do Amanium/Arredores de Manaus 7-VI-27
(En el Lago de Amanium/Alrededores de Manaus 7 de junio de 1927)
Fotografía, 6,1 x 3,7 cm
Archivo Mário de Andrade - Instituto de Estudos Brasileiros - USP
Rep. pág. 219

*Olinda/Fev 1929 (Olinda/febrero de 1929)
Fotografía, 6,1 x 3,7 cm
Archivo Mário de Andrade - Instituto de Estudos Brasileiros - USP
Rep. pág. 224

*O sítio se chamava Felicidade, 9-VI-27 Solimões/A poesia de Einstein (El lugar se llamaba Felicidad, 9 de junio de 1927 Solimões/La poesía de Einstein)
Fotografía, reproducción, 3,7 x 6,1 cm
Archivo Mário de Andrade - Instituto de Estudos Brasileiros - USP
Rep. pág. 217

Passeio do Chapéu Virado, o Forde Empacou/Belém 22 de Maio 1927/Non Ducor, Duco (Paseo *Chapéu Virado*, el Ford se atascó/ Belén 22 de mayo de 1927/*Non Ducor, Duco*)
Fotografía, 3,7 x 6,1 cm
Archivo Mário de Andrade - Instituto de Estudos Brasileiros - USP
Rep. pág. 216

Praia do Chapéu Virado, Belém/Maio1927/nº 46: Mário de Andrade na praia em traje preto de banho (Playa *Chapéu Virado*, Belén/Mayo de 1927/nº 46: Mário de Andrade en la playa con bañador negro)
Fotografía, reproducción, 3,7 x 6,1 cm
Archivo Mário de Andrade - Instituto de Estudos Brasileiros - USP
Rep. pág. 216

**Queda do/Tarumã grande proximidades de Manaus Rio Negro 21-VII-27 sol nenhum de dia nublado 15 e 30 [Queda d'água] (Cascada del Tarumã grande proximidades de Manaus, Río Negro, 21 de julio de 1927, nada de sol día nublado, 15 y 30. Cascada de agua), 21 de julio de 1927
Fotografía, 3,7 x 6,1 cm
Archivo Mário de Andrade - Instituto de Estudos Brasileiros - USP

Rio Madeira. Retrato da minha sombra trepada no toldo do Vitória, Julho 1927. Que-dê o poeta? (Río Madeira. Retrato de mi sombra encaramada en el toldo del Victoria, julio 1927. ¿Dónde está el poeta?)
Fotografía, 6,1 x 3,7 cm
Archivo Mário de Andrade - Instituto de Estudos Brasileiros - USP
Rep. pág. 223

*Roupas freudianas, Fortaleza 5-VIII-27 Fotografia Refoulenta Refoulement (Ropas freudianas, Fortaleza 5 de agosto de 1927, Fotografía *Refoulenta Refoulement*)
Fotografía, 3,7 x 6,1 cm
Archivo Mário de Andrade - Instituto de Estudos Brasileiros - USP
Rep. pág. 225

*Rua Nova, Recife II-29/Da minha janela de hotel (Calle Nueva, Recife febrero de 1929/Desde mi ventana del hotel)
Fotografía, 6,1 x 3,7 cm
Archivo Mário de Andrade - Instituto de Estudos Brasileiros - USP
Rep. pág. 224

*Santa Tereza do Alto/12-X-27. Oswald de Andrade na varanda (Santa Teresa del Alto/12 de octubre de 1927. Oswald de Andrade en el balcón)

Fotografía, 8,7 x 6,1 cm
Archivo Mário de Andrade - Instituto de Estudos Brasileiros - USP
Rep. pág. 227

**Sertão do Seridó/Chique-Chique
(Sertón de Seridó/*Chique-Chique*)
Fotografía, 3,7 x 6,1 cm
Archivo Mário de Andrade - Instituto de Estudos Brasileiros - USP

*Sombra minha, Santa Tereza do Alto/1-I-1927
(Sombra mía, Santa Teresa del Alto, 1 de enero de 1927)
Fotografía, 6,1 x 3,7 cm
Archivo Mário de Andrade - Instituto de Estudos Brasileiros - USP
Rep. pág. 222

Veneza/Em Santarém/Junho 1927 (É o hotel) 31 de Maio/To be or not to be Veneza/Eis aqui estão ogivas de/Santarém (Venecia/En Santarém/Junio 1927 (Es el hotel) 31 de Mayo/To be or not to be Venecia/He aquí ojivas de Santarém)
Fotografía, 6,1 x 3,7 cm
Archivo Mário de Andrade - Instituto de Estudos Brasileiros - USP
Rep. pág. 217

**Vista do forte (Vista del fuerte), 13 de mayo de 1927
Fotografía, 3,7 x 6,1 cm
Archivo Mário de Andrade - Instituto de Estudos Brasileiros - USP

Vista panorâmica-Montagem de 5 fotos (3,7 x 6,1 cm)
(Vista panorámica-Montaje de 5 fotos [3,7 x 6,1 cm]), s.f.
Fotografía, 2,8 x 20 cm
Archivo Mário de Andrade - Instituto de Estudos Brasileiros - USP
Rep. pág. 217

**Condução em Belém/26 de Maio 1927 (Vehículo en Belén/26 de mayo de 1927), 26 de mayo de 1927
Fotografía, 3,7 x 6,1 cm
Archivo Mário de Andrade - Instituto de Estudos Brasileiros - USP

Geraldo de Barros
Sin título (Sevilla), 1951
Gelatina de plata sobre papel, 30 x 30 cm
Copia moderna, 1977
Musée de L'Élysée, Lausana
Rep. pág. 254

Abstracción (Estación de São Paulo), 1949
Gelatina de plata sobre papel, 28,5 x 28,5 cm
Copia de época
Musée de L'Élysée, Lausana
Rep. pág. 254

Abstracción (São Paulo), 1949
Gelatina de plata sobre papel, 37,5 x 27,5 cm

Copia de época
Musée de L'Élysée, Lausana
Rep. pág. 255

Sin título (São Paulo, serie Fotoformas), 1950
Gelatina de plata sobre papel, 31 x 30,5 cm
Copia moderna, 1977
Musée de L'Élysée, Lausana
Rep. pág. 256

Movimiento giratorio (São Paulo, serie Fotoformas), 1949
Gelatina de plata sobre papel, 29 x 28,5 cm
Copia moderna, 1999
Musée de L'Élysée, Lausana
Rep. pág. 256

Sin título (São Paulo, serie Fotoformas), 1949
Gelatina de plata sobre papel, 31 x 27,5 cm
Copia de época
Musée de L'Élysée, Lausana
Rep. pág. 257

Sin título (São Paulo), 1949
Gelatina de plata sobre papel, 26,5 x 38 cm
Copia de época
Musée de L'Élysée, Lausana
Rep. pág. 258

Sin título (São Paulo), 1949
Gelatina de plata sobre papel, 40 x 30 cm
Copia moderna, 1977
Musée de L'Élysée, Lausana
Rep. pág. 259

Sin título (Granada), 1951
Gelatina de plata sobre papel, 40 x 30 cm
Copia moderna, 1977
Musée de L'Élysée, Lausana
Rep. pág. 260

Autorretrato (São Paulo, serie Fotoformas), 1949
Gelatina de plata sobre papel, 24 x 18 cm
Copia moderna, 1999
Colección Fabiana de Barros
Rep. pág. 261

Marcel Gautherot
Retrato. Rio São Francisco, ca. 1950
Fotografía, 30 x 30 cm
Instituto Moreira Salles, São Paulo
Rep. pág. 228

Casamento (Boda), ca. 1950
Fotografía, 30 x 30 cm
Instituto Moreira Salles, São Paulo
Rep. pág. 229

Homem reclinado em uma carranca de proa
(Hombre recostado en un mascarón de proa), ca. 1946
Fotografía, 30 x 30 cm
Instituto Moreira Salles, São Paulo
Rep. pág. 229

Homem com chapéu (Puxada do Xaréu)
(Hombre con sombrero [Pesca]), ca. 1960
Fotografía, 30 x 30 cm
Instituto Moreira Salles, São Paulo
Rep. pág. 230

Procissão. Nosso Senhor dos Navegantes
(Procesión. Nuestro Señor de los Navegantes), ca. 1950
Fotografía, 30 x 30 cm
Instituto Moreira Salles, São Paulo
Rep. pág. 231

Puxada do Xaréu. Pesca com rede (Pesca con red), ca. 1960
Fotografía, 30 x 30 cm
Instituto Moreira Salles, São Paulo
Rep. pág. 231

Menina na escadaria. Igreja Nosso Senhor do Bonfim (Niña en la escalinata. Iglesia Nosso Senhor do Bonfim), ca. 1955
Fotografía, 30 x 30 cm
Instituto Moreira Salles, São Paulo
Rep. pág. 232

Ritual. Lavagem das escadarias. Igreja Nosso Senhor do Bonfim (Ritual. Lavado de las escalinatas. Iglesia Nosso Senhor do Bonfim), ca. 1950
Fotografía, 30 x 30 cm
Instituto Moreira Salles, São Paulo
Rep. pág. 233

Jangadas e elevador Lacerda (Balsas y ascensor Lacerda) ca. 1950
Fotografía, 30 x 30 cm
Instituto Moreira Salles, São Paulo
Rep. pág. 234

Vista da cidade (Vista de la ciudad), ca. 1957
Fotografía, 30 x 30 cm
Instituto Moreira Salles, São Paulo
Rep. pág. 234

Autoretrato (Autorretrato), ca. 1945
Fotografía, 24 x 24 cm
Instituto Moreira Salles, São Paulo
Rep. pág. 235

Jean Manzon
*"Café do Brasil", ca. 1950

MÚSICA

Fotografía de Lamartine Babo con Getúlio Vargas, década de 1930
Gelatina de plata
Museu da Imagem e do Som, Rio de Janeiro
Rep. pág. 317

Camargo Guarnieri (a la izquierda) con Bronvislau Horowitz, 1952
Gelatina de plata, 18 x 24,5 cm
Colección Archivo Bricio de Abreu / Fundación Biblioteca Nacional, Río de Janeiro
Rep. pág. 318

Francisco Mignone con su esposa Maria Josefina, s.f.
Gelatina de plata
Museu da Imagem e do Som, Rio de Janeiro
Rep. pág. 317

Ernesto Nazareth posando en el coche en São Paulo, 1926
Gelatina de plata, 11,5 x 17 cm
Fundación Bibloteca Nacional, Rio de Janeiro
Rep. pág. 316

Retrato de Ernesto Nazareth, 1930
Gelatina de plata, 17,5 x 11,5 cm
Fundación Biblioteca Nacional, Río de Janeiro
Rep. pág. 316

Fotografía de Villa-Lobos con Edgar Varèse en París, 1927
Gelatina de plata, 17 x 11,5 cm
Colección J.C. Andrade Muricy / Fundación Biblioteca Nacional, Río de Janeiro
Rep. pág. 310

Fotografía de Villa-Lobos con Tomás Terán soltando una cometa en París, 1923-27
Gelatina de plata, 21,5 x 30 cm
Fundación Biblioteca Nacional, Río de Janeiro
Rep. pág. 310

Villa-Lobos dirigiendo con batuta en el Estadio Vasco de Gama, década de 1940
Gelatina de plata, 24 x 18 cm
Fundación Biblioteca Nacional, Río de Janeiro
Rep. pág. 314

Villa-Lobos al piano con *reco-reco*, s.f.
Gelatina de plata, 21,5 x 30 cm
Fundación Biblioteca Nacional, Río de Janeiro
Rep. pág. 315

Villa-Lobos tocando una *cuíca*, s.f.
Gelatina de plata, 30 x 21,5 cm
Colección Archivo Bricio de Abreu / Fundación Biblioteca Nacional, Rio de Janeiro
Rep. pág. 310

Villa-Lobos con Tomás Terán y amigos, s.f.
Gelatina de plata, 18 x 24cm
Fundación Biblioteca Nacional, Río de Janeiro

Retrato de Villa-Lobos con Ari Barroso, s.f.
Fotografía
Museu da Imagem e do Som, Rio de Janeiro
Rep. pág. 315

**Fotografia de Villa-Lobos, 1941
Fotografía
Archivo Mário de Andrade - Instituto de Estudos Brasileiros - USP

MÁRIO DE ANDRADE

Programa de concerto de Villa-Lobos no Teatro Municipal do Rio de Janeiro (Programa del concierto de Villa-Lobos en el Teatro Municipal do Río de Janeiro), 1922
Programa
Archivo Mário de Andrade - Instituto de Estudos Brasileiros - USP
Rep. pág. 309

Ensaio sobre música brasileira
(Ensayo sobre música brasileña), 1928, 1ª ed.
Libro
Biblioteca Guita y José Mindlin
Rep. pág. 309

LAMARTINE BABO

Teu cabelo não nega (Tu pelo no lo niega), 1932
Partitura manuscrita autógrafa (manuscrito original), 32 x 23 cm, 3 p.
Fundación Biblioteca Nacional, Río de Janeiro
Rep. pág. 317

CAMARGO GUARNIERI

Vai, Azulão (Ve, pájaro azulón), s.f.
Partitura manuscrita autógrafa, manuscrito original, 32 x 24 cm, 4 p.
Colección Alexandre Glinsky / Fundación Biblioteca Nacional, Río de Janeiro
Rep. pág. 318

TOM JOBIM Y VINÍCIUS DE MORAES

Brasília sinfonia da alvorada, 1961
Disco (LP), 31 x 30 cm
Colección Waldemar Torres
Rep. pág. 320

FRANCISCO MIGNONE

3ª Fantasia Brasileira para piano e orquestra de cordas, 1934

Partitura manuscrita autógrafa, manuscrito original, 37,5 x 27,5 cm, (39 p.)
Fundación Biblioteca Nacional, Río de Janeiro
Rep. pág. 317

ERNESTO NAZARETH

**Improviso, estudo de Concerto (Improvisación, estudio de concierto), 1930
Partitura manuscrita autógrafa, manuscrito original, 33 x 23,5 cm, 6 p.
Fundación Biblioteca Nacional, Río de Janeiro

Improviso, Estudo de Concerto, 1962
Edición impresa, facsímil, original de 1930, partitura con dedicatoria impresa, 33 x 24 cm, 5 p.
Fundación Biblioteca Nacional, Río de Janeiro
Rep. pág. 316

HEITOR VILLA-LOBOS

**Bachianas Brasileiras nº 4
(*Bachianas* brasileñas nº 4) (Preludio, 1941), 1941
Partitura
Museu Villa-Lobos, Rio de Janeiro

**Melodia da montanha
(Melodía de la montaña), 1946
Partitura, manuscrito original y diagrama de la melodía
Museu Villa-Lobos, Rio de Janeiro

**Sonata nº2 (Sonata nº 2), 1919
Manuscrito original
Museu Villa-Lobos, Rio de Janeiro

**Quator. Quarteto simbólico
(Quator. Cuarteto simbólico), 1921
Manuscrito original
Museu Villa-Lobos, Rio de Janeiro

**Noneto, 1923
Manuscrito original
Museu Villa-Lobos, Rio de Janeiro

Choros nº 1, 1920
Partitura, 1ª ed.
Museu Villa-Lobos, Rio de Janeiro
Rep. pág. 308

Choros nº 2, 1924
Partitura, 1ª ed.
Museu Villa-Lobos, Rio de Janeiro
Rep. pág. 308

**Descobrimento do Brasil
(Descubrimiento de Brasil), 1937

Partitura, 1ª ed.
Museu Villa-Lobos, Río de Janeiro

Bachianas Brasileiras nº 5 (aria, 1938),
Manuscrito original
Museu Villa-Lobos, Río de Janeiro
Rep. pág. 311

New York Skyline Melody
(Melodía del horizonte de Nueva York), 1939
Partitura, manuscrito original
Museu Villa-Lobos, Río de Janeiro
Rep. pág. 315

Canto orfeônico, vol. 1 e 2, 1940
Partitura
Museu Villa-Lobos, Río de Janeiro
Rep. pág. 315

Guia prático (Guía práctica), 1932
Partitura
Museu Villa-Lobos, Río de Janeiro
Rep. pág. 310

Série de fotos do Manossolfa, década de 1930
Fotografías de Villa-Lobos, 18 x 12 cm y 12 x 9 cm
Museu Villa-Lobos, Río de Janeiro
Rep. pág. 312 y 313

**Padre Francisco. Guia prático
(Padre Francisco. Guía práctica), s.f., nº 8, 1935
Partitura, manuscrito original con letra manuscrita
autógrafa, 32,5 x 23,5 cm
Fundación Biblioteca Nacional, Río de Janeiro

O trambolho do mundo (sem a bomba atômica)
(El tropiezo del mundo; sin la bomba atómica), 1948
Tarjeta, 15 x 16 cm
Archivo Histórico do Rio Grande do Sul, Porto Alegre
Rep. pág. 311

PRODUCCIÓN DE SONIDO PARA LA EXPOSICIÓN

Lamartine **Babo**
História do Brasil, 1934

Ari **Barroso**
Aquarela do Brasil, 1939
Intérprete: Francisco Alves

No tabuleiro da baiana , 1936
Intérprete: Carmem Miranda e Luís Barbosa

Teu Cabelo não nega, 1932
Intérprete: Carlos Barboza

Anacleto de **Medeiros**
Yara, Década de 1890
Interprete: José Miguel Wisnik

Anacleto de **Medeiros** e Catulo da Paixão **Cearence**
Rasga coração, Década de 1910
Intérprete: Paulo Tapajó

Francisco **Mignone**
3ª Fantasia brasileira para orquestra e cordas, 1934
Intérprete: Tomás Terán (piano)

Darius **Milhaud**
Sorocaba (Saudades do Brasil), 1921
Interprete: Marcelo Brakte

Antônio Carlos Jobim e Vinícius de **Morais**
Sinfonia da Alvorada, 1960
Intérprete: Orquestra sinfônica, regência Villa-Lobos

Chega de Saudades, 1958
Intérprete: João Gilberto

Antônio Carlos Jobim e Newton Mendonça
Desafinado, 1958
Intérprete: João Gilberto

Samba de uma nota só, 1959
Intérprete: João Gilberto

Ernesto **Nazareth**
Brejeiro, 1893
Interprete: Marcelo Brakte

Escovado, 1905
Interprete: Ernesto Nazareth

Pixinguinha
Urubú Malandro, Década de 1910
Intérprete: Pixinguinha e Oito Batutas

Cláudio **Santoro**
A briga dialética dos estilos, 1985

Caetano **Veloso**
Tropicália, 1968
Intérprete: Caetano Veloso

Heitor **Villa-Lobos**
Choros No. 10, 1926

Intéprete: orquestra da Rádio difusão Francesa,
regência Heitor Villa-Lobos

A Prole do bebê, 1918
Intérprete: Arthur Rubinstein

Noneto, 1923
**Intérprete: orquestra do concurso Internacional de
regência de 1975.**

Descobrimento do Brasil, 1937
**Intérprete: orquestra do concurso Internacional de
regência de 1975.**

Bachiana No. 5 (ária), 1938
**Intérprete: Bidú Saião (soprano), regência Heitor
Villa-Lobos**

Bachiana N.o 4 (prelúdio), 1941
**Intérprete: orquestra da Rádio difusão Francesa,
regência Heitor Villa-Lobos**

Melodia da Montanha, s/f
Intérprete: José Miguel Wisnik

Invocação em defesa da pátria, 1943
Intérprete: Victoria de Los Angeles

Estrela é lua Nova, 1933
Interprete: Coral do Centro Educacional de Niterói

TRADUCTORES DEL bRASIL

ANÓNIMO

*"Cuatro hombres en una balsa", episodio de *It's All
True*
Rep. pág. 365

*Orson Welles durante el rodaje de *It's All True*, Ceará
1942
Rep. pág. 365

**Olivia Guedes, Blaise Cendrars, Tarsila do Amaral,
Oswald de Andrade Neto (Nonê) y Oswald de
Andrade en la Plantación Santo Antonio**, 1924
Fotografía, 8,1 x 14 cm
Colección Carlos Augusto Calil
Rep. Pág. 351

**Sobre con timbre de la Galerie Percier, 1926
Sobre, 13 x 16 cm
Colección Thales Estanislau do Amaral Sobrinho

Paul Claudel fête l'armistice
(Claudel celebra el armisticio), Río de Janeiro, 1917

ARQUITECTURA

Plano, tinta china sobre papel vegetal, 17 x 22,2 cm

MM Roberto Arquitetos, Río de Janeiro

Associação Brasileira de Imprensa (ABI): planta del 11º piso, Río de Janeiro 1936

Plano, tinta china sobre papel vegetal, 17,2 x 23,3 cm

MM Roberto Arquitetos, Río de Janeiro

Rep. pág. 395

Hangar del Aeropuerto Santos Dumont

Río de Janeiro 1937

Fotografía de G.E.Kidder Smith, 51 x 61 cm

Corbis Foundation, Nueva York

Marcelo, Milton y Maurício Roberto

**Anteproyecto para el concurso del Plan Piloto de Brasilia: plano general, 1956-57

Plano, tinta china sobre papel vegetal, 25,8 x 19,3 cm

MM Roberto Arquitetos, Río de Janeiro

**Anteproyecto para el concurso del Plan Piloto de Brasilia: plano general del centro gubernamental, 1956-57

Plano, tinta china sobre papel vegetal, 33,6 x 40,8 cm

MM Roberto Arquitetos, Río de Janeiro

Anteproyecto para el concurso del Plan Piloto de Brasilia: plano de una unidad urbana, 1956-57

Plano, tinta china sobre papel vegetal, 34,4 x 38,4 cm

MM Roberto Arquitetos, Río de Janeiro

Rep. pág. 426

João Vilanova Artigas

**Casa del arquitecto/Planta baja y estudio, 1948

Papel manteca, lápiz de color y grafito, 60 x 84,5 cm

Biblioteca da Faculdade de Arquitetura e Urbanismo da Universidade de São Paulo

Edificio Louveira/Alzado del bloque B, 1948

Papel manteca, tinta china y grafito, 59 x 84 cm

Biblioteca da Faculdade de Arquitetura e Urbanismo da Universidade de São Paulo

Rep. pág. 408

**Edificio Louveira, sección transversal, 1948

Papel manteca, tinta china y grafito, 59,5 x 84,7 cm

Biblioteca da Faculdade de Arquitetura e Urbanismo da Universidade de São Paulo

Anteproyecto para el concurso del Plan Piloto de Brasília. Croquis de la distribución zonal general, 1956-57

Papel manteca, lápiz de color, 50,5 x 70 cm

Biblioteca da Faculdade de Arquitetura e Urbanismo da Universidade de São Paulo

Rep. pág. 426

Anteproyecto para el concurso del Plan Piloto de Brasília. Croquis del centro administrativo y de las unidades de vecindad, 1956-57

Papel manteca, lápiz de color, 50 x 69 cm

Biblioteca da Faculdade de Arquitetura e Urbanismo da Universidade de São Paulo

Rep. pág. 426

Álvaro Vital Brasil

Escuela Primaria Raul Vidal, Niterói, Río de Janeiro 1942

Fotografía de G.E.Kidder Smith, ca. 1942, 51 x 61 cm

Corbis Foundation, Nueva York

Rep. pág. 397

Gregori Warchavchik

Casa del arquitecto: croquis de la fachada principal, São Paulo 1927

Papel vegetal, grafito, 48 x 55,5 cm

Biblioteca da Faculdade de Arquitetura e Urbanismo da Universidade de São Paulo

Rep. pág. 384

Casa del arquitecto: plantas y alzado principal, São Paulo 1927

Papel de dibujo, heliografía, 58 x 74,5 cm

Biblioteca da Faculdade de Arquitetura e Urbanismo da Universidade de São Paulo

Rep. pág. 384

Casa del arquitecto: perspectiva del dormitorio, São Paulo 1928

Papel sulfite, acuarela, 36,5 x 50,5 cm

Biblioteca da Faculdade de Arquitetura e Urbanismo da Universidade de São Paulo

Rep. pág. 384

Casa Luiz da Silva Prado (Casa de la calle Bahía): plantas y alzado principal, 1929

Papel vegetal, grafito, 54 x 74 cm

Biblioteca da Faculdade de Arquitetura e Urbanismo da

Universidade de São Paulo

Rep. pág. 383

Casa Modernista, Rua Itápolis, São Paulo 1929

Fotografía, blanco y negro

Rep. pág. 382

Vivienda Nordshild (Casa Modernista en Río de Janeiro): plantas y alzado principal, 1930

Papel vegetal, grafito, 58 x 67,5 cm

Biblioteca da Faculdade de Arquitetura e Urbanismo da Universidade de São Paulo

Rep. pág. 385

Casa Luiz da Silva Prado (Casa de la calle Bahía): vista desde la calle Itápolis, 1930

Fotografía, blanco y negro, 24 x 30 cm

Biblioteca da Faculdade de Arquitetura e Urbanismo da Universidade de São Paulo

Rep. pág. 383

Vivienda Nordshild (Casa Modernista en Río de Janeiro), 1931

Papel fotográfico, blanco y negro, 22,5 x 28,5 cm

Biblioteca da Faculdade de Arquitetura e Urbanismo da Universidade de São Paulo

Rep. pág. 385

Gregori Warchavchik y Lúcio Costa

Conjunto de viviendas para obreros: vista general, Gamboa, Río de Janeiro 1934

Fotografía, blanco y negro, 17 x 23 cm

Biblioteca da Faculdade de Arquitetura e Urbanismo da Universidade de São Paulo

Rep. pág. 387

Conjunto de viviendas para obreros: vista del pasillo elevado, Gamboa, Río de Janeiro 1934

Fotografía, blanco y negro, 17 x 23 cm

Biblioteca da Faculdade de Arquitetura e Urbanismo da Universidade de São Paulo

Rep. pág. 387

Conjunto de viviendas para obreros: vista del conjunto, Gamboa, Río de Janeiro 1934

Fotografía, blanco y negro, 12 x 15 cm

Biblioteca da Faculdade de Arquitetura e Urbanismo da Universidade de São Paulo

Rep. pág. 387

ARTES PLÁSTICAS

1917

Anita Malfatti

En *Revista Anual do Salão de Maio,* n. 1
São Paulo 1939

Cuando llegué a Europa, vi por primera vez la pintura. Cuando visité los museos me volví idiota.

Comencé a querer descubrir en qué los grandes santos de las escuelas italianas eran diferentes de los santitos de los colegios. Me gustaban tanto unos como otros.

Sufría, porque la emoción no era de fascinación, sino de perturbación y de un cansancio infinito ante lo desconocido. Así pasé semanas volviendo a diario al Museo de Dresde.

En Berlín continué la búsqueda y comencé a dibujar.

Dibujé seis meses, día y noche. Un buen día fui con una colega a ver una gran exposición de pintura moderna. Eran cuadros grandes. Se habían empleado kilos de tinta y de todos los colores. Un ejercicio formidable. Una confusión, un arrebato, cada detalle de forma pintado con todos los colores. El artista no se había tomado tiempo para mezclar los colores, lo cual para mí fue una revelación y mi primer descubrimiento.

El artista tiene razón, pensé. La luz del sol está compuesta de tres colores primarios y cuatro secundarios. Los objetos se perciben sólo cuando salen de la sombra, es decir, cuando los envuelve la luz.

Todo es resultado de la luz que los delata, participando de todos los colores. Comencé a ver todo revelado por todos los colores.

Nada en este mundo es incoloro o sin luz. Busqué al hombre de todos los colores, Lovis Corinth, y al cabo de una semana empecé a trabajar en la clase de este profesor.

Compré desenfrenada un lote de tintas, y la fiesta empezó. Continuaba teniendo miedo de la gran pintura como se tiene miedo de un cálculo integral.

Los flamencos entonces me entristecían más, pero continuaba frecuentándolos asiduamente. Mi profesor cogió mis primeros retratos y fui a descubrirlos en la Sezession de Berlín, anónimos. No me acuerdo de las comidas, del cansancio de los viajes de esa época, sólo de la alegría de descubrir colores. Hice un viaje al sur de Alemania para ver la primera gran exposición de los posimpresionistas,

Pissarro, Monet, Sisley, Picasso, Douanier Rousseau, Gauguin y Van Gogh. También vi a Cézanne y Rénoir.

Fue el fin de mis reservas. Estaba feliz. Seguí hacia París y fui al Louvre, a todos los pequeños museos y vi el romanticismo de Rodin, pero sólo recordaba la exposición de Colonia.

Al volver a Brasil, sólo me preguntaban por la Mona Lisa, por la gloria del Renacimiento italiano y yo... nada.

Fui a los Estados Unidos, entré en una academia para continuar los estudios, y ¡qué desilusión!: el profesor acabó teniéndome rabia y yo a él, hasta que un día brilló la luz de nuevo. Una colega me contó en voz baja que había un profesor moderno, un gran filósofo incomprendido y que dejaba a los demás pintar a su voluntad.

Esa misma tarde buscamos al profesor, evidentemente. No se encontraba en Nueva York, se había llevado la clase a pintar a una isla de pescadores y artistas en la costa de Nueva Inglaterra. Y allí nos desplazamos al cabo de unos días.

El profesor comenzó preguntándome si tenía miedo a la muerte, dije que no. Me dio un grandísimo susto, en un barco que llevó cerca de unos peñascos en alta mar. Volvió satisfecho y me enseñó a extender la tela convenientemente en un bastidor y dijo: Puedes pintar.

¿A voluntad? Naturalmente. Entré en pleno idilio bucólico. Pintábamos con el viento impetuoso y continuo, al sol, bajo un aguacero y en la neblina. Eran telas y telas. Era la tormenta, era el faro, eran las casitas de los pescadores resbalándose por los peñascos, eran los paisajes circulares, el sol y la luna y el mar.

Siempre las rocas y las grutas donde me moría de miedo a perderme. Los sábados, gran revista naval donde se encaminaban todas nuestras telas y el filósofo dirigía el ataque final.

Era la poesía plástica de la vida. Trasladaba el color del cielo, para poder descubrir el color diferente de la tierra. Trasladaba todo. ¡Qué alegría! Encontraba y descubría los planos con formas y colores nuevos, en las personas y en los paisajes.

Descubrí que cuando se traslada una forma es necesario hacerlo igualmente con el color. Era la fiesta de la forma y era la fiesta del color. Un día recordamos la ciencia de los valores y las distancias. Había vuelto a Nueva York.

Comenzamos a recordar el movimiento de los músculos, de la anatomía y la construcción geométrica del dibujo básico.

Ahí comencé a notar que había automóviles en la calle, dinero que se cambiaba por objetos que no tenían ninguna utilidad para la gente y que el mundo estaba lleno de individuos raros y diferentes.

En una ocasión recuerdo una mancha muy brillante, roja, que se detiene en pleno sol. Una voz pregunta. ¿Cuál es el secreto de la felicidad? Paré. La voz continúa: Tú pareces ser el espíritu de la felicidad, y la mancha disminuyó hasta desaparecer. Después comprendí que había sido un automóvil.

En este año y medio de mi vida, conocí a mucha gente interesante. Los modernistas franceses buscaban refugio contra la guerra y el hambre en los Estados Unidos. Mr. Croti y su esposa, Juan Gris, y el simpático Marcel Duchamp, que pintaba sobre enormes placas de cristal.

Por la mañana los artistas visitaban a nuestro profesor, el filósofo Homer Boss. Todos eran bienvenidos. Isadora Duncan, con sus muchachas, aparecía y a veces venía un hombre ruso, reservado, que nos cohibía... era Máximo Gorki.

Un día me preguntó cuál de sus libros había leído. *La madre*, respondí. Me trató de ignorante, y pronto descubrí que lo leí sólo por el hecho de las preguntas que pudieran hacerme, cosa que no negué, y añadió él: «Escogiste mal, es el menor de mis trabajos».

Marcel Duchamp hizo una disertación muy divertida sobre la manera de afeitarse en un día de tristeza.

Ellos sólo hablaban del cubismo, y nosotros, imitándolos, comenzamos a hacer las primeras experiencias.

Isadora Duncan alquiló el Century Theatre y allá estuvimos durante tres meses todas las tardes hasta que pudimos sentir una vaga idea del ritmo.

Bakst dibujaba a Sahrazad, Diaghileff sólo hablaba de Nijinski, que había enloquecido con la guerra, y componía coreografías.

Las primeras maquetas para las coreografías rusas me fueron explicadas por Bakst en Nueva York; esto antes de ver a Sahrazad, que me volvió completamente loca.

Hablamos mucho de Napiarkowsca, que inauguraba un género de espectáculos nuevos.

Comenzamos a usar todos los términos de las pupilas de Isadora, hasta que nuestra profesor, indignado, decidió que era mejor que volviéramos a los cubos.

Todos aquellos artistas exponían sus opiniones con igual franqueza y de ahí salían las controversias y las lecciones.

Los periodistas nos pedían dibujos y comencé a dibujar para *Vogue* y *Vanity Fair*.

Leíamos a Jean Christophe, Selma Lagerlof, y descansábamos felices en los poemas persas e hindúes.

Llegué aún a ver a Isadora Duncan representar *Ifigenia* de *Tarso*, en un escenario al aire libre, en el estadio de la Universidad de Columbia. Fue un espectáculo maravilloso.

De un día para otro me veo en São Paulo. Mis colegas escriben una carta de cinco metros, calculando los días de marcha que necesitarían para visitar São Paulo.

Volví sin dudar, sin preocupaciones, en pleno idilio pictórico. Durante esos años de estudio, había pintado sencillamente a causa del color.

Tengo que confesarlo: no fue para iluminar a la humanidad, ni fue para decorar las casas, ni fue para ser artista.

No me preocupé por la gloria, ni por la fortuna, ni por aprovechar oportunidades. Cuando vieron mis telas, todos las encontraron feas, dantescas, y todos quedaron tristes. No eran los santitos de los colegios. Guardé las telas.

Algunos periodistas me pidieron ver los cuadros tan mal hechos y todos pensaron que debía hacer una exposición.

Hablaron y hablaron hasta que hice la *Primeira Exposição de Arte Moderna*. Diciembre 1916-enero 1917, en la calle Libero Badaró.

Esa cosa tan simple, ese estado de completo desembarazo de condiciones preconcebidas en materia de arte, trajo una tempestad de protestas, insultos y divagaciones falaces, sin ningún fundamento.

Hubo también mucho entusiasmo, mucha búsqueda en el campo de la literatura, así como en el de la música, lo que llevó a algunos a buscar una interpretación más íntima en su sentir, una cosa más sincera, más realmente suya, individual.

El arte llamado moderno, es decir, cuando se exterioriza, es por su propia razón de ser, individual.

El interés del arte está en su variedad infinita, es la escritura lo que cada uno de nosotros tiene en su seno.

No todas las obras son bellas, mas todas son diferentes y tienen su historia.

Debemos ir al encuentro del arte con despreocupación y con el espíritu libre y nunca con pequeños prejuicios y preconceptos artísticos.

La visión siempre se oscurece con las lentes de la opinión ajena.

El arte moderno es la expresión del individuo de hoy.

Nadie aún supo criticar un trabajo de inspiración individual; pues no habiendo precedentes sólo podrían limitarse a un insulto.

Esa búsqueda nueva, diferente, el descubrimiento de la novedad que cada uno trae en sí, había comenzado aquí como en todo el mundo. Esta búsqueda siempre vuelve, toma bases nuevas, se crean nuevas leyes, y surge el Arte Moderno.

Es el mismo espíritu que actúa en todas las realizaciones.

Es necesario, por tanto, tener valor, o como en mi caso, la inconsciencia de la protesta contra las grandes casas académicas construidas para el mantenimiento de estructuras levantadas por las generaciones del pasado.

EXPOSICIÓN DE SÃO PAULO, 1924

LASAR SEGALL

En *Exposição do pintor russo Lasar Segall*
São Paulo 1924

Debiendo exponer al público mis trabajos expresionistas, tan diferentes de todo cuanto ha sido expuesto hasta hoy en São Paulo, me pareció una buena idea abrir este catálogo con algunas palabras de explicación.

En estos últimos años, Berlín se convirtió en un centro donde vivían y trabajaban pintores y escultores de fama europea y mundial. Trabajaban en unas condiciones anómalas que de unos meses a esta parte se volvieron sencillamente intolerables. Se sintió una necesidad imprescindible de cambiar de ambiente y de entrar en contacto con un mundo nuevo. Diversos artistas dejaron el país llevándose sus trabajos. Elegí Brasil, que ya había visitado y donde había encontrado una acogida cordial cuando, en 1912, realicé una exposición de mis cuadros en São Paulo. Y ahora, al volver, he tenido el placer de verificar que mi nombre no fue olvidado. Al contrario, el mundo intelectual brasileño que se interesa por el arte, que está absolutamente al tanto de la historia del arte europeo durante estos últimos años, conoce muy bien el lugar que ocupo en la moderna pintura europea. Esto me adula pero al mismo tiempo me entristece, porque me resulta imposible dar una idea completa de mi creación, pues la mayor parte de mis trabajos se encuentra en los museos europeos y en galerías particulares. Así, sólo pude traer 44 cuadros que son los que expongo, además de diversos grabados y litografías, así como algunos de mis trabajos antiguos.

En vista de la novedad que representa mi exposición para la mayoría del público brasileño, pienso que no es ocioso informarle, en pocas palabras, acerca de mis ideas sobre el arte y sobre el espectador.

El espectador está generalmente habituado, gracias a sus ideas tradicionales sobre el arte, a exigir de la pintura la fotografía, el tema, la realidad, efectos técnicos, cosas sentimentales bien ordenadas. Y cuando encuentra una nueva tendencia en el arte, ese espectador se queda desorientado y comienza a torturarse con mil preguntas inútiles. ¿Será posible que esto sea bello? ¿Dónde la anatomía, la perspectiva? ¿Por qué esas mutilaciones? ¿Por qué no se ven ahí trazos de la naturaleza, escenas de la vida? ¿Para qué buscar algo nuevo si lo antiguo es tan bello y cómodo?

Estoy imaginando a ese espectador que mira, indignado, mis últimos cuadros. Siento que él está dispuesto a decir estas frases triviales: «¡Y hay gente que se atreve a llamar arte a esto! ¡Oh! ¡Es una profanación del arte!» Pero una simple mirada al sesgo a nuestros viejos trabajos, colocados al lado de los nuevos, bastaría tal vez, espero, para impedirle un juicio tan perentorio. Probablemente se encogerá de hombros, diciendo: «¿Quiere saber una cosa? No comprendo absolutamente nada de esto».

Por supuesto, no tomo en consideración a un espectador insensible a las formas y a los colores. Tal personaje estaría descolocado en el mundo de la pintura y sería inútil darle explicaciones. Estoy tratando sobre un espectador que se interesa, aunque sea muy poco, por el arte, por la pintura en nuestro caso, pero en quien se han formado ideas erróneas sobre el arte, a causa de una educación artística defectuosa. Quiero decir que a este espectador le basta librarse de cierto bagaje inútil acumulado por la tradición para poder reaccionar espontáneamente y comprender una verdadera obra de arte.

El arte no es un juego. Una obra de arte no es el resultado de un temperamento, está creada por la necesidad interior y por el éxtasis.

El arte es todo cuanto ha sido intensamente vivido y sentido, hombre, amor, espacio, tiempo, expresado en formas, es decir, una organización armónica de planos, de líneas y de colores, y para eso el arte tiene que servirse de medios, los más modestos y los más primitivos.

Cualquier tema que estimule al pintor hacia la creación debe basarse en formas. Y aunque el tema pueda aparecer concretamente en un cuadro, siempre tiene que estar en segundo plano y dejarse dominar completamente por la composición.

Aproximaos al cuadro sin prevención. No busquéis lo bello en el sentido vulgar de esta palabra. Dominaos. Resistid la costumbre de buscar en un cuadro una reproducción de cosas con las que os encontráis familiarizados. No busquéis palabras para explicaciones inútiles, ya que ellas nada explican. Rendíos sencillamente a la fuerza de las formas y de los colores, independientemente de lo que en ellas se contiene y entonces se establecerá un lazo entre vosotros y el cuadro.

PINTURA PAU-BRASIL Y ANTROPOFAGIA

TARSILA DO AMARAL

En *Revista Anual do Salão de Maio,* n. 1
São Paulo 1939

Fue en ocasión de la visita de Blaise Cendrars a nuestra tierra cuando yo, sin premeditación, sin intención de hacer escuela, realicé, en 1924, la pintura que se ha denominado Pau-Brasil.

Impregnada de cubismo, teórica y prácticamente, apenas vislumbrando a Léger, Glaizes, Lhote, mis maestros de París; después de diversas entrevistas sobre el movimiento cubista, dadas a varios periódicos brasileños, sentí, recién llegada de Europa, un deslumbramiento ante la decoración popular de las viviendas de São João-del-Rei, Tiradentes, Mariana, Congonhas do Campos, Sabará, Ouro-Preto y otras pequeñas ciudades de Minas, llenas de poesía popular. Un retorno a la tradición, a la simplicidad.

Íbamos en un grupo a descubrir el Brasil, Doña Olivia Guedes Penteado al frente, con su sensibilidad, su encanto, su prestigio social, su apoyo a los artistas modernos. Blaise Cendrars, Oswald de Andrade, Mário de Andrade, Goffredo da Silva Telles, René Thiollier, Oswald de Andrade Filho, entonces pequeño, y yo.

La decoración mural de un modesto pasillo de hotel, el revestimiento de las salas hecho de finas cañas de bambú coloreadas y trenzadas; las pinturas de las iglesias, sencillas y conmovedoras, ejecutadas con amor y devoción por artistas anónimos; Aleijandinho, en sus estatuas y en las líneas geniales de su arquitectura religiosa, todo era motivo para nuestras exclamaciones de admiración. Encontré en Minas los colores que adoraba de niña. Después me enseñaron que eran feos y provincianos. Seguí la rutina del gusto elegante... Pero después me vengué de la opresión, pasándolos a mis telas: azul purísimo, rosa violáceo, amarillo vivo, verde chillón, todo en gradaciones más o menos fuertes, según la mezcla de blanco. Pintura limpia, sobre todo, sin miedo a los cánones convencionales. Libertad y sinceridad, una cierta estilización que la adaptaba a la época moderna. Contornos nítidos, dando la impresión perfecta de la distancia que separa un objeto de otro. De ahí el éxito que obtuve en la Galerie Percier, de la calle La Boétie, en París, cuando hice, en 1926, mi primera exposición. Pasé un examen previo. El señor Level, director de la galería, a pesar de la presentación de Cendrars, no podía comprometerse con una nueva expositora desconocida. Puso el pretexto que no tenía vacante. Sin embargo, iría a mi estudio a ver mis trabajos. Cuando le mostré el *Morro da favela*, negros, negritos, animales, ropa tendida al sol, entre colores tropicales, ese cuadro que pertenece hoy a Francisco da Silva Teles, me preguntó: «¿Cuándo desea exponer?» Estaba aprobada. Aparecería en la calle del arte vanguardista de París. Estaba exultante. La crítica parisina, espontánea (sin que yo gastase un franco en publicidad, contra lo que dicen algunos colegas poco benevolentes), me fue favorable. En la inauguración, la coleccionista Madame Tachard adquirió *Adoration*, aquel negro belfo con las manos unidas ante la imagen de Dios, rodeada de flores, azul, rosa, blanco, la moldura de Pierre Legrain. La palomita de cera coloreada, comprada aquí en un pueblecito del interior y que Cendrars me había dado como presente, sirvió de modelo. Los ángeles campesinos, con sus alas de colores variados como banderas de devoción, hoy pertenecientes a Julio Prestes, también tuvieron sus admiradores entre los críticos.

Maurice Raynal decía: «La señora Tarsila trae de Brasil, con las primicias de una renovación artística, los primeros síntomas de la decadencia en esa gran nación de las influencias académicas internacionales que hasta ahora han oscurecido su personalidad. He aquí escenas autóctonas o imaginativas, puramente brasileñas: paisajes de los alrededores de São Paulo, familias de negros, niños en el templo y esos ángeles de un misticismo totalmente animal», etc.

André Warnod comentaba «Azul, verde, rosa, todo crudo, bellos colores como las fiestas de Año Nuevo e imágenes de la primera comunión. Agradable a la vista, lleno de placer exuberante, de alegría luminosa, de felicidad sonriente», etc.

Los conocidos críticos de arte Christian Zervos, Maximilien Gauthier, Louis Mauxcelles, Serge Romoff, G. de Pawlovski, Raymond Cogniat, hablaron con simpatía sobre la pintura Pau-Brasil, así como Antonio Ferro, Mário de Andrade, Assis Chateaubriand, Plínio Salgado, Antonio de Alcântara Machado, Menotti del Picchia, Manuel Bandeira, Alvaro Moreira, Renato Almeida, Paulo Silveira, Luis Aníbal Falcão y Ascenso Ferreira y otros. Hubo también, naturalmente, sus adversarios.

Cendrars me enviaba a París cartas llenas de entusiasmo: «*Vive votre belle peinture!*», y Paulo Prado dijo todo, cuando afirmaba que sentía un pedazo de nuestra tierra avistando a lo lejos, en el escaparate de la Galerie Percier, una tela mía bien Pau-Brasil.

Las críticas que acaban de citarse tienen una finalidad: elucidar y confirmar con documentos que ese movimiento tuvo repercusión dentro de la pintura brasileña, así como la tuvo, en la literatura, la poesía Pau-Brasil de Oswald de Andrade. El movimiento antropofágico de 1928 tuvo su origen en una tela mía que se denominó, *Abaporu*, el antropófago: una figura solitaria monstruosa, los pies inmensos, sentada en una planicie verde, el brazo doblado reposando en una rodilla, la mano sosteniendo el leve peso de la cabeza minúscula. Ante ella, un cactus que estalla en una flor absurda. Esa tela fue esbozada el 11 de enero de 1928. Oswald de Andrade y Raul Bopp –el creador del afamado poema "Cobra Norato"– ambos sorprendidos ante el *Abaporú*, lo contemplaron largamente. Imaginativos, sintieron que de ahí podría surgir un gran movimiento intelectual. Ahora un paréntesis: algunos años después, Sofia Caversassi Villalva, con temperamento de artista, irradiando belleza y sensibilidad, decía que mis telas antropofágicas se parecían a sus sueños. Sólo entonces comprendí que yo misma había realizado imágenes subconscientes, sugeridas por historias que había oído de niña: la casa sombría, la voz que gritaba desde arriba, desde el techo, «caigo» y dejaba caer un pie (que me parecía inmenso), «caigo», caía otro pie, y después una mano, otra mano, y el cuerpo entero, para espanto de los niños.

El movimiento antropofágico tuvo su fase preantropofágica, antes de la pintura Pau-Brasil, en 1923, cuando ejecuté en París un cuadro bastante discutido, *La Negra*, figura sentada con las piernas, robustas como dos troncos, cruzadas, un seno de una arroba sobre el brazo, labios enormes, colgantes, cabeza proporcionalmente pequeña. *La Negra* ya anunciaba el antropofagismo. El dibujo de esa figura sirvió para la portada de los poemas de *Le Formose*, que Blaise Cendrars escribió sobre el viaje a Brasil, en 1924.

Como decía, el *Abaporu* impresionó profundamente. Sugería la criatura fatalizada, presa a la tierra con sus enormes y pesados pies. Un símbolo. Un movimiento se formaría en torno a él. Allí se concentraba el Brasil, el «infierno verde». Se fundó el Club de Antropofagia, con una revista bajo la dirección de Antonio de Alcântara Machado y Raul Bopp. Oswald de Andrade lanzó su manifiesto, las adhesiones se sucedieron rápidamente. El 14 de febrero de 1928, mucho antes de que apareciera el primer número de la revista, que salió en mayo, Plínio Salgado ya escribía en el *Correio Paulistano*: «...Tarsila do Amaral, de quien Blaise Cendrars ha dicho que sería capaz de provocar un movimiento literario... en Rusia. No. Tarsila es capaz de provocar un movimiento literario en Brasil... Trae

indicaciones notables de esas grandes fuerzas elementales a que me estoy refiriendo. Dos de sus telas principalmente tienen un profundo sentido del «medio cósmico» y de la «verdad racial». Las hace sin sentir, porque el artista no pretende nunca otra cosa sino fijar un pensamiento. Y ese pensamiento, muchas veces, es una revelación profética.

En la primera fase (o primera dentición) de la *Revista de Antropofagia* colaboraron, además de sus fundadores, Oswald de Andrade, Raul Bopp y Antonio de Alcântara Machado, Mário de Andrade, Osvaldo Costa, Augusto Meyer, Abigoar Bastos, Guilherme de Almeida, Plínio Salgado, Alvaro Moreyra, Jorge Fernandes, Rosário Fusco, Yan de Almeida Prado, Marques Rebelo, Manuel Bandeira, Brasil Pinheiro Machado, José Americo de Almeida, Rui Cirne Lima, Maria Clemencia (Buenos Aires), Menotti del Picchia, Abgar Renault, Murilo Mendes, Nicolás Fusco Sansone (Montevideo), Carlos Drumond de Andrade, Pedro Nava, Ascenso Ferreira, Achiles Vivacqua, Mario Graciotti, Ascânio Lopes, Jaime Griz, Luis da Câmara Cascudo, Antonio Gomide, Henrique de Rezende, Guilhermino César, Alberto Dézon, Peryllo Doliveira, Franklin Nascimento, Azevedo Corrêa Filho, Sebastião Dias, A. de Almeida Camargo, A. de Limeira Tejo, Mateus Cavalcante, Josué de Castro, Julio Paternostro, Ubaldino de Senra, Silvestre Machado, L. Souza Costa, Camilo Soares, Charles Lucifer, F. de San Tiago Dantas, Rubens de Moraes, Nelson Tabajara, Walter Benevides, Emilio Moura, João Dornas Filho, Pedro Dantas, Augusto Schmidt.

En Europa el crítico de arte Waldemar Georges, a propósito de una exposición de pintura que realicé en 1928, escribió sobre «Tarsila y la antropofagia», comentando el movimiento brasileño de retorno al indio, dueño de la tierra, donde «la alegría es la prueba del nueve», como decía el manifiesto antropofágico.

Krishnamurti envió desde París un saludo, reproducido en facsímil en el número 3 de la revista. Escritores ilustres aportaron su colaboración. De Max Jacob, se publicó, también en facsímil, en el número 6, el siguiente pensamiento: «A la *Revista de Antropofagia*: Los grandes hombres son modestos, es la familia quien tiene su orgullo como de las reliquias».

La revista se publicó desde mayo de 1928 a febrero de 1929.

De marzo a julio de ese mismo año, su órgano oficial fue una página semanal del *Diario de S. Paulo*. En esa «segunda dentición», se adhirieron y colaboraron Oswald de Andrade, Osvaldo Costa, Geraldo Ferraz, Jorge de Lima, Julio Paternostro, Benjamin Péret (del grupo surrealista francés), Raul Bopp, Barboza Rodrigues, Clovis de Gusmão, Pagú, Alvaro Moreira, Di Cavalcanti, Mário de Andrade, Galeão Coutinho, Jayme Adour da Camara, Augusto Meyer, José Isaac Peres, Heitor Marçal, Achiles Vivacqua, Nelson Foot, Hermes Lima, Edmundo Lys, Junrandyr Manfredini, Cícero Dias, Felippe de Oliveira, Dante Milano, Osvaldo Goeldi, Bruno de Menezes, Eneida, Ernani Vieira, Paulo de Oliveira. Hannibal Machado, Sant'Ana Marques, Campos Ribeiro, Muniz Barreto, Orlando Morais, Garcia de Rezende, João Dornas Filho, Ascenso Ferreira, Lymeira Tejo, Dolour, Luiz de Castro, Genuino de Castro, Murilo Mendes y yo misma.

El movimiento conmovió, escandalizó, irritó, entusiasmó, enfureció, creció con adhesiones del norte al sur de Brasil, además de las simpatías de intelectuales de los países vecinos. Repercutió también en París con protestas de indignación acerca del cuadro *Anthropofagia*. Una tarde, Geraldo Ferraz –el carnicero– corrió alucinado a casa de Osvaldo Costa para comunicar que la revista había sido suspendida por el director del *Diario de S. Paulo*, en vista de la cantidad de cartas recibidas de lectores del periódico, protestando contra aquella página corruptora de todos los cánones burgueses, ¡Pobre revista! Con ella murió el movimiento antropofágico...

"MANIFIESTO DEL III SALÓN DE MAYO"

FLÁVIO DE CARVALHO

En *Revista Anual do Salão de Maio,* n. 1
São Paulo 1939

Entre las cosas que marcan más fuertemente la revolución estética se cuentan un abandono gradual de la percepción meramente visual y un desarrollo más intenso de la percepción psicológica y de la percepción intelectual del mundo. Todos los movimientos pertenecientes a la revolución estética contienen, en alguna medida, ese proceso de deshumanización del arte, de abandono de la imagen visual y de penetración en las regiones más profundas de la percepción psicológica y mental. Ese cambio en la percepción del hombre se produce, no tanto de manera voluntaria, sino como consecuencia de la búsqueda de una sensibilidad mayor. Ese abandono gradual de la percepción visual, que culmina con el movimiento abstraccionista, es tal vez el punto más importante de la revolución estética, porque fue por ese proceso de deshumanización y de abandono de la percepción visual como se llegó a los cambios aparentemente radicales observados hoy. El arte deja definitivamente de ser un ritual para ser un problema de sensibilidad mayor. Y, a propósito, no podemos dejar de recordar la frase de Ana Pavlova: «danzad con vuestras cabezas».[1] Podríamos, a la manera de Pavlova, decir a todos aquellos que se entregan principalmente al entrenamiento manual y de la destreza técnica: «pintad y construid con vuestras cabezas... y más aún: usad el material inconsciente, abandonad el dogma, el ritual de la rutina».

Aunque muchas de las expresiones del arte contemporáneo ya habían florecido en el pasado del mundo, en ninguna época el arte alcanzó la comprensión intelectual y la sensibilidad emotiva de hoy. Es esa curiosidad mental la que plasmará el arte de mañana. La crítica de arte nunca penetró tan hondo en los aspectos relativos a la esencia de la psique y de la mente del hombre. Nunca fue tan crítica y tan turbulenta, en ninguna época fue una expresión tan esmerada de la inteligencia y de la emoción. El espíritu crítico también alcanzó hoy tal grado de indagación que encolar pedazos de papel de periódico en una superficie es tan arte plástica, es tan importante, como encolar pigmentos de tinta en una tela, o reunir, para formar una idea, elementos estructurales.

El hecho de que la revolución estética se haya iniciado hace más de cuarenta años no reduce el valor del movimiento actual. Porque fue este movimiento revolucionario el que, desviándose saludablemente de la rutina, alteró y destruyó las fórmulas gratuitas de esa rutina: destruyó las pequeñas payasadas impuestas por la mediocridad popular y generó una comprensión más profunda y, en consecuencia, una nueva concepción que influirá y plasmará la estética. El arte alcanza un plano más elevado: todo el proceso de lucha, que constituye la vida del arte, que se desarrolla en torno a sus inferioridades, pasa a procesarse en un plano más elevado. El análisis del arte sólo se puede desarrollar por la clasificación de sus características –preferentemente, por la clasificación por grupos– aunque los grupos en sí ya seleccionen esas características. Tales características forman una secuencia con una significación bien definida. Esas secuencias a veces se entrecruzan, apareciendo ciertas piedras angulares extemporáneamente, como sucede, por ejemplo, con ciertas manifestaciones de abstraccionismo que aparecen antes del grueso de la manifestación surrealista.

La revolución estética no es sino un fenómeno de turbulencia, con la consiguiente polarización de fuerzas anímicas básicas, fenómeno que se manifiesta para marcar el momento histórico de la lucha. Hoy tenemos ante nosotros dos ecuaciones importantes en el arte:

1) Abstraccionismo = Valores mentales.
2) Surrealismo = Ebullición del inconsciente.

Ambas son necesarias para la existencia de la idea de lucha y de movimiento, y para la concreción plástica a venir, porque ambas aparecen en el escenario de la lucha como consecuencia de la misma ansia. La lucha entre Abstraccionismo y Surrealismo es la lucha entre manifestaciones de un único organismo, porque son fuerzas antitéticas que caracterizan dos cosas que van siempre juntas en el hombre: la ebullición del inconsciente y la antítesis, los valores mentales. Una no puede separarse de la otra sin mutilar y matar el organismo arte. Cada una de esas ecuaciones define el Aspecto Humano: el Surrealismo se sumerge en la inmundicia inconsciente, se revuelve en lo «intocable» ancestral. El arte abstracto, zafándose del inconsciente ancestral, liberándose del narcisismo de la representación figurada, de la suciedad y del salvajismo del hombre, introduce en el mundo plástico un aspecto higiénico: la línea libre y el color puro, cantidades que pertenecen al mundo del raciocinio puro, a un mundo no subjetivo y que tiende a lo neutro. Piet Mondrian dice: «el tiempo es un proceso de intensificación, una evolución del individuo hacia lo universal, de lo subjetivo hacia lo objetivo...» (*Circle*, p. 43). Contrastantes, Suciedad y Pureza son mutuamente complementarias y necesarias. Es difícil exagerar la importancia de esa tentativa de muerte contra el arte figurativo, ya que ella apunta hacia un fenómeno de evolución social de primera magnitud: la ampliación del punto de vista del hombre. Reproducir imágenes es un fenómeno esencialmente narcisista, una manifestación de poca envergadura: el hombre en adoración y conmemoración directa de sí mismo, en elogio o comentario conspicuo de sus actos.

La importancia de la revolución estética no fue comprendida en su justo valor ni siquiera por los que la promovieron.

Para el Salão de Maio la mentalidad «marco dorado» del gran público, que prefiere la destreza técnica y las imágenes a la calidad y a la expresión es un insulto involuntario a la inteligencia. Sin embargo, el contacto con el público es útil para el artista pionero, porque la indignación que se produce en el público, cuya opinión media siempre es retrógrada, es la fuerza que impulsa a ese artista hacia adelante, es el combustible mental y anímico que lo hace continuar. A fin de cuentas, es muy natural que todos aquellos que no comprenden una cosa se vuelvan contra ella; pero el rechazo se apacigua y se substituye por el amor cuando se inicia el proceso de comprensión. Cuando la comprensión falla, sobreviene la repulsa, el cansancio, el tedio, el sueño, la muerte.

El Salão de Maio apoya y acepta todas las manifestaciones pertenecientes a la revolución estética –Expresionismo, Cubismo, Fauvismo, etc.– porque, de esta manera, protege la estructura sobre la cual se asienta aquello que tiene de vital el arte de hoy.

El Salão de Maio está contra la insistencia de ser moderno, que considera una forma de no-arte. Está contra la destreza técnica que, por malabarismo y por truque, se sobrepone a la emoción profunda o a la pureza intelectual del arte, esa destreza que tanto agrada al público y tanto ayuda a la formación de un tipo especial de crítico de arte, *connaisseur* de esta fase de decadencia, hasta hacer que la historia del arte, que está siempre incorporada al gusto popular, se confunda lamentablemente, denominando esa decadencia como «fase áurea» (caso del arte griego).

El Salão de Maio no es una mera exposición de pintura, sino un Movimiento. Los museos, las galerías, cumplen esa finalidad. No es una organización para vender trabajos: los comerciantes de cuadros hacen eso mejor. No tiene una función mundana, pues deja esa tarea a cargo de los salones oficiales.

El Salão de Maio, adquiriendo un carácter internacional, espera que un intercambio más elevado sea capaz de sustituir los sentimientos más bajos del hombre. El Salão de Maio espera y ansía la turbulencia mental, porque cree que la idea de progreso es inherente a la turbulencia mental. El Salão busca ser abrigo y amparo de las ideas de quienes, por inevitable vocación artística, sacrificaron su existencia de encuentro en las paredes de nuestra sociedad, desarrollando la estética y la realización plástica que hoy amenaza dominar el mundo y que se presenta como el *substratum* de mañana.

1. La frase «con vuestras cabezas» implica tanto la mente como la emoción, liberadas del ritual de la rutina.

ARTE Y ARTISTA

Ismael Nery

En Amaral, Aracy (ed.): *Ismael Nery 50 anos depois.* Museu de Arte
Contemporânea da Universidade de São Paulo
São Paulo 1984, p. 37-38

Extraña que en la época en que el arte ha pasado por transformaciones tan formidables el concepto objetivo de artista haya permanecido absolutamente intacto. La idea de que un artista sea un copista de la naturaleza es tan repugnante como la de que un artista pueda comentarla a través de su temperamento. El concepto primordial de arte encierra la idea de equilibrio, he ahí por qué pensamos que un artista moderno no debe ser ya un cultor de temperamento sino un fundador de relaciones.

Cultivar un temperamento es desarrollar uno o más elementos de nuestro conjunto, dejando atrofiados todos los otros.

El temperamento es, por lo tanto, desproporción. La vida nos ofrece necesariamente un conjunto de emociones casi infinitas en sus escalas opuestas, emociones que cualquier hombre percibe sin tener, en absoluto, una cultura especial. El hecho de que existan hombres inicialmente propensos a ciertas emociones sólo sirve para probar que las deformidades morales son también, tanto como las físicas, hereditarias, algo por lo demás muy sabido.

Ser optimista o pesimista es tener, desde el inicio, un *parti-pris*. La vida nos ofrece, en su curso, las emociones más opuestas, emociones necesariamente opuestas, pues de otra manera no tendríamos relaciones constructivas.

La humanidad no ha sido otra cosa que un hombre sometido a los reflejos del ambiente en el tiempo. Teóricamente no tenemos dudas de que el hombre pueda ser estandarizado, aunque pensamos que dentro del estado de justicia.

Alcanzar este estado tiene que ser, justamente, el objeto de nuestras reflexiones actuales. El artista, para nosotros, es precisamente el hombre que no sólo parte hacia este estado inconsciente (como, por otra parte, todo el mundo) sino que también se apresura conscientemente, seleccionando la vida como producto de sus relaciones.

Todos los conceptos que puedan forjarse del artista fuera del esencialismo transformarán al artista en objeto de arte, desplazando, por lo tanto, la idea de valor y subordinándolo al papel de punto de referencia. Sólo podremos alcanzar la idea justa de las cosas a través del método esencialista, que consiste en recibir sin *parti-pris* todas las emociones que se operen en nuestro inconsciente y que se

transformen en afinidades o rechazos según nuestra dosis de instinto de conservación, indicador de la moral.

El papel de inteligencia no esencialista debe estar restringido únicamente a fines exclusivamente terapéuticos, es decir, percibido el desequilibrio, cuidar de su reposición (justicia personal).

Creemos, pues, que el temperamento es siempre una molestia tanto más grave cuanto más intensa.

Consideramos que el mal es una desproporción por la sencilla razón de que produce un desequilibrio dentro de la idea necesaria y esencial de la unidad.

MANIFIESTO "RUPTURA"

Charroux, Cordeiro, De Barros, Fejer, Haar, Sacilotto, Wladyslaw

Publicado en ocasión de la I Exposición del Grupo Ruptura, São Paulo, 1952

el arte antiguo fue grande, cuando fue inteligente.
sin embargo, nuestra inteligencia no puede ser la de Leonardo.
> la historia ha dado un salto cualitativo:
>> ¡no hay más continuidad!
>>> • los que crean formas nuevas de principios viejos.
> entonces distinguimos
>>> • los que crean formas nuevas de principios nuevos.
>> ¿por qué?
>>> el naturalismo científico del renacimiento — el método para representar el mundo exterior (tres dimensiones) sobre un plano (dos dimensiones) — ha agotado su misión histórica.

fue la crisis   fue la renovación
> hoy lo nuevo puede ser diferenciado
> precisamente de lo viejo. nosotros
> rompemos con lo viejo por eso
> afirmamos:
>> lo viejo es

· todas las variedades e hibridaciones del naturalismo;
· la mera negación del naturalismo, es decir, el naturalismo "erróneo" de los niños, de los locos, de los «primitivos», de los expresionistas, de los surrealistas, etc.;
· el no figurativismo hedonista, producto del gusto gratuito, que busca la mera excitación del placer o del displacer.

>> lo nuevo es

· **las expresiones basadas en los nuevos principios artísticos;**
· **todas las experiencias que tienden a la renovación de los valores esenciales del arte visual (espacio-tiempo, movimiento y materia);**
· **la intuición artística dotada de principios claros e inteligentes y de grandes posibilidades de desarrollo práctico;**
· **conferir al arte un lugar definido en el marco del trabajo espiritual contemporáneo, considerándolo un medio de conocimiento deducible de conceptos, situándolo por encima de la opinión, exigiendo para su juicio un conocimiento previo.**

el arte moderno no es ignorancia, nosotros estamos contra la ignorancia.

LITERATURA

"MANIFIESTO ANTROPÓFAGO"

Oswald de Andrade

En *Revista de Antropofagia*, n. 1, *Diário de São Paulo*
São Paulo 1928

Traducción de May Lorenzo Alcalá y María del Carmen Thomas

Sólo la antropofagia nos une. Socialmente. Económicamente. Filosóficamente.

Única ley del mundo. Expresión enmascarada de todos los individualismos, de todos los colectivismos. De todas las religiones. De todos los tratados de paz.

Tupí, or not tupí, that is the question.

Contra todas las cataquesis. Y contra la madre de los Gracos.

Sólo me interesa lo que no es mío. Ley del hombre. Ley del antropófago.

Estamos cansados de todos los maridos católicos suspicaces, puestos a dramatizar. Freud terminó con el enigma mujer y con otros sustos de la psicología impresa.

Lo que incomodaba de verdad era la ropa, el impermeable entre el mundo interior y el mundo exterior. La reacción contra el hombre vestido. El cine norteamericano informará.

Hijos del sol, madre de los vivientes. Hallados y amados ferozmente, con toda la hipocresía de la añoranza, por los inmigrados, por los traficados y por los "turistas". En el país de la Víbora Grande.

Fue porque nunca tuvimos gramática, ni colecciones de vegetales y viejos. Y nunca supimos lo que era urbano, suburbano, fronterizo, y continental. Perezosos en el mapa-mundi del Brasil.
Una conciencia participante, una rítmica religiosa.

Contra todos los importadores de conciencia enlatada. La existencia palpable de la vida. Y la mentalidad prelógica para que el señor Levi Bruhl estudie.

Queremos la revolución Caraíba. Mayor que la Revolución Francesa. La unificación de todas las revoluciones eficaces en la dirección del hombre. Sin nosotros Europa no tendría siquiera su pobre declaración de los derechos del hombre. La edad de oro anunciada por América. La edad de oro. Y todas las girls.

Filiación. El contacto con el Brasil Caraíba. Où Villegaignon print terre. Montaigne. El hombre natural. Rousseau. De la Revolución Francesa al Romanticismo, a la Revolución Bolchevique, a la Revolución surrealista y al bárbaro tecnizado de Keyserling. Caminamos.

Nunca fuimos catequizados. Vivimos a través de un derecho sonámbulo. Hicimos que Cristo naciese en Bahía. O en Belém do Pará.

Pero nunca admitimos el nacimiento de la lógica entre nosotros. Contra el Padre Vieira. Autor de nuestro primer préstamo, para ganar comisión. El rey analfabeto le había dicho: ponga esto en el papel pero sin mucha labia. Se hizo el préstamo. Se creó el impuesto al azúcar brasileño. Vieira dejó el dinero en Portugal y nos trajo la labia.

El espíritu rehúsa a concebir, el espíritu sin cuerpo. El antropomorfismo. Necesidad de vacuna antropofágica. Para el equilibrio contra las religiones del meridiano. Y las inquisiciones anteriores.

Solamente podemos atender al mundo oracular.

Teníamos la justicia, codificación de la venganza. La ciencia, codificación de la magia. Antropofagia. La transformación permanente del Tabú en tótem.

Contra el mundo reversible y las ideas objetivadas. Cadaverizadas. El stop del pensamiento que es dinámico. El individuo víctima del sistema. Fuente de las injusticias clásicas. De las injusticias románticas. Y el olvido de las conquistas anteriores.

Itinerarios. Itinerarios. Itinerarios. Itinerarios. Itinerarios. Itinerarios. Itinerarios.

El instinto Caraíba.

Muerte y vida de la hipótesis. De la ecuación yo parte del cosmos, al axioma cosmos parte del yo. Subsistencia. Conocimiento. Antropofagia.

Contra las elites vegetales. En comunicación con el suelo.

Nunca fuimos catequizados. Lo que hicimos fue el carnaval. El indio vestido de Senador del Imperio. Fingiendo de Pitt. O figurando en las óperas de Alencar lleno de buenos sentimientos portugueses.

Ya teníamos el comunismo. Ya teníamos la lengua surrealista. La edad de oro.
Catití Catití
Imará Notiá
Notiá Imará
Ipeyú

La magia y la vida. Teníamos la lista y la ubicación de los bienes físicos, de los bienes morales, de los bienes 'dignarios'. Y sabíamos transponer el misterio y la muerte con el auxilio de algunas formas gramaticales.

Pregunté a un hombre qué era el Derecho. Él me respondió que era la garantía del ejercicio de la posibilidad. Ese hombre se llamaba Galli Matías. Me lo comí.

No hay determinismo solamente donde hay misterio. Pero nosotros, ¿qué tenemos que ver con eso?

Contra las historias del hombre, que comienza con el Cabo Finisterra. El mundo no fechado. No rubricado. Sin Napoleón. Sin César.

La fijación del progreso por medio de catálogos y aparatos de televisión. Sólo la maquinaria. Y los transfusores de sangre.

Contra las sublimaciones antagónicas. Traídas en las caravelas.

Contra la verdad de los pueblos misioneros, definida por la sagacidad de un antropófago, el Visconde de Cairú: Es la mentira muchas veces repetida.

Pero no fueron los cruzados los que vinieron. Fueron fugitivos de una civilización que estamos comiendo, porque somos fuertes y vengativos como el jabutí.

Si Dios es la conciencia del universo increado, Guarací es la madre de los vivientes. Jací es la madre de los vegetales.

No tuvimos especulación. Perto teníamos adivinación. Teníamos política que es la ciencia de la distribución. Y un sistema social-planetario.

Las migraciones. La fuga de los estados de tedio. Contra las esclerosis urbanas. Contra los Conservatorios, y el tedio especulativo.

De William James a Voronoff. La transfiguración del Tabú en tótem. Antropofagia.

El *pater familias* y la creación de la Moral de la Cigüeña: ignorancia real de las cosas + falta de imaginación + sentimiento de autoridad ante la prole curiosa.

Hace falta partir de un profundo ateísmo para llegar a la idea de Dios. Pero el caraíba no lo necesitaba porque tenía a Guarací.

El objetivo creado reacciona como los ángeles caídos. Después Moisés divaga. ¿Qué tenemos que ver con eso?
Antes que los portugueses descubrieran el Brasil, el Brasil había descubierto la felicidad.

Contra el indio entorchado. El indio hijo de María, ahijado de Catalina de Médicis y yerno de Don Antonio de Mariz.
La alegría es la prueba de fuego.

En el matriarcado de Pindorama.

Contra la Memoria fuente de la costumbre. La experiencia personal renovada.

Somos concretistas. Las ideas controlan, reaccionan, queman gente en las plazas públicas. Suprimamos las ideas y las otras parálisis. Por los itinerarios. Creer en las señales, creer en los instrumentos y en las estrellas.

Contra Goethe, la madre de los Gracos, y la Corte de Don João VI.

La alegría es la prueba de fuego.

La lucha entre lo que se llamaría Increado y la Criatura ilustrada por la contradicción permanente del hombre y su Tabú. El amor cotidiano y el *modus vivendi* capitalista. Antropofagia. Absorción del enemigo sacro. Para transformarlo en tótem. La aventura humana. La finalidad terrena. No obstante, solamente las elites puras consiguieron realizar la antropofagia carnal, que trae en sí el más alto sentimiento de la vida y evita todos los males identificados por Freud, males catequistas. Lo que se da no es una sublimación del instinto sexual. Es la escala termométrica del instinto antropofágico. De carnal, él se torna selectivo y crea la amistad. Afectivo, el amor. Especulativo, la ciencia. Se desvía y se transfiere. Llegamos al envilecimiento. La baja antropofagia aglomerada en los pecados del catecismo - la envidia, la usura, la calumnia, el asesinato. Peste de los llamados pueblos cultos y cristianizados, contra ella estamos actuando. Antropófagos.

Contra Anchieta cantando a las once mil vírgenes del cielo, en la tierra de Iracema, el patriarca João Ramalho, fundador de São Paulo.

Nuestra independencia todavía no fue proclamada. Frase típica de Don João VI: ¡Mi hijo, pon esa corona en tu cabeza, antes que cualquier aventurero lo haga! Expulsamos la dinastía. Es necesario expulsar el espíritu bragantino, las ordenaciones y el rapé de María de la Fuente.

Contra la realidad social, vestida y opresora, catastrada por Freud, la realidad sin complejos, sin locura, sin prostituciones y sin penitenciarías del matriarcado de Pindorama.

En Piratininga.
Año 374 de la Deglución del Obispo Sardinha

EL MOVIMIENTO MODERNISTA

MÁRIO DE ANDRADE

Conferencia pronunciada en 1942, publicada en *Aspectos da Literatura brasileira*. Martins, São Paulo s.f., p. 231-255

Manifestado especialmente por el arte, pero impregnando también con violencia las costumbres sociales y políticas, el movimiento modernista fue el anunciador, el preparador y en muchos lugares el creador de un estado de espíritu nacional. La transformación del mundo con el debilitamiento gradual de los grandes imperios, con la práctica europea de nuevos ideales políticos, la rapidez de los transportes y mil y una nuevas causas internacionales, así como el desarrollo de la consciencia americana y brasileña, los progresos internos de la técnica y de la educación, imponían la creación de un espíritu nuevo y exigían una nueva verificación e incluso la remodelación de la Inteligencia nacional. Esto fue el movimiento modernista, del que la *Semana de Arte Moderna* fue la proclama colectiva principal. Existe un mérito innegable en ello, aunque aquellos primeros modernistas... de las cavernas que nos reunimos en torno de la pintora Anita Malfatti y del escultor Vitor Brecheret, sólo hayamos servido de altavoces de una fuerza universal y nacional mucho más compleja que nosotros. Fuerza fatal, que vendría de veras. Ya un crítico con sentido común afirmó que todo cuanto hizo el movimiento modernista, se haría de la misma manera sin el movimiento. No conozco una perogrullada más graciosa. Porque todo eso que se haría, incluso sin el movimiento modernista, sería pura y simplemente... el movimiento modernista.

Hace veinte años que se realizó, en el Teatro Municipal de São Paulo, la *Semana de Arte Moderna*. Es un pasado del todo agradable, que no resultó en nada feo, y que me sorprende un poco también. ¡Cómo tuve valor para participar en aquella batalla! Es verdad que con mis experiencias artísticas vengo escandalizando mucho a la intelectualidad de mi país; no obstante, expuestas en libros y artículos, esas experiencias no se realizan *in anima nobile*. No estoy de cuerpo presente, y esto mitiga el embate de la estupidez. ¿Mas como tuve valor para recitar versos ante un abucheo tan bullicioso que yo no oía en el escenario lo que Paulo Prado me gritaba desde la primera fila de butacas?... ¿Cómo pude leer una conferencia sobre las artes plásticas, en la escalinata del Teatro, rodeado de desconocidos que se burlaban y me ofendían en grande?...

Mi mérito como participante es un mérito ajeno: fui animado, cegado por el entusiasmo de los demás. A pesar de la confianza absolutamente firme que yo tenía en la estética renovadora, más que confianza, fe verdadera, yo no habría tenido fuerzas ni físicas ni morales para resistir aquella tempestad de insultos. Y si aguanté la conmoción, fue porque estaba delirando. El entusiasmo de los otros me embriagaba, no el mío. Por mí, habría cedido. Digo que habría cedido, pero

sólo en esa presentación espectacular que fue la *Semana de Arte Moderna*. Con o sin ella, mi vida intelectual sería lo que ha sido.

La Semana marca una fecha, eso es innegable. Pero lo cierto es que la preconciencia primero, y enseguida la convicción de un arte nuevo, de un espíritu nuevo desde al menos seis años, había venido definiéndose en el... sentimiento de un puñado de intelectuales paulistas. Al principio fue un fenómeno estrictamente sentimental, una intuición premonitoria, un... estado de poesía. En efecto: educados en la plástica «histórica», conociendo como mucho la existencia de los principales impresionistas, ignorando Cézanne, ¿qué nos llevó a adherirnos incondicionalmente a la exposición de Anita Malfatti, que en plena guerra venía a mostrarnos cuadros expresionistas y cubistas? Parece absurdo, pero aquellos cuadros fueron la revelación. Y aislados en la torrente del escándalo que había tomado la ciudad, nosotros, tres o cuatro, delirábamos de éxtasis ante unos cuadros que se titulaban el *Homem amarelo*, la *Estudanta russa*, la *Mulher de cabelos verdes*. Y a ese mismo *Homem amarelo* de formas tan inéditas entonces, yo dedicaba un soneto de factura parnasianísima... Así éramos.

Poco después Menotti del Picchia y Osvaldo de Andrade descubrirían al escultor Vitor Brecheret, que dormitaba en São Paulo en una especie de exilio, en una habitación que le habían dado gratis, en el Palacio de las Industrias, para guardar sus bártulos. Brecheret no provenía de Alemania, como Anita Malfatti, venía de Roma. Pero también importaba tinieblas menos latinas, pues había sido alumno del célebre Maestrovic. Y hacíamos verdaderas *rêveries* a galope ante la exasperación simbólica y las estilizaciones decorativas del «genio». Porque Vitor Brecheret, para nosotros, era como mínimo un genio. Este mínimo era con lo que nos podíamos contentar, tal era el entusiasmo al que él nos entregaba. Y Brecheret sería el disparador que haría a la *Paulicéia desvairada* estallar...

Yo había pasado aquel año de 1920 sin escribir más poesía. Tenía cuadernos y cuadernos de cosas parnasianas y algunas tímidamente simbolistas, pero todo había acabado por desagradarme. De mis lecturas desordenadas, ya conocía hasta a algunos futuristas de última hora, pero sólo entonces había descubierto a Verhaeren. Y había sido un espejismo. Llevado principalmente por las *Villes tentaculaires*, concebí de inmediato hacer un libro de poesías «modernas», en verso libre, sobre mi ciudad. Lo intenté, no vi nada que me interesara. Lo intente de nuevo, y nada. Los meses pasaban con una angustia, con una insuficiencia feroz. La poesía se habría acabado para mí?... Me despertaba inquieto.

A eso se añadían dificultades morales y vitales de diversa especie, fue un año de mucho sufrimiento. Ya ganaba para vivir holgado, pero con la furia de saber las cosas que me habían atrapado, el sueldo se iba en libros y me mortificaba en cambalaches financieros terribles. En casa, el clima era aterrador. Si mi madre y mis hermanos no se incomodaban con mis «locuras», el resto de la familia me despedazaba sin piedad. Y hasta con un cierto placer: ese dulce placer familiar de tener en un sobrino o en un primo, un «perdido» que nos valoriza virtuosamente. Yo tenía discusiones brutales, en las que los desafueros mutuos no era raro que llegaran a aquel punto de arrebato en que... ¡porque será que el arte los provoca! La disputa era brava, y si no me abatía nada, me dejaba con un odio, odio de verdad.

Fue cuando Brecheret me concedió pasar a bronce un yeso de él que me gustaba, una *Cabeza de Cristo*, ¡pero con qué ropa! ¡Yo debía los ojos de la cara! Andaba a veces a pie por no tener doscientos mil reis para el tranvía, el mismo día que había gastado seiscientos mil reis en libros... Y seiscientos mil reis era dinero entonces. No dudé: hice más trapicheos financieros con un colega, y al final pude desempaquetar en casa mi *Cabeza de Cristo*, sensualísimamente feliz. Esa noticia corrió en un instante, y la parentela que vivía pegada, invadió la casa para ver. Y para discutir. Gritaban, gritaban. ¡Aquello era hasta pecado mortal!, rechinaba mi señora tía vieja, matriarca de la familia. ¡Dónde se vio a Cristo con trenzas!, ¡era feo!, ¡horrendo! Maria Luisa, tu hijo es un auténtico «perdido».

Quedé alucinado, palabra de honor. Mi voluntad era golpear. Cené ensimismado, en un estado inimaginable de laceración. Después subí a mi habitación, había anochecido, con la intención de arreglarme, salir, distraerme un poco, tirar una bomba en el centro del mundo. Me acuerdo de que llegué al balcón, mirando sin ver mi plaza. Ruidos, luces, charlas inacabadas subiendo de los chóferes de alquiler. Yo estaba aparentemente calmado, como sin ningún destino. No sé qué me dio. Fui hasta el escritorio, abrí un cuaderno, escribí el título que jamás había pensado, *Paulicéia desvairada*. La explosión había llegado al final, después de casi un año de interrogativas angustias. Entre sinsabores, trabajos urgentes, deudas, discusiones, en poco más de una semana estaba arrojado en el papel un canto bárbaro, dos veces mayor tal vez de lo que algún trabajo de arte dio en un libro.[1]

¿Quién tuvo la idea de la *Semana de Arte Moderna*? Yo no sé quién fue, nunca lo supe, sólo puedo garantizar que no fui yo. El movimiento, difundiéndose de a poco, ya se había convertido en una especie de escándalo público permanente. Ya habíamos leído nuestros versos en Río de Janeiro; y en una lectura muy importante en casa de Ronald de Carvalho, donde también estaban Riberiro Couto y Renato Almeida, en una atmósfera de simpatía, *Paulicéia desvairada* obtenía el consentimiento de Manuel Bandeira, quien en 1919 había experimentado sus primeros versos libres, en *Carnaval*. Y he aquí que Graça Aranha, célebre, trayendo de Europa su *Estética da vida*, va a São Paulo, y trata de conocernos y agruparnos en torno a su filosofía. Nos reíamos un poco de la *Estética da vida* que aún atacaba ciertos europeos modernos de nuestra admiración, pero nos adherimos francamente al maestro. Y alguien lanzó la idea de hacer una semana de arte moderno, con exposición de artes plásticas, conciertos, lecturas de libros y conferencias explicativas. ¿Fue el mismo Graça Aranha? ¿Fue Di Cavalcanti?... Sin embargo lo que importa era poder realizar esa idea, además de audaz, carísima. Y el promotor verdadero de la *Semana de Arte Moderna* fue Paulo Prado. Y solamente una figura como él y una ciudad grande pero provinciana como São Paulo, podrían hacer el movimiento modernista y objetivarlo en la Semana.

Hubo una época en la que se intentó trasplantar a Río las raíces del movimiento, debido a las manifestaciones impresionistas y principalmente postsimbolistas que existían entonces en la capital de la República. Existían, es innegable, principalmente en los que más tarde, siempre más cuidadosos de equilibrio y espíritu constructivo, formaron el grupo de la revista *Festa*. En São Paulo, ese ambiente estético sólo fermentaba en Guilherme de Almeida y en un Di Cavalcanti pastelista, «trovador de los tonos velados» como lo denominé en una dedicatoria extravagante. Pero yo creo que es un engaño ese evolucionismo a todo trance, que recuerda nombres de un Nestor Vítor o Adelino Magalhães, como los eslabones precursores. Por tanto sería más lógico evocar a Manuel Bandeira, con su *Carnaval*. Pero si habíamos sabido de éste por un azar de librería y lo admirábamos, de los demás, nosotros, en la provincia, ignorábamos hasta los nombres, porque los intereses imperialistas de la Corte no eran mandarnos «humillados o luminosos», sino el gran camelo académico, sonrisa de la sociedad, útil al gusto provinciano.

No. El modernismo, en Brasil, era una ruptura, era un abandono de principios y de técnicas consecuentes, era una revolución contra lo que fue la Inteligencia nacional. Es mucho más exacto imaginar que el estado de guerra de Europa habría preparado en nosotros un espíritu de guerra, eminentemente destructivo. Y las modas que revistieron este espíritu fueron, de entrada, directamente importadas de Europa. En cuanto a decir que éramos, los de São Paulo, unos antinacionalistas, unos antitradicionalistas europeizados, creo que es una falta de sutileza crítica. Es olvidar todo el movimiento regionalista abierto justamente en São Paulo e inmediatamente antes, por la *Revista do Brasil*; es olvidar todo el movimiento editorial de Monteiro Lobato; es olvidar la arquitectura y hasta el urbanismo (Dubugras) neocolonial, nacidos en São Paulo. De esta ética estábamos impregnados. Menotti del Picchia nos había dado el *Juca Mulato*, estudiábamos el arte tradicional brasileño y sobre él escribíamos; y canta regionalmente la ciudad materna el primer libro del movimiento. Mas el espíritu modernista y sus modas fueron directamente importados de Europa.

Ahora bien, São Paulo estaba mucho más «al corriente» que Río de Janeiro. Y, socialmente hablando, el modernismo sólo podía ser importado desde São Paulo y estallar en la provincia. Existía una gran diferencia, ahora ya menos sensible, entre Río y São Paulo. Río era mucho más internacional, como norma de vida exterior. Está claro: puerto de mar y capital del país, Río posee un internacionalismo congénito. São Paulo era espiritualmente mucho más moderna sin embargo, fruto necesario de la economía del café y del industrialismo consiguiente. Interiorana, conservando hasta ahora un espíritu provinciano servil, muy denunciado por su política, São Paulo estaba al mismo tiempo, por su actualidad comercial y su industrialización, en contacto más espiritual y más técnico con la actualidad del mundo.

Es realmente asombroso cómo Río mantiene, dentro de su malicia vibrante de ciudad internacional, una especie de ruralismo, un carácter inmóvil tradicional mucho mayores que São Paulo. Río es de aquellas ciudades en las que no sólo permanece indisoluble el «exotismo» nacional (que además es una prueba de la vitalidad de su carácter), sino la interpenetración de lo rural con lo urbano. Cosa ya imposible de percibirse en São Paulo. Como Belém, Recife, Ciudad del Salvador: Río aún es una ciudad folclórica. En São Paulo el exotismo folclórico no frecuenta la calle Quince, excepto las sambas que vienen en las cajas de cerillas del Bar Nacional.

Ahora bien, en el Río malicioso, una exposición como la de Anita Malfatti podía crear reacciones publicitarias, pero nadie se dejaba llevar. En el São Paulo sin malicia, creó una religión. Con sus Nerones también... El artículo «contra» el pintor Monteiro Lobato, aunque fuera un conjunto de disparates, sacudió a una población, modificó una vida.

Junto a eso, el movimiento modernista era nítidamente aristocrático. Por su carácter de juego arriesgado, por su espíritu aventurero en extremo, por su internacionalismo modernista, por su nacionalismo embravecido, por su gratuidad antipopular, por su dogmatismo prepotente, era una aristocracia del espíritu. Muy natural, pues, que la alta y la pequeña burguesía lo temieran. Paulo Prado, a la par que uno de los exponentes de la aristocracia intelectual paulista, era una de las figuras principales de nuestra aristocracia tradicional. No de la aristocracia improvisada del Imperio, sino de la otra más antigua, justificada en el trabajo secular de la tierra y oriunda de cualquier salteador europeo, que el criterio monárquico del Rey Dios ya había amancebado con la genealogía. Y fue por todo esto que Paulo Prado pudo medir bien lo que había de aventurero y de ejercicio del peligro, en el movimiento, y arriesgar su responsabilidad intelectual y tradicional en la aventura.

Una cosa como ésta sería imposible en Río, donde no existe una aristocracia tradicional, sino apenas una alta burguesía riquísima. Y ésta no podía adoptar un movimiento que le destruía su espíritu conservador y conformista. La burguesía nunca supo perder, y eso es lo que la pierde. Si Paulo Prado, con su autoridad intelectual y tradicional, tomó a pecho la realización de la Semana, abrió la lista de las colaboraciones y arrastró tras él a sus pares aristocráticos y algunos otros a los que dominaba su figura, la burguesía protestó y los abucheó. Tanto la burguesía de clase como la de espíritu. Y fue en medio de la más tremenda asonada, de los mayores insultos, que la *Semana de Arte Moderna* abrió la segunda fase del movimiento modernista, el período realmente destructivo.

Pues en verdad, el período... heroico, había sido ese anterior, iniciado con la exposición de pintura de Anita Malfatti y terminado en la «fiesta» de la *Semana de Arte Moderna*. Durante esa media docena de años fuimos realmente puros y libres, generosos, viviendo una unión iluminada y sentimental de las más sublimes. Aislados del ambiente del mundo, escarnecidos, evitados, ridiculizados, maldecidos, nadie puede imaginar el delirio ingenuo de grandeza y el convencimiento personal con los que reaccionamos. El estado de exaltación en el que vivíamos era incontrolable. Cualquier página de cualquiera de nosotros empujaba a los demás a conmociones prodigiosas, ¡pero aquello era genial!

Y eran aquellas correrías desmesuradas en la noche, en el Cadillac verde de Osvaldo [sic] de Andrade, para mí la figura más característica y dinámica del movimiento, para ir a leer nuestras primeras obras en Santos, en el Alto da Serra, en la Ilha das Palmas... Y los encuentros cerca del anochecer, cuando nos quedábamos en exposición ante algún rarísimo admirador, en la redacción de *Papel e tinta*... Y aumentando la legión con Sergio Milliet y Rubens Borda de Morais, llegados sabidísimos de Europa... Y nosotros tratábamos con un respeto religioso, a esos peregrinos confortables que habían visto a Picasso y charlado con Romain Rolland... Y la adhesión, en Río de un Álvaro Moreyra, de un Ronald de Carvalho... Y el descubrimiento asombrado de que existían en São Paulo muchos cuadros de Lasar Segall, ya muy admirado a través de las revistas alemanas... Todo genios, todo operas primas geniales... Apenas Sergio Milliet ponía un cierto malestar en el incendio, con su equilibrada serenidad... Y el filósofo de la banda, Couto de Barros, salpicando islas de conciencia en nosotros, cuando en el medio de la discusión, en general limitada a altercados de afirmaciones perentorias, preguntaba cuidadosamente: ¿Pero cuál es el criterio que tienes de la palabra «esencial»?, o: ¿Pero cuál es el concepto que tienes de lo "bello-horrible"?... Éramos unos puros. Incluso asediados por la repulsa cotidiana, la salud mental de casi todos nosotros nos impedía cualquier cultivo del dolor. En eso tal vez las teorías futuristas tuvieron una influencia única y benéfica sobre nosotros. Nadie pensaba en sacrificio, nadie disimulaba lo incomprendido, nadie se imaginaba precursor ni mártir: éramos una arrancada de héroes convencidos. Y muy saludables. La *Semana de Arte Moderna*, al mismo tiempo que colofón lógico de esa arrancada gloriosamente vivida (disculpen, pero, éramos gloriosos de antemano...), la *Semana de Arte Moderna* daba su primer golpe en la pureza de nuestro aristocraticismo espiritual. Consagrado el movimiento por la aristocracia paulista, si aún sufriríamos algún tiempo ataques a veces crueles, la nobleza regional nos daba la mano fuerte y... nos disolvía en los favores de la vida. Está claro que no obraba de

un caso pensado, y si nos disolvía era por la propia naturaleza y su estado de decadencia. En una fase en la que ella no tenía ninguna otra realidad vital, como algunos reyes de ahora, la nobleza rural paulista sólo podía transmitirnos su gratuidad. Se inició el movimiento de los salones. Y vivimos unos ocho años, hasta cerca de 1930, en la mayor orgía intelectual que la historia artística del país registra.

Pero en la intriga burguesa escandalizadísima, nuestra «orgía» no era sólo intelectual... Lo que no dijeron, o no se contó de nuestras fiestas. Champaña con éter, vicios inventadísimos, los almohadones se convirtieron en «cojines», crearon toda una semántica del maldecir... Sin embargo, cuando no eran bailes públicos (que eran lo que son los bailes libertinos de la alta sociedad), nuestras fiestas de los salones modernistas eran las más inocentes bromas de artistas que se puede imaginar.

Estaba la reunión de los martes, por la noche, en la calle Lopes Chaves. Esa reunión semanal, la primera de todas, era exclusivamente de artistas y precedió incluso a la *Semana de Arte Moderna*. Bajo el punto de vista intelectual fue el más útil de los salones, si se podía llamar salón a aquello. A veces doce, hasta quince artistas, se reunían en el estrecho estudio donde se comían dulces tradicionales brasileños y se bebía un licor económico. El arte moderno era un asunto obligatorio y el intelectualismo tan intransigente y deshumanizado ¡que llegó incluso a prohibirse hablar mal de la vida ajena! Las discusiones llegaban a trances agudos, el calor era tal que algunos se sentaban en las ventanas (no había asiento para todos) y así, el más elevado, dominaba por la altura, ya que no dominaba por la voz ni el argumento. Y aquel raro remolón del alba paraba enfrente, con la esperanza de ver alguna discusión.

Estaba el salón de la avenida Higienópolis que era el más selecto. Tenía como pretexto la comida dominical, maravilla de comida lusobrasileña. Aún ahí la charla era estrictamente intelectual, pero variaba más y se alargaba. Paulo Prado con su pesimismo fecundo y su realismo, convertía siempre el asunto de las libres elucubraciones artísticas en los problemas de la realidad brasileña. Fue el salón que duró más tiempo y se disolvió de mala manera muy malestarosa. Vuelto su jefe, por sucesión, el patriarca de la familia Prado, la casa fue invadida, incluso los domingos, por un público de la alta que no podía compartir el rojerío de nuestros asuntos. Y la conversación se teñía de póquer, casos de sociedad, carreras de caballos, dinero. Los intelectuales, vencidos, se iban retirando.

Y existió el salón de la calle Duque de Caxias, que fue el mayor, el más verdaderamente salón. Las reuniones semanales tenían lugar a la tarde, también los martes. Y ésa fue la causa de que las reuniones nocturnas el mismo día fueran desfalleciendo en la calle Lopes Chaves. La sociedad de la calle Duque de Caxias era más numerosa y variada. Sólo en ciertas fiestas especiales, en el salón moderno, construido en los jardines del solar y decorado por Lasar Segall, el grupo se volvía más cohesionado. También ahí el culto de la tradición era firme, dentro del mayor modernismo. La cocina, de sello afrobrasileño, aparecía en almuerzos y cenas de composiciones perfectísimas. Y cuento entre mis mayores venturas admirar a esa mujer excepcional que fue Doña Olívia Guedes Penteado. Su discreción, el tacto y la autoridad prodigiosos con que ella supo dirigir, mantener, corregir esa multitud heterogénea que llegaba a ella, atraída por su prestigio, artistas, políticos, millonarios, fantoches, fue incomparable. Su salón, que también duró varios años, tuvo como elemento principal de disolución la efervescencia que estaba preparando 1930. La fundación del Partido Democrático, el ánimo político eruptivo que se había apoderado de muchos intelectuales, empujándolos hacia los extremismos de derecha o izquierda, había creado un malestar en la reuniones. Los democráticos se fueron apartando. Por otro lado, el integralismo encontraba algunas simpatías entre las personas del grupo: y aún estaba tan sin vicios, tan desinteresado, como para aceptar acomodos. Sin ninguna publicidad, pero con firmeza, doña Olívia Guedes Penteado supo terminar poco a poco su salón modernista.

El último en fecha de esos salones paulistas era el de la alameda Barão de Piracicaba, congregado en torno de la pintora Tarsila. No tenía día fijo, pero las fiestas eran casi semanales. Duró poco. Y no tuvo jamás el encanto de las reuniones que hacíamos antes, cuatro o cinco artistas, en el antiguo taller de la admirable pintora. Esto fue poco después de la Semana, cuando la burguesía, habiendo comprendido la existencia de una ola revolucionaria, comenzó castigándonos con la pérdida de algunos empleos. Algunos estábamos casi literalmente sin trabajo. Entonces íbamos al taller de la pintora, a jugar al arte, días enteros. Pero de los tres salones aristocráticos, Tarsila consiguió dar al de ella una significación de mayor independencia, de bienestar. En los otros dos, por mayor que fuese el liberalismo de los que los dirigían, había tal magnificencia de riqueza y tradición en el ambiente, que no era posible nunca evitar una u otra coacción. En el de Tarsila jamás sentimos eso. Era el más agradable de nuestros salones aristocráticos.

Y fue de la protección de esos salones que se extendió por Brasil el espíritu destructivo del movimiento modernista. O sea, su sentido verdaderamente específico. Porque, aunque lanzó innumerables procesos e ideas nuevas, el movimiento modernista fue esencialmente destructivo. Incluso destructivo con nosotros mismos, porque el pragmatismo de las investigaciones siempre debilitó la libertad de creación. Ésa es la verdad verdadera. En cuanto nosotros, los modernistas de São Paulo, teníamos incontestablemente una repercusión nacional, éramos los chivos expiatorios de los retrógrados; pero al mismo tiempo en el Senhor do Bonfim de los jóvenes de todo el país, los otros modernos de entonces, que ya pretendían construir, formaban núcleos respetables, no lo dudo, pero de existencia limitada y sin verdaderamente ningún sentido contemporáneo. Así fue que, Plínio Salgado, viviendo en São Paulo, era dejado de lado y nunca pisó los salones. Graça Aranha también, que soñaba construir, se perturbaba mucho entre nosotros; y nos asombraba la incomprensión ingenua con que la «gente seria» del grupo de *Festa*, tomaba en serio nuestras patrañas y arremetía contra nosotros. No. Nuestro sentido era específicamente destructor. La aristocracia tradicional nos dio todo su apoyo, poniendo más en evidencia esa paridad del destino, también ella ya entonces autofágicamente destructiva, por no tener más una significación legitimable. En cuanto a los aristócratas del dinero, ésos nos odiaban desde el principio y siempre nos miraron con desconfianza. Ningún salón de ricachón tuvimos, ningún millonario extranjero nos acogió. Los italianos, alemanes, israelitas se volvían mejores guardadores del buen sentido nacional que Prados y Penteados y Amarales...

Pero estábamos lejos, arrebatados por los vientos de la destrucción. Y hacíamos o nos preparábamos especialmente para la fiesta, de la que la *Semana de Arte Moderna* había sido la primera. Todo ese tiempo destructor del movimiento modernista fue para nosotros un tiempo de fiesta, de cultivo sin mesura del placer. Y si tamaño jolgorio disminuyó por cierto nuestra capacidad de producción y serenidad creadora, nadie puede imaginar cómo nos divertimos. Salones, festivales, bailes extravagantes, semanas pasadas en grupo en mansiones opulentas, semanas santas por las ciudades antiguas de Minas, viajes por el Amazonas, por el Noroeste,

visitas a Bahía, paseos constantes al pasado paulista, Sorocaba, Parnaíba, Itú... Todavía bailábamos sobre los volcanes... Doctrinarios, en la ebriedad de mil y una teorías, salvando al Brasil, inventando el mundo, en realidad lo consumíamos todo, también a nosotros mismos, en el cultivo amargo, casi delirante del placer.

El movimiento de Inteligencia que representamos, en su fase verdaderamente «modernista», no fue el factor de los cambios político-sociales posteriores a él en Brasil. Fue esencialmente un preparador; el creador de un estado de espíritu revolucionario y de un sentimiento de ímpetu. Y si muchos de los intelectuales del movimiento se disolvieron en la política, si varios de nosotros participamos en las reuniones iniciales del Partido Democrático, es necesario no olvidar que tanto éste como 1930 significaban aún destrucción. Los movimientos espirituales preceden siempre a los cambios en el orden social. El movimiento social de destrucción es el que comenzó con el P. D. y 1930. Y sin embargo, es precisamente por esa fecha de 1930, que empieza para la Inteligencia brasileña una fase más serena, más modesta y cotidiana, más proletaria, por decirlo de algún modo, de construcción. A la espera de que un día las otras fuerzas sociales la imiten.

Y llegó el turno de que el salón de Tarsila se acabara. Mil novecientos treinta... Todo estallaba, políticas, familias, matrimonios de artistas, estéticas, amistades profundas. El sentido destructivo y festivo del movimiento modernista, ya no tenía más razón de ser, cumplido su destino legítimo. En la calle, el pueblo amotinado gritaba: «¡Getúlio! ¡Getúlio!»...En la sombra, Plínio Salgado pintaba de verde su megalomanía de Esperado. En el norte, alcanzando de un salto las nubes más desesperadas, otro avión abría sus alas en el terreno incierto del aguardiente. Otros, lo que se abrían eran las venas para manchar de rojo las cuatro paredes de su secreto. Pero en ese volcán, ahora activo y de tantas esperanzas, ya venían fortificándose las bellas figuras más nítidas y constructivas, los Lins do Rego, los Augusto Frederico Schimdt, los Otávio de Faria y los Portinari y los Camargo Guarnieri. Que la vida tendrá que imitar algún día.

No cabe en este discurso de carácter polémico, el proceso analítico del movimiento modernista. Aunque se integraran en él figuras y grupos preocupados por construir, el espíritu modernista que avasalló al Brasil, que dio el sentido histórico de la Inteligencia nacional de ese período, fue destructivo. Pero esta destrucción, no sólo contenía todos los gérmenes de la actualidad, sino que era también una convulsión profundísima de la realidad brasileña. Lo que caracteriza esta realidad que el movimiento modernista impuso, es, a mi parecer, la fusión de tres principios fundamentales: el derecho permanente a la investigación estética; la actualización de la inteligencia artística brasileña; y la estabilización de una conciencia creadora nacional.

Nada de eso representa exactamente una innovación y de todo encontramos ejemplos en la historia artística del país. La novedad fundamental, impuesta por el movimiento, fue la conjugación de esas tres normas en un todo orgánico de la consciencia *colectiva*. Y si, anteriormente, distinguimos la estabilización asombrosa de una consciencia nacional en un Gregório de Matos, o, más natural y eficiente, en un Castro Alves: es cierto que la nacionalidad de éste, como lo nacionalero del otro, y el nacionalismo de Carlos Gomes, e incluso hasta el de un Almeida Junior, eran episódicos como realidad del espíritu. Y en cualquier caso, siempre un *individualismo*.

En cuanto al derecho de investigación estética y actualización universal de la creación artística, es incontestable que todos los movimientos históricos de nuestras artes (menos el Romanticismo que comentaré más adelante) siempre se basaron en el academicismo. Con alguna excepción individual rara, y sin la menor repercusión colectiva, los artistas brasileños jugaron siempre colonialmente a lo seguro. Repitiendo y aficionándose a estéticas ya consagradas, se eliminaba así el derecho a la investigación, y en consecuencia a la actualidad. Y fue dentro de este academicismo ineluctable donde se realizaron nuestros mayores, un Aleijandinho, un Costa Ataíde, Cláudio Manuel, Gonçalves Dias, Gonzaga, José Maurício, Nepomuceno, Aluísio. Y hasta un Alvares de Azevedo, hasta un Alphonsus de Guimaraens.

Ahora, nuestro individualismo entorpecedor se desperdiciaba en lo más despreciable de los lemas modernistas, «¡No hay escuelas!», y esto es seguro que habrá perjudicado mucho a la eficiencia creadora del movimiento. Y si no perjudicó su acción espiritual sobre el país, es porque el espíritu planea siempre por encima de los preceptos y de las propias ideas... Ya es hora de observar, no lo que un Augusto Meyer, un Tasso da Silveira y un Carlos Drummond de Andrade tienen de diferente, sino lo que tienen de igual. Y lo que nos igualaba, por encima de nuestras disparidades individualistas, era justamente la organicidad de un espíritu actualizado, que investigaba ya ilimitadamente enraizado en su entidad colectiva nacional. No sólo acomodado en la tierra, sino gratamente enraizado en su realidad. Lo que no se dio sin un cierto patrioterismo y mucha falsificación...

De esto los oídos burgueses se habían jactado saciadas bajo la aristocrática piel de león que nos había vestido... Porque, en efecto, aquello que se observa, lo que caracteriza ese arraigo a la tierra, en un grupo numeroso de gente modernista de una increíble adaptabilidad política, parloteadores de definiciones nacionales, sociólogos optimistas, aquello que los caracteriza es un conformismo legítimo, disfrazado y mal disfrazado en los mejores, pero en verdad lleno de una cínica satisfacción. El arraigo a la tierra, vociferada en doctrinas y manifiestos, no pasaba de un conformismo acomodaticio. Menos que arraigo, una canturia ensordecedora, bastante académica, que no es raro que se convirtiera en un ufanismo patriotero larvado. La verdadera consciencia de la tierra llevaba fatalmente al inconformismo y a la protesta, como Paulo Prado con el *Retrato do Brasil*, y los ansiosos «ángeles» del Partido Democrático y del Integralismo. ¡Y 1930 será también una protesta! Pero para un número vasto de modernistas, Brasil se convirtió en una dádiva del cielo. Un cielo bastante gubernamental... Graça Aranda, siempre incómodo en nuestro medio (en el que él no podía sentirse bien), se convirtió en el exégeta de ese nacionalismo conformista, con aquella frase detestable de que no somos «la capilla ardiente de Portugal». ¡Quién pensaba en eso! Al contrario: aquello que quedó dicho fue que no nos molestaba nada «coincidir» con Portugal, pues lo importante era la renuncia a la comodidad y a las falsas libertades. Entonces nos insultaron de «primitivistas».

El estandarte más colorido de ese arraigo a la patria fue la investigación de la «lengua brasileña». Pero tal vez fue un falso boato. En verdad, a pesar de las apariencias y de la bulla que hacen ahora ciertas santidades de última hora, seguimos hoy tan esclavos de la gramática lusa como cualquier portugués. No hay ninguna duda de que hoy sentimos y pensamos el *quantum satis* brasileñamente. Esto lo digo hasta con una cierta melancolía, amigo Macunaíma, hermano mío. Pero eso no es lo suficiente para identificar nuestra expresión verbal, aunque la realidad brasileña, incluso la psicológica, ahora sea más fuerte e indisoluble que en tiempos de José de Alencar o de Machado de Assis. ¿Y cómo negar que estos también pensaban brasileñamente? ¿Cómo negar que en el estilo de Machado de Assis, luso por el ideal, interviene un *quid* familiar que los diferen-

cia verticalmente de un Garret y de un Ortigão? Pero si en los románticos, en Alvares de Azevedo, Varela, Alencar, Macedo, Castro Alves, existe una identidad brasileña que nos parece mucho mayor que la de Brás Cubas o Bilac, es porque en los románticos se llegó a un «olvido» de la gramática portuguesa, que permitió mucha mayor colaboración entre el ser psicológico y su expresión verbal.

El espíritu modernista reconoció que si vivíamos ya de nuestra realidad brasileña, necesitaba verificar de nuevo nuestro instrumento de trabajo para que nos expresáramos con identidad. Se inventó del día a la noche la fabulosísima «lengua brasileña». Pero aún era pronto; y la fuerza de los elementos contrarios, principalmente la ausencia de órganos científicos adecuados, redujo todo a manifestaciones individuales. Y hoy, como normalidad de lengua culta y escrita, estamos en situación inferior a la de cien años atrás. La ignorancia personal de algunos hizo que se anunciaran sus primeras obras como excelentes patrones de brasileñismo estilístico. Aun era el mismo caso que los románticos: no se trataba de una superación de la ley portuguesa, sino de una ignorancia de ésta. Pero ni bien algunos de esos prosadores se confirmaron por el valor personal admirable que poseían (me refiero a la generación de los 30), comenzaron las veleidades de escribir con exactitud. Y es cómico observar que, hoy, en algunos de nuestros más sólidos estilistas surgen a cada paso, dentro de una expresión ya intensamente brasileña, lusitanismos sintácticos ridículos. ¡Tan ridículos que se convierten en verdaderos errores de gramática! En otros, ese reaportuguesamiento expresivo es aún más precario: quieren ser leídos en ultramar, y surgió el problema económico de ser comprados en Portugal. Entretanto, la mejor intelectualidad lusa, con una libertad espléndida, aceptaba abiertamente a los más exagerados de nosotros, comprensiva, saludable, mano a mano.

Hubo también los que, desaconsejados por la pereza, resolvieron despreocuparse del problema... Son los que emplean anglicismos y galicismos de los más abusivos, ¡pero repudian cualquier «me parece» por artificial! Otros, más cómicos aún, dividieron el problema en dos: en sus textos escriben gramaticalmente, pero permiten que sus personajes, hablando, «se equivoquen» en el portugués. Así, la... culpa no es del escritor, ¡es de sus personajes! Ahora bien, no hay solución más incongruente en su apariencia conciliadora. No sólo sitúa en el centro el problema del error en portugués, sino que establece un divorcio inapelable entre la lengua hablada y la lengua escrita –payasada borracha para quien sepa una pizca de filología. Y están incluso las garzas blancas del individualismo que, aun reconociendo la legitimidad de la lengua nacional, rehusan colocar brasileñamente un pronombre, ¡para no acabar pareciéndose a Fulano! Estos ensimismados olvidan que el problema es colectivo y que, si era adoptado por muchos, ¡muchos acababan pareciéndose a Brasil!

A todo esto se agregaba casi decisivo, el interés económico de revistas, periódicos y editores que intimidados con alguna carta rara de lector gramatiquento amenazando no comprar, se oponen a la investigación lingüística y llegan al descaro de corregir artículos firmados. Pero, muerto el metropolitano Pedro II, ¡quién nunca respetó la inteligencia en este país!

Todo esto, mientras tanto, era estar siempre con el problema en la mesa. La gran renuncia fue que se creó el mito de «escribir naturalmente», no tengo dudas, el más encantador de los mitos. En el fondo, aunque no consciente y deshonrosa, era una deshonestidad como cualquier otra. Y la mayoría, bajo el pretexto de escribir naturalmente (incongruencia, pues la lengua escrita, aunque lógica y derivada, es siempre artificial) se enfangaron en la más antilógica y antinatural de las escrituras. Son una lástima. Nadie de ellos dejará de decir «naturalmente» un «Se está viendo» o «Déjeme». Pero para escribir... con naturalidad, hasta inventan los auxilios angustiados de las conjunciones, para salir con un «Y se está viendo» que salva a la patria del retoricismo. Y es una gracia constatar que si afirman escribir brasileño, no hay una sola frase de ellos que cualquier luso no firmaría con integridad nacional... lusa. Se identifican con aquel diputado que mandó hacer una ley que llamaba «lengua brasileña» a la lengua nacional. Listo: ¡estaba resuelto el problema! Pero como incontestablemente sienten y piensan con nacionalidad, es decir, en una entidad ameríndio-afro-luso-latino-america-no-anglo-franco-etc., el resultado es ese lenguaje *ersatz* en el que se abandonan; triste mescolanza moluscoide sin vigor ni carácter.

No me refiero a nadie, me refiero a centenares. Me refiero justamente a los honestos, a los que saben escribir y tienen una técnica. Son ellos los que prueban la inexistencia de una «lengua brasileña», y que el planteo del mito en el campo de las investigaciones modernistas fue casi tan prematuro como en tiempo de José de Alencar. Y si los tildé de inconscientemente deshonestos es porque el arte, como la ciencia, como el proletariado no sólo trata de adquirir el buen instrumento de trabajo, sino que impone su constante reverificación. El jornalero no sólo compra la hoz, tiene que afilarla todos los días. El médico no se queda en el título, lo renueva todos los días con el estudio. ¿El arte nos eximirá de este diarismo profesional? No basta crear el descaro de la «naturalidad», de la «sinceridad» y resollar a la sombra del nuevo dios. Saber escribir está muy bien; no es un mérito, es un deber primario. Pero el verdadero problema del artista no es ése: es escribir mejor. Toda la historia del profesionalismo humano lo prueba. Quedar en aquello aprendido no es ser natural: es ser académico; no es despreocupación: es ser retrógrado.

La investigación era ingente por demás. Cabía a los filólogos brasileños, ya criminales de tantas vejatorias reformas ortográficas patrioteras, el trabajo honesto de suministrar a los artistas una codificación de las tendencias y constancias de la expresión lingüística nacional. Pero ellos retroceden ante el trabajo útil, ¡es tanto más fácil leer a los clásicos! Prefieren la cienecita de explicar una errata de copista, imaginando una palabra inexistente en latín vulgar. Los más avanzados llegan hasta aceptar tímidamente que iniciar la frase con un pronombre oblicuo es un error "mayor" en Brasil. Pero confiesan que no escriben... eso, pues no serían «sinceros» con lo que bebieron en la leche materna. ¡Bebieron anti-hormonas! ¡Mierda para los filólogos!

Cabría también aquí el repudio de los que investigaron sobre la lengua escrita nacional... Preocupados pragmáticamente por ostentar el problema, practicaron tales exageraciones que volvieron para siempre odiosa la lengua brasileña. Yo sé: tal vez en este caso nadie vencerá al escritor de estas líneas. En primer lugar, el escritor de estas líneas, con alguna faringitis, va bien, muchas gracias. Pero es seguro que jamás exigió que le siguiesen los brasileñismos violentos. Si los practicó (un tiempo) era con la intención de situar en aguda angustia una investigación que juzgaba fundamental. Pero el problema primero no es exactamente de vocabulario, es sintáctico. Y afirmo que Brasil hoy posee, no sólo regionales, sino generalizadas en el país, numerosas tendencias y constancias sintácticas que le dan una naturaleza característica al lenguaje. Pero eso seguramente quedará para otro futuro movimiento modernista, amigo José de Alencar, hermano mío.

Pero como arraigo de nuestra cultura artística a la entidad brasileña, las compensaciones son muy numerosas para que la actual indecisión lingüística se

torne una falla grave. Como expresión nacional, es casi increíble el enorme avance dado por la música y también por la pintura, así como el proceso del *Homo* brasileño realizado por nuestras novelistas y ensayistas actuales. Espiritualmente el progreso más curioso y fecundo es el olvido del *amateurismo* nacionalista y del segmentarismo regional. La actitud del espíritu se transformó radicalmente y tal vez ni los muchachos de ahora puedan comprender ese cambio. Tomadas al azar, novelas como las de Emil Farhat, Fran Martins o Telmo Vergara, veinte años atrás serían clasificadas como literatura regionalista, con todo el exotismo y lo insoluble de lo «característico». ¿Quién siente eso hoy de nuevo? La actitud espiritual con la que leemos esos libros no es más la de la contemplación curiosa, sino la de una participación sin teoría nacionalista, una participación pura y simple, no dirigida, espontánea.

Es que realizamos esa conquista magnífica de las descentralización intelectual, hoy en contraste aberrante con otras manifestaciones sociales del país. Hoy la Corte, el fulgor de las dos ciudades brasileñas de más de un millón, no tienen ningún sentido intelectual que no sea meramente estadístico. Por lo menos en cuanto a la literatura, la única de las artes que ya alcanzó estabilidad normal en el país. Las otras son demasiado caras para que se normalicen en un país de tan interrogativa riqueza pública como el nuestro. El movimiento modernista, poniendo de relieve y sistematizando una «cultura» nacional, exigió de la Inteligencia estar al día de aquello que pasaba en las numerosas Cataguazes. Y si las ciudades de primera magnitud suministran facilidades publicitarias siempre especialmente estadísticas, es imposible para el brasileño nacionalmente culto, ignorar un Érico Veríssimo, un Ciro dos Anjos, un Camargo Guarnieri, nacionalmente gloriosos del canto de sus provincias. Basta comparar a estos creadores con fenómenos ya históricos pero idénticos, un Alphonsus de Guimaraens, un Amadeu Amaral y los regionalistas inmediatamente anteriores a nosotros, para verificar la convulsión fundamental del problema. Conocer a un Alcides Maia, un Carvalho Ramos, un Teles Junior era, en los brasileños de hace veinte años, un hecho individualista de mayor o menor «civilización». Conocer a un Gulhermino César, un Viana Moog u Olívio Montenegro, hoy es una exigencia de «cultura». Anteriormente, esta exigencia estaba relegada… a los historiadores. La práctica principal de esta descentralización de la Inteligencia se estableció en el movimiento nacional de las editoriales provinciales. Y si aún vemos el caso de una gran editorial, como la Livraria José Olímpo, obedecer a la atracción de la mariposa por la llama yendo a apadrinarse con el prestigio de la Corte, por esto mismo éste último se vuelve más comprobable. Porque el hecho de que la Livraria José Olímpio haya publicado cultamente escritores de todo el país, no la caracteriza. En esto ella apenas se iguala con las otras editoriales también cultas de provincias, una Globo, una Nacional, la Martins, la Guaíra. Aquello que caracteriza exactamente a la editorial de la calle del Ouvidor –Ombligo de Brasil, como diría Paulo Prado– es haberse convertido, por decirlo así, en el órgano oficial de las oscilaciones ideológicas del país, publicando tanto la dialéctica integralista como la política del señor Francisco Campos.

En cuanto a la conquista del derecho permanente de la investigación estética, creo que no es posible ninguna contradicción: es la gran victoria del movimiento en el campo del arte. Y lo más característico es que el antiacademicismo de las generaciones posteriores a la de la Semana de Arte Moderno, se fijó exactamente a aquella ley estético-técnica del «hacer mejor», a la que aludí, y no como un abusivo instinto de sublevación, destructivo en principio, como fue el del movimiento modernista. Tal vez sea el actual, realmente, el primer movimiento de independencia de la Inteligencia brasileña, que podamos tener como legítimo e indiscutible. Ahora ya con todas las probabilidades de permanencia. Hasta el parnasianismo, hasta el simbolismo, hasta el impresionismo inicial de un Villa-Lobos, el Brasil jamás investigó (como consciencia colectiva, entiéndase), en los campos de la creación estética. No era sólo que importáramos técnicas y estéticas, sino que sólo las importábamos después de cierta estabilización en Europa, y la mayoría de las veces ya academizadas. Aún era un completo fenómeno de colonia, impuesto por nuestra esclavitud económico-social. Peor que eso: ese espíritu académico no tendía a ninguna liberación ni a una expresión propia. Y si un Bilac de la *Via Lactea* es mayor que todo el Lecomte, la… culpa no es de Bilac. Pues lo que anhelaba era ser parnasiano, señora Forma Serena.

Esa normalización del espíritu de investigación estética, antiacadémica, sin embargo no más revolucionaria y destructiva, a mi modo de ver, es la mayor manifestación de independencia y de estabilidad nacional que ya conquistó la Inteligencia brasileña. Y como los movimientos del espíritu preceden a las manifestaciones de las otras formas de la sociedad, es fácil percibir la misma tendencia a la libertad y la conquista de la expresión propia, tanto en la imposición del verso libre antes del 30, como en la «marcha al oeste» posterior al 30; tanto en *A Bagaceira*, en *O Estrangeiro*, en *Essa Negra Fulô* anteriores al 30, como en el caso de la Itabira y la nacionalización de las industrias pesadas, posteriores al 30.

Sé que aún existen espíritus coloniales (¡es tan fácil la erudición!) preocupados sólo en demostrar que conocen el mundo a fondo, que en las paredes de Portinari sólo vislumbran los murales de Rivera, en el atonalismo de Francisco Mignone sólo perciben a Schoenberg, o en el «Ciclo da Cana de Açúcar», la novela río de los franceses…

El problema no es complejo pero sería largo discutirlo aquí. Me limitaré a proponer el dato principal. Tuvimos en Brasil un movimiento espiritual (no hablo sólo de escuela de arte) que fue absolutamente «necesario», el Romanticismo. Insisto: no me refiero sólo al romanticismo literario, tan académico como la importación inicial del modernismo artístico, y que se podrá cómodamente considerar iniciado con Domingos José Gonçalves de Magalhães, sino también al nuestro, expresionismo de Anita Malfatti. Me refiero al «espíritu» romántico, al espíritu revolucionario romántico, que está en la Deslealtad, en el Basilio da Gama del *Uraguai*, en las liras de Gonzaga como en las *Cartas Chilenas* de quien los señores quieran. Este espíritu preparó el estado revolucionario del que resultó la independencia política, y tuvo como patrón tan pendenciero a la primera tentativa de lengua brasileña. El espíritu revolucionario modernista, tan necesario como el romántico, preparó el estado revolucionario del 30 en adelante, y también tuvo como patrón tumultuoso a la segunda tentativa de nacionalización del lenguaje. La similitud es muy grande.

Esta necesidad espiritual, que supera a la literatura estética, es la que diferencia fundamentalmente al romanticismo y al modernismo, de las otras escuelas de arte brasileñas. Éstas fueron todas esencialmente académicas, obediencias culturalistas que denunciaban muy bien el colonialismo de la Inteligencia nacional. Nada más absurdamente imitativo (pues no era ni imitación, ¡era esclavitud!) que la copia, en Brasil, de movimientos estéticos particulares, que en forma alguna eran universales, como el culteranismo italo-ibérico del siglo XVIII, como el parnasianismo, como el simbolismo, como el impresionismo, o como el wagnerianismo de un Leopoldo Miguez. Son excrecencias culturalistas, impuestas de

arriba a abajo, de propietario a propiedad, sin el menor fundamento en las fuerzas populares. De ahí una base deshumanizada, prepotente y, ¡Dios mío!, arianizante que, si prueba el imperialismo de los que con ella dominaban, prueba también la sujeción de los que con ella eran dominados. Ahora aquella base humana y popular de las investigaciones estéticas es facilísimo encontrarla en el romanticismo, que llegó en serio a retornar colectivamente a las fuentes del pueblo y, a decir bien, creó la ciencia del folclore. E incluso sin proponer el folclore, en el verso libre, en el cubismo, en el atonalismo, en el predominio del ritmo, en el superrealismo mítico, en el expresionismo, nos encontraremos esas mismas bases populares y humanas. Y hasta primitivas, como el arte negro que influyó en la invención y en la temática cubista. Así como el cultísimo *roman-fleuve* y los ciclos con que un Otávio de Faria procesa la decrepitud de la burguesía, aún son instintos y formas funcionalmente populares, que encontramos en las mitologías cíclicas, en las sagas y en los Kalevalas y Nibelungos de todos los pueblos. Ya escribió un autor, como conclusión condenatoria, que «la estética del modernismo quedó indefinible»… ¡Pues esa es la mejor razón-de-ser del modernismo! Él no era una estética, ni en Europa ni aquí. Era un estado de espíritu sublevado y revolucionario que, si a nosotros nos actualizó, sistematizando como constancia de la Inteligencia nacional el derecho antiacadémico de la investigación estética y preparó el estado revolucionario de las otras manifestaciones sociales del país, también hizo esto mismo en el resto del mundo, profetizando estas guerras de las que una nueva civilización nacerá.

Y hoy el artista brasileño tiene ante sí una verdad social, una libertad (lamentablemente sólo estética), una independencia, un derecho para sus inquietudes e investigaciones que él, no habiendo pasado por lo que pasaron los modernistas de la Semana, ni puede imaginar qué conquista tan enorme representa. ¿Quién más se subleva, quién más discute ahora contra el politonalismo de un Lourenço Fernandes, contra la arquitectura del Ministerio de Educación, contra los versos «incomprensibles» de un Murilo Mendes, contra el personalismo de un Guignard?… Todo esto son hoy manifestaciones normales, discutibles siempre, pero que no causan el menor escándalo público. Por el contrario, son los propios elementos gubernamentales quienes aceptan la realidad de un Lins do Rego, de un Villa-Lobos, de un Almir de Andrade, poniéndolos en la orden de pago y en el peligro de las predestinaciones. Pero un Flávio de Carvalho, incluso con sus experiencias numeradas, y mucho menos un Clovis Graciano, pero un Camargo Guarnieri hasta en lucha con la incomprensión que lo persigue, un Otávio de Faria con la aspereza de los casos que expone, un Santa Rosa, nunca podrán sospechar a lo que nos sometimos para que ellos pudieran vivir hoy abiertamente el drama que los dignifica. La burla encendida, el insulto público, la carta anónima, la persecución financiera… Pero recordar es casi exigir simpatía y estoy a mil leguas de esto.

Y me cabe, finalmente, hablar sobre lo que denominé como «actualización de la inteligencia *artística* brasileña». En efecto: no se tiene que confundir eso con la libertad de la investigación estética, pues ésta lidia con formas, con la técnica y las representaciones de la belleza, mientras que el arte es mucho más amplio y complejo que eso, y tiene una funcionalidad social inmediata, es una profesión y una fuerza interesada por la vida.

La prueba más evidente de esta distinción es el famoso problema del tema en el arte, en el cual tantos escritores y filósofos se enmarañan. Ahora, no hay ninguna duda de que el tema no tiene la menor importancia para la inteligencia estética. Incluso llega a no existir para ella. Pero la inteligencia estética se manifiesta por medio de una expresión interesada de la sociedad, que es el arte. Éste es el que tiene una función humana, inmediata y mayor que la creación hedonística de la belleza. Y dentro de esa funcionalidad humana del arte es donde el asunto adquiere un valor primordial y representa un mensaje imprescindible. Ahora, como actualización de la inteligencia artística es que el movimiento modernista representó un papel contradictorio y muchas veces gravemente precario.

Actuales, actualísimos, universales, incluso originales a veces en nuestras investigaciones y creaciones, nosotros, los participantes del período mejormente [*sic*] llamado «modernista», fuimos, con algunas excepciones nada convincentes, víctimas de nuestro placer por la vida y por el jolgorio en el que nos desvirilizamos. Si todo cambiábamos en nosotros, una cosa olvidamos cambiar: la actitud interesada ante la vida contemporánea. ¡Y esto era lo principal! Pero aquí mi pensamiento se vuelve tan delicadamente confesional, que terminaré este discurso hablando más directamente de mí. Que se reconozcan en aquello que voy a decir los que puedan.

No tengo la mínima reserva en afirmar que toda mi obra representa una dedicación feliz a problemas de mi tiempo y mi tierra. ¡Ayudé en cosas, maquiné cosas, hice cosas, muchas cosas! Y no obstante ahora me queda la sentencia de que hice muy poco, porque todos mis hechos derivaban de una vasta ilusión. Y yo que siempre me pensé, me sentí incluso, saludablemente bañado de amor humano, llego en el declive de mi vida a la convicción de que faltó humanidad en mí. Mi aristocraticismo me castigó. Mis intenciones me engañaron.

Víctima de mi individualismo, procuro en vano en mis obras, y también en las de muchos compañeros, una pasión más temporaria, un dolor más viril de la vida. No los hay. Lo que más hay es una anticuada ausencia de realidad en muchos de nosotros. Estoy repitiendo lo que ya dije a un muchacho... Y no otra cosa sino el respeto que tengo por el destino de los más jóvenes que se hacen, me llevaría a esta confesión bastante cruel, de que percibo en casi toda mi obra la insuficiencia del abstencionismo. Francos, dirigidos, muchos de nosotros dimos a nuestras obras una caducidad de combate. Estaba seguro, en principio. El equívoco es que combatiendo nos pusimos sábanas superficiales de fantasmas. Tendríamos que haber inundado la caducidad utilitaria de nuestro discurso, de mayor angustia del tiempo, de mayor sublevación contra la vida como es. En cambio: fuimos a romper cristales de ventanas, a discutir modas de calle, o codearse con los valores eternos, o saciar nuestra curiosidad en la cultura. Y si ahora recorro mi obra ya numerosa y que representa una vida de trabajo, no me veo ni una vez agarrando la máscara del tiempo y abofeteándola como ella merece. Como mucho le hice, de lejos, algunas muecas. Pero esto, a mí, no me satisface.

No me imagino un político de acción. Pero estamos viviendo una edad política del hombre, y a eso tenía yo que servir. Pero en síntesis, sólo me percibo, hecho un Amador Bueno cualquiera, diciendo «no quiero» y ausentándome de la actualidad por detrás de las puertas contemplativas de un convento. Tampoco me imaginaría escribiendo páginas explosivas, peleándome a palos por ideologías y ganando los laureles fáciles de la trena. Todo eso no soy yo ni es para mí. Pero estoy convencido de que tendríamos que habernos transformado de especulativos en especuladores. Siempre tenemos la manera de deslizarnos a un ángulo de visión, en una elección de valores, en la confusión de una lágrima que aumenta todavía más lo insoportable de las condiciones actuales del mundo. No. Nos volvimos abstencionistas abstemios y trascendentes.[2] Pero por lo mismo que

fui sincerísimo, que deseé ser fecundo y jugué lealmente con todas mis cartas a la vista, alcanzo ahora esta consciencia de que fuimos bastante inactuales... Vanidad, todo vanidad...

Todo lo que hicimos... Todo lo que hice fue especialmente una celada de mi felicidad personal y de la fiesta en la que vivimos. Es, por otro lado, lo que, con decepción azucarada, nos explica históricamente. Éramos los últimos hijos de una civilización que se acabó, y es sabido que el cultivo delirante del placer individual sofoca las fuerzas de los hombres siempre que una edad muere. Y ya mostré que el movimiento modernista fue destructivo. Muchos sin embargo superamos esa fase destructora, no nos dejamos detener en su espíritu e igualamos nuestro paso, aunque un poco titubeante, al de las generaciones más nuevas. Pero a pesar de las sinceras buenas intenciones que habían dirigido mi obra y la habían deformado mucho, en verdad, ¿será que no habré paseado apenas, haciéndome la ilusión de existir?... Es seguro que me sentía responsabilizado por las debilidades y las desgracias de los hombres. Es seguro que pretendí regar mi obra de relentes más generosos, ensuciarla en las impurezas del dolor, salir del limbo *ne trista ne lieta* de mi felicidad personal. Pero por el propio ejercicio de la felicidad, mas por la propia altivez sensualísima del individualismo, no me era posible renegarlos más como un error, aunque llegue un poco tarde a la convicción de su mezquindad.

La única observación que puede atraer alguna complacencia con lo que fui, es que estaba equivocado. Juzgaba sinceramente que cuidaba más de la vida que de mí... Deformé, nadie imagina cuánto, mi obra; que no quiere decir que si no hiciera eso, ella sería mejor... Abandoné, traición consciente, la ficción, a favor de un hombre-de-estudio que fundamentalmente no soy. Pero es que había decidido impregnar todo lo que hacía de un valor utilitario, un valor práctico de la vida, que fuera alguna cosa más terrestre que la ficción, el placer estético, la belleza divina.

Pero he aquí que llego a esta paradoja irrespirable: habiendo deformado toda mi obra por un anti-individualismo dirigido y voluntarioso, ¡toda mi obra no es más que un hiperindividualismo implacable! Y es melancólico llegar así al crepúsculo, sin contar con la solidaridad de uno mismo. Mi pasado ya no es mi compañero. Desconfío de mi pasado.

¿Cambiar? ¿Agregar algo? ¿Pero cómo olvidar que estoy en la cuesta de los cincuenta años y que mis gestos ahora ya son todos... memorias musculares?... *Ex omnibus bonis quae homini tribuit natura, nullum melius esse tempestiva morte...* Lo terrible es que tal vez aún para nosotros sea más acertada la discreción, que volvernos por ahí compulsivos de actualidad, ridiculizando las actuales apariencias del mundo. Apariencias que por cierto llevarán al hombre a una mayor perfección de su vida. Me niego a imaginar la inutilidad de las tragedias contemporáneas. El *Homo Imbecilis* acabará entregando los puestos a la grandeza del destino.

Creo que los modernistas de la *Semana de Arte Moderna* no debemos servir de ejemplo a nadie. Pero podemos servir de lección. El hombre atraviesa una fase integralmente política de la humanidad. Nunca jamás él fue tan «momentáneo» como ahora. Los abstencionismos y los valores eternos pueden quedar para después.[3] Y a pesar de nuestra actualidad, de nuestra nacionalidad, de nuestra universalidad, a una cosa no ayudamos verdaderamente, de una cosa no participamos: de la mejora político-social del hombre. Y ésta es la esencia misma de nuestra edad.

Si de alguna cosa puede valer mi disgusto, la insatisfacción que yo me causo, que los demás no se sienten así al costado del camino, espiando a la multitud que pasa. Hagan o rechacen hacer arte, ciencias, oficios. Pero no se queden sólo en esto, espías de la vida, camuflados en técnicos de vida, espiando a la multitud que pasa. Váyanse con las multitudes.

Para los espías nunca fue necesaria esa «libertad» por la cual tanto se grita. En los períodos de mayor esclavitud del individuo, Grecia, Egipto, artes y ciencias no habían dejado de florecer. ¿Será la libertad una payasada?… ¡Será el derecho una payasada!… La vida humana es algo más además de las ciencias, las artes y las profesiones. Y es en esa vida donde la libertad tiene un sentido, y el derecho de los hombres. La libertad no es un premio, es una sanción. Que ha de venir.

1. Después sistematizaría este proceso de separación nítida entre el estado de poesía y el estado de arte, incluso en la composición de mis poemas más "dirigidos". Las leyendas nacionales, por ejemplo, la brasileñización lingüística de combate. Elegido un tema, por medio de las excitaciones psíquicas y fisiológicas sabidas, preparar y esperar a la llegada del estado de poesía. Si éste llega (cuántas veces nunca llegó…), escribir sin coacción de ninguna especie todo lo que me llega hasta la mano –la «sinceridad» del individuo. Y sólo enseguida, en la calma, el trabajo penoso y lento del arte– la «sinceridad» de la obra-de-arte, colectiva, funcional, mil veces más importante que el individuo.

2. «Unos verdaderos inconscientes», como ya dije una vez…

3. Sé que es imposible para el hombre, ni él tiene que abandonar los valores eternos, amor, amistad, Dios, la naturaleza. Quiero exactamente decir que en una edad humana como la que vivimos, cuidar sólo de esos valores y refugiarse en ellos en libros de ficción e incluso de técnica, es un abstencionismo deshonesto y deshonroso como cualquier otro. Una cobardía como cualquier otra. Finalmente, la forma política de la sociedad es un valor eterno también.

DE LA FUNCIÓN MODERNA DE LA POESÍA

João Cabral de Melo Netol

Texto presentado al Congreso de Poesía de São Paulo 1954

Aunque lo que suele llamarse «poesía moderna» sea algo demasiado multiforme, no es excesivo querer descubrir en ella un denominador común: su espíritu de investigación formal. Ese espíritu ha caracterizado a las diversas generaciones que vienen sucediéndose en el período conocido como moderno, aunque no se pueda afirmar que la investigación de la forma sea el motivo central de la creación poética de cada una de esas generaciones.

El poeta moderno, en general, justifica la necesidad de las innovaciones formales que ha introducido en su obra a partir de una de las dos actitudes mentales siguientes: a) la necesidad de captar más completamente los matices sutiles, cambiantes, inefables, de su expresión personal, y b) el deseo de aprehender mejor las resonancias de las múltiples y complejas apariencias de la vida moderna. Pero a pesar de la aparente oposición de esas dos actitudes –una subjetiva y otra objetiva– las investigaciones formales realizadas por las dos familias de poetas están, en el fondo, determinadas por las condiciones que la vida moderna, en su conjunto, impone al hombre de hoy. La realidad exterior se ha vuelto más compleja y exige, para ser captada, un instrumento más maleable y de reflejos inmediatos. Y la realidad interior, resultante de ella, se ha vuelto también más compleja, por más abstracto e intemporal que el poeta pretenda ser, y exige un uso del instrumento de la lengua radicalmente distinto al lúcido y directo de los autores clásicos.

La necesidad de expresar objetiva o subjetivamente la vida moderna llevó a un cierto tipo especializado de profundización formal de la poesía, al descubrimiento de nuevos procedimientos, a la renovación de procedimientos antiguos. Afirmarlo no significa decir que cada poeta de hoy sea un poeta más rico. Al contrario: esa profundización se dio por medio de una especie de desintegración del conjunto del arte poético, en que cada autor, circunscribiéndose a un sector determinado, lo llevó hasta sus últimas consecuencias. El arte poético se ha hecho, en abstracto, más rico, pero hasta ahora ningún poeta se ha revelado capaz de usarlo, en concreto, en su totalidad.

Este enriquecimiento técnico de la poesía moderna se manifestó principalmente en los siguientes aspectos: a) en la estructura del verso (nuevas formas rítmicas, ritmo sintáctico, nuevas formas de pausa y *enjambement*); b) en la estructura de la imagen (choque de palabras, aproximación de realidades extrañas, asociaciones y conjunto de imágenes del subconsciente); c) en la estructura de la palabra (exploración de los valores musicales, visuales y, en general, sensoriales de las palabras: fusión o desintegración de palabras; restauración o invención de palabras, de onomatopeyas); d) en la expresión de la frase (realce material de la palabra, inversiones violentas, subversión del sistema de puntuación), y e) en la disposición tipográfica (caligramas, uso de espacios blancos, variaciones de cuerpos y familias de caracteres, disposición simétrica de los apoyos fonéticos o semánticos).

No habiéndose fijado tipos de poemas capaces de corresponder a las exigencias de la vida moderna, el poeta contemporáneo ha quedado limitado a un tipo de poema incompatible con las condiciones de existencia del lector moderno, condiciones de las que éste no puede huir. La presentación (no organizada en formas «cómodas» al lector) de su, sin embargo, rica materia poética, convierte la obra del poeta moderno en algo difícil de leer, que exige del lector una dedicación y una concentración difíciles de hallar en las condiciones de la vida moderna. Cada tipo de poema que conoció la literatura antigua había nacido de una función determinada; ajustarse a las exigencias de la escritura perfectamente definida del poema era, para el poeta, adaptar su expresión poética a las condiciones en que ella podría ser comprendida y, por lo tanto, corresponder a las necesidades del lector. El poema moderno, al no ser funcional, exige del lector un esfuerzo sobrehumano para situarse por encima de las contingencias de su vida. El lector moderno no tiene la ocasión de enfrentarse con la poesía en los actos normales que practica durante su rutina diaria. Si quiere encontrarla, tiene que proteger dentro de su día un vacío de tiempo donde pueda vivir momentos de contemplación, de monje o de ocioso.

Tal vez la explicación de ese aspecto de la poesía moderna radique en la actitud psicológica del poeta de hoy. El poeta moderno, que vive en el individualismo más exacerbado, sacrifica, por el bien de la expresión, la intención de comunicarse. A su vez, la expresión ya no necesita ser ratificada por la posibilidad de comunicación. Escribir ha dejado de ser para este poeta la actividad transitiva de decir determinadas cosas a determinadas clases de personas; escribir es ahora una actividad intransitiva; es, para ese poeta, conocerse, examinarse, entregarse en espectáculo; es decir algo a quien pueda entenderlo o interesarse por ello. El blanco de ese cazador no es el animal que ve pasar corriendo. Lanza la flecha de su poema sin dirección definida, con la oscura esperanza de que una pieza cualquiera se cruce por acaso en su trayectoria.

Como la necesidad de comunicación fue despreciada y no se considera para nada en el momento en que el poeta registra su expresión, es lógico que las investigaciones formales del poeta contemporáneo no hayan podido llegar hasta los problemas de ajuste del poema a su posible función. Las conveniencias del lector, las limitaciones que le fueron impuestas por la vida moderna y las posibilidades de recibir poesía que ésta le suministró, incluso de manera no convencional, no han sido nunca consideradas cuestiones por resolver. La poesía moderna –captación de la realidad objetiva moderna y de los estados de espíritu del hombre moderno– ha continuado sirviéndose en envoltorios perfectamente anacrónicos y, en general, inútiles, ante las nuevas condiciones que se han impuesto.

Mas todo ese progreso realizado se limitó a los materiales del poema: esas investigaciones se limitaron a multiplicar los recursos de que se puede valer un poeta para registrar su expresión personal; se limitaron a aquella mitad del acto de escribir en el transcurso de la cual el poeta lucha por decir con precisión lo que desea; es decir, sólo han tenido en cuenta consumar la expresión, descuidando su contrapartida orgánica: la comunicación.

De ese modo, esas investigaciones no alcanzaron, en general, el plano de la construcción del poema en relación con su función en la vida del hombre moderno. A pesar de que los poetas habían logrado inventar el verso y el lenguaje que la vida moderna exigía, la verdad es que no habían conseguido mantener o descubrir los tipos, géneros o formas de poemas dentro de los cuales organizar los materiales de su expresión, a fin de hacerla capaz de comunicarse con los hombres en las condiciones que les impone la vida social en la época moderna.

El caso de la radio es típico. El poeta moderno quedó por completo indiferente a ese poderoso medio de difusión. A excepción de algún que otro ejemplo de poema escrito para ser irradiado, teniendo en cuenta sus limitaciones y explorando las potencialidades del nuevo medio de comunicación, las relaciones de la poesía moderna con la radio se limitan a la lectura fortuita de obras escritas originariamente para ser leídas en libro, con absoluto fracaso, siempre, por lo mucho que diverge la palabra transmitida por audición de la palabra transmitida por la visión. (Lo que ocurre con la radio ocurre también con el cine y la televisión y las audiencias en general.)

Pero los poetas no sólo han despreciado los nuevos medios de comunicación puestos a su disposición por la técnica moderna. Tampoco han sabido adaptar a las condiciones de la vida moderna los géneros capaces de ser aprovechados. Los han dejado caer en desuso (la poesía narrativa, por ejemplo, o las *aucas* catalanas, antepasadas de los tebeos), o han dejado que se degradaran en géneros no poéticos, como el chiste moderno, heredero de la fábula. O los han expulsado de la categoría de buena literatura, como ocurrió con las letras de las canciones populares o con la poesía satírica.

En el plano de los tipos de poemas, todo lo que los poetas contemporáneos obtuvieron fue el llamado «poema» moderno, ese híbrido de monólogo interior y de discurso de plaza, de diario íntimo y de declaración de principios, de balbuceo y de hermenéutica filosófica, monótonamente lineal y sin estructura discursiva o desarrollo melódico, escrito casi siempre en primera persona y usado indistintamente para cualquier clase de mensaje que el autor pretenda enviar. Ese tipo de poema no se ha obtenido mediante ninguna consideración acerca de su posible función social de comunicación. El poeta contemporáneo llegó a él pasivamente, por inercia, simplemente por no haber meditado sobre el tema. Ese tipo de poema es la propia ausencia de construcción y organización, es la simple acu-

mulación de material poético, rico, es verdad, en su tratamiento del verso, de la imagen y de la palabra, pero lanzado desordenadamente a una caja de almacén. Conclusión: cree el autor que la consideración de este aspecto de la poesía contemporánea puede contribuir a la reducción del abismo que separa hoy en día el poeta de su lector. Aunque no crea en que una conciencia nítida de ese hecho anule completamente ese abismo. A su parecer, las razones de tal divorcio residen sobre todo en la preferencia de los poetas por los temas intimistas e individualistas. Pero cree también que las investigaciones dirigidas a encontrar formas ajustadas a las condiciones de vida del hombre moderno, principalmente a través de la utilización de medios técnicos de difusión que surgieron en nuestros días, podrán contribuir a resolver, por lo menos hasta cierto punto, lo que le parece el problema principal de la poesía de hoy, que es el de su propia supervivencia. Al menos, piensa, la conciencia de este problema podrá ayudar a aquellos poetas contemporáneos menos individualistas, capaces de interesarse por los temas de la vida en sociedad y que tampoco han encontrado aún el vehículo capaz de llevar la poesía a la puerta del hombre moderno. La falta de dicho vehículo está, igualmente, condenando a la poesía de estos últimos autores a la espera, desesperanzada, de los lectores que vayan espontáneamente en su busca, lectores, además, cuya existencia cada día es más problemática.

PLANO PILOTO PARA LA POESÍA CONCRETA
AUGUSTO DE CAMPOS, HAROLDO DE CAMPOS, DÉCIO PIGNATARI

En *Noigandres*, n. 4, 1958
Traducción española de Gonzalo Aguilar

poesía concreta: producto de una evolución crítica de formas. dando por cerrado el ciclo histórico del verso (unidad rítmico-formal), la poesía concreta comienza tomando conocimiento del espacio gráfico como agente estructural. espacio cualificado: estructura espacio-temporal, en vez del mero desenvolvimiento témporo-lineal. de ahí la importancia de la idea de ideograma, desde su sentido general de sintaxis espacial o visual, hasta su sentido específico (fenollosa/pound) del método de componer basado en la yuxtaposición directa –analógica, no lógico-discursiva– de elementos. "il faut que notre intelligence s'habitue à comprendre synthético-idéographiquement au lieu de analytico-discursivement" (apollinaire). eisenstein: ideograma y montaje.

precursores: mallarmé (*un coup de dés*, 1897): el primer salto cualitativo: "subdivisions prismatiques de l'idée"; espacio ("blancs") y recursos tipográficos como elementos sustantivos de la composición. pound (*the cantos*): método ideográmico. joyce (*ulysses* y *finnegans wake*): palabra-ideograma; interpenetración orgánica de tiempo y espacio. cummings: atomización de palabras, tipografía fisiognómica; valorización expresionista del espacio. apollinaire (*calligrammes*): como visión más que como realización. futurismo, dadaísmo: contribuciones para la vida del problema. en brasil: oswald de andrade (1890-1954): "en comprimidos, minutos e poesía". joao cabral de melo neto (n. 1920, *o engenheiro* y *a psicologia da composiçao* más la *antiode*): lenguaje directo, economía y arquitectura funcional del verso.

poesía concreta: tensión de palabras-cosas en el espacio-tiempo. estructura diná-mica: multiplicidad de movimientos concomitantes. también en la música –por definición, un arte del tiempo– interviene el espacio (webern y sus seguidores: boulez y stockhausen; música concreta y electrónica); en las artes visuales –espa-ciales por definición– interviene el tiempo (mondrian y la serie *boogie-wogie*, max bill, albers y la ambivalencia perceptiva; el arte concreto en general).

ideograma: apelación a la comunicación no-verbal. el poema concreto comuni-ca su propia estructura: estructura-contenido. el poema concreto es un objeto en y por sí mismo, no un intérprete de objetos exteriores y/o sensaciones más o menos subjetivas. su material: la palabra (sonido, forma visual, carga semántica). su problema: un problema de funciones-relaciones de ese material. factores de proximidad y semejanza, psicología gestalt. ritmo: fuerza relacional. el poema concreto, usando el sistema fonético (dígitos) y una sintaxis analógica, crea un área lingüística específica –"verbivocovisual"– que participa de la ventajas de la comunicación no-verbal, sin abdicar de las virtualidades de la palabra. con el poema concreto ocurre el fenómeno de la metacomunicación: coincidencia y simultaneidad de la comunicación verbal y no-verbal, con la característica de que se trata de una comunicación de formas, de una estructura-contenido, no de la usual comunicación de mensajes.

la poesía concreta apunta al mínimo común múltiplo del lenguaje, de ahí su ten-dencia a la sustantivación y a la verbificación: "la moneda concreta del habla" (sapir). de ahí sus afinidades con las llamadas "lenguas aislantes" (chino): "cuan-to menos gramática exterior posee la lengua china, tanto más le es inherente la gramática interior" (humboldt citado por cassirer). el chino ofrece un ejemplo de sintaxis puramente relacional basada exclusivamente en el orden de las pala-bras (ver fenollosa, sapir y cassirer).

al conflicto de fondo-y-forma en busca de la identificación lo llamamos isomor-fismo. paralelamente al isomorfismo fondo-forma se desenvuelve el isomorfis-mo espacio-tiempo, que genera el movimiento. el isomorfismo, en un primer momento de la pragmática poética concreta, tiende a la fisionomía, a un movi-miento imitativo de lo real (*motion*); predomina la forma orgánica y la fenome-nología de la composición. en un nivel más avanzado, el isomorfismo tiende a resolverse en puro movimiento estructural (*movement*); en esta fase, predomina la forma geométrica y la matemática de la composición (racionalismo sensible).

renunciando a la disputa de lo "absoluto", la poesía concreta permanece en el campo magnético del relativo perenne. cronomicrometraje del azar. control. cibernética. el poema como un mecanismo, regulándose a sí mismo: "feed-back". la comunicación más rápida (implícito un problema de funcionalidad y de estructura) confiere al poema un valor positivo y guía su propia confección.

poesía concreta: una responsabilidad integral frente al lenguaje. realismo total. contra una poesía de expresión, subjetiva y hedonística. crear problemas exactos y resolverlos en términos de lenguaje sensible. un arte general de la palabra. el poema-producto: objeto útil.

post-scriptum de 1961:
"sin forma revolucionaria no hay arte revolucionario" (maiakovski).

CINE

EL CINE: TRAYECTORIA EN EL SUBDESARROLLO

PAULO EMÍLIO SALLES GOMES

En *Argumento, revista mensual de cultura*, n. 1, São Paulo 1973

El cine norteamericano, el japonés y, en general, el europeo nunca fueron subdesarrollados, mientras que el hindú, el árabe o el brasileño nunca dejaron de serlo. En cine, el subdesarrollo no es una etapa, un estadio, sino un estado: los filmes de los países desarrollados nunca habían pasado por esa situación, mientras que los otros tienden a instalarse en ella. El cine es incapaz de encontrar dentro de sí mismo energías que le permitan escapar de la condena al subdesarrollo, incluso cuando una coyuntura particularmente favorable suscita una expansión en la fabricación de filmes.

Es el caso de la India, con una producción de las mayores del mundo. Las naciones hindúes poseen culturas propias arraigadas de tal manera que crean una barrera a los productos de la industria cultural de occidente, al menos como tales: los filmes americanos y europeos atraían moderadamente al público potencial, revelándose incapaces de construir por sí mismos un mercado. Se abrió así una oportunidad para las pruebas de producción local que durante décadas no cesó de aumentar y en función de la cual se tejió la red comercial de la exhibición. Teóricamente, la situación era ideal: una nación o un grupo de naciones con cine propio. Todo eso ocurría, sin embargo, en un país subdesarrollado, colonizado, y esa actividad cultural, aparentemente tan estimulante, en realidad reflejaba y profundizaba un estado cruel de subdesarrollo.

Haré abstracción aquí del papel del capital metropolitano inglés en el florecimiento del cine hindú, para detenerme sólo en la significación cultural del fenómeno. Por los asuntos abordados, el filme hindú permanece fiel a las tradiciones artísticas del país y el ritmo majestuoso con que son tratadas –especialmente cuando los temas son mitológicos– confirma esa impresión. La raíz más poderosa de esa producción está, no obstante, constituida por ideas, imágenes y estilos ya fabricados por los ocupantes para el consumo de los ocupados. El manantial de donde derivan los filmes hindúes del siglo XX fue fabricado en las últimas décadas del XIX por la industria gráfica inglesa –y su respectiva literatura– a través de la vulgarización de una alta tradición plástica, de espectáculo y literaria. La masa de oleograbados y textos, impregnada por el culto de la *Mother India*,

raramente escapa al mercantilismo más conformista y esterilizador, heredado tal cual por los filmes producidos en el país. Los cineastas hindúes que después de la independencia intentan reaccionar contra la tradición coagulada por la manipulación del ocupante, se vuelven necesariamente hacia temas y ritmos inspirados por el cine extranjero. El esfuerzo de progreso apenas cultural en un marco de subdesarrollo general lleva a los cineastas a debatirse ante la adversidad, en vez de realmente combatirla.

En Japón, que no conoció el tipo de relación exterior que define al subdesarrollo, el fenómeno cinematográfico fue totalmente diferente. Los filmes extranjeros conquistaron de inmediato a una inmensa audiencia y fueron de entrada el estímulo principal en la estructuración del mercado consumidor del país. Ésa producción de afuera era sin embargo, por decirlo así, japonizada por el *benshis* –los artistas que comentaban oralmente el desarrollo de los filmes mudos– que enseguida se transformaron en el principal atractivo del espectáculo cinematográfico. En verdad, el público japonés tampoco aceptó nunca el producto cultural extranjero tal cual, es decir, los filmes mudos sólo con subtítulos traducidos. La producción nacional, al desarrollarse, no encontró dificultades a su predominio, principalmente después de la llegada del cine sonoro que dispensó la actuación de los *benshis*. A diferencia de lo que ocurrió en la India, el cine japonés fue hecho con capitales nacionales y se inspiró en la tradición, popularizada pero directa, del teatro y de la literatura del país.

En el mundo del cine subdesarrollado el fenómeno árabe –que fue inicialmente sobre todo egipcio– no posee la nitidez del hindú. En los países norteafricanos y de Oriente Próximo el caparazón de cultura propia tampoco fue propicia para la difusión de la filmografía occidental, pero el resultado fue aquí un desarrollo de la exhibición incomparablemente más lento que el de la India. El poco interés por el filme occidental no estuvo acompañado en el mundo árabe por el florecimiento de la producción local. La penetración imperialista tendió naturalmente a suministrar al habitante de esas regiones una idea de sí mismo adecuada a los intereses del ocupante. Si aquí esto no llevó a la creación de un cine equivalente al hindú, se debe probablemente a la tradición antiicónica de las culturas derivadas del Corán. La industria cultural de Occidente encontró escasa imagen original que sirviera de materia prima en la producción de sucedáneos destinados a los propios árabes. La fabricación de imagen árabe fue intensa, pero destinada al consumo occidental: el modelo nunca se reconoció. El eje del espectáculo coránico –incluso danzado– es el sonido y el cine árabe sólo se desarrolló realmente a partir del cine hablado. El cine islámico a primera vista parece más subdesarrollado que el de la India. Está muy lejos de tener una presencia dominante inclusive en las salas de Egipto y del Líbano, los principales productores, pero en compensación es probable que su economía sea más independiente. Como sus matrices no son los oleograbados exóticos de fabricación europea, sino la técnica fotográfica de Occidente –a través de la cual los árabes han acabado por aceptar la imagen como componente de su autovisión–, los filmes egipcios y de los otros países árabes tomaron directamente como modelo la producción occidental. Parecen menos auténticos que los hindúes, mas la naturaleza del vínculo con el espectador es la misma: dentro de la mayor ambigüedad y empobrecidos por la impregnación imperialista, unos y otros se aseguran la fidelidad del público al reflejar, incluso pálidamente, su cultura original.

Esta evocación de algunos rasgos de las situaciones cinematográficas subdesarrolladas más importantes del mundo puede servir como introducción útil a la nuestra. La diferencia y la semejanza nos definen. La situación cinematográfica brasileña no posee un territorio cultural diferente del occidental donde pueda echar raíces. Somos una prolongación de Occidente, no hay entre él y nosotros la barrera natural de una personalidad hindú o árabe que necesite ser constantemente sofocada, perfilada y violada. Nunca fuimos propiamente ocupados. Cuando el ocupante llegó al ocupado existente no le pareció adecuado y fue necesario crear otro. La importación masiva de reproductores seguida de un cruzamiento variado, aseguró el éxito en la creación del ocupado, a pesar de que la incompetencia del ocupante empeoró las adversidades naturales. La peculiaridad del proceso, el hecho de que el ocupante haya creado al ocupado aproximadamente a su imagen y semejanza, hizo de este último, hasta cierto punto, su semejante. Psicológicamente, ocupado y ocupante no se sienten como tales: de hecho, el segundo también es nuestro y sería sociológicamente absurdo imaginar su expulsión como los franceses fueron expulsados de Argelia. Nuestros acontecimientos históricos –independencia, república, revolución de los treinta– son querellas de ocupantes en las que el ocupado no tiene voz. El cuadro se complica cuando recordamos que la metrópolis de nuestro ocupante nunca se encuentra donde está él, sino en Lisboa, Madrid, Londres o Washington. Aquí apuntaría algún parentesco entre el destino hindú o árabe y el nuestro, pero la luz que su profundización lanzaría sobre los respectivos cines sería indirecta por demás. Basta por ahora prestar atención a la circunstancia de que la maraña social brasileña no oculta, para quien se disponga a descubrirla, la presencia en sus puestos respectivos del ocupado y del ocupante.

No somos europeos ni americanos del norte, sino destituidos de cultura original, nada nos es extranjero, pues todo lo es. La penosa construcción de nosotros mismos se desarrolla en la diluida dialéctica entre el no ser y el ser otro. El filme brasileño participa del mecanismo y lo altera a través de nuestra incompetencia creadora para copiar. El fenómeno cinematográfico en Brasil atestigua y delimita muchas vicisitudes nacionales. La invención nacida en los países desarrollados llega pronto a nosotros. El intervalo es pequeño entre la aparición del cine en Europa y en América del Norte y la exhibición o incluso la producción de filmes entre nosotros a finales del siglo XIX. Si aproximadamente durante una década el cine tardó en entrar en el ámbito brasileño, eso fue debido a nuestro subdesarrollo en electricidad, inclusive en la capital federal. Cuando la energía fue industrializada en Río, las salas de exhibición proliferaron como hongos. Los dueños de esas salas comerciaban con el filme extranjero, pero luego tuvieron la idea de producirlos y así, durante tres o cuatro años, a partir de 1908, Río conoció un período que su estudioso, Vicente de Paula Araújo, no duda en denominar la Bella Época del Cine Brasileño.[1] Calcos desgarbados de lo que se hacía en las metrópolis de Europa y de América, esos filmes sobre temas que en el momento interesaban a la ciudad –crímenes, política y otras distracciones– no eran factores de brasileñidad sólo por la elección de los temas, sino también por la poca habilidad con que era manipulado el instrumental extranjero. Las primitivas películas brasileñas, técnicamente muy inferiores a sus similares importadas, tenían que aparecer con mayores atractivos a los ojos de un espectador todavía ingenuo, no iniciado en el gusto por el acabado de un producto cuyo consumo apenas había comenzado. El hecho es que ningún producto importado conoció en ese período el triunfo del público de este o de aquel filme brasileño sobre crímenes o política, siendo digno de nota que el público conquistado así incluía a los intelectuales que pasaban por la calle do Ouvidor y por la recién inaugurada Avenida Central. Ese florecimiento de un cine subdesarrollado necesariamente artesanal coincidió, en las metrópolis, con la definitiva transformación del invento en industria, cuyos productos se esparcieron por el mundo suscitando y disciplinando los mercados. Brasil, que importaba de todo –desde ataúdes a palillos–, abrió alegremente sus puertas a la diversión fabricada en masa y en verdad no se le ocurrió a nadie la idea de socorrer a nuestra incipiente actividad cinematográfica.

La primitiva filmografía brasileña fue olvidada rápidamente, se rompió el hilo y nuestro cine comenzó a pagar su tributo a la prematura y prolongada decadencia tan típica del subdesarrollo. Arrastrándose en busca de la subsistencia, se convirtió en un marginal, un paria en una situación que recuerda a la del ocupado, cuya imagen se reflejó con frecuencia en los años veinte, provocando repulsa o espanto. Ese tipo de documento, cuando es verdadero, nunca es bello, y todo ocurría como si la falta de habilidad del cineasta contribuyera a revelar la dura verdad que traumatizó no sólo a los cronistas liberales de la prensa carioca sino también a un conservador como Oliveira Viana. Esas imágenes de la degradación humana afloraban también en los filmes de enredo que iban siendo producidos ocasionalmente y que una y otra vez obtenían una exhibición normal gracias a la complacencia, siempre pasajera, del comercio norteamericano. Era por la fuerza de las cosas que estas películas se mostraban contundentes, pues los denodados luchadores de la filmografía brasileña que surgían en la era del cine mudo se esforzaban por impedir la imagen de la penuria, substituida por la fotogenia amable de inspiración norteamericana.

Inmediatamente después del estrangulamiento del primer impulso cinematográfico brasileño, los norteamericanos barrieron con la competencia europea y ocuparon el terreno de una manera prácticamente exclusiva. En función de ellos y para ellos el comercio de exhibición fue renovado y ampliado. Las producciones europeas continuaron apareciendo a cuentagotas, pero durante las tres generaciones en las que el cine fue el entretenimiento principal, el cine en Brasil era un hecho norteamericano y, de alguna manera, también brasileño. No es que hayamos nacionalizado el espectáculo importado como hicieron los japoneses, pero ocurre que la impregnación del filme americano fue tan general, ocupó tanto espacio en la imaginación colectiva de ocupantes y ocupados, excluidos apenas los últimos estratos de la pirámide social, que adquirió una cualidad de cosa nuestra en la línea de que nada nos es extranjero pues todo lo es. La amplísima satisfacción causada por el consumo del filme americano no satisfacía sin embargo el deseo de ver expresada una cultura brasileña que, sin tener una originalidad básica –como la hindú o la árabe– en relación a Occidente, había ido tejiéndose con características propias indicativas de vigor y personalidad. La penetración del cine empobreció mucho las artes del espectáculo tradicionalmente tan vivas en todo el país, pero éstas siempre encontraron medios de permanecer, lo que hace pensar que corresponden a necesidades profundas de expresión cultural. La llegada de la radio dio un nuevo aliento a las formas o elementos sonoros de esas formas de espectáculo. En la primera oportunidad en que se expuso, la cultura popular violó el monopolio norteamericano y se manifestó cinematográficamente. Con ocasión de la implantación del cine sonoro, que coincidió con la gran crisis de Wall Street, hubo un transitorio alivio de la presencia norteamericana, seguido inmediatamente por el recrudecimiento de nuestra producción. Durante cerca de dos años la cultura *caipira*, originalmente común a hacendados y colonos y de gran audiencia en las ciudades, tomó forma cinematográfica, sucediendo lo mismo con nuestra expresión musical urbana. Esos filmes tuvieron inmensa audiencia en todo Brasil, pero en breve los asuntos cinematográficos del país volvieron al eje norteamericano y el cine brasileño otra vez pareció morir, es decir, volvió a la condición de marginal rechazado a pesar de la calidad artística creciente de algunas de sus obras de la década de los treinta. La obligatoriedad de exhibición suministró una base sólida para la producción de cortometrajes documentales, destituidos ahora de la función reveladora que anteriormente lo había caracterizado tan agudamente. Continuó en todo caso reflejando con melancolía el área del ocupante, especialmente las ceremonias oficiales. De una manera general, mientras tanto, el cine sonoro era, más que el mudo, propicio a la expresión nacional.

El fenómeno cinematográfico que se desarrolló en Río de Janeiro a partir de los años cuarenta es un marco. La producción ininterrumpida durante cerca de veinte años de filmes musicales y de *chanchada*, o la combinación de ambos, se realizó desvinculada del gusto del ocupante y contraria al interés extranjero. El público plebeyo y juvenil que garantizó el éxito de esas películas encontraba en ellas, mezclados y rejuvenecidos, modelos de espectáculo emparentados en todo Occidente pero que emanan directamente de un fondo brasileño constituido y tenaz en su permanencia. A esos valores relativamente estables los filmes añadían la contribución de las invenciones cariocas efímeras en materia de anécdota, manera de decir, juzgar y comportarse, un flujo continuo que encontró en la *chanchada* una posibilidad de cristalización más completa que anteriormente en la caricatura o en el teatro de variedades. Casi es superfluo agregar que estas obras, con pasajes rigurosamente antológicos, traían, como su público, la marca del más cruel subdesarrollo; sin embargo, el acuerdo que se establecía entre ellas y el espectador era un hecho cultural incomparablemente más vivo que el producido hasta entonces por el contacto entre el brasileño y el producto cultural norteamericano. En este caso la complicidad era inseparable de la pasividad consumidora, mientras que el público establecía con el musical y la *chanchada* lazos de tal intimidad que su participación adquiría elementos de creatividad. Un universo completo se construía por medio de la sucesión de filmes norteamericanos, pero la absorción hecha mediante la distancia lo volvía abstracto, mientras que los fragmentos irrisorios de Brasil expuestos por nuestros filmes dibujaban un mundo vivido por los espectadores. La identificación provocada por el cine americano modelaba formas superficiales de comportamiento en chicas y chicos vinculados a los ocupantes; en contrapartida, la adopción por la

plebe, del pillo, del granuja, del desocupado de la *chanchada*, sugería una polémica de ocupado contra ocupante.

El eco del lucro obtenido por esa producción carioca sin pretensiones y artesanal tuvo, en los primeros cincuenta, un papel determinante en el intento paulista de un cine más ambicioso a nivel industrial y artístico. Algunos motivos de su fracaso están claros. Los productores cariocas eran comerciantes de la exhibición y la coyuntura creada en los años cuarenta recordaba la bella época del cine brasileño a comienzos de siglo. Los empresarios paulistas que se lanzaron a la aventura venían de otras actividades y albergaban la ingenua ilusión de que las salas de cine existen para proyectar cualquier película, incluso las nacionales. Culturalmente el proyecto fue igualmente un fracaso. No reconociendo la virtud popular del cine carioca, los paulistas decidieron –animados por cuadros técnicos y artísticos llegados recientemente de Europa– situar la filmografía brasileña en un rumbo totalmente diferente del que estaba siguiendo de manera tan estimulante. Cuando, más o menos al azar, descubrieron la veta del *cangaço*[2] o recurrieron conscientemente a la comedia de la radio, nacida en las compañías teatrales del interior y del suburbio, ya era demasiado tarde.

La animación provocada por la tentativa industrial fue, sin embargo, positiva y su fracaso no alteró la elevación cuantitativa y cualitativa de la filmografía brasileña. La marginación de nuestro cine de enredo no era más, como antes, un fenómeno aparentemente tan natural que nadie lo notaba excepto los directamente interesados. El hecho de que sectores ponderables del área ocupante retrocedieran frente al cine nacional hizo de él un tema más sensible. Su mediocridad no impedía su función y no escondía su presencia. De manera creciente, se comenzó a exigir el cumplimiento de las ocasionales y paternalistas medidas de protección del poder público. Más de una vez el gobierno creó la ilusión de que estaba siendo diseñada una política cinematográfica brasileña, pero la situación básica nunca se alteró. El mercado permaneció ocupado por lo extranjero, de cuyos intereses nuestro comercio cinematográfico es, en conjunto, el representante directo. La acción gubernamental, presionada por el deseo de lucro de los productores brasileños, representando en la circunstancia el interés de los ocupados, se limitó siempre a procurar obtener junto a los ocupantes extranjeros y nacionales una pequeña reserva de mercado para el producto local. Como la solidaridad fundamental del poder público está con el ocupante, del cual emana, está claro que la presión del último siempre fue decisiva. Incluso después de que el cine hubiese perdido en favor de la televisión el predominio en el campo del entretenimiento, no se alteró substancialmente el escandaloso desequilibrio entre el interés nacional y el extranjero. De cualquier manera la concesión, por modesta que fuese, aseguró un respiradero a nuestro cine de ficción. La habitual impregnación extranjera no impidió que los filmes continuaran reflejándonos mucho. La boga del neorrealismo, inmediatamente después del final de la guerra, tuvo consecuencias extremadamente fructíferas para nosotros. Ocurrió que el difuso sentimiento socialista que se difundió a partir del final de los años cuarenta, envolvió a mucha gente de cine y particularmente a las personalidades más creativas surgidas después del malogrado impulso industrial en São Paulo. El propio comunismo político, ortodoxo y estrecho, acabó teniendo una función cultural en la medida en que por un lado buscaba, incluso desordenadamente, comprender la vivencia de los ocupados, y por otro animaba a la lectura de grandes escritores miembros o simpatizantes del partido, Jorge Amado, Graciliano Ramos o Monteiro Lobato. Ese clima intelectual además de la práctica del método neorrealista condujeron a la realización de algunos filmes en Río y São Paulo que glosaban artísticamente la vida popular urbana. El antiguo héroe desocupado de la *chanchada* fue suplantado por el trabajador, pero en los espectáculos cinematográficos que esas películas proporcionaban, los ocupados estaban mucho más presentes en la pantalla que en la sala. En materia de construcción dramática consistente y eficaz, esas obras dejaron lejos no sólo la tenaz *chanchada* carioca sino también los productos más o menos directos de la efímera industrialización paulista. En el terreno de las ideas, la contribución que trajeron fue aún mayor. Sin ser propiamente políticas o didácticas, estas películas expresaban una conciencia social habitual en la literatura posmodernista pero inédita en nuestro cine. Además de una vasta lista de méritos intrínsecos, esos pocos filmes realizados por dos o tres directores constituyeron el tronco poderoso del que se desgajó el Cinema Novo.

El Cinema Novo es, después de la Bela Época y la *chanchada*, el tercer acontecimiento global de importancia en la historia de nuestro cine, y cabe decir que sólo el segundo tuvo un desarrollo coherente, debido a su mejor adecuación y sumisión a la condición general del subdesarrollo. Como el de la Bela Época, el Cinema Novo vivió una media docena de años, siendo que ambos tuvieron su destino truncado; el primero, por la presión económica del imperialismo extranjero, el segundo, por la imposición política interna. A pesar de la diversidad de circunstancias lo que le sucedió a uno y a otro se inserta en el cuadro general de la ocupación. El Cinema Novo es parte de una corriente más amplia y profunda que se expresó igualmente a través de la música, el teatro, las ciencias sociales y la literatura. Esa corriente –compuesta de espíritus llegados a una luminosa madurez y enriquecida por la explosión ininterrumpida de jóvenes talentos– fue a su vez la expresión cultural más refinada de un amplísimo fenómeno histórico nacional. Todo está muy cerca de nosotros todavía, ninguna jugada fundamental fue hecha o deshecha y los días que corren no facilitan la búsqueda de una perspectiva equilibrada sobre lo que ocurrió. Resta la posibilidad de una visión genérica en términos de ocupado y ocupante que nos aproxime a la significación del Cinema Novo en el proceso.

Cualquier estadística de origen variado que la prensa difunde, confirma lo que percibe la intuición ética respecto a la deformidad del cuerpo social brasileño. Toda vida nacional en términos de producción y consumo que puedan ser definidos involucra apenas al treinta por cien de la población. La fuerza productora urbana y rural con identidad nítida, los estratos medianos en su compleja graduación, las masas electorales de antes y que hoy sólo el fútbol está autorizado a estructurar, todo está englobado en la minoría actual de treinta millones, el único pueblo brasileño respecto del cual logramos un concepto y sobre el cual podemos pensar. La impresión que se tiene es la de que el ocupante sólo utiliza una parcela pequeña de ocupados y abandona el resto a la buena de Dios en reservas y quilombos de nuevo cuño. Ese resto, hoy de setenta millones, va suministrando con cuentagotas el refuerzo del que el ocupante echa mano para ciertas actividades como, por ejemplo, la construcción de Brasilia o la interminable reconstrucción del monstruo urbano paulista, la fachada más progresista de nuestro subdesarrollo. En estas ocasiones los pocos centenares de millares que escapan al universo informe de las muchas decenas de millones, adquieren una identidad: *candango* o bahiano.

Fue precisamente de las iniciativas gubernamentales en la segunda mitad de los años cincuenta de donde surgió la búsqueda de un mejor equilibrio nacional. El ocupante sin imaginación alegó contra la animación social que en adelante transcurrió con una consigna: la subversión en marcha. Es posible que el propio ocupante optimista, deseoso de ver integrado en la nación el setenta por ciento marginal, no acertara en la singularidad de la situación creada. El fenómeno brasileño es de aquellos cuya originalidad está exigiendo una nueva expresión. A la palabra subversión, mezquina y en un último análisis ingenua, puede ser opuesta la noción de superversión, que resume con mayor probidad los acontecimientos que se desarrollaron hasta mediados de 1964. La realidad que entonces se impuso era la de que los verdaderos marginales son el treinta por ciento seleccionado para constituir una nación. El establecimiento de canales comunicantes entre esta minoría y el universo inmenso de los restantes estaba exigiendo el desplazamiento de los ejes habituales de la historia brasileña. Un primer paso consistía en animar el descubrimiento activo por parte de todos de lo que puede ser la vida humana. El poder público participó de la noble esperanza –especialmente por medio de un método de alfabetización cuya práctica llegó a ser planeada– que impregnó hasta un mensaje presidencial, documento que por ese motivo será un día uno de los clásicos de la democracia brasileña. El sector artístico joven, inseparable del público intelectual igualmente joven que suscitó, fue sin duda lo que mejor reflejó el clima creativo y generoso entonces reinante, incluso a través de obras dotadas de valores permanentes. En ese ámbito fue grande el papel del cine.

Los cuadros de realización y, en buena parte, de absorción del Cinema Novo fueron suministrados por la juventud que tendió a desidentificarse con su origen de ocupante en nombre de un destino más alto al que se sentía llamada. La aspiración de esa juventud fue la de ser al mismo tiempo palanca de cambio y uno de los nuevos ejes al entorno del cual pasaría a girar nuestra historia. Ella se sentía representante de los intereses del ocupado y encargada de la función mediadora para alcanzar su equilibrio social. En realidad maridó poco al cuerpo brasileño, permaneció substancialmente ella misma, hablando y obrando para sí misma. Esta delimitación quedó muy marcada en el fenómeno del Cinema Novo. La homogeneidad social entre los responsables de los filmes y su público nunca se quebró. El espectador de la antigua *chanchada* o el del bandolerismo casi no fueron alcanzados y ningún nuevo público potencial de ocupados llegó a constituirse. A pesar de haber escapado tan poco a su círculo, la significación del Cinema Novo fue inmensa: reflejó y creó una imagen visual y sonora, continua y coherente, de la mayoría absoluta del pueblo brasileño diseminada en las reservas y los quilombos, y por otro lado ignoró la frontera entre el ocupado del treinta y el del setenta por ciento. Tomado en conjunto, el Cinema Novo construye un universo unitario y mítico integrado por el *sertão*, la *favela*,[3] los suburbios, las aldeas del interior o de la costa, el *arrasta-pé*[4] y el estadio de fútbol. Ese universo tendía a expandirse, a complementarse, a organizarse como modelo para la sociedad, pero el proceso fue interrumpido en 1964. El Cinema Novo no murió enseguida y en su última fase –que se prolongó hasta el golpe de estado que ocurrió en el seno del pronunciamiento militar– se volvió hacia sí mismo, es decir, hacia sus realizadores y su público, como si buscara entender la raíz de una debilidad súbitamente revelada, la reflexión perpleja sobre el fracaso acompañada de fantasías guerrilleras y notas sobre el terror de la tortura. Nunca logró la identificación deseada con el organismo social brasileño, pero fue hasta el fin el termómetro fiel de la juventud que aspiraba a ser el intérprete del ocupado.

Desintegrado el Cinema Novo, sus principales participantes, ahora huérfanos de público catalizador, se dispersaron en carreras individuales dirigidas por el temperamento y el gusto de cada uno, dentro del condicionamiento estrecho que envuelve a todos. Ninguno de ellos, sin embargo, se instaló en la falta de esperanza que sitió la agonía de ese cine. La línea de la desesperación fue reanudada por una corriente que se opuso frontalmente a lo que había sido el cinemanovismo y que se autodenominó, al menos en São Paulo, Cinema do Lixo (basura). El nuevo impulso se situó en el paso de los años sesenta a los setenta y duró aproximadamente tres años. La veintena de filmes producidos se situó, con raras excepciones, en una mayor o menor área de clandestinidad resultante de una opción fortalecida por los obstáculos habituales del comercio y de la censura. El Lixo no es luminoso como la Bela Época, la *chanchada* o el Cinema Novo, donde se formó la mayor parte de sus cuadros. Éstos podrían, en otras circunstancias, haber prolongado y rejuvenecido la acción del Cinema Novo cuyo universo y tema retoman en parte, pero ahora en términos de envilecimiento, sarcasmo y una crueldad que en las mejores obras se convierte casi en insoportable por la neutral indiferencia con que se aborda. Conglomerado heterogéneo de artistas nerviosos de la ciudad y de artesanos del suburbio, el Lixo propone un anarquismo sin ningún rigor o cultura anárquica y tiende a transformar al pueblo en escoria, al ocupado en basura. Ese submundo degradado recorrido por cortejos grotescos, condenado al absurdo, mutilado por el crimen, por el sexo y por el trabajo esclavo, sin esperanza o contaminado por la falacia, y sin embargo animado y redimido por una inarticulada cólera. El Lixo tuvo tiempo, antes de consumar su vocación suicida, de producir una marca humana única en el cine nacional. Aislada en la clandestinidad, esa última corriente de rebeldía cinematográfica compone de alguna forma un gráfico de desesperación juvenil en el último quinquenio. Sin embargo, no fue solamente a través del Lixo que nuestra filmografía se vinculó de manera penetrante a las preocupaciones brasileñas de la época. El sector documental con intenciones culturales y didácticas reasumió, en un nivel de consciencia y realización más alto, la función reveladora que el género había desempeñado anteriormente. Dirigiéndose sobre todo a las formas arcaicas de la vida del nordeste y constituyendo de alguna manera la prolongación, ahora serena y paciente, del enfoque cinemanovista, esos filmes documentan la nobleza intrínseca del ocupado y su competencia. Cuando se volvió hacia el *cangaço* ese cine lo evocó con una profundidad –sólo igualada en un reciente programa de televisión–[5] de la que la mejor ficción había sido incapaz.

Cualquier filme expresa a su manera mucho del tiempo en que fue realizado. Buena parte de la producción contemporánea participa alegremente de la actual etapa de nuestro subdesarrollo: el milagro brasileño. A pesar de que el ocupante permanece desinteresado en relación a nuestro cine,[6] la presente euforia de los amos del mundo encuentra medios para transmitirse en muchos de nuestros filmes. Ella se manifiesta sobre todo en comedias ligeras –así como en algún que otro drama epidérmico– situadas casi siempre en envoltorios coloridos y lujosos que exhalan prosperidad. El estilo está próximo al de los documentales publicitarios llenos de abundancia, adornados con imágenes fotogénicamente positivas del ocupado y con el bamboleo amable de nalgas en las playas de moda, combinadas a la alabanza de las autoridades militares y civiles. Esa simultaneidad audiovisual un poco insólita no significa que un sector cualquiera del poder público haya inspirado –dentro de la fórmula de que hoy el circo complementario del pan es el sexo– el erotismo que irrumpió en el cine brasileño de unos años para acá. La divertida idea lamentablemente no es verdad: seguramente fue propalada por espíritus desconfiados e insensatos, pero llegó a intrigar a las altas esferas. Esa facilidad de circulación de la estupidez en los tiempos que corren ilustra en todo caso la resistencia oficial ante el condimento más atrayente que posee el espectáculo de un Brasil milagroso, con mucho apetito y teniendo cómo satisfacerlo, viviendo bien y vistiendo mejor, trabajando poco y sin problemas de transporte. El erotismo de esos filmes, a pesar de la precipitación, de la vulgaridad ineficaz, de la tendencia autodestructiva en acentuar en los traseros las nalgas y en el seno la mama, es en efecto lo que tiene de más verdadero, particularmente cuando retratan la obsesión sexual de la adolescencia. De cualquier manera y a pesar de todo estas películas van cumpliendo bien la misión de intentar substituir el producto extranjero. No obstante la proliferación, éstas constituyen a penas una parte de la centena de filmes brasileños producidos anualmente dentro del tejido habitual de obstáculos, todavía intactos, creados por los intereses de las metrópolis.

El abanico extremadamente variado de productos que el cine nacional de hoy propone al mercado confirma su vocación de expresar y satisfacer la compleja gradación de nuestra cultura. Si la *chanchada* y parcialmente el melodrama fueron absorbidos por la televisión, el filme *caipira* no perdió vigor en las grandes y pequeñas ciudades. Estas últimas alientan dramas y comedias asociadas a cantores de música del *sertão* y otros filmes sentimentales de diversa naturaleza que recorren casi desapercibidos los mercados más densos. La producción actual de aventuras rurales derivadas del *cangaço* es vista exclusivamente en el interior o, tal vez, en una u otra capital menor. Un público difícil de definir y localizar exactamente asegura la continuidad de dramas psicológicos situados en la esfera más alta –la figura del ocupante no está encarnada sólo por el libertino de la comedia erótica– o busca reflejar la crisis en las relaciones familiares y en el comportamiento social de la población mediana. Filmes históricos nacen de una superproducción fastuosa o de un empeño intelectual y artístico ejemplar y las dos categorías, tan discrepantes, tienen una función útil: la primera suministra una sucesión de imágenes convencionales que corresponden, no obstante, a una de nuestras matrices, la cultura cívica primaria, mientras que la segunda suscita una reflexión crítica respecto a lo que fuimos y somos. La autoridad pública alienta a una con benevolencia y se inhibe vivamente delante de la otra.

La legislación paternalista –promulgada para compensar la ocupación del mercado por el extranjero– puede tener consecuencias económicas de algún interés y la frecuente retracción gubernamental ante nuestros mejores filmes inclina a sus autores a buscar financiación en las metrópolis culturales, donde habían adquirido prestigio internacional desde los tiempos del Cinema Novo, en parte gracias a la moda Tercer Mundo en los países del "primero". Los mejores profesionales de nuestro cine aún provienen, en efecto, del cinemanovismo y adyacentes o incluso de los precursores inmediatos. La ruptura en la naturaleza del proceso creador en el que se enrolaron, entre doce y dieciocho años atrás, impidió cualquier maduración colectiva. El sálvese quien pueda ideológico y artístico iniciado en 1968 desplazó el eje de creatividad, la crisis individual sustituyendo la social y permitiendo que cuarentones apasionados experimentaran una nueva edad juvenil. Los fragmentos de las convicciones antiguas fueron manipulados y triturados por el dios o demonio íntimo de cada uno, pero continuó fecundo el polvo de la construcción colectiva soñada por todos. Las obras individuales de las mayores figuras que el cine brasileño ya conoció están lejos de haber sido superadas, continúan tejiéndose ante nuestros ojos y sería prematuro intentar encerrarlas. La amistad tuvo un papel importante en la construcción del cinemanovismo, y el mantenimiento de la camaradería nacida en la edad de oro indicaría la persistencia de una comunión cuya nueva fachada aún no se ha revelado. Existe un clima nostálgico en la moderna filmografía brasileña de calidad y es posible que se esté diseñando alrededor del indio el sentimiento nacional de remordimiento por el holocausto de la ocupación original. Lo que existe de más profundamente ético en la cultura brasileña nunca cesará de separarse del ocupante. Cabe aún subrayar el hecho de que el mejor cine nacional ya no tiene como antes un destinatario preciso y asegurado. Sus autores se enfrentan a un público no identificado envuelto por la red del comercio y están constreñidos a convivir con la burocracia ocupante desconfiada cuando no hostil. La circunstancia de una larga comunicación con los espectadores es por demás ocasional para disipar el intrincado malestar en que se debaten. En los peores momentos la alternativa a la opacidad es el vacío. En esas condiciones no tiene que asombrar que en la búsqueda de reconocimiento se vuelvan hacia la cultura de las metrópolis y con ello perjudiquen a la nuestra.

Si en determinado momento el Cinema Novo quedó huérfano de público, lo inverso tuvo consecuencias aún más angustiosas. El núcleo de espectadores reclutados en la intelectualidad –particularmente en sus sectores juveniles– tendía por un lado a ampliarse socialmente y, por otro, a interesarse por otros aspectos del filme brasileño además del cinenanovista. El deterioro de la estimulante coyuntura de los primeros sesenta hizo que el público intelectual que corresponde hoy al de aquel tiempo se encuentre huérfano de cine brasileño y entregado enteramente hacia lo extranjero, donde juzga a veces que descubre alimento para su deslealtad cultural. En realidad encuentra apenas una compensación falaz, una diversión que le impide asumir su frustración, primer paso para superarla. Rechazando una mediocridad, con la que posee vínculos profundos, en favor de una calidad importada de las metrópolis con las cuales tiene poco que ver, ese público exhala una pasividad que es la propia negación de la independencia a la que aspira. Dar la espalda al cine brasileño es una forma de debilidad ante la problemática del ocupado e indica uno de los caminos de reinstalación en la óptica del ocupante. La esterilidad de la complacencia intelectual y artística que el filme extranjero prodiga hace del segmento de público que nos interesa una aristocracia de la nada, una entidad en suma mucho más subdesarrollada que el cine brasileño que desertó. No hay nada que hacer excepto su constatación. Este sector de espectadores nunca encontrará en su cuerpo músculos para salir de la pasividad, así como el cine brasileño no posee fuerza propia para escapar del subdesarrollo. Ambos dependen de la reanimación sin milagro de la vida brasileña y se reencontrarán en el proceso cultural que de ahí nacerá.

1. *Perspectiva*. São Paulo.

2 Bandolerismo típico del *sertão* del nordeste brasileño. (N. de los T.)

3 *Sertão*: región agreste, semi-árida y poco poblada del norte brasileño; *favela*: chabola típica de Brasil. (N. de los T.)

4 *Arrasta–pé*: baile popular brasileño. (N. de los T.)

5. *Confronto*, de Humberto Mesquita. Emisión del Canal 11 en julio de 1973.

6. Lo inverso nunca fue verdadero. El ocupante fue tratado, en general, de manera respetuosa por el cine mudo, fue divertido en la *chanchada* y fustigado por el Cinema Novo, al mismo tiempo que una tendencia nacida de la malograda industria paulista se interesaba por el tedio existencial del ocupante ocioso.

MÚSICA

LA MÚSICA BRASILEÑA

DARIUS MILHAUD

En *Vida-Americana*, n. 1, Barcelona, mayo 1921; orig. *Revue Musicale*, n. 1
París 1920

La curva trazada por la evolución de la música en Francia, desde Wagner, se reproduce exactamente al otro extremo de la Tierra. Cada movimiento, cada tendencia, encuentra un eco en el hemisferio austral. A veces las influencias se dividen: M. Vincent d'Indy y la *Schola* sirven de modelos a los compositores argentinos y chilenos, en tanto que en el Brasil la orientación es netamente debussysta e impresionista.

La Escuela Francesa en la cultura musical del Brasil, se ha hecho preponderante. Gracias a los compositores Alberto Nepomuceno y Enrique Oswald, que han sido Directores del Conservatorio de Río Janeiro, la biblioteca de este Establecimiento posee todas las partituras, para orquesta, de Debussy y de todo el grupo de la S. M. I. o de la *Schola*, así como todas las obras publicadas de M. Satie.

En los conciertos sinfónicos de Río Janeiro, se han hecho oír frecuentemente obras para orquesta, de Chausson, Debussy, M. M. Dukas, d'Indy, Roussel, etc.

El profesor Carlos de Carvalho, da a menudo Recitales de canto compuestos de melodías de Debussy y de Ravel.

M. Godofredo Leao Velloso, profesor de piano del Conservatorio, hace trabajar en su clase los *Paisajes y Marinas* de M. Koechlin y los *Nocturnos* de M. Decaux. En una serie de conciertos de música de cámara. Mme. Nininha Velloso Guerra hizo oír en su primera audición las principales obras de nuestra escuela francesa (cuarteto de piano de M. d'Indy, las tres Sonatas de Debussy, comprendido entre ellas los 12 Estudios en Blanco y Negro a dos pianos), así como los de Ravel, Roussel, Satie, de Severac, etc. Ella representa, con su marido M. Oswaldo Guerra (de quien se ha aplaudido una encantadora Sonata de piano y violín, este año, en la S. M. I.) el elemento más joven, más avanzado y particularmente empapado en la obra del *Grupo de Seis*.

Por el contrario, la música austro-alemana contemporánea es casi desconocida allí y el movimiento tan importante determinado por M. Schonberg es poco menos que ignorado.

Causa pena que todos los trabajos de compositores brasileños, desde las obras sinfónicas o de música de cámara de los señores Nepomuceno y Oswald, hasta las Sonatas impresionistas de M. Guerra o las obras de orquesta del señor Villa-Lobos (un joven de temperamento robusto, lleno de ardor), sean un reflejo de las diferentes fases que se suceden en Europa desde Brahms hasta Debussy y que el elemento *Nacional* no se explote de una manera más viva y original. La influencia del folclore brasileño tan rico de ritmo y de una línea melódica tan particular, se escucha raramente en las obras de los compositores de Cariocas. Cuando un tema popular o el ritmo de una danza se utiliza en una obra musical, este elemento indígena se deforma porque el autor lo ve a través de los espejuelos de Wagner o de Saint-Saens, si tiene sesenta años, o a través de los de Debussy, si no tiene más que treinta.

Es necesario que los compositores brasileños comprendan la importancia de los compositores de Tangos, Matchitches, Zambas y Cateretes como Tupynamba o el genial Nazareth, la riqueza rítmica, la fantasía indefinidamente renovada, el verbo, la entraña, la invención melódica, de una imaginación prodigiosa, que se encuentran en cada obra de estos maestros, hacen de ellos la gloria y joyel del Arte Brasileño. Nazareth y Tupynamba engalanan la música de su país con dos grandes estrellas del cielo austral (Centauro y Alpha del Centauro), forman los cinco diamantes de la Cruz del Sur.

BRASIL

DARIUS MILHAUD

En Milhaud, D.: *Notes sans Musique*. René Julliard, París 1949, p. 87-99

Nunca olvidaré el efecto que me produjo la España neutral. Qué contraste impresionante con Francia, donde ya no se encontraban en las calles más que civiles mayores y viejos caballos reformados, viejos rocines dedicados en otro tiempo en el arado. En Irún, apenas atravesada la frontera: jóvenes en abundancia, caballos fogosos y, aparte de los que llevaban los aduaneros y policías, ningún uniforme. En cambio, Portugal había quedado marcado por la guerra, el convoy que guiaba fuera de las aguas territoriales a nuestro navío inglés *Amazon*, transportaba a Francia a los primeros contingentes militares portugueses.

La travesía duró dieciocho días. Por la noche, en el puente superior del barco completamente a oscuras, me sentía prendido entre el mar y el cielo estrellado. Allí fue donde pude observar el ecuador, el paso del cielo boreal al cielo austral: la Osa Mayor centelleaba todavía en el horizonte cuando, seguida por los fuegos resplandecientes de las dos estrellas del Centauro, ya la Cruz del Sur se le enfrentaba.

Llegamos a Río el 1 de febrero de 1917, en pleno verano, en medio de un intenso calor. Claudel me instaló consigo, en la legación francesa; estaba magníficamente situada en la calle Paysandu, bordeada de palmeras reales, originarias de la isla de Bourbon, cuyo tronco a veces alcanza setenta metros y en cuya cima se balancean ramos de palmas de más de siete metros de largo. Durante dos años, fue una maravilla constante para mí observar la actividad de Claudel: se levantaba a las seis, iba a misa y después trabajaba hasta las diez; a continuación, se entregaba por completo a su función de diplomático hasta las cinco. Entonces salía a pasear solo. A veces lo veía a lo largo de la bahía, caminando a grandes pasos, frotándose nerviosamente las manos, tan absorto en sus pensamientos que no me veía y yo nunca me acercaba a él. Alguna vez me llevaba consigo cuando iba a la orilla del mar, pero, generalmente, era el domingo cuando salíamos juntos. En cuanto acababa la cena, se retiraba a su habitación y se acostaba pronto. Su espíritu se apartaba poco de la Biblia; todos los días escribía comentarios sobre versículos extraídos de los dos Testamentos. Me dio a leer algunos, de una grandeza impresionante. Entonces estudiaba la cuestión del "Agua", tan importante desde el punto de vista místico, y escogía los versículos del Génesis que la mencionaban bajo las formas más diversas: mar, lago, nubes, lluvia, fuente, río, humedad, rocío, niebla, pozo, y los comentaba. El Claudel ministro no me sorprendía menos que el escritor: tenía de su actividad diplomática un concepto de una extrema amplitud, se apasionaba por todos los problemas de orden económico o financiero, encontrándoles siempre una solución sutil. Solamente confiaba a sus secretarios los trabajos de copia o de cifrado, él mismo redactaba los telegramas y despachos.

Río poseía un poderoso encanto. Es difícil describir aquella bahía tan bella, rodeada de montañas de formas inesperadas cubiertas de bosques como un ligero plumón o de rocas solitarias de un pardo rojizo, coronadas a veces por líneas de palmeras: plumas de avestruz que se destacaban en la turbia luz de los trópicos sobre un cielo velado de nubes de color perla. A menudo me paseaba por el centro de la ciudad donde, contrastando con la larga avenida Río Branco, y demasiado estrechas para los coches, las calles eran frescas y sombrías. En la más característica, la calle Ouvidor, las tiendas de antigüedades llenas de muebles de la época imperial, se situaban junto a puestos de sabrosas frutas exóticas; en ellos degustaba deliciosos refrescos de mango o de coco. No lejos de allí, la pequeña iglesia Gloria, de estilo barroco del dieciocho (como la mayoría de edificios religiosos de Brasil) mostraba sus colores rosa, azul, verde tierno y sus azulejos con los que se mezclaban magníficas maderas esculpidas. Algunas veces también iba a la playa de Copacabana, en el Atlántico. Estaba bordeada de algunas casas una de las cuales, absolutamente divertida, era obra del arquitecto Virzi. Por la noche, a menudo daba la vuelta a la Tijuca; me gustaba percibir poco a poco el panorama de Río, cuyo resplandor trazaba claramente el contorno de la bahía; o iba en barco al otro lado de la bahía cerca de Nichteroy, me quedaba tumbado en la playa desierta durante parte de la noche; el claro de luna era tan intenso que podía leer sin esfuerzo.

El Jardín Botánico de Río entusiasma; alrededor de una avenida central bordeada de palmeras reales gigantes, los árboles exóticos exhibían sus diversas riquezas: mangos, bambúes gigantes, árboles del pan, de cacao, especímenes de cafetos, de caña de azúcar, arbustos de té. Aquella verdadera especiería vegetal estaba junto a las latanias en forma de lira o árboles del viajero, llamados así porque su tallo secreta un licor refrescante. En un estanque rodeado de árboles igualmente pintorescos, los nenúfares flotaban sobre hojas inmensas y, dominándolo todo, extraordinarios *banyans* con sus raíces que ascienden hasta la mitad del tronco, dando siempre la impresión de que las llevan por encima de los hombros. ¡Cuántas horas pasé en ese jardín maravilloso! Pero la selva me atraía aún más. Empezaba en la ciudad misma, pues la vegetación tenía una vitalidad tal que invadía el más pequeño solar. Todo lo que no estaba construido se convertía inmediatamente en presa de las plantas, y las carreteras, en los alrededores de Río, atravesaban selvas encantadas. A menudo, Claudel y yo tomábamos el funicular del Corcovado, hasta Paineras para seguir el sendero que seguía el curso de un riachuelo desde el que podíamos dominar la vertiente de la montaña cubierta de un espeso pelaje de verdor en el que se destacaban, brillantes, las hojas plateadas del bilo-bilo. Inmediatamente después de la puesta del sol, como movidos por un detonante invisible, grillos de toda especie, sapos toneleros que imitaban el ruido del martillo al golpear violentamente una plancha, pájaros de gritos sordos, secos, entrecortados, animaban el bosque con unos ruidos variados cuya intensidad alcanzaba rápidamente su paroxismo.

A fin de descansar del calor húmedo de Río, algunas veces íbamos a pasar el fin de semana a Therezépolis. El albergue lo dirigía un francés, Norbert. Allí podíamos montar a caballo, pero preferíamos caminar hasta lo más profundo de la selva con dos negros que nos abrían camino a golpe de hacha a través de los árboles, los helechos gigantes y las lianas superpuestas; también mantenían un gran fuego encendido durante toda la noche. Dormíamos bajo una bóveda de follaje de la que algunas veces, mezcladas con las lianas, caían largas ramas de orquídeas. El contraste entre la población de la ciudad y la de la selva también era sorprendente; en Río, en el borde mismo de los bosques, descendientes de nórdicos europeos, poco a poco vueltos al estado salvaje, vivían en chozas miserables, rodeados de niños medio desnudos y con un pobre campo de maíz o dos bananeros como única posesión.

Unos meses después de nuestra llegada a Río, Henri Hoppenot fue nombrado secretario de la legación. Muy contento, fui a recibirle al barco, así como a su mujer Hélène; presentía cuánto su presencia iba a embellecer mi existencia. Henri Hoppenot era un joven escritor y un gran admirador de Claudel. Extraña legación que contaba entonces con dos escritores y un músico... En el transcurso de largos paseos, aprendimos a conocernos mejor y a apreciarnos. Llevamos a nuestros amigos de fin de semana a Therezépolis y también a Petrópolis; esa residencia de verano de los diplomáticos, de los miembros del Gobierno y de los ricos cariocas –habitantes de Río– era demasiado artificial para gustarnos realmente, pero Audrey Parr, una amiga deliciosa de belleza deslumbrante y de fantasía inagotable, nos atraía allí. Mujer del secretario de la legación de Inglaterra, Audrey había conocido a Claudel en Roma; como sabía dibujar, él se divertía haciéndole ejecutar croquis para todas las ilustraciones que imaginaba su cerebro tumultuoso, siempre en ebullición.

[...]

Cada correo me traía pilas de cartas de mi madre y de mis fieles amigos. Bathori me ponía al corriente de la vida musical de París. En cuanto recibí *En Blanc et Noir*, que acababa de aparecer en Durand, Leao Velloso y su hija lo interpretaron. Yo había organizado conciertos para nuestras obras de guerra y gracias a su incansable dedicación, pude ofrecer varias sesiones de música de cámara en el transcurso de las cuales tuve ocasión de hacer escuchar las sonatas de Magnard, de Debussy y mi *Segunda Sonata para piano y violín*, que acababa de terminar. Durante una gira de conferencias que emprendí en beneficio de la Cruz Roja y de los prisioneros, visité el Estado de Minas Geraes, rico en minas de diamantes y de oro. Durante el viaje, en Bello Horizonte, un individuo bastante particular subió al tren, llevaba una amplia esclavina y un cinturón con pistolas, un gran sombrero le ocultaba los ojos; facturó en su equipaje 40 kilos de diamantes en bruto. Los ingleses explotaban la mina de oro de San Juan del Rey, considerada entonces como la más profunda del mundo. Se encontraba cerca de la encantadora pequeña ciudad de Ouro Preto; al ver sus numerosas colinas dominadas por una bonita iglesia, costaba imaginar el trabajo de la mina, infernal y tan próximo... Visité la mina, bajé a 1600 metros bajo tierra en ascensor y a 1800 metros en una especie de cesto. Allí, un viejo mulo privado de luz desde hacía años, arrastraba incansablemente vagonetas que contenían piedras rotas, unos negros semidesnudos, chorreantes de sudor, excavaban la roca. Todo ello tenía la grandeza y la belleza de un bajorrelieve antiguo.

Desde mi llegada a Río, había empezado a escribir *Les Euménides*. Había trabajado en los *Choéphores* las superposiciones de acordes procediendo por masas; en *Les Euménides*, la naturaleza misma de la música que quería expresar me llevaba a una escritura semejante. Cuando escribí *Le Récit de la Pythie* para voz hablada y algunos instrumentos de batería, le hablé de ello a Ansermet; entonces dirigía las representaciones de los Ballets rusos y me propuso reunir los músicos necesarios para la ejecución de esta escena y hacerla representar el final de un ensayo para que yo la escuchase. Acepté con alegría. Rara vez me ha sorprendido la sonoridad de mis orquestaciones, pero esta vez la realización superaba mis esperanzas; esa resonancia expresaba para mí un drama intenso auténtico, tal como lo había querido. Compuse y terminé *L'Enfant prodigue*. Escogí una orquesta de veintiún solistas para apoyar la voz de los cantantes (piccolo, flauta, oboe, corno inglés, clarinete, clarinete bajo, fagot, trompa, trompeta, trombón, timbales, arpa y batería, dos cuartetos situados a cada lado del director). Quería suprimir toda parte intermedia que no fuera esencial y dejar a cada instrumento una línea independiente con su propia expresión melódica o tonal. La politonalidad aquí ya no residía en los acordes, sino en los encuentros de líneas. Teniendo en cuenta el encabalgamiento de las partes instrumentales, sólo pudo hacer un arreglo para dos pianos, lo interpreté inmediatamente con Nininha. Al escribir esta música, había encontrado la sonoridad con que soñaba desde que era niño, cuando antes de dormir me imaginaba, con los ojos cerrados, una música que me parecía imposible de expresar. Esta cualidad sonora tan especial de un grupo de instrumentos me tentó y empecé una serie de *Petites Symphonies* para siete o diez instrumentos diferentes. Tenía prisa por escuchar esos intentos de independencia tonal: Braga dirigió la *Première Symphonie* en uno de sus conciertos. El público no pareció sorprenderse por las sonoridades de mi música, pero ignorando u olvidando que en la época de Monteverdi la palabra "sinfonía" a veces designaba una sola página de música instrumental, esperaban escuchar una inmensa obra con una inmensa orquesta; le chocó la brevedad de mi fragmento.

[...]

Sin embargo, Claudel y yo continuamos elaborando nuestro proyecto. Éste es el tema del ballet *L'Homme et son Désir* tal como Claudel lo escribió en el programa cuando fue representado: "Este pequeño drama plástico surgió del ambiente de la selva brasileña en la que, en cierto modo, nos encontrábamos sumergidos y que tiene casi la consistencia uniforme de un elemento. ¡Qué extraña la noche cuando empieza a llenarse de movimientos, de gritos y de resplandores! Y fue precisamente una de esas noches lo que nuestro Poema tiene la intención de figurar. No hemos intentado reproducir con exactitud fotográfica la inextricable confusión de la *floresta*. Simplemente la hemos echado como una alfombra, violeta, verde, azul, alrededor del negro central, sobre las cuatro gradas del escenario. El escenario es vertical, perpendicular a la vista como lo es un cuadro, un libro que se lee. Si se quiere, también es como una página de música en la que cada acción viene a inscribirse en un pentagrama diferente. Por la arista del extremo desfilan, todas de negro y con tocado de oro, las diferentes Horas. Por debajo, la Luna, llevada a través del cielo por una nube, como una sierva que precede a una gran dama. Abajo del todo, en las aguas de la gran ciénaga primitiva, el reflejo de la luna y de su sierva siguen la marcha regular de la pareja celeste. El drama propiamente dicho tiene lugar en la plataforma intermedia entre el cielo y el agua. Y el personaje principal es el Hombre recuperado por las potencias primitivas y a quien la Noche y el Sueño han arrebatado cualquier Nombre y cualquier Rostro. Llega conducido por dos formas exactamente iguales bajo su velo que lo extravían haciéndolo vacilar como a un niño "presa" del juego del escondite. Una es la Imagen y la otra el Deseo, una es el Recuerdo y la otra, la Ilusión. Ambas juegan con él un momento y luego desaparecen.

"Él se queda de pie con los brazos extendidos; duerme en el resplandor de la luna tropical como un ahogado entre las aguas profundas. Y todos los animales, todos los ruidos de la selva eterna se desprenden de la orquesta, acuden a mirarlo y a hacer sonar su nota en su oído: los Cascabeles y la Flauta de Pan, las Cuerdas y los Címbalos.

"El Hombre comienza a animarse en su sueño. Se mueve y baila. Y lo que baila es la danza eterna de la Nostalgia, del Deseo y del Exilio, la de los cautivos y los amantes abandonados, la que durante noches enteras hace pasearse de un extremo al otro de su veranda a los febriles atormentados por el insomnio, la de los animales en las casas de fieras que se lanzan una y otra vez contra una reja infranqueable. Unas veces es una mano hacia atrás lo que le arrastra, otras un perfume en que se deshace cualquier energía. El tema de la obsesión se vuelve cada vez más violento y frenético y, entonces, una de las mujeres vuelve y gira, como fascinada, alrededor del Hombre. ¿Está muerta? ¿Está viva? El durmiente coge la punta de su velo mientras ella gira y se descubre dando vueltas alrededor de él, hasta que él mismo queda envuelto como una crisálida y ella, casi desnuda; y entonces, unidos por un último jirón de una tela análoga a la de nuestros sueños, la mujer le pone la mano sobre el rostro y ambos se alejan hacia el lado de la escena. Ya no se ve más que el reflejo de la Luna y su Seguidora.

"Las Horas Negras han dejado de desfilar, las primeras Horas Blancas aparecen." Durante el fin de semana en Petrópolis, Audrey Parr y Cacique –así es como ella llamaba a Claudel– preparaban maquetas de decorados. Claudel sugería todos los colores de la vasta alfombra que debía cubrir las cuatro gradas y reunirlas al cubrir sus paredes; la forma de los personajes –Audrey las recortaba y las pintaba inmediatamente–; el tamaño de los escalones sobre los que debían estar los músicos. Esta idea me encantaba; imaginaba ya varios grupos independientes: en el tercer nivel, por una parte, un cuarteto vocal, por otra, el oboe, la trompeta, el arpa, el contrabajo. En el segundo, a cada lado, instrumentos de percusión. A un lado del primer nivel, el piccolo, la flauta, el clarinete, el clarinete bajo, y al otro lado, un cuarteto de cuerdas. Yo deseaba conservar una independencia completa, tanto melódica, tonal, como rítmica, para los diferentes grupos. Puse en práctica mis aspiraciones y sobre mi partitura, escrita para algunos instrumentos en cuatro tiempos, para otros en tres, para otros en seis-ocho, etc., a fin de facilitar su ejecución, marqué una barra de medida arbitraria cada cuatro tiempos, añadiendo acentos a fin de conservar el ritmo auténtico. La batería evocaba fielmente para mí los ruidos nocturnos de la selva; la utilicé sola pero discretamente, nunca durante más de treinta medidas, en la escena en que los elementos tientan al hombre dormido. La complejidad de esta partitura hacía su reducción al piano prácticamente imposible, pero Nininha no se desanimó y consiguió establecer una para cuatro manos; las notas se superponían, pero se podía seguir el hilo de la música. También hizo una reducción a cuatro manos de mi *Cuarto Cuarteto de cuerda*, que compuse en Brasil y más tarde, en París, una de mi *Quinto*.

[...]

Después de unas semanas en Río, Claudel tuvo que emprender un viaje de documentación en la zona de la frontera boliviana; yo le acompañé una vez más. El tren sólo partía de San Pablo tres veces por semana y atravesaba la selva durante cinco días consecutivos. Nos habíamos instalado delante de la locomotora, en un pequeño banco, que era lo ideal durante el calor. Delante de nosotros huían los monos, centenares de cotorras, innumerables grupos de mariposas, de un azul esmaltado, que volaban tan lentamente que veíamos la parte inferior de sus anchas alas, negras y aterciopeladas. En toda esta región, solamente los diez metros de terreno necesarios para la construcción del ferrocarril mostraban las huellas del trabajo humano. Atravesamos el gran río Tieté, tan notable por sus saltos bajos prodigiosamente extendidos, y el río Paraná, de dos kilómetros de ancho, bordeado por infinitas selvas. Teníamos la sensación, Claudel y yo, de que nada había cambiado en este país desde el primer capítulo del Génesis. Los indios vivían en la selva y no se dejaban ver en absoluto, excepto en las paradas del ferrocarril, donde se les veía a veces, vestidos como campesinos portugueses, con pantalones de tela y camisas, pero, exactamente igual que sus antepasados, tiran al arco con los pies. Al llegar al término de nuestro viaje, nos invitaron a visitar una granja modelo en la llanura, sólo era accesible a caballo. Aquel bello paseo sólo se vio alterado por rebaños de bueyes salvajes o *caracus* (una especie de búfalos cuyos cuernos se utilizan para hacer preciosos bastones) que galopaban a través del espacio, hacia un objetivo indeterminado.

Al final del invierno austral de 1918, en agosto, la gripe española hizo su aparición en Brasil; la epidemia alcanzó rápidamente la amplitud de una calamidad: 4600 personas morían cada día. Las autoridades estaban desbordadas. En los hospitales, retiraban a los muertos de las camas todavía calientes para acostar a los moribundos. Ya no quedaban ataúdes; se encontraban constantemente carros cargados de cadáveres que arrojaban en fosas comunes en el cementerio. La madre de Nininha murió; ella misma cayó gravemente enferma; no la vi hasta la víspera de mi partida; todavía estaba acostada, pálida, con el rostro demacrado; sentí que apenas había escapado de un peligro mortal.

Con el 11 de noviembre, la alegría sucedió a la tristeza; la muchedumbre se lanzó a las calles para festejar la paz al fin restablecida. Claudel se encargó de representar a Francia en una misión económica interaliada en Washington; me llevó consigo. De allí, teníamos que volver a Francia. Yo estaba feliz con la idea de regresar a París, de volver a ver a mis parientes y amigos, pero mi alegría se tintaba de una cierta nostalgia: amaba profundamente Brasil.

TRADUCTORES DEL bRASIL

NIJINSKY*

Paul Claudel

Washington, 27 de marzo de 1927
En *Positions et propositions*. Gallimard, París 1928, 6ª ed.

Río de Janeiro es la única gran ciudad que conozco que no ha conseguido echar fuera a la naturaleza. Aquí nos mezclamos con el mar, con la montaña, con la selva virgen que se precipita por todas partes hasta el fondo de nuestros jardines, enmaraña las casas con sus mangos y sus palmeras, acompaña con sus aguas claras las vías de la calzada, delega en las rejas podridas de las lavanderías africanas masas de buganvillas y de follajes especiados. Incluso los barrios bajos danzan y cabalgan todavía antes de llegar al océano en los *morros* que son los últimos movimientos de la montaña. Y desde todas las plazas, desde la terraza de los hoteles, desde la ventana de los salones, no hay más que levantar la nariz para ver todas las clases de cimas y de picos extraños envueltos en el oscuro manto de la *floresta*, Tijuca, Gavea, Campo dos Antes, Corcovado, y el Perfil de Luis XVI. Siempre tenemos a la espalda algo inmenso, negro, fresco y brillante, y de un salto, allí estamos.

Es allí, en el escenario de un teatro que a través de numerosos cascotes desdeñables para mí no se distinguía de una explanada de la selva, donde vi por primera y última vez a Nijinsky. Estábamos en el tercer año de la guerra, él mismo acababa de escapar de un campo de concentración y junto con los acentos agudos de la pequeña orquesta, que bajo la batuta de Ansermet se dirigía a través del telón a la tela del fondo, se mezclaban para mí en esta extraña ribera antártica al mismo tiempo el ruido del océano rompiendo en prodigiosas candelas sobre la escollera de Beira Mar y el siempre presente de los cañonazos lejanos. Yo era como alguien que va a entrar en el baile y que, al tirar el cigarro a un lado, todavía lanza una mirada al otro hacia un horizonte en el que se extiende, al fondo de los vapores venenosos, el incendio de una luna espantosa. La tormenta había arrojado entre Copacabana y el Pão de Açúcar el barco abigarrado de los Ballets Rusos y estaba invitado a recoger mi billete como antaño los emigrados que aplaudían a algún tránsfuga de la Opera Real en una escena azarosa de Coblenza o de Spa.

Nijinsky apareció.

Siempre me ha gustado poco el arte convencional del ballet tal como se practica, algunas veces con una perfección estúpida, en numerosos escenarios subvencionados, o por la siniestra Pavlova, así como tampoco las proezas de cantantes y violinistas. La belleza es algo que se encuentra raras veces cuando se la busca. Es natural que los falsos artistas, irritados contra el capricho y la divina gratuidad de la inspiración, intenten reemplazarla mediante la práctica supersticiosa de una receta y mediante el trabajo encarnizado al que la lengua socarrona de Janus asigna el título de *improbus*. Pero no se gana la corona de Francia partiendo piedras y el mérito nunca merecerá la gracia. Así pues, yo era uno de los que nunca han apreciado otra danza que la de Oriente, en la que los pies rara vez abandonan el suelo, y que es, o bien un discurso en el que la frase, partiendo del nudo central de los músculos y de las vísceras y dirigiéndose con el cuerpo que gira a todos los puntos de una circunferencia, se despliega a través de las articulaciones hasta los extremos de las falanges, la lenta exposición o la deflagración, por el contrario instantánea, de un movimiento completo, o bien la respuesta infatigable de la aparición a un verso cien veces recogido y repetido por la flauta y el tambor.

Nijinsky aportaba otra cosa, ¡al fin los pies han abandonado la tierra! Aportaba el salto, es decir, la victoria de la respiración sobre el peso. Así como el cantante o el actor no hacen más que ampliar mediante el movimiento de los brazos la ascensión del pecho elevado que se llena de aire, la inspiración del bailarín y ese impulso de nuestro deseo hacia la vida es suficientemente fuerte para desprenderlo del suelo, no es más que un trampolín que pisa triunfalmente bajo los pies. Es la posesión del cuerpo por el espíritu y el uso del animal por el alma, otra vez, y otra, y nuevamente, y una vez más, ¡lánzate, gran pájaro, al encuentro de una sublime derrota! Vuelve a caer, a la manera de un rey que desciende, y nuevamente se eleva como un águila y como una flecha lanzada por su propia ballesta. Por un segundo, el alma lleva al cuerpo, el vestido se ha convertido en llama y la materia se ha vuelto transporte y grito. Recorre la escena como el relámpago y, apenas se aleja, vuelve a nosotros como el rayo. Es la gran criatura humana en estado lírico, interviene como un dios en medio de nuestra jarana. Pinta nuestras pasiones sobre el lienzo de la eternidad, repite cada uno de nuestros movimientos más profanados, como lo hace Virgilio con nuestros vocablos y nuestras imágenes, y lo traspone en el mundo afortunado de la inteligencia, de la potencia y del éter. Incluso cuando, como en *Sherezade*, cuando el negro, que por un momento se repliega como un muelle, recorre o más bien mide, dibuja y crea, con las diez teclas eléctricas en el extremo de sus brazos que ya no son brazos, sino al mismo tiempo labios, una lengua ávida y el espíritu, un cuerpo ideal alrededor del cuerpo real que surge a medias de la bella mujer, este gesto, que podría ser lúbrico, adquiere una grandeza y una dignidad indecibles.

Y, aquel *Après-midi d'un Faune*, ¡ah, qué belleza, qué alegría, que tristeza angustiosa! Sucedía al mismo tiempo en Sicilia y en la terraza abandonada en medio de la selva virgen que conoce bien mi amigo Milhaud, y que recordáis, Hoppenot, cerca de una fuente desbordante bajo un muro de piedras verdes, y la luna fulgurante entre las hojas como los címbalos en todos los agujeros de la orquesta.

Una vez Nijinsky accedió a acudir conmigo a la Legación y pude verlo de cerca. Caminaba a la manera de los tigres, no era el transporte de un aplomo a otro de una carga inerte, sino la complicidad elástica con el peso, como la del ala con el aire, de todo ese aparato muscular y nervioso, de un cuerpo que no es un tronco o una estatua sino el órgano completo de la potencia y del movimiento. No había gesto tan pequeño, por ejemplo cuando volvía hacia nosotros la barbilla, cuando la pequeña cabeza giraba súbitamente sobre el largo cuello, que Nijinsky no realizara en la gloria, con una vivacidad al mismo tiempo feroz y suave y con una autoridad fulminante. Incluso en reposo, parecía danzar imperceptiblemente como esos coches sensibles que en otro tiempo se llamaban de los "ocho muelles". Había una penumbra verde en el comedor y la luz del mediodía entre el grito de las cigarras intermitentes nos llegaba oscurecida por los mangos, había una sombra verde sobre el mantel entre las compoteras y las bandejas de plata, un brillo esmeralda jugueteaba en la ensaladera de cristal entre los escarchados. Y Nijinsky nos hablaba del gran trabajo que había terminado durante los años de internamiento en Hungría, había encontrado el modo de escribir y de anotar la danza como se hace con la música. Es cierto. El libro existe y Madame Nijinska me dice que están traduciéndolo.

Y ahora sobre el rostro del divino bailarín hay un velo negro. Está en algún sitio en París y yo estoy en Los Angeles y Madame Nijinska, que está sentada a mi lado en el vestíbulo de este hotel, me enseña extraños dibujos. Son figuras humanas y el propio retrato del gran Silfo, dibujados por trayectorias que se entrecruzan. Al encuentro y en el centro de fuerzas circulares y de remolinos algebraicos se alza una cabeza hecha de una interferencia de líneas. Es como si el hombre estuviera hecho, miembros y rostros, de un nudo y de un foco de movimientos que el bailarín distribuye y recupera a su alrededor: función de un número, centro ebrio, realización de un alma en la descarga de una chispa.

Te saludo allí, Nijinsky, que Dios esté con tu alma oscurecida. En el umbral prohibido en el que las dos hermanas abrazadas, la admiración y la piedad, meditan y recuerdan, la plegaria todavía puede pasar.

---

* Decididamente, prefiero esta ortografía a causa de la Y, que parece un bailarín elevándose.

SÃO PAULO
BLAISE CENDRARS

Feuilles de route, Au Sans Pareil, París 1924

LA VILLE SE RÉVEILLE
Les premiers trams ouvriers passent
Un homme vend des journaux au milieu de la place
Il se démène dans les grandes feuilles de papier qui battent des ailes et exécute une espèce de ballet à lui tout seul tout en s'accompagnant de cris gutturaux…
STADO… ERCIO… EIO
Des klaxons lui répondent
Et les premières autos passent à toute vitesse

PAYSAGE
Le mur ripoliné de la PENSION MILANESE s'encadre dans ma fenêtre
Je vois une tranche de l'avenue São-João
Trams autos trams
Trams-trams trams trams
Des mulets jaunes attelés par trois tirent de toutes petites charrettes vides
Au dessus des poivriers de l'avenue se détache l'enseigne géante de la CASA TOKIO
Le soleil verse du vernis

SAINT-PAUL
J'adore cette ville
Saint-Paul est selon mon coeur
Ici nulle tradition
Aucun préjugé
Ni ancien ni moderne
Seuls comptent cet appétit furieux cette confiance absolue cet optimisme cette audace ce travail ce labeur cette spéculation qui font construire dix maisons par heure de tous styles ridicules grotesques beaux grands petits nord sud égyptien yankee cubiste
Sans autre préoccupation que de suivre les statistiques prévoir l'avenir le confort l'utilité la plus value et d'attirer une grosse immigration
Tous les pays
Tous les peuples
J'aime ça
Les deux trois vieilles maisons portugaises qui restent sont des faïences bleues.

LA CIUDAD SE DESPIERTA
Pasan los primeros tranvías obreros
Un hombre vende periódicos en medio de la plaza
Se debate entre las grandes hojas de papel que aletean y ejecuta una especie de ballet para él solo mientras se acompaña de gritos guturales…
STADO… ERCIO… EIO
Unos cláxons le responden
Y los primeros coches pasan a toda velocidad

PAISAJE

La pared repintada de la PENSIÓN MILANESA se encuadra en mi ventana

Veo un trozo de la avenida São-João

Tranvías coches tranvías

Tranvías-tranvías tranvías tranvías

Mulas amarillas aparejadas de tres en tres tiran de unas pequeñas carretas vacías

Por encima de los pimenteros de la avenida destaca el rótulo gigante de la

CASA TOKIO

El sol vierte barniz

SÃO PAULO

Adoro esta ciudad

São Paulo es según mi corazón

Aquí ninguna tradición

Ningún prejuicio

Ni antiguo ni moderno

Sólo cuentan este apetito furioso esta confianza absoluta este optimismo esta audacia este trabajo esta labor esta especulación que hacen construir diez casas por hora de todos los estilos ridículos grotescos bellos grandes pequeños norte sur egipcio yankee cubista

Sin más preocupación que seguir las estadísticas prever el porvenir el confort la utilidad la plusvalía y atraer una gran inmigración.

Todos los países

Todos los pueblos

Eso me gusta

Las dos tres viejas casas portuguesas que quedan son unas lozas azules.

CANDOMBLÉ Y MACUMBA

Benjamin Péret

En *Diário da Noite*, São Paulo 25-XI-1930

No será sin sorpresa que me verán tratar un asunto tan inesperado como el de las religiones africanas en Brasil. Las consideraré sobre todo desde el punto de vista poético, pues, al contrario de lo que ocurre con otras religiones más evolucionadas, de ellas se derrama una poesía primitiva y salvaje que, para mí, es casi una revelación.

Con el nombre de makumba (o macumba) se designa comúnmente en Río el conjunto de ritos de origen africano practicados en varios puntos del territorio brasileño, sobre todo en Bahía, Río de Janeiro y Minas Gerais. Bahía, que fue capital del país y centro del comercio de esclavos, es hoy una especie de Roma negra. Es allí donde se forman la mayoría de los jefes o jefas espirituales (*pais* y *mães de santo*), de los *babalaos*, los *babalás-orichas*,[1] como dicen los adeptos de la ley de Nagó. Tuve incluso la dirección, que perdí, del "instituto de fetichismo", por decirlo así, donde casi todos los sacerdotes negros recibirán la investidura, antes de dispersarse por los otros estados. La enseñanza, la catequesis, además de hacerse en esta escuela, en cierto modo oficial, también se hace por medio de

sacerdotes de todos los grados. La enseñanza es naturalmente oral, de manera que, completando cada uno la memoria con la imaginación, que en el dominio de la mística es notable, se llega a una inextricable maraña de creencias. Los "santos" varían en cada "ley". Mejor aún, quien entona ciertos cantos religiosos (*pontos*) de la "ley de Nagó" en *terreiros*[2] donde se sigue la "ley de Angola", se expone a la animosidad de los adeptos de esta "ley", pues existen "santos" venerados en el primero que son enemigos de los que se adoran en el segundo, como pude constatar en Río.

A este respecto, hay que decir desde ahora que el rigor aumenta en la medida que el negro sube en la escala social.

Pude examinar de cerca dos ritos: el del "Nagó" y el de "Angola". El primero era adoptado casi exclusivamente por negros puros pertenecientes a la clase trabajadora –exceptuando el secretario del Sr. Irineu Machado– mientras que en el segundo, se adherían muchos mulatos y negros de una escala social un poco más elevada.

La libertad de espíritu del *babalao* de la "ley de Nagó", "tio F...", como lo llaman sus fieles, es simplemente admirable, mientras que la "*mãe* M...", que oficiaba en el otro *terreiro*, consagrado a la "ley de Angola", es un personaje considerablemente solemne, concentrado, una especie de D. Sebastião Leme, sin interés. Fue justamente en una ceremonia que oficiaba esta última donde se dio el hecho referido anteriormente.

En las ceremonias presididas por "tio F...", en cambio, se entonaban cantos de todas las "leyes" y éste no dudaba incluso en salvar tanto a "los que tienen fe" como a "los que no tienen fe", dando así a todas la religiones un ejemplo de liberalismo del que éstas sacarían un gran provecho.

Tal vez tenga interés decir que los fieles tanto de un grupo como del otro se denominan, los de la "ley de Nagó", adeptos del candomblé, y los otros macumbeiros. Hace más de 30 años, el Dr. Nina Rodrigues consagró al candomblé un libro de notable documentación. Todos los testimonios que nos vienen de Bahía concuerdan con lo que dice respecto al candomblé. Sin embargo, ninguno de ellos menciona a la macumba, lo cual me llamó la atención, vista la semejanza de los dos ritos. Varios adeptos me afirmaron que el candomblé es la expresión más pura de la religión africana. La macumba sería el hijo natural, por decirlo así, del primero, de las creencias indígenas y de la simplificación progresiva del rito en el medio "blanco" donde éste se perpetúa.[3]

En una exposición detallada del candomblé el profesor Manoel Quirino,[4] disertando sobre las plantas sagradas empleadas en ciertas ceremonias, cita una planta afrodisíaca cuyo nombre varía según la región: *maconha*[5] en Alagoas, *macumba* en Bahía y *pango* en Río.

Considerando su importancia en el candomblé (ésta se emplea en las ceremonias de iniciación de los *filhos* y *filhas de santo*) y el hecho de estar prohibido su uso en Río desde 1830, ¿no sería lícito suponer que el *candomblé*, habiéndose conservado, hasta estos últimos años, como una ceremonia secreta cuya existencia era apenas conocida por un pequeño grupo de iniciados, mientras que el nombre de aquella planta se hacía forzosamente conocido por el gran público gracias a las medidas prohibitivas adoptadas por la policía, no sería lícito suponer, como digo, que el nombre de ésta finalmente haya acabado por substituir a aquél? Se podrá objetar a esto que el nombre carioca de la planta es *pango* y no *macumba*, mas no podemos ignorar que los *babalaos* y los *pais de santo*, los más famosos venidos todos de Bahía, traían consigo la designación bahiana que debe haber suplantado rápidamente a la de *pango*, y que tenía sobre ésta la ventaja de despistar a la policía.

En todo caso, esta hipótesis me parece muy probable.

La próxima vez comenzaré por la descripción minuciosa de algunas de las ceremonias a las que me fue permitido asistir.

1. *Babalao*: el que tiene la ciencia; *babalá-orichá: pai de santo; ial-orichá: mãe de santo* (jefes espirituales). (N. de los T.).
2. Lugar donde se hacen los rituales Nagó. (N. de los T.)
3. Esto, sin olvidar la influencia degradante del catolicismo que determinó la forma actual de la macumba y del candomblé.
4. "A raça africana e os seus costumes na Bahia", en *Annaes do 5º Congresso Brasileiro de Geographia*, publicado en 1917 por el Instituto Histórico de Bahía.
5. Marihuana. (N. de los T.)

PREFACIO

Claude Lévi-Strauss

En *Saudades de São Paulo*. Companhia das Letras, São Paulo 1996, p. 7-21

La palabra *saudade* sería intraducible, dicen los brasileños; y los japoneses dicen lo mismo de una palabra de su lengua, *aware*. Es curioso que esas palabras tengan algo en común: estaríamos tentados de dar a ambas un sentido próximo a *nostalgia*. Sin embargo, nos equivocaríamos, pues *nostalgia* existe en portugués y el japonés forjó un sinónimo tomado del inglés, *homesick*. Los sentidos no son pues los mismos.

De acuerdo con la etimología, *nostalgia* se refiere al pasado o a lo remoto, mientras que, me parece, *saudade* y *aware* traducen una experiencia actual. Sea por la percepción o por la rememoración, seres, cosas, lugares, son objeto de una toma de consciencia impregnada del sentimiento agudo de su fugacidad.

Si, en el título de un libro reciente, apliqué a Brasil (y a São Paulo) el término *saudade*, no fue como lamento por no estar más allí. De nada me serviría lamentar lo que después de tantos años no reencontraría. Antes evocaba aquel ahogo en el corazón que sentimos cuando, al recordar o volver a ciertos lugares, somos invadidos por la evidencia de que no hay nada en el mundo permanente ni estable donde podamos apoyarnos.

¿Cómo distinguir hoy lo que provenía, cuando llegué a Brasil, a los 27 años, de un ardor todavía juvenil o de las circunstancias tan nuevas en las que me vi inmerso? Mis colegas de la misión universitaria francesa y yo éramos, casi todos, simples profesores en institutos de provincias, cuyo deseo de evasión, cuyo gusto por la investigación había llamado la atención de Georges Dumas. Después de haber vivido en alojamientos muy modestos, nos instalábamos en grandes casas particulares con jardín donde nuestras esposas serían servidas por criadas (la primera en nuestra casa fue una mulata muy guapa que tuvimos que despedir porque en nuestra ausencia cogía los vestidos de mi mujer para ir a bailar en los clubes de carnaval; después, dos encantadoras hermanas portuguesas que no tenían, sumadas sus edades, cuarenta años, y a las que fue necesario contratar juntas, pues no se querían separar).

Aunque en São Paulo la altura liberara el clima del sofocante calor tropical, se podía vestir ropa más ligera que en Francia. No estábamos acostumbrados al lujo. Uno de ellos era que el sastre viniera a tomarnos las medidas y a hacer las pruebas en casa. El bajo precio de los productos alimenticios y de los servicios nos daba la sensación de haber escalado varios peldaños en la escala social. También profesionalmente, ya que éramos promovidos de la enseñanza secundaria a la enseñanza superior, teniendo como alumnos a hombres y mujeres jóvenes generalmente de nuestra edad y que a veces la superaban.

Todas estas novedades, a las que se añadían las de la lengua, las costumbres, los paisajes, la especies animales y vegetales, alimentaban una alegría que, creo, beneficiaba también nuestra enseñanza. Por mi parte, no creo haber cumplido jamás mis tareas profesionales con más entusiasmo que en una ciudad y en un país donde todo parecía estar por descubrir, a causa de nuestra ignorancia de la realidad brasileña, ciertamente, pero también porque las condiciones de la investigación aún eran, en cierta medida, tal como habían sido en la Europa del siglo XIX. Podía creerse, y además era verdad, que tantas cosas nuevas sólo esperaban, para salir a la luz, un observador dotado de un poco de imaginación y perspicacia.

Llegué por consiguiente a São Paulo preparado para encontrar bastante más que un nuevo marco de vida: una de aquellas experiencias en tiempo y en dimensiones reales generalmente vedadas a las ciencias humanas a causa de la lentitud con que se modifican los fenómenos y de la imposibilidad material y moral de actuar sobre ellos. Aquellos de entre mis ex alumnos que dirijan sus miradas sobre estas líneas recordarán tal vez la importancia que tenía la ciudad en mi enseñanza. A modo de trabajos prácticos, les proponía la calle donde vivían, el mercado o el cruce más cercano, sugiriéndoles observar y describir la repetición en el espacio de los tipos de vivienda, las categorías sociales y económicas, las actividades profesionales, etc. Tal vez algunos de esos trabajos aún existan.

En São Paulo, al interés de nuestras investigaciones se añadía el hecho de que la geografía local imponía coerciones de otro tipo. Pocas ciudades fueron construidas en un terreno tan accidentado, o, más exactamente, en un terreno que las obras públicas, en el momento en que me encontraba allí, no habían modificado aún substancialmente. En una mirada rápida, se advertía que la ciudad se extendía sobre las elevaciones y las laderas de una meseta excavada por varios cursos de agua. De donde resultaba un perfil inverso al de Río de Janeiro, y que explica que en esta última las casas más pobres se sitúen en las colinas más desfavorecidas por la falta de agua, mientras que en São Paulo se sitúan en los terrenos bajos, por la razón inversa de que los riachuelos crecidos por las lluvias constituyen allí un serio inconveniente. Las coerciones geográficas, así como las sociológicas, se combinaban, bien adicionando, bien oponiendo sus fuerzas para engendrar situaciones completas que nos dedicábamos a dilucidar.

Bajo este aspecto, las ciudades fundadas por la empresa británica encargada de abrir a la colonización el vecino estado del Paraná, nos ofrecían un contraejemplo particularmente instructivo. En intervalos regulares a lo largo de las vías del ferrocarril en construcción, espacios desprovistos de accidentes naturales se habían escogido porque permitían trazar un plano geométrico en el que las calles se cortaban en ángulo recto. La vía férrea avanzaba en dirección al oeste. Cada quince quilómetros, más o menos, una nueva ciudad nacía. El viajero atravesaba sucesivamente las estaciones Londrina, que en 1935 ya contaba con tres mil habitantes, después Rolândia, con sesenta, y Arapongas, más reciente, con uno sólo. El mismo mes en el que apareció en São Paulo *Saudades do Brasil*, me llegó en París una carta de la alcaldía de Londrina, atrasada varias semanas. En ella me informaban que en diciembre de 1994 se celebraría el sexagésimo aniversario de la fundación de la ciudad, y me invitaban a las ceremonias como uno de los más antiguos testigos, o casi. En 1935, me recordaban, yo me complacía en imaginar el futuro aspecto de la ciudad, seguro de que, aunque los planificadores se mostraran indiferentes al espacio, estructuras mentales inconscientes aprovecharon esa indiferencia para invadir el dominio vago y expresarse en él de forma simbólica o real, un poco como las preocupaciones inconscientes aprovechan el sueño para expresarse. La carta de Londrina me aseguraba que la ciudad se había desarrollado de la manera que yo había previsto y, posteriormente, contado en el capítulo XIII de *Tristes tropiques*. Pero lo que me gustaría subrayar aquí es que mis especulaciones no habrían sido posibles si el simple hecho de vivir en São Paulo, de recorrer la ciudad a pie en largos paseos, no me hubiera ejercitado en considerar el plano de una ciudad y todos sus aspectos concretos como un texto que, para comprenderlo, es necesario saber leer y analizar.

Pues, en aquella época, se podía deambular en São Paulo. No como en París o en Londres, ante tiendas de antigüedades. Si bien recuerdo, São Paulo poseía apenas una, que se llamaba, creo, Corte Leal. En vez de las cerámicas precolombinas y de los objetos indígenas que se esperaba ver, en el escaparate había solamente una vajilla beréber, además rota. Compré para mi casa de la calle Cincinato Braga cuatro o cinco muebles brasileños de final del siglo pasado, en jacarandá macizo, como se veían aún en algunas haciendas, y fuera de moda en la ciudad. Mas, justamente, no era necesario pedir a la ciudad otros objetos de contemplación y de reflexión que ella misma: inmenso desorden donde se mezclaban en una confusión aparente iglesias y edificios públicos de la época colonial, casuchas, edificios del siglo XIX y otros, contemporáneos, cuya raza más vigorosa tomaba progresivamente la delantera.

Para los extranjeros que residían en São Paulo, la carretera de Santos era entonces un trayecto familiar. En una época en que los aviones de largo recorrido para pasajeros no existían (apenas una pequeña línea aérea comenzaba a funcionar entre São Paulo y Río. Debo a ella mi bautismo en el aire) y en el que todos los viajes transatlánticos se hacían por vía marítima, se iba gustosamente a Santos para esperar la llegada o acompañar la partida de los colegas, parientes, amigos o viajeros importantes.

Un día, la misión universitaria francesa se trasladó en su totalidad para saludar a Georges Duhamel, célebre escritor elegido aquel mismo año para la Academia Francesa, a bordo de una nave que lo llevaba con su mujer a Buenos Aires. También en Santos, en vísperas de dejar definitivamente Brasil, encontré por primera vez a Alfred Métraux, que iba de Estados Unidos a Argentina. Mientras su barco (un paquebote mixto, como la mayor parte de los que hacían escala en Santos) cargaba o descargaba, paseábamos por playas salvajes y desiertas, probablemente inalteradas desde que en el siglo XVI los primeros navegantes desembarcaran allí. A corta distancia de Santos, inalterados desde la época imperial, pequeños puertos de pesca eran objeto de excursión: Guarujá, Praia Grande, donde, al atardecer, parejas de bueyes remolcaban en la playa las barcas de regreso, alianza imprevista del pescado y de las reses...

Suspendida en el flanco de la sierra del Mar, la carretera vertiginosa que se elevaba de la costa hasta la meseta ofrecía al viajero venido de Europa sus primeras imágenes de la selva tropical. Llegando a la cumbre, se contemplaba al lado del mar un prodigioso espectáculo: tierra y agua mezcladas como en la creación del mundo, inmersas en una bruma nacarada que mal encubría el verde intenso de los platanales. Para llegar a la ciudad, aún había que atravesar en la planicie extensiones ingratas donde el suelo, devastado por los cultivos de los cafetales que lo habían agotado, dejaba ver apenas los vestigios de los montículos que indicaban el lugar de cada planta. Restos de vida campesina subsistían, sin embargo, aquí y allí, entre modernas parcelas de tierra que formaban una red de mallas tanto más laxas cuanto más se alejaban del centro de la ciudad. Ese territorio y esa sociedad, enteramente de contrastes, eran para nosotros objeto de una apasionada curiosidad. En el seno de la misión francesa, Fernand Braudel, el historiador, Pierre Monbeig, el geógrafo, Jean Maugué, el filósofo, y yo, con nuestra mujeres (Magüé era el único soltero), formábamos un pequeño equipo muy cohesionado. No perdíamos ocasión de salir a los alrededores de São Paulo en pos de descubrimientos, ya fuera hacia el lado del mar, al fondo de barrancos atravesados por frágiles pasarelas, o hacia el norte de la ciudad, en áreas todavía plantadas de cafetales, para entregarnos a veleidades de investigaciones arqueológicas.

Cuando, en 1985, se entregó la espada a Fernand Braudel antes de su recepción solemne en la Academia Francesa, recordé en mi discurso que esa ceremonia ocurría casi exactamente, en el mismo día, cincuenta años después de nuestro primer encuentro en Brasil. Braudel no vive ya y nuestros compañeros de entonces, Monbeig y Maugué, también han desaparecido. Si vivieran aún, tengo la seguridad de que se unirían conmigo para decir, como Braudel lo había hecho en un discurso,[1] que Brasil fue la gran época de nuestras vidas.

Todas estas fotos se hicieron entre 1935 y 1937. Algunos carretes de negativos se deterioraron con el paso del tiempo y con las tribulaciones a que fueron expuestos mis archivos en circunstancias muchas veces arriesgadas.

1. "Discours de réception de M. Fernand Braudel à l'Académie Française et réponse de M. Maurice Druon". Arthaud, París 1986, p. 44, 91-2.

BRASIL, 1º DE ENERO, 1502

Elizabeth Bishop

En *Poemas do Brasil*. Companhia das Letras, São Paulo 1999
Ed. bilingüe de Paulo Henriques Britto;
trad. española de Daniel Samoilovich

BRAZIL, JANUARY 1, 1502

...embroidered nature... tapestried landscape.
-Landscape into Art, *by Sir Kenneth Clark*

Januaries, Nature greets our eyes
exactly as she must have greeted theirs:
every square inch filling in with foliage–
big leaves, little leaves, and giant leaves,
blue, blue-green, and olive,
with occasional lighter veins and edges,
or a satin underleaf turned over;
monster ferns

in silver-gray relief,
and flowers, too, like giant water lilies
up in the air–up, rather, in the leaves–
purple, yellow, two yellows, pink,
rust red and greenish white;
solid but airy; fresh as if just finished
and taken off the frame.

A blue-white sky, a simple web,
backing for feathery detail:
brief arcs, a pale-green broken wheel,
a few palms, swarthy, squat, but delicate;
and perching there in profile, beaks agape,
the big symbolic birds keep quiet,
each showing only half his puffed and padded,
pure-colored or spotted breast.
Still in the foreground there is Sin:
five sooty dragons near some massy rocks.
The rocks are worked with lichens, gray moonbursts
splattered and overlapping,
threatened from underneath by moss
in lovely hell-green flames,
attacked above
by scaling-ladder vines, oblique and neat,
"one leaf yes and one leaf no" (in Portuguese).
The lizards scarcely breathe; all eyes
are on the smaller, female one, back-to,
her wicked tail straight up and over,
red as a red-hot wire.

Just so the Christians, hard as nails,
tiny as nails, and glinting,
in creaking armor, came and found it all,
not unfamiliar:
no lovers' walks, no bowers,
no cherries to be picked, no lute music,
but corresponding, nevertheless,
to an old dream of wealth and luxury
already out of style when they left home–
wealth, plus a brand-new pleasure.
Directly after Mass, humming perhaps
"L'Homme armé" or some such tune,
they ripped away into the hanging fabric,
each out to catch an Indian for himself–
those maddening little women who kept calling,
calling to each other (or had the birds wakep up?)
and retreating, always retreating, behind it.

BRASIL, 1º DE ENERO, 1502

...naturaleza bordada... paisaje de tapiz
Sir Kenneth Clark
Landscape into Art

En enero, la Naturaleza recibe nuestros ojos
como debe haber recibido los de ellos:
cada centímetro cuadrado lleno de follaje;
hojas grandes, hojitas, hojas gigantes,
azul, verde-azul y oliva,
con ocasionales nervaduras y bordes más claros,
o el satinado reverso de una hoja dada vuelta;
helechos monstruosos
con relieves gris plateado,
y flores, también, como nenúfares gigantes
subiendo por el aire –o más bien, por las hojas–,
púrpura, amarillo, dos amarillos, rosa,
rojo óxido y blanco verdoso;
sólidas pero aéreas, frescas como recién terminadas
y apenas sacadas del bastidor.

Un cielo blanco-azul, sencilla urdimbre
que hace de fondo a los minúsculos detalles:
arcos breves, una rueda quebrada, verde-pálida,
unas pocas palmeras, morenas, retaconas pero delicadas;
y allí posados, de perfil, con los picos abiertos
los grandes pájaros simbólicos permanecen callados,
mostrando sólo la mitad de sus pechos acolchados y plumosos,
lisos o moteados.
Pero en primer plano hay Pecado:
cinco dragones tiznados cerca de unas grandes rocas.
Las rocas están ornadas con líquenes, cenicientas
explosiones lunares salpicadas y superpuestas,
amenazadas desde abajo por el musgo
dispuesto en encantadoras llamas verde-infierno,
atacadas desde arriba
por enredaderas trepadoras, oblicuas y perfectas,
en portugués "una hoja sí y otra no".
Los lagartos apenas respiran; todos los ojos
fijos en el más pequeño, una hembra, de espaldas,
su cola perversa recta y levantada,
roja como un alambre al rojo.

Fue así que los cristianos, duros como clavos,
pequeños como clavos, y centelleando
en chirriantes armaduras, llegaron y encontraron que todo esto
les era en cierto modo familiar:
ni paseos de enamorados, ni glorietas,
ni cerezas listas para ser arrancadas, ni laúdes,

y sin embargo sí el correlato de un sueño
antiguo de riqueza y de lujo,
ya fuera de moda cuando se fueron de casa;
riqueza, más un placer de nuevo cuño.
Enseguida de la misa, quizá tarareando
"L'homme armé" o un tema semejante,
desgarraron el tapiz,
cada uno a la caza de una india;
aquellas exasperantes mujercitas que siguieron gritando
llamándose entre sí (¿o eran los pájaros que se despertaban?),
replégandose, siempre replegándose, hacia el interior de la tela.

HOMENAJE A GIUSEPPE UNGARETTI, 24 FEBRERO 1958

MURILO MENDES

En Ungaretti, G.: *Il Taccuino del Vecchio*. Arnoldo Mondadori Editore
Milán 1960, p. 94-97

Querido Ungaretti,
la donación a la Galleria Nazionale d'Arte Moderna de su retrato, obra de Flávio de Carvalho, pintor, diseñador y uno de los más brillantes investigadores con los que cuenta ahora Brasil, representa una nueva etapa en el glorioso ciclo de este su setenta cumpleaños. Y en esta afectuosa reunión no podemos dejar de pasar revista a algunos de los motivos que le ligan a Brasil: motivos no artificialmente creados o poetizados, sino reales y auténticos.

Le he oído contar que desde los primeros momentos de su permanencia en nuestro país, usted ha amado al Brasil; lo ha amado por esa grandeza propia de sus escenarios naturales, por su capitalidad, por el sentido de futuro y de vigor que el país posee. Usted no se ha limitado a querer conocer nuestras grandes ciudades: ha querido viajar por el interior y entrar en contacto con la gente del pueblo y con sus rudas costumbres. Se ha interesado por nuestra música, tanto la popular como la erudita; ha investigado los cantos de nuestros indios, ha escuchado, maravillado y conmovido, los Chôros y las Bachianas de Villa-Lobos, las sinfonías y los cuartetos de Camargo Guarnieri. Y ha estudiado y aprendido la lengua portuguesa, hasta el punto de poder leer en su original los textos de nuestros escritores y poetas. Sus amigos han sido algunos de nuestros más ilustres hombres de letras, como Mário de Andrade, Jorge de Lima, Manuel Bandeira y ese polémico e irreverente Oswald de Andrade que usted, en su comentario al poema "Semantica", ha querido llamar "hombre agudo". Ha conocido de cerca a pintores como Portinari y Flávio de Carvalho, y a críticos como Sergio Buarque de Holanda o Paulo Emílio Salles Gomes. Buen conocedor de la poesía brasileña, también ha querido darla a conocer en Italia traduciendo autorizadamente numerosas páginas desde la era colonial hasta nuestros días; y sabemos que a esto ha dedicado también una interesante transmisión radiofónica.

Hace tan sólo unos días usted me hablaba con afecto de los hombres y de las cosas brasileñas. Y aludía a la importancia de nuestra literatura moderna, a la necesidad, por ejemplo, de traducir al italiano un libro como *Calunga* de Jorge de Lima; y esto fue un pretexto entre nosotros para que usted pudiera evocar en mí la figura de ese gran poeta y hombre maravilloso.

Por esto y por muchas otras razones que yo podría seguir enumerando, está bien claro que los motivos de orden afectivo que le unen al Brasil no pueden ser clasificados en un mero plano de intercambios culturales artificialmente creados, sino que dichos motivos se sitúan en ese plano de espontaneidad y de comprensión que son propios de su generosa naturaleza y en virtud de las cuales tan rápidamente ha podido usted adaptarse a la atmósfera del país en el que tuvo que vivir durante algunos años de su vida.

Y yo no puedo dejar de aprovechar esta ocasión para recordar que Ungaretti ha dejado en el Brasil huellas bien visibles de su paso; y de ello, por otro lado, es también un claro signo esta donación a Roma de su retrato, obra de Flávio de Carvalho. La Universidad de São Paulo mantiene vivo el recuerdo de Giuseppe Ungaretti como el de un profesor *sui generis*, uno de esos que han abandonado cualquier forma de pedantería para seguir tan sólo sus intuiciones y esa línea de inspiración y de fantasía que son propias de los poetas. A través de usted, muchos de nosotros hemos aprendido a conocer una Italia distinta de la que creíamos conocer; una Italia más viva, duramente probada por la realidad política y social, una Italia que no sólo nos ha dado con Petrarca los módulos de la canción y del soneto, sino de la que nos llega también la lección de una literatura amarga, inspirada por la historia y por la vida; una Italia que nos ha enseñado a poner nuestros ojos, sobre todo, en la tierra y en sus problemas.

Es muy significativo que después de tantos años de su marcha del Brasil, la Universidad de São Paulo le haya concedido el doctorado *ad honorem*, como para perpetuar una tradición que no se ha interrumpido con el regreso a su patria.

En su obra, querido Ungaretti, encontramos algunas páginas inspiradas directamente en el Brasil, como los tres poemas de *Il tempo è muto*, donde se funden ingeniosamente los paisajes de São Paulo y de Roma, o como "Semantica", al que ya he aludido, jocosa variación sobre los nombres de nuestras plantas; o como su célebre "Monologhetto" inspirado por el *frevo* carnavalesco de Recife, aquella danza en donde se realiza la fusión de lo individual y de lo colectivo, exigiendo de todo danzarín una continua recreación, una improvisación en todo momento. En este poema, el mismo que ha provocado una extensa exégesis por parte de Piero Bigongiari, usted ha querido introducir como documento, en lengua original, el canto del *frevo*:

Ironia, ironia,
Era sò o que dizia.

Esto sucedía en febrero, en ese mes de febrero en el que usted nació, mes de trampas y de sorpresas

Porque estoy, en febrero, a los acontecimientos
más que en los otros meses vigilante.

No es ésta la sede para indagar qué influencia puede haber tenido su obra en algunos de nuestros más notables poetas modernos. Y en otros casos, si no probar la influencia, se podrá hablar, ciertamente, de encuentros y de afinidades. Afinidades y encuentros con su lírica, por lo que tan sólo quiero citar los nombres de Manuel Bandeira, Oswald de Andrade, Dante Milano. Y el título de un libro tan importante como el *Sentimento do Mundo* de Carlos Drummond de Andrade, ¿acaso no nos trae de inmediato a la memoria su *Sentimento del Tempo*?

Querido Ungaretti, antes de terminar quiero recordar rápidamente, no para los italianos que nos honran con su presencia, sino para aquellos brasileños que lo puedan ignorar, aunque sea bien sabido, y precisamente por ello más digno todavía de ser recordado, que el rasgo más característico de su obra es el de ser, antes que italiana o europea, una obra universal y humana.

Uno de sus más agudos comentaristas, Luciano Anceschi, nos ha mostrado la importancia histórica de su obra, que aportó un nuevo espíritu a la poesía italiana después del experimento del crepuscularismo. Dice Anceschi que usted "ha vivido del modo más abierto y profundo el problema de la palabra poética italiana"; y en usted encuentra un motivo para afirmar que la palabra poética "es palabra subjetiva y universal", llevada a una "tensión extrema que la colma de la presencia de su significado". Aún más, según Anceschi, "el esfuerzo de reencontrar la tradición lírica italiana encuentra en la palabra ungarettiana una amplitud de miras que resume toda una experiencia italiana y europea, la renueva con una violencia lírica extraordinaria, y la vincula a los grandes ejemplos; su poesía –dice– propone al hombre nuevas razones de vida".

Y de esta humanidad de su lírica es también testimonio Alfredo Gargiulo cuando escribe: "Del carácter abierto de algunos cantos de Ungaretti se podría decir que nos eleva a una altura insólita, con la sensación de poder seguir respirando normalmente."

Querido Ungaretti, en su afirmación del predominio de los valores humanos sobre la técnica, sin lo cual sería destruido el orden natural del universo, tenemos la clave de la correspondencia existente entre su obra y la constante nota humanística de la moderna poesía brasileña. Que el hombre y su deseo de progresar en la perfección tengan la última palabra, lo afirma usted mismo en el prólogo de su libro *L'Allegria* cuando escribe: "El autor no alberga otra ambición, y cree que tampoco los grandes poetas tuvieran otras, sino la de dejar una hermosa biografía suya. Sus palabras representan, pues, sus tormentos formales, pero quisiera se reconociese de una vez por todas que la forma le atormenta sólo porque la exige adherente a las variaciones de su ánimo y, si algún progreso ha hecho como artista, quisiera que indicase también alguna perfección alcanzada como hombre".

Todos sus amigos y sus admiradores están de acuerdo en el hecho de que, ciertamente, el hombre Ungaretti está a la altura del poeta Ungaretti; la perfección formal de su obra encuentra una adecuada correspondencia, querido amigo, en su viva humanidad.

AMARGO ACORDE

GIUSEPPE UNGARETTI

Oppure in un meriggio d'un ottobre
Dagli armoniosi colli
In mezzo a dense discendenti nuvole
I cavalli dei Dioscuri,
Alle cui zampe estatico
S'era fermato un bimbo,
Sopra i flutti spiccavano

(Per un amaro accordo dei ricordi
Verso ombre di banani
E di giganti erranti
Tartarughe entro blocchi
D'enormi acque impassibili:
Sotto altro ordine d'astri
Tra insoliti gabbiani)

Volo sino alla piana dove il bimbo
Frugando nella sabbia,
Dalla luce dei fulmini infiammata
La trasparenza delle care dita
Bagnate dalla pioggia contro vento,
Ghermiva tutti e quattro gli elementi.

Ma la morte è incolore e senza sensi
E, ignara d'ogni legge, come sempre,
Già lo sfiorava
Coi denti impudichi.

***

O bien en un mediodía de octubre
Desde las armoniosas colinas
En medio de densas nubes descendentes
Los caballos de los Dioscuros,
A cuyos pies estático
Se había detenido un niño,
Sobre las olas alzaban

(Por un amargo acorde de los recuerdos
Hacia sombras de bananos
Y de tortugas gigantes
Errantes dentro de bloques
De enormes aguas impasibles:
Bajo otro orden de astros
Entre insólitas gaviotas)

El vuelo hasta la llanura donde el niño,
Escarbando en la arena,
Por la luz de los rayos inflamada
La transparencia de sus queridos dedos
Bañados por la lluvia contra el viento,
Apresaba los cuatro elementos.

Pero la muerte es incolora y sin sentidos
Y, como siempre, ajena a toda ley,
Ya lo rozaba
Con sus dientes impúdicos.

DOS TESTIMONIOS SOBRE JOÃO CABRAL

ANTONI TÀPIES

JOAN BROSSA

En *Cadernos de Literatura Brasileira. João Cabral de Melo Neto*
Instituto Moreira Salles, São Paulo 1996, p. 15-16

En *Cadernos de Literatura Brasileira. João Cabral de Melo Neto*
Instituto Moreira Salles, São Paulo 1996, p. 16-17

Conocí a João Cabral a finales de los años cuarenta, en una época en que estaba formándome como artista, y ese contacto tuvo una gran importancia para mí. Iba con frecuencia a su apartamento para charlar. Hablábamos mucho sobre cuestiones estéticas. En aquel momento, lo que estaba más de moda y despertaba más interés entre los pintores y los escritores eran las tendencias de izquierda, influenciadas por el comunismo ruso.

El problema es que existía un dogmatismo excesivo en torno a cierto arte comprometido entre aquellos intelectuales que hacían oposición al franquismo. Fue Cabral quien, por primera vez, me alertó sobre el hecho de que ese dogmatismo no era muy correcto, que era posible preocuparse de los problemas sociales sin caer en el mal gusto del realismo socialista.

Cabral veía el arte de una manera muy ecléctica y proponía una especie de cóctel de estéticas diversas. Lo que decía —una idea que en la época me influyó bastante— era que cada artista debería seguir su propio estilo, pero siempre incluyendo algún tipo de indicación en sus obras que permitiese identificar una preocupación y una crítica sociales. El surrealista debería continuar siendo surrealista, pero con un enfoque social. Lo mismo valía para el cubista.

El catálogo de una de mis primeras exposiciones en Barcelona fue escrito por Cabral. Era un texto muy interesante y revelador de su sensibilidad para la pintura. Yo y otros artistas del grupo Dau al Set expusimos en la sede del Instituto Francés. Cabral abordaba mi trabajo de manera formalista y hacía un análisis de mi manera de componer los cuadros. Según él, yo no tenía respeto por los límites de la tela; mis formas acababan en el margen de la tela, como si hubiesen sido afectadas por un cataclismo. Eso es verdad e inclusive forma parte de mi temperamento.

El problema de Cabral era encuadrar la pintura abstracta. Estaba contra ese tipo de arte porque no permitía ningún tipo de referencia crítica a los problemas sociales. Después de que dejé Barcelona y fui a París, reflexioné más sobre ese tema y concluí que, si quisiese ser radical en aquel momento, no tendría que hacer un realismo disfrazado de moderno, que era lo que muchos artistas hacían: naturalezas muertas o paisajes con aspectos cubistas, que les daban un aire de modernidad. Pensé que el arte abstracto era el camino y que teníamos que investigar la realidad de una manera más profunda.

¿Qué es lo primero que se me ocurre cuando pienso en João Cabral? Recuerdo nuestras conversaciones sobre poesía. Iba yo a su apartamento en la calle Muntaner después de comer o al final de la tarde, muchas veces con el pintor Joan Ponç, y me quedaba observando cómo trabajaba en su prensa. Era una pequeña Minerva que usaba para imprimir cosas suyas y de sus amigos. Cabral pasaba horas allí trabajando, componiendo los textos cuidadosamente.

Cuando se cansaba y paraba, aprovechábamos para tomar café y charlar. Era un café brasileño, muy fuerte, que a mí no me gustaba mucho. Cabral tomaba su café con aspirinas, porque esa mezcla era el único remedio que encontraba para un terrible dolor de cabeza que lo perturbaba constantemente.

Siempre hablábamos sobre poesía, la nuestra y la de los demás. Nunca leíamos poemas. Cambiábamos impresiones, discutíamos de estética o comentábamos el trabajo de algún poeta. A Cabral le gustaban mucho dos franceses, Paul Valéry y Jacques Prévert. Le agradaba también Federico García Lorca. Cuando se fue, me envió de París un libro de Nazim Hikmet, un poeta turco muy popular que tenía una obra muy comprometida socialmente.

Cabral siempre decía que la poesía y el arte deberían tener algún compromiso, pero que eso no debería ofuscar la personalidad del artista. En aquella época estaba de moda el realismo socialista. Él no estaba de acuerdo con los preceptos de ese realismo, en la medida en que inhibían la fuerza individual. Para Cabral, la fuerza individual, aquello que es del artista, no podría ser oprimido por ninguna ideología.

Su idea era que la poesía tendría que indicar un camino de crítica social, pero sin someterse jamás a ninguna teoría. Era algo muy inteligente, algo que, en aquel momento, final de los años cuarenta, comienzo de los cincuenta, no era discutido por los artista de Barcelona. Vivíamos muy limitados durante el franquismo y él abrió nuevas perspectivas para nosotros con sus ideas. Cabral vivía su época y nosotros no.

Conocí la poesía de Cabral en aquel tiempo. Me autorizó a traducir tres poemas, si no me equivoco del libro *O engenheiro*, que fueron publicados en la revista *Dau al Set*. No puedo decir, sin embargo, que su poesía haya influido en mí. Nuestros trabajos son bastante diferentes. La poesía de Cabral es racional, cerebral, tiene versos cortos y agudos. La mía tiene muchas imágenes y es más sensitiva. La influencia de Cabral vino de otra parte, de la manera de expresar la preocupación social en el arte. Hasta hoy sigo algunas de sus sugerencias y he incorporado el elemento crítico en mi trabajo.

Debo a Cabral también mi primer libro publicado. Una tarde que estábamos hablando en su apartamento, me preguntó si tenía alguna cosa acabada que me gustaría publicar. Dije que sí. Había terminado *Sonets de Caruixa*, un libro largo, con 41 poemas. Me dijo que le gustaría imprimirlo, pero que yo tendría que hacer una selección. Escogí siete. Fue la primera cosa mía que vi en letra impresa. Y era un trabajo de excelente calidad. Cabral era un impresor con mucho talento.

ARQUITECTURA

LA ARQUITECTURA Y LA ESTÉTICA DE LAS CIUDADES

RINO LEVI

En *O Estado de São Paulo*, São Paulo 15-X-1925

Es digno de admiración el movimiento que se manifiesta hoy en las artes y principalmente en la arquitectura. Todo hace creer que una nueva era va a surgir, si no está ya encauzada.

La arquitectura, como arte madre, es la que más se resiente de las influencias modernas, debido a los nuevos materiales, a la disposición del artista, a los grandes progresos conseguidos en estos últimos años en la técnica de la construcción y, sobre todo, al nuevo espíritu que reina en contraposición al neoclasicismo, frío e insípido. Por tanto, practicidad y economía, arquitectura de volúmenes, líneas simples, pocos elementos decorativos, pero sinceros y muy destacados, nada de enmascarar la estructura del edificio para conseguir efectos que la mayoría de las veces son desproporcionados, y que constituyen siempre algo falso y artificial.

Se siente todavía la influencia del clasicismo que, por otro lado, hoy, se estudia mejor: buscando sentir e interpretar su espíritu evitando la imitación, ya bastante explotada, de sus elementos.

Las viejas formas y los viejos sistemas ya tuvieron su época. Es preciso que el artista cree algo nuevo y que consiga una mayor fusión entre aquello que es la estructura y aquello que es la decoración. Para conseguir esto el artista debe ser también técnico; una única mente inventiva y nunca más el trabajo combinado del artista que proyecta y del técnico que ejecuta.

No hay arte donde no hay artista, pero el joven, en los años en que se forma y adquiere una personalidad, debe entrar en contacto con las necesidades modernas para que se eduque en el espíritu de su tiempo y pueda constituir un alma sensible y acorde con el gusto de sus contemporáneos.

Toda obra de arte debe estar ambientada, esto es, debe ser vista bajo una determinada luz, bajo una determinada visión, y debe estar en armonía con los objetos que la rodean. Un monumento concebido para una pequeña plaza y con una orientación prefijada, pierde mucho de su efecto si no es colocado en el punto en el cual lo veía el artista en su pensamiento cuando lo proyectaba. Establecida esta idea es evidente que las construcciones, que con mal sistema se proyectan hoy sin preocupación alguna por su orientación y adaptación al lugar, constituyen una ofensa a la estética de las ciudades.

La estética de las ciudades es un nuevo estudio necesario para el arquitecto y a él está estrictamente conectado el estudio del transporte y todos los demás problemas urbanos.

Una calle que nace debe ser estudiada en el plano regulador de la ciudad y debe ser planeada de modo que corresponda a todas las necesidades técnicas y estéticas sin, al mismo tiempo, perjudicar las bellezas que eventualmente existan en los alrededores.

Por ejemplo, si es posible dar a una calle, como fondo, un monumento, una cúpula o simplemente un jardín, ¿por qué no hacerlo si la estética de la calle ganaría con esta visión y si el monumento, la cúpula o el jardín ganarán a su vez?

Las calles paralelas y perpendiculares, tal y como son proyectadas casi siempre hoy en día en las ciudades nuevas, la mayor parte de las veces resultan monótonas y no siempre corresponden a las necesidades prácticas. Sobre este asunto no se puede establecer una teoría. Se discute mucho, principalmente en Francia y en Alemania, pero hasta hoy la idea predominante es la de la necesidad de examinar y resolver caso por caso.

En Alemania, a estos estudios les fue dado el nombre de "política de la ciudad"; en Francia algunos de los arquitectos más valientes se dedican completamente a esta nueva rama del "arte de la ciudad"; en la nueva Escuela Superior de Arquitectura de Roma hay una cátedra de Construcción dirigida por el notable arquitecto Marcello Piacentini, una de las autoridades más competentes de Italia en esta materia.

Este es un problema que le interesa mucho al Brasil, donde las ciudades están en pleno desarrollo y por tanto merece la máxima consideración.

Es preciso estudiar qué se hizo y qué se está haciendo en el exterior y resolver nuestros casos sobre la estética de la ciudad con alma brasileña. Por nuestro clima, por nuestra naturaleza y costumbres, nuestras ciudades deben tener un carácter diferente de las de Europa.

Creo que nuestra floreciente vegetación y todas nuestras inigualables bellezas naturales, pueden y deben sugerir a nuestros artistas algo original, que dé a nuestras ciudades una suerte de vivacidad y de colores única en el mundo.

ACERCA DE LA ARQUITECTURA MODERNA

GREGORI WARCHAVCHIK

En *Correio da manhã*, Río de Janeiro 1-XI-1925

Nuestra comprensión de la belleza, nuestras exigencias en cuanto a la misma, forman parte de la ideología humana y evolucionan incesantemente con ella, lo que hace que cada época tenga su lógica de la belleza. Así, por ejemplo, para el hombre moderno, nada acostumbrado a las formas y líneas de los objetos pertenecientes a las épocas pasadas, éstos le parecen obsoletos y a veces ridículos.

Observando las máquinas de nuestro tiempo, automóviles, vapores, locomotoras, etc., encontramos en ellas, a la par de la racionalidad de construcción, una belleza de formas y líneas. Es cierto que el progreso es tan rápido que los modelos de estas máquinas, creadas anteayer, ya nos parecen imperfectos y feos. Esas máquinas son construidas por ingenieros, los cuales, al concebirlas, se guían tan sólo por el principio de economía y comodidad, sin soñar jamás en imitar cualquier prototipo. Esta es la razón por la que nuestras máquinas modernas tienen el verdadero cuño de nuestro tiempo.

El asunto es muy diferente cuando examinamos las máquinas para habitar –edificios–. Una casa es, a fin de cuentas, una máquina cuyo perfeccionamiento técnico permite, por ejemplo, una distribución racional de luz, calor, agua fría y caliente, etc. La construcción de esos edificios es concebida por ingenieros, teniéndose en cuenta el material de construcción de nuestra época, el cemento armado. La estructura misma de cualquier edificio podría ser un monumento característico de la arquitectura moderna, como lo son también puentes de cemento armado y otros trabajos, puramente constructivos, del mismo material. Y esos edificios, una vez acabados, serían realmente monumentos de arte de nuestra época, si el trabajo del ingeniero constructor no se sustituyese en seguida por el arquitecto decorador. Es ahí donde, en nombre del ARTE, comienza a ser sacrificado el arte. El arquitecto, educado en el espíritu de las tradiciones clásicas, sin comprender que el edificio es un organismo constructivo cuya fachada es la cara, impone una fachada postiza, imitación de algún viejo estilo, y llega muchas veces a sacrificar nuestras comodidades por una belleza ilusoria. Una bella concepción del ingeniero, un innovador balcón de cemento armado, sin columnas o ménsulas que lo soporten, enseguida es disfrazado por medio de frágiles ménsulas postizas aseguradas con hilos de alambre, que aumentan inútil y estúpidamente tanto el peso como el coste de la construcción.

Del mismo modo, cariátides suspendidas, numerosa decoración no constructiva, así como también abundancia de cornisas que atraviesan el edificio, son cosas que se observan a cada paso en la construcción de casas en las ciudades modernas. Es una imitación ciega de la técnica de la arquitectura clásica, con la diferencia de que lo que era tan sólo una necesidad constructiva queda ahora como un detalle inútil y absurdo. Las ménsulas servían antiguamente de vigas para los balcones, las columnas y cariátides soportaban realmente los salientes de piedra. Las cornisas servían de medio estético preferido por la arquitectura clásica para que el edificio, construido enteramente de piedra tallada, pudiese parecer más ligero, en virtud de proporciones encontradas entre las líneas horizontales. Todo esto era lógico y bello, pero no lo es ahora.

El arquitecto moderno debe estudiar la arquitectura clásica para desarrollar su sentimiento estético y para que sus composiciones reflejen el sentimiento de equilibrio y medida, sentimientos propios de la naturaleza humana. Estudiando la arquitectura clásica, podrá éste observar en qué medida los arquitectos de épocas antiguas, a pesar de tener libertad de pensamiento, sabían corresponder a las exigencias de su tiempo. Jamás ninguno de ellos pensó en crear un estilo, eran tan sólo esclavos del espíritu de su tiempo. Fue así como se crearon espontáneamente los estilos de arquitectura conocidos, no solamente por monumentos conservados –edificios–, sino también por objetos de uso cotidiano coleccionados por los museos. Y es digno de observar que esos objetos de uso familiar son del mismo estilo que las casas donde se encuentran, habiendo entre sí perfecta armonía: un coche ceremonial tiene las mismas decoraciones que la casa de su dueña.

¿Encontrarán nuestros hijos la misma armonía entre los últimos modelos de automóviles y aviones, por un lado, y la arquitectura de nuestras casas, por otro? No, y esa armonía no podrá existir mientras el hombre moderno continúe sentándose en salones estilo Luis tal, o en comedores estilo Renacimiento, y no deje de lado los viejos métodos de decoración de las construcciones. ¡Vean las clásicas pilastras, con capiteles y jarrones, extendidas hasta el último piso de un rascacielos, en una calle estrecha de nuestras ciudades! ¡Es una monstruosidad estética! La mirada no puede abarcar de un solo golpe de vista la enorme pilastra, se ve la base pero no se puede ver el capitel. Ejemplos similares no faltan.

El hombre, en un medio de estilos anticuados, debe sentirse como en un baile de disfraces. Una banda de jazz con bailes modernos en un salón estilo Luis XV, un teléfono inalámbrico en un salón estilo Renacimiento, es tan absurdo como si los fabricantes de automóviles, en busca de nuevas formas para las máquinas, resolviesen adoptar la forma del coche de los papas del siglo XIV.

Para que nuestra arquitectura tenga su cuño original, como la tienen nuestras máquinas, el arquitecto moderno tiene que dejar no sólo de copiar los viejos estilos, sino también de pensar en el estilo. El carácter de nuestra arquitectura, como el de otras artes, no puede ser propiamente un estilo para nosotros, los contemporáneos, pero sí para las generaciones que nos sucederán. Nuestra arquitectura debe ser tan sólo racional, debe basarse tan sólo en la lógica y esta lógica tenemos que oponerla a los que están buscando por fuerza imitar algún estilo en la construcción. Es muy probable que este punto de vista encuentre una oposición encarnizada por parte de los adeptos a la rutina. Pero también los primeros arquitectos del estilo Renacimiento, así como los trabajadores desconocidos que crearon el estilo gótico, los cuales no buscaban nada sino el elemento lógico, tuvieron que sufrir una crítica despiadada de sus contemporáneos. Eso no impidió que sus obras constituyesen monumentos que ilustran ahora los álbumes de la historia del arte.

A nuestros industriales, propulsores del progreso técnico, incumbe el papel de los Médici en la época del Renacimiento y de los Luises de Francia. El principio de la gran industria, la uniformidad de puertas y ventanas, en vez de perjudicar la arquitectura moderna, sólo podrán ayudar al arquitecto a crear lo que, en un futuro, se llamará el estilo de nuestro tiempo. El arquitecto se verá obligado a pensar con mayor intensidad, su actuación no quedará presa por la decoración de ventanas y puertas, la búsqueda de proporciones, etc. Las partes uniformes del edificio son como tonos de música con los cuales un compositor construye un edificio musical. Construir una casa lo más cómoda y barata posible, esto es lo que debe preocupar al arquitecto constructor de nuestra época de pequeño capitalismo, donde el aspecto económico predomina sobre todos los demás. La belleza de la fachada tiene que resultar de la racionalidad del plano de la disposición interior, como la forma de la máquina viene determinada por el mecanismo que es su alma.

El arquitecto moderno debe amar su época, con todas las grandes manifestaciones del espíritu humano, como el arte del pintor moderno o del poeta moderno tiene que conocer la vida de todas las capas de la sociedad.

Tomando como base el material de construcción de que disponemos, estudiándolo y conociéndolo como los viejos maestros conocían su piedra; sin el recelo de exhibirlo en su mejor aspecto desde el punto de vista de la estética; haciendo reflejar en sus obras las ideas de nuestro tiempo, nuestra lógica, el arquitecto moderno sabrá comunicar a la arquitectura un sello original, un sello nuestro, el cual será tal vez tan diferente del clásico como éste lo es del gótico. Abajo las ornamentaciones absurdas y viva la construcción lógica: he aquí la divisa que tiene que adoptar el arquitecto moderno.

COROLARIO BRASILEÑO

Le Corbusier

En *Forma*, n. 7-8, Río de Janeiro 1931, p. 20-22
(Traducción española de Johanna Givanel. Ed. Poseidón, Barcelona 1978)

Desde el avión, dibujé para Río de Janeiro una inmensa autopista (225), enlazando a media altura los dedos de los promontorios abiertos sobre el mar, de manera que se pudiese llegar, rápidamente, a la ciudad, por la autopista, desde los *hinterlands* elevados de las mesetas salubres.

Un brazo de esta autopista puede llegar hasta el Pão de Açúcar; enseguida se desarrolla en una curva ancha, majestuosa, elegante, por encima de la bahía Vermelha, de la bahía de Botafogo; toca la colina donde se detiene la playa de Gloria, domina, al fondo, aquel lugar fascinante, roza el promontorio de Santa Teresa y allá, en el centro de la ciudad activa, se abre, inclinando un brazo hacia el golfo y el puerto mercante y termina sobre el tejado de los rascacielos de la ciudad comercial. El otro brazo se dirige, por encima de esta extensión de la ciudad, que se hunde en el estuario de las tierras y podría proseguir a lo lejos su curso, en dirección a la carretera que sube hacia São Paulo. Si se creyese conveniente, nada impediría que, desde el tejado de los rascacielos de la ciudad comercial, la autopista continuase por encima del golfo, por una pasarela ancha, pero ligera, y terminaría en las colinas de Niteroi, frente a Río.

De su origen hacia la bahía Vermelha, se dirigiría, dominando un lugar famoso, hasta llegar a las playas del océano, en Copacabana.

Ustedes me oyen decir: "…por encima de la bahía"; "un lugar fascinante"; "…termina sobre el tejado de los rascacielos"; "…pasar por encima de la ciudad". Quizá piensen: "pero, ¿qué quiere decir esto?"

Helo aquí: la autopista majestuosa puede estar a cien metros por encima del suelo de la ciudad, o más aún; de este modo, ataca en lo vivo a los promontorios que toca. Se alza a esta altura, no por arcos, sino por cubos de construcciones para hombres, para multitud de hombres. Y si se desea, esta autopista, con sus inmensos cubos de viviendas, puede *no molestar a nadie* en la ciudad.

Pues no hay nada tan fácil como alzar, sin gran molestia, pilotes de cemento armado montándolos por encima de los tejados de los barrios existentes. Pero entonces, cuando se habrán escapado de los tejados, los pilotes empezarán a reunirse con los macizos de construcción, en forma de inmensos arcos planos de puentes. Así, por ejemplo, a partir de treinta metros, solamente, empiezan los cubos de viviendas, de treinta a cien metros, o sea, *diez pisos dobles* "de inmuebles-villas".

Digo: "de inmuebles-villas". Pues hemos de pensar en la calidad, en el valor del suelo conquistado al aire, en el espacio de la ciudad: enfrente, el mar, el golfo, las más bellas bahías del mundo, el océano, ese espectáculo magnífico que tanto nos conmueve, con su movimiento de navíos, su fabulosa luz, su alegría; detrás, las colinas que se elevan llenas de arboledas deliciosas, las cimas de siluetas encantadoras. ¿Unos inmuebles-villas? Son unos apartamentos con servicios comunes, con jardines colgantes, paneles de cristal; todo esto en el aire, muy alto. Es casi el nido de un pájaro planeador. La "calle en el aire" a cada piso; ascensores; se sube, se llega al garaje, bajo la autopista; la rampa de salida parte hacia el lado, les sube con su coche hasta el mismo borde de la autopista. Allá, a cien por hora, como una flecha, hacia los despachos, hacia la ciudad, hacia el interior del campo, de los bosques, de las altiplanicies.

Ya pueden imaginarse que en lugares apropiados están las torres de los montacargas, de los elevadores, parecidos a los de los grandes garajes, que bajan su coche "hasta la ciudad", abajo, sobre el suelo habitual y la calle corriente, o bien que, de ahí, lo suben hacia la autopista.

Desde alta mar, he podido ver en mi espíritu el ancho cinturón de las magníficas construcciones, con el coronamiento horizontal de la autopista, golpeando de monte en monte y tendiendo la mano de una a otra bahía. El avión se siente casi celoso; tales libertades le parece que sólo le están reservadas a él. La franja de construcciones está sobre la "columnata", hundiéndose entre los tejados de la ciudad. Cuando llegué a Río, hace dos meses y medio, pensé: "¡Urbanizar aquí es lo mismo que llenar el tonel de las Danaides!" Todo sería absorbido por este paisaje violento y sublime. El hombre no tiene más que inclinarse y explotar los hoteles de turismo. ¿Río? ¡Una ciudad de recreo! Y en Buenos Aires, frente a la aridez total, la ausencia de todo, esa nada que hacía un agujero de un espacio inmenso que sólo podía tropezar, según parecía, en la cordillera de los Andes; esto, pensaba yo, está hecho para suscitar el trabajo del hombre, para sublimar sus concepciones, para exaltar su valor, para provocar actos creadores, para despertar su orgullo, para hacer nacer el civismo. Sobre esta nada, ¡intentar levantar la ciudad del siglo veinte! ¡Y tanto peor para Río!

Pero, en el mar, frente a Río, he vuelto a coger mi cuaderno de dibujo; he dibujado los montes y, entre los montes, la futura autopista y el gran cinturón arquitectural que la soporta; y vuestros picos, vuestro Pão de Açúcar, vuestro Corcovado, vuestro Gávea y vuestro Gigante Tendido, quedaban exaltados por esta impecable horizontal. Los barcos que pasaban, magníficos inmuebles móviles de los tiempos modernos, encontraban allá, suspendidos en el espacio encima de la ciudad, una respuesta, un eco, una réplica. Todo el lugar entero se ponía a hablar, sobre el agua, en la tierra y en el aire; hablaba de arquitectura. Este discurso era un poema de geometría humana y de inmensa fantasía natural. El ojo veía algo, dos cosas: la naturaleza y el producto del trabajo del hombre. La ciudad se anunciaba por una línea, la cual, ella sola, es capaz de cantar con el capricho vehemente de los montes: la horizontal (226).

Señoras y señores, este año, mi vagabundear atento en Moscú, con las estepas, en la Pampa y en Buenos Aires, en la selva virgen y en Río, me ha enraizado fuertemente en la tierra de la arquitectura. La arquitectura obra por construcción espiritual. Es la movilidad propia al espíritu que conduce a los lejanos horizontes de las grandes soluciones. Cuando las soluciones son grandes y la naturaleza viene a unirse alegremente a ellas, más todavía: cuando la naturaleza viene a integrarse en ellas, es que, entonces, se está próximo a la *unidad*. Y yo creo que la unidad es esa etapa a donde lleva el trabajo incesante y penetrante del espíritu.

Dentro de algunos meses, un nuevo viaje me llevará a Manhattan, en los Estados Unidos. Temo afrontar el campo de duro trabajo, las tierras de la selección con la violencia de los negocios, los lugares alucinantes de la producción a ultranza. Con treinta grados bajo cero en Moscú, se caldean cosas de un dramático interés; los Estados Unidos son un hércules cuyo corazón, según me temo, es tímido y vacilante, todavía. Nosotros somos, los de París, unos abstractores de quintaesencia, unos creadores de motores de carreras, unos poseídos del equilibrio puro. En América del Sur, sois un país viejo y joven; sois unos pueblos jóvenes y vuestras razas son viejas. Vuestro destino es de obrar, ahora ¿Obraréis bajo el signo despóticamente oscuro del *hard-labour*? No, yo os deseo: obraréis como latinos que saben ordenar, estatuir, apreciar, mesurar, juzgar y sonreír.

RAZONES DE LA NUEVA ARQUITECTURA

Lúcio Costa

En *Revista da Diretoria de Engenharia da PDF*. Río de Janeiro
enero 1936 p. 3-9
(Traducción española de Alonso Cueto, en *Revista semestral de crítica
arquitectónica*, n. 3, Barcelona 1999)

En la evolución de la arquitectura, es decir, en las transformaciones sucesivas por las que ha pasado la sociedad, los períodos de transición se han hecho notar por la incapacidad de los contemporáneos para juzgar la magnitud y el alcance de la nueva realidad, cuya marcha pretenden, sistemáticamente, detener. La situación es entonces invariablemente la misma: gastadas las energías que mantenían el equilibrio anterior, rota la unidad, sucede una fase imprecisa y más o menos larga, hasta que bajo la actuación de fuerzas convergentes la cohesión perdida se restituye y un nuevo equilibrio se establece. En esta fase de adaptación, la luz ofusca y ciega a los contemporáneos, produciéndose tumulto, incomprensión y demolición sumaria de todo lo que precedió; negación intransigente de lo poco que va surgiendo; iconoclastas e iconólatras entran en pugna. Mas, a pesar del ambiente confuso, el nuevo ritmo va poco a poco marcando y acentuando su compás y el viejo espíritu, transfigurado, descubre en la misma naturaleza y en las verdades de siempre encanto imprevisto, sabor desconocido, resultando de ahí nuevas formas de expresión. Un horizonte nuevo surge entonces, claro, en la jornada sin fin.

Estamos viviendo precisamente uno de esos períodos de transición cuya importancia, sin embargo, sobrepasa, por las posibilidades de orden social que encierra, la de todos aquellos que lo precedieron. Se realizan las transformaciones de una manera tan profunda y radical que la propia aventura humanista del Renacimiento, a pesar de su extraordinario alcance, tal vez venga a parecer en la posteridad, ante ellas, un simple juego pueril de intelectuales refinados. La ceguera es, sin embargo, tan completa aún y los argumentos a "favor" y en "contra" forman una maraña tan caprichosa que, para muchos, parecería impo-

sible que surja, de tantas fuerzas contrarias, un resultado apreciable; otros juzgan simplemente que ha llegado –pues no pierde la línea del pesimismo– el año mil de la arquitectura. Las construcciones actuales reflejan fielmente, en su gran mayoría, esa completa falta de rumbo, de raíces. Dejemos, por ahora, de lado esa seudo arquitectura, cuyo único interés es documentar objetivamente el increíble grado de imbecilidad al que hemos llegado, porque al lado de ella existe, ya perfectamente constituida en sus elementos fundamentales, en forma coherente, toda una nueva técnica constructiva, paradójicamente todavía a la espera de la sociedad a la cual lógicamente debería pertenecer. No se trata, por cierto, de ninguna anticipación milagrosa. Desde fines del siglo XVIII y durante todo el siglo pasado, las experiencias y conquistas en los dos terrenos se vienen sumando paralelamente, sólo que la natural reacción de los formidables intereses adquiridos obstaculizó en cierto modo la marcha uniforme de esa evolución común. De ahí ese malestar, ese desacuerdo, esa falta de sincronización que, por momentos, se observa y hace recordar los primeros intentos del cine sonoro cuando el sonido seguía, atrasado, al movimiento de la boca.

Aun cuando sea perfectamente posible –como lo prueban tantos ejemplos– adaptar la nueva arquitectura a las condiciones actuales de la sociedad, no es con todo sin dificultad que ella se sujeta a esa falsificación mezquina.

Esta curiosa desarticulación muestra a los espíritus menos prevenidos cuán próximos en verdad ya nos hallamos, socialmente, de una nueva *mise ou point*, porque nuestro "pequeño drama" social, ese inmenso "puzzle" que se fue armando pacientemente pieza a pieza durante todo el siglo pasado y en este comienzo de siglo continúa armándose con menos paciencia, no permitiéndonos las piezas que todavía faltan ni la seguridad de afirmar si se trata de un ángel sin alas, como quieren unos, o como creen otros –igualmente convencidos– de un demonio imberbe.

Flota en efecto, en los reductos del arte, como en los demás, una gran preocupación. Los gruñidos del lobo se han hecho oír con desoladora insistencia haciendo correr a propósito rumores contradictorios, alarmantes. La atmósfera es de aprehensiones, como si el fin del mundo se acercase, cada cual apresurándose a gozar de los últimos instantes de evasión: escribiendo las últimas hojas, pintando las últimas telas o esculpiendo fragmentos de emoción desinteresada, antes de la opresión del rebaño, que se anuncia con la humillación de una zambullida aséptica.

En momentos como este, de poco sirve el hablar a la razón, no sólo porque ninguna atención se le prestará a quien no grite, sino porque el que solamente escucha, se arriesga mucho a ser abucheado.

Nadie se entiende: unos, impresionantemente proletarios, insisten en restringir el arte a los contornos sintetizadores de los avisos de propaganda, negando interés a todo lo que no tenga olor a pueblo; otros, eminentemente estetas, pretenden conservarlo en actitud equívoca y displicente, entre nubes aromáticas de incienso.

Entre tanto, la verdad, como siempre, no se avergüenza: además de la bendición de la sonrisa blanca, todos tienen su lugar en el regazo opulento de una buena ama negra. Pongamos, pues, los puntos sobre las íes. El arte es libre; libres son los artistas; su receptividad es, sin embargo, tan grande como la propia libertad; apenas estalla distante un petardo del festín, e inmediatamente se estremecen atónitos de emoción.

Esta doble verdad esclarece muchas cosas. Así, cada vez que una gran idea despierta a un pueblo o, mejor aún, a parte de la humanidad –o incluso, a la humanidad entera–, los artistas, independientes de cualquier coacción, casi de manera inconsciente, y precisamente porque son artistas, captan esa vibración colectiva y la condensan en aquello que convencionalmente llamamos obra de arte, sea ésta de la especie que fuera. Son antenas, no siendo siempre las mejores, las de los que disponen de mejor técnica. No hay que temer por la tranquilidad de las generaciones futuras. Las "revoluciones" con sus desatinos son apenas el medio de vencer la cuesta, llevándonos de un plano ya árido a otro, aún fértil, exactamente como la escalera que nos interesa, cuando, cansados, llegamos al piso, donde están el cuarto y la cama. Pese a que el hecho de subir, de dos en dos, pueda constituir para aquellos espíritus inquietos y turbulentos, que evocan para sí la pintoresca calidad de "revolucionarios de nacimiento", el mayor, quizás incluso, el único placer; a nosotros, espíritus normales, a los que el rumoroso saber de la aventura no satisface, nos interesa, exclusivamente, como medio para otro equilibrio, conforme a la nueva realidad que, ineluctablemente, se impone.

Conseguida la necesaria estabilidad, estará cumplida su única misión: vencer la cuesta. Puestos de lado los pertrechos rojos de la escalada, la nueva idea ya entonces suficientemente difundida es el propio aire que se respira, y en el gozo consciente de la nueva alegría conquistada al unísono comienza en coro la verdadera ascensión: movimiento legítimo, de dentro hacia afuera y no en forma inversa como tontamente se sospecha. En esos raros momentos felices, llenos de plenitud, la obra de arte adquiere un rumbo preciso y unánime: arquitectura, escultura, pintura, forman un solo cuerpo cohesionado, un organismo vivo de imposible desintegración. Continuando, sin embargo, la subida, la tensión comulgadora se debilita, los espíritus y los cuerpos poco a poco se relajan, hasta que el aire enrarecido ya no es suficiente, forzando así, al recurso extremo de los balones de oxígeno de la vida interior donde todo, exasperadamente, se consume. Entonces, pintura y escultura se desintegran del conjunto arquitectónico: de las vigorosas afirmaciones murales, llenas de aliento, la pintura poco a poco se aísla en las indagaciones sutiles de la tela; de la masa confiada y anónima de los bajorrelieves, la figura gradualmente se aleja hasta que se suelta, libre de cualquier amparo, lista para los requiebros y desvaríos del drama.

Así ha sido y lo seguirá siendo, mientras no alcancemos –si es que lo alcanzamos– un grado de evolución que nos permita una ascensión normal y continua, sustituyendo (para desesperación de los buenos quijotes) los penosos peldaños de la "escalera" por el ascensor.

Desde los tiempos primitivos, viene la sociedad sufriendo modificaciones sucesivas y periódicas, en una permanente adaptación de las reglas de su juego a las nuevas circunstancias y condiciones de vida. Esa serie de reajustes, todos esos arreglos sociales, más o menos vistosos, tuvieron sin embargo la marca de un trazo común: esfuerzo muscular y trabajo manual. Esta constante en que se basó toda la economía hasta el siglo pasado, también limitó las posibilidades de la arquitectura, atribuyéndose, por fuerza del hábito, a los procesos de construcción hasta entonces necesariamente empleados, cualidades permanentes y todo un formulario –verdadero dogma– al cual la tradición otorgó foros de eternidad. Es, entre tanto, fácil discernir, en el análisis de los innumerables y admirables ejemplos que nos dejaron, dos partes independientes: una permanente y más allá de cualquier consideración de orden técnico; otra, motivada por imposiciones de esta última, junto con las del medio social y físico.

En cuanto a la primera, la nueva arquitectura se relaciona indisolublemente con las que ya pasaron, mientras que la segunda no tiene ningún contacto con ellas,

puesto que variaron completamente las razones que le daban sentido, y el propio factor físico –último vínculo que todavía persistía con aires de irreductible– hoy la técnica del acondicionamiento del aire neutraliza y, en un futuro cercano, anulará por completo.

Desde los tiempos más remotos hasta el siglo XIX, el arte de construir, por más diversos que pudieran haber sido sus procesos, aun pasando de las formas más rudimentarias a las más refinadas, se sirvió invariablemente de los mismos elementos, repitiendo con regularidad de péndulo los mismos gestos: el cantero que labra la piedra, el alfarero que moldea su ladrillo, el albañil que, uno a uno, convenientemente los va alineando. Así, las corporaciones y las familias transmitían –de padres a hijos– los secretos y las minucias de la técnica, siempre circunscrita a las posibilidades del material empleado y a la habilidad manual del artífice, por más agudo que pudiera haber sido el ingenio.

La máquina, junto con la gran industria, logró sin embargo perturbar la cadencia de ese ritmo inmemorial, haciendo posible al comienzo, y luego imponiendo sin rodeos, el ensanchamiento del círculo ficticio en el que –como buenos pavos, llenos de dignidad– todavía hoy nos juzgamos prisioneros. Así, la crisis de la arquitectura contemporánea –como la que se observa en otros terrenos– es el efecto de una causa común: el advenimiento de la máquina. Es, pues, natural que, resultando de premisas tan diversas, ella sea diferente, en cuanto al sentido y a la forma, de todas aquellas que la precedieron, lo que no le impide guiarse, en lo que ellas tienen de permanente, por los mismos principios y por las mismas leyes. Las clasificaciones apresuradas y estáticas que pretenden ver en esa metamorfosis, naturalmente difícil, un irremediable conflicto entre el pasado y el futuro, están destituidas de cualquier significación real. Si bien no es fácil, para los espíritus menos avezados, aprehender en la arquitectura el verdadero sentido de esa transformación de la que no podremos huir, la evolución de los medios de transporte impelida por la misma causa, muestra toda su significación, de manera clara y sin sofismas, en los resultados sorprendentes a que llegó, aunque ya nada de eso nos espante, por estar tan familiarizados con esa forma trivial de milagro.

Conviene, también, insistir en ello, no por el hecho en sí, cuya importancia es evidentemente relativa, sino por el extraordinario alcance humano que encierra. Desde el día memorable en que el hombre consiguió dominar a la primera bestia, hasta el día, igualmente memorable, en que consiguió transportarse con la simple ayuda del propio ingenio, aunque la arquitectura de los carros y barcos variase, pasando de lo más tosco e incómodo a lo más elegante y confortable, se conservó subordinada al argumento de las posibilidades limitadas –aunque convincentes– del látigo y a los favores inciertos de la brisa. Luego, en menos de cien años de trabajo, la máquina nos llevó desde las primeras tentativas, aún presas de la idea secular del animal y de la vela, a los especímenes actuales ya completamente libres de cualquier nostalgia y a los cuales nuestra vista rápidamente se habitúa e identifica, aunque sea de buen tono en estos asuntos cierta actitud de afectada displicencia.

Nuestro interés –como arquitectos– por la lección de los medios de transporte, por la terca insistencia con que volvemos a ese ejemplo, es debido a que se trata de creaciones, donde la nueva técnica, encarando de frente el problema, y sin compromiso de ninguna especie, deja su palabra desconocida, desempeñando esa tarea con sencillez, claridad, elegancia y economía.

La arquitectura tendrá que pasar por la misma prueba. Ella nos lleva, es verdad, más allá –es preciso no confundir– de la simple belleza que resulta de un problema técnicamente resuelto; ésta es, sin embargo la base en que se tiene que afirmar invariablemente como punto de partida.

De todas las artes es, sin embargo, la arquitectura, en razón del sentido eminentemente utilitario y social que tiene, la única que, aun en aquellos períodos de debilitamiento, no se puede permitir –sino de forma muy particular– impulsos *individualistas*. La personalidad en tal materia, si no es propiamente un defecto, deja en todo caso de ser una recomendación. Llenadas las exigencias de orden social, técnico y plástico a las que necesariamente se tiene que ceñir, las oportunidades de evasión se presentan bastante restringidas, y si en determinadas épocas, ciertos arquitectos de genio se revelan a los contemporáneos, desconcertantemente originales (Brunellesco en el comienzo del siglo XV, actualmente Le Corbusier), esto apenas significa que en ellos se concentran en determinado instante, cristalizándose de manera clara y definitiva en sus obras, las posibilidades, hasta entonces sin rumbo, de una nueva arquitectura. De ahí no se concluye que, teniendo apenas talento, se pueda repetir la hazaña: la tarea de éstos, como la nuestra –que no tenemos ni uno ni otro– se limita a adaptarla a las imposiciones de una realidad que siempre se transforma, respetando sin embargo el camino que la visión de los precursores reveló.

Aún existe, en la actualidad, un completo desacuerdo entre el arte, en sentido académico, y la técnica: causa pena la tenacidad, la dedicación y la intransigente buena fe con que tantos arquitectos, jóvenes y viejos, se empeñan a ciegas por adaptar, en un imposible equilibrio, la arquitectura que les fue enseñada a las necesidades de la vida de hoy y a las posibilidades de los actuales procesos constructivos; y llegan incluso a conmover el cuidado, la prudencia púdica, los prodigios del ingenio empleados para preservar el triste contacto con la realidad, la supuesta reputación de la doncella arquitectura. Un verdadero reducto de guerreros apasionados y poco temerosos se formó en torno a la ciudadela sagrada y, penachos al viento, pretende defender, contra la saña bárbara de la nueva técnica, la pureza sin mácula de la Diosa inalcanzable.

Todo este augusto alarido resulta, no obstante, de un equivoco inicial: aquello que los señores académicos –ilusionados por la propia fe– pretenden conservar como la Diosa en persona, no pasa de una sombra, un simulacro; nada tiene que ver con el original del cual es apenas el remedo en cera. Ella todavía posee aquello que los señores académicos ya perdieron, y continúa su conmovedora y eterna aventura. Más tarde, enternecidos, los buenos Doctores pasarán una esponja al pasado y aceptarán, como legítima heredera, ésa que ya es hoy una chica bien experta, de cara lavada y finas piernas.

Es pueril el recelo de una *tecnocracia*; no se trata del monstruo causante de tantos insomnios en cabezas ilustres, sino de un animal perfectamente domesticable, destinado a transformarse en el más inofensivo de los animales caseros. Especialmente en lo que se refiere a nuestro país, donde todo todavía está prácticamente por hacer y tantas cosas por deshacer y todo lo hacemos más o menos de oído, empíricamente: derrotar y expulsar la técnica con el recelo de una futura y problemática hipertrofia, nos parece, en verdad, pecar por exceso de celo. Que venga y se extienda despertando con su aspereza y vibración esta nuestra manera desencantada y lerda, ya que la mayoría –a pesar del aire pensativo que tiene– no piensa realmente en nada.

Sea como fuere, no siendo ella un fin, sino, simplemente, un medio de alcanzarlo, no le cabe la culpa a ella sino a quienes la han usado, si los beneficios obtenidos por acaso, no siempre han correspondido a los perjuicios causados. Y, en este particular, el ejemplo de Estados Unidos es típico, donde en un respetuoso tributo al Arte, las estructuras más puras de este mundo son religiosamente recubiertas, de arriba a abajo, de todos los detritos del pasado.

Mientras los ingenieros americanos elevan a una altura antes nunca alcanzada las impresionantes afirmaciones metálicas de la nueva técnica, los arquitectos americanos, vistiendo las mismas ropas, usando los mismos cabellos, sonrisas y sombreros, aunque disgustados con el pasado poco monumental que les legaron sus antepasados y sin comprender el instante excepcional que estamos viviendo, se embarcan tranquilamente a Europa, donde se abastecen de las más falsas e increíbles estilizaciones modernas, de los más variados y extraños documentos arqueológicos, para pegarlos con el mejor cemento a las estructuras impasibles, confiriéndoles así un deseado porcentaje de "dignidad".

Entre tanto, los "viejos" europeos, hartos de una herencia que los oprime, caminan hacia adelante, haciendo vida nueva a su propia costa, aprovechando las posibilidades del material y de la prodigiosa técnica que los "jóvenes" americanos no supieron utilizar.

Así, con veinte siglos de intervalo, la historia se repite. Los romanos, admirables ingenieros, sirviéndose de albañilería y concreto, levantaron, gracias a los arcos y bóvedas, estructuras sorprendentes, y sin percibir que a dos pasos estaba la arquitectura, apelaron a la Grecia decadente. Revistieron la sana desnudez de sus monumentos con una costra de columnas y platabandas de mármol y travertino, vestigios de un sistema constructivo opuesto. Y fueron precisamente los griegos, en Bizancio –Santa Sofía–, quienes aprovecharon la nueva técnica, sacando todo el partido de su extraordinaria belleza.

Sin embargo, existen otras curiosas afinidades entre esos dos pueblos tan distantes en el tiempo: el valor de emprender, el arte de organizar y la ciencia de administrar; la variedad de las razas, la opulencia de los centros cívicos, los estadios y cierta ferocidad deportiva; el pragmatismo, el mecenazgo, el gusto por la popularidad, el propio estilo de los senadores y hasta la manía de las recepciones triunfales, todo los aproxima. Todo lo que el romano tocaba, luego tomaba aires romanos y casi todos los que atraviesan el continente salen sellados EUA.

La nueva técnica reclama la revisión de los valores plásticos, tradicionales. Lo que la caracteriza y en cierto modo dirige la transformación radical de todos los antiguos procesos de construcción, es la osamenta independiente.

En todas las arquitecturas pasadas, las paredes –de arriba abajo del edificio cada vez más espesas, hasta derramarse sólidamente ancladas al suelo– desempeñaron una función capital; formaban la propia estructura, el verdadero soporte de toda la construcción. Un milagro vino, sin embargo, a libertarlas de esa carga secular. La revolución, impuesta por la nueva técnica, confirió otra jerarquía a los elementos de construcción, destituyendo las paredes del pesado encargo que les fuera siempre atribuido, encargo que –dígase en bien de la verdad– supieron desempeñar satisfactoriamente con extrema "dedicación". Aunque esa destitución pueda representar –bajo un punto de vista estrictamente "moral"– un rebajamiento, se torna necesario, entre tanto, convenir que en edad tan avanzada y en la contingencia de necesitar resistir a esfuerzos siempre mayores, mantenerlas en el cargo seria exponerse a sorpresas desagradables, de consecuencias imprevisibles. La nueva función que les fue confiada –de simple ocultamiento– ofrece, sin los mismos riesgos y preocupaciones, otras comodidades.

Toda la responsabilidad fue transferida en el nuevo sistema a una osamenta independiente, pudiendo ser tanto de concreto armado como metálica. Así, aquello que fue, invariablemente, una espesa muralla durante varias decenas de siglos, pudo en algunas decenas de años, gracias a la nueva técnica, transformarse (al ser convenientemente orientada: en nuestro caso, hacia el sur) en una simple lámina de cristal. Ciertas personas se muestran alarmadas cuando se habla de vidrio, como si aquellos compartimentos necesarios en diferentes circunstancias, a ciertas actitudes igualmente indispensables y variadas, debieran también ser de vidrio; podrán continuar cerrados, o apenas translúcidos; no hay de qué recelar, pues la "dignidad" será mantenida.

Paredes y soportes representan hoy, por lo tanto, cosas diversas: dos funciones nítidas, inconfundibles. Diferentes en cuanto al material que las constituye, en cuanto a la espesura, en cuanto a los fines, todo indica y recomienda vida independiente, sin ninguna preocupación de añoranza y falsa superposición. Fabricadas con materiales ligeros, a prueba de sonido y de variaciones de temperatura, libres del encargo rígido de sostener, se deslizan al lado de las impasibles columnas, se detienen a cualquier distancia, ondulan acompañando el movimiento normal del tráfico interno, permitiendo otro rendimiento al volumen construido, concentrando el espacio donde se torne necesario, reduciéndolo a lo mínimo en aquellos lugares donde se presente superfluo.

Es este el secreto de toda nueva arquitectura. Bien comprendido lo que significa esa independencia, tenemos la clave que permite alcanzar, en todas sus particularidades, las intenciones del arquitecto moderno; por cuanto fue ella el trampolín que, de un raciocinio a otro, lo llevó a las soluciones actuales, y no apenas en lo que se relaciona a la libertad de planta, sino también en lo que respecta a la fachada, ahora denominada "libre", queriendo decirse con esa expresión la ninguna dependencia o relación de ella con la estructura. En efecto, los balances impuestos por el aprovechamiento racional del armazón de los pisos tuvieron como consecuencia inmediata el traslado de las columnatas, que siempre se perfilaron, muy solemnes, del lado de afuera –hacia el interior del edificio–, dejando así a las fachadas (simple ocultamiento) absoluta libertad de tratamiento: del cierre total a paneles de vidrio; y como, por otro lado, los ángulos aparentes del edificio ya no tienen la responsabilidad de anclaje, lo que motivó, tradicionalmente, la creación de esquinas reforzadas, los vanos libres de cualquier impedimento pueden terminar en lo alto de esas paredes protectoras –hecho éste de gran significación, por cuanto la belleza en arquitectura, satisfechas las proporciones del conjunto, y las relaciones entre las partes y el todo, se concentra en esto que constituye propiamente la expresión del edificio: el juego de espacios llenos y vacíos–.

Aunque este contraste, del que depende, en gran parte la, vida de la composición, haya constituido una de las preocupaciones capitales de toda arquitectura, se tuvo siempre que pautar, en la práctica, por los límites impuestos por la seguridad, que así, indirectamente, condicionaba los patrones usuales de belleza a las posibilidades del sistema constructivo.

La nueva técnica, entre tanto, confirió a ese juego una imprevista elasticidad, permitiendo a la arquitectura una intensidad de expresión hasta entonces ignorada: la línea melódica de ventanas corridas, la cadencia uniforme de pequeños vanos aislados, la densidad de espacios cerrados, la ligereza de los paneles de vidrio, todo excluyendo voluntariamente cualquier idea de esfuerzo, concentrándose todo en intervalos iguales, en los "pilotis" –sueltos en el espacio–, el edificio readquirió, gracias a la nitidez de sus líneas y a la limpidez de sus volúmenes de pura geometría, aquella disciplina y *retenue* propias de la gran arquitectura, consiguiendo incluso un valor plástico nunca antes alcanza-

do, que la aproxima, a pesar de su punto de partida rigurosamente utilitario, al arte puro.

Es esa seriedad, ese qué de impasible altivez, la mejor característica de los verdaderos ejemplos de la nueva arquitectura que los distingue, precisamente, del falso modernismo, cuyos aires juguetones de calambur tienen algo de irresponsable.

Entre tanto, tales soluciones, características y de gran belleza plástica, chocan a aquellos que, armados de prejuicios y no convenientemente esclarecidos aún sobre las razones y sentido de la nueva arquitectura, buscan analizarla, basados, no solamente en los principios permanentes –que ella respeta integralmente–, sino en aquellos que resultaron de una técnica diferente, pretendiendo así descubrirle cualidades que ella no puede ni debe poseer.

El mismo malestar, semejante quebrantamiento, idéntica rebeldía ante tantas y tan desoladoras aberraciones habrían ciertamente resentido a Fidias e Ictinos si –haciendo abstracción a las impertinencias del tiempo y el espacio– fuera posible transportarlos al Partenón, apenas concluido, al interior de Reims o Colonia. No obstante, ahora ya identificados con la belleza propia de cada uno, todos nosotros igualmente conmovidos, reconocemos en ambos, a pesar de las diferencias que los puedan apartar, el mismo respeto a las leyes eternas. Simple cuestión de hábitos y educación visual, y por lo tanto es también a esto, apenas, a lo que se reduce la actual incomprensión.

Entre tanto, muy pocos de nosotros comprendemos esas transformaciones en su verdadero sentido. Pese a que la estructura sea de hecho independiente, el material empleado en el relleno de paredes externas y divisorias es pesado e impropio para tal fin, obligándolas así, naturalmente, a no perder de vista las vigas y nervaduras para evitar un refuerzo antieconómico de las respectivas lajas; de ahí la preocupación de interpenetrar, en una identificación imposible y estéril, la espesura contradictoria de las columnas y paredes y de cómo todavía deseamos recomponer las fachadas reproduciendo las ideas falsas de basamento y pared-soporte, atribuyendo así, a nuestros edificios, ciertas apariencias propias de las construcciones de otro sistema; todas las posibilidades de la nueva técnica son prácticamente anuladas, careciendo de significación la mayor parte de las tentativas, a pesar de las grotescas formas modernistas y otras incongruencias.

Es preciso, en primer lugar, que todos –arquitectos, ingenieros, constructores y publico en general– comprendan las ventajas, posibilidades y belleza propia que la nueva técnica permite, para que entonces la industria se interese, y nos proporcione, económicamente, los materiales ligeros y a prueba de ruido que la realidad necesita. No podemos esperar que ella tome para sí todos los riesgos de la iniciativa, empeñándose en producir aquello que los únicos interesados todavía no le reclaman.

Además del aire acondicionado, que ya es una realidad y el complemento lógico de la arquitectura moderna (es expresiva por anecdótica la propaganda del médico que recomienda al enfermo la frecuencia asidua al Casino de la Urca), es imprescindible que la industria se apodere de la construcción, produciendo convenientemente depurados todos los elementos de los que ella carece, para poder llevar a ese grado de perfección del que las carrocerías de automóvil son muestra estimulante.

Sin embargo, pese a las seductoras posibilidades económicas que tal aventura sugiere, ella todavía se abstiene de una intromisión abierta en tan altos dominios, justamente recelosa de incurrir en actitud sacrílega. Y, también, porque, para emprender algo, es preciso inicialmente saber, con una posible exactitud, aquello que se pretende, para, entonces, movilizar los medios necesarios: es en esta obra grandiosa de abrir el camino conveniente para la industria que, en todo el mundo, innumerables arquitectos se empeñan con fe, algunos con talento, y otros con genio. Todos, sin embargo, de acuerdo con el siguiente principio esencial: la arquitectura está más allá; la técnica es el punto de partida. Y, si no podemos exigir de todos los arquitectos la calidad de artistas, tenemos el derecho de reclamar de aquellos que no lo son, al menos, el arte de construir.

Aunque desenmascare los artificialismos de la falsa imposición académica, la nueva arquitectura no pretende escapar –como imprudentemente se insinúa– a las imposiciones de la simetría, sino encararla con el verdadero y amplio sentido que los antiguos le atribuían: con medida, significando tanto el rebatimiento primario en torno a un eje, como el juego de los contrastes sabiamente neutralizados en función de una línea definida y armónica de composición siempre controlada por los trazados reguladores, olvidados por los académicos y tan del agrado de los viejos maestros.

Ésta se caracteriza, a los ojos del lego, por el aspecto industrial y la ausencia de ornamentación. Es en esa uniformidad que se esconde, en efecto, su gran fuerza y belleza: vivienda, palacios, fábricas, a pesar de las diferencias y particularidades de cada uno, tienen entre sí cierto aire de parentesco, de familia, el cual, no obstante, disgusta a esa tendencia (casi manía) de variedad a la que nos acostumbró el eclecticismo diletante del siglo pasado, es un síntoma inequívoco de vitalidad y vigor; es la mayor prueba de que no estamos frente a experiencias caprichosas e inconsistentes como aquellas que precedieron, sino ante un todo orgánico, subordinado a una disciplina, a un ritmo, en fin, frente a un verdadero estilo en el mejor sentido de la palabra.

Esa uniformidad siempre existió y caracterizó a los grandes estilos. La llamada arquitectura gótica, por ejemplo, que el publico se habituó a considerar propia, solamente, para construcciones de carácter religioso era, en la época, una forma de construcción generalizada, exactamente como el hormigón armado hoy día, y aplicada indistintamente a toda suerte de edificios, tanto de carácter militar como civil o eclesiástico.

Lo mismo ocurre en la arquitectura contemporánea. Ese aspecto industrial que erróneamente le atribuimos, tiene un origen –además de aquellas razones ya referidas de orden técnico y social, a las que las reglas actuales de la *bienséance* no permiten alusión– en un hecho simple: las primeras construcciones en que se aplicaron los nuevos procesos fueron precisamente aquellas en que, por ser exclusivamente utilitarias, los pruritos artísticos de los respectivos propietarios y arquitectos se calmaron en favor de la economía y del sentido común, permitiendo así que tales estructuras ostentasen, con inmaculada pureza, sus propias formas de expresión. No se trata, sin embargo, como apresuradamente se concluyó –incidiendo en lamentable confusión–, de un estilo reservado, apenas, a determinada categoría de edificios, sino de un sistema constructivo absolutamente general.

Es igualmente ridículo acusar de monótona a la nueva arquitectura simplemente porque viene repitiendo durante varios años unas formas que le son peculiares, cuando los griegos llevaron varias centenas de años trabajando, invariablemente, el mismo patrón, hasta llegar a las obras maestras de la Acrópolis de Atenas. Los estilos se forman y perfeccionan, precisamente, a costa de esa repetición que perdura mientras se mantengan las razones profundas que le dieron origen.

Tales prejuicios han cedido un poco a la conveniencia, y pese a ser aceptados por la mayoría, tenderán, sin embargo, a desaparecer.

En cuanto a la ausencia de ornamentación, no es una actitud de mera afectación, como muchos suponen hoy día, sino la consecuencia lógica de la evolución de la técnica constructiva, a la sombra de la evolución social, ambas (no está de más insistir) condicionadas a la máquina. El ornato en el sentido artístico y humano que siempre presidió su confección es, necesariamente, un producto manual. El siglo XIX, vulgarizando los moldes y las hormas, industrializó el ornato, transformándolo en artículo en serie, comercial, quitándole así la principal razón de ser –la intención artística– y despojándolo de cualquier interés como documento humano.

El "adorno" es, en cierto modo, un vestigio bárbaro, no teniendo nada que ver con el verdadero arte, que tanto se puede servir de él como ignorarlo. La producción industrial tiene cualidades propias: la pureza de las formas, la nitidez de los contornos, la perfección del acabado. Partiendo de estos datos precisos y por un riguroso proceso de selección, podremos alcanzar, como los antiguos –con la ayuda de la simetría–, las formas superiores de expresión, contando para esto con la indispensable colaboración de la pintura y la escultura, no en el sentido regional y limitado del ornato, sino en un sentido más amplio. Los grandes paños de paredes tan comunes en la arquitectura contemporánea son una verdadera imitación de la expansión pictórica, de los bajorrelieves, de la estatuaria, como expresión plástica pura.

Es, sin embargo, tan grande el desinterés de los arquitectos y del público en general por las artes, y tan acentuadamente fallidos los puntos de vista en que se colocan para apreciarlas, y hasta para criticarlas, que no estará de más recordar aquí de paso ciertas particularidades, caprichos y señas de cada una de las hermanas, facilitando así, a todos, un mejor entendimiento en su amable convivencia.

La escultura, en cierto modo la más sobria y casta de las artes, tiene como principal cualidad la *retenue*: cuanto más energía acumulada mayor fuerza. La composición, lo más cerrada posible, no debe abrirse con intenciones que le perjudiquen esa cualidad propia, razón por la que, cada vez que ella cede a las solicitudes del drama, se debilita y luego presenta síntomas inequívocos de decadencia. Todas las deformaciones, supresiones o añadiduras que puedan, por acaso, contribuir a intensificar esa sensación de vida concentrada, son legítimas. Al revés de los acabados *estirados* y *torneados*, tan comunes en las insoportables estilizaciones decorativas, sus superficies se componen de una infinidad de planos mínimos, trabajados aisladamente en función del conjunto, escondiéndose en los pasajes imperceptibles que los articulan y conectan entre sí hasta perderse derramados en las superficies mayores –he ahí el secreto de toda verdadera escultura–. La falta de consistencia que se observa en tantas obras, aunque importantes, resulta de la falta de observancia de este precepto fundamental.

En cuanto a la pintura, además del *color*, del que muchos se han servido en perjuicio del *colorido*, y de las cualidades primordiales de *volumen* y *construcción*, al que el cubismo, tan mal comprendido, tantos servicios prestó y por las cuales ella todavía se ata a la escultura menos comportada que su hermana, no siempre se conforma con los rigores de la plástica y se permite evasiones que comprometen su pureza, aunque excepcionalmente contribuyan por la variedad y riqueza de las adquisiciones a extender los límites de su dominio a las altas regiones de la propia poesía.

Examinemos, separadamente, algunas de sus cualidades y también sus intromisiones menos legítimas. Primero, el dibujo, sin el cual difícilmente se mantiene y que no consiste –es preciso comprender– en el simple derramamiento de trazos bonitos y casi siempre vacíos de sentido, aunque llenos de hechura, sino, ante todo, en la búsqueda tenaz y persistente de una forma con significado definido. El profesor Portinari, pretendiendo explicar a sus alumnos esa diferencia capital, se sirvió de un ejemplo feliz: cuando el niño o el adulto de pocas letras escribe su nombre, a pesar de su poca firmeza, de su falta de elegancia, de su desproporción, una idea precisa le conduce la mano y el resultado siempre es nítido –significa alguna cosa–, es su nombre; será fácil sin embargo, para cualquiera de nosotros, distribuir con desembarazo algunos garabatos que puedan parecer a primera vista una bella firma, sin que en realidad signifiquen nada. Es siempre preferible el diseño tosco, pero con un sentido, una intención, la búsqueda obstinada de alguna cosa, en vez de la virtuosidad de los dibujos bonitos y vacíos. Después, *la ciencia de la composición*, que los antiguos poseyeron con tanta seguridad y cuyas verdaderas leyes, hoy tan olvidadas, el academicismo desfiguró, debiendo su estudio traer grandes beneficios para la pintura moderna. Seguidamente, las preocupaciones de materia, o sea, el tratamiento de los diferentes materiales de manera apropiada. La pintura académica, en contraste con la pintura –que tenía un alto aprecio al de los antiguos, valor de la materia–, trata indiferentemente carne, madera, tejidos, vegetales, todo de manera uniforme, con el mismo brío, sin ningún deseo de penetrar en la verdadera consistencia y en las cualidades propias de cada una de esas substancias y de ahí su aspecto soso, amorfo y la falta de solidez que tiene. Al recordar la *atmósfera* que envuelve a todos los cuerpos, valorizando los planos, aunque ciertos "modernos", distraídos, no lo perciban, o –perdón– no quieran percibirlo, conviene acentuar los peligros de la luz, que los impresionistas, huyendo de la masturbación académica, persiguieron con verdadera "desesperación de mariposas", a punto de quemarse los contornos de los cuerpos, diluyéndoles la propia forma, sin la cual las artes plásticas no existen: suicidio que el cubismo, con sus afirmaciones categóricas, evitó. Además del *sentido social*, al cual ya nos referimos en el comienzo de este artículo, y del *sentido humano* que, en vez de esparcir y volatilizar el interés –como lo anecdótico–, lo concentra e intensifica, la pintura, excepcionalmente, divaga en *intenciones subjetivas*, tan del agrado de los supra-realistas, cuyas preocupaciones filosóficas, o simplemente literarias, estén, sin embargo, en desacuerdo con la esencia misma de las artes plásticas. En cuanto al *lirismo*, distante del terreno firme de la verdadera pintura y aunque se sirva algunas veces sin gracia de los colores y del dibujo, ya es su vínculo con la propia poesía. Finalmente –*but no least*–, los procesos, legítimos o no, gracias a los cuales la pintura consigue transmitirnos tan variadas y, a veces, confusas intenciones: *la técnica*. Los artistas contemporáneos acostumbran a atrincherarse en algunos, o incluso, apenas en uno, de esos sectores, negando cualquier valor a los demás. Parécenos, sin embargo, que se necesita más de un huevo para hacer una tortilla.

Además de aquella aparente uniformidad, de aquel tono de conversación que predomina en las construcciones contemporáneas, tanto de carácter privado como público, en contraste con el tono de discurso exigido para éstas últimas por nuestros abuelos, aún se le quiere atribuir, a la nueva arquitectura, otro pecado: el internacionalismo.

Creemos que ese recelo es tardío, porque la internacionalización de la arquitectura no comenzó con el concreto armado y la "posguerra", sino que se inició cuando –despreciando las arquitecturas románica y gótica, eminentemente internacionales, en la hipótesis que se pueda alegar, como justificación, la influencia centralizadora de la Iglesia– todavía había indios en nuestras playas vírgenes del sudor portugués. Comenzó con la expedición turístico-militar de Carlos VIII, en Italia, en la primavera de 1494, a la que siguieron las de Luis XII y Francisco I. Fue entonces cuando se derramó por la Europa entera –cansada de malabarismos góticos– el nuevo entusiasmo que, como la expansión de un gas, penetró en todos los ámbitos del mundo occidental, intoxicando a todos los espíritus. Y la nueva arquitectura, mezclándose desde el comienzo con la obstinación gótica, fue poco a poco simplificándose, suprimiendo los barbarismos, imponiendo orden, ritmo, simetría, hasta culminar en el clasicismo del siglo XVIII y en el academicismo que le siguió. Nada se puede imaginar, en efecto, tan *absolutamente internacional* como esa extraña masonería que, supersticiosamente, de Berlín a Washington, de París a Londres, o Buenos Aires, con insistencia desconcertante repitió, hasta ayer, las mismas columnatas, los mismos frontis, las mismas cúpulas, indefectibles.

Así, el internacionalismo de la nueva arquitectura nada tiene de excepcional, ni de particularmente *judaico* –como en un fácil juego de palabras se pretende–, sino que apenas respeta una costumbre secularmente establecida. Es incluso, en este punto, rigurosamente tradicional.

Nada tiene tampoco de germánica, pese a que en Alemania, más que en cualquier otro país, la posguerra, junto con las verdaderas causas anteriormente acumuladas, había creado una atmósfera propicia, sirviendo de pretexto a su definitiva eclosión, pues a pesar de la cantidad, la calidad de los ejemplos deja bastante que desear, acusando incluso la mayoría un énfasis barroco nada recomendable. En efecto, mientras en los países de tradición latina, incluyendo las colonias americanas de Portugal y España, la arquitectura barroca supo siempre mantener, aun en los momentos de delirio a que a veces llegó, cierta compostura y hasta dignidad, conservándose la línea general de la composición, aunque elaborada, ajena al exceso ornamental, en los países de raza germánica, el barbarismo atávico, recalcado por las buenas maneras del Renacimiento, encontró campo propicio, fructificó y alcanzó un grado de licencia –si no de libertinaje plástico– sin precedentes. Ahora, estimulados por el nacionalismo racista, en su llamada a los últimos vestigios de aspereza gótica que se podrían, por ventura, todavía esconder bajo el brillo de la *kultur*, es fácil reconocer en el modernismo alemán los trazos inconfundibles de ese barroquismo, a pesar de las excepciones dignas de mención, entre las cuales está además de la de Walter Gropius, la obra verdaderamente notable de Mies van der Rohe, milagro de simplicidad, elegancia y claridad, cuyo esmero, lejos de perjudicarla, nos da una idea precisa de lo que hoy ya podrían ser nuestras casas, si no estuviese la burguesía tan obstinada e irremediablemente entretenida en la consumación de su propio suicidio.

Nada tiene tampoco de eslava, como se podría confusamente suponer, basándose en el hecho de ser Rusia, de todos los países, el más empeñado en la búsqueda del nuevo equilibrio, adecuado a la noción más amplia de justicia social, que la gran industria, convenientemente orientada y distribuida, permite, y cuyas necesidades y problemas coinciden con las posibilidades y soluciones que la nueva técnica impone. Para comprobarlo basta que se note la manera poco feliz con que los rusos, a pesar de ciertas apariencias, se han servido de ella, mostrando una extraña incomprensión.

Es curioso observar que Rusia –como las demás naciones– también reacciona en la actualidad contra los principios de buena arquitectura, procurando inspirarse en Roma, en las obras de carácter monumental, con las que pretende impresionar a los turistas beocios y campesinos recalcitrantes. No pasará este hecho, posiblemente, de una crisis de origen psicológico y de fácil explicación. Era, en realidad, industrialmente, ese país, uno de los menos preparados para embarcarse en la aventura comunista; no obstante, en menos de veinte años de trabajo, el resultado ya obtenido –aunque el patrón de vida todavía sea bajo, con relación al de ciertos países capitalistas– sorprende a los espíritus más escépticos. Es, pues, natural que –después de tantos siglos de explotación sistematizada y miseria– el optimismo transborde y se derrame en aparatosas manifestaciones exteriores, en una elección, no siempre feliz, de formas de expresión. Esa falta de medida –resultante de una crisis de crecimiento y por lo tanto, temporal– es, sin embargo, tan humana, tiene un gusto tan fuerte de adolescencia, que hace sonreír por cuanto repite, con acentuada malicia, la pequeña tragedia del "nuevo rico", burgués, con el agravante de ser, esta vez, colectiva.

La nueva arquitectura se afilia, eso sí, en sus ejemplos más característicos –cuya claridad y objetividad nada tienen del misticismo nórdico–, a las más puras tradiciones mediterráneas, a aquella misma razón de los griegos y latinos, que trató de renacer en el siglo XV, para luego hundirse bajo los artificios del maquillaje académico –sólo ahora en resurgimiento, con imprevisto y renovado vigor–. Y aquellos que, en un futuro tal vez no tan remoto como nuestra comodidad de privilegiados desea, tengan la ventura o el aburrimiento de vivir dentro del nuevo orden conquistado, sentirán extrañeza, por cierto, de que se haya pretendido oponer creaciones de origen idéntico y negar valor plástico a tan claras afirmaciones de una verdad común.

Porque, si las formas variaron, el espíritu todavía es el mismo y permanecen, fundamentales, las mismas leyes.

TESTIMONIO
Oscar Niemeyer

En *Módulo*, n. 9, Río de Janeiro, febrero 1958, p. 3-6

Las obras de Brasilia marcan, junto con el proyecto para el Museo de Caracas, una nueva etapa en mi trabajo profesional. Etapa que se caracteriza por una búsqueda constante de la concisión y la pureza, y de una mayor atención hacia los problemas fundamentales de la arquitectura.

Esa etapa, que representa un cambio en mi modo de proyectar y, principalmente, de desarrollar los proyectos, no surgió sin meditación. No surgió como fórmula diferente, requerida por nuevos problemas. Sobrevino de un proceso honesto y frío de revisión de mi trabajo de arquitecto.

Realmente, después de volver de Europa, tras haber viajado –por asuntos de trabajo– de Lisboa a Moscú, cambió mucho mi actitud profesional.

Hasta aquella época acostumbraba a considerar la arquitectura brasileña –a pesar de sus innegables cualidades– con ciertas reservas. Creía, como todavía creo, que sin una justa distribución de la riqueza –capaz de alcanzar a todos los sectores de la población– el objetivo básico de la arquitectura, o sea, su fundamento social, estaría sacrificado, y nuestra actuación como arquitectos relegada tan sólo a satisfacer los caprichos de las clases acomodadas.

Sentía por esto un vago desánimo, desánimo que me llevaba a considerar ingenuos a los que se entregaban a la arquitectura en cuerpo y alma, como si construyesen obras capaces de perdurar. Aunque nunca me hubiese desinteresado de la profesión, consideraba la arquitectura como un complemento de cosas más importantes, y más directamente ligadas a la vida y a la felicidad de los hombres. O, incluso, como acostumbraba a decir, como un ejercicio que se debe practicar con espíritu deportivo –y nada más–. Y eso me permitía cierta negligencia –facilitada por mis maneras displicentes y bohemias– y hacía que aceptase trabajos en demasía, ejecutándolos con prisa, confiando en la habilidad y en la capacidad de improvisación de las que me juzgaba poseedor.

Esa actitud descreída que las contradicciones sociales producen en relación a los objetivos de la profesión, me llevó a veces a descuidar ciertos problemas y a adoptar una tendencia excesiva hacia la originalidad, que era incentivada por los propios interesados, deseosos de dar a sus edificios una mayor repercusión y realce. Eso perjudicó en algunos casos la simplicidad de las construcciones y el sentido de lógica y economía que muchos reclamaban.

Es cierto que considero mías sólo aquellas obras a las que me pude dedicar regularmente, y como tales presento en publicaciones y revistas técnicas. Pero, incluso entre esas obras, encuentro algunas que tal vez hubiese sido mejor no haber proyectado, debido a las modificaciones inevitables que tendrían que sufrir durante la ejecución, destinadas como estaban a la pura especulación inmobiliaria.

No pretendo, naturalmente, con estos comentarios, iniciar un proceso de autodestrucción, ni atribuir a mis trabajos un carácter negativo. Los veo, por el contrario, como factores positivos dentro del movimiento arquitectónico brasileño, al cual hicieron, en la ocasión oportuna, por su impulso y sentido creador, una contribución efectiva que hasta hoy caracteriza este movimiento. Y si me refiero a esta autocrítica, iniciada hace dos años, cuando elaboraba el proyecto del Museo de Caracas, es porque la considero un proceso normal y constructivo capaz de conducirnos a la corrección de errores y a mejores resultados, con la adopción de una serie de precauciones y medidas disciplinarias. Éstas, en mi caso, se señalan, primero: por la reducción de trabajos en la oficina y por el rechazo sistemático de aquéllos que apunten tan sólo a intereses comerciales, a fin de dedicarme mejor a los restantes, dándoles asistencia continua y adecuada; después: estableciendo para los nuevos proyectos una serie de normas que busquen la simplificación de la forma plástica y su equilibrio con los problemas funcionales y constructivos.

En este sentido, empezaron a interesarme las soluciones compactas, simples y geométricas; los problemas de jerarquía y de carácter arquitectónico; las conveniencias de unidad y armonía entre los edificios e, incluso, que éstos no se expresen más por sus elementos secundarios, sino por la propia estructura, debidamente integrada en la concepción plástica original.

Dentro del mismo objetivo, pasé a evitar las soluciones recortadas o compuestas de muchos elementos, difíciles de contener en una forma pura y definitiva; los paramentos inclinados y las formas libres que, desfigurados por la incomprensión e ineptitud de algunos, se transforman muchas veces en exhibición ridícula de sistemas y tipos diferentes.

Y todo esto procurando no caer en un falso purismo, en un formulario monótono de tendencia industrial, consciente de las inmensas posibilidades del hormigón armado y atento a que esa nueva posición no se transforme en una barrera infranqueable, sino por el contrario, que genere libremente ideas e innovaciones. Obediente a estos principios, vengo trabajando desde aquella época. Inicié la fase –como dije– con el Museo de Caracas, concepción de pureza y concisión irrefutables. Y ahora prosigo con los edificios de Brasilia, a los cuales dedico toda mi atención, no sólo por tratarse de una obra de gran importancia sino también por lo ocurrido antes de su desarrollo, cuando me negué a aceptar la elaboración del Plano Piloto, pues, junto con el Instituto de Arquitectos de Brasil, trabajaba en la organización del concurso público, reservándome tan sólo la tarea de proyectar los edificios gubernamentales. Incumbencia que no era nada más que la continuación natural de los trabajos que, desde 1940, venía realizando, ininterrumpidamente, para el alcalde, o gobernador y, finalmente, el presidente Juscelino Kubitschek.

Con relación a los trabajos de Brasilia, que espero sean mis obras definitivas, encontré tres problemas diferentes a resolver: el del edificio aislado, con total libertad de la imaginación, aunque exigiendo unas características propias; el del edificio monumental, donde el detalle plástico cede su lugar a la gran composición; y, finalmente, el de la solución de conjunto, que reclama, antes que nada, unidad y armonía.

En el Palácio da Alvorada, mi objetivo fue encontrar una resolución que no se limitase a caracterizar a una gran residencia, sino a un verdadero palacio, con el espíritu de monumentalidad y nobleza que debe marcarlo. Para eso, aproveché la propia estructura, que acompaña a todo el desarrollo de la construcción, confiriéndole ligereza y dignidad, y ese aspecto diferente, como si se posase en el suelo, suavemente. Con esa intención, las columnas se afinan en las extremidades, permitiendo a las losas, por el sistema de abovedado en que se basan, una espesura de 15 centímetros en el eje de cada separación, estableciéndose así una integración perfecta de la forma -que caracteriza y expresa al edificio- con el propio sistema estructural.

En el edificio del Congreso Nacional, mi propósito fue fijar los elementos plásticos de acuerdo con las diversas funciones, dándoles la importancia relativa exigida, y tratándolos en conjunto como formas puras y equilibradas. Así, una inmensa explanada, que contrasta con los dos bloques destinados a la administración y a los despachos de los congresistas, marca la línea horizontal de la composición, destacándose sobre ella el salón de plenarios que, con los demás elementos, crean ese juego de forma que constituye la propia esencia de la arquitectura, y que Le Corbusier tan bien define: "*L'architecture est le jeu, savant, correct et magnifique des volumes assémblés sous la lumière.*"

En la plaza de los Três Poderes, la unidad fue mi principal preocupación, concibiendo para eso un elemento estructural que actuase como denominador común de los dos palacios –el del Planalto y el del Tribunal Supremo– y asegurando así al conjunto aquel sentido de sobriedad de las grandes plazas de Europa, dentro de la escala de valores fijada por el magnífico plan de Lúcio Costa.

Estas son, hoy, mis directrices de arquitecto. Y si ahora éstas se orientan en un sentido de mayor pureza y simplicidad, se fundamentan, sin embargo, en el mismo concepto de creación –el único capaz de conducir a una verdadera obra de arte–. Estas son las directrices de las obras que proyecté para Brasilia, obras que seguí con el mayor desvelo, convencido de su importancia y deseoso de que se transformen en algo útil y permanente, capaz de transmitir un poco de belleza y emoción.

BRASILIA

Clarice Lispector

En *Jornal de Brasília*, 20-VI-1920 (original 1962)

Brasilia está construida en la línea del horizonte. Brasilia es artificial. Tan artificial como debía haber sido el mundo cuando fue creado. Cuando el mundo fue creado, fue preciso crear un hombre especialmente para aquel mundo. Estamos todos deformados por la adaptación a la libertad de Dios. No sabemos cómo seríamos si hubiésemos sido creados en primer lugar y después el mundo, deformado para nuestras necesidades. Brasilia aún no tiene al hombre de Brasilia. Si yo dijese que Brasilia es hermosa verían inmediatamente que me gustó la ciudad. Pero si digo que Brasilia es la imagen de mi insomnio vemos en ello una acusación. Pero mi insomnio no es hermoso ni feo, mi insomnio soy yo, es vivido, es mi espanto. Es punto y coma. Los dos arquitectos no pensaron construir belleza, sería fácil: ellos levantaron el espanto inexplicado. La creación no es una comprensión, es un nuevo misterio. — Cuando morí, un día abrí los ojos y era Brasilia. Yo estaba sola en el mundo. Había un taxi parado. Sin chófer. Ay que miedo. — Lúcio Costa y Oscar Niemeyer, dos hombres solitarios. — Miro Brasilia como miro Roma: Brasilia comenzó con una simplificación final de ruinas. La hiedra todavía no ha crecido.

Además del viento hay otra cosa que sopla. Sólo se reconoce por la crispación sobrenatural del lago. — En cualquier lugar donde se está de pie, el niño puede caer, y acaba fuera del mundo. Brasilia está al margen. — Si yo viviese aquí dejaría mis cabellos crecer hasta el suelo. — Brasilia es de un pasado esplendoroso que ya no existe más. Hace milenios que desapareció ese tipo de civilización. En el siglo IV a.C. estaba habitada por hombres y mujeres rubios y altísimos que no eran americanos ni suecos y que chispeaban al sol. Estaban todos ciegos. Es por ello que en Brasilia no hay donde tropezar. Los brasilienses se vestían de oro blanco. La raza se extinguió porque nacían pocos hijos. Cuanto más bellos los brasilienses, más ciegos y más puros y más chispeantes, y menos hijos. Los brasilienses vivían cerca de trescientos años. No había en nombre de qué morir. Milenios después fue descubierta por una banda de forajidos que en ningún otro lugar serían recibidos: ellos no tenían nada que perder. Allí encendieron fuego, montaron tiendas, excavando poco a poco las arenas que enterraban la ciudad. Estos eran los hombres y mujeres, menores y morenos, de ojos esquivos e inquietos, y que, por ser fugitivos y desesperados, tenían en nombre de qué vivir y morir. Ellos habitaron las casas en ruinas, se multiplicaron, constituyendo una raza humana muy contemplativa. — Esperé a la noche como quien espera en las sombras para poder escabullirse. Cuando la noche vino percibí con horror que era inútil: donde yo estuviese sería vista. Lo que me asustó es: ¿vista por quién? — Fue construida sin lugar para las ratas. Toda una parte nuestra, la peor, exactamente la que tiene horror a las ratas, esa parte no tiene cabida en Brasilia. Han querido negar que nosotros no servimos. Construcción con espacio calculado para las nubes. El infierno me entiende mejor. Pero las ratas, todas muy grandes, nos están invadiendo. Éste es un titular invisible en los periódicos. — Aquí, tengo miedo. — La construcción de Brasilia: la de un estado totalitario. Este gran silencio visual que amo. También mi insomnio habría creado esta paz del nunca. También yo, como ellos dos que son monjes, meditaría en este desierto. Donde no hay lugar para las tentaciones. Mas veo a lo lejos urubús sobrevolando. ¿Qué estará muriendo, Dios mío? — No he llorado nunca en Brasilia. No procedía. — Es una playa sin mar. — En Brasilia no hay por donde entrar, ni hay por donde salir. — Mamá, es hermoso verte de pie con esa capa blanca volando. (Es que he muerto, hijo mío.) — Una cárcel al aire libre. De cualquier manera no habría por dónde huir. Pues quien huye iría probablemente a Brasilia. Me apresaron en la libertad. Pero libertad es sólo aquello que se conquista. Cuando me la dan, me están mandando ser libre. — Toda una parte de la frialdad humana que tengo, me la encuentro aquí en Brasilia, y florece gélida, potente, helada fuerza de la Naturaleza. Éste es el lugar de mis crímenes (no los peores, sino aquellos que no comprenderé en mí), donde mis crímenes muy fríos tienen lugar. Marcho. Aquí mis crímenes no serían de amor. Marcho hacia otros crímenes míos, los que Dios y yo comprendemos. Pero sé que volveré. Aquí me atrae aquello que me espanta de mí. — Nunca vi nada igual en el mundo. Pero reconozco esta ciudad en lo más hondo de mi sueño. Lo más hondo de mi sueño es una lucidez. — Pues como iba diciendo, Flash Gordon... — Si me hiciesen un retrato de cuerpo entero en Brasilia, cuando revelasen la fotografía sólo saldría el paisaje. — ¿Dónde están las jirafas de Brasilia? — Cierta crispación mía, ciertos silencios, hacen a mi hijo decir: caramba con la vida, los adultos son terribles. — Es urgente. Si no fuese poblada, o mejor, superpoblada, será demasiado tarde: no habrá lugar para las personas. Éstas se sentirán tácitamente expulsadas. — El alma aquí no hace sombra en el suelo. — Los dos primeros días me quedé sin hambre. Todo me parecía que iba a ser comida de avión. — De noche volví el rostro hacia el silencio. Sé que existe una hora desconocida en la que el maná desciende y humedece las tierras de Brasilia. — Por más cerca que se esté, todo aquí es visto de lejos. No hallé un modo de tocar. Pero al menos es una ventaja a mi favor: antes de llegar aquí, ya sabía cómo tocar desde lejos. Nunca me desesperé en exceso: de lejos, tocaba. Tuve mucho, y ni aquello que tocaba, sabe. Las mujeres ricas son así. Es Brasilia pura. — La ciudad de Brasilia está fuera de la ciudad. — *Boys, boys, come here, will you, look who is coming on the street all dressed up in modernistic style. It ain't*

nobody but... (*Aunt Hagar´s Blues, Ted Lewis and his Band,* con Jimmy Dorsey al clarinete.). — Esta belleza pavorosa, esta ciudad, diseñada en el aire. — Por ahora no puede nacer samba en Brasilia. — Brasilia no me deja estar cansada. Me persigue un poco. Muy dispuesta, muy dispuesta, muy dispuesta, me encuentro bien. Y al final siempre he cultivado mi cansancio, como mi pasividad más rica. — Todo esto apenas existe hoy. Sólo Dios sabe qué sucederá en Brasilia. Aquí el azar es abrupto. — Brasilia está embrujada. Es el perfil inmóvil de una cosa. — Desde mi insomnio miro por la ventana del hotel a las tres de la madrugada. Brasilia es el paisaje del insomnio. Nunca duerme. — Aquí el ser orgánico se deteriora. Se petrifica. — Querría ver dispersadas por Brasilia quinientas mil águilas del ónice más negro. — Brasilia es asexuada. — El Primer instante de ver es como cierto instante de la embriaguez: los pies no tocan el suelo. — ¡Qué hondo se respira en Brasilia! Quien respira comienza a querer. Y el que quiere es que no puede. No tiene. ¿Tendrá? Es que no veo dónde. — No me asombraría cruzarme con árabes en la calle. Árabes antiguos y muertos. — Aquí muere mi pasión. Y gano una lucidez que me deja grandiosa al tuntún. Soy fabulosa e inútil, soy de oro puro. Y casi mediúnica. — Si existe algún crimen que la humanidad todavía no ha cometido, ese nuevo crimen aquí será inaugurado. Y tan poco secreto, tan bien adecuado al altiplano, que nadie lo conocerá jamás. — Éste es el lugar donde el espacio más se parece al tiempo. — Tengo la certeza de que éste es mi lugar verdadero. Mas la tierra me vició demasiado. Tengo malos hábitos de vida. — La erosión desnudará a Brasilia hasta los huesos. — El aire religioso que sentí desde el primer instante, y que negué. Esta ciudad se consiguió por la oración. Dos hombres beatificados por la soledad me crearon aquí de pie, inquieta, sola, de cara al viento. — Hacen tanta falta caballos blancos sueltos en Brasilia. De noche serían verdes al claro de luna. — Sé qué quisieron los dos: la lentitud y el silencio, que también es la idea que tengo de la eternidad. Los dos crearon el retrato de una ciudad eterna. — Existe algo aquí que me da miedo. Cuando descubra qué me alarma, sabré también qué amo aquí. El miedo siempre me guió hacia lo que quiero. Y porque quiero, temo. Muchas veces fue el miedo quien me cogió de la mano y me llevó. El miedo me lleva al peligro. Y todo lo que amo es arriesgado. — En Brasilia existen los cráteres de la Luna. — La belleza de Brasilia son sus estatuas invisibles.

BIBLIOGRAFÍA

ARTES PLÁSTICAS

AMARAL, A.: *Artes plásticas na Semana de 22*. Editora 34, São Paulo 1998.

BRITO, R.: "A Semana de 22: o trauma do moderno", en TOLIPAN, S. et al.: *Sete ensaios sobre os modernismo*. Funarte, Río de Janeiro, 1983, p. 13-17.

BULHÕES, M.A. - BASTOS KERN, M.L. (eds.): *A Semana de 22 e a emergência da modernidade no Brasil*. Secretaria Municipal da Cultura, Porto Alegre 1992.

CATTANI, I.B.: "Les lieux incertains ou 'l'apprentissage de la modernité' de Tarsila do Amaral", en CHIRON, E. (ed.): *L'incertain dans l'art*. Cérap, París 1998, p. 13-27.

FABRIS, A.: "Futurisme et Cubisme au Brésil: débat critique et propositions artistiques". *Ligeia*. París (21-24), 201-215, octubre 1997-junio 1998.

FABRIS, A.: *O Futurismo paulista: hipótese para o estudo da chegada da vanguarda ao Brasil*. Perspectiva-Edusp, São Paulo 1994.

MICELI, S.: *Imagens negociadas: retratos da elite brasileira*. Companhia das Letras, São Paulo 1996.

NAVES, R.: *A forma difícil: ensaios sobre arte brasileira*. Ática, São Paulo 1996.

ZANINI, W.: *A arte no Brasil nas décadas de 1930-1940: o grupo Santa Helena*. Nobel-Edusp, São Paulo 1991.

ZILIO, C.: *A querela do Brasil*. Funarte, Río de Janeiro 1982.

LITERATURA

AMARAL, A.A.: *Arte para quê? A preocupação social na arte brasileira 1930-1970*. Nobel, São Paulo 1987.

Anthropophagy Today? Nuevo Texto Crítico, nº 23/24, enero-diciembre 1999. Stanford University.

BOSI, A.: *Historia concisa de la literatura brasileira*. Fondo de Cultura Económica, México 1982.

CANDIDO, A.: "Literatura e Cultura de 1900 a 1945. (Panorama para estrangeiros)", en *Literatura e Sociedade*. Editora Nacional, São Paulo 1973, p. 109-138.

DA SILVA BRITO, M.: *História do modernismo brasileiro. Antecedentes da semana de arte moderna*. Civilização Brasileira, Río de Janeiro 1974.

Modernidade. Art brésilien du 20e siècle. Musée d'Art Moderne de la Ville de Paris. París 1987.

MORAES BELLUZZO, A.M. (ed.): *Modernidade: vanguardas artísticas na América Latina*. Memorial da América Latina/Unesp, São Paulo 1990.

PAIXÃO, F. (ed.): *Momentos do livro no Brasil*. Ática, São Paulo 1995.

SCHWARTZ, J.: *Vanguardias Latinoamericanas*. Cátedra, Madrid 1991.

Segundo Congresso Brasileiro de Crítica e História Literária. Faculdade de Filosofia de Assis, São Paulo 1961.

SIMON, I.M. - DANTAS, V. (eds.): *Poesia Concreta*. Abril/Literatura Comentada, São Paulo 1982.

STEGAGNO PICCHIO, L.: *História da literatura brasileira*. Nova Aguilar, Río de Janeiro 1997.

XXIV Bienal de São Paulo: "Núcleo histórico: antropofagia e história de canibalismos", vol. 1. A Fundação, São Paulo 1998.

FOTOGRAFÍA

BANDEIRA DE MELLO, M.T.: *Arte e fotografia: o movimento pictorialista no Brasil*. Edição Funarte - Ministério da Cultura, Río de Janeiro 1998.

BARROS, G.: *Fotoformas*. Prestel Verlag - Museum Ludwig, Múnich-Colonia 1999.

COSTA, H. - RODRIGUES, R.: *A fotografia moderna no Brasil*. Funarte - Editora da UFRJ, Río de Janeiro 1995.

FERNANDES Jr., R.: *Labirinto e Identidades. Brasilianische Fotografie 1946-1998*. Kunstmuseum, Wolfsburg 1999.

FERREZ, G.: *A fotografia no Brasil 1840-1900*. Edição Funarte - Fundação Pró-Memória, Río de Janeiro 1985.

HERKENHOFF, P.E.: *José Oiticica Filho a ruptura da fotografia nos anos 50*. Edição Funarte, Río de Janeiro 1983.

KOSSOY, B.: *Origens e expansão da fotografia no Brasil – Século XIX*. Edição Funarte, Río de Janeiro 1980.

MEDEIROS, J.: *José Medeiros 50 anos de fotografia*. Edição Funarte - Instituto Nacional da Fotografia, Río de Janeiro 1986.

MENDES, R. - DE CAMARGO, M.J.: *Fotografia – Cultura e fotografia paulistana no século XX*. Secretaria Municipal de Cultura, São Paulo 1992.

PEREGRINO, N.: *O Cruzeiro – A revolução da fotorreportagem*. Editora Dazibao, Río de Janeiro 1991.

Revista do Patrimônio Histórico e Artístico Nacional, nº 27. Ministério da Cultura, Río de Janeiro 1998.

VERGER, P.: *The go-between Le messager – Photographs 1932-1962*. Éditions Revue Noire, París 1996.

CINE

AUGUSTO, S.: *Este mundo é o pandeiro. A chanchada de Getúlio a JK*. Companhia das Letras, São Paulo 1989.

BERNADET, J.-Cl.: *Cinema Brasileiro: propostas para uma história*. Paz e Terra, Río de Janeiro 1979.

DE MELLO, S.P.: *Limite, filme de Mário Peixoto*. Inelivro/Funarte, Río de Janeiro 1978.

GALVÃO, M.R.: *Burguesia e Cinema: o caso da Vera Cruz*. Civilização Brasileira /Embrafilme, Río de Janeiro 1981.

GALVÃO, M.R.: "Cine brasileño: el periodo silencioso", en *Cine latinoamericano (1896-1930)*. Fundación del Nuevo Cine Latinoamericano/Consejo Nacional de la Cultura, Caracas 1992, p. 87-118.

JOHNSON, R.: *Literatura e Cinema. Macunaíma: do modernismo na literatura ao cinema novo*. T. A. Queiroz, São Paulo !982.

JOHNSON, R. - STAM, R.: *Brazilian Cinema*. Columbia University Press, Nueva York 1995.

NORONHA, J.: *Pionere des brasilianischen Kinos = Brazilian Cinema Pioneers*. Câmara Brasileira do Livro, São Paulo 1994.

PARANAGUÁ, P.A. (ed.): *Le Cinéma Brésilien*. Centre Georges Pompidou, «Col. Cinéma/Pluriel», París 1987.

RAMOS, F. - MIRANDA, L.F. (ed.): *Enciclopédia do Cinema Brasileiro*. Senac, São Paulo 2000.

SALLES GOMES, P.E.: *Humberto Mauro, Cataguazes, Cinearte*. Perspectiva, São Paulo 1974.

XAVIER, I.: *Sétima arte: um culto moderno. O idealismo estético e o cinema*. Perspectiva, São Paulo 1978.

MÚSICA

BÉHAGUE, G.: *Heitor Villa-Lobos: the Search for Brazil's Musical Soul*. ILAS/University of Texas at Austin, Austin 1994.

DE ANDRADE, M.: *Aspectos da música brasileira*. Martins, São Paulo 1965.

DE ANDRADE, M.: *Ensaio sobre a música brasileira*. Martins, São Paulo 1928.

DE ANDRADE, M.: *Música, doce música*. Martins, São Paulo 1933.

DE ANDRADE, M.: *Pequena história da música*. Martins, São Paulo 1942.

HEITOR, L.: *150 anos de música no Brasil (1800-1950)*. José Olympio, São Paulo 1956.

HEITOR, L.: *Música e músicos do Brasil*. Casa do Estudante do Brasil, Río de Janeiro 1950.

KIEFER, B.: *Villa-Lobos e o modernismo na música brasileira*. Movimento, Porto Alegre 1981.

MAMMI, L.: "João Gilberto e o projeto utópico da bossa nova". *Novos Estudos*, nº 34. São Paulo, noviembre 1994.

MARIZ, V.: *História da música no Brasil*. Civilização Brasileira / INL – MEC, Río de Janeiro-Brasilia 1981.

WISNIK, J.M.: *O coro dos contrários – a música em torno da Semana de 22*. Duas Cidades, São Paulo 1977.

WISNIK, J.M.: "Getúlio da Paixão Cearense (Villa-Lobos e o Estado Novo)." *O nacional e o popular na cultura brasileira / Música*. Brasiliense, São Paulo 1982.

WISNIK, J.M.: "La gaya ciencia: literatura y música popular en Brasil". *Revista de Occidente*, nº 174, noviembre 1995.

TRADUCTORES DEL bRASIL

BENAMOU, C.: "It's All True as Document/Event: Notes Towards an Historiographical and Textual Analysis". *Persistence of Vision*, nº 7. The City University of New York, Nueva York 1989, p. 121-52.

BERNANOS, G.: *Le Chemin de la Croix-des-Âmes*. Le Rocher, Mónaco 1987.

BISHOP, E.: *Poemas do Brasil*. Companhia Das Letras, São Paulo 1999.

CARELLI, M.: *Culturas cruzadas*. Papirus, Campinas 1994.

CENDRARS, B.: *Oeuvres complètes*, tomo 1: *Du monde entier au cœur du monde*; tomo 6: *Bourlinguer. Le lotissement du ciel*; tomo 8: *Trop, c'est trop. Blaise Cendrars vous parle...* Denoël, París 1961 (t. 6),1963 (t. 1); 1965 (t. 8).

CLAUDEL, P.: *Journal* 1 (1904-32). Gallimard, Bibliothèque de la Pléiade, París 1995.

EULALIO, A.: *A aventura brasileira de Blaise Cendrars*. Quíron - INL, São Paulo - Brasília 1978.

FABRIS, M.: "A 'Terra da trágica agonia': Giuseppe Ungaretti no Brasil". *USP*, nº 37. Universidade de São Paulo, São Paulo 1998, p. 154-67.

FABRIS, A. - FABRIS, M.: "'C'est trop beau! C'est plus beau que les Bosphore! Pauvre Stambul!'". *USP*, nº 42. Universidade de São Paulo, São Paulo 1999, p. 142-51.

LE CORBUSIER: *Précisions sur un état présent de l'architecture et de l'urbanisme*. Vincent Fréal, París [1960].

LÉVI-STRAUSS, C.: *Tristes tropiques*. Plon, París 1955.

MILHAUD, D.: *Notes sans musique*. René Julliard, París 1949.

RODRIGUES DOS SANTOS, C. - DA SILVA PEREIRA, M.C. - DA SILVA PEREIRA, R.V. - DA SILVA, V.C.: *Le Corbusier e o Brasil*. Tessela - Projeto São Paulo 1987.

STAM, R.: "Orson Welles, Brazil, and the Power of Blackness". *Persistence of Vision*, nº 7. The City University of New York, Nueva York 1989, p. 93-112.

UNGARETTI, G.: *Vita d'un uomo*. Mondadori, Verona 1972.

VERGER, P.F.: *Retratos da Bahia*. Corrupio, Salvador 1981.

ZWEIG, S.: *Brasil, país do futuro*. Nova Fronteira, Río de Janeiro 1981.

ARQUITECTURA

BARDI, P.M: *The Tropical Gardens of Burle Marx*. Colibris, Amsterdam 1964.

BLOCK: "Brasil", nº 4. Centro de Estudios de Arquitectura Contemporánea - Universidad Torcuato di Tella, Buenos Aires 1999.

BRUAND, Y.: *Arquitetura Contemporânea no Brasil*. Perspectiva, São Paulo 1981 (tesis doctoral, París IV, 1974).

COSTA, L.: *Registro de uma Vivência*. Empresa das Artes, São Paulo 1994.

EVENSON, N.: *Two Brazilian Capitals. Architecture and Urbanism in Rio de Janeiro and Brasília*. Yale University Press, New Haven - Londres 1973.

FERRAZ, G.: *Warchavchik e a Introdução da Nova Arquitetura no Brasil, 1925 a 1940*. Museu de Arte de São Paulo, São Paulo, 1965.

GOODWIN, P.L.: *Brazil Builds. Architecture New and Old, 1652-1942*. Museum of Modern Art, Nueva York 1943.

MINDLIN, H.E.: *L'Architecture Moderne au Brésil*. Vincent et Fréal, París 1956 (edición en inglés: Reinhold Publishers, Nueva York 1956; edición en portugués: Aeroplano, Río de Janeiro 1999).

PAPADAKI, S.: *The Work of Oscar Niemeyer*. Reinhold Publ., Nueva York 1950.

PEREIRA, M. S. P. et alii: *Le Corbusier e o Brasil*. Tessela - Projeto São Paulo 1987.

SANTOS, P.F.: *Quatro Séculos de Arquitetura*. IAB, Río de Janeiro 1981.

UNDERWOOD, D.: *Oscar Niemeyer and the Architecture of Brazil*. Rizzoli, Nueva York 1994.

XAVIER, A. (ed.): *Arquitetura Moderna Brasileira. Depoimento de uma Geração*. Pini, «Col. de textos de época», São Paulo 1987.

FOREWORD
KOSME DE BARAÑANO
MANAGING DIRECTOR OF THE IVAM

JULIO DE MIGUEL
PRESIDENT OF BANCAJA

INTRODUCTION
JORGE SCHWARTZ

In coherence with a solid tradition related to both European and American modern and avant-garde movements, with this exhibition of about seven hundred works, the IVAM, sponsored by Bancaja, covers four of the most expressive decades of Brazilian art and culture in the first half of the 20th century.

Coinciding with the commemoration of the fifth centenary of the discovery of Brazil, the museum brings to Spain for the first time a repertoire made up of the most representative works and authors of that country and, in this way, draws a arc starting with the anthological *Semana de Arte Moderna* in 1922 and finishing in 1960, with the invention of one of the utopias in the history of architecture: the creation of the city of Brasilia.

The exhibition that we present today points out in an original manner the intersection and dialogue between different artistic manifestations: the visual arts, literature, photography, the cinema, music and architecture. These interrelated modules reveal a trajectory that, in pursuit of a genuine, mature expression, capable of defining the 'Braziliannesss' inherent in each of them, is developed by means of the debate between the national and the cosmopolitan, the rural and the urban, the central and the peripheral. In this sense, *antropofagia*, or cannibalism, the point of departure on which this exhibition is based, represents, as a metaphor of cultural dependence, one of the most original formulations of historic Latin American avant-gardes in search of an emancipated language.

The view of foreign artists –included in the documentary dossier of our catalogue as 'translators of Brazil'– the last section of our exhibition, is another turn of the screw: a tribute to those who went to Brazil carrying in their luggage the dream of a utopia and somehow, after the good reception they were given there, enriched the debate in search of modernity.

This monograph addresses the content of an IVAM exhibition that can be considered exemplary in this sense. It is in the form of a dialogue established between the artistic tradition of Brazil and the avant-garde languages of Europe in the early decade of the 20th century. Bancaja is very pleased to collaborate once again with the IVAM in presenting a series of absolutely creative works that will constitute a revealing discovery for the general public.

In *História do Brasil* (1932), a book of poetry by Murilo Mendes, we read the opening poem with surprise. In the first two lines, he states: *Quem descobriu a fazenda / Por San Tiago fomos nós* (Those who discovered this estate / by Saint James were us). This statement, which refers to a historic point that was never cleared up, claims that the first the first Europeans to set foot in Brazil were the members of a Spanish expedition. Under the command of seaman Vicente Yáñez Pinzón, in January 1500 –that is to say, four months before the official date of the discovery of Brazil by Pedro Alvares Cabral– this expedition supposedly went twenty leagues up the Amazon river and discovered the large 'estate'.

During this year an official exhibition with the title *Mostra do Redescobrimento* was held at the Parque Ibirapuera in the city of São Paulo, a space designed by Burle Max, and in the pavilions built inside it by Oscar Niemeyer. The idea of the re-discovery of Brazil in the title is not intended to settle the above-mentioned controversy by giving the Pinzón brothers preference over Alvares Cabral. By means of the prefix 're-' the syntax of the title attempts to solve the delicate ideological dilemma involved in the history and terminology of the so-called 'discovery'.

The IVAM also offers us a chance of 'rediscovery' today. In this case, it is the Brazil of modernity and the avant-garde movements. The initial project of this retrospective exhibition, dedicated to the most revolutionary decades in Brazilian art and culture in the first half of the 20th century, was not conceived as an event to celebrate the Fifth Centenary of the discovery and has fortunately seen the light today in the ten galleries so generously offered by the Valencian museum. In the museum strategy we can see the different stages that led to the definition of a 'Brazilian art' that, throughout the four decades covered (1920-1959), managed to overcome the delicate issue of cultural dependence and create its tradition with a language of its own, paving the way for a genuine autonomous art.

Conceived around the end of 1997, in collaboration with Juan Manuel Bonet and fostered by the enthusiasm of this great specialist in international avant-gardes, the exhibition was originally intended to have a multicultural approach, establishing a dialogue and an exchange between the different artistic and cultural manifestations. In this sense, it represents an attempt to retrieve the spirit of the *Semana de Arte Moderna* or the 'Semana del 22', which encouraged the establishment of interconnected artistic networks. And the initial project also conceived this exhibition as a way of reaching the different 'Brazils' that are represented in it today. A display of over 700 works by 141 artists and authors belonging to over 100 public and private collections lays before the European public a chance to experience a 'rediscovery': an actual rereading brought about by the very syntax of the exhibition.

Its interdisciplinary character includes in broad outlines the three decisive historic moments that we decided to prioritize in our chronological trajectory: the aesteticizing modernist revolution of the twenties, the inclination towards socialism that came about in the thirties and the change of course towards an abstract, constructivist and internationalist language that came about in the fifties.

Our roaring twenties initially witnessed the *Pau-Brasil* and later the *Antropofagia* movement. This was the almost inevitable point of departure for our exhibition. At the beginning of the seventies, the rereading of Shakespeare's character Caliban (a name whose pronunciation undoubtedly calls to mind the word Caribbean and which is an anagram of the word 'cannibal' in Portuguese), popularized in Roberto Fernández Retamar's anti-imperialist rhetoric, constituted a symbol against Latin American cultural dependence. But as early as 1928, Oswald de Andrade had been inspired by the Tupí tribe in the creation of a Caliban of his own: the Indian cannibal who, rather than curse the colonists, eats them up, thus taking over the enemies' attributes to break down the barriers of their otherness. That is why in his 'Manifesto Antropófago' Oswald de Andrade declared: 'I am only interested in what is not mine'. And for this very reason, in view of the inevitability of the European, the Paulista poet directs his glance inwards and tropicalizes Hamlet's famous doubt turning it into the no less memorable 'Tupí or not Tupí, that is the question' included in the same manifesto. This formula could be considered the key to our exhibition. From historic avant gardes to concrete poetry movements, from tropical music to the Cinema Novo, they all fed on the anthropophagous feast. The concept is still so up-to-date that sixty years later it became the central theme of the XXIV São Paulo Biennial (1998) and is today, as we said above, the starting point for the exhibition *Brasil 1920-1950: de la Antropofagia a Brasilia* (Brazil 1920-1950: from *Antropofagia* to Brasilia).

In his famous 1942 lecture (reproduced in the documentary section of the catalogue), Mário de Andrade stated 'we lived about eight years, until around 1930, in the greatest intellectual orgy that the artistic history of the country has known'. If the great thinker of Brazilian culture of the first half of the century, who died prematurely in 1945, had been at the inauguration of Brasilia, we would surely have extended the concept of 'intellectual orgy' that he attributed to the twenties a few decades longer. One of our aims is that this metaphor combining libido and intellect represented in the richness and diversity of the original materials present here: paintings, engravings, sketches, manifestos, books, magazines, catalogues, programmes, manuscripts, photographs, films (both artistic and documentary), film posters, musical scores, calligrammes, costumes, tapestries, architectonic plans and models. This 'internal' production is completed by a contrasting 'external' production: the one that corresponds to the large group of 'foreign glances'.

In order to keep to the original aim of starting a dialogue between the different segments, the team of curators and a designer who have set up this exhibition over the last three years conceived the layout of the galleries as a multidisciplinary language.[1] Thus it was possible to establish links between the pre-Columbian nativism of Rego Monteiro's painting and the classics of anthropophagous literature (Oswald de Andrade, Mário de Andrade and Raul Bopp), who, in turn, have their exact counterparts in Tarsila do Amaral's Pau-Brasil and anthropophagous painting. The latter, for her part, has an indirect influence on the utopian projects of the architecture of Flávio de Carvalho, whose work blends in with Gregori Warchavchik's modernist architecture, whose constructivist lines in provincial São Paulo in the twenties are reminiscent of the futurist city in Kemeny's film *São Paulo Sinfonia da Metrópole*. Another example of these imaginary dialogues is, in the late forties, the poet João Cabral de Melo

Neto's constructive rigour that comes close to the tenets of concrete poetry and that, for its part, can be identified with the architectural language of Lúcio Costa and Oscar Niemeyer, a line that began in the thirties and culminated in the design of the city of Brasilia. This, in turn, includes in its inauguration ceremony the *Sinfonia da Alvorada* (Symphony of Dawn), whose composers were later to become two giants of the *bossa nova* in the sixties: Vinícius de Moraes and Tom Jobim.

Another example of the multidisciplinary dialogue is the glass easel holding Tarsila do Amaral's 1928 *Abaporu* (Cannibal), made by Lina Bo Bardi in 1963. The intersection is deliberate, because it permits us to anticipate the presence of the Italian architect in Brazil by three and a half decades and also project –backwards this time– a dialogue between her work and the lines of work to be found in projects by Warchavchik, Le Corbusier, Burle Marx and even Niemeyer. But what we call dialogue and pluralism is even present in the metaphor of cannibalism, which can be interpreted as a process of cultural assumption or hybridization.

Apart from the efforts invested in producing this polyphonic effect, the work team proposed to take up Mário de Andrade's idea: to represent the different Brazilian modernities is a 'de-regionalized' manner to avoid resorting to the traditional hegemonic perspective of the Rio – São Paulo axis. In this sense, Cícero Dias's extraordinary panel *Eu vi o mundo... ele começava no Recife* (I saw the world... it starts in Recife) (1926-1929) shows us an avant garde based on the viewpoint of the Northeast, a region of Brazil made up of nine states, including Pernambuco and Bahia. This is the same region that produced a realist literary trend in the thirties and the revolutionary studies of the sociologist Gilberto Freyre. The Bahia region was immortalized by Jorge Amado's writing, but also yielded the photographic eyes of Pierre Verger and Marcel Gautherot and the masterly lens of Orson Welles, whose film *It's All True* was filmed in Ceará and Bahia. This regionalism, with so many internal contrasts, was a counterpart of a great deal of urban literature that started in the twenties in the work of Mário de Andrade, Oswald de Andrade, Antonio de Alcântara Machado and others. Two decades later, the photography of Hildegard Rosenthal and the anthropologist Claude Lévi-Strauss were added to the continuity of this view of São Paulo. Far from the defence of futurism to be found in Kemeny's film, the cameras of these two foreigners show us the peaceful, paradoxical harmony between the inland scenes typical of suburbia and the verticality that announced the Paulista megalopolis.

Apart from regional differences, it is worth having a look at the plurality of ideological lines generated by a single modernist matrix going from traces of European expressionism in Anita Malfatti and Lasar Segall –even with projects in strong contrast with the aestheticist orientation of Tarsila do Amaral's Parisian avant-garde orientation– to culminate in Oswald de Andrade's anthropophagous period. Parallel to this, there arose nationalist projects that, on the one hand reveal a quest of 'Brazilianness' inspired on native and Afro-Brazilian traditions or expressions in which exaltation of local customs reveals intolerance of things coming from abroad which could lead to fascist-like tendencies. In the transition from the twenties to the thirties, art and literature became politicized at the expense of experimentation. Book covers are most revealing of this movement: they go from an orgy of forms and colours –of creative, challenging design– to a 'serious' engaged approach to social issues, depicted with extraordinary sensibility, for example, in Cândido Portinari's painting and Lívio Abramo's engravings.

Some of the main figures in this exhibition have surpassed their own chronologies or the time limits we have unwittingly imposed on them. This is the case of Rego Monteiro, whose presence was an early omen of the anthropophagous group in the early twenties and came back in the forties with his *Poemas de bolso* and again in the late fifties with his calligrammes, which puts this poet on the same wavelength as the concrete poets during that same period. Another example that goes beyond all time barriers is Flávio de Carvalho. He appeared at the end of the twenties with remarkable architectural projects, whose expressionist features also tinged his unique painting style. In 1930 he attended the IV Pan-American Congress of Architects as the 'anthropophagous delegate'; in 1931 he made the beautiful illustration for the cover of Raul Bopp's *Cobra Norato* and, a few years later, he organized the Terceiro Salão de Maio, and he wrote his manifesto in the magazine *RASM* in 1939, published with a metal cover. He is a real polymorphic personage, quite beyond definition. An architect, a journalist, a writer, a painter, a sculptor, a playwright, an art promoter, he walked the streets of São Paulo sporting the polemic 'new look': the suit made up of a skirt and blouse –also in the exhibition– designed specifically for the requirements of tropical man. In this way he became a harbinger of the happenings that took place during the following decade. A staunch avant-gardist, he is still today a worthy heir of the anthropophagous ideology.

The idea of including a special module of foreigners in this exhibition was necessary if we were to restore a dialogue with the voices that came to Brazil from abroad. To different degrees, the influences were mutual: we can see Cendrars in Oswald de Andrade and vice versa; we can see German expressionism in Anita Malfatti and in Lasar Segall and French cubism-futurism in Tarsila; we can hear Ernesto Nazaré in Darius Milhaud and we can detect African traits in the music of Villa-Lobos and the photography of Pierre Verger. It must be pointed out that the presence of what we call 'translators of Brazil', scattered throughout the exhibition, represent real moments of intervention that throw a new light on its meaning.

Finally, João Cabral de Melo Neto, a translator of Brazil in that country, is also given special treatment in out itinerary because of his importance in Brazilian poetry and his many links with the art and literature of Spain. Hoping that this exhibition dedicated to the *terra brasilis* may arouse the fantasy and appetite of the public, in the name of the IVAM, the team of curators and all those who have collaborated in this project, I am pleased to invite you to partake of this cannibalistic banquet.

1. They are Annateresa Fabris (Visual Arts), Jorge Schwartz (Literature and Photography), Jean-Claude Bernardet (Cinema), José Miguel Wisnik (Music), Carlos Augusto Calil (Foreign Presence), Carlos M. Martins (Architecture) and the architect and designer of the exhibition, Pedro Mendes da Rocha. Besides, Juan Manuel Bonet, Eduardo Subirats and Rubens Fernandes Junior were asked to submit essays.

BRAZILIAN ENLIGHTENMENT
JUAN MANUEL BONET

Like a few other Spaniards, my introduction to Brazilian culture was thanks to Ángel Crespo and more specifically the worthy *Revista de Cultura Brasileña* that he and Pilar Gómez Bedate made for the Embassy back in the sixties, with a design by Manolo Calvo. It was in my parents' house through the collection of issues of this magazine that some names of people in that area began to take shape before my eyes, especially those of the great modernist generation (modernist in the Anglo-Saxon avant-garde meaning of the word), names for which at the beginning of the following decade, in the early seventies, Crespo made for Seix Barral a very comprehensive *Antología de la poesía brasileña. Desde el Romanticismo a la Generación del cuarenta y cinco*, an orange volume that, apart from those brilliant poets, included some earlier ones, among which stood out the disorderly, Babel-like Sousândrade, the author of *Guesa errante* (1866-1977), an expert at chaotic enumeration, the singer of 'Wall Street Inferno' and rescued almost a century later by the avant-garde movements of his country.

Before Crespo's time, hardly anyone in Spain had heard anything about all this. Perhaps we should mention some translations made in 1930 by the Peruvian Enrique Bustamante y Bavillán in the Madrid magazine *Bolívar*, and the intuition of Ramón Gómez de la Serna, who included the term 'Klaxismo' (from the magazine *Klaxon*) in his monumental encyclopaedia of *Ismos* (1931).

As an exception, the first book in my Brazilian library: *Toda la América* (Madrid, Alejandro Pueyo, 1930), by Ronald de Carvalho, surprisingly translated by Francisco Villaespesa towards the end of his literary career. Ronald de Carvalho, who had been one of the Orpheu group in Lisbon in 1915, later came close to avant-garde movements. 'The same very modern literary trends,' wrote his translator in his prologue, 'that have a markedly cosmopolitan air everywhere else, here in Brazil become more intense, rooted in the earth, nationalized.' And he added that the poet 'has a European culture, an American heart, but his eyes are Brazilian, tinged with this unique light that no palette has so far managed to break up into colours'.

Excellent at the art of the vignette, so typical of the dandyish twenties, Ronald de Carvalho makes a sketch of the island of Trinidad, 'in the wet warmth of the morning'; of a night scene in the West Indies which he senses as being full of 'seafaring tunes'; of New York, a scene shared with the Mexican José Juan Tablada; of different Mexican landscapes; of the Andes; of Río de la Plata. Above all else, he felt his own country and said so in this way: 'At this time of pure sunlight, / Upright palm-trees, / Polished stones, / Glimmers, / Sparks, / Glitters, / I hear the huge song of Brazil!'

Some foreigners also heard that huge song. Paul Claudel, for example, French Ambassador during World War II. In the 'Introit' of *La Messe là-bas*

(1917), he salutes 'the first beam of sunlight on the tip of Corcovado', while in the 'Communion' he draws a modern landscape: 'A tram passes, and I can hear the morning sun blazing on the sea and on Brazil.'

With Claudel, as his secretary, the composer Darius Milhaud, the most brilliant name of the Groupe des Six together with Francis Poulenc. The Brazilian chapter of *Notes sans musique*, his memoirs is a delightful piece of Rio magic. In this exalted atmosphere he took inspiration from several districts in the city to compose *Saudades do Brasil*, a title that his countryman Claude Lévi-Strauss borrowed from him years later for his magnificent late Paulista photograph album.

A possible bridge between Darius Milhaud and Tarsila do Amaral: Fernand Léger, the author of the scenery for *La création du monde*. Léger, master painter, and akin to another key figure in Brazilian modernity; of course I mean Blaise Cendrars. If the quite unique marvel that was Tarsila, '*caipirinha vestida por Poiret*' (a countrywoman dressed by Poiret), according to Oswald de Andrade, her husband, did not exist, she would have had to be invented, as she is such a perfect embodiment –see, for example, a painting like *Estação Central de Ferrocarril do Brasil* (Brazil Central Railway Station) (1924)– of modern Brazil, its anthropophagous movement, its capacity of taking over the best of Europe –in her case, the 'military service' of cubism– and re-create it in the tropics with new freedom and new energy, that modern freedom and energy that also surprise us in Heitor Villa-Lobos –so French and yet so well tuned in to the nature and the folklore of his country– and especially in that jewel that is 'O trenzinho do Caipira', while the aria from another one of his so very famous *Bachianas brasileiras*, number 5, is one of those musical pieces that make our hair stand on end because it has come to form such a part of our life.

Blaise Cendrars discovered Brazil for Brazilians, in the words of Erdmute Wenzel White in *Les années vingt au Brésil. Feuilles de route. Le Formose* (1924), with Tarsila's almost stenographic illustrations, who made a version of one of her first masterpieces, *A negra* (Black woman) (1923), is the poetic diary of his trip there and that shared discovery that was to leave many marks in all his work and a passionate love for the country that he always considered his second home. 'I love this city / São Paulo is after my own heart / Here there's no tradition / No prejudice / No old or new / All that matters is this enormous appetite this absolute trust this optimism this daring in work this task this speculation that makes them build ten houses per hour in every style.' The excitement, once this exhibition on Brazil at the IVAM was under way, of being able to use the Brazilian books that belonged to the author of *Anthologie nègre* at the Bibliothèque National at Berne. I feel absolutely transfixed on seeing the colourful rhomboid cover, so tropical, so 1922, of *Pauliceia desvairada*, the great poetic work by Mário before *Macunaíma*, a dispersed song of praise to his home town, a 'ville tentaculaire' whose fog reminded him of London.

In total disorder, depending on chance finds in second-hand bookshops, this uncultivated reader discovered the other poets of that great Brazilian generation and those that followed. Oswald de Andrade, who back in 1912 wrote about the 'last ride of a tuberculosis patient around the city on a tramway' and for whom there is no better guide than Jorge Schwartz, an exemplary comparer in the essay where he puts him in line with Oliverio

Girondo, the author, by the way, of some verses about Rio de Janeiro dated 1920 beautifully self-illustrated with a delicate *pochoir* vignette, like the rest of his *Veinte poemas para ser leídos en el tranvía*. Carlos Drummond de Andrade, whom Rafael Santos Torroella translated for Adonais. Manuel Bandeira, clean, colloquial and varied, of whom I recall a poem about a 'beautiful, rough, unsociable' cactus –a modern plant if ever there was one– and another one about fireworks on Saint John's night, and above all his 'Evocação de Recife', 'as Brazilian as my grandfather's house'. Ángel Crespo has written: 'Understanding Bandeira is understanding Brazil, conservative and avant-garde at the same time, large and private, extroverted and with an almost unnoticeable capacity of becoming lost in thought'. Ribeiro Couto, who composed neat, luminous scenes, of an almost Marquet-like charm, in many of which he sings of that modern topic *par excellence*, the port: 'I was born beside the port, listening to the bustle of loading. / The heavy carts of coffee / Shook the streets and made my cradle rock'. Murilo Mendes, whom I shall come back to shortly. Raul Bopp, the great anthropophagous poet, who was in Barcelona in the forties, of whose work Dau al Set published two collections from his fundamental *Cobra Norato*, a book with echoes of the tom-tom, both compiled by Alfonso Pintó. Guilherme de Almeida, who exalts the taste and colours of tropical fruit, and the sultry heat, and the palm-trees like fans. Menotti del Picchia and his 'verdeamarelo' nationalism, shared with Cassiano Ricardo, the author of *Vamos caçar papagaios*. Cecilia Meireles, in whom I have always noticed a certain 27 generation air. Joaquim Cardozo, who calls the rain Teresa or Maria. Vinícius de Moraes, famous for his *bossa nova* lyrics. João Cabral de Melo, so closely linked to Spain since his time in Barcelona: his exquisite editions of O Livro Inconsútil made with the collaboration of Alfonso Pintó, his poetic and ideological influence on Joan Brossa – a book of whose he published– and other writers of the above-mentioned magazine *Dau al Set*, his beautiful monograph on Miró with the yellow cover, his praise of singing without accompaniment, the rain –he too– in Seville and Galicia... Ledo Ivo. Ferreira Gullar. Décio Pignatari. Haroldo de Campos, who together with his brother Augusto translated Girondo, and who was one of the first to watch the *Hélices* of Guillermo de Torre, who is also present, with his verses, on the pages of *Klaxon*...

Brazil, from symbolism to avant-garde. Like everywhere else, poets, painters, illustrators, caricaturists, architects briskly trod this path between the late tens and the early twenties. This is the case of Ronald de Carvalho, the Andrades (Mário and Oswald), Guilherme de Almeida, Emiliano Di Cavalcanti, John Graz, the sculptor Victor Brecheret, Jorge de Lima, Manuel Bandeira, whose first book, which came out in 1917, is called *A cinza das horas* and contains a sonnet to Antonio Nobre, the Portuguese poet, author of *Só*, whereas in *Carnaval* (1919), peopled by *pierrots* and harlequins, he paid a tribute to Debussy, and in his 'Ritmos disolutos' immediately afterwards we find an invocation to the Belgium of Rodenbach, Maeterlinck and Verhaeren. At a certain stage a breakaway took place, with the subsequent attack on the survivors of the endangered aesthetic. (In the symbolist cycle proper, out of place here, it is worth mentioning the crepuscular voice of Alphonsus de Guimaraens, a poet from Mariana, a dead city and the seat of an archbishopric, where he was a justice of the peace.)

Of all Brazilian poets, the one I feel closest to is Murilo, thanks to Alfredo Montejo from Rio de Janeiro. Involved in the most varied kinds of activities, not only in his native country, but also in Paris, Lisbon and Rome, where he lived for many years, and a great lover of our country, and we must bear in mind, as regards his prose writings about the *Espaço espanhol*, that he is a much more receptive poet than most to the art of painting, and at this point we must remember his book illustrated by Francis Picabia, his conversations with Arp, Michaux or Magritte, his prose text about an etching by Ensor that hung on a wall in his studio, the 'Souvenir Mendes' dedicated to him by Arp in 1955 that appears in *Jours effeuillés*, the monographs about Antonio Calderara –another especially pure voice– and Alberto Magnelli, the texts on Soto, the poems about Klee and Morandi, Lucio Fontana's cover for the *Murilogramas* published by Schweiller... One of his poems that I like best is about Vermeer. 'Here is the morning on the glass; / It is time to decipher the map, / To draw the curtains on the cold sunrise, / To read a disturbing letter / That came from the galley in China: / Until the harpsichord lesson / Through the glass panes / Restores us our innocence'.

In his 1924 manifesto, Oswald praises the 'coachwork perfection'. The whole sentence, very much *L'Esprit Nouveau*, reminds me of a photograph by Man Ray of around that time and a slightly later photogram from the *Noticiario de la Gaceta* by our own Ernesto Giménez Caballero, and Léger's painting: 'Synthesis / Balance / Coachwork perfection / Inventiveness / Surprise / A new perspective'.

'Pau-Brasil poetry,' Oswald writes, 'is a dining-room on a Sunday, with birds singing in the limited forest of their cages, a thin fellow composing a waltz for flutes', etc.

That Oswald in 1924 wanted to be pure and regional in his day; he was fascinated by the 'letters bigger than towers' in advertising and dreamt of agile, illogical novels, circus-like theatre, Brazilian ballets based on folklore, but in a language as modern as the Suédois Ballets, and did not want 'any formula for the contemporary expression of the world'. (A project that unfortunately never materialized, for those ballets of Rolf de Maré, sponsored by Cendrars: a Brazilian show with libretto by Oswald de Andrade, music by Villa-Lobos and stage scenery by Tarsila.)

Pau Brasil (1925), published in Paris by Au Sans Pareil, with its impressive flagged cover and the illustrations by Tarsila: one of the first great books of Brazilian modernism, and a veritable manifesto of deep-rooted modernity, with the ''lapidary concision' that the author of the prologue, Paulo Prado, admires about the Japanese *haiku*. 'Skyscrapers / Fords / Viaducts / The scent of coffee / Framed in the silence'. Or: 'The moonlight is still out there / And the train divides Brazil / Like a meridian'. Referring to Oswald as a pioneer, Paulo Prado again said, 'from the top of an *atelier* in Place Clichy –the navel of the world– he discovered in bewilderment his own land. The return to his fatherland confirmed, in the delight of *Manuelino* discoveries, the amazing fact that Brazil actually existed.'

Mário de Andrade: 'our / Primitivism represents a new constructive / Phase. It is up to us to outline, / To systematize the lessons of the past'.

Spaces of Brazilian modernity: Olívia Guedes Penteado's Paulista drawing-room, decorated by Lasar Segall –the rest of the house was traditionalist–

with avant-garde paintings and sculptures, and Gregori Warchavchik's modernist house, also in São Paulo.

Another space: the one occupied by magazines. Like in the rest of America, they played an absolutely crucial role in Brazilian avant-gardes. The list, showing a bonanza that not only involved Rio and São Paulo, but even the most out-of-the-way provinces –the provinces played a very important part in modernism in Brazil– includes *Anta, Arco e Flexa, Ariel* –a title that is repeated all over the continent– *Atlantico, Electrica, Festa*, the foundational *Klaxon* –very much Léger, very much *L'Esprit Nouveau*: the writers chose a constructivist format and spoke about the jazz age and Charlie Chaplin, known as 'Carlito' in Brazil, *Papel e Tinta, A Revista, Revista de Antropofagia, Terra roxa e outras terras, Verde*...

Visitors, commercial travellers from one branch or another, arrived during those years. Blaise Cendrars, mentioned above, was the greatest of them all, but he was not the only one. We must not forget the visit of the swift and always polemic Paul Morand, the more tempestuous Filippo Tommaso Marinetti –an anthology of whose manifestos was published by Graça Aranha– David Alfaro Siqueiros, the great Mexican propagandist of continental revolution, Benjamin Péret –who later married singer Elsie Houston, and went back in the fifties as a staunch supporter of Trotsky's Permanent Revolution– Le Corbusier, Alberto Sartoris, Henri Michaux, who drew Brazilian trees in 1939-40, and who, as a sailor twenty years previously, had paid a brief visit to Rio, from where he had had to be repatriated due to a serious illness... The *estridentista* Mexican Luis Quintanilla, 'Kin Tanyia', too: my copy of his first book, *Avión* (1923), with its spectacular red and black cover of Doctor Atl, dedicated in Rio in 1928 to Mário de Andrade and dedicated again, a few weeks later, in the same red pencil that he used to cross out the first inscription to the Argentine *ultraísta* Pedro-Juan Vignale, married to the Brazilian lyric soprano Gabriela Bittencourt.

Paul Morand's guide was Alfonso Reyes, posted there as the Mexican ambassador –see his one-man magazine *Monterrey*– who took him to the red light district of Mangue, immortalized years later by the monumental book by the same name written by Lasar Segall. The author of *Ouvert la nuit* describes Rio as a 'very official and very green part of Brazil, full of American cars and international ideas'. He notices the gramophones in the cafés, vomiting streams of maxixes over the slothful black men; the attractive figures of the black women passing by; the three-engined Pan American aeroplanes that people watch listlessly; the concept of the *saudade*, like everyone else; the barges on the Amazon wending their way through Monet-like water lilies; birds in their pineapple fibre cages. And he thinks of Portugal, over the horizon.

São Paulo, a modern city and the main birthplace of modernism in Brazil, has been perfectly expressed by the photographs, especially the night scenes, with their neon lights and black cars, of Hildegard Rosenthal, the local counterpart of Horacio Coppola in Buenos Aires.

In painting, after Tarsila, after the *Semana de Arte Moderna* in São Paulo in 1922, where the visual arts, music and poetry converged, the unfurling of the multicolour labyrinth of modern Brazil. Anita Malfatti and her expressionism with the influence of Germany and New York. Di

Cavalcanti. Vicente do Rego Monteiro, who was nearly as important as Tarsila in the process of taking over and Brazilianizing the European, mainly French, avant-garde and who later, in the time of La Presse à Bras, shared his taste for the little press with Cabral. Lasar Segall, Lithuanian by birth, German by training, and at the end of the day more Brazilian at heart than anybody. Cândido Portinari, who in certain areas of his work –I am thinking of *Café*, (1935) his masterpiece– was a great deal more than just an earnest believer in social realism: a person who knew how to embody a feeling of place. Flávio de Carvalho, a veritable one-man orchestra, who just as soon paints as he builds rationalist houses, renovates national stage scenery or designs fantastic tropical costumes. The meteoric Ismael Nery, so akin to Murilo. António Gomide. Oswaldo Goeldi. The Santa Helena group or Paulista Artistic Family, a local, creole, suburban and modest but not in the least contemptible version of the Italian Novecento –unmistakable influences of Carrà, Sironi, Ottone Rosai– among whom Alfredo Volpi stands out with his sensitive, popular geometry: simple houses, streamers, clothes blowing in the wind, in short 'a rigorous, frontierless flag', in the words of Murilo Mendes. The charming Guignard, whom Roberto Pontual likens to Dufy. José Pancetti: his ultimate self-portrait as a sailor, with the second, Argentine, edition of *Ismos* under his arm. Closer to us, Samson Flexor, Waldemar Cordeiro, Almir Mavignier, Ivan Serpa, Geraldo de Barros, the concretists and then the neo-concretists, the generation of Oiticica, of Lygia Clark, of Lygia Pape, so justly present in the debate about Latin-American culture today.

A special soft spot for the plastic and poetic universe of that rare mystic geometrician that was Pernambuco born Vicente do Rego Monteiro, *déco* painter, whose *Poemas de bolso*, a little treasure of rustic typography, I came across in Le Balcon, Philippe Chabaneix's sadly missed bookshop in the rue Mazarine.

There are always bridges between art and literature in Brazil. Bridges in the 'Semana de 22'. An inner bridge, in the case of Rego Monteiro. A symbolic bridge in the case of 'Tarsiwald', as Mário de Andrade called the couple: the dialogue between Tarsila and Oswald, both of whom were intent on the 'geometrization of the tropics,' in the words of Schwartz. The Cendrars-Tarsila bridge: their trip to Minas Gerais in the company of other *modernists* in 1924, and their excitement on discovering the heart of Brazil. In the fifties, bridges between the geometric painters and the visual poets.

Bridges, also analysed by Schwartz, between cosmopolitan Brazil and Oswald's cannibalistic Brazil, and the Argentina of Oliverio's *Martín Fierro*: both of them expert at 'living out of a suitcase' in Paris in the twenties, although they did not meet until a long time afterwards. (Brazilian flags in Xul Solar, in whose library there is a dedicated copy of *Macunaíma*. In Oswald, 'the palm-tree antennae listen to Buenos Aires / On the wireless telephone'.)

The MoMA in New York, which back in 1943, right in the middle of World War II, organized a pioneer exhibition of architecture under the title *Brazil Builds*, curated by Philip L. Goodwin, and whose catalogue, not without some historic examples, is still a fundamental reference, once again showed deference towards the subcontinent by setting up in 1991 a retrospective exhibition on Roberto Burle-Marx, the painter who ended up being a genius at gardens. (The fact that Burle has not yet become a household

word is a token of a kind of tardiness as regards the recognition of Brazilian artists.)

Brazil Builds showed an acknowledgement of the huge creative potential of new Brazilian architects. After the above-mentioned ahead-of-his-times Russian architect Gregori Warchavchik, during the Getúlio Vargas years came Lúcio Costa, Oscar Niemeyer, Rino Levi, the brothers Marcelo and Milton Roberto, Bernard Rudofsky and Atilio Corrêa Lima –the author of Rio Hydroplane Station– among others, who adapted international style to achieve a unique hybridism of great influence all over the world. For the consolidation of this project, in which Burle was also involved, the visit paid by Le Corbusier –who publicized Brazilian issues at CIAM sessions– and the building of the Ministry of Education in Rio by a team working under his orders, with its *brise-soleil* characteristics, was crucial.

Among the avant-garde magazines I still have not mentioned, there is one Paulista one whose title I consider a clear statement of its intentions: *Martinelli e outros aranha-céus*. The mention of that skyscraper can be related with other similar realities and projects from the decade of illusion. During the fifties, Eugenio Montes intended to set up in Ourense a magazine that would have been called *Rascacielos* in the *ultraísta* period. There was in fact a magazine with this title in Lima in 1926. The *estridentistas* turned Jalapa into *Estridentópolis* and imagined it with high communication towers. Juvenal Ortiz Saralegui wrote a book of poems called *Palacio Salvo* (1927), about a skyscraper in Montevideo that Le Corbusier hated, incidentally. Madrid based Casto Fernández Shaw, traditional and futurist at the same time, preferred to combine *Cortijos y Rascacielos* in the following decade. 'More asphalt, more asphalt!' Martinelli's followers shouted, reminding me in this also of the *estridentistas* too, with their love of the smell of petrol and burnt rubber in the modern avenues of Mexico D.F.

Another Brazilian *haut lieu*: the 'Casa de vidrio' that in 1951 Lina Bo Bardi built herself and her husband, art historian and museographer Pietro Maria Bardi –this couple had moved from their native Italy five years previously– in the midst of the woods around São Paulo, a glass house very different from Pierre Charreau's one in Paris, an open, diaphanous house blending in with the tropical vegetation from which it emerged, among whose treasures were some paintings and engravings by their fellow countryman Giorgio Morandi. 'If rationalist architecture,' Josep Maria Montaner wrote very appropriately, 'was based on simplification, repetition and prototypes, Lina Bo Bardi succeeded in introducing poetic, irrational, exuberant and unrepeatable ingredients into a strictly rationalist and functionalist support.'

There are many more things that I should mention. Sérgio Milliet, one of the great critics of his generation. Paulo Prado, a very close friend of Cendrars', and a kind of 'Barnabooth's brother', according to Oswald. António Ferro's relationship with the Brazilian modernists; Ferro, who dreamt years later of the 'United States of Saudade'. The Spanish chapters of *Pathé Baby* by António Alcântara Machado, a traveller and prose writer missing from a certain *Diccionario de la vanguardias en España*. The strong links the Argentine reciter Berta Singerman, who was so close to the poets whose works she read, had with Brazil since the twenties –Buenos Aires, October 1999: her impressive version of Jorge de Lima's 'Negra Fulô' heard over the loudspeaker while we were being shown her shabby stage costumes– and Lasar Segall and Di Cavalcanti, and Ismael Nery. The cinema of Alberto Cavalcanti, a pioneer of European avant-gardes. The great Gilberto Freyre, much more than a sociologist from the north-east: his friend Julián Marías introduced him to us; not very long ago he dedicated a lucid third of the magazine *ABC* to him. Sérgio Buarque de Holanda, who also contributed to defining the country. The French photographer Pierre Verger, portrayer in black and white of *Bahia de tous les poètes* where that great traveller around Africa and America ran aground forever more. Germaine Krull's rare little book about Ouro Preto, published in Lisbon by the SNI in the middle of World War II. Composers like Ernesto Nazareth, Camargo Guarnieri or Francisco Mignone. Horacio's view of Aleijadinho, the sculptor that Cendrars was so taken with in 1924. The spells spent by the Mexican Salvador Novo in Brazil –Rio and Santos– that he himself describes in his travel book *Continente vacío*. Surrealist sculptor Marisa Martins' strange work. Mario Praz and his prose about the phantasmagoric Amazon city of Manaus, in *Il mondo che ho visto*. His fellow countryman Giuseppe Ungaretti, Brazilian by adoption for part of the thirties, like the Austrian Stefan Zweig, who committed suicide, and the American Elizabeth Bishop a few years afterwards. Roger Bastide and his *Brésil, terre de contrastes* and Gilles Lapouge's *Equinocciales*. Antonio Bandeira's fortunes in the Paris of Wols and Camille Bryen, with whom he founded the short-lived group Banbryols in 1949. The travels in Brazil of Calder, Max Bill or Max Bense. The São Paulo Museum of Modern Art, its first director, the French critic Léon Degand, Mario Pedrosa and the first Biennials. The fortunes of a varied assortment of Spaniards in Rio, such as Francesc Domingo, Rosa Chacel and Timoteo Pérez Rubio, Joan Ponç, Alfonso Pintó, Manuel Segalá, Isabel Pons or the Valencian pianist Tomás Terán, a friend of Alejo Carpentier's and Edgar Varèse's in Paris in the twenties and one of the best interpreters of Villa-Lobos...

And Brasilia.

FROM SURREALISM TO CANNIBALISM
Eduardo Subirats

Depois do surrealismo, só a antropofagia.
(After surrealism, only anthropophagy)
Oswald de Andrade

1

The *Révolution surréaliste* was made up of a series of different artistic intentions and projects. André Breton saw it as an attack on functionalist aesthetic and as the subversion of the values of industrial civilization. As opposed to these, surrealism was to rediscover the world of the unconscious, dreams and madness, examine old mythologies and reinstate the rights of ancient cultures. According to Walter Benjamin, his call for artistic freedom had not been heard in Europe since Bakunin's time. In a similar way, Herbert Read, inspired by Nietzsche's criticism of culture, called surrealism 'a transmutation of all aesthetic values'.[1] The new art embraced the revealing experience of an unrepressed reality.

Surrealism, however, meant rather more than all this. When Breton suggested, in his 'Seconde Manifeste du Surréalisme', that it was necessary to go into the streets with a pair of guns in one's hands and shoot at the crowd as a supreme act of surrealist subversion, his proposal, not only to an ostensible but in fact a spectacular extent, went beyond the limits of traditional artistic representation. Benjamin tried to formulate this revolutionary dimension of surrealist aesthetic by means of the concept of *profane Erleuchtung*, a 'profane enlightenment' that evoked a religious or mystic experience and, at the same time, an illustrated or enlightened criticism. A 'profane enlightenment' was an experience akin to ecstasy and hallucination, like the visions produced by drugs or mystic delirium. But this enlightenment was rather more than an aesthetic vision. The 'profane enlightenment' could turn a tedious Sunday afternoon into an experience that revealed the intimate nature of things. *Sie bringen die gewältigen Kräfte der 'Stimmung' zur Explosion...*, wrote Benjamin in this respect: profane enlightenment brought about the explosion of the secret innermost voices of reality.[2]

Breton's *Nadja* is an example of erotic ecstasy. The transformation of the individual conscience by means of an unrepressed erotic experience was Bataille's literary aim. García Lorca's tragic view of New York seen as an underground world ruled by satanic powers also gives way to a prophetic vision, the apocalyptic epiphany of the forces of nature: *veremos la resurrección de las mariposas disecadas... y manar rosas de nuestra lengua* (We shall see the resurrection of desiccated butterflies... and roses sprouting from our tongues).[3] This revealing dimension of surrealist poetry was also a central focal point in the work of Antonin Artaud. His investigation of ancient rites and gods was tinged by the same pursuit of spiritual regeneration.

After the Second World War, however, the reception of surrealism lost that optimistic, liberating tone completely. The landscapes of anguish, irrationality and destruction of the final years of fascism in Europe marked a radical change in civilization. The synthesis of Nietzsche's *Übermench* and Sade's *libertin* crystalized by Bataille in his literary work and essays was too close to the Nazi heroism of industrial extermination of human masses. The book *Dialektik der Aufklärung* by Horkheimer and Adorno, published in 1947, had revealed violence and irrationality as the hidden face of industrial rationalization, not as an alternative to its actual oppressive order. In the same sense, years later Pasolini's unforgettable film *Saló* showed fascist torture, rape and murder as the other side of rational mass production and the logic of mass consumerism.

Mass ecstasy and hallucinations, political paranoia, large-scale destruction, the fragmentation of reality, nightmares and madness had been an everyday reality in Europe for many years. Everybody had felt for themselves the real meaning of that *besoin social du toxique*, that mass drunkenness that Artaud had vindicated in 1926.[4] The surrealist call for a general mobilization of the irrational that Dalí had announced had become a commonplace of militarist propaganda. In 1929, this artist had foreseen that the day would soon come when general, systematic confusion between reality and hallucination would spread to the whole human race through the artistic creation called *active and paranoiac*: *[Il] est proche le moment où... il será possible de systématiser la confusion...*[5] The World War turned that crucial moment into a painful reality.

In his 1950 essay *Rückblickend auf der Surrealismus*, Adorno denounced surrealist emancipation as a deception. His criticism was directly aimed at the artistic principle of psychic automatism wielded by Breton as the means to achieve new poetic freedom. It is not possible to compare dreams with automatic writing, Adorno said. The very process that absorbs the best of the surrealist poet's energies, that is to say, freedom from the restraints that our conscience places on our psychic life, takes place in dreams with total ease and much more efficaciously. Adorno concluded: instead of emancipating the unconscious, the technique of psychic automatism has produced substitutes for it.[6]

2

The aesthetic of surrealism nullified the experience of an objective reality and, to the same extent, annihilated the rule of a rational and sovereign conscience, together with the repressive moral and aesthetic values associated with this individuation principle. By overcoming the Ego in this way, it should be possible to bring about the experience of a new poetic reality. Breton called it the experience of the wonderful, thus relating surrealism with the aesthetic tradition of Romanticism. *Le merveilleux est toujours beau* (the wonderful is always beautiful), he wrote in his first 'Manifeste du Surréalisme'[7] in this respect.

But in this manifesto, Breton not only considered the surrealist experience as the discovery of a new, strange, exotic, reality, oneiric and unreal. At the same time, he defined surrealist aesthetic as a 'belief' in the 'superior reality' of the wonderful worlds of dreams, hallucinations and rituals. Seen in its most rigorous light, surrealism strove to achieve a whole new ontological realm. In Breton's own words, surrealism was *une sorte de realité absolue* (a kind of absolute reality), the synthesis of dream and objective reality in an absolute sphere of being.[8]

This ontological pursuit of surrealism took shape in a series of different artistic products. The first of these and the most elementary of them all was the freeing of the unconscious by means of automatic writing. Then came the surrealist objects, also called 'solidified desires'. In his article 'Introduction au discours sur le peu de réalité', published in 1924, Breton tried to materialize the surrealist aesthetic through the mass production of these hallucinatory objects: *Je proposais récemment de fabriquer, dans la*

mesure du possible, certains de ces objets qu'on n'approche qu'en rêve et qui paraissent aussi peu defendables sous le rapport de l'utilité que sous celui de l'agréement (I recently proposed making, as far as possible, some of these objects that we only approach in our dreams and that seem as difficult to defend for their usefulness or for their pleasantness).[9] The mass distribution of these magic-realist or fetishist objects became a surrealist revolution in its own right.

3

Within this transition from the surrealist experience of an unrepressed reality to the production of a new world, both objective and irrational, Salvador Dalí's aesthetic revisionism played a major role that has never been suitably acknowledged. But it is precisely from this both cultural and ontological viewpoint that Dalí's surrealist programmes, and especially his manifesto *L'âne pourri* about the so-called 'critical paranoia', are a token of his importance from an aesthetic and civilization point of view. Dalí's prescription, inspired by Lacan's early essays, concerning paranoia and its relationship with artistic creation, radicalized the surrealist project to produce a new reality according to Breton's formula. Dalí foresightedly called it the realm of 'simulacrums'.

Dalí's proposal included a series of successive stages. In the first of them, these simulacrums emerged in the midst of a generalized confusion of cultural norms and under the principle of diffuse violence against established moral values. Just like in the theory of automatic writing formulated by Breton, the negative condition of the so-called critical-paranoiac production consisted of deactivating the conscious rational experience of reality. But Dalí went one step further than Breton's definition of surrealist poetic of the unconscious or of realized dreams. The aim of critical paranoia consisted, besides, of the complete massive destruction of all subjective belief in a normal everyday reality. In the lectures he delivered in Mexico in 1936, Artaud defined surrealist *Zeitgeist* under a similar horizon to an 'esprit suicidaire'. Just as in Dalí's programmes, this suicidal spirit consisted of the devaluation and destruction of everyday reality: *L'idée est de briser le réel, d'egarer les sens, de démoraliser si possible les apparences...* (The idea is to break the real, to mislead the senses, to demoralize appearances if possible).[10]

Once the destruction of everyday reality was completed, a new world of systematically produced simulacrums should spontaneously emerge from the unconscious. These simulacrums were at the same time irrational and intentional, illogical and systematic. The superior reality of this new realm of irrational objects would include at the same time the aesthetic character of the sublime and the mystic dimension of an ecstatic vision. Finally, the inexorable power of these compulsive or paranoiac visions would oust all other realities and all imaginable forms of human experience and communication.

Dalí compared this surrealist transformation of a dull or even decayed everyday life into sublime or marvellous hallucinations with the transubstantiation of human suffering and misery into ecstatic visions of absolute pleasure represented by Catholic mysticism during the Spanish baroque period. In the manifesto *L'âne pourri*, this artist stated that even if one of these simulacrums 'took on the appearance of a putrid ass, and although this ass were really horribly rotten, and covered by thousands of flies and ants... nothing could convince me that his cruel putrefaction was anything but the harsh, blinding glitter of new precious stones. (*Rien ne peut me convaincre que cette cruelle putréfaction de l'âne soit autre chose que le reflet aveuglant et dur de nouvelles pierres précieuses).*[11]

Dalí's contribution to surrealist aesthetic is a great deal more important than is generally acknowledged. Of course Dalí can be seen simply as a special case amongst the surrealist artists revolving around the figure of Breton. His works, on the other hand, somehow or other bear the stigma of being merely eccentric. Besides, Dalí was not French. Worse still: he was Spanish. His artistic production and presentation explicitly exhibited the Spanish traditions of Catholic mysticism and the aesthetic of the grotesque. And Dalí showed his deep baroque fascination for the most theatrical aspects of life. In his paintings and in his scandals, this painter vigorously expressed the values of a Spanish culture marked by repression and authoritarianism, with its dramatic contrasts and conflicts. His artistic performances were always provocative, irritating, misleading and spectacular.

All these characteristics made Dalí an embarrassing member for the surrealist movement, with all its illusions of freedom and its defence of progressivist revolutions. And, however, Dalí's manifestos, his films, his visual works and his novels should be situated precisely at the inflection point of the evolutionary line that goes from modern surrealism at one end to postmodern spectacle at the other. His aim to produce a completely new irrational reality by means of critical paranoia was, as Dalí himself had said, the ultimate consequence of the metonymical freedom of the unconscious proposed by Breton, which he refused to assume. The automatic production of an irrational reality capable of taking the place of human experience in a chaotic, conflictive and dying world and destroying it, among cynical laughter, scatological scandals of death and the putrefaction of civilization, was a lucid foresight of our historic present.

In 1958, the first issue of the magazine *Internationale Situationiste*, a French avant-garde group of intellectuals vaguely related to the surrealism of the postwar years, published a brief essay titled 'Amère victoire du surréalisme'. It reached the following conclusion: surrealism has triumphed in a world that has not changed in fundamental issues. This victory has taken its revenge, however, on surrealism. That same paralysed culture 'maintains surrealism up to date at the expense of promoting the multiplication of its debased repetitions'.[12]

This situationist criticism of surrealism raised new issues: the attitude towards the consumer society and towards a world of commercialized values and objects, a criticism of simulacrums and the theory of late modern spectacle. Adorno had already hinted at a relationship of contiguity between surrealism and commercial aesthetic in his interpretation of the surrealist revolution from the cultural and historic viewpoint of the postwar years in Europe. In his essay about this matter he had spoken of the link between Max Ernst's collage technique and his materials taken from the mass media. In this way, Adorno pointed out the similarities between the surrealist fragmentation of the body and the visual techniques of mass pornography. Years later, and with a very similar critical intention, Pasolini made the executioners in his film *Saló* quote the idealization of the libertine by Pierre Klossowski and Bataille's defence of irrationalism in the midst of a Renaissance setting, decorated with surrealist and futurist paintings. In this way he linked surrealist irrationalism with the extermination of human masses of the fascist era and, at the same time, with the consumerist destruction of life and culture in the postmodern age. Once again, in this terrain Dalí offers us a key to the understanding of the ambiguous cultural meaning of surrealism. In one of his most suggestive

essays, 'La conquête de l'irrationel', written in 1935, the painter revealed a usually hidden link between the aesthetic of surrealism and a radical conflict of industrial culture. Contemporary culture 'has systematically been stultified by mechanization and punishing architecture,' wrote Dalí in clear allusion both against functionalist architecture and the avant-garde aesthetic of mechanization.

The bureaucratization and rationalization of culture brings about the 'death of the imagination,' he writes next, with the same viewpoint as Breton in his rejection of modern industrial rationalism. But Dalí introduced an entirely new element into Breton's opinion. On the one hand, modern functionalist culture was indeed characterized by irrational frustration and what Dalí called 'a hunger for fatherly love and the like'. On the other hand, rationalized modern cultures could no longer provide the comfort and compensation that Dalí coarsely called 'the sacred totemic host, the spiritual and symbolic food that Catholicism has offered the people for centuries to calm the cannibal frenzy of moral and irrational hunger'.

One of the central themes in Dalí's essay 'La conquête de l'irrationel' was fascism in Europe. Mankind today pursues in vain the 'triumphal and decrepit sweetness of the rounded, atavistic, tender, militarist and territorial hump of any Hitlerite wet-nurse...' he wrote in this regard. (*La douceur gâteuse et triomphale su dos dodu, atavique, tendre, militariste et territorial, d'une nourrice hitlérienne quelconque...*).[13] Just like Freud, Ferenczi or Reich, Dalí saw fascism as the expression of unsatisfied irrational impulses and repressed traumas. But, unlike theirs, Dalí's approach to modern fascist mass movements did not seek to reveal hidden impulses. Instead, Dalí intended to replace derision of fascism with mass consumerism.

The name Dalí gave to this radical twist of surrealist aesthetic was 'cannibalism'. To a certain extent, this term had become a watchword in Paris avant-garde artistic circles. In the early twenties, Picabia had published a magazine called *Cannibale*. But Dalí transformed what was to his surrealist colleagues nothing more than a provocative gesture devoid of meaning into an artistic and systematic civilization programme. His ultimate goal was not that dreams come true, or a new revolutionary poetic but, in his own words, to turn aesthetic surrealism into eatable surrealism. Dalí wrote about this in his unmistakable outlandish, turbulent jargon: 'In such circumstances, Salvador Dalí proposes... eating surrealities, since we surrealists are an excellent, decadent, stimulating, extravagant and ambivalent titbit... We are caviar, and caviar, you can take it from me, is extravagance and intelligence of taste, especially at a time like the present, when the irrational hunger I have just referred to, that infinite, impatient and imperialist hunger, grows more and more desperate every day... There is no food better adapted to the climate of ideological and moral confusion in which we have the honour and the pleasure of living.'[14]

The cannibalistic programme comprised a double aesthetic subversion of surrealism. In the first place, it exchanged psychic automatism for the active production of a new universe of irrational objects. In the second place, it turned the artistic experience into an aesthetic of mass consumerism. The triumph of this double aesthetic conversion marks our cannibalistic age as an age of mass derision and consumerism. Dalí called it *L'âge d'or*.

4

Throughout this overview I have tried to emphasize three fundamental historic phases in surrealist aesthetic and criticism. At the start, surrealism appeared as liberating enlightenment. Later, in the light of the Second World War, surrealist aesthetic was understood more from the point of view of its confluence with the mass derision strategies of European totalitarianism. Dalí's work represents the access to the third evolutionary stage of surrealist aesthetic in late modern culture. His cannibalistic programme was presented explicitly as an alternative to fascist mass mobilization. Dalí's cannibalism constituted the crudest artistic expression of a civilization whose final aim was the consumption of debris and the spectacle of its own destruction that the human race contemplated as an expression of its historic greatness.

From this point of view, Dalí's programmatic cannibalism could be defined as the transition from the mythologies of fascists masses to the postmodern production of simulacrums. And his artistic work must be seen, from this angle, as the crossroads of the trickery strategies in the Spanish Counter-Reformation and the surrealist metaphysics of a renovated realm of collective hallucinations and postmodern virtual realities.

On reaching this third phase and, as a result, this final conclusion of the logic involved in surrealist utopia, we must ask ourselves one last question: What became of that liberating energy that had been the starting point of the artistic experience of young artists and intellectuals like Aragon and Artaud, Ernst or Lorca? If surrealist aesthetic has ended up leading at the end of the century to the production and consumption of simulacrums, and if psychic automatism has finished reduced to the postmodern banalizing mass communication spirit, what has become of that 'profane enlightenment' that was originally attributed to surrealist poetic?

To answer this question we shall have to make a quick trip to a place as far away and mysterious as the rainforests of Brazil. Our Ariadne's thread will still be cannibalism. Nevertheless, before going into the subject of Brazilian *antropofagia*, I would like to make a brief comment on the European and Europocentric history of this concept. We must take it into account, in the first place, that before it was a culinary custom of the native peoples of America and the Caribbean, cannibalism was, fundamentally and fundamentalistically speaking, a European invention and obsession. The first conquerors and missionaries in the New Continent covered up the stories of their own atrocities against the cities and the peoples of America with stories about the cannibalistic ferocity of the savages there. Cannibalism was an element of the utmost importance in the representation of the discovery of the New World throughout the 16th century, as we can see, for example, from Jan van der Street's engravings about *Americas reperta*. Montaigne and de Bry took the first testimonies of cannibalistic rituals and tales with ambivalent mixed feelings. Their comments and interpretations of the subject reveal at the same time their anxiety at the signs of a Dionysian life under which cannibalism existed (signs associated with repressed fantasies of cruelty and threat) and, on the other hand, their nostalgia of a lost Paradise (a nostalgia defined by orgiastic nudity). Modern artists like Dalí or Picabia shared these same mixed feelings about a sort of cannibalism both feared and sought after at the same time.

In the Brazil of 1920, the painter Tarsila do Amaral and the poet and philosopher Oswald de Andrade, together with a heterogeneous assortment of novelists, linguists and philosophers, founded an artistic and intellectual movement which they called Movimento Antropofágico. Under the sign of *Antropofagia*, poems and manifestos were published, paintings were made, novels and essays were written and the attention of the public was attracted to a new, revolutionary meaning of cannibalism

and pre-colonial civilizations in America. It must be pointed out, however, that for these artists of the Latin-American avant-garde cannibalism was rather different from the commonplaces of ridiculous horror and hypocritical envy of orgiastic nudity in which the millenarian cultures of the Amazon jungles were represented. *Antropofagia* addressed, in the first place, the historic roots of the destroyed civilizations of America. In the second place, it revealed a new meaning of the relationship of human beings to nature, to their own body, their sexuality, their affections and, last but not least, to their community. Brazilian *Antropofagia* transformed the fears and hatreds traditionally linked to European stories about American cannibalism into the artistic acknowledgement of a state of absolute freedom and a poetic vision of cultural renovation.

Só a Antropofagia nos une... Já tínhamos o comunismo. Já tínhamos a língua surrealista. A idade de ouro... (Only cannibalism unites us. Socially. Economically. Philosophically... We already had communism. We already had a surrealist language. The golden age). So wrote Oswald de Andrade in his 'Manifesto Antropófago' in 1928.[15]

European and Europocentric criticism has considered the Movimento Antropófago an offspring of the futurism and surrealism of the first decades of the 20th century, and also a translation of the French and Italian avant-gardes into Portuguese with a savage, tropical accent. Certainly the influences –usually mutual although not often mutually acknowledged– between the avant-gardes of the ex-metropolis and the avant-gardes of the post-colonies are varied and colourful. However, precisely in their most radical aspects, the philosophical and political views and the conception of culture of Oswald de Andrade and Tarsila do Amaral must be read rather as the very opposite of the futurist cult to the machine and industrialism, and the surrealist scatology of simulacrums and their promise of virtual redemption. Paradoxically and ironically, what the surrealists staged as a hasty breakaway from the values of modern industrial capitalism and European classicist tradition Oswald de Andrade found effortlessly and in enormous abundance among the forgotten ruins and treasures of the past of the historic civilizations of America. The futurist defence of the new also became the opposite in the Movimento Antropófago: the acknowledgement of popular Brazilian cultures and their millenary oral memories. The golden age, at the end of the day, that the European avant-gardes saw as a virtual future was cannibalistically claimed by Brazilian artists as the cultural backcloth of a multireligious, multiethnic and multicultural reality.[16]

Brazilian *Antropofagia* opened up a completely different political and artistic perspective from the dialectic of the European avant-gardes. The latter started with abstraction and the elimination of the past, and tendentiously endorsed the substitution of the individual artistic experience for the artificial logic of the machine or the elevation of aesthetic representation to a real spectacle.[17] The viewpoint of *Antropofagia*, on the contrary, strove to achieve a reconstruction of cultural memories, the recreation, based on their symbols and knowledge, of a non-aggressive relationship between nature and civilization, a pleasurable restoration of sacred nakedness and the rejection of a magnificently adorned civilizing oppression.

The enlightening force of *Antropofagia* came from a re-sexed orality and a culture centred on the assimilation and first-hand, corporeal, erotic communication. This orality simultaneously included the shamanic sanctification of the body, and the historic memory transmitted by traditions, dance and song rituals and the magic presence of nature... That is why the most outstanding work that was born of this new sensibility and conception of the world was *Macunaíma, O herói sem nenhum caráter*, by Mário de Andrade. *Macunaíma* is an epic novel. A novel about an epic hero who immediately makes us think of Cervantes' Quixote. It is also a novel with a Dionysian hero. For that very reason it goes against the Christian idea of a cultural hero and its extension over all the modern values of the patriarchal rational subject. *Macunaíma* opens up for the reader a marvellous world of obscene laughter, lascivious play, the poetic fantasies of millenary myths and the shamanic mysteries of the rainforest. A Dionysian subversion of metropolitan and industrial civilization unlike any other in the universal literature of the 20th century. That is why the dominant literary critics, canonizing and Europocentric, regionalized the book. *Antropofagia* was born as a defence of a broad concept of orality and, subsequently, as a demythologization of the dialectic of writing, death and conversion that defines the process of the colonization of America –and that defines modern conscience, in other words, the Christian and enlightened conscience, as the *tout court* colonizing subject. [18] *Antropofagia* is a radical criticism of the mythological patriarchal bases of this same modern rationality.

In his mature essay *A Crise da Filosofia Messiânica*, Oswald de Andrade redefined this intellectual and artistic criticism of capitalist civilization that he had aphoristically formulated in his cannibalistic programmes in the twenties. And in this work he took a fresh look at the civilizing dream behind them. The poetic dream, the intellectual project, the cannibalistic utopia were founded on a synthesis of magic and modern reason, on an assimilation of modern technology by the shamanic spirit of the jungle. This involved setting up a dialogue between the 'drawing-room and the jungle', between scholarly culture and popular culture, between the memory of the past and projects for the future, and between regionalism and cosmopolitanism. It also involved a renewed harmony between technology and nature. This proposal was given a beautiful name: 'Pindorama Matriarchy'. It was the synthesis of a matriarchal production system centred on the life cycles of nature, on the body and on desire and, on the other hand, modern techno-scientific development. [19]

Oswald de Andrade's utopia pointed towards a renovation of artistic languages and modern culture. What is more, his redeeming spirituality represents the other scene of the dialectic of self-destruction of the artistic experience and the production of a new *sui generis* realm of substitutes, fetishes and simulacrums to be found in all the 20th century avant-gardes (and to be found particularly in the transition from dadaism to surrealism and, finally, to postmodern cannibalism, as I have pointed out in this article). To this extent, *Antropofagia* transcends the logical and historic limits of European artistic avant-gardes and their globalizing internationalism. We might say that *Antropofagia* is the surpassing of the limits that negatively define surrealism and its degrades end products. This is the meaning of the words Oswald de Andrade used to close his 1929 manifesto published in the *Revista de Antropofagia*: *Depois do surrealismo, só a antropofagia* (After surrealism, only anthropophagy). [20]

The Movimento Antropófago was part of a culture marginalized on an international level, defined by its multicultural and multiethnic richness and its postcolonial dependence and misery. All these reasons do not make it less but rather more relevant in the panorama of failure and exhaustion in which 20th century modernity has ended. The criticism and the utopia that all these Brazilian artists and intellectuals contributed point, on the contrary, towards a creative path open up to the future both culturally and

politically. We must not forget either in this context that from Gauguin to Lorca, from the German expressionists to the French surrealists, from Stravinsky to Klee, 20th century European art has maintained an intense dialogue between the modern and what we still call the primitive, between the abstract values of techno-scientific rationality and the abstract values defined by the oldest religions and cultures on the planet, in Africa, America and Asia; a dialogue that has occupied, besides, a central position in the renovation of a spiritual sense capable of humanizing the late modern civilization. Perhaps we should recall here for that very reason the words of Hermann Bahr in his essay about the revolution of German expressionism: 'We must turn ourselves into barbarians to save the future of humanity from the state in which it has fallen today... we must escape from a "civilization" that is eating up our souls'. [21]

But our historic landscapes are no longer those of German Expressionism or Brazilian *Antropofagia*. Civilization has lost all human dimension in the era of Auschwitz and Hiroshima, under whose universal historic stigmas we are still living. The tropicalist utopia is bereft of its colourfulness after the genocide perpetrated in the Amazon in the times of the Christian missions and multinational financial corporations. The tropical Paradise has also changed its lot for an associations with financial power, political corruption and violence promoted by the drug market, global militarization and international tourism. And *Antropofagia* has also succumbed to the cannibalistic rituals of commercial consumerism in our society of the spectacle. These are the signs of an era of decadence and disenchantment. Politically decomposed, fragmented by industrial culture, its members torn apart and dispersed, that dream of the Garden of Eden, the criticism of Western theology and teleology of colonization, or the utopias of postcolonial emancipation, in other words, the body of Cannibalism, has turned into a poetic memory, a solidified *promesse de bonheur*. And as always happens with the myths and oral tales of the Amazon, these dreams, these protests and these poetics have been metamorphosed into stars and shine in the firmament.

1. Herbert Read, *Surrealism* Faber, London 1937, p. 45.
2. Walter Benjamin, *Gesammelte Schriften* (R. Tiedemann and H. Schweppenhauser eds.) Suhrkamp Verlag, Frankfurt a. M. 1972), vol. II-1, p. 300.
3. Federico García Lorca, *Obras Completas I, Poesía* Círculo de Lectores, Madrid 1996, p. 533.
4. Antonin Artaud, *Oeuvres complètes* Gallimard, Paris 1970, vol. 1, p. 323.
5. *Salvador Dalí – Rétrospective 1920-1980* Centre Georges Pompidou, Musée National d'Art Moderne, (Paris 1979, p. 277.
6. Theodor W. Adorno, *Gesammelte Schriften (Noten zur Literatur)* Suhrkamp Verlag, Frankfurt a.M. 1974, vol. II, p. 106.
7. André Breton, *Oeuvres complètes* Gallimard, Paris 1988, vol. I, p. 319.
8. *Ibid.*, vol. I, p. 319.
9. André Breton, *op. cit.*, vol. II, p. 277.
10. Antonin Artaud, *Oeuvres complètes.* Gallimard, Paris 1971, vol. VIII, p. 175.
11. *Salvador Dalí – Rétrospective 1920-1980*, Centre Georges Pompidou, Musée National d'Art Moderne, Paris 1979, p. 277.
12. *Internationale Situationiste, 1* (Paris, July 1958), p. 3.
13. Salvador Dalí, *La conquête de l'irrationel*. Éditions Surréalistes, Paris 1935, p. 8.
14. *Ibid.*, pp. 9-10.
15. Oswald de Andrade, *Do Pau Brasil à Antropofagia e às utopias*. Editora Civilização Brasileira, Rio de Janeiro 1978, pp. 13 and 16.
16. Benedito Nunes, Oswald Canibal. Editora Perspectiva, São Paulo 1979; Haroldo de Campos, 'Apresentação' in *Oswald de Andrade, Trechos Escolhidos*.Agir, Rio de Janeiro:1967, pp. 5-18.
17. Eduardo Subirats, *Linterna mágica* Siruela, Madrid 1997.
18. Eduardo Subirats, *El continente vacío*, Siglo XXI, Mexico 1993.
19. *Revista de Antropofagia* (First issue): *Diario de São Paulo* (March 17, 1929), p. 205 ff.
20. *Ibid*, p. 6..
21. Hermann Bahr, 'Expressionismus' in *Essays von Hermann Bahr*, Heinz Kindermann ed., H. Bauer Verlag, Vienna 1962, p. 225.

CHRONOLOGY

GÊNESE ANDRADE

1889
Proclamation of the Republic of Brazil.

1890
Founding of the Escola Nacional de Belas Artes in Rio de Janeiro.

1891
First Constitution of the Republic of Brazil.

1911
Oswald de Andrade starts his first magazine: *O Pirralho* (São Paulo), which continues until 1917.
Inauguration of the Municipal Theatre in São Paulo.

1912
Oswald de Andrade makes his first journey to Europe.

1913
Lasar Segall's first exhibition in Brazil, in São Paulo.
Giulio Michele plans the Santa Ifigênia Viaduct in São Paulo.

1914
Anita Malfatti's first solo exhibition, at Casa Mappin, São Paulo.
The magazine *A Cigarra* (São Paulo, Rio de Janeiro).

1915
La divina increnca, by Juó Bananere.

1916
Revista do Brasil (São Paulo).
Mon coeur balance and *Leur âme*, by Oswald de Andrade and Guilherme de Almeida.

1917
General strike in São Paulo.
Há uma gota de sangue em cada poema, by Mário de Andrade, using the pseudonym Mário Sobral.
A cinza das horas, by Manuel Bandeira.
Juca mulato, by Menotti del Picchia.
A frauta de Pã, by Cassiano Ricardo.
Exhibition of Anita Malfatti in São Paulo, leading to a controversy sparked off by Monteiro Lobato's article "Paranóia ou mistificação", about the exhibition.
Emiliano di Cavalcanti's first solo exhibition, in São Paulo.
Exhibition of Vicente do Rego Monteiro, in Recife.
Paul Claudel and Darius Milhaud arrive in Rio de Janeiro. Darius Milhaud is impressed by Ernesto Nazareth and meets Villa-Lobos.
"Pelo telefone", by Donga and Mauro de Almeida, first Carnival samba.

1918
A "newspaper" is produced in Oswald de Andrade's *garçonnière* at 67 Rua Líbero Badaró, with the title *O Perfeito Cozinheiro das Almas deste Mundo*, which is interrupted in 1919.
Urupês, by Monteiro Lobato.
Founding of the Museu de Arte da Bahia.
Prole do Bebé Nº 1, by Heitor Villa-Lobos.

1919
Carnaval, by Manuel Bandeira.
Idéias de Jeca Tatu, by Monteiro Lobato.
A dança das horas and *Messidor*, by Guilherme de Almeida.
Espectros, by Cecília Meireles.
Le départ sous la pluie, by Sérgio Milliet.
Exemplo regenerador (São Paulo), experimental film by José Medina.
Rádio Clube de Pernambuco, first commercial broadcasting company.

1920
The magazine *Papel e Tinta* (São Paulo, Rio de Janeiro).
Vicente do Rego Monteiro exhibits works with indigenous themes in Rio and São Paulo.
John Graz solo exhibition.
The Modernists discover Victor Brecheret, who designs the *Monumento às Bandeiras*.
Founding of the first Brazilian university, in Rio de Janeiro.

1921
Oswald de Andrade gives a talk at the Trianon in São Paulo, officially proclaiming modernism. Menotti del Picchia's *Las máscaras* is presented on the same occasion.
"O Meu Poeta Futurista", article by Oswald de Andrade about Mário de Andrade, published in the *Jornal do Commercio*.
A estética da vida, by Graça Aranha.
Jardim das confidências, by Ribeiro Couto.
Os fantoches da meia-noite, by Di Cavalcanti.

1922
Commemoration of the Centenary of the Independence of Brasil.
Founding of the Brazilian Communist Party.
The *Semana de Arte Moderna*, presented at the Municipal Theatre in São Paulo in February, with the participation of Mário de Andrade, Oswald de Andrade, Menotti del Picchia, Ronald de Carvalho, Graça Aranha, Manuel Bandeira, Rubens Borba de Moraes, Anita Malfatti, Di Cavalcanti, Victor Brecheret, Álvaro Moya, Heitor Villa-Lobos, Guiomar Novaes, etc.
Paulicéia desvairada, by Mário de Andrade.
Os condenados, by Oswald de Andrade.
O homem e a morte, by Menotti del Picchia.
The magazine *Klaxon* (São Paulo).
Founding of the Museu Histórico Nacional in Rio de Janeiro.
Founding of the Rádio Sociedade do Rio de Janeiro, first commercial radio station in Brazil.

1923
Oswald travels to Europe with Tarsila do Amaral; at the Sorbonne he gives a talk, "L'effort intellectuel du Brésil contemporain".

Vicente do Rego Monteiro publishes *Légendes, croyances et talismans des indiens de l'Amazone*.

The magazine *Novíssima* (São Paulo).

Paulo Prado and Monteiro Lobato take over the running of the *Revista do Brasil*.

Noneto, by Heitor Villa-Lobos.

Warchavchik and Lasar Segall arrive in Brazil.

1924

"Manifesto da Poesia Pau-Brasil", drawn up by Oswald de Andrade, published in the newspaper *Correio da Manhã*, in Rio de Janeiro, on 18 March.

Memórias sentimentais de João Miramar, by Oswald de Andrade.

Poesias, by Manuel Bandeira.

Blaise Cendrars visits Brazil.

Tarsila do Amaral illustrates *Feuilles de route*, by Blaise Cendrars.

The magazine *Estética* (Rio de Janeiro).

Lasar Segall solo exhibition.

Construction of the Sampaio Correia building in São Paulo, the first large building made with reinforced concrete.

1925

Prestes Column.

Pau Brasil, by Oswald de Andrade.

Raça and *Meu*, by Guilherme de Almeida.

Chuva de pedra, by Menotti del Picchia.

Borrões de verde e amarello, by Cassiano Ricardo.

O espírito moderno, by Graça Aranha.

A escrava que não é Isaura, by Mário de Andrade.

Formation of the Grupo Verde-Amarelo: Guilherme de Almeida, Menotti del Picchia, Plínio Salgado and Cassiano Ricardo.

A Revista (Minas Gerais).

Manifesto "Acerca da Arquitetura Moderna", by Gregori Warchavchik.

1926

Formation of the opposition Democratic Party.

Losango cáqui, by Mário de Andrade.

Jogos pueris, by Ronald de Carvalho.

Pathé Baby, by Alcântara Machado.

Vamos caçar papagaios, by Cassiano Ricardo.

A anta e o curupira and *O extrangeiro*, by Plínio Salgado.

The modernist newspaper *Terra roxa e outras terras* (São Paulo).

Gilberto Freyre organises the Primer Congresso Brasileiro de Regionalismo in Recife and makes public the "Manifesto Regionalista" drawn up by him.

First solo exhibition of Victor Brecheret, in São Paulo.

Exhibition of Tarsila do Amaral at the Galerie Percier, in Paris.

Marinetti visits São Paulo and Rio de Janeiro.

Blaise Cendrars's second visit to Brazil.

The magazine *Cinearte* (Rio de Janeiro), a forum for discussion of Brazilian films.

Humberto Mauro starts the "Ciclo de Cataguazes".

1927

The government approves a law permitting repression of political activities and trade unions.

A estrela de Absinto and *Primeiro caderno do aluno de poesia Oswald de Andrade*, by Oswald de Andrade.

Clã do Jaboti and *Amar, verbo intransitivo*, by Mário de Andrade.

O mundo do menino impossível and *Poemas*, by Jorge de Lima.

Brás, Bexiga e Barra Funda, by Alcântara Machado.

O curupira e o carão, by Plínio Salgado, Menotti del Picchia and Cassiano Ricardo.

The magazine *Festa* (Rio de Janeiro).

The magazine *Verde* (Cataguazes, Minas Gerais). The "Manifesto do Grupo Verde de Cataguases" appears in the third issue of the magazine.

Mário de Andrade travels to Amazonas.

Blaise Cendrars's third visit to Brazil.

Work starts on the construction of the modernist house by Warchavchik in São Paulo.

Flávio de Carvalho's design for the Palácio do Governo (Government House) in São Paulo.

1928

Tarsila do Amaral paints *Abaporu* (Cannibal).

"Manifesto Antropófago", by Oswald de Andrade, published in the first issue of the *Revista de Antropofagia* (São Paulo).

Macunaíma and *Ensaio sobre música brasileira*, by Mário de Andrade.

Essa negra Fulô, by Jorge de Lima.

República dos Estados Unidos do Brasil, by Menotti del Picchia.

Martim Cererê, by Cassiano Ricardo.

Laranja da China, by Alcântara Machado.

A Bagaceira, by José Américo de Almeida.

Retrato do Brasil, by Paulo Prado.

Publication of the poem "No meio do caminho", by Carlos Drummond de Andrade, in *Revista de Antropofagia*.

First solo exhibition of Cícero Dias, in Rio de Janeiro.

Rino Levi arrives in Brazil.

Warchavchik's first modernist house completed.

Camargo Guarnieri provides the music for *Losango cáqui*.

1928–29

Ethnographic journey by Mário de Andrade in the north-east of Brazil.

1929

Oswald meets Benjamin Péret, separates from Tarsila do Amaral and breaks off relations with Mário de Andrade.

Manifesto "Nhengaçu Verde-Amarelo", by the Grupo da Anta.

The newspaper *Leite Criôlo* (Belo Horizonte, Minas Gerais).

First exhibition of Tarsila do Amaral in Brazil at the Palace Hotel, Rio de Janeiro.

First solo exhibition of Cândido Portinari at the Palace Hotel, Rio de Janeiro.

First talking films.

Heitor Villa-Lobos starts composing the *Bachianas*.

Inauguration of the Martinelli building in São Paulo.

Benjamin Péret visits Rio de Janeiro accompanied by his wife, the singer Elsie Houston.

Le Corbusier visits São Paulo and Rio de Janeiro and makes contact with the Modernists.

Flávio de Carvalho designs the Fazenda Capuava in Valinhos, São Paulo.

First automated telephone exchanges.
First television broadcasting experiments in Rio de Janeiro.

1930
Coup d'état. Beginning of the so-called Second Republic in Brazil, with Getúlio Vargas in power.
Remate de males, by Mário de Andrade.
Libertinagem, by Manuel Bandeira.
Alguma poesia, by Carlos Drummond de Andrade.
Poemas, by Murilo Mendes.
O Quinze, by Rachel de Queiroz.
Exhibition of the School of Paris in Rio de Janeiro, Recife and São Paulo, brought by Vicente do Rego Monteiro and Géo-Charles.
Diez grabados en madera, by Goeldi.
Lúcio Costa is appointed Director of the Escola Nacional de Belas Artes in Rio de Janeiro.
Warchavchik exhibits the "Casa Modernista" in São Paulo.
Creation in Rio de Janeiro of Cinédia, the first major film production company.
Limite, avant-garde film by Mário Peixoto.
Bachianas brasileiras, by Heitor Villa-Lobos.
Carmen Miranda becomes a national hit with her song *Tá aí…*

1931
Oswald and Pagú start the newspaper *O Homem do Povo*.
Cobra Norato, by Raul Bopp.
O país do carnaval, by Jorge Amado.
In Rio de Janeiro, Lúcio Costa opens the XXXVIII Exposição Geral de Belas Artes, which becomes known as the "Salão de 1931" or "Salão Revolucionario". In it, Cícero Dias exhibits *Eu vi o mundo… ele começava no Recife*, producing innumerable reactions.
Experiência Nº 2, by Flávio de Carvalho.

1932
Constitutionalist Revolution in São Paulo.
Creation of Ação Integralista Brasileira, by Plínio Salgado.
Poemas escolhidos, by Jorge de Lima.
Menino do engenho, by José Lins do Rego.
História do Brasil, by Murilo Mendes.
First solo exhibition of Cândido Portinari in Brazil.
Formation of the Sociedade Pró-Arte Moderna (SPAM) and the Clube dos Artistas Modernos (CAM).

1933
Serafim Ponte Grande, by Oswald de Andrade.
Parque industrial, by Patrícia Galvão (Pagú), using the pseudonym Mara Lobo.
Urucungo, by Raul Bopp.
Doidinho, by José Lins do Rego.
Caetés, by Graciliano Ramos.
Cacau, by Jorge Amado.
Clarissa, by Érico Veríssimo.
O que é o integralismo and Psicologia da revolução, by Plínio Salgado.
Casa-grande & Senzala, by Gilberto Freyre, with illustrations by Cícero Dias.

Evolução política do Brasil, by Caio Prado Júnior.
Ganga Bruta, film by Humberto Mauro, a classic silent cinema.
Teatro da Experiência: *Bailado do deus morto*, by Flávio de Carvalho, closed by the police.
Exposição da Arquitetura Tropical, in Rio de Janeiro.

1934
Second Constitution of the Republic of Brazil.
A escada vermelha and *O homem e o cavalo*, by Oswald de Andrade.
Brejo das almas, by Carlos Drummond de Andrade.
São Bernardo, by Graciliano Ramos.
Bangüê, by José Lins do Rego.
O anjo, by Jorge de Lima.
Suor, by Jorge Amado.
Gilberto Freyre organises the first Congresso Afro-Brasileiro.
First solo exhibition of Flávio de Carvalho.
First Salão Paulista de Belas Artes.
Founding of the Universidade de São Paulo (USP).
Columbus building, by Rino Levi.

1935
Calunga, by Jorge de Lima.
Tempo e eternidade, by Jorge de Lima and Murilo Mendes.
Jubiabá, by Jorge Amado.
Emergence of the Grupo Santa Helena.
Founding of the Universidade do Distrito Federal.

1935–36
Ethnographic journey to Mato Grosso by Dina and Claude Lévi-Strauss.

1936
Estrela da manhã, by Manuel Bandeira.
Raízes do Brasil, by Sérgio Buarque de Holanda.
Sobrados e mucambos, by Gilberto Freyre.
Angústia, by Graciliano Ramos.
Victor Brecheret starts the *Monumento às Bandeiras* in São Paulo.
Le Corbusier arrives in Rio de Janeiro.
Design of the building of the Ministério da Educação e Saúde Pública (Ministry of Education and Public Health), subsequently Ministério da Educação e Cultura (Ministry of Education and Culture, MEC), under the direction of Lúcio Costa and Oscar Niemeyer; landscaping by Roberto Burle Marx; murals by Cândido Portinari; sculptures by Bruno Giorgi and Celso Antônio. Also with the participation of Le Corbusier.
Creation of the Instituto Nacional do Livro (National Institute of the Book, INL).
Stefan Zweig's first visit to Brazil.
Giuseppe Ungaretti, passing through Brazil, gives talks at the USP and is invited to teach at the university.

1937
Introduction of the New State.
Third Constitution of the Republic of Brazil.
A morta and *O rei da vela*, by Oswald de Andrade.
Capitães de areia, by Jorge Amado.
The magazine *Dom Casmurro* (Rio de Janeiro).

O descobrimento do Brasil, by Humberto Mauro, with music by Villa-Lobos.
The first Salão de Maio, in São Paulo.
The first Salão Familia Artística Paulista, which brings together artists of proletarian origin.
Creation of the SPHAN, Serviço do Patrimônio Histórico e Artístico Nacional (Service of the National Historical and Artistic Heritage), a project developed by Mário de Andrade.
Hildegard Rosenthal (née Baum) leaves Nazi Germany to live in São Paulo.
Giuseppe Ungaretti becomes Professor of Italian Language and Literature at the USP and remains in Brazil until 1942.
Cícero Dias goes to live in France.

1938
A poesia em pânico and *As metamorfoses*, by Murilo Mendes.
Novos poemas, by Vinícius de Moraes.
Vidas secas, by Graciliano Ramos.
Olhai os lírios do campo, by Érico Veríssimo.
George Bernanos goes to live in Brazil, at Barbacena (Minas Gerais), where he remains until 1945.

1939
Creation of the DIP, Departamento de Imprensa e Propaganda (Department of Press and Propaganda).
Viagem, by Cecília Meireles.
As três Marias, by Rachel de Queiroz.
Special issue of the *Revista Anual do Salão de Maio* (São Paulo), with metallic cover.
The magazine *Renovação* (Recife).

1940
Sentimento do mundo, by Carlos Drummond de Andrade.
Poemas de bolso, by Vicente do Rego Monteiro.
Marcel Gautherot settles in Rio de Janeiro.
Founding of the Orquestra Sinfônica in Rio de Janeiro.
First Salão Moderno de Artes Plásticas in Porto Alegre.
Stefan Zweig's second visit to Brazil, in search of information for his book *Brasil, país do futuro*.

1941
Os condenados, by Oswald de Andrade.
Poesias, by Mário de Andrade.
First Congresso de Poesia do Recife.
The magazine *Clima* (São Paulo).
Creation of Atlântida, a film production company whose comedies (*chanchadas*) were extremely successful.
Stefan Zweig and his wife go to live in Petrópolis.

1942
O movimento modernista and *Pequena história da música*, by Mário de Andrade.
Poesias, by Carlos Drummond de Andrade.
Pedra do sono, by João Cabral de Melo Neto.
Vaga música, by Cecília Meireles.
Formação do Brasil contemporâneo: a colônia, by Caio Prado Júnior.
Oscar Niemeyer starts work on the Conjunto da Pampulha (Pampulha Complex), in Belo Horizonte, Minas Gerais, which is to include contributions by Cândido Portinari and Burle Marx.
Orson Welles arrives in Rio de Janeiro and starts filming *It's All True*.
Stefan Zweig and his wife Charlotte commit suicide in Petrópolis.

1943
Marco Zero. I: A revolução melancólica, by Oswald de Andrade.
O baile das quatro artes and *Aspectos da literatura brasileira*, by Mário de Andrade.
A pintura em pânico, by Jorge de Lima.
Cinco elegias, by Vinícius de Moraes.
Fogo morto, by José Lins do Rego.
Terras do sem fim, by Jorge Amado.
Perto do coração selvagem, by Clarice Lispector.
A poesia afro-brasileira, by Roger Bastide.
Monsieur Ouine, by Georges Bernanos, published in Brazil, in French.
The album *Mangue*, by Lasar Segall.
Inauguration of the building of the Ministério da Educação e Cultura (MEC).

1944
Publication of the poem "Cântico dos cânticos para flauta e violão", by Oswald de Andrade, dedicated to his last wife, Maria Antonieta d'Alkmin, in *Revista Acadêmica*, with illustrations by Lasar Segall.
Diário crítico (vol. 1), by Sérgio Milliet.
First solo exhibition of Alfredo Volpi.

1945
The President of the Republic, Getúlio Vargas, is deposed by a military movement. End of the New State. Democratic elections.
Ponta de lança, *Poesias reunidas O. Andrade*, *Marco Zero. II: Chão* and "A arcádia e a inconfidência", by Oswald de Andrade.
A rosa do povo, by Carlos Drummond de Andrade.
O engenheiro, by João Cabral de Melo Neto.
Mar absoluto, by Cecília Meireles.
Mundo enigma, by Murilo Mendes.
Insônia and *Infância*, by Graciliano Ramos.
Brigada ligeira, by Antônio Candido.
First Congresso Brasileiro de Escritores, in São Paulo.
Death of Mário de Andrade.

1946
Fourth Constitution of the Republic of Brazil.
Poemas, sonetos e baladas, by Vinícius de Moraes.
Sagarana, by Guimarães Rosa.
O lustre, by Clarice Lispector.
The magazine *Joaquim* (Curitiba).
Pierre Verger settles in Bahia.

1947
Publication of "O escaravelho de ouro", poem by Oswald de Andrade, in *Revista Acadêmica*.
João Cabral de Melo Neto joins the General Consulate in Barcelona as vice-consul, remaining there until 1950. He begins to print work by Brazilian and Spanish poets on his hand press, with the imprint O Livro

Inconsútil. He prints his book *Psicologia da composição* and meets the Catalans Joan Brossa and Antoni Tàpies, with whom he develops an intense intellectual relationship.
Poemas negros, by Jorge de Lima.
Poesia liberdade, by Murilo Mendes.
O ex-mágico, by Murilo Rubião.
First solo exhibition of Geraldo de Barros, at the Municipal Theatre in São Paulo.
Founding of the Museu de Arte de São Paulo (MASP).

1948
Mafuá do malungo, by Manuel Bandeira.
Founding of the Museu de Arte Moderna (MAM) in São Paulo.
Founding of the Museu de Arte Moderna (MAM) in Rio de Janeiro.
Founding of the Sociedade de Arte Moderna in Recife.
Alexander Calder visits Brazil.

1949
Livro de sonetos, by Jorge de Lima.
A cidade sitiada, by Clarice Lispector.
O tempo e o vento I, by Érico Veríssimo.
João Cabral de Melo Neto meets Joan Miró and writes an essay about his work, published with original engravings by the artist.
Albert Camus visits São Paulo.
Waldemar Cordeiro creates the Art Club de São Paulo.
Creation of the Vera Cruz film production company (São Paulo).

1950
A crise da filosofia messiânica, by Oswald de Andrade.
O cão sem plumas, by João Cabral de Melo Neto.
Auto do possesso, by Haroldo de Campos.
O carrossel, by Décio Pignatari.
FotoFormas, exhibition of work by Geraldo de Barros at the Museu de Arte de São Paulo.
Exhibition of Max Bill at the Museu de Arte de São Paulo.
Founding of the Clube dos Amigos da Gravura, in Porto Alegre.
First television channel, TV Tupi, in São Paulo.

1951
Claro enigma, by Carlos Drummond de Andrade.
O rei menos o reino, by Augusto de Campos.
Elizabeth Bishop arrives in Brazil, where she remains, with some breaks, until 1970.
First Bienal Internacional de Artes Plásticas in São Paulo.
Beginning of the activities of the Samson Flexor's Ateliê de Abstração in São Paulo.

1951–52
Brazilian film conferences (in São Paulo and Rio de Janeiro) contribute to the organisation of film professionals and creation of awareness of problems of production and distribution.

1952
Invenção de Orfeu, by Jorge de Lima.
Formation of the Grupo Noigandres and publication of the first issue of the magazine *Noigandres* (São Paulo).
Brasil, by Pierre Verger, originally published in Paris in 1950.
Exhibition and manifesto of the Grupo Ruptura (São Paulo), at the Museu de Arte Moderna.
Formation of the Grupo Frente, in Rio de Janeiro.
Creation of the Clube de Gravura de São Paulo.
First retrospective of Brazilian films, in São Paulo.

1953
Fazendeiro do ar, by Carlos Drummond de Andrade.
Romanceiro da inconfidência, by Cecília Meireles.
Memórias do cárcere, by Graciliano Ramos.
First Exposição Nacional de Arte Abstrata.
Creation of the Clube de Gravura de Recife.

1954
Um homem sem profissão. I: Sob as ordens de mamãe (memoirs), by Oswald de Andrade.
Death of Oswald de Andrade.
Itinerário de Pasárgada, by Manuel Bandeira.
A luta corporal, by Ferreira Gullar.
"Da função moderna da poesia", thesis by João Cabral de Melo Neto.
Ciranda de pedra, by Lygia Fagundes Telles.
Opening of the Parque Ibirapuera, in São Paulo, designed by Oscar Niemeyer and his team.

1955
João Cabral de Melo Neto writes *Morte e vida severina*.
O homem e sua hora, by Mário Faustino.
Rio 40 graus, film by Nelson Pereira do Santos, a forerunner of Cinema Novo.

1956
Duas águas, by João Cabral de Melo Neto.
Grande sertão: veredas and *Corpo de baile*, by Guimarães Rosa.
First Exposição Nacional de Arte Concreta, at the Museu de Arte Moderna in São Paulo.
New look, tropical suit for men, designed and presented by Flávio de Carvalho, in a happening in the streets of São Paulo.
João Cabral de Melo Neto is appointed Assistant Consul and goes to Barcelona. Afterwards he moves to Seville to carry out research in the Archivo General de Indias, remaining there until 1958.

1957
First Exposição Nacional de Arte Concreta (on tour), in the MEC building in Rio de Janeiro.
Ferreira Gullar breaks away from the Grupo Concretista in São Paulo.
Lúcio Costa wins the contest for the Pilot Plan for the New Capital of Brazil and starts on construction of the city of Brasília.

1958
"Plano-Piloto para Poesia Concreta", published in the magazine *Noigandres*, no. 4.
Bossa nova.

1959
"Manifesto Neo-Concreto", by Ferreira Gullar, and first Exposição de Arte Neoconcreta, at the Museu de Arte Moderna, Rio de Janeiro.
"Teoria do não-objeto", by Ferreira Gullar.
Tempo espanhol, by Murilo Mendes.
Chega de saudade, first LP by João Gilberto.
Barravento, by Glauber Rocha.
Introdução ao cinema brasileiro, by Alex Viany, a crucial point in the development of the historical discourse on Brazilian films.

1960
Inauguration of Brasília.
João Cabral de Melo Neto is appointed First Secretary of the Embassy and moves to Madrid.
Formation of the Grupo Invenção, organised by the Grupo Noigandres.
Founding of the Movimento de Cultura Popular in Recife.
Os cafajestes, by Ruy Guerra.

1961
Establishment of the parliamentary system in Brazil.
Dois parlamentos, by João Cabral de Melo Neto, published in Madrid.
Terceira feira and *Serial*, by João Cabral de Melo Neto.

1962
The magazine *Invenção*, issues 1 and 2 (São Paulo).
Antologia Noigandres 5 (Do verso à Poesia Concreta).
"Poesia-Práxis" manifesto.
João Cabral de Melo Neto is transferred to Seville.
Le Corbusier's last journey to Brazil: he goes to Rio de Janeiro and Brasília and visits all the buildings in the new capital.

1963
Restoration of the presidential system.
"Manifesto Música Nova", by Willy Corrêa de Oliveira and Gilberto Mendes.

1964
Military coup.

FORMS OF (POSSIBLE) MODERNITY
ANNATERESA FABRIS

1

In an article published in the *Revue de l'Art* in 1985, Hans Belting presented various issues connected with the relationship between the "canon of modern art" and the current practice of art which seem to correspond closely to the inquiries that we propose to pursue in this analysis of Brazilian Modernism. He writes:

"In what respect does the canon of modern art differ from the practice of art today? There is no doubt that any kind of looking backwards interrupts the continuity of the creative act. It also negates the possibility of 'looking forwards', and so the truly modern state of mind. Reflecting on modern art, borrowing from its models and showing tolerance towards its contradictions are signs that artists now find themselves in a historically transformed situation. Art and the history of art are therefore subject to a new perspective, whose implications remain hypothetical. Paradoxically, the loss of a sense of continuity suppresses the feeling of distance (between new and old) which is characteristic of all progress. In the same way, the conflict between avant-garde and tradition also disappears. Previously, the art of ancient times remained intact and intangible beyond the horizon of modern art. But now, artists approach earlier art seemingly without respect but with curiosity and, like Guttuso before them, take their place at the same table as Rembrandt and Manet. Freed from the problems of earlier modernity, they are less interested in the conventional distinction between ancient and modern art than in the problem of knowing whether art remains a creative field or has now become merely a subject for discussion."[1]

Although Belting's formulation is not new—since historical/artistic construction continues to have immediate relationships with the art of the present day—it may nevertheless serve as a guide for a reflection concerned with considering how the image of a particular phenomenon is created and how it can be deconstructed in the light of new historiographic ways of seeing.

On the basis of what Belting defines as the zero degree of the Secessions and the Rejected Artists,[2] modern art recognises itself in the avant-garde and in taking up a position against tradition, making breakaway its particular field of action. Although these matters have been extensively debated in European and North American historiography, not infrequently in terms of post-modern postulates, this is not what is generally noted in Brazilian offerings. Captivated, in most cases, by the image that Modernism created of itself, much of Brazilian historiography uses concepts of the avant-garde and modern art uncritically, without seeming to be aware of their relativity in a cultural context such as ours.

Drawing attention to this issue does not imply acknowledging as totally correct an opposite tendency, inspired by the thinking of Greenberg, who seeks to discuss the modernity of Brazilian art in terms of a merely formalist criterion, references for which are to be sought especially in the Constructivist aspect of the historical avant-gardes. Ronaldo Brito, the chief exponent of this line, is right to underline the syncretism that presided over the *Semana de Arte Moderna* (February 1922), uncritically transformed into a "Symbol of Brazilian Modernity". In making these assertions, he nevertheless leaves aside considerations of a historical and cultural nature and concentrates solely on formal categories, which are inadequate to account for the complexity that the configuration of a modern idea of art acquired in Brazil:

"Even now, frankly preferring the beginnings of Modernist plastic art to our diverse and also complex artistic adventure since the fifties [...]. The confrontation with our modernity begins by demanding the overcoming of this somewhat faint-hearted fascination with literature and plastic art in favour of an attention that is an intrinsic part of visual thinking. Our historical lack of sensitivity towards visual phenomena, Portuguese in origin, extends into the Modernist period. The various versions of

Brazilianness may well have had crucial differences between them—yet they shared a noteworthy inability to account for the plastic reality of the most important works of art—if not the only ones really to deserve that title—of Brazilian Modernism.[3]

Modernity at all costs and the negation of all modernity both suffer from the same evil: lack of solid historical referents; little or no interest in investigating the many discourses engendered by Modernism; the diversion of any attempt at analysis of a complex, contradictory cultural context in which modern and traditional frequently found themselves in a situation not of conflict but of almost peaceful coexistence.

In the case of Modernism, therefore, it is not a question of uncritically echoing a view that the movement created of itself for strategic reasons, and still less of applying, for its study, a model rooted in the autonomy of art, contrary to its objectives and directives. Although the art produced by Modernism was not modern in the sense of the European avant-gardes, the difference needs to be understood and not merely pointed out, for in it lies a form of reception that may provide a key to the peculiarities of the Brazilian phenomenon.

In this connection, it may be of interest to avail ourselves of the idea of the work of art not simply as an object but also as an act of interpretation, as a movement, an attitude to an earlier work. In this proposal put forward by Harold Bloom, creation and criticism encounter and confront one another,[4] generating a more articulated understanding of the cultural question, enriched by simultaneous visualisation of the object and the discourses that are produced about it. When such ideas are applied to Modernism, it becomes necessary not only to determine their sources but also to detect the reasons that have governed certain selections, motivated certain other exclusions, and generated mistaken or utterly false judgements.

This is not the easiest of tasks, since it presupposes a profound knowledge of the various representatives of Modernism. Nevertheless, it appears to be increasingly necessary, in order to do away with mistakes and superficial interpretations and to determine the ambit of expectations[5] with which Brazilian artists and intellectuals of the time operated. An undertaking of this nature may present results that are surprising if considered within the parameters of traditional analyses but not at all exceptional if placed within the framework of references of such a complex episode as the establishment of the notion of modern art and its relationships with the world of industrialisation.

If one accepts the premise that the industrial age brought about a profound change in the function of art and the nature of the image,[6] and if this presupposition is set against conceptions prevailing in Brazil at the time when Modernism came into being, one will find a framework of references quite different from those in Europe, close to a realistic (yet not academic) view, and the opposite of the anti-sublime, dehumanising categories that represented one of the fundamental features of the historical avant-gardes. This difference in focus is not fortuitous and may be ascribed to the problem of the technological revolution, much more myth than effective presence in Brazil at the beginning of the twentieth century, projected in the world of artifice as a desire to bring things up to date, but without having had close experience of the profound anthropological transformations engendered by the new model of production.

The modernity defended by the artists of São Paulo corresponded to this wish to bring things up to date, informed by the principle of stylisation and the determination of a thematic nucleus based on the image of the industrial city. Imbued with the same spirit as the situation in São Paulo, viewed not infrequently through a projective prism, the Modernist proposal was a bearer of aesthetic and sociological implications. Aware that the technological horizon had transformed the conceptions and lifestyles of western society, the Modernists wished to take part in the climate of universal renewal and find a form of artistic expression appropriate to the challenges of the twentieth century, yet without succeeding in setting aside a series of humanist presuppositions that were in clear conflict with some of the fundamental proposals of the avant-gardes.[7]

An attentive analysis of articles written by the Modernists before 1922 will enable us to understand the reasons that led them to choose Brecheret rather than Anita Malfatti as the symbol of a modern attitude. The sculptor's eclectic language, with its undiscordant combination of Rodin's poetics of the unfinished, a certain elegance derived from Art Nouveau, traces of Michelangelo's serpentine line and various archaistic vestiges and naturalistic registers, was considered modern by a critical attitude anchored in categories that were hybrid, if not academic, giving primacy to the subject, technical mastery or the insertion of the artist in the context of a secular tradition (Menotti del Picchia), or encouraging an interpretation utterly vitiated by literary suggestions of a Decadent nature (Oswald de Andrade). Anita Malfatti, on the other hand, as the bearer of a lexis formed from contact with Expressionism, Fauvism and Cubism and characterised by nervous strokes (especially in her drawings), broad brushwork, simplified volumes and anti-naturalistic colours, and by the principle of deformation translated into accentuated asymmetries, angular planes and altered proportions, was not immediately understood by her Modernist contemporaries, who continued to see painting in terms of categories that were still realist.

Certain studies of Pre-Modernism and Modernism, particularly in the realm of literature, show that many of the issues that are being raised cannot be confined to what has conventionally been called the "Modernist group". The concept of modernity, in turn, has been considered from many viewpoints which go beyond mere identification with avant-garde behaviour, thus calling into question the framework of references existing hitherto and pointing to the need to broaden the array of options for a discussion that sets out to free itself from hallowed formulas. Two consequences can be indicated immediately: (1) the perception that the discussion of modernity must embrace the nineteenth century, ceasing to be assimilated automatically with the Modernist self-image; (2) the questioning of the idea of Pre-Modernism and the search for further possible frameworks to differentiate between one cultural situation that was not wholly modern and another one that was accepted as utterly modern, bringing out the contradictions and limits of such a conception.[8]

Since Modernism was a multidisciplinary event, present-day analyses must be governed by a multiple focus capable of accounting for different temporal rhythms in which the various forms of artistic expression elaborated their linguistic proposals, making it possible to detect the existence of areas of research that were quite dissimilar from one another. Although, in the case of literature, or at least of certain authors, one can really speak of an introjection of the categories of modern art with the proposal of new kinds of poetics, the same cannot be said of the plastic arts, which present a much more contradictory panorama where innovation and tradition coexist without apparent conflict.

This can partially be explained by the point in history at which Brazilian Modernist art was created, marked by the retreat of the avant-gardes and the rise of those regulating institutions known as the return to order. This fact, which has yet to be studied in all its implications, provides a possible explanation for some of the foremost characteristics of Brazilian Modernist work. Although it is not, in fact, characterised by the conquest of a new area and by discussion or overcoming of the problematics of the external referent, this is because it seeks to bring about an accommodation between a realist view and the incorporation of stylistic features and compositional schemes that arise both from the avant-gardes and from the languages of the return to order.

The persistence of the realist view deserves to be investigated along different lines, in order to determine the links existing between the nineteenth century and the twentieth century, thanks to which the name of Almeida Jr was constantly evoked in connection with the possibility of creating art that was modern and Brazilian. Almeida Jr, appreciated both by Monteiro Lobato—who took up a position distinctly opposed to Anita Malfatti's modern conception in 1917—and by Oswald de Andrade and Mário de Andrade, was ultimately transformed into a paradigmatic presence in a modernising scheme that seemed to establish a subjective genealogy, searching in the past for ideas and values capable of legitimising the theory and practice of the present. This evaluation of Almeida Jr made it possible to place on the same level artists who were quite different from one another, such as Tarsila do Amaral, Portinari, Guignard and Cícero Dias. That is what is demonstrated by a letter from Mário de Andrade to Luís Martins, dated July 1940:

"I sense a kind of 'bad taste' in the colour combinations used by A. Junior, transmitted mainly by the realistic rendering of the colour of the earth and the scorched skin of the rustic, which may find an echo in the wealthy provincial 'bad taste' of Tarsila, and in certain combinations of great virtuosity but with no genealogical counterpart in the Portinari of *Café* and *São João* and in certain paintings of his current phase. And also some of the flowers and genre paintings by Guignard (probably via Matisse). And the watercolours of Cícero Dias."[9]

2

The importance attributed to being a realist painter is not unconnected with the training of a good many of the Brazilian artists of the twenties and thirties. The fact that this was not the case with Anita Malfatti, who studied with Lovis Corinth (1912) and at the Independent School of Art in New York (1915), and with Lasar Segall, who took part in the Dresden Secession, 1919 Group, before settling in São Paulo (1923), meant that the Brazilian artists who trained in Europe had before them a framework of references in which the successes of modern art were being challenged and revised in the name of the values of tradition. What was the statute of modern art in the twenties and thirties in Paris, the city that was the destination of artists such as Tarsila do Amaral, Anita Malfatti, Rego Monteiro, Ismael Nery, Gomide, Brecheret, Di Cavalcanti and Portinari, among others?

This is not an idle question, since the Paris of the years immediately after the war was very different from the Paris of the beginning of the twentieth century. The anti-intellectual, anti-Cubist climate that prevailed there in the early twenties was translated in various ways: (1) in the rise of artists such as De Segonzac, Utrillo, Kisling and Marie Laurencin, and in the revision of Fauvism by Matisse, Vlaminck and Derain, acclaimed by the critics for setting themselves against the "excesses" and "flaws" of Cubism; (2) in the adoption of a realist technique by artists such as Picasso,

Severini and Gris, who proposed conventional perspective structures in compositions that were sometimes classical and sometimes rooted in historical themes and sources of art history; (3) in the survival of a Cubist lexis that was often schematic; (4) in the appreciation of the basic themes of post-Renaissance painting such as the composition of figures and portraits, landscape and still-life.[10]

Although the revision of the scope of modern art had already been begun by artists such as Picasso, Severini and Matisse in about 1914, it was in 1919 that the issue became public, generating a debate that ultimately called into question the main conquests of the historical avant-gardes. The term "return to order" is highly symptomatic of a profound change in relation to the art and culture created since 1870. To speak of a return to order is to admit that the period that came between 1870 and 1914 was characterised by disorder, and that salvation from such a state of affairs lay in the revival of tradition. Revival both of the pictorial tradition—i.e. craftsmanship, placed in parentheses by the more radical experiments of the avant-gardes—and of the national tradition, which, in the case of France, consisted in the reaffirmation of a precise, logical and therefore Cartesian form of expression, in a line that led from Fouquet to Braque.[11]

It is symptomatic that Lhote, whose student Tarsila do Amaral became in 1923, had taken part in the operation of rectifying the course of Cubism, encouraged by the Braque exhibition at the Galerie L'Effort moderne (March 1919). That was not the first time, however, that artists connected with Cubism had tried to subject the movement to a process of normalisation. Already in 1917 Lhote had manifested a desire to "reintegrate into the classical tradition that which, in the efforts of the latest generation of painters, is compatible with the eternal truth of painting". Five years earlier, in a text written in collaboration with Metzinger, Tarsila do Amaral's second teacher in Paris, Gleizes had proposed a return to the "laws of painting" after a "period of confusion" marked by the flight from tradition.[12]

Although Jean Laude declares that painters such as Lhote, Metzinger and Gleizes cannot be considered artists who deliberately refused all innovative investigation, it is hard not to see in their work a trivialisation of the Cubist grammar. Although such artists were responsible for bringing Cubism to public attention on a large scale, it must not be forgotten that they constitute the "middle of the road", geared towards imitating the results of Picasso and Braque without having a real understanding of the problems that formed the basis of the new poetics. That much is evident in Gleizes's anecdotal taste for polychromy and in the not very daring decomposition practised by Lhote, with whom Tarsila do Amaral learnt to conceive of painting as a set of interconnecting planes, based on geometrical simplification and formal containment.[13]

Tarsila do Amaral may be considered the most emblematic figure in the relationship between Brazilian artists and the problems of modernity. Problems learnt in other countries and subsequently introduced in Brazil, which would explain the normative quality of modernist painting, going beyond its undeniable relationships with the phenomenon of the return to order. It must not be forgotten that in Paris this artist did not simply undergo her process of modern initiation. The nationalist atmosphere in which the School of Paris was steeped was also decisive in the training process, arousing in her the desire to reconcile the modernity that she had learnt (especially the lessons of her third French teacher, Léger) with a set of formal signs that came from the popular culture of Brazil. This led to a peculiar aspect in her painting, which Icleia Cattani describes as being of "uncertain places", that is, of areas of representation that lie between two formal systems and two cultures, in which what is revealed is the permanence of difference and multiplicity in space and time. The synthesis achieved by Tarsila do Amaral, especially during the Pau-Brasil period, does not exclude the opposing aspects of the various symbolic systems set in motion: on the contrary, it accommodates them harmoniously, creating a visual utopia that was hard to glimpse in the real space of the city.[14]

The city, which was conceived by the Cubists as a heterogeneous spectacle made up of dissonance and discontinuity, disintegration and simultaneity, appears in a special manner in Tarsila do Amaral's imagery. Far from being a space of constant transit and transformation of signs, as stated by her literary companions, it was configured as an empty space, geometrically determined, freed from all tension by the presence of technological artefacts treated as totems. A personal interpretation of the transformations that the incipient industrialisation of São Paulo was bringing about in the urban setting, in which were inscribed the signs of an unmoving, stratified order whose hieratic nature was heightened by the use of hard lines and the equal distribution of light over the whole surface of the canvas.[15]

There is an explanation for this kind of iconography, which is to be found outside the specific area of artistic representation. The modernity of Tarsila do Amaral, descended from the São Paulo coffee-cultivating middle class, may represent an attempt at reconciliation between maintenance of class commitments and a wish for renewal of cultural structures. A desire for modernisation unaccompanied by a plan for transformation of the prevailing social order may have resulted in a superficial modernity free from splits or dialectic tension.[16]

Transposing this reasoning to the artistic plane, it seems that one might apply to the Modernist undertaking as a whole a reflection made by Valentim Facioli about the reception of Surrealism in Brazil. He takes as his starting-point two texts of memoirs by Murilo Mendes, in which the poet refers to a "Brazilian-style Surrealism", in other words, the adoption of Surrealist techniques congenial to the creative aims of those artists, expanded in the case of Ismael Nery, the creator of an "*autre* realism, along the lines of invention and metamorphosis". The fact that Murilo Mendes did not join the "system" of Surrealism leads Facioli to write:

"In the conditions in Brazil at the time, the possible, plausible freedom of choice was thus limited to selection of artistic techniques and their effects, as a partial, particularising option of artistic style, which was better than nothing and influenced the way in which meaning was produced, but very little compared with the possibilities opened up by Surrealism as an intervention in the social conditions of the production, circulation and reception of erudite artistic output."[17]

3

If poetics such as Cubism (in which we can place Rego Monteiro and Antônio Gomide, as well as certain works by Di Cavalcanti and Ismael Nery), Futurism (accepted particularly as a theoretical platform in its Florentine version and present, by refraction, in the Art Deco experiments of the "Graz/Gomide Family"), and Surrealism (personal versions of which are provided by Tarsila do Amaral's Antropofagista work, Cícero Dias, Ismael Nery and Maria Martins) do not seem to correspond closely to the demands made upon modern art by the innovative group in São Paulo, it is because one cannot see in them the possibility of shaping a national form of expression. Tarsila do Amaral undoubtedly responded to this

concern, in a series of works produced between 1923 and 1930, but it was in the Expressionism of Lasar Segall that in 1924 Mário de Andrade found the possibility of creating an artistic project that was modern and national at the same time.

Mário de Andrade was a supporter of a humanist attitude who experienced difficulty and distrust in relating to the technological horizon, and it was thus that he approached the Expressionist platform in which he perceived the possibility of the "work/action" that was so central in his artistic and critical practice. On the one hand, the realist view that permeated his critical discourse drew on the paradigmatic example of Almeida Jr, but on the other hand it was the consequence of his interpretation of Expressionism as a possibility of art directed towards the social dimension, towards action, and towards an intrinsic relationship between the artist and humanity. In Expressionism the poet glimpsed the possibility of establishing a national aesthetics, in which the difference in relation to the foreign model would cease to be a handicap and become a characteristic to be accepted and emphasised. Resulting from a confrontation between the external world and the original lyricism of the individual, Expressionism made it possible to adopt a qualified position in relation to reality, to provide a structure for the concept of "interested art" in which the possibility of a national language could take root, different from external models, but not consequently unrelated to the universal context.

The possibility of shaping a national form of art from the Expressionist example allows us to qualify the idea that the twenties was, as the Modernists claimed, a period of "destruction" which was to be followed by "a calmer phase of construction, more unassuming and ordinary, more proletarian, as it were".[18] If there are doubts about this attitude, one need only look at the approach to composition adopted by Di Cavalcanti from 1925 onwards: in a single movement, the shaping of a national form of plastic art combines dialogue with the School of Paris (geometrical space, linear composition, the search for rectangularity, the occasional use of metallic colours) and a preoccupation with a sensual, monumental form (derived from Picasso's neo-classicism) and with a fairly contrasted chromaticism. The interpretation of it that Mário de Andrade made in 1932 was, in a sense, a mirror-image of Segall's early attempts at "nationalisation". Whereas the work of the Russian artist was considered a "marvellous crystallisation of life", the opposite of the "construction— more scientific than artistic—of certain *esprits nouveaux* or Italian Futurists", what was appreciated in Di Cavalcanti was the "fidelity to the objective world" and the "love of expressing human life in some of its detestable aspects", which were considered to have kept him safe "from wasting time and squandering his energy during the experiments of Modernism. The theories of the Cubists, Purists and Futurists had passed through him, without setting him on the wrong track."[19]

Di Cavalcanti's linguistic option and Mário de Andrade's critical discourse point to a change of course in relation to the Modernist postulates of the early days. Whereas at first it was necessary to define a national artistic identity, in the thirties the focus of the debate shifted to the field of social identity, leading Modernist plastic art to face up to the problems of a language that might be more accessible to the public. The concern with the subject became more central than in the previous decade: affected by the impact of the Revolution of 1930, the Constitutionalist Revolution of 1932, the communist rising (1935), the development of Integralism (1936) and the stirring-up of opposition between left-wing and right-wing, the

Modernists gave new significance to the poetics of Expressionism, conceived primarily in realist terms.

The transformation of meaning that Mário de Andrade had initiated with his personal analysis of Segall's work had suddenly taken place. Expressionism shifted from the poetics of the individual self (Anita Malfatti) to the poetics of the social being. The use of deformation assumed a different significance: it became a way of criticising the world in its most flagrantly unjust aspects, almost always giving a dignified, heroic air to those social figures who had been forgotten or neglected by official history. This interpretation of Expressionism, which was combined with a renewed interest in realism, should not be seen as a trend specific to Brazil at the time. It formed part of a wider debate which included countries such as France, Britain and the United States, at the epicentre of which there was the search for an effective relationship between art and contemporary reality, capable of overcoming the formalism of the avant-gardes, reinstating the subject, and shaping a utopian vision not only of society but also of the existential condition of mankind.

In this new context, another figure who was paradigmatic of Brazilian modernity appeared: Portinari, who was to become the great exponent of this second stage, marked by the institutionalisation of Modernism and its integration into the official sphere, transferring its area of influence from São Paulo to Rio de Janeiro. During his time in Paris (1929–1931), Portinari had come across Picasso's Post-Cubist work, which attracted his attention not only because of the artist's frank recognition of his own virtuosity but especially because of the free attitude he evidenced towards painting, enabling him to move confidently in the legacy of the history of art without thereby renouncing his condition of being a modern artist. These two aspects of Picasso's poetics reverberated in Portinari's attitude towards modern art: not accepted in its most radical formulations, it was embraced in those stylistic features and in those partial aspects that did not put at risk its humanistic conception, anchored in the example of the Renaissance.

During the thirties, Portinari developed the fundamental aspects of his realist vision, through which he created a national iconography based on three fundamental themes: popular figures, workers, and evocations of childhood in Brodósqui. The first two were characterised, in general, by figures of sculptural consistency, gigantic and marked by expressive deformations, set in a space determined by a perspective that was not rigid. The evocations of childhood, on the other hand, are less tangible, less concrete in physical terms. Their determining element is landscape conceived as infinite spatiality from which the whole composition is structured.

Coming in the wake of the transformations that Modernism was undergoing in the thirties and forties, there was the emergence of new artists who established a—sometimes marginal—dialogue with the aspect favoured by the movement at the time. Whereas Expressionism with realist connotations may be considered the distinctive trait of Lívio Abramo and Oswaldo Goeldi, Guignard and Pancetti represent different ways of incorporating the poetics of the return to order without following a realism that was over-evident. On the other hand, an Expressionist realism characterises the early period of Scliar who, except in drawing, placed himself clearly under the aegis of Portinari, from whom he acquired above all the sense of deformation. A realism steeped in the lessons of Rodin is the dominant note in the sculpture associated with Modernism, distinguished by the attention given to volume, conceived synthetically and not therefore averse to a certain monumentality, as demonstrated by the early period of Bruno Giorgi. Flávio de Carvalho can really be considered as a presence apart: not so much because he moved through various languages (especially Expressionism and Surrealism), as because he was not afraid to adopt attitudes close to Dadaist provocation—not understood and not accepted by the Modernists—in a constant fusion of art and life, which provides an explanation for the profoundly autobiographical aspect of his work.

4

Although Portinari was considered by the Modernists to be the prototype of the national artist (followed by Segall, Di Cavalcanti and Guignard), the fifties saw the emergence of another "Brazilian maestro", Volpi. It is interesting to follow the line of argument of Mário Pedrosa, who proposes this new framework on the basis of two aspects of his work: "the artist's insuperable technical mastery and the Brazilian quality of his art". The technical mastery that so enchants Pedrosa is not limited to the craft conception of artistic activity that characterised Volpi from the very beginning of his career. The critic locates it in the ability to integrate space and figure, to create syntheses of form and colour, to structure the composition from within towards the outside, to purify reality in such a way as to capture its "universal pictorial and plastic essence". A clear example of this transforming ability is said to be found in his landscapes: "Look at his landscapes and follow their development, from the early paintings of Mogi to the most recent ones of Itanhaém: the sensitive palette, unlike any other, becomes increasingly brighter, burgeoning into painting of atmospheric colours, exalting in the purest, richest, most substantially Brazilian hues of national painting of all time."[20]

This affirmative quality of Volpi's universality can be set against the hypothesis of the "difficulty of form" enunciated by Rodrigo Naves, who detects in much Brazilian art a "reluctance to give a strong structure to the work", leading to an "intimate, withdrawn movement", far from the forward-looking quality of a good deal of modern experimentation. Within this context, the "somewhat primitive nature of the work of Guignard and Volpi [...] is of profound significance. The rejection of the violent society of labour marks them from start to finish. These shy works imply a gentle way of shaping things, and they tend more towards loving craftsmanship or rustic extractivism than the categorical conformity of industry. However, the sweet ideal that they defend conspires against their expectations, since those pleasing appearances and those fragile forms cannot stand up against the pressure of reality, which constantly coerces them."[21]

According to Naves, Volpi occupies a special place within Brazilian modernity. The immediate, reflexive quality that he gives to colour differentiates him from the "substantial identity" of Tarsila do Amaral, whose chromaticism establishes "a naïve but ideal nation". The austere dignity of his figures, captured in their intrinsic singularity, distinguishes him from the "Symbolist idealisation of wretchedness" typical of Portinari. This framework of differences does not imply that Volpi is an isolated presence: there is a profound affinity with Guignard, who shares with him the conception of a nature that "is reluctant to reveal itself".[22]

Not present in the *Semana de Arte Moderna*, although in a position to participate on the basis of being "already a good painter, in a vein that is not at all academic but rather Impressionist or Post-Impressionist, in the Italian style"[23], Volpi only became known to the Modernists in the thirties.

Increasingly interested in intrinsically pictorial values, which led the Concrete artists to see in him a Constructivist artist of great originality, Volpi gradually moved away from the early Impressionist, Post-Impressionist, Expressionist and realist referents. He set aside volumetric suggestion in order to emphasise what seemed to him to be really decisive: colour. The move away from illusionist codes led him to transform the referent sometimes into colour combinations, sometimes into geometrical figures, until he reached an abstracting register in the early fifties.

The search for a barer vision, not bound up with the national rhetoric that continued to be present in the work of Portinari and Di Cavalcanti, is not exclusive to the course followed by Volpi. A perception of an abstract nature can be detected at that same point in the primacy that Brecheret proceeded to give to planes and volumes; in the simplification of the treatment of the figure by Bruno Giorgi, who made simultaneous use of deformation and a balanced combination of filled and empty areas; in the abandon of thematic suggestion in favour of more purified geometric rhythms in Lívio Abramo. Not to mention the transformation that the painting of Cícero Dias underwent after his move to France (1937). The initial dialogue with Chagall and Matisse, which took concrete form in unusual visions set in an unreal, asymmetrical space, gave way in the forties to the search for a more evident organisation by means of what Walter Zanini defines as "forms with wandering outlines tending to circularity".[24]

Even the representatives of canonic Modernism, Portinari, Segall and Di Cavalcanti, despite their mistrust of a language that banished the importance of the theme, nevertheless had their flirtations with abstraction. The results achieved are almost always problematic (because they are superficial), although certain canvases by Segall devoted to the forest (1954–55) can be considered exceptions of high quality. In them the external referent is replaced by a vertical rhythm of great formal refinement, thanks also to an interplay of colours determined by the alternation of light and dark zones.

5

While various artists from the first phase of Modernism were facing the exhaustion (if not dissolution) of the principles that had guided Brazilian art since the twenties, the generation that was beginning to emerge in the forties and which was to produce some of the main exponents of Concretism displayed a renewed interest in Expressionist poetics. This is the case with Waldemar Cordeiro who, having lived in Rome between 1925 (the year of his birth) and 1946, cannot have remained unaffected by the particular Expressionism of the School of Rome (Scipione, Mafai, Antonietta Raphaël), as some of his initial works show. It is also the case with Sacilotto, who began to arouse the attention of the critics when he took part in the exhibition *Novíssimos* (1946, Rio de Janeiro), along with Grassmann, Otávio Araújo and Luiz Andreatini, for whom the names of Kubin and Kokoschka were evoked; and also with Charoux, who participated in the exhibition *19 Pintores* (1947, São Paulo), which received a rather lukewarm assessment because of certain common characteristics of the group of exhibitors, bundled together by Sérgio Milliet in terms of categories such as poor technique, indecision and lack of imagination.[25]

The negative assessment of this new Expressionist wave is not without significance in connection with the bearings that the emerging generation was to impart to Brazilian art. The demonstration of the exhaustion of a certain kind of poetics was accompanied by other factors, including the

activity of Léon Degand, director of the Museu de Arte Moderna in São Paulo, who in 1949 organised the exhibition *Do Figurativismo ao Abstracionismo*. The title of the exhibition is programmatic: Degand put together an evolutionist history of modern art based on the idea of progress, which found its inevitable outlet in abstraction. The curator's *parti pris* was made clearly explicit in the selection of only three Brazilian artists who were beginning to produce work of an abstract nature: Cícero Dias, Samson Flexor and Waldemar Cordeiro.

Although studies have not yet been made to determine with greater clarity how the transition from Expressionism to Geometric Abstraction took place in various artists, there is another aspect that may be explored in order to understand the emergence of a Constructivist approach in Brazil in the fifties. A survey of the professions practised by the artists who were the first to adhere to the new language allows us to venture a hypothesis. If Maluf was a poster artist, Cordeiro an advertising designer and illustrator, Geraldo de Barros an industrial designer and Sacilotto a technical designer, might it not be possible to consider that this extra-artistic professional practice—obeying determinations very different from those of painting and aiming at a strictness and formal economy that were quite rare in Brazilian visual arts—may have served as a point of transition towards a new conception of art? An article by Cordeiro, "O objeto" (1956), seems to supply some elements of reinforcement for the hypothesis presented here, especially for the idea of "productive art" and the need to create a new link with life. Denying that art is expression, Cordeiro defines it as "product", thereby hoping to put an end to idealism and wishing to emancipate it "from the secondary, dependent position to which it has been relegated". The second aspect corresponds closely to the artist's political preoccupations:

"We believe with Gramsci that culture only begins to exist historically when it creates a unity of thought between 'ordinary' people and artists and intellectuals. Indeed, only in that symbiosis with 'ordinary' people does art become purged of its intellectualistic elements and subjective nature and come to life.

Given that viewing art as an object means setting it in the sphere of direct experience and that this form of knowledge is more to do with sensibility and less with memory, from all this we can deduce a new possibility for artistic re-education in terms of the natural knowledge of mankind."[26]

Lying at the heart of this project, once again, there is the technological horizon. Whereas the Modernists wished to create an art capable of expressing the new reality that had come into being in São Paulo since 1880 thanks to the expansion of coffee cultivation, the influx of workers from Europe and the beginnings of industrialisation, the Concrete artists were fully caught up in the euphoria of development that took hold of Brazil after the Second World War, its most significant symbol being the construction of Brasília. The Modernists eventually came up against the phenomenon of institutionalisation at a time when the State was taking upon itself the task of carrying out its programme to modernise Brazil, which generated a considerable number of impasses and fluctuations. The Concrete artists took as the field of reference for their activity the desire to overcome technological backwardness and align themselves with the more advanced countries. Setting themselves against the art that was then dominant, derived from the Modernist platform, was a way of affirming their modernity. The desire to change the world was not without its utopian aspects: if the renewal of ordinary life that Cordeiro hoped for did not take place, it was because reality is not modified by acts of volition, as had already been demonstrated by the downfall of Constructivist schemes in Europe.

Modernism and Concretism remain open issues, pointing to possible ways of constructing a modern identity in the context of a country that responded with difficulty to all the challenges of modernity and which, for that very reason, projected itself in terms of emblematic images, either of the nation or of plastic rationality.

1. Belting, Hans: "La fin d'une tradition". *Revue de l'Art*, no. 69, Paris 1985, n.p.

2. *Ibid*.

3. Brito, Ronaldo: "O jeitinho moderno brasileiro". *Gávea*, no. 10, Rio de Janeiro, March 1993, pp. 7–8.

4. Bloom, Harold: *A angústia da influência*. Imago, Rio de Janeiro 1991.

5. Jauss, Hans Robert: *Pour une esthétique de la réception*. Gallimard, Paris 1978, p. 79.

6. Le Bot, Marc: *Pintura y maquinismo*. Ediciones Cátedra, Madrid 1979, p. 30.

7. For further data, see Fabris, Annateresa: *O futurismo paulista: hipóteses para o estudo da chegada da vanguarda ao Brasil*. Perspectiva–EDUSP, São Paulo 1994.

8. In the literary sphere the following critical re-evaluations may be recalled: Miceli, Sergio: *Poder, sexo e letras na República Velha*. Perspectiva, São Paulo 1977; Süssekind, Flora: *Cinematógrafo de letras*. Companhia das Letras, São Paulo 1987; Antelo, Raul: *João do Rio: o dândi e a especulação*. Timbre-Taurus, Rio de Janeiro 1989. Also memorable are two works devoted to the analysis of caricature as a structuring element in the modern visual dimension: Belluzzo, Ana Maria: *Voltolino e as raízes do Modernismo*. Marco Zero, São Paulo 1991; Velloso, Mônica Pimenta: *Modernismo no Rio de Janeiro: turunas e quixotes*. Editora Fundação Getúlio Vargas, Rio de Janeiro 1996.

9. In Amaral, Aracy: *Artes plásticas na Semana de 22*. Perspectiva, São Paulo 1976, p. 34.

10. Batchelor, David: "'Essa liberdade e essa ordem': a arte na França após a primeira guerra mundial", in Batchelor, David *et al.*: *Realismo, Racionalismo, Surrealismo: a arte no entre-guerras*. Cosac & Naify Edições, São Paulo 1998, pp. 9–16; Batista, Marta Rossetti: *Os artistas brasileiros na Escola de Paris— Anos 20*. Escola de Comunicações e Artes da Universidade de São Paulo, São Paulo 1987, vol. I, p. 17.

11. Laude, Jean: "Retour et/ou rappel à l'ordre?", in *Le retour à l'ordre dans les arts plastiques et l'architecture, 1919–1925*. Centre Interdisciplinaire d'Études et de Recherches sur l'Expression Contemporaine, Saint-Étienne 1975, pp. 15–16.

12. Cattani, Icleia B.: "Pintura 'modernista' em São Paulo: relações entre vanguarda e retorno à ordem". *Comunicações e Artes*, vol. 21, no. 14, São Paulo, August 1989, p. 76.

13. Laude, Jean: *op. cit.*, p. 15; Fabris, Annateresa. "Futurisme et cubisme au Brésil: débat critique et propositions artistiques". *Ligeia*, nos. 21, 22, 23, 24, Paris, October 1997–June 1998, p. 211.

14. Cattani, Icleia B.: "Les lieux incertains ou 'l'apprentissage de la modernité' de Tarsila do Amaral", in Chiron, Éliane (ed.): *L'incertain dans l'art*. CÉRAP, Paris 1998, pp. 19–21, 25.

15. Marchán Fiz, Simón: *Contaminaciones figurativas: imágenes de la arquitectura y la ciudad como figuras de lo moderno*. Alianza Editorial, Madrid 1986, p. 44; Fabris, Annateresa: "O espetáculo da rua: imagens da cidade no primeiro Modernismo", in Bulhões, Maria Amélia & Kern, Maria Lúcia Bastos, (eds.): *A Semana de 22 e a emergência da modernidade no Brasil*. Secretaria Municipal da Cultura, Porto Alegre 1992, pp. 33–34.

16. Zílio, Carlos: *A querela do Brasil*. FUNARTE, Rio de Janeiro 1982, pp. 54–55; Cattani, Icleia. "O desejo de modernidade e as representações da cidade na pintura de Tarsila do Amaral", in Bulhões, Maria Amélia & Kern, Maria Lúcia Bastos: *op. cit.*, p. 38.

17. Facioli, Valentim: "Modernismo, vanguardas e surrealismo no Brasil", in Ponge, Robert (ed.): *Surrealismo e Novo Mundo*. Editora da Universidade/UFRGS, Porto Alegre 1999, pp. 298–300.

18. Andrade, Mário de: "O movimento modernista", talk given on 30 April 1942, published in *Aspectos da literatura brasileira*. Martins, São Paulo / Instituto Nacional do Livro, Brasília 1972, p. 242. This essay is reproduced in full in the documentary dossier in this catalogue.

19. Fabris, Annateresa: "O impasse de Di Cavalcanti". *Cultura Visual*, Salvador, vol. 1, no. 1, January–July 1998, pp. 26, 28; Andrade, Mário de: "Pintura—Lasar Segall", in Miller, Álvaro *et al.*: *Lasar Segall: antologia de textos nacionais sobre a obra e o artista*. FUNARTE–Instituto Nacional de Artes Plásticas, Rio de Janeiro 1982, p. 19; Andrade, Mário de: "Di Cavalcanti". *Diário Nacional*, São Paulo, 8 May 1932.

20. Pedrosa, Mário: "O mestre brasileiro de sua época", in *Acadêmicos e modernos*. EDUSP, São Paulo 1998, pp. 271–273.

21. Naves, Rodrigo: *A forma difícil: ensaios sobre arte brasileira*. Ática, São Paulo 1996, p. 21.

22. *Ibid*, pp. 180, 186, 188.

23. Pedrosa, Mário: "Entre a Semana e as Bienais", in *Mundo, homem, arte em crise*. Perspectiva, São Paulo 1975, p. 276.

24. Zanini, Walter: "Arte contemporânea", in Zanini, Walter (ed.): *História geral da arte no Brasil*. Instituto Walter Moreira Salles–Fundação Djalma Guimarães, São Paulo 1983, vol. II, p. 689.

25. Amaral, Aracy: "O desenho jovem dos anos 40", in *O desenho jovem nos anos 40*. Pinacoteca do Estado, São Paulo, November 1976, n.p.

26. Cordeiro, Waldemar: "O objeto", in *Projeto construtivo brasileiro na arte (1950–1962)*. Museu de Arte Moderna, Rio de Janeiro / Pinacoteca do Estado, São Paulo 1977, pp. 74–75.

TUPÍ OR NOT TUPÍ
THE WAR CRY OF LITERATURE IN MODERN BRAZIL
JORGE SCHWARTZ

We need to de-Vespuccioize and de-Columbusize America and de-Cabralize Brazil (the main date for cannibals: 11th October, in other words, the last day in America before Columbus arrived).
OSWALD DE ANDRADE, 1950

I. THE MODERNIST REVOLUTION: Semana de 22

The exhibition *Brasil 1920-1950: de la Antropofagia a Brasilia* covers four basic decades of the artistic and cultural production of this country. Its interdisciplinary character –including, as it does, expressions of the visual arts, literature, photography, the cinema, music, architecture and even some contributions by foreigners– reflects the double movement of Brazilian artistic production in a period that, at the same time as it attempts to update national elements, is attracted by the Medusa of European avant-garde trends and strives not to fall into the temptation of merely imitating or losing its national character in assuming new languages.

This overview of four decades of literature got off the ground in the interrelation process between different artistic genres initiated in the *Semana de Arte Moderna* or 'Semana de 22'. This multiartistic phenomenon consisted of a series of lectures, poetry readings and concerts that took place at the Municipal Theatre in Sao Paolo over three days, which people still remember as disruptive, the 13th, 15th and 17th February 1922. Thus Brazil's official ingress in modernity was not reduced to a mere rhetorical spectacle, but was accompanied by an exhibition of architecture and the plastic arts.[1]

The *Semana*, originally conceived by the painter Emiliano Di Cavalcanti, was carried out thanks to the combined initiative of painters and poets: Mário de Andrade, Oswald de Andrade, Ronald de Carvalho, Guilherme de Almeida, Renato Almeida, Menotti del Picchia and Manuel Bandeira, whose literature was present in the reading of the poem 'Os sapos', which had a most disturbing effect on the audience; musicians like Villa-Lobos; sculptors like Victor Brechenet; intellectuals like Graça Aranha and René Thiollier and important personalities of Paulista society, particularly Paulo Prado, the patron of the movement. The exhibition also included the following: Antonio Garcia Moya and Georg Przyrembel in the sphere of architecture; Victor Brecheret and Wilhelm Haarberg in sculpture; and Anita Malfatti, Emiliano Di Cavalcanti, John Graz, Martins Ribeiro, Zina Aita, João Fernando de Almeida Prado, Ignácio da Costa Ferreira –known as Ferrignac– and Vicente do Rego Monteiro in painting. This original group was later joined by the painter Tarsila do Amaral, the writers Antônio de Alcântara Machado, Raul Bopp, Cassiano Ricardo, Plínio Salgado and the architect Gregori Warchavchik.

However, the 22 movement was not the result of spontaneous generation and the advent of modernity in Brazil had had a few heralds, and was, naturally, surrounded by a certain amount of polemic. A token of this was the heated rejection of the *esprit nouveau* revealed by Monteiro Lobato's dyed-in-the-wool nationalism, in contrast with the echoes of Marinetti's futurist manifesto, precociously imported into Brazil via Bahia by

Almacchio Diniz and personally by Oswald de Andrade on his return from his first trip to Europe in 1912.[2] The two solo exhibitions held by Lasar Segall in 1913 in São Paulo and Campinas, which were practically ignored by the local critics, were also pioneers of this movement. Anita Malfatti's exhibition in 1917, on the other hand, had been accompanied by the echoes of the war in Europe and the clamours of the first important workers' strike in the country. Her painting had the strong stamp of the Expressionism that she had come across during her studies in Berlin and at the Independent School of Art in New York. But the artist paid a high price for her role as a pioneer: her show raised great controversy and scandal. Nevertheless, the critics unanimously acknowledged, and still acknowledge, that her exhibition was the first modern approach in the visual arts; her work was undeniably a turning point for historic Brazilian avant-garde movements and facilitated a less intolerant attitude towards future manifestations of the new spirit, and little by little the significance of the irreversible path to modernity was accepted.

The second half of the second decade of the century constituted, therefore, a preparatory stage; pre-modernism, an early avant-garde whose protagonists reproduced hackneyed symbolist repertoires, even written in French: Sérgio Milliet, with his *Le départ sous la pluie* in 1919 or Oswald de Andrade and Guilherme de Almeida, with *Mon coeur balance* and *Leur âme* in 1916. But the presence of "foreignness" was not only reduced to the imitation of a European or French canon; it also constituted a parody and criticism of the local situation. Juó Bananere, the penname of Alexandre Ribeiro Marcondes Machado, made fun of the solid presence of Italian immigrants who were starting to fill the Paulista megalopolis and contaminate colloquial Portuguese by writing *La Divina Increnca* (1915) in a macaronic mixture of Portuguese and Italian. At the same period, several members of the little modernist group used to meet at Oswald de Andrade's *garçonnière*, where they wrote the collective notebook titled *O perfeito cozinheiro das almas deste mundo...* (1918), whose games and images of all sorts constitute a kind of declaration of their intention: to turn life into literature.

A key piece of that period is the poem 'amar', which appeared in the abovementioned notebook. Taking a commonplace business name as his basis, 'Amaral & Araras', Oswald de Andrade uses all kinds of alliteration, breaks up the trade name and spreads it out over the page in the style of Marinetti's *parole in libertà*. He makes a play on the words 'amar' and 'Miramar', the latter serving as a pseudonym to sign what could be read as a visual poem today; he later included the title of his novel *Memórias sentimentais de João Miramar* (1924) and gives the name to the main character. The 'poem', written in 1918, is in fact an intuitive forerunner of what would eventually become concrete poetry almost four decades later. In his 1928 'Manifiesto Antropófago', Oswald de Andrade also wrote the premonitory words: 'We are concretists'.

Going back to the 'Semana de 22', we must point out that it was marked by the commemoration ceremonies of the first centenary of the independence of Brazil, and took place at the same time as the Brazilian Communist Party was founded. On the other hand, the event marked the end of the antiquated 19th century models, the exhaustion of a literature too much influenced by the European standards of the end of the century, the advent of modernity in Brazil and the birth of a national literature tinged with a strong sense of the Brazilian. 'The same very modern literary trends that were extremely cosmopolitan everywhere else were intensified here in Brazil, rooted in the earth, becoming

nationalized in all the most important representatives,' was the foreign view of the Spaniard Francisco Villaespesa.[3] Whether by means of realism, like Monteiro Lobato in *Urupês* in 1918 and in *Idéias de Jeca Tatu* in 1919, the ironic-parodic language used by Oswald de Andrade in *Pau Brasil* (1925) or trajectories akin to the oneiric, as in the cases of Raul Bopp and Murilo Mendes, the search for autonomous literature during those four decades came up with countless rhetorical, ideological and linguistic solutions. These reached maturity and independence in the poetry of João Cabral de Melo Neto and the prose of Clarice Lispector and Guimarães Rosa, artists still unsurpassed today, and finally achieved the avant-garde radicalism that started with concrete poetry in the fifties, when another sort of tradition came to the fore.

II. ANTHROPOPHAGY: For a decolonization dialectic

If anthropophagy is taken as a starting point in the exhibition, it is to emphasize one of the most original theses formulated in Latin America in an attempt to solve the tensions and contradictions of a country striving to shake off its patriarchal and colonizing roots, on the one hand, and adapt to the revolutionary artistic and cultural manifestations of the historic European avant-garde movements, on the other. A link between the national and the cosmopolitan, the anthropophagous metaphor took as its symbol the cannibalistic Indian. In view of the apparent contradiction of having to survive in the sad tropics while feeding on the inevitable European tradition, in the first book of modern poetry in Brazil, *Paulicéia desvairada* (1922), Mário de Andrade states 'I am a Tupí playing the lute'. Although Indians were already present in colonial literature and painting and their presence reached its greatest heights in the 19th century in the romantic view of José de Alencar's Indianista novel, the cannibalistic reading of the twenties endowed it with a revolutionary, messianic, utopian function.

In his 1924 'Manifiesto de la Poesia Pau Brasil', Oswald de Andrade anticipates several of the basic principles that culminated in the anthropophagous philosophy developed in the 1928 manifesto, whose text is reproduced in this catalogue. He addressed these principles once more in the fifties in the form of a thesis, in *A crise da filosofia messiânica* and in *A marcha das utopias*. Once the 'isms' of the historic avant-gardes had been overcome and Hans Staden, the Montaigne of *Des Cannibales*, Rousseau's good savage, Marx, Freud and Breton had all been digested, Oswald de Andrade proposed the anthropophagous movement as the ultimate revolution. A revolution that would definitively do away with the patriarchal capitalist system to return, by means of technological advances, to a new era of sacred leisure –the native leisure destroyed by Europeans by the introduction of slavery and production methods– in a new space: the Matriarchy of Pindorama, the name of Brazil in *nheengatú*, the 'general' native language. In this appraisal of the native, we can see that whereas the Parisian avant-garde sought the primitive in Africa and Polynesia to design the principles of Cubism, Brazil found it in its own land. That is why in the lecture he delivered at the Sorbonne in 1923, Oswald de Andrade stated that in Brazil 'black is a realist element'.

Brazil does not escape the European avant-garde resonance in the search for the primitive already to be found in Gauguin, Picasso, Paul Klee, Rousseau the customs official and the Negrist literature of Paul Morand, André Gide, Blaise Cendrars, to state the most important, and in magazines like *Cannibale* (1920), by Francis Picabia. Its advantage over Europe is that in Brazil the primitive emerges as an autochthonous inner force, without any need to import it from abroad. That is why when Tarsila painted *A Negra* (Black woman) in 1923, all she had to do was evoke a childhood memory of an ordinary Afro-Brazilian.[4] And for that reason also the stories of the anthropophagous Tupinambás Indians in Hans Staden's literature (*Zwei Reisen nach Brasilien*, Marburg, 1557) were reprinted and became very popular again in Brazil in the twenties, thanks to Monteiro Lobato. The inauguration date of the new anthropophagous era set by Oswald de Andrade in his manifesto was the year 374, when Bishop Sardinha was eaten by the Caeté Indians in the north east of Brazil. Rather than assuaging their hunger, the act of devouring people (a 'marxillary' act, in the ironic expression of Oswald de Andrade to emphasize the dialectic meaning) had the ritualistic value of taking on the attributes of the 'other', a tribal ceremony whose purpose is to surpass the limitations of the 'ego' by assimilating and assuming the qualities of one's enemy. 'The anthropophagous reason', as Haroldo de Campos calls it, is in fact the ideological gesture that Oswald de Andrade finds to solve the dilemma of cultural dependence on the highly active European centres (Paris, Berlin, Moscow, Milan, Florence, Lisbon), without resorting to mere imitation of foreign models or having to avail of the hackneyed local themes promoted by nationalist trends.

Two emblematic images illustrate the concept of anthropophagy. On the one hand, the photograph of a Yawalapti Indian taken by José Medeiros during the Roncador-Xingú Expedition in 1949, which synthesizes the duality nature/culture, forest/machine –or Lévi-Strauss's 'raw/cooked' concept, if you will– by means of the excellent picture of the native holding the propeller of a motorboat. It is a perfect translation of Eduard von Keyserling's 'technicized barbarian', mentioned by Oswald de Andrade in his manifesto.

On the other hand, we have *Antropófago* (Cannibal), the drawing made by the practically unknown Pernambuco painter Vicente do Rego Monteiro in 1921. This picture shows us a sculptural Indian placidly chewing on a femur while lying back in paradisiacal leisure, lost after the arrival of the first Portuguese in Brazil. If its author was not the actual precursor of the theme of anthropophagy, at least he anticipated its advent. In 1920 he discovered the pottery of the Indians on the island of Marajó in the north of the country; he enthusiastically embraced native topics and that very year in São Paulo showed forty-three drawings and watercolours, which later travelled to Rio de Janeiro and Recife. It is certainly hard to believe that Oswald de Andrade, such a close follower of national painting, did not see this exhibition in São Paulo or hear of its repercussions in Rio de Janeiro.[5]

In the opinion of Brazilian critic Walter Zanini, Rego Monteiro is the first modern artist to show his systematic interest in the congenital aspects of the country by means of representations of the life and legends of the natives.[6] The artist moved to Paris in 1921 and two years later he published there his splendid illustrated book *Legendes, Croyances et Talismans des Indiens de l'Amazone* (1923), in which he introduced many of the native traditions and myths later to be found in Mário de Andrade's famous anthropophagous novel *Macunaíma* (1928). Once again it is hardly likely that Oswald de Andrade failed to see in Paris this book or Rego Monteiro's paintings on the theme of the natives later developed by the avant-gardes. That is why the painter refused to join the anthropophagous tribe when Oswald de Andrade asked him to in 1930, since he considered that he had been before before this group and therefore its precursor.[7] In this sense, it is necessary to state that the role that Rego Monteiro played in the history

of the Modernist movement, albeit in a precursory and indirect manner, has still not been acknowledged.

We can no doubt draw a conclusion here: what Rego Monteiro and Mário de Andrade intuited and anticipated, Oswald de Andrade provided with theoretical entity, Tarsila do Amaral extraordinary plastic form and this excellent combination gave rise to a steadfast rhetoric of cultural politics that lasted until today.

The Pau-Brazil poetry and painting of Oswald de Andrade and Tarsila in 1924 prefigured the anthropophagous movement, which appeared four years later, in 1928. These artists met in 1922 and Oswald published his 'Manifiesto de la Poesia Pau Brasil' two years later. Shortly afterwards the book of poetry titled *Pau Brasil* came out –published in Paris in 1925 with illustrations by Tarsila– and the representative production of Pau-Brasil painting saw the light: *A caipirinha* (Peasant woman) (1923), *Carnaval em Madureira* (Carnival in Madureira) (1924), *Morro da favela* (Shanty town hill) (1924), *La gare* (The station) (1925) and other pieces from the same series.[8] The metaphorical use of Pau-Brasil, the timber that was the first Brazilian product to be exported, already contained the seed of the movement, as it subverted the traditional relationship between the metropolis and the colony: 'Let us divide: Imported poetry. And Pau-Brasil poetry, for exportation,' stated Oswald de Andrade in his 'Manifesto of Pau Brasil Poetry'. From the 15th century onwards, pau brasil (a kind of timber) was greatly appreciated and highly valued because of its reddish pigment, difficult to obtain, in fashionable circles of European courts and for dyeing the habits used by church authorities.

It involves the radicalization of poetry and naive painting, in which the nativist theme is recycled in accordance with international avant-garde procedures. Finally, the end of Oswald de Andrade's manifesto synthesizes and inverts the traditional meaning of the term 'barbarian' to give us the multi-cultural dimension of this revolution: 'Barbarians, gullible, picturesque and touching. Newspaper readers. Pau Brasil. The forest and the school. The National Museum. Cuisine, minerals, dances. Vegetation. Pau Brasil.'

This formidable pair, 'Tarsiwald' as Mário de Andrade used to call them, took part in one of the most intense and creative stages of historic Brazilian avant-gardes: from the pages of the aggressive magazine *Revista de Antropofagia* (1928) Oswald attacked the Brazilian cultural and artistic establishment, while Tarsila produced the most fertile and radical stage of her painting. This is how she briefly recalls these two moments:[9]

My painting, which was called Pau-Brasil, originated in a trip to Minas, in 1924, with Dona Olivia Guedes Penteado, Blaise Cendrars, Mário de Andrade, Oswald de Andrade, Gofredo da Silva Telles, René Thiollier, Oswald de Andrade Junior, a child at the time, and me. Contact with a land steeped in tradition, the church paintings and the dwellings of those essentially Brazilian towns –Ouro Preto, Sabará, São João del Rei, Tiradentes, Mariana and others– aroused a feeling of Brazilianness in me. The canvases *Morro de favela* and *Religião brasileira* (Brazilian religion) were painted at that time, along with many others that formed part of the Pau-Brasil Movement founded by Oswald de Andrade.

Another movement, the anthropophagous movement, stemmed from a painting that I made on 11th January 1928 as a present for Oswald de Andrade, who, when he looked at that monstrous figure with its colossal feet set squarely on the ground, called Raul Bopp to share with him the horror he felt. In front of this painting, which they called *Abaporu*

–cannibal– the two of them decided to create an artistic and literary movement rooted in the land of Brazil.'

III. MÁRIO DE ANDRADE'S ANTHROPOPHAGOUS ROUTE

Although unofficially and in a quite different, complementary style to Oswald de Andrade's, Mário also set out on the anthropophagous route. His long journey was internal and mental; he made use of the magnificent library and –according to Telê Ancona Lopes– moved among the shelves like an expert globetrotter,[10] and a huge amount of correspondence with people from all over the country. The trips he made, rare but crucial, were three in number, all leading him to the very heart of Brazil. After the 'baroque trip' to Minas Gerais in 1924, the major trip was around the Amazon, from May to August 1927. Finally, at the end of 1928 and the beginning of 1929 he made his 'ethnographical' tour around the North-east of Brazil (Alagoas, Río Grande do Norte, Paraíba and Pernambuco), with a view to recording folkloric data. The visual result of these last two trips was over eight hundred photographic records, all with personal notes on each of the 3,7 x 6,1 cm photographs. The series of shots reveal an innate visual talent and if we examine them we can see that there is a common denominator in them all: a double glance directed at nature and the actual subject. It is a real discovery of two interiorities, one geographic and one psychic, that complement each other. Masterly photographs like *Sombra minha* (My shadow) or *Retrato de Minha Sombra Trepada no Toldo do Vítoria Julho 1927 / Que Dê o Poeta?* (Portrait of my shadow climbing up the canvas of Victoria, July 1927 / Where's the poet?) and the countless self-portraits (in pyjamas, with typical costumes, in bathing suit, at the helm with his Kodak) reveal his search for his ego, an ego that is mixed up with the entrails of Brazil and will not long afterwards, in 1928, culminate in the writing of his great novel *Macumaíma*, whose first chapter appeared as a preview precisely in the second issue of the magazine *Revista de Antropofagia*.

Raul Bopp also formed part of this immersion in the Amazonian universe. This poet and diplomat, born in Río Grande do Sul, brought out *Cobra Norato* in 1931, a book of poems that can be considered the last in the line of the 'cannibals'. He was an active member of the movement, and even managed the *Revista de Antropofagia*, and years later its historian (*Vida e morte da antropofagia*),[11] and dedicated his book to Tarsila do Amaral. With a cover by painter Flávio de Carvalho, his work is a great poetic journey through the myths of the Amazon and possibly the most Brazilian of all Brazilian books of poetry of all time, as Carlos Drummond de Andrade called it.[12]

Unlike the nationalist-telluric viewpoint to be found in *Macunaíma*, in *Cobra Norato* and in the 1928 work *Martim Cererê* by Cassiano Ricardo we find the typical avant-garde vehemence of urban poetry in Mário de Andrade's *Paulicéia desvairada* and particularly in the group of poems titled 'Postes da Light' in Oswald de Andrade's work *Pau Brasil*. In the *Paulicéia desvairada*, the 'Most Interesting Preface' –in the form of a poem– is a sort of manifesto, a statement of literary principles which reveal a conflict between the dictates of tradition and the urgency of modernity. The poem 'falação' (chat), the first in the book *Pau Brasil*, is also presented as a poem-manifesto, three years ahead of the principles declared in the 'Manifesto Antropofago'. In urban narrative, cinematographic prose appeared as a novelty mainly in two novels: *Memórias sentimentais de João Miramar* (1924) by Oswald de Andrade and *Pathé-Baby* in 1926, the first book by Alcântara Machado, the director of

the magazine *Revista de Antropofagia*. The first work, with its fragmented syntax, is an omen of future cinematic prose in Brazil. The second starts with an actual cinema programme, announcing twenty-three European sequences. Each one, illustrated by A. Paim Vieira –who used the penname Paim– corresponds to one city: a caricature that shows a screen of the silent movie era, accompanied by four musicians who gradually disappear from the stage. In his attempt to 'Kodak' the world, *Pathé Baby* could be considered, as regards structure and theme, a twin of *Veinte poemas para ser leídos en el tranvía* (Twenty poems to be read in the tram) (1922) by Oliverio Girondo. But Alcântara Machado's cosmopolitanism, a fruit of his inevitable trip to Europe, fails to make any reference to Brazil in this text.[13] But during that same very cosmopolitan decade of the twenties, there were a great many workers' strikes and national movements, such as the mythical 'Columna Prestes', which, under the leadership of Luís Carlos Prestes, organized a military march the like of which had never before been seen in thirteen states of Brazil, to express their opposition to the Old Republic (Arthur Bernardes' regime), covering almost twenty-five thousand kilometres without a single defeat. The decade ended with the anthropophagous guerrilla led by Oswald de Andrade from the pages of his magazine, coincided with the death of the 'isms' in Europe and entered its greatest crisis with the Crash of New York stock exchange 1929 and the 1930 revolution in Brazil. This marked the end of the Old Republic and the beginning of the Vargas Era, radicalized in a dictatorial regime known as Estado Novo from 1937 to 1945.

IV. FROM THE AESTHETIC TO THE POLITICAL: The Thirties

Changes were not long in coming about in the artistic and cultural environment of the country. With the *rappel à l'ordre*, the cosmopolitan artist gave way to the intellectual *engagé*. In fact this decade put an end to the aesthetic experimentalism of the avant-gardes and paved the way for investigation of social issues, with an accent on political commitment and establishing a new rapport with what was going on in Europe in the period between the wars. Oswald de Andrade renounces his avant-garde past and calls himself "the clown of the bourgeoisie". Together with Patricia Galvão (Pagú), his new partner, he founds the belligerent newspaper *O homem do povo* (1931), and begins to write novels of social commitment. No less committed is Pagú's novel *Parque industrial. Romance proletário*, written in 1933, which she published under the pseudonym Mara Lobo. That same year, in the presentation of his second novel *Cacau*, of 1933, the writer Jorge Amado, already an active member of Rio de Janeiro Communist Party, asked himself the following question: 'In this book, I tried to narrate with the maximum literature for the maximum honesty the life of the workers on cocoa plantations south of Bahia. Will it be a new proletariat?'

The echoes of the October Revolution become stronger and the trip to Paris was now replaced by the trip to Moscow. As a record of this time, we still have the book by Osório César, *Onde o proletariado dirige...* (1932). It is the memoir of his trip to Russia with his partner Tarsila do Amaral, who made two drawings for the magnificent cover of this publication. But nothing illustrates better this shift towards art in solidarity with the working class cause than Tarsila's oil painting *Operários* (Workers), of 1933. In this kind of period social mural painting the dark, oval faces of workers from all sorts of ethnic origins are crowded against a background of vertical chimneys, in clear contrast to the luminous utopian, oneiric, chromatic atmosphere of the previous decade.

The other side of cosmopolitan urban modernism, basically under the leadership of Oswald and Mário de Andrade, that gathered together writers and painters in São Paulo and Rio de Janeiro, also had two geographic vertices. One in the South, with the pioneer figure of Monteiro Lobato. The other, in the North-east, represented by the fertile inspiration of sociologist Gilberto Freyre. In his early books, *Urupês* of 1918 and *Jeca Tatú* of 1919, the Paulista writer Monteiro Lobato displays a nationalist and rural tradition. The antihero Jacu Tatú is a peasant from the state of São Paulo (*caipira*), depicted as melancholic, lazy and sickly. In spite of Monteiro Lobato's wonderful enterprising spirit in his staunch defence of national issues, or maybe for that very reason, his Jeca Tatú is identified with the pessimistic profile designed by Paulo Prado a decade later in *Retrato do Brasil*, whose meaningful subtitle is 'Ensaio sobre a tristeza brasileira' (Essay on Brazilian melancholy). Behind both these attempts to define Brazilianness –Lobato's and Prado's– are the well-known, prejudicial theories about the laziness of the tropics, inherited from 19th century anthropology.

Around the end of 1920, Menotti del Picchia, Cassiano Ricardo and Plínio Salgado had formed a group whose fanatical nationalism came into open opposition with Oswald de Andrade's anthropophagy. The watchword was to turn their backs on Europe and urban culture, which they saw as contaminated and decadent; so Plínio Salgado declared war on everything foreign that tried to pass itself off as Brazilian, and in that sense he stated that it was not a question of Indianism but of Americanism; of the absorption of Urban Life by the rough spirit of the Sertón, where the great national reserves are.[14] These principles led to the 'Anta' or Tapir movement, and in the Verdeamarillismo movement, whose postulates can be found in the books *A Anta e o Curupira* (1926) or *O Curupira e o Carão* (1927).[15] The consequences of this conservative, xenophobic nationalism can be seen in the fascist-like Integralist Movement under the leadership of Plínio Salgado in the thirties.[16] One of his best iconographic expressions is to be found in the little known magazine *São Paulo* (1936), directed by Cassiano Ricardo, where praise of productivity, physical perfection, dignifying example and order constitute a tropical version of fascist aesthetic.

Four years after the 'Semana de 22', in the other geographic point of Recife, capital of the state of Pernambuco, the *First Regionalist Congress of the North-east* was organized (February 1926). This was the first of a tradition that included, in the area of painting, names like Cícero Dias and Vicente do Rego Monteiro, and in poetry, a series of authors going from Jorge de Lima to João Cabral de Melo Neto, without forgetting Manuel Bandeira and his *Evocação do Recife* (Evocation of Recife). It was not by chance that around that very time Cícero Dias completed his large mural *Eu vi o mundo... ele começava em Recife* (I saw the world... it started in Recife) (1926-29).[17] The ethnocentric vision of Recife as the navel of the world was not exclusive to Cícero Dias. Gilberto Freyre presents us with a vision of the world trying to face up to the urban, modernizing, cosmopolitan South. How? By defending a 'north-eastern' tradition as it appears in the First Congress and later in the Regionalist Manifesto, where all aspects of the North-eastern region are defended tooth and nail: its peasants, tourism, cuisine, crafts, architecture, nature, pharmacology, music and its historic and artistic heritage. A local revolution that was obliged to turn its back on Europe (and the South of the country) and, in essence, everything in Brazil that did not represent the values of the North-east so as to guarantee the survival of its diversity. In this sense, the following is the end of the 1926 manifesto: [From all of which we deduce] the need for this Regionalist Congress to

speak out in favour of values thus neglected, and not only in favour of ill-treated churches and jacaranda trees [...], of family- and church-owned silver and gold sold to foreigners by Brazilians for whom regional awareness and *the traditional sense of Brazil is swept away by a wave of bad cosmopolitanism and false modernism*. What needs to be defended and developed is all our regional culture. (The italics are ours.)[18]

A few years later, the same Gilberto Freyre stirred up a revolution in the studies of sociology and anthropology in Brazil with *Casa-grande & senzala* (1933),[19] a book that is still published today with the drawing by Cícero Dias. In a large format and naive style, this book reproduces the house of the hacienda owner (the lord of the invention) and that of the slaves.[20] Research into the Brazilian character became less intuitive and more academic. With Gilberto Freyre, who revolutionized Afro-Brazilian studies, the concept of race is replaced by the concept of culture. Just as there appeared in Peru in 1928 *Siete ensayos de interpretación de la realidad peruana* by Mariátegui and in Cuba a series of works by Fernando Ortiz that culminated in the *Contrapunteo cubano del tabaco y del azúcar* in 1940, in Brazil during those years some authors assumed the role of 'explainers' of the country and developed a sort of vocation for essays. Then for the first time there arose an analysis based on Marxist principles: the work by Caio Prado Jr. *Evolução política do Brasil. Ensaio de interpretação materialista da história brasileira*, which came out in 1933. And also *Raízes do Brasil* (1936), by Sergio Buarque de Holanda,[21] the first in the collection 'Documentos Brasileños' directed precisely by Gilberto Freyre. The work explains the 'Brazilian character', on the basis of traditions and language, which, according to the author, shape what he calls 'the cordial man', a formulation in clear contrast with that of Mário de Andrade, who had defined Macunaíma as 'a hero with no character' in the twenties. The threesome formed by Freyre, Prado Jr. and De Holanda proposed a radical change in reflection about the specificity of Brazilianness from various different scientific viewpoints.

In the same decade of the thirties and in spite of the incipient interventionist role of the State, the Brazilian publishing market began to flourish. The typical author's editions that marked the production of the modernist generation and were practically financed by the writer became a thing of the past and gave way to a phase in which important publishing houses began to spring up and bring out large, high-quality editions, as in the case of José Olimpio and the National Publishing Company. In 1936, during the Vargas regime, the National Book Institute was established. The hegemony of the publishing production of the Rio – São Paulo axis was also challenged by the anthological Livraria do Globo, whose headquarters were in Pôrto Alegre, in the southernmost part of the country.

That same decade also witnessed the birth of a whole generation that mainly addressed the problems of the people working the land. These writers, from Pernambuco, Paraíba, Ceará, Alagoas, Bahia, produced the novel of the North-east, which Antonio Candido defines as a novel strongly marked by neonaturalism and popular topics, delving into the dramas that were characteristic of the country: the decadence of rural aristocracy and the emergence of the proletariat, in the case of José Lins do Rego; poetry and the workers' struggle, in the work of Jorge Amado and Amando Fontes; the life of the North-eastern highwaymen (the *cangaceiros*) in authors like José Américo de Almeida and Raquel de Queiróz, or rural exodus in the elaborate prose of Graciliano Ramos.[22] But the thirties stood out especially due to the emergence of the lyrical poets of the century: names like Carlos Drummond de Andrade, Augusto Frederico Schmidt, Manuel Bandeira, Jorge de Lima and Murilo Mendes.

In their poetry there is an evident transition from 'modernism' as a school to 'modern' as a feature of contemporary writing. In the correspondence between Mário de Andrade and Manuel Bandeira a mere two years after the 'Semana de 22', the Paulista poet makes the following important distinction: 'I am no longer modernist. But I am modern, like you.'[23] After founding the avant-garde movement, Mário de Andrade anticipated a kind of premature farewell to this belligerent phase to announce what was to be the new Brazilian poetry, which reappeared as the '30s generation' or the second modernist generation. In an early but perspicacious evaluation, he wrote a long essay about the generation born in the *annus mirabilis* of 1922 culminating with the following statement:
1930 was deservedly marked in Brazilian poetry by the appearance of four books: *Alguma poesia*, by Carlos Drummond de Andrade; *Libertinagem*, by Manuel Bandeira; *Pássaro cego*, by Augusto Frederico Schmidt and *Poemas*, by Murilo Mendes [...] If they have made and are still making verses, it is not because they are young but because they are poets.[24]
Carlos Drummond de Andrade appears in the third issue of the *Revista de Antropofagia*, in July 1928, with the at the time innovative and provoking poem 'No meio do caminho'. Two years later, in 1930, he published his first book, *Alguma poesia*, in which he included the classic poem.[25] The poet from Itabira, in the state of Minas Gerais, was born with the stamp of a great poet. Mário de Andrade did not lavish praise on him, perhaps because he was too close to him –we must not forget that Drummond dedicated the book to him. However, even though he does say he considers him the best of the four poets from the point of view of rhythm, he does not fail to point out features that would consecrate him for the rest of his life. In this sense he says: 'Carlos Drummond de Andrade is very timid but at the same time extremely intelligent and sensitive, features that fight ferociously to come to the fore: this struggle is what his poetry is made of.'[26]
The second poet who deserves our attention –unfairly forgotten by critics today– is Augusto Frederico Schmidt. Mário de Andrade mentions his Jewish origin but also emphasizes the Catholic character of his poetry combined with an intense pursuit of Brazilianness. In this sense, speaking about *Pássaro cego*, he concludes: 'This is really the only Brazilian book of contemporary poetry that I think couldn't have been created by a foreigner.'[27]
In Manuel Bandeira's book of 1930, *Libertinagem*, we can see the signs of his modernist heritage even on the cover. The title is fragmented in an almost constructivist way, perfectly acceptable after the innovating cover of the magazine *Klaxon* eight years previously, to which a symbolist Bandeira had contributed a poem in French, 'Bonheur Lyrique'. In three lines with four large letters in each –LIBE / RTIN / AGEM– he breaks away from all syntactic rules and traditions. The book contains poems which are today considered classics of modern Brazilian poetry, such as 'Vou-me embora para Passárgada', 'Evocação do Recife' or 'Poética'. The latter is a veritable poem-manifesto, in which he states: 'I am tired of courteous lyricism / Of well-mannered lyricism [...] I will have no more to do with lyricism that does not involve liberation'. *Libertinagem* contains several of the renovating elements from the new poetry introduced by the 22 generation: free verse, ironical-colloquial terms, the introduction of popular everyday elements, humour and the pursuit of a truly Brazilian form of expression in the oral forms. In this same book we find the poem 'Rondó dos cavalhinos', dedicated to Alfonso Reyes and written during the farewell lunch held for him in Rio de Janeiro. During the four years that he was ambassador in that city, Reyes published the *Correo Literario de Alfonso Reyes* (1930-1937) and this poem is a lyrical record of the relationship between the two

writers.[28] In this sense, Manuel Bandeira's links with Spanish-American literature are important: he was the first professor in this subject at the National Faculty of Philosophy, which later became the Federal University of Rio de Janeiro, and in 1949 published a pioneer book, *Literatura hispano-americana*, with original essays analysing and translating, for the first time in Brazil, the poetry of Sor Juana Inés de la Cruz, among others.[29] As regards Murilo Mendes, apart from considering his 1930 work *Poemas* the most important of the four books he studies in the evaluation mentioned above, Mário de Andrade already glimpses a few hints of surrealism, hints that were to mark a great deal of the poet's future production.[30] In fact Murilo Mendes is a rare, sophisticated cross between Christianity and surrealism, and wrote poetry that in his mature years, according to critic José Guilherme Merquior, bears a plastic sense of finitude, a heroic notion of divinity and poetry as martyrdom.[31] *História do Brasil* of 1932, a work that was never republished in the author's lifetime, came out with a magnificent cover by Di Cavalcanti and formed a bridge between the heroic modernism of '22 and the lyrical precaution of the thirties. In this book Murilo Mendes picked up the tradition that Oswald de Andrade had initiated in *Pau Brasil* in 1925: a parodic version of the history of Brasil through the *poemas-piada*, satirical poems that broke away from the official historiography of the country, such as 'Homo brasiliensis': 'O homem / É o único animal que joga no bicho'.[32]

V. SURREALIST TREND AND NEGRO THEMES

Although the thirties stand out from a cultural viewpoint in Brazil because of a great swing towards socializing tendencies, surrealism, the last of the European 'isms' made its mark on them as well. Of course this occurred to a much lesser degree than in the case of expressionism and cubism-futurism a decade earlier. And even though it may seem contradictory that surrealism existed side by side with a decidedly realist style, as is the case of the regionalist novel in the North-east, the truth is that both tendencies were to be found in the literature of the time to a greater or a lesser degree. And in this sense it is worth pointing out too that although surrealism involved delving into the subconscious, it developed social engagement as one of its political principles and after 1927 its representatives –Breton, Élouard, Aragon and Péret– joined the Communist Party. Péret, one of the first surrealists, lived in Brazil for three years, between 1929 and 1931, but his contacts with the anthropophagous group certainly did not create a school or have a very strong influence, unlike what occurred in Blaise Cendrars' case. That is why we should point out that when Oswald de Andrade says in his 'Manifesto Antropofago' 'we already had a surrealist language', the statement, ironical in tone, refers to the native languages, older than the imposed Portuguese language and French surrealism.
In the late thirties we begin to observe in Brazil not so much a surrealist movement but rather a surrealizing tendency, especially in Jorge de Lima's poetry and photomontages. In *A pintura en pânico*, of 1943, this poets maintains a dialogue with or somehow responds with forty-five photomontages of his own to Murilo Mendes' book of poetry, *A poesia en pânico* published in 1938, just a year before the famous photomontage device appeared in the Paulista press for the first time, thanks to Mário de Andrade. The idea of a joint production by Jorge de Lima and Murilo Mendes, whose ethical and aesthetic affinities could already be seen in the book *Tempo e eternidade* (1935), brought out by them both, appears in Murilo Mendes' 'Preliminary Note' to Jorge de Lima's *A pintura en pânico*, where he says: 'We started the work together'. As a matter of fact, one of the above-mentioned forty-five photomontages, number 9, *A poesia em*

pânico, is obviously a tribute paid by Jorge de Lima to his companion, Murilo Mendes.[33]

Of the eleven original photomontages still conserved at the Institute of Brazilian Studies at São Paulo University, which Jorge de Lima gave Mário de Andrade and which were published in 1939, five have been selected for this exhibition. In fact the photomontages themselves presumably no longer exist today: all that remains are the beautiful sepia photographic versions of them. They are all on the same theme: the enigma (of Freudian reminiscence) of the eternal female. The images, typically surrealist in their syntax, clearly show the influence of Max Ernst, De Chirico and Dalí.[34] Although in Brazil surrealism never had the importance of a school, it did give rise to other surprising manifestations, such as the short stories by the miner writer Murilo Rubião, who published his first book in 1947, *O ex-mágico*, thus inaugurating the genre of the fantastic, which was a combination of the legacy of Machado de Assis and Kafkian narrative force. Contrary to what happened with the genre of the fantastic in Spanish America, Murilo Rubião was quite an exception in Brazilian letters at that time.[35] In the terrain of the visual arts, Maria Martins' surrealist sculptures exude outstanding strength.

Another minor trend, albeit no less genuine, is connected with Negro culture. Paradoxically, considering the large proportion of black people in the country, the Paris Negro fashion and the Harlem Renaissance of the twenties did not have such an important influence on Brazilian literature as they did, in fact, on Afro-Cuban, Afro-West Indian and even on Uruguayan poetry at that time. Neither is there in Brazilian poetry a cross between surrealism and Negrism, such as that found, for example, in Federico García Lorca's 'El rey de Harlem' (1929). On the contrary, perhaps because it is an element of the real –as Oswald pointed out in the lecture he delivered at the Sorbonne in 1923– Negro themes in Brazilian poetry are nearly always treated in very realistic terms. Initially modernism produced the only book devoted entirely to the subject: *Ucurungo. Poemas negros* (1933) by Raul Bopp, who remained faithful to his pursuit of an autochthonous form of expression, as he had been two years earlier with *Cobra Norato* (1931). From one book to the next, he goes from the mythology of the Amazon forest to Afro-Brazilian topics and, in this sense, *Urucungo* is practically the only example on this theme. In Negro literature the thirties did not yield anything similar to Gilberto Freyre's study *Casa grande & senzala* (1933); this author actually organized the First Afro-Brazilian Congress in Pernambuco the following year. In this sense, *Leite Criôlo*, Belo Horizonte's black newspaper which was first published 13th May 1929, is quite unique. Apart from this work, two books on the Negro topic are included in our exhibition: *Poemas Negros*, by Jorge de Lima (1947), with several texts on the Afro-Brazilian theme, which includes the famous 'Essa negra fulô', originally published in the book of the same name in 1928.

Poemas Negros is illustrated by Lasar Segall, the author of the second work included in this exhibition: *Mangue* (1943), a book of engravings with introductory texts written by Jorge de Lima, Mário de Andrade and Manuel Bandeira. In it Segall portrays the anthological red light district of the Mangue district, about which Bandeira and Vinícius de Moraes later wrote great poems. Although in the work of Segall, an artist of Russo-Lituanian origin, the theme of immigration and Hebrew issues is important, Negro themes are no less so. His classical paintings, like *Menino con Lagartixas* (Child with lizard) of 1924, reveal the impact made on his spirit by black people and their tropical nature, two elements that he interprets as belonging to the same semantic universe.

In this sense, a more up-to-date reading would allow us to affirm that Segall's European glance always identified Brazilian blacks with the world of poverty and nature; and from the point of view of the classical dilemma between civilization and savagery, we could consider that this identification has to do with 'savagery'.

VI. NEW ORIENTATIONS: The '45 Generation

In 1945, the year World War II ended, which coincided with the end of the period that had started in 1930 in Brazil that later became known as the Estado Novo (1937-1945), the first signs of what was to be a period of great political and cultural change appeared. The famous First Brazilian Writers' Congress was held in São Paulo, initiating a process of gradual political tolerance. In 1946 the fourth republican constitution was proclaimed, heralding an era of democracy. One year later, the Museum of Art of São Paulo (MASP) was established and in 1948 two modern art museums were inaugurated: the MAM in São Paulo and one in Rio de Janeiro. Towards the end of 1949 the Vera Cruz Company set up a cinema industry and in 1950 the first Brazilian TV channel was established (TV Tupí, São Paulo).

As far as lyrical poetry was concerned, 1945, which marked a generation change, opened up new horizons, where two titles particularly stand out: *A rosa do povo*, by Carlos Drummond de Andrade, and *O engenheiro*, by João Cabral de Melo Neto. The only epigraph in *A rosa do povo* is in the poem 'O medo' (Fear), reproducing a very colloquial statement from Antonio Candido: 'Porque há para todos nós um problema serio... Este problema é o do medo' (Because we all have a serious problem. That problem is fear). 'We all' refers to the 45 generation, silenced during the dictatorship of Getúlio Vargas. This generation also witnessed several different political moments, like the rise of Plínio Salgado's fascist Integralist Group, the outbreak of the Spanish Civil War and World War II. Drummond's lines 'This is a time of parties / Of divided men', from the poem 'Nosso tempo', illustrate with great lyricism and precision the divided man who writes these words in 1945. *A rosa do povo* condenses better than any other book before or since the tension between lyricism and participation, between the individual and society. The Sartrian mark of the *engagé* intellectual, responding to the call of social participation, is present in the title of one of Drummond's poems: 'A flor a la náusea'. In spite of the change that this poet brought about on poetic contents, the modernist legacy was still present in the expression of the ordinary and the permanent search for the definition of the poetic object. In this aspect, Antonio Candido states that his poetry is different from that of other modernists, including Mário de Andrade's, because whereas they tried to halt the course of everyday events to obtain a 'poetic moment' sufficient in itself, Drummond proceeded to expand on the event in order to produce a kind of modest epopee of contemporary life.[36]

One surprising aspect about the relationship between culture and state is precisely that it was during the last period of profound cultural depression under the Estado Novo that the most original literary voices of the second half of the century emerged. Around the end of 1943 the first novel by Clarice Lispector was published, *Perto do coração selvagem*. If the avant-garde prose of modernism saw its greatest splendour in the novels by Oswald de Andrade –*Memórias sentimentais de João Miramar* and *Serafim Ponte Grande*– and Mário de Andrade –*Macunaíma*– the next renovation took place two decades later in this novel by Lispector. In the review published a few months after it came out, Antonio Candido speaks of the impact caused by this new prose, difficult to classify at that time. 'I got a great shock when I read *Perto do coração selvagem*,' wrote the critic, on coming into contact with the novel of a writer of whom he had never heard before and for whom he now foresaw a great future lying ahead.[37] Lispector was the first to abolish the classical chronological time and to underline the psychological aspect, the discontinuous character of narrative, although not by using the cinematic prose of the modernists but rather Proustian flashbacks and Joycean stream of consciousness. It is a work in which female subjectivity akin to that of Katherine Mansfield and Virginia Woolf prevails. Given the intimistic, fragmented character of the work, we take the liberty to apply to Lispector what Manuel Bandeira said about Murilo Mendes: she is like a silkworm, drawing everything out of herself.[38]

The two great voices of contemporary Brazilian prose are undoubtedly represented by the stories and the novels of this writer and also by the work of João Guimarães Rosa. Whereas Lispector works with a prose taken from urban circles, Guimarães Rosa gives an exceptional treatment to language in a regional environment. Out of an academic need to adjust them to a generation and a chronology, they have both been considered as belonging to a third modernist generation –the first would be 22, the second 30 and the third 45– or the new avant-garde prose, as it has also been called. From our point of view, they are both quite beyond classification. In the case of Guimarães Rosa –originally a doctor from Minas Gerais and later a member of the diplomatic corps– it is surprising to see that his first story was published right in the middle of the anthropophagous era. This was 'O misterio da morte de Highmore Hall', selected for the competition in the well-known Rio magazine *O cruzeiro*, where it was published on 7ᵗʰ December 1029.[39] His first book of short stories, *Sagarana*, dates from 1946 and his major work, *Grande sertão: veredas*, from 1956.[40] Two traditions converge in his *opus magna*: the experimentalism of the novels of Oswald and Mário de Andrade in the twenties and the regionalist themes present in the landscape of the Brazilian *sertão* (hinterland) in the thirties. But, unlike the generation of the North-eastern novel, in Guimarães Rosa's prose regionalism engaged with the rural referent gives way to universalism. The treatment given to the language is absolutely innovative and original. Real poetic prose reminiscent of the novels by Joyce, where he tries, in Mário de Andrade's words, to 'deregionalize' Portuguese by using words from the most varied sources and regions, so much so that at times the language becomes the real protagonist of the work. The perfection of this writing is recorded in the wings in the novel, whose manuscripts register over thirty thousand variants.

VII. CONCRETE POETRY: The Last Revolution?

The boom of the fifties was the so-called 'JK years' (Juscelino Kubitschek, 1956-1960). The beginning of this period is a sample of the great diversity in Brazilian poetry. Two masterpieces appeared in a short space of time. In 1952 Jorge de Lima published *Invenção de Orfeu*, an epic poem of ten stanzas and eleven thousand lines, which is considered to be his most important text. One year later another great poem with a historic background came out, *Romanceiro da Inconfidência*, (1953), by Cecilia Meirelles. The lyricism of this poet of intimist characteristics was renewed in relating in 85 *romances* the history of Minas Gerais, whose greatest hero and victim was Tiradentes (1746-92), leader of the *inconfidentes*, who tried to free Brazil from the Portuguese colonial regime. One year after it was published, the artist Renina Katz brought out a long series of sketches inspired on the book for engravings for an illustrated edition, never actually published. One of the drawings from

this magnificent series, preserved by bibliophile José Midlin, is included in our exhibition.

In a country with such a diverse cultural heritage, regions so different from each other and such varied lines of thought, the literature is far from being homogeneous. So it is not surprising to find such a great variety of works in one same period as those made by Jorge de Lima, Cecilia Meireles, Clarice Lispector, João Guimarães Rosa, João Cabral, not to mention the voices of the incipient concrete generation. In this sense, the first manifestations of concrete art began to appear in the Latin-American intellectual world. With these words 'the artistic era of representational fiction is drawing to an end,' begins the 'Manifiesto Invencionista' drawn up in Argentina by the Grupo Arte Concreto-Invención, published in 1946 in the Buenos Aires magazine *Arte Concreto*. This is a clear criticism of realist art with a referential intention. A few years later the publications of three São Paulo poets stood out from the literary tradition of the 45 generation; they were Augusto de Campos, Haroldo de Campos and Décio Pignatari. These three young men, who had met in São Paulo in 1948 at the age of 17, 19 and 21 respectively, founded a movement to carry out little less than a revolution in Brazilian literature. They were the '48 nonconformists, as Décio Pignatari sustained, who formed the group Noigandres in 1952 and a concrete poetry group in 1956.[41] This was also the time of the First São Paulo Biennial (1951). When the group brought out their first books of poetry, they were linked to the publishing house Cadernos do Clube de Poesia, still in the hands of the '45 generation. These books were *Auto do possesso* (1950) by Haroldo de Campos, *O carrossel* (1950) by Décio Pignatari and *O rei menos o reino* (1951) by Augusto de Campos. In the years that followed, there appeared new authors totally tuned in with the times: Edgar Braga, José Lino Grünewald, Pedro Xisto, Mário da Silva Brito and Ferreira Gullar, who, in 1954 published his major poetic work *A luta corporal*. One year later, *O homen e sua hora* came out, the only book of poetry by the Amazonian Mário Faustino (1930-1962), who, in the second half of the fifties became the greatest expounder of the new literary repertoires through *Poesia-Experiência* (1956-58), the Sunday magazine of the Rio de Janeiro newspaper *Jornal do Brasil*. Using the Poundian precept that criticism is practised by means of discussion and translation, he tried to establish a new lineage, where the tradition of French, English and German poetry found a way into modern Brazilian poetry, especially concrete poetry.[42]

The theoretical postulates of the concrete group go straight back to the forgotten principles of the 'Semana de 22' and a Brazilian literary tradition striving to identify itself with the inventive radicalism of Oswald de Andrade, in whose poetry the concretists admired the reduced vocabulary (the synthesis of the lines), the use of everyday topics, the word as an object and the extraordinary force of the visual element. It is a different trajectory from that of expressionism or surrealism, in which the cubist-futurist legacy veers towards constructivist abstraction. On going back over their own tradition, the concrete poets rescued a certain aspect of Carlos Drummond, of Manuel Bandeira, of Murilo Mendes and a great deal of the constructive rigour of João Cabral de Melo Neto. At a point in time where, in Mallarmé fashion, they are aware of the 'crisis of verse'[43] it is up to them to create a new literary tradition, in which long-forgotten 19ᵗʰ century Brazilian poets like Sousândrade (Joaquim de Sousa Andrade) and Pedro Kilkerry came to the fore again. And, at the end of the day it was up to them also to break, from the sixties onwards, the silence that had reigned around Oswald de Andrade's work for almost forty years.

Like all avant-garde strategies, the concretist group set up a critical discourse parallel to their poetic creation, both in the form of manifestos, and in the vindication of a *paideuma*, Pound's term to name literary tradition. In the first place, they borrowed from Mallarmé's *Un coup de dés jamais n'abolira le hasard, poème* the ideogram principles of composition –via Pound and Ernst Fenollosa– and from Eisenstein, his editing principles. As far as prose was concerned, Joyce and Gertrude Stein were part of this lineage. It is a constructivist tradition –with roots in futurist *parole in libertà*– where there is an enormous association between the visual and the pictorial (Malevich, Mondrian, Albers), a far cry from the classical postulate *ut pictura poesis* and heading towards the autonomy of the poetic sign.

The magazine *Noigandres* (1952-62),[44] which brought out five issues over a ten-year period, is the living record of the group's evolution. The first issue was a foundational framework. The term 'concrete poetry' appeared for the first time in issue 2. In number 3, published on the occasion of the 1st National Exhibition of Concrete Art at the Museum of Modern Art of São Paulo, the movement was officially founded. A few months afterwards, in February 1957, the same exhibition was held at the famous building of the Ministry of Education and Culture in Rio de Janeiro. The interdisciplinary spirit of the 'Semana de 22' was enthusiastically revived during this exhibition.[45] In number 3, they did away with traditional verse and created a new spatialized syntax. The poem took on chromatic qualities and a dimension linked to the urban environment, the language of newspapers, the media, posters and industrial design. And what is more, they eliminated the traditional distances between form and theme, where signs take on 'verbal-vocal-visual' autonomy. Correspondence with Ezra Pound and conversations with Eugen Gomringer and even Max Bill endowed the project with an international dimension such as Brazilian poetry had never seen before. The fourth issue, in 1958, contained the 'Pilot Plan for Concrete Poetry', a name that coincides with the one used a year earlier in the 'Concurso do Plano Piloto da Nova Capital do Brasil'. The following year, in 1959, coinciding with the 1st Exhibition of Neo-Concrete Art at the MAM in Rio de Janeiro, which marked the advent of a new artistic generation, Ferreira Gullar, who had by this time broken away from the concretist group, published his 'Neo-Concrete Manifesto'. The fifth and last issue of the magazine *Noigandres* was a retrospective view of its history: the subtitle 'Do verso à poesia concreta 1949-1962' marked the close of a chapter of the movement as such and gave way to new trends.

In 1960 Brasilia, the new capital of the country, was inaugurated, with an official programme of music composed by two major Bossa Nova musicians: Tom Jobim and Vinícius de Moraes: *Sinfonia da Alvorada* (Symphony of Dawn). During that same year, the 'Cinema Novo' made its appearance and the country's cultural activity got off to a new start. In 1961, during the II Brazilian Congress of Literary Criticism and History in the city of Assis (São Paulo), Décio Pignatari announced 'the participating leap' that represented the committed side of concrete poetry. At this stage some of Oswald de Andrade's prophecies had been fulfilled. When the Paulista poet affirmed that 'a massa há de chegar ao biscoito fino que eu fabrico' (The masses will arrive at the fine biscuit I make), little did he think that his poetry, his manifestos and philosophical essays would spark off a real revolution, with effects that would make themselves felt in literature and the visual arts, ending in concretism and neo-concretism; in the theatre, in José Celso Martínez Correia; in music, in the tropicalist movement; and even in the cinema, in Joaquim Pedro de Andrade and Julio Bressane. And what is more,

Oswald de Andrade's anthropophagous prophecy was fulfilled with emancipated Brazilian culture for exportation.

VIII. TRIBUTE TO SPAIN: Murilo Mendes and João Cabral de Melo Neto

One of the bibliographic points proposed for this exhibition is the relationship between modern Brazilian poetry and Spain. Murilo Mendes' *Tempo espanhol*, published in Lisbon in 1959, is a sophisticated poetic trip around the geography, the literature, the painting, the architecture and the music of Spain. It is complemented by *Espaço espanhol*, a posthumous book compiled by Luciana Stegnagno Picchio, written in Rome between 1966 and 1969, that could also be seen as a travel notebook, this time in prose. In it Murilo Mendes returns to many of the topics in his book of poetry and reveals his close links with the Spanish intelligentsia. This succession of fragments (similar in structure to his *Retratos-relâmpago*) show Murilo Mendes' passion for a country in which he could have settled if in 1956 –a year before he went to live in Rome– Franco's Spain had not refused him residency in this country.[46]

But the great merit of the links between Brazil and Spain is due to João Cabral de Melo Neto. He was one of those poet-diplomats who, unlike Murilo Mendes, had spent several spells in Spain. His poetic work –from *Paisagens com figuras* (1954-55) to his last books: *Sevilha andando* and *Andando Sevilha* (1987-93)– is impregnated with the atmosphere of Andalusia and Seville; a poetry especially inhabited by Seville women. During his time as Vice-consul in Barcelona (1947-50), he brought out small editions of books with his own publishing press called El Libro Inconsútil. These works are rare bibliographic gems today and a token of his desire to make Brazilian poetry known in Spain, because not only did he publish his own works but also the poetry of Lêdo Ivo, Joachim Cardozo, Cecília Meireles, Murilo Mendes, Augusto Frederico Schmidt, Vinícius de Moraes and Carlos Drummond de Andrade. Furthermore, some of the editions from his press reveal the different links Melo Neto established with contemporary Spanish poets. In this sense, it is rather surprising to find that the Catalan Joan Brossa's first book of poetry, *Sonets de Caruixa*, was printed in this press. This is also the case of poetry by Alfonso Pintó and Juan Eduardo Cirlot.[47]

Finally, as a sign of Melo Neto's close bond with Spain it is necessary to mention the long essay he wrote about Joan Miró's painting (*Joan Miró*, 1950), published in Barcelona by Edicions de l'oc, with two original engravings by the Catalan painter, in a limited luxurious edition of 150 copies. Another surprising work of his is his exhaustive academic oeuvre *O arquivo das Índias e o Brasil. Documentos para a história do Brasil existentes no Arquivo das Índias de Sevilha* (1966), an extraordinary scientific achievement: a bibliography of almost eight hundred pages of documents referring to Brazil in the famous archives.

No doubt, as we hinted above, João Cabral was always looking for links and similarities between his native Pernambuco and Seville. A splendid example of this can be found in two poems, which are really two geographic variants of the same genetic matrix, reproduced below.[48]

Bedside things, Recife
Different things lined up on the shelf
Of memory under the label: Recife.
They are like bedside things in the memory
Both things and an index at the same time;
And like an index, they are dense, precise,
Easy to read in their simple forms.

2

Some of them, apart from those related:
The skylight, made of number four glass;
And the cobblestones in some streets,
Elegant to the eye but rough to the touch;
Roof beams, sharply pointed
As though ready to cut, rooftops;
The houses, paged like in a poetry book,
Several columns per folio, well bound.
(Bedside things, affirming modules:
Example, the slender shape of top storeys.)

Bedside things, Seville

Different things lined up on the shelf
Of memory under the label: Seville.
Things that to start with were only idioms
Of local gypsies: but clear and concise
To the extent that they condense into things
Quite concrete in their bright shapes.

2

Some of them, apart from those related
Not *esparramarse*, give just the right dose;
Por derecho, to perform any task,
And being, with the straightness of right;
Con nervio, give tension to things done
From the bowstring, re-tense the arrow;
Pies claros, the skill of the dancer,
Although punctuating the language of the leg.
(Bedside things come to: *exponerse*,
Doing it on the edge, where risk begins.)

1. *Catálogo de la Exposición de la Semana de Arte Moderna de 1922 en São Paulo*. Viz. Walter Zanini (curator): *História geral da arte no Brasil*, Vol. II, Instituto Moreira Salles, São Paulo 1983, and Aracy Amarat: *Artes plásticas na Semana de 22*, Bovespa, São Paulo 1992.
2. The first mention of Marinetti in Brazil, together with the translation of his first manifesto, took place on 30th December 1909 in the *Jornal de Notícias* in Bahia.
3. The prologue to Ronald de Carvalho, *Toda la América*, translated by F. Villaespesa, Alejandro Pueyo, Madrid 1930, p. 16.
4. We must not forget that in 1922 slavery had only been abolished in Brazil less than three decades previously.
5. 'Em prol de uma pintura nacional' (1915) in Oswald de Andrade, *Estética e política*, compiled by Maria Eugenia Boaventura (Globo, São Paulo 1992, pp. 141-3).
6. Walter Zanini, *Vicente do Rego Monteiro. Artista e poeta*, Empresas das Artes/Marigo Editora, São Paulo 1997, p. 69.
7. Gênese Andrade da Silva, doctoral thesis in progress, titled *A relação entre texto e imagem na poesia latino-americana do século XX* (São Paulo University).
8. The work of the chronology does not exclusively consist of Pau-Brasil themes; for example *A Negra* (1923) is much closer to anthropophagous themes.
9. Cf. the testimony in the *Catálogo da exposição Tarsila 1918-1950* (Museu de Arte Moderna, São Paulo, December 1950); see also Tarsila's essay 'Pau-Brasil and Anthropophagy' (1931), reproduced in this catalogue.
10. *Mário de Andrade: fotógrafo e turista aprendiz* (Instituto de Estudios Brasileiros, São Paulo 1993, p. 113).
11. Civilização Brasileira/INL, Río de Janeiro 1977.
12. *Poesia completa de Raul Bopp*, compiled by Augusto Massi, José Olympio/Edusp, Rio de Janeiro/São Paulo 1998, p. 41.
13. The opposite was to be the case of his other two books (*Brás, Bexiga e Barra Funda* and *Laranja da China*).
14. Plínio Salgado, 'La revolución del tapir. Por la unidad e independencia espiritual del Brasil', in Schwartz, J., *Vanguardias latinoamericanas*, translated by Estela dos Santos (Cátedra, Madrid 1991, p. 526).
15. The *anta* is identified with a totem of Tupí origin, and was used as a symbol by the group.

16. It is important to make it clear that the modernist movement generated ambiguities of its own. In the first issue of the magazine *Revista de Antropofagia*, Plínio Salgado published a long essay titled 'The Tupí language'. The text suggests the author's stance is similar to Oswald de Andrade's, since Salgado has the same Indianist symbolism as his basis. However, the ideological evolution of them was not long in becoming utterly divergent.
17. Painted between 1926 and 1929, in other words, when the author was between 19 and 22 years of age, the panel originally measured 2 x 15 metres. The last part, which included a representation of female genitals, was vandalized. Currently, the width of the wall painting has been reduced to 12 metres.
18. Gilberto Freyre, *Manifesto Regionalista*, compiled by Fátima Quintas (7th edition revised and expanded. Fundaj / Massangana, Recife 1996, p. 75).
19. There is a translation into Spanish by Benjamín de Garay and Lucrecia Manduca: *Casa grande & senzala* (Ayacucho, Caracas, 1977, 567 pages).
20. After the ninth edition (1958), the drawing became a watercolour, also by Cícero Dias.
21. There is a translation into Spanish by Ernestina de Champourcin: *Raíces del Brasil* (Fondo de Cultura Económica, México 1955, 182 pages).
22. Candido, A., *Literatura e sociedade*, Companhia Editora Nacional, São Paulo 1973, p. 123.
23. Letter of 29th December 1924, in *Correspondência Mário de Andrade & Manuel Bandeira*, compiled by Marco Antonio de Moraes (Edus/IEB, São Paulo 2000, p. 169).
24. 'A poesia em 1930' (essay of 1932), in *Aspectos da literatura brasileira* (Martins, São Paulo n.d., p. 27).
25. 'In the middle of the road there was a stone/ There was a stone in the middle of the road / There was a stone / In the middle of the road there was a stone. / I will never forget this event / In the lifespan of my weary eyes. / I will never forget that in the middle of the road / There was a stone / There was a stone in the middle of the road / In the middle of the road there was a stone.' *Revista de Antropofagia* 3, July 1928, p. 1.
26. Mário de Andrade, *art. cit.*, p. 33.
27. Mário de Andrade, *art. cit.*, p. 43.
28. Josué Montello, 'O Brasil no Diário de Alfonso Reyes', *Revista de Academia Brasileira de Letras*. Phase VII. Number 6. Rio de Janeiro 1996, pp. 5-13.
29. Many years later, in 1965, Bandeira translated *Los verdes campos del Edén* by Antonio Gala.
30. 'Murilo Mendes is not a *surréaliste* in the school sense, but I find it hard to imagine a more seductive and convincing use of the surrealist lessons,' affirms Mário de Andrade in *art. cit.*, p. 42.
31. José Guilherme Merquior, 'Notas para uma Muriloscopia', in *Murilo Mendes. Poesia completa e prosa*, compiled by Luciana Stegagno Picchio (Nova Aguilar, Rio de Janeiro 1994, pp. 14-15).
32. The fragment plays on the double meaning of the words 'jogo do bicho' in Brazil: the literal one and the name used to designate the clandestine popular lottery played in Brazil.
33. This image, which has also been used for the cover of Murilo Mendes' book *A poesia en pânico*, figures in the book attributed to himself and Jorge de Lima.
34. Ana Maria Paulino, *O poeta insólito: fotomontagens de Jorge de Lima*. IEB-USP, São Paulo, 1987.
35. There is a translation into Spanish by Cyro Laviero of Murilo Rubião, *La casa del girasol rojo y otros relatos* (Grupo Libro 88, Madrid 1991).
36. Antonio Candido, 'Inquietudes na poesia de Drummond', in *Vários escritos* (Duas Cidades, São Paulo 1970, p. 109).
37. Antonio Candido, 'No raiar de Clarice Lispector' (1944) in *op. cit.*, pp. 126-7.
38. Manuel Bandeira,'Apresentação de Murilo Mendes' in Murilo Mendes, *Poesia completa e prosa*, p. 35.
39. I thank Waldemar Torres for this information.
40. At this point, it is worth mentioning the Spanish version of *Gran sertón: veredas* by João Guimarães Rosa (Seix Barral, Barcelona 1963, 464 pages), translated by Ángel Crespo, translator and promoter of Brazilian literature in Spain, thanks to whose initiative many of the poets mentioned in this work are known here.
41. Décio Pignatari, 'A situação atual da poesia no Brasil', in *Segundo Congreso Brasileiro de Crítica e História Literária* (Faculdade de Filosofia de Assis, Assis 1961, p. 386).
42. Cf. the introduction by Benedito Nunes in Mário Faustino, *Poesia-Experiência* (Perspectiva, São Paulo 1977).
43. Décio Pignatari, *art. cit.*, p. 372.
44. *Noigandres (d'enoi gandres)*, a word introduced into Arnaut Daniel's Provençal poetry and rescued by Ezra Pound in his *Canto XX*, means 'a thing to protect one from tedium'.
45. A token of this is the remark made by Mário Faustino when he said that when the exhibition was at the Ministry of Education, a group of avant-garde poets joined sculptors, painters, engravers and draughtsmen in an attempt to solve some of the apparent aesthetic deadlocks of the time (Cf. Mário Faustino, *op. cit.*, p. 209).
46. Murilo Mendes, *Poesia completa e prosa*, op cit., p. 72.
47. The testimonies of Joan Brossa and A. Tàpies in the dossier of the catalogue are the conclusive proof of these strong bonds between João Cabral and some Catalan artists and writers.
48. Both poems, translated by Rodolfo Mata, belong to the book *A educação pela pedra* in João de Melo Neto's complete works, pp. 337 and 334.

MODERNITY AND PHOTOGRAPHY IN BRAZIL
RUBENS FERNANDES JUNIOR

The principal active professionals and the main movements in the history of photography in Brazil in the first half of the twentieth century have been enumerated, yet there are still gaps that call for investigation and names that cannot be forgotten.

In this exhibition, *Brazil 1920–1950: from Antropofagia to Brasília*, which is under the general curatorship of Jorge Schwartz, the photography produced during the period in question was distinguished by some of its leading names, whose work has a place in any anthology of twentieth-century photography. The selection made has taken into account both the bold, refined documentary photography of the active professional in Brazil and work that questions the material quality of the support and the various possibilities for manipulation and construction of the photographic image. The exhibition has avoided reinforcing the image—so widespread in other countries—of a Brazil that is exotic and generous, grandiose and facile, in order to show a country with a strong identity, acknowledged through the paradoxical trait of harmony and dissonance. At the same time, it demonstrates that our photographic output has always been vibrantly in touch with the finest photography produced in the most traditional and avant-garde centres.

The work of the photographers featured here represents the point when various aspects of modernity reached Brazilian photography, albeit somewhat late in the day. Unlike all the avant-garde manifestations which principally took place in Europe, the *Semana de Arte Moderna* held in the Municipal Theatre in São Paulo in 1922 did not view photography and cinema as language and manifestation. Curiously, the members of our avant-garde included painting, literature, sculpture, music and architecture in their programme but overlooked photography and cinema, even though these forms represented the most contemporary, revolutionary languages of the time and were included in all manifestations of the breakaway of the avant-garde movements in Europe, particularly Italian Futurism and Dadaism, the tendencies closest to Brazilian artists.

However, from research into the Modernist movement in Brazil it is easy to see that photography, as record and documentation, was used considerably and that cinema also was not excluded. In the first issue of the magazine *Klaxon*, a "monthly review of modern art", published on 15 May 1922, Mário de Andrade (1889–1945), one of the exponents of the *Semana de Arte Moderna*, noted: "*Klaxon* knows that the cinematographer exists. […] Cinematography is the most representative form of artistic creation in the present age. We must observe the lesson that it teaches."[1] This fragment, taken from the magazine's opening article, which was really an editorial/manifesto, shows the importance of cinema to the Modernist movement, but only in terms of reflection and criticism. One has the impression that Mário de Andrade was the only Modernist to develop a photographic activity of his own, intuitively. He was a subscriber to the German magazine *Der Querschnitt*, published in Berlin, and between 1923 and 1931, with a camera that he christened "codaque", he developed a bold, innovative photographic style. For Telê Ancona

Lopez, this experimentation "constitutes a conscious incursion into photography as language, a redefinition of the way of seeing through the camera; artistic experimentation, marked by a strong sense of composition. […] Mário subverts camera shots, cutting, experimenting with close-up, calculating, composing and, as we know, not hesitating to take pictures from behind."[2]

Influenced by the work of the various artists published in the German magazine, Mário produced a distinct style of photography, looking at the world through the camera not with the simple aim of documenting but actually in order to create images that would intrigue, arousing in the observer a sense of novelty and surprise. This form of expression soon found the appropriate course to follow: radical cropping, accentuated shadows, unusual shapes and angles. All in order to break away from the traditional procedure of taking photographs and, particularly, to dismantle the automatic mechanisms of seeing and to disturb our routine perceptions.

Before the appearance of these photographs, now considered one of the first manifestations of modernity in Brazilian photography, we can highlight the work of Valério Otaviano Rodrigues Vieira (1862–1941), a photographer, painter and musician who subverted all visual parameters with a unique output developed during the first decade of the twentieth century. An artist of rare talent, he was an enterprising spirit and a pioneer in placing his technique at the service of an aesthetic approach of a theatrical or illusionistic nature.

His best-known work, *Os Trinta Valérios* (The Thirty Valérios), of 1900, startled the International Exhibition in St. Louis in 1904, where it was awarded the Silver Medal. A restless genius, in this photograph—really a photomontage—Valério Vieira produced thirty different poses of himself, representing musicians, waiters and audience. A paradigm of modern Brazilian photography, Valério Vieira produced some of the most striking images of the turn of the century. Daring in his proposals, in his artistic output he provided technical solutions that were revolutionary for those times. His work is amusing and provocative, a pioneer of the genre in Brazil, and well ahead of similar work that amazed the world of photography in subsequent decades.

In the first decades of the expansion and consolidation of the language, the photograph was always present in illustrated magazines such as *Revista da Semana* (1899), *O Malho* (1900), *Kosmos* (1904), *A Vida Moderna* (1905), *Fon-Fon* (1906), *Careta* (1907) and *Paratodos* (1918). Amidst all this effervescence the photographic club was born, an elitist movement that brought together liberal professionals from different areas who viewed the photograph as a possible medium for authorial artistic expression. There were a few early frustrated attempts to launch the photo club movement in Brazil, but we can highlight the activity of the Photo Club Brasileiro, formed in Rio de Janeiro in 1923, and the Foto Clube Bandeirante, formed in São Paulo in 1939, as the first most prolonged initiatives to establish the movement. In a way, photo clubs emerged as a reaction to the mass production of photography, and between 1920 and 1950 they had repercussions in all the big cities in Brazil.

Two further important experiments in the development of a Brazilian photographic language in the direction of modernity were the magazines *S. Paulo* and *O Cruzeiro*. The photographers Benedito Junqueira Duarte (1910–1994), using the pseudonym Vamp, and Theodor Preising (1883–1962) contributed pictures to the magazine *S. Paulo*, a monthly magazine first published in December 1935, during the administration of

Armando Salles de Oliveira as Governor. It was a large-format magazine, 44 x 30 cm, printed by rotogravure, and it gave special importance to photography, particularly photomontage, in a bold graphic project which combined the simultaneity of the cinema with the velocity of the emerging city in iconic terms.

Another interesting *oeuvre*, created in the late thirties and expressive because of its pioneering quality, is that of the poet Jorge de Lima (1895–1953), who produced a series of photomontages. Using fragments taken from national and international newspapers and magazines, Jorge de Lima sought to construct a visible world from absurd aspects in the proportions of the objects selected for the production of the picture, providing the unusual and a stifling sensation of enigmas and objects without meaning or identity. In this visual allegory the poet attempted, as Mário de Andrade wrote, "to put together a fantastical, suggestive world".[3]

The weekly magazine *O Cruzeiro*, created in 1928, provided another important contribution for Brazilian photography and for the construction of a modern Brazil in line with international information and technological advances. It achieved a national circulation, with a golden period between 1944 and 1960, when the area of photography grew significantly, introducing a language that definitively marked photojournalism.

The point of new departure for the magazine was the arrival of the French photographer Jean Manzon, who soon began to impose a style for *O Cruzeiro*, restricted to effective composition within the frame, precise focusing, and studied, well-designed lighting. Manzon had acquired these formal procedures from his experience of working for the magazine *Paris Match*, one of the greatest influences—together with *Life*—on the Brazilian magazine. He helped to train a team of photographers who produced significant advances in the quality of documentary photography, including José Medeiros (1921–1990), Pierre Verger (1902–1996) and Marcel Gautherot (1910–1996), the two last-named being photographers who contributed to the magazine, and all included in this exhibition.

José Medeiros was undoubtedly the great name of Brazilian photojournalism, and he succeeded in establishing his distinctive creative work. He managed to perceive the importance of the vitality of the nation and he recorded it at the time, revealing a Brazil unknown to the general public. With his inventive, inspired style, quite unlike that of other photographers of his generation, he was considered by the film-maker Glauber Rocha as the only Brazilian photographer who created a "Brazilian idea". Medeiros fixed his lens on the Brazilian people and went after the most expressive aspect in political and cultural terms, being responsible for building up the most sharp-sighted, synthetic visual document of our society at that time. He photographed indigenous tribes without folkloric exaltation but with the magic and explosive impact of discovery; he photographed and—in 1957—published the first book on *candomblé*, an essay in which the divine, dramatic, mysterious quality of Black culture appeared; he also took admiring, imaginative photographs of football, politics, mental hospitals, Carnival, the beaches of Rio de Janeiro and other subjects during a time of great transformations in the country.

Whereas José Medeiros showed multiple facets in his treatment of themes, a requirement of the photojournalism developed by the magazine *O Cruzeiro*, the photographer and ethnologist Pierre Verger, on the other hand, focused on the profane and religious manifestations of the Blacks in Bahia. Of French origin, Verger came to Brazil for the first time in 1946, having spent fifteen years travelling in different regions of the world,

taking photographs and collecting information about all the places that he visited, especially African countries, where he had learnt to love the religious cults. The moment when he came into contact with the city of Salvador marked the beginning of his interest in delving into the practices and customs of the Blacks in Bahia.

His serious, consistent photographic work, based on the purest intuition and sensibility, captured the free expression of the city in its everyday activity. With natural lighting and classical composition, Pierre Verger provided a beautiful iconography of religious festivals, the dynamics of the city, the Carnival as the great festival of the people, the religiousness and culture of the Blacks. His refined way of seeing recorded the delicate light that outlined people at work and in religious or profane festivals, as a special observer, a messenger chosen by the gods to produce a report with science and passion. The record of the dignity of the people and their manifestations was the great challenge that confronted Pierre Verger, who succeeded better than anyone else in showing that the photograph is a demonstration not of the obvious but of the emotion and revelation of otherness.

Indeed, for the photographer Mario Cravo Neto, the quality of Pierre Verger's photography is comparable only with that of Henri Cartier-Bresson, the most hallowed photographer of this century. Some time ago Jorge Amado wrote that Verger had created a "complete, attractive, dramatic, truthful portrait of the city of Bahia in the forties, seen from every angle, in its poverty, its determination to live, its beauty and the affirmation of its people. Verger explored streets and alleys and went up and down steep roads, touching reality and mystery, and the force that drove him on was love: love of the city and of its people."[4]

Another important figure in this period was the French photographer Marcel Gautherot. Like Pierre Verger, he too discovered Brazil by reading Jorge Amado's book *Jubiabá*. He first came to Brazil in 1939, and then returned to stay in 1940. He immediately started to work for the SPHAN (Service of the National Historical and Artistic Heritage), identifying with the ideas of its director, Rodrigo Mello Franco de Andrade, and with the extensive Modernist movement in Brazil, which included a dialogue with the past and present of the country and also a relationship with popular and erudite elements without discrimination. It can be said that he too brought a refined, technical, documentary way of seeing, contributing decisively to the construction of the visual record of the country. He succeeded in giving importance to photography of more anthropological origin, taking an interest not so much in landscape and monuments as in the people of Brazil.

Sharing this urgency to photograph what was different, two other names appear in this exhibition: Claude Lévi-Strauss (1908–) and Hildegard Rosenthal (1913–1990). Lévi-Strauss took photographs in Brazil between 1935 and 1939, when he was living in São Paulo as a member of the university group in Brazil, occupying a chair in Sociology at the recently inaugurated University of São Paulo. His records of various scientific expeditions that he made to the Mato Grosso and Amazônia and also his photographs of the city of São Paulo are only of documentary interest. But, as Susan Sontag writes in *On Photography*, "aesthetic distancing seems to be inserted into the actual experience of looking at photographs, if not at once, then at least, probably, with the passing of time. Time ends up by setting most photographs, even the most amateur ones, on the level of art.[5]

Hildegard Rosenthal also arrived in Brazil in the late thirties, in 1937, settling in São Paulo. She immediately started working with photography for the rotogravure supplement of the newspaper *O Estado de São Paulo* and for the magazine *A Cigarra*. Taking photographs mainly in the forties and fifties, she revealed the city of São Paulo as a scene of great transformations directed towards the spirit of late modernity: speed and movement, excess, unstable and transitory flux, destruction and construction. All these records, when viewed now, evoke nostalgia for the more elegant, harmonious city of yesteryear. But Hildegard succeeded in capturing the rhythm of the city punctuated by cars and heavy trams, by the to-ing and fro-ing of the anonymous citizen amidst the throng. Her different angles of vision also came from the need to catch the city in the contrasting movement between outer districts and centre, as if, by her different, amazing images, she were compelling us to establish dialogues between past and future at the same time, or to evoke reminiscences of meaning in order to provoke our imagination.

Nevertheless, it can be said that modern Brazilian photography started in the forties with the participation of the photographers mentioned earlier. The late forties was significant for the flourishing of art and culture; and the country experienced an intense process of social, political and cultural fermentation. The transition period from the forties to the fifties saw the beginning of the stimulating process that created and consolidated our most important cultural institutions: the Museu de Arte de São Paulo and the Museu de Arte Moderna in Rio de Janeiro; the Sociedade Brasileira de Comédia, the embryo of the Teatro Brasileiro de Comédia; the Companhia Cinematográfica Vera Cruz, an attempt to establish Brazilian film production industrially; the Sociedade Brasileira de Progresso e Ciência; the start of TV Tupi, the first television broadcasting company in Brazil; and, in 1951, the holding of the first Bienal Internacional de São Paulo.

In Brazilian photography, in addition to the photographers mentioned, we can single out Geraldo de Barros (1923–1998) in São Paulo and, later, José Oiticica Filho (1906–1964) in Rio de Janeiro. Originally members of the photo club movement, they were expelled from their respective clubs precisely because they sought rupture as a way of working, bringing the spirit of modernity to Brazilian photography. They made explicit a bolder understanding of photographic activity, including a profound questioning of the very concept of photography.

In this context of reflection, outstanding work was produced by Geraldo de Barros, who pioneered a deeper aesthetic discussion for photography and was responsible for pointing Brazilian photography towards contemporaneity. In 1950 the Museu de Arte de São Paulo exhibited his essay *FotoFormas* (PhotoForms), which caused surprise with its courage and its provocation. With a creative power that impressed even his contemporaries, Geraldo de Barros demonstrated that his anti-naturalistic attitude was really a desire for fearless experimentation without the trammels of codified art. He brought to photography the idea of constructing a system of representation linked with other visual manifestations and he established a new way of seeing.

In his series of images, the unusual appears on a photographic support, constructed from superimpositions; from interventions on the negatives, by marking, painting or cutting them; from partial solarisation of images. In short, he took away from photography all its "documentary veracity", promoting and presenting the idea developed from a pre-visualised plan. At the time of the exhibition, Pietro Maria Bardi, the director of the MASP, noted that "Geraldo de Barros sees in certain aspects or in elements of reality, especially in details that are generally hidden, fantastical Olympian abstract signs: lines that he likes to entwine with other lines in

an alchemy of more or less unforeseen—and sometimes random—combinations, which always end up by composing attractive formal harmonies. For Geraldo, composition is a must. He organises it by selecting from the million linear segments that he perceives, placing one negative on top of another, modulating the tones of his only colours, which are black and white, reinforcing the shades in his painstaking, attractive laboratory work."[6]

His restlessness generated an aesthetic world that is unique in Brazilian art and particularly in photography, with an unprecedented expressive and disconcerting output. Influenced by the Gestalt theory presented by his friend and critic Mário Pedrosa, Geraldo de Barros embarked on his preoccupation with form, increasingly seeking the *essential*, as he has stated on various occasions, in order to create an intriguing, provoking plastic *oeuvre* which has now become an indispensable reference for Brazilian photography.

The photographs selected by Jorge Schwartz, the general curator of the exhibition *Brazil 1920–1950: from Antropofagia to Brasília*, certainly represent the finest work produced during that this period when the country prepared itself for the great industrial and cultural leap. The innovative, democratic climate also affected Brazilian photography, which gained impetus and recognition and sought to produce more attractive work that ranged between documentary records of exceptional quality and an experimental possibility previously unknown in photography produced in Brazil.

1. Andrade, Mário de: *Klaxon*, no. 1, 1922, p. 2.
2. Lopez, Telê Ancona: *Mário de Andrade: fotógrafo e turista aprendiz*. Instituto de Estudos Brasileiros, USP, São Paulo 1993, pp. 111–115.
3. Andrade, Mário de: *Será o Benedito! Crônicas de suplemento em rotogravura de "O Estado de São Paulo"*. PUC, São Paulo 1992, p. 71.
4. Amado, Jorge: "O Feiticeiro", in *Pierre Verger Retratos da Bahia: 1946 a 1952*. Currupio, Salvador 1990².
5. Sontag, Susan: *Ensaios sobre a fotografia*. Translated by Joaquim Paiva, Arbor, Rio de Janeiro 1981, p. 21.
6. Bardi, Pietro Maria. "FotoFormas", in exhib. cat., Museu de Arte de São Paulo, São Paulo 1950.

PRECARIOUS BALANCE BETWEEN AVANT-GARDE AND CULTURE INDUSTRY
Jean-Claude Bernardet

"Brazilian film-making—The first attempt at art film production made by Rossi Film as an experiment consisted of a short drama, created in a few hours on 14 March 1919." This is the opening announcement in *Exemplo regenerador*, by José Medina, possibly the first Brazilian fiction film to present a self-reflective quality, and certainly the first to proclaim itself as experimental. Experimental in what way?

Everything indicates that until the twenties fiction films were made in the form of "scenes", in other words, a theatrical space in which the action took place, with the camera occupying the position of the audience. In

1918 the film-maker Antônio Campos published articles[1] that give an idea of this procedure. He provides an example taken from the script of the film *O Curandeiro*, which he directed: "A rustic room [...] Chico's wife is seen in an attitude of prayer, holding a lighted candle in one hand." He explains that the scene must be "filmed from a distance sufficient to show the whole room", with the actress "in the foreground, to give emphasis to her facial features". Campos describes this kind of scene as "ordinary or primary", but there are also "supplementary" scenes, divided into "comparative", "decorative" and "exciting". The "comparative" scene might show a woman at home looking after a child, set in the middle of a scene that shows her drunken husband in the street. The "decorative" scene, introduced to break the monotony, might interrupt the delivery of a speech to show someone listening intently and someone else yawning. The "exciting" scene heightens the emotional level, showing, for example, the hand of a clock gradually creeping towards the time when some particular dénouement is expected. He also explains that the first of these supplementary scenes comes from the Italians and "is very fashionable now", whereas we owe the second to the Americans and Europeans and the third comes from the USA.

These texts are important in revealing an attitude of exploration and theoretical reflection on the part of Brazilian film-makers at the time which is generally ignored, exploration and reflection that take the form of a "modernisation" in the sense used by the anthropologist Darcy Ribeiro, which is to say that Brazilian cinematic language was brought up to date as a result of external stimuli in order to put it on the same footing as films in the developed countries. This is precisely what was proposed by the "experiment" of *Exemplo regenerador*: a film shot not as a sequence of scenes taken from the language of the theatre but, in the terminology of the time, "continuously". In plain language, it was a question of the Brazilian film industry assimilating the editing technique of D.W. Griffith, setting it on the course towards what was to become the "classic film narrative".

Perhaps talking about "putting it on the same footing" is an exaggeration, as Campos was aware, for it was not so much the existence of Brazilian films that motivated the "rules" he proposed as their *possibility*. In fact, the introduction to the "rules" explains the justification: "Now that our national film production has developed somewhat in this country, it is not inappropriate to provide some indications or rules in this magazine for the benefit of writers who may wish to devote themselves to this genre ..." When Mário de Andrade reflects on cinematic language, his preoccupations also do not come from existing Brazilian films: "There are certain problems in connection with the cinema that seem to be of little interest to us, since here we do not have artists and companies that specialise in producing fiction films." Accordingly, Mário de Andrade directs his reflections to a different audience: "This unimportance, however, is only apparent; even if there are no artists to be concerned about these problems, there is always the general public to educate and guide."[2] This was as far as the fortuitous proximity of film-makers and Modernists went, leaving a gulf between them, with the former enclosed within a subculture despised and ignored by the erudite culture in which the latter were ensconced—in other words, mutual ignorance of one another.[3] Yes, Mário de Andrade, there were "artists to be concerned" about such problems, as is proved by Antônio Campos's articles, the opening of *Exemplo regenerador*, and the publication by Adalberto de Almada Fagundes of texts on script techniques in the mid-twenties.

This gulf between film production and Modernism was personified in

Menotti del Picchia, the author of the celebrated *Juca Mulato*, a friend of the Modernists and a participator in the "Semana de 22". Del Picchia and his brother had a film company, Independência Film, whose output consisted mainly of a newsreel that was in no way different from the one produced by Rossi Film, and which made a film of semi-fascist inspiration, *Alvorada de glória*,[4] with a script by Menotti, and *Vício e beleza*,[5] a film that was not "suitable for women and children" and had showings reserved for male audiences—in other words, a "porno film".

In fact, Modernism did not entirely ignore Brazilian production, since Mário de Andrade actually commented on *Do Rio a São Paulo para casar*,[6] the only criticism of a Brazilian film that came from the Modernists. His attitude reveals generosity and goodwill, but ... He offers sincere "applause" for an "attempt at comedy". "The plot is not bad. But a number of inconsistencies need to be eliminated. The editing is not bad. But a number of inconsistencies need to be eliminated." All the same, "it is necessary to continue". The reservations mainly have to do with the fact that the behaviour of the characters seems to be more American than Brazilian: "for a boy to appear in shirtsleeves before his fiancée, the first time that he sees her, is an imitation of casual habits that are not ours". But the relationship with American films is ambiguous: on the one hand, he makes the ironical comment: "transplanting North American art to Brazil! What a favour", referring, however, to the content; on the other hand, he continues: "It is necessary to understand the North Americans and not just ape them. To benefit from the good things that they have on a technical level and not on the level of behaviour."[7] Here an attitude is declared that continues in Brazilian cinematic thinking until about the sixties, namely, the existence of a neutral cinematic language, a merely technical matter independent of content, and which is achieved best in American films.

As for Oswald de Andrade, he included the production of a Brazilian film in his novel *Memórias sentimentais de João Miramar*.[8] The tone is playful: Miramar becomes associated with a "bandoriental", "with plans for cornering the market and competing in Brazil and with all the movies in the continent", and he expects to make heaps of money by investing in a historical film produced by the Empresa Cinematográfica Cubatense,[9] which later becomes the amazing Piaçagüera Lighting and Famous Pictures Company of São Paulo and Around. The leading lady in the film is to be the "young film star Mlle. Rolah", a French actress, with whom Miramar falls in love. Various erotic pranks lead to the collapse of the project, vindicating the common sense of Miramar's wife: "I simply think that this film business, which you got mixed up in without a word to me, is utterly stupid." This is more or less as far as the relationship between the Modernists and Brazilian films goes—but not their relationship with films in general.

The preoccupations of the Modernists with cinema, not connected with any kind of production and heading in the opposite direction to the explorations of the film-makers which, in our current vocabulary, we could describe as "conservative updating", turned towards Futurism, however much Mário de Andrade rejects the term. A few examples will be sufficient to show how far the cinematic preoccupations of the Modernists were from Brazilian films and their experiments: for Mário de Andrade, poetry is "polyphony", "speed and synthesis", "superimposition of ideas and images".[10] It is this poetic perspective that he brings to his cinematic ideas: "Films create life through the movement and visual simultaneity that life presents."[11] The "films" made by the Modernists only appeared in their literature, as was later pointed out, in connection with prose, by A.C. Couto de Barros in his commentary on Oswald de Andrade's novel *Os condenados*: "The book inaugurates an absolutely new and unforeseen cinematic technique amongst us";[12] and, in relation to poetry, by Carlos Alberto de Araújo, who imagined Mário de Andrade writing *Paulicéia desvairada*: "He writes, and as he writes he is seeing and feeling a subconscious cinematic representation."[13] In the forties, Antônio Candido emphasised this interpretation: "It would be truer to say, as has indeed been said, that (in Brazil, at least) [Oswald de Andrade] launched film technique conspicuously and on a large scale. What we see in *Os condenados* is less a process of counterpoint than one of scenic discontinuity, an attempt at simultaneity, which obsessed Modernism", and with respect to *A revolução melancólica*: "this book faithfully continues the cinematic style and syncopation of *Os condenados*".[14] This line of interpretation still persists today. Haroldo de Campos comments that Oswald de Andrade's prose "is intimately bound up with the analogical syntax of films", adding an appropriate qualification: "or, at least, of films understood in the manner of Eisenstein".[15]

Forty years later

If we wish to think about a relationship between Modernism and films in Brazil, we must jump forward to the sixties. It was said of Cinema Novo (New Cinema) that it effected a similar operation in relation to cinematic language as had been effected by Modernism, which set itself up against naturalism and the Parnassian approach. In the films of Cinema Novo, the narration, conception of space, construction of characters, rhythm, etc. breached the language of the fifties. From that point, it was no longer possible to think of films without adopting an attitude, for or against, in relation to that revolution in language. In addition to this, towards the end of the decade there was the emergence of an artistic movement known as Tropicalismo, which embraced music, theatre, visual arts and cinema. Accompanying the rise of Tropicalismo there was a revival of Modernism, particularly in connection with Oswald de Andrade, whose play *O rei da vela*, previously considered impracticable for the theatre, was staged, producing an enormous impact and cultural consequences. Films were made which were inspired by Oswald de Andrade, such as *Bárbaro e nosso*,[16] the title of which was based on one of his poems,[17] or *Dez jingles para Oswald de Andrade*,[18] the script for which was by the Concrete poet Décio Pignatari. With *O Homem do Pau-Brasil*,[19] Joaquim Pedro de Andrade made a full-length fiction film that condensed the spirit of the work of the Modernist poet. Earlier he had made *Macunaíma*,[20] based on the novel by Mário de Andrade. This comedy received a warm reception from both popular and cultured audiences, a case that is probably unique in the history of Brazilian films. The fruitful dialogue between the cinema and Modernism continued in the work of Júlio Bressane, notably in *Tabu* (1982), which includes Oswald de Andrade among its characters.

Meanwhile …

Quite unconnected with any kind of Futurism, poetry of city life, Simultaneism and other issues, Brazilian cinema had its avant-garde in the twenties: *Limite*, by Mário Peixoto (1930–31). "Art for art's sake", Otávio de Faria exulted—which was precisely why Glauber Rocha rejected it some decades later. This work of pure rhythms and ambiguous meditation on the limits of existence, with its long shots, its roads and expanses of water, its incredibly clear photography and its complex metaphors, represents an enigma: there is nothing in Brazilian cinema of the time, whether in production or in theoretical reflection, and nothing in general culture, literature, the visual arts, music or philosophy, which explains its

appearance among us. Everything in *Limite*, which Peixoto made after a lengthy stay in Europe, suggests the French avant-garde cinema of the twenties, although the author insists that his source was German Expressionism. There is a nice comment by Júlio Bressane:[21] *Limite* is the most radical French avant-garde film that the French avant-garde never made. Far removed from the concept of influences and plagiarism, Bressane and *Limite* invite us to reflect on the possibility of the radicalisation by peripheral countries of aesthetic principles created by the countries at the centre.

But the film-makers of the early decades of the century were a long way from Modernist and Futurist preoccupations, and from Mário Peixoto. With their "conservative updating", inspired by American films, their aim was to get into the market, and any attitude of aesthetic breakaway, essential for the Modernists, would not have had any sense for those film-makers—makers of films that were almost non-existent. Despite the promising boom known as the "Bela Época do Cinema Brasileiro" (1907–11), imported films had been occupying the screens since the end of the nineteenth century, and as from 1908–10 systematic organisation of the film business on an international level left Brazilian production on the fringe. The film-makers took some time to understand the phenomenon and its causes, but soon there was some scattered awareness. In 1920 the producer Romeiros da Guia published a pioneering text stating that "the cinema circuits […] only looking at the immediate profit, do not think about the development of the national film industry […] Only a legislative measure would have the power to give a breathing-space to our national film production […] cinemas would be obliged to include at least one national film a week, or else suffer a serious increase in taxation […] This would lead to demand for, and therefore production of, Brazilian films, increasing in volume, and progressing from improvement to improvement until victory is achieved."[22]

It is generally said that the domestic film market was *conquered* by the foreign film. I tend to agree with Paulo Emílio Salles Gomes that this statement is inaccurate. It would be more correct to say that it was created by and for the foreign film, and that Brazilian production tried to conquer a part of it. When the film-makers realised that they were not strong enough to confront the foreign distributors, this led them to seek state backing. Pressured by the film-makers, who were beginning to organise themselves at a time considered as the birth of *cinematic awareness* in Brazil, the government took steps to establish market protection. In 1932, during the first government of Getúlio Vargas, the showing of short films was made compulsory, and this ruling was subsequently extended to full-length films. These government measures undoubtedly ensured a certain regularity in the production of films that could reach the screens, but they did not alter the situation structurally, since they implicitly recognised that the market belonged to the foreign film and that a portion of the market should be reserved for Brazilian films.

In view of the strength of the foreign film, and with an economic situation and market structure that were not made any easier to understand by the liberal ideology that basically characterised film-makers, unfounded interpretations (for example, ill-will on the part of the cinema circuits) and short-lived expectations emerged. For instance, it was thought that the appearance of the sound film would be the end of domination of the international market by the Americans: talking destroyed the essence of cinema, which by definition was silent, according to some, or else, according to others, the unintelligibility of the English language would create an opening for national film styles. Referring to unemployment among musicians, Noel Rosa sang:

O cinema falado
é o grande culpado
da transformação

"The talking film
is the one to blame
for the transformation"

in a song entitled "Não tem tradução" (It Can't Be Translated, 1933), referring to the victims of the sound cinema: the musicians who used to play in the cinemas had become unemployed. It is symptomatic of the production situation that there was no song to celebrate the fact that those very musicians could now make film soundtracks.

With the title "Conseqüências dos Talkies", *Cinearte* (6.11.1929) reproduced a manifesto sent to the Chamber of Representatives by the Centro Acadêmico Cândido de Oliveira in the Law Faculty of the University of Rio de Janeiro:

> "… Since the few existing orchestral ensembles in cinemas have just been disbanded by the film companies, on the pretext of the showing of sound and talking films […]
> Since sound and talking films constitute a manifestation of North American industrial imperialism that seeks to impose on us a foreign language and foreign musical themes […]
> Lastly, since in Italy and Cuba and other countries the governments have already understood the need for measures to guarantee the defence of the national artistic heritage:
> This institution […] requests strict control of the showing of so-called 'sound and talking films' so as to prevent the pernicious imperialist action of the North American industry and to defend our national artistic heritage …"

A news item on the same page discloses: "The Italian government has banned the showing of any film whatever that contains dialogue or songs in a foreign language."

And then subtitles arrived.

The non-existence of a mechanism for filtering out films did not bring local production to a complete halt because the foreigners did not invade an area that we might describe as domestic. Local affairs, such as sport, especially football, funerals of personalities, inaugurations, Carnival, civic festivals, military parades, agricultural and industrial advertising, were of no interest to foreigners. If an item might have some international impact, then a foreign production company intervened: Fox did not fail to cover the visit of the King of Belgium to Brazil in 1920. This reserved area permitted a relatively constant production of "natural" films, in other words, documentaries and newsreels. Some were fairly successful, but the vast majority were subsidised by those involved. These "natural" films always caused controversy, not only because the producers, the so-called "diggers", were not always of immaculate honesty (shooting with no film in the camera, collecting the cash and then disappearing into the distance is said to have happened on more than one occasion), but basically because the *dream* was America-style cinema, filmed in a studio. However, "natural" films were basic for the continuance of cinematic activity. It was those films that kept producers and laboratories active, that reached the screens, and that once in a while made it possible to produce a fiction feature-film for which there was no market demand.

This situation gave Brazilian film production, at least until the thirties, a different structure from that of the industrialised countries, where fiction entertainment was the basis of production. For a long time Brazilian historians insisted on writing the history of the cinema in Brazil as a history of cinematic fiction, thereby following European models, and only latterly have they accepted the structural presence of the documentary film as an element that sustained production. The effect of the occupation of the markets by the foreign film was not just confined to squeezing out Brazilian films in general but also brought about a marginalisation of cinematic fiction as such, with consequences that are difficult to assess. If we add to this the disappearance of much of our cinematic heritage, it may be concluded that anyone who studies the imagery of Brazilian society through its fiction films will obtain limited results. On the other hand, the documentary opens up an area for the study of imagery that has so far hardly been explored. In this context, we must quote the pioneering essay by Paulo Emílio Salles Gomes "A expressão social dos filmes documentais no cinema mudo brasileiro (1898–1930)."[23] In this outline of an interpretation, Salles Gomes creates two categories that cover a considerable proportion of the documentary output of the time: the *ritual of power* focuses on the President of the Republic, politicians, the military, high society; "the *glorious country* is the cult of the natural beauty of Brazil", one of the most important subjects, since the splendour of unspoilt nature was some kind of response to industrialisation. A single subject suggests the investment of social imagery in these films: waterfalls and cataracts, rapids, leaps and cascades are among the scenes that the cinema most frequently explored; a journalistic comment on the film *A estrada de ferro Noroeste* (1918) emphasises "the beautiful waterfall of Itapura […] which not even the celebrated Niagara Falls can outshine […] A scene of beauty, for the time being, and an incalculable source of wealth in the future, when its 50,000 horsepower of energy is harnessed." The waterfall fits into the *glorious country* category, but it is a promise of industrialisation, a borderline symbol between an unsullied marvel and a promising future.[24] But there is one snag: these scenes of natural beauty are located in the interior, where the local poverty eventually seeps into the pictures. This "revelation of poverty" makes an impact, alerting some and shocking others: and if a film showing "a *mestiço* selling sugarcane juice in a gourd […] a group of black children bathing in the river […] was sent abroad",[25] it would give a compromised image of Brazil. But that was the basis that supported the meagre fiction, creating the possibility of making a few full-length films. Rossi Film would probably not have produced José Medina's films without the support of its newsreel, and Lustig and Kemeny would not have made *São Paulo, a sinfonia da metrópole* (1929).

Otávio de Faria—a novelist, one of the leaders of the Chaplin-club, and responsible for publishing *O Fan*, a magazine of cinematic theory—was not mistaken in writing that in *São Paulo, a sinfonia da metrópole*, "apart from a few images that are well-situated, well-photographed and agreeable", what follows "sets out to become a documentary of the most trivial kind. It shows the process of the foundry in São Paulo, and so forth. As a documentary, it does not work. As a film of rhythm, even less." Otávio de Faria had the example of *Berlin, die Sinfonie einer Großstadt* (1927), by the German director Walter Ruttmann, who in turn had the example of *Rien que les heures* (1926): Alberto Cavalcanti's film started this series of films known as "city symphonies".

São Paulo, a sinfonia da metrópole seeks out to celebrate the agitated urban life of the "metropolis" within a Futurist perspective, if we are to believe the final images and the poster, which recall scenes of the city in Fritz Lang's *Metropolis* (1927). Nevertheless, the film is deeply marked by the production process and the socio-cultural context in which it was made. The production: various sequences edited from material previously filmed for newsreels and documentaries are indistinguishable from the subsidised institutional film (the primary school, or the prison with its re-educational work). But it also expresses the dominant conservative ideology. For example, work is shown not only in the prison, although it is there that it is presented in most detail, but also in a foundry that makes tubes and pipes. How is it introduced? After the caption "Going up in one of the tallest skyscrapers", some middle-class citizens are seen entering a lift. Another caption follows: "To get a better view of the industrial part of the city: Brás, Mooca, Belém …"[26] The sequence of industrial work is transmitted from a middle-class viewpoint in which the city and work are offered as a spectacle. And the sequence leads into an abstract animation of circles and stars, which is the outcome of industrial work. The film tends to reveal a society which was based on growing and selling coffee, with the idea of "Factories, Foundries, Industries—in thousands beginning to turn their wheels, breathing through their chimneys, expelling smoke from their crackling furnaces"—remaining as a wish expressed in captions and as a view of the future. The film, distributed by Paramount, was successful, and the São Paulo poet Guilherme de Almeida hailed it emphatically: "it is not a 'natural' film, it is a poem",[27] in a review that was used to publicise it.

This disagreement between what is announced in the captions and what we see, between the city life that is announced and the calmness and mediocrity of the urban landscape is also present in another film made that year: *Fragmentos da vida*, a comedy by José Medina. The captions celebrate the city that is growing, "defying the clouds, bearing in that uncontrolled urge the sweat of humble workers …", the city "becoming full of skyscrapers, dotted with squares [characterised by] the refinement and taste of the inhabitants and their economic assertion […] the great city [that] absorbs more and more energy. São Paulo is a small world of achievement, progress and promise." This rhetoric accompanies the construction not of some gigantic skyscraper but of a small house held up by scaffolding made from tree-trunks. And when the film tackles "what lies beyond", in other words, what lies beyond progress, it is not workers that are presented but *tramps*, vagrants who refuse to work. Based on a story by O. Henry which the director read during a trip to the United States, this intelligent, well-constructed film still amuses audiences today.

In 1998, Lívio Tragtenberg and Wilson Sukorski created a musical accompaniment for *São Paulo, a sinfonia da metrópole* which adopts a position that confronts the tension between a basically quiet city life and the would-be agitation of the Futurists. Using devices that are either ironic (sometimes as if it were music for a cartoon) or else bombastic, they emphasise the gulf that separates the almost provincial city shown in the pictures from the dream. Electronic devices create an ironical fantasy around the desire of the film, thus highlighting what it fails to be. Practically banished from films, fiction nevertheless continued to rule in the medium of cinema. That, at least, is the thesis maintained by Paulo Emílio Salles Gomes in noteworthy articles published in 1960–61.[28]

Eu sou diretora da escola do Estácio de Sá
E felicidade maior neste mundo não há
Já fui convidada para ser estrela de nosso cinema
Ser estrela é bem fácil
Sair do Estácio é que é
O "x" do problema.

"I'm the director of Estácio de Sá's School of Samba
And there's no greater happiness in this world
I've already been invited to be a star in our cinema
Being a star is very easy
It's getting out of Estácio
That's the unknown "x" of the problem."[29]

What invitation would this lady have received? That is the other unknown. Stardom was something inherent in the cinema world, but it was difficult to imagine in the context of the slender Brazilian output. There is no cinema, however, without stars, and so they have to be created. That was the aim which the magazine *Cinearte* set out to achieve during the twenties and thirties, publishing glamorised photographs and biographies of young actresses who even received letters from readers—"Lelita Rosa, the national Greta Garbo … dreams of opium … mystical liquor … cocaine … A typically Brazilian picture by Tarsila…" (reader's letter)—even though their appearances were limited to a few films largely ignored by the market. This is a fundamental feature of the history of Brazilian films until the fifties. Cinema and studios, star system, casts and permanent teams. In other words, "cinema" meant the American model, which was introduced into a market that was growing at home and abroad. The Brazilian spirit of imitation created illusions and inverted the factors: let's make production companies and studios, even without the underlying foundation of the market; let's create stars, the rest will follow. Countless attempts were made, many of them disastrous. In the twenties, Adalberto de Almada Fagundes failed; in the thirties, Sul Americana went into liquidation before it had used its luxurious studios. Cinédia, under the direction of Adhemar Gonzaga, managed to turn out a series of films in the thirties, but it had also been obliged to produce the hated newsreels in order to balance the books. In the fifties, the Vera Cruz company became financially unsteady right from the start, but before collapsing it made seventeen films with the help of government funds. Alberto Cavalcanti, who was in charge of production of the company's first films, certainly perceived the unsuitability of Vera Cruz's policy in relation to the situation in Brazil, but he had no power to intervene. Over the decades, all these companies had to face the same problem: there was no way of providing an outlet for production, since distribution and exhibition were in the hands of foreigners, particularly the Americans. The result was that either films were not distributed or else they were handed over to American companies which had not the slightest interest in the development of Brazilian production companies. Vera Cruz's greatest success, *O Cangaceiro*,[30] was distributed by Columbia. The widespread idea that the quality of the films would solve marketing problems by winning over the allegiance of the public never progressed beyond being a fantasy, like the nationalist campaigns and slogans such as "every Brazilian film should be seen". This did not prevent some companies with studios, such as Cinédia, for example, from doing relatively well for a while. But the companies that did best were the ones that avoided property investment and set up a distribution system. Atlântida only achieved stability when Severiano Ribeiro became its majority shareholder in the late forties, and at the time Severiano Ribeiro represented the largest exhibition network in Brazil. Ribeiro went on to produce for his exhibition circuit, a system based on a genre whose success lasted for nearly fifteen years: a popular comedy, known by the deprecatory nickname of *chanchada* (trash), because the critics and elite looked down on these films that they considered common. Oswaldo Massaini also went into production after setting up a distribution system; the name of his company was revealing: Cinedistri (= cinema distribution). Ribeiro opted exclusively for the *chanchada*; when the genre became exhausted and the popular audience switched to television, the production company went into a decline. Massaini had a more successful business record: having devoted himself initially to the *chanchada*, he diversified his production range, which won him the Palma de Ouro in 1962 for *O Pagador de promessa*.[31]

The *chanchada* is a comedy with a plot that is interrupted by the insertion of musical numbers: a "stop and sing" formula. In this respect it differs from the American genre, where the musical items help to keep the story moving. Two films were precursors of the genre: *Coisas nossas* (1931)[32] and *Alô Alô Carnaval* (1935), produced by Cinédia.[33] In the latter, Carmen Miranda and her sister perform a celebrated song with a revealing title, "As cantoras do rádio" (Singers on the Radio), indicating where the *chanchada* went to look for its success, namely, the radio and its stars and the revue theatre. If the Brazilian cinema knew the star system (something that really only occurred in radio and later in television), it was thanks to the *chanchada*, with its singers from the radio, its comedians, Grande Otelo and Oscarito particularly, its villains, José Lewgoy and Wilson Grey, and its romantic lead, Anselmo Duarte. Success encouraged the emergence of various production companies, whose comedians and leading actors entered into competition. Having won over a large audience, and consequently the exhibitors, the *chanchada* did not depend on protectionist laws for its survival. If the concept of "culture industry" could be applied to some aspect of Brazilian cinema, that aspect would certainly be the *chanchada*.

The *chanchada* was more aware than its detractors thought, and it reflected on the culture industry and cinematic production in Brazil, as *Carnaval Atlântida* demonstrates.[34] This comedy makes fun of Brazilian producers who imitate the Americans, and the pretence and pretentious "international quality" of the Vera Cruz company, which started its production with *Caiçara*, countering the vulgarities of the *chanchada*, its arch-enemy, with middle-class melodrama seasoned with touches of popular culture. In the end, Vera Cruz engaged the popular comedian Mazzaroppi. Until the fifties, only comedy created audiences. No other genre paid off in terms of mass production. This did not prevent the occasional detective or adventure film or melodrama from having an isolated success. Such is the case of *O ébrio* (1946),[35] which was shown for more than twenty years, with much of its impact being due to the fact that the leading actor was the famous singer Vicente Celestino.

Until the collapse of Vera Cruz, Brazilian cinema was in a constant tug-of-war between industrial ideology—with its studios—and craft methods of production, the malleability of which permitted a better adaptation to a precarious situation characterised by a practically non-existent market. This production was conventionally known as "independent". This is what made possible sporadic regional activity in the twenties: unlike the industrialised countries, where the cinema brought about a powerful concentration of finance and technology in the big cities, Brazil experienced a dispersion of production throughout the country, since production facilities in Rio de Janeiro and São Paulo, deprived of a market, were not turned to account. And so films were produced sporadically in Pelotas in Rio Grande do Sul, in Recife in the north-east, and in Manaus in Amazônia. The most famous activity was in Cataguazes, in the State of Minas Gerais, where Humberto Mauro began his career. These "independent" producers were responsible for some of the high points of Brazilian cinema.

In the mid-fifties, after the collapse of Vera Cruz, a phase of "independent" production began that ultimately led to Cinema Novo in the sixties and that started with *Rio, 40 gráus* (1955), directed by Nelson Pereira dos Santos. This film marked a change of course, not simply because it took a critical look at Brazilian society, nor because it associated critical cinema and popular cinema, making use of elements of *chanchada*, nor because it was produced in the form of a cooperative, nor because it assimilated traces of Italian neo-realism, nor even because it was banned by the chief of police in Rio de Janeiro, on the allegation that the forty degrees in the title would have dire effects on tourism—but because of the reaction to the ban. In fact, not only was the film defended by film-makers but in Rio de Janeiro there was a campaign led by the Associação Brasileira de Imprensa and student organisations. For the first time in the history of Brazilian cinema, society felt concerned about a film on the level not only of entertainment but also of fundamental social problems.

This "independent" production, although more flexible, faced the same problems as the companies: distribution and exhibition. "We trusted in the patriotic spirit and tolerance of the audiences, and so far I have not been disappointed. Soon, however, [...] we discovered the merry deception: the national film, for one pretext or another, encountered a solid, invincible resistance among the distributors, tied as they were to the foreign monopoly [...] Faced with a lack of resources and comforts, my enthusiasm had adopted the national imperative: if you don't have a dog, then hunt with a cat. With no actors, sets, make-up, etc., the whole family acted, and we filmed people in the city and in the country going about their normal business. Nature was taken by surprise, and we racked our brains to find ways of replacing mechanical devices: I made lightning flashes and storms by using sunlight, a black cloth and a watering-can." To this declaration made by Humberto Mauro (1952)[36] we must add the fact that he considered the cinema to be a waterfall, and we must mention his love for his native Minas Gerais, light and landscapes, and his excellence in portraying popular characters (and let's forget that aspects of his aesthetics and his female characters are derived directly from Griffith), qualities that are present in his most mature work, *Ganga Bruta* (1933), conceived even then as a silent film. All this led the independent film-makers to adopt Mauro as the patron-saint of Brazilian cinema. In fact, Mauro's work and his attitude as a producer and director suggest that the expression "Brazilian cinema" may not refer to any specific reality, if by cinema we understand a culture industry, but that there are *Brazilian films*, and that those films rarely come from market demand or anything like it, but that their origin lies in the aims of individuals.

1. *A Fita*, São Paulo, July and September 1918.

2. *Klaxon*, no. 6, 15.x.1922.

3. In this connection, see Xavier, Ismail: *Sétima arte: um culto moderno*, a fundamental work for understanding Brazilian cinematic thinking in the twenties and its relationships with the avant-garde.

4. Directed by Victor del Picchia and Luiz de Barros. The film (1931) received the following comment from the integralist Plínio Salgado: "... Brazilian rhythm in the whole undulating line of the feeling of our people, in love and courage, in voice and language". Menotti del Picchia subsequently denied his participation in this film, concerning which news reports of the time leave no doubt. In this connection, see Galvão, Maria Rita: *Crônica do cinema paulistano*.

5. Directed by Antônio Tibiriçá, 1926.

6. Produced by Rossi Film, directed by José Medina, 1925.

7. *Klaxon*, no. 2, 15.vi.1922.

8. Published by Globo, 1999[11].

9. Now an industrial centre, at the time Cubatão was the "back of beyond".

10. "A Escrava que não é Isaura", in *Obra imatura*. Martins, São Paulo 1980.

11. "Cinema", *Klaxon*, no. 6, 15.x.1922.

12. *Klaxon*, no. 6, 15.x.1922.

13. *Klaxon*, no. 7, 30.xi.1922.

14. Candido, Antônio: *Brigada ligeira*. Martins, São Paulo 1945.

15. "Miramar na mira", in Andrade, Oswald de: *Memórias sentimentais de João Miramar*. Globo, São Paulo 1999.

16. São Paulo. Directed by Márcio de Souza, 1968.

17. "Por ocasião da Descoberta do Brasil", in Andrade, Oswald de: *Pau Brasil*. Globo, Rio de Janeiro 1998. The verse in question is: "O Carnaval. O Sertão e a Favela. Pau-Brasil. Bárbaro e nosso".

18. Campinas. Directed by Rolf da Luna Fonseca, 1974.

19. Rio de Janeiro, 1980.

20. Rio de Janeiro, 1969.

21. One of the most important Brazilian film-makers in the last few decades.

22. *O Estado de São Paulo*, 19.xi.1920.

23. In Calil, Carlos Augusto & Machado, Maria Teresa (eds.): *Paulo Emílio, um intelectual na linha de frente*. Embrafilme / Brasiliense, São Paulo 1986 (1st edition. From the essay written in 1974).

24. The theme of the waterfall was taken further in Brazilian films: in 1978 Arnaldo Jabor ended *Tudo bem* with the waterfalls of Foz de Iguaçu, this time used ironically.

25. Quoted by Paulo Emílio Salles Gomes.

26. Working-class districts in São Paulo.

27. *O Estado de São Paulo*, 1929. "Natural" meaning documentary.

28. Salles Gomes, Paulo Emílio: "Uma situação colonial?", "Um mundo de ficções", "A agonia da ficção", "O gosto da realidade", "O dono do mercado", "A vez do Brasil", "Uma revolução inocente", in *Crítica de cinema no Suplemento Literário*. Embrafilme / Paz e Terra, Rio de Janeiro 1981, vol. II. Various ideas presented here come from these articles, and also from *Humberto Mauro, Cataguazes, Cinearte* (Perspectiva, São Paulo 1974), by the same author.

29. The song "O *X* do problema", by Noel Rosa (1936). A reference to the school of samba in the district of Estácio de Sá.

30. Directed by Lima Barreto, 1952.

31. Directed by Anselmo Duarte.

32. São Paulo. Directed by the American Wallace Downey.

33. Rio de Janeiro. Directed by Adhemar Gonzaga, the director of Cinédia.

34. 1952. Directed by José Carlos Burle.

35. Rio de Janeiro. Directed by Gilda de Abreu.

36. Quoted by Alex Viany in *Introdução ao cinema brasileiro*. Instituto nacional do Livro, Rio de Janeiro 1959.

ANTROPOFAGIA AND MUSIC
José Miguel Wisnik

The period extending from the Modernist movement to the inauguration of Brasília comprises a particularly fruitful cycle of Brazilian cultural life. It ranges from Mário de Andrade's *Macunaíma* (1928) to Guimarães Rosa's *Grande sertão: veredas* (1956), from Oswald de Andrade's Antropofagia (1928) to the bossa nova of Tom Jobim and João Gilberto (1958), from the music of Villa-Lobos to the work of Oscar Niemeyer, all of which are key pieces for an understanding of the country and at the same time decisive moments for thoughts about the manner in which Brazil could take its place in the world. Certain lines of force from this period extend further,

beyond the chronological framework of this exhibition, to the Cinema Novo of Glauber Rocha and the Tropicália of Caetano Veloso and Gilberto Gil in the sixties, movements that drew nourishment directly from the proposals and accomplishments of the Modernists.

I have deliberately quoted examples that range from literature to music and from films to architecture, in which scholarly expression is are combined with manifestations of popular and mass culture. In doing so I wish to draw attention to the rather fusionist and jumbled nature of Brazil's cultural singularity, bound up with its talent for crossing or dissolving boundaries, which is also an "anthropophagous" or cannibalistic trait (although Antropofagia is only one of various cultural strategies and tendencies of those times, and one that even remained comparatively unrecognised until the late sixties, when it was re-evaluated by the movements of Poesia Concreta, Teatro Oficina and, in popular music, Tropicalismo).

In 1924, Oswald de Andrade stated that "Carnival is the religious event of the race" and that "Wagner submerges before the Carnival groups of Botafogo" ("Manifesto da Poesia Pau-Brasil"). The statement is deliberately absurd: just imagine the *Ring Cycle* annihilated or festively towed along by troupes of people dancing away the Carnival in one of the districts of Rio de Janeiro. This *boutade*, very much in the author's style, humorously indicates the power of a popular street "opera" to make the distinction between scholarly and popular, and also the distinction between life and art, not apply in the usual way but instead insinuate themselves into the emerging forms of urban carnival, in a parodic counterpoint to learned culture.

Beyond its literal meaning, Oswald's statement is a musical metaphor of culture, at the same time serious and sardonic, which realistically observes the strength of an incipient popular mass phenomenon (urban carnival in the capital of a country of mixed races, in the latter stages of slavocracy), while at the same time projecting into the utopian energies of a new model of art which would engulf the traditional models imported from Europe. Whether one accepts this belief or not, one must recognise its validity for one's understanding of the place that music occupies in life in Brazil, and of the way in which modern Brazilian music has come into being, often resulting from contact between the scholarly and the popular, and from leaps from one level to the other, sometimes with self-confessed carnivalising effects.

Let us begin with Heitor Villa-Lobos, the most important erudite musician in Brazil this century. The son of an employee in the Municipal Library—a teacher and amateur instrumentalist who taught him to study the cello and to admire Bach—in his twenties the young Heitor used to jump through the window to meet up with the players of *chorão* and samba in Rio de Janeiro, popular musicians of the night, among whom he was known by the nickname of "Classical Guitar". There is much that is made up in the version of his life and work created by the composer himself (including the famous journey that he was supposed to have made to the Brazilian interior to collect popular and indigenous music, even in the most far-flung corners of Amazonas), but the truth is that this flight into the bohemian world of Rio de Janeiro and traces of his musical travels in Brazil are imprinted on his work, from the *Noneto* (1923) to the *Choros* (1920s) and the *Bachianas brasileiras* (1930s). During the twenties, when he became known in Paris, impressing with the somewhat barbaric power of his sonorities, he told the French press (lying like Macunaíma) that his genuinely indigenous melodies had been jotted down by him in the middle of the Amazon jungle, when he was on the point of being devoured by singing, dancing cannibals.

This purely anecdotal cannibalism, which the composer employed to play with the attraction of the exoticism that he himself aroused in Europe at the time, must not be confused with anthropophagy as an affirmative identification of the radically multicultural and multiethnic trait in the Brazilian condition, which is anarchically recorded in Oswald de Andrade's manifestos, in Mário de Andrade's *Macunaíma* (a novel conceived in the musical form of a "rhapsody"), in the popular urban music of the carnival *marchinhas* of Lamartine Babo and, subsequently, in 1967–68, in the songs, declarations and attitudes of the Tropicalismo movement (largely inspired by the work of Oswald, with which they establish relationships).

In a film made in 1983, *Tabu*, Júlio Bressane projected an imaginary encounter between Oswald de Andrade and Lamartine Babo, the Modernist poet and the Carnival composer and radio singer of the thirties. The encounter, signifying the double relationship between avant-garde poetry and the songs of the masses and vice-versa, in the phenomenon of Carnival, is not actually true or historical but is an allegory of the absurd levels with which the physiognomy of modern Brazil is traced. The film, in fact, is only conceivable in the post-bossa nova and post-Tropicalismo context, when popular urban music won over highly important forums of poetry, in many respects bringing about the encounter that the film represents in an imaginary way.

There is a musical moment in the film in which something of the essence of the anthropophagic procedure is condensed: reproducing a scene from the film *Tabu* by Murnau and Flaherty, which shows a native Polynesian dance filmed on location, Bressane superimposes a Carnival *marchinha* by Lamartine Babo ("O teu cabelo não nega"), in which there is a eulogy of mulatto women, not without signs—in a mixture of innocence and cynicism—of Brazil's slavocratic past. To the sound of "O teu cabelo não nega", Murnau's natives are transfigured as if they were dancing a displaced Carnival, projected towards a time of innocence that is impossible and yet almost tangible, surprisingly inserted between the coincidences and non-coincidences of the rhythm of images and music. Nature and culture, myth and history, the archaic and the modern, simplicity and violence, all enter a state of indeterminate suspense which nevertheless does not conceal the allegorical artifice that denatures it. In this illustration, native Polynesians filmed by a German film-maker and an American maker of documentaries in the twenties become enigmatically Brazilian and strangely familiar, while at the same time imbued with a familiar strangeness, receiving in return their share of strangeness and sweetness, altered by the circular movement. We might say that here we have a small but significant sample of anthropophagic devouring as an aesthetic procedure: while being profoundly Brazilian in its ambivalence between the happiness contained in the Carnival utopia and the exhibition of the indicators of judgement and violence that perpetuate the marks of the slavocratic past, the passage contains an implicit reflection on the multiple, transnational nature of culture. Although it remains a document of barbarity (to use Walter Benjamin's phrase), each cultural act is also an act of plural singularity. The counterpoint between Oswald de Andrade and Lamartine Babo, the fulcrum of Bressane's film, is justified in the comparison between the authors. Despite the lack of intention or influence, we can appreciate the correspondences between a song such as "História do Brasil", by Lamartine, and a poem such as "Brasil", by Oswald.

The song:

"Who was it that invented Brazil?
it was Mr Cabral
it was Mr Cabral
on the 21st of April
two months after Carnival

There Peri kissed Ceci
Ceci kissed Peri
to the sound
to the sound of the Guarani
of the Guarani with *guaraná*
feijoada was created
and then Parati"*

In this parodic foundation myth, in a deliberate anachronism the discovery/invention of Brazil appears as coming after Carnival and humorously simultaneous with its own representation in the romantic novel and opera *O Guarani*, by José de Alencar and Carlos Gomes, giving rise, in turn, to those popular, modern, national icons, *feijoada*, *guaraná* and Parati *cachaça*. Brazil, pre-Cabral and contemporary at one and the same time, swallows its own history in a simultaneous movement which makes a carnival of everything, including its nineteenth-century foundation myths.

Oswald de Andrade's poem:

"Zé Pereira arrived in a caravel
And asked the Guarani from the virgin forest
'Are you Christian?'
'No. I am brave, I am strong, I am the son of Death.
Teterê tetê Quizá Quizá Quecê!'
There in the distance the jaguar muttered 'Uu! ua! uu!'
The dizzy Black emerging from the furnace
Spoke in turn and replied
'Yes by the grace of God'
Canhem Babá Canhem Babá Cum Cum!
And they made Carnival"**

Oswald's poem records the fundamental institutions of Brazilian colonisation: the scene of catechesis (in which the Indian replies in parodic fashion to the interpellation of the coloniser with a fragment from the Romantic poet Gonçalves Dias), slavery, the brutality of work in the mill on the sugar plantation ("The dizzy Black emerging from the furnace"), and also the fun that comes from the mix-up of incongruencies between salvationist Christian mercantilism (from the faintly pagan Portuguese, Zé Pereira, beating the big drum in the Carnival) and the tribal Dionysian practices of the Indian and the African, whose responses to the coloniser's question, negative or affirmative, are onomatopoeic and rhythmical, responses of the signifier and not the signified. Curiously, they anticipate the basic sonorities of the drums of the samba school, derived from the noisy encounter/non-encounter of Portuguese, Indian and African: tambourines ("Teterê tetê Quizá Quizé Quecê"), *surdo* and *caixa* ("Canhem Babá Cum Cum") supported in the distance by the rhythmical *glissandi* of the *cuíca* (a melodic-percussive instrument made from the skin of a cat), suggested by the muttering of the jaguar ("Uu! ua! uu"). As Oswald himself says elsewhere, "we were never catechised, we just made Carnival".

These playful pieces, which give a version of our national history that might be called childish as well as perverse and polymorphous, can be understood as part of a movement of release from repression on the part of the colonised, which gives an anarchic about-turn to the official versions, appropriating from them in order to infuse them with other meanings, in which the burden of collective unconscious experience comes to the surface. Moreover, openly accepting the farcical and demeaning aspects in the history of the colonised means at the same time redeeming it with humour, affirming a new ethos and a new pathos, more tragic and carnival-like than epic.

In other words, it is a question of a socio-cultural formation consisting of cultural assimilation and dissimilation, which lacks identity (for it always comes from mixture and displacement), and where the otherness that is also lacking (since it is denied to the other, the slave, by his very condition) insinuates itself and proliferates in signifiers related to sound and body. Affirmatively accepting the vicissitudes of the colonised, and taking them to its benefit, Antropofagia seeks to turn the *deficit* into a *positive* value, making up for the quality of ridiculousness and failure that it presents with its talent for embracing differences.

Heitor Villa-Lobos

The figure of Villa-Lobos looms large over the panorama of erudite Brazilian music in this century, and his personality is inseparably bound up with the productive span of Modernism. Composing works initially marked, in the 1910s, by a late and often descriptive Romanticism, he came to the *Semana de Arte Moderna* in 1922 as an outstanding figure, with pieces in which one hears a certain freedom of dissonance, a relativisation of harmonic concatenations and the use of new instrumental combinations, as in the *Quarteto simbólico* (1921) for flute, saxophone, celesta and harp, with a concealed choir of female voices. At the same time, he tried out some characteristic innovative pieces, such as the *Três danças africanas* (1914–1916), in which he combines syncopated Brazilian rhythms with a Debussy-like whole-tone scale.

Even with these still timidly modern procedures (although presented with his well-known self-confidence), which refer back to lines of French music from the end of the previous century, Villa-Lobos caused a scandal and a considerable reaction in the milieu of Brazilian music, which was still marked by a predominantly nineteenth-century taste.

Immediately after the *Semana de Arte Moderna* in 1922, however, which must have had the effect of a provoking goad, the composer expanded the range of sonorities, instrumental explorations, polytonal clusters and the complexity of rhythmical textures and proceeded to make ample use of references to popular Brazilian music, set in cell clusters that are often simultaneous and discontinuous. And yet it was in the movement by which he un-repressed the burden of his experience of popular music, placed in contact with the repertoire of the European avant-garde, that in the twenties Villa-Lobos triggered off the generating impulse of his work, which became mixed up with a kind of sonorous vision of Brazil.

In this respect, Villa-Lobos's career corresponds in exemplary fashion to the span of the great cycle covered by this exhibition, ranging from the *Semana de Arte Moderna* to Brasília, on the eve of the inauguration of which, in 1959, the composer died. Some general characteristics of this lively, brilliant, fertile period of Brazilian culture may help to place specific works. It marks a point when the erudite culture of a country in the late stages of slavocracy saw the possibility of affirming its destiny and revealing itself through a union of the erudite and the popular, in the liberation of its most obscure and repressed potentialities, linked for centuries with crossbreeding and cultural mixture, intermingled with desire, violence, abundance and poverty.

With all the differences that it embraces or that conflict within it, the dominant cultural note of the period is the expectation of a Brazil transformed upwards, by modernising intellectuals committed to the orchestration of popular and native forces, even and at times especially in the archaic, unconscious, dissonant elements that the country might contain. The contented and the discontented united in a chorus of opposites with the common presupposition of culture and nation, for which they frequently sought a totalising formula, turbulently inclining towards symphony and carnival, anarchic utopia and authoritarian impulse.

In fact, this desire for modernisation in Brazil among the higher levels of culture, allied with the strength of the popular strata, was undermined during the last three decades by the realities of conservative modernisation (the dictatorship), the culture industry and globalisation, but it contained the genetic code of some of the problems of contemporary Brazil, which cannot easily be overcome. Tropicalismo (1967–68), the last recognisable framework of a cultural "movement" with a national and international thrust, pointed simultaneously, and in contradictory fashion, to the conclusion of the cycle and to the desire to give it a new, incisive immediacy.

For this broad, diffuse project had a tormented promoter in the person of Mário de Andrade (for whom the destiny of Brazil appeared as a dilemma and a question), and its most profound and universal symboliser in the fiction-writer Guimarães Rosa (for whom the destiny of Brazil appeared as karma, mutation and enigma), and in Villa-Lobos its instinctive expression, immediately perceptible, overflowing, grandiloquent and wilful. For him, Brazil was a tumultuous affirmation: problematics and at the same time "solutionatics", to use the famous expression of a certain football player. In this connection, Villa-Lobos is a perfect Oswaldian in reverse: a prolific, sentimental anthropophagist, romantic and unaware, the recipient of the "miasma of the first hybrids" (as Oswald said of him, in a ciphered poem), like a double of Getúlio Vargas and father of this Macunaimic land seeking the conversion of the country into a great civic choral society (at the time of the dictatorship of the New State, from 1937 to 1945, when he put into practice a civic/pedagogic project whereby he sought to provide a broad penetration of "elevated" music by the teaching of music in schools, in opposition to the expansion of the music of the masses and the radio).

As we said earlier, his connection with the Carioca *choro*, an urban and suburban genre of instrumental music, was to be the key for the expansion of his great project in the twenties, the series of *Choros*. The use of the popular *choro* is not, however, direct and simplistic. During the course of this decade, at the time of his acclaim in Brazil and Europe, Villa-Lobos's music promoted an amazingly rich haul of genres, techniques and materials, in a vortex that bore within itself the descriptive symphonic style of the Romantics, the timbres and modes of Debussy, the polyrhythmic and polytonal sound blocks that appeared with Stravinsky's *Rite of Spring*, the indigenous melodies collected in the work of Jean de

Léry or the gramophone records of Roquette Pinto, the songs of the *sertão*, the music of the bandstands, the suburban waltz, the drums of the school of samba.

At the same time as he adapted the innovations of the European avant-garde in his own fashion, assimilating their liberation of sound, Villa-Lobos rapidly and increasingly absorbed the configuring viewpoints of the Brazilian musical psyche, clustered together and recombined and set in orchestral masses punctuated by allusions to the forest or the *sertão*, birdsong, rituals, Carnival *ranchos*, ballads and march-like *dobrados*. Culture and nature, indigenous, African, urban, suburban and rural signifiers, captured and amplified by the magical eye of the Carioca *choro*, create a grandiose reduction (or translation) of a latent Brazil perceived as feelings of fear, trauma, impulse and wonder. All Villa-Lobos's music can be understood as the return to an interminable—seemingly never consummated—*descobrimento do Brasil* (the name, by the way, of a great orchestral suite composed for the film directed by Humberto Mauro in 1937).

That is what one feels as one listens to the little-known *Noneto*, of 1923, and it is what extends further in the series of *Choros*, which range from a small piece for guitar shaped in the style of Ernesto Nazareth (*Choros*, no. 1) to the great symphonic and choral concentrations with which, amidst a host of turbulences, he magnifies "Rasga coração" by Anacleto de Medeiros and Catullo da Paixão Cearense (in *Choros*, no. 10, 1926).

Accompanying something of the general spirit of the time, the pieces of the twenties possess a harsher, more "barbaric" lyricism than that of the pieces of the thirties, as is indicated by the title of *Rudepoema* (1926). In fact, in Brazil there was a crystallisation of a more facile, fluent Villa-Lobos, more palatable and restricted, which does not do justice either to the excessive and more surprising outbursts or to the chamber-music delights of his vast, uneven output.

Villa-Lobos's reception in Europe indicated an interest in the excessiveness of his music-making urge, testifying to a South America ambivalently full of backwardness and power, which could be viewed with admiration, curiosity or contempt. It also indicated admiration for the originality of his instrumental formations and his sound textures, which also attracted the interest both of the Romantic pianist Artur Rubinstein and of the experimental sound composer Edgar Varèse. For Villa-Lobos sometimes creates admirable combinations of saxophone, harp, celesta and choir, *cuíca* and strings, indigenous onomatopoeias, timpani, *reco-reco* and *caxambu* (in *Melodia da montanha*).

At times he tempers his spontaneous impetus with curious constructivist aims, as in the piece *New York Skyline Melody* (1939), modelled on the outline of the buildings in Manhattan. (This was, incidentally, the year of the World's Fair in New York, in which Brazil participated, in a pavilion created by Lúcio Costa and Oscar Niemeyer—the future authors of the urbanistic and architectural plan for Brasília—with numerous samples of its erudite music and the odd piece of popular music; and it was there that the singer Carmen Miranda—later to become a Hollywood icon of the tropical paths—embarked on her American career.) But the process of composing melodies harmonised in accordance with the outline of landscapes had already been tried out by Villa-Lobos when he composed *Melodia da montanha*, on the basis of the rugged image of the Serra da Piedade in Minas Gerais.

Primitive and cosmopolitan, an index of the earthy dimensions of the world of sound expressed in the national music of bordering countries,

and at the same time an indicator of outstanding but sporadic and unsystematic sound transformations, Villa-Lobos has a place in the music of the world of this *fin de siècle* which is inseparable from the uneven, powerful outbursts with which "underdeveloped" culture sought its course of affirmation.

Gilberto Mendes recognised in the disparate, uneven quality of his work a trait of authenticity and independence characteristic of the inventive music of the Americas (such as the work of Charles Ives, Cowell or George Antheil), whose supposed "bad taste" he considered to be, not an accident or a deviation, but a dimension natural to the tumultuous search of which they formed part and in which they were involved.[1]

Villa-Lobos's music nourished Glauber Rocha's "aesthetics of hunger", which would be almost inconceivable without the supplement of the earthy, anthropological, cosmic strength that this music imparts to the epic of underdevelopment and baroque drama of Brazil, just as it still nourishes the tireless Dionysian carnival/tragedy of the theatre of José Celso Martinez Corrêa. Tom Jobim found his idol and model in him, leaving visible signs of this in the symphonising developments contained in *Urubu* and *Terra brasilis* (in addition to the frustrated *Sinfonia da Alvorada*).

Nazareth and Milhaud

The stay in Brazil of the French composer Darius Milhaud (who lived in Rio de Janeiro, in 1917–18, as attaché to Paul Claudel, then the French ambassador) left a significant mark on his subsequent work, such as *Le Boeuf sur le Toit* (1919), for orchestra, and *Saudades do Brasil* (1921), for piano. Milhaud was interested not so much in the erudite composers as in the popular urban music, especially *maxixes*, "Brazilian tangos" and Carnival hits (Donga's samba "Pelo telefone", considered to be the originator of the genre and mentioned by Milhaud in his memoirs, dates from this period). The *maxixes* were superlatively treated by two composers who aroused his lively attention: Ernesto Nazareth and Marcelo Tupinambá. "The rhythms of this popular music intrigued and fascinated me […]. So I bought a bundle of *maxixes* and tangos and made efforts to play them with their syncopations which pass from one hand to the other. My efforts were rewarded, and in the end I was able to express and analyse this 'next to nothing' which is so very typically Brazilian."

It is worth recalling that Nazareth's music, as pointed out by Mário de Andrade, quoting Brasílio Itiberê, came from the synthesis made by the *pianeiros*, musicians "who hired themselves out to play at the parties of the petty bourgeoisie, and then in the foyers of the early cinemas", blending *lundus* and *fados*, dances of popular Black origin and imported polkas and *habaneras*, transferring the music from one social stratum to another, while at the same time converting vocal forms into typically instrumental forms (note that the piano style of Nazareth's pieces, so natural for the instrument, also incorporates instrumental traces of violin, flute, *cavaquinho* or small guitar, and ophicleide).

Coming from this line of "piano player" music, Nazareth's work, like all *maxixes*, is the product of a synthesis of African and European elements. Apart from this, in his particular case elements just absorbed from the popular strata merge with cultured influences (Nazareth's piano style is very reminiscent of Chopin). The material that Milhaud came across, therefore, was not strictly "folk" music (as he himself called it), but a result composed from the interference of various levels of culture. Moreover, its great rhythmical and melodic richness, associated with a harmonious schematism which operates on elemental cadential movements, is well suited to the polytonal treatment that Milhaud imprinted on his music immediately after his stay in Rio de Janeiro.

Hans Heinz Stuckenschmidt says of *Le Boeuf sur le Toit*: "Popular Brazilian songs and Carnival tunes from Rio de Janeiro are linked together in it, in the simplest manner, with two, three and on one occasion even four different keys. The paradoxical charm of this music is connected with the following circumstance: in each tonal register the author uses the simplest cadences of tonic, dominant and subdominant; however, when they are placed in consonance with chord sequences set in a second key, they produce an exceedingly dissonant kind of harmony with a markedly modern quality. The effect obtained, in this particular case, is comparable to the monsters of sound produced by the simultaneous performance of two choral societies at a festival, or of two hurdy-gurdies playing in different keys."[2]

In his assessment of Brazilian music, Milhaud appreciated the surprisingly original, creative quality of popular urban music, confirming the trait that we have indicated: the tendency, in Brazilian music, towards the crossing and fusion of different cultural levels, to which Darius Milhaud was also sensitive, incorporating it into his work. The French composer, however, did not demonstrate the same interest in the young composers in the realm of erudite music who exerted themselves in the language of Debussy, because for him it was not a novelty, even in the case of Villa-Lobos, who in this manner was preparing to make his own personal leap.

Nationalism and dodecaphonism

As a writer with a musical training, a student of popular culture and a teacher of the history of music, as well as a writer of poetry and fiction, Mário de Andrade exerted a considerable influence on the courses of erudite composition in the twenties, thirties and early forties. In 1928, when he published the novel *Macunaíma*, he also published his *Ensaio sobre música brasileira*, in which he defended the thesis that Brazilian composition should be based on a systematic investigation of rural popular music capable of suggesting directions for the constitution of an original musical language which would differ from a mere transposition of European models. Together with the presentation of a collection of popular themes that had been collected in the field, he developed an analysis of the melodic, rhythmic, harmonic and polyphonic traits of Brazilian popular music, with a view to discussing procedures for their incorporation into concert music.

Whereas Oswald's anthropophagy was to have its natural unfolding in the field of urban popular music some decades later, Mário de Andrade's project defended an alliance between erudite music and rural popular music, in which he saw safeguards for the basis of an authentic national culture, free from foreign influences and from commercial and industrial demands. He might be compared to Béla Bartók, in the combination of musical research and creation, but a Bartók divided between music and literature, who advocated courses for musicians to follow while at the same time writing his fictional "rhapsody" *Macunaíma*. In this latter work, however, the popular sources are incorporated into its basic technical features, creating a metanarrative multi-fable based on a profound intuition of the morphology of the popular tale rather than a mere stylisation of folk themes, something that was not always understood by the musicians who developed the principles of nationalist composition. Backed by the musicological and programmatic efforts of Mário de

Andrade, erudite composition based on rural popular themes predominated in the panorama that followed the Modernist movement. This general direction is also undoubtedly present in the work of Villa-Lobos, whose non-vulgar personality, however, makes it impossible for him to be placed in the nationalist school. But one can, in fact, speak of a numerous and consistent group (for Brazilian patterns of concert music) of authors who, despite their differences, constitute a school of composition with common characteristics, connected with the stylisation of folklore. They are Francisco Mignone, Lorenzo Fernandez, Camargo Guarnieri, Luciano Gallet and Fructuoso Vianna.

In the late thirties, the German composer Hans Joachim Koellreutter sought exile in Brazil. Over the years his presence was to have a strong effect of pedagogical influence with an innovative quality. Gathering around him a group of young students of composition, including Cláudio Santoro and Guerra-Peixe, Edino Krieger and Eunice Catunda, and creating the Música Viva movement, which adopted a critical and controversial posture to the prevailing scene, Koellreutter introduced the basic principles of the 12-tone technique, which clashed, in principle, with the patterns of nationalist composition which, as we have seen, at that time were hegemonic. Situated on the aesthetic and political left-wing, Santoro and Guerra-Peixe attempted the practice of a cosmopolitan, post-tonal form of composition until the Zhdanovist directives dictated in the late forties created a veritable aesthetic and political short-circuit for them. They also progressively tended towards composition based on popular sources, but certainly with traces of their post-tonal background, which distinguishes them from the classic nationalists.

All this indicates a complex, groping situation, rather than one that was clearly dualistic. Nationalism and cosmopolitanism, folklorism and dodecaphonism opposed one another in a to-and-fro movement that indicated, in its search for paths to follow, the problematic nature of the acceptance of erudite music in Brazil, based on a legitimacy that was always precarious, swinging between popular culture and international modernity, and at the same time threatened by the growing wave of urban popular music.

It could be said that nationalism represented a systematic project of erudite musical culture, intent on the creation of an audience, an instrumental tradition, a historical understanding and a system of poetics, all based on the presupposition of the pure authenticity of rural popular music. In the specific field of musical culture, at a certain point this project suffered the aesthetic shock of the atonal breakaway, which in turn suffered the political shock of Zhdanovism. Considered in a broader context, it was the non-urban presupposition of musical nationalism, the paradigm of rural folklore, that suffered with the advance of the industrialisation and market-based internationalisation of so-called mass culture.

In 1950, the nationalist Camargo Guarnieri, the symbolic heir of Mário de Andrade, in a turbulent, confused episode, attacked the dodecaphonism symbolised by Koellreutter. It was the latter, however, who some years later wrote the music for Mário de Andrade's *Café*, a plan for a committed opera which Mário hoped to see carried out by the nationalist Francisco Mignone. This is one of the indicative signs of the extent to which, in a country where concert music has never become completely consolidated as a stable system of authors and works, audience and performers, the courses leading to its legitimacy are often pursued by means of ceaseless and often tortuous searching.

Samba and bossa nova

Urban popular music, on the other hand, found ample space in which to spread and produce an impact (quite frequently felt in erudite and literary milieux as abusive). The fact is that, since the end of the 1910s, the introduction of the gramophone had created space for expansion of the song, stimulated by the samba, a genre of music that brought to the surface the rhythmical foundations of Black music, often improvised from collective refrains, which was then condensed and compacted with a view to its new status as an industrialised commodity. Achieving recognition in 1917 as a result of the success of "Pelo telefone", a composition by Donga which adapted and combined anonymous themes that were already known, the samba gradually established itself, particularly in the late thirties, as a symbol of modern Brazilian popular culture, already capable of drawing support from signs of what, until very recently, had been the mark and stigma of a barely acknowledged slavocracy.

Developing during the twenties (with Sinhô, João da Baiana, and Donga himself), the thirties (with Ismael Silva, Wilson Batista, Noel Rosa, Assis Valente), the forties (with Dorival Caymmi and Ari Barroso) and the fifties (Geraldo Pereira), the tradition of the samba gradually gained not just citizenship but the status of an emblem—part roguish, part apologetic—of Brazil. The work of Pixinguinha spans this period, directed more towards *choro* than samba, with extraordinary musical subtlety.

The expansion of urban popular music was also closely bound up with the phenomenon of street carnival (pointed out by Oswald in the "Manifesto da Poesia Pau-Brasil"), a phenomenon that gained strength with the urbanistic modernisation of Rio de Janeiro, combining what had previously been the separate festival of the rich, the poor and the in-between in a kind of polymorphic social kaleidoscope. A good many of the recordings of sambas and *marchinhas* (including the outstanding examples by Lamartine Babo already mentioned) were defined, up to the fifties, by a carnival spirit or were intended for that use.

In the forties and fifties the popular music based on Rio de Janeiro, and transmitted particularly by Rádio Nacional, also paid tribute to Bahia, represented by Dorival Caymmi and Ari Barroso, the North-East, with the *baiões* of Luiz Gonzaga, and the south of the country, represented by the intimate style of Lupicínio Rodrigues. It could be said that the diffusing role of Rádio Nacional ultimately relocated the experience of urban popular music, consolidating it as a modern tradition extensively rooted in collective memory, with its array of "radio singers" and kings and queens of song.

This national consolidation of Brazilian popular music was clinched internationally by the figure of Carmen Miranda, launched in the American cinema, in the context of the cultural geopolitics that accompanied the Second World War, as an icon of the tropical Latin-American world, blending *marchinhas* and rumbas with a visual display lavishly adorned with bananas and pineapples. The power of the image of Carmen Miranda, and her consecration as a bizarre, exotic, picturesque fetish of the underdeveloped world, were openly accepted by Tropicalismo in 1967–68—in a truly anthropophagic strategy—as a parodic affirmation of the difference by which the colonised, deliberately and critically pointing to the signs of their historical humiliation, release the repressed content and give it affirmative power.

But that would not have been possible without the bossa nova, which in the late fifties revolutionised Brazilian popular music by incorporating complex harmonies inspired by Debussy or jazz, intimately linked to modulating, lilting melodies sung in a colloquial, lyrical/ironical style and rhythmically based on a beat that radicalised the suspended syncopation of the samba. This synthesis came particularly from the poetry of Vinícius de Moraes, the melodic/harmonic imagination of Tom Jobim and the rigorous interpretation of the slightest inflexions of the song and the rhythmic solution discovered by João Gilberto.

From the moment when Vinícius de Moraes—a lyric poet recognised since the thirties—migrated from the book to the song in the late fifties and early sixties, the boundary between written poetry and sung poetry was encroached upon by generations of composers and songwriters who read great poets such as Carlos Drummond de Andrade, João Cabral, Manuel Bandeira, Mário de Andrade or Cecília Meireles. The aesthetic paradigm that resulted from this migration, in the collaborations of Vinícius de Moraes and Tom Jobim, could take us back, if we wished, to the golden age of French song or the polish and elegance of the songs of George and Ira Gershwin. And those of Tom Jobim and Newton Mendonça could lead us to the ironical, parodic or metalinguistic meanings of Cole Porter's songs.

For a country whose culture and social life were confronted at every step by the marks and stigmas of underdevelopment, one might say that the bossa nova represented a special moment in the utopia of a modernisation directed by progressive, creative intellectuals, also represented in those times by the construction of Brasília and finding a popular echo in the football of the generation of Pelé. Like other contemporary manifestations, its harmonies and its rhythmic beat resound with the signs of identity of a country capable of producing symbols of international validity whose singularity did not necessarily relegate them to the realm of the picturesque and folklore.

The evolution of the bossa nova provided musical and poetic elements for the political and cultural ferment of the sixties, in which democracy and military dictatorship, modernisation and backwardness, development and poverty, the archaic foundations of colonised culture and the process of industrialisation, international mass culture and native roots could not be understood simply as dualistic oppositions but as components of a paradoxical and complexly contradictory logic that distinguished us from the world while at the same time including us.

An understanding and an aggressive formulation of this state of affairs is to be found in the Tropicália movement and in the work of its main representatives, Caetano Veloso, Gilberto Gil and Tom Zé. The baroque allegory of Brazil (created particularly in the films of Glauber Rocha), the parodic carnivalisation of musical genres, which was translated into a dense mesh of quotations and shifts of register in sound and poetry, brought to the fore the north-eastern singer and also the urban bolero, the Beatles and Jimi Hendrix. In the realm of songs for the masses these phenomena have an explicit affinity with Oswald's "anthropophagic" strategy, reassessed in 1967 by Teatro Oficina with the staging of *O rei da vela*.

As it happens, the points that we are considering are combined in the movement's emblematic song "Tropicália", by Caetano Veloso: inspired by Antropofagia and by the discovery in 1967 of Oswald de Andrade's play, it creates a representation of the astonishing, distressing, challenging incongruent features of Brazil, seen through the allegory of a dream version of Brasília, displaced as a monument associated both with modernity and Carnival, plural and precarious, an allegory drawn with forward-looking impetus over the emptiness of a shifting, labyrinthine colonial unconscious:

"above my head planes
at my feet trucks
pointing to the plateaux
my nose

I organise the movement
I direct the Carnival
I inaugurate the monument
on the central plateau
of the country
long live bossa-sa-sa
long live the thatched hut-sa-sa-sa-sa

the monument is made of crepe paper and silver
the green eyes of the mulatto girl
behind the green forest her hair hides the moonlight
of the *sertão*

the monument has no door
the entrance is an old, narrow, winding street
and on one knee a smiling child, ugly and dead,
holds out his hand

long live the forest-ta-ta
long live the mulatto-ta-ta-ta-ta

in the inner courtyard there's a swimming-pool
with blue water from amaralina
coconut-tree, breeze and north-eastern talk
and lighthouses

in his right hand there's a rosebush
testifying to eternal spring
and in the gardens vultures walk
all afternoon among the sunflowers

long live maria-ia-ia
long live bahia-ia-ia-ia-ia

in his left wrist a hammering
very little blood flows in his veins
but his heart sways to a samba with tambourine

he emits dissonant chords
through five thousand loudspeakers
ladies and gentlemen he places his great eyes
on me

long live iracema-ma-ma
long live ipanema-ma-ma-ma-ma

sunday is the best of the bossa
on monday he's in the pit
on tuesday he goes to the country
all the same

the monument is very modern
he said nothing about the model of my suit
that everything else goes to hell
my dear
that everything else goes to hell
my dear

long live the band-da-da
carmen Miranda-da-da-DADA"

1. Mendes, Gilberto: "A Música", in Ávila, Affonso: *O Modernismo*. Perspectiva, São Paulo 1975, pp. 127–138.
2. Stuckenschmidt, Hans Heinz: *La musique du XXe. siècle*. Hachette, Paris 1969, p. 79.

* ¿Quem foi que inventou o Brasil? / foi seu Cabral / foi seu Cabral / no dia 21 de abril / dois meses depois do carnaval // Aí Peri beijou Ceci / Ceci beijou Peri / ao som / ao som do Guarani / do Guarani ao guaraná / criou-se a feijoada / e depois a Parati"

** "O Zé Pereira chegou de caravela / E preguntou pro guarani da mata virgem / —Sois cristão? / —Não. Sou bravo, sou forte, sou filho da Morte / —Teterê tetê Quizá Quizá Quecê! / Lá longe a onça resmungava Uu! ua! uu! / O negro zonzo saído da fornalha / Tomou da palavra e respondeu / —Sim pela graça de Deus / Canhem Babá Canhem Babá Cum Cum! / E fizeram o Carnaval"

*** "sobre a cabeça os aviões / sob os meus pés os caminhões / aponta contra os chapadões / meu nariz // eu organizo o movimento / eu oriento o carnaval / eu inauguro o monumento / no planalto central / do país // viva a bossa-sa-sa / viva a palhoça-ça-ça-ça-ça / o monumento é de papel crepom e prata / os olhos verdes da mulata / a cabeleira esconde atrás da verde mata o luar / do sertão // o monumento não tem porta / a entrada é uma rua antiga estreita e torta / e no joelho uma criança sorridente feia e morta / estende a mão // viva a mata-ta-ta / viva a mulata-ta-ta-ta // no pátio interno há uma piscina / com água azul de amaralina / coqueiro brisa e fala nordestina / e faróis // na mão direita tem uma roseira / autenticando eterna primavera / e nos jardins os urubus passeiam / a tarde inteira entre os girassóis // viva maria-ia-ia / viva bahia-ia-ia-ia // no pulso esquerdo um bang-bang / em suas veias corre muito pouco sangue / mas seu coração balança a um samba de tamborim // emite acordes dissonantes / pelos cinco mil alto-falantes / senhoras e senhores ele põe os olhos grandes / sobre mim // viva iracema-ma-ma / viva ipanema-ma-ma-ma-ma // domingo é o fino da bossa / segunda-feira está na fossa / terça-feira vai à roça / porém // o monumento é bem moderno / não disse nada do modelo do meu terno / que tudo mais vá pro inferno / meu bem / que tudo mais vá pro inferno / meu bem // viva banda-da-da / carmen Miranda-da-da-DADA"

TRANSLATORS OF BRASIL
CARLOS AUGUSTO MACHADO CALIL

"This awareness of our human normality is something that only foreigners can give us."
Mário de Andrade, commenting on the book *Brazil Builds*, 1943

Brazil only became known to foreigners at the beginning of the nineteenth century. At that point the Portuguese colony became the seat of government of the Portuguese Court, which precipitated its Independence. Once its ports had been opened, it began to be visited regularly by artistic, scientific and military missions. Their objective was to *discover* what lay hidden beneath three hundred years of colonial exploration.
Solidly installed in hegemonic cultural systems, those missions could not restrict themselves to a mere inventory of the natural heritage of the territory. The recent dissemination of the illuminist spirit urged them to

complementary action, that of *revealing* the assembled wealth to the community of nations and to the country itself, which, in the process of achieving independence, was urgently seeking an outline of identity, indispensable if it were to become a nation.

During the Empire that followed Independence, although the immense territory remained united, there was a consolidation of economic domination by the British and cultural domination by the French. Those were the days when it was possible to serve two masters. Moreover, the model of double dependence was also a legacy from the Portuguese.

The first point of reference for those travellers in the nineteenth century was the exuberance of nature. Unavoidable, it set itself in the way of the mere movement of those visitors, who made their way along improbable paths in an attempt to link up regions that had remained foreign to one another despite political unity. As an obstacle that gave cause for wonder, the power of nature made the presence of mankind on the scene practically imperceptible and re-established the cultural dimension in the remote terms of the Creation.

Travellers in the first half of the twentieth century were invited by the natives to witness, in addition to the spectacle of nature, their major work of culture, Carnival, celebrated as a spontaneous synthesis of the crossing of racial contributions, in the name of happiness and sexual liberation. Within the strict confines of this article we are going to make a rapid survey of the experiences—exemplary in many cases—of some of the foreigners who visited Brazil in the twentieth century and who, whether willingly or not, were affected by those experiences.

Paul Claudel, Darius Milhaud, Blaise Cendrars, Filippo T. Marinetti, Le Corbusier, Benjamin Péret, Giuseppe Ungaretti, Claude Lévi-Strauss, Georges Bernanos, Stefan Zweig, Orson Welles, Alfonso Reyes, Gabriela Mistral, Maria Helena Vieira da Silva, Arpad Szenes, Pierre Verger and Elizabeth Bishop, involved with Brazil on various levels and for various reasons, were all indelibly marked by that passage, sometimes pleasant and sometimes tragic, which subverted the patterns of their respective lives. The greater or lesser openness of the traveller to the contingency of Brazil aids the approach to the particular, personal element of each case, suggesting a basic classification in terms of transitive and intransitive. In the first group we would find Milhaud, Cendrars, Le Corbusier, Ungaretti, Bernanos, Zweig, Welles and Verger; in the second, Claudel, Marinetti, Péret, Lévi-Strauss and Bishop. The quality of the relationship established with the receiving medium does not imply a scale of values for the "Brazilian" output of each individual. Elizabeth Bishop and Lévi-Strauss disprove any hasty association between personal adhesion and quality or intensity of testimony.

From the viewpoint of those who were visited, the generous welcome given to the foreigner, which does not conceal the imposition of recognition, seems to lie somewhere between a deep-rooted inferiority complex, which Mário de Andrade discussed on more than one occasion, and the inconstant behaviour of someone who feels that "nothing is foreign and so everything is", in the provocative formulation by Paulo Emílio Salles Gomes. It would seem that the most volatile of our visitors, the French writer Henri Michaux, for whom Brazilian intelligence was "caffeinated, all reflexes and no reflection", succumbed to this dialectic. Claudel followed suit by saying that "Brazilian poets are a little collection of mechanical canaries". Bernanos, on the other hand, stated that Brazilian intelligence "is the most exciting, the most sensitive, the most spirited intelligence in the world", since it results from the miracle of the mixture of races which, above all, makes Brazilian women so beautiful … Michaux acknowledged that, despite the time he had spent in the country, he had not managed to make contact with the people of Brazil.[1]

What might have been needed to make it possible for Michaux to *meet* the Brazilians? In a country of personal and sentimental relationships which attached little value to institutional mechanisms of public protocol or private sociability, he undoubtedly lacked the figure of the cultural mediator, someone who could introduce him to groups of interest so that he might be adopted by them as one of their own kind.

That is the role played by Paulo Prado for Claudel, Cendrars and Le Corbusier; by the Veloso Guerra couple for Milhaud; by Mário Pedrosa and Lívio Xavier for Péret; by Herivelto Martins for Orson Welles; by Mário de Andrade for the Lévi-Strauss couple; by Graça Aranha and Yan de Almeida Prado for Marinetti; by Caribé for Verger; and by Lota de Macedo Soares for Elizabeth Bishop, and so on.

Although it does not guarantee the result, when mediation is exercised it provides definite outlines for the cultural approach, while not preventing sensations of strangeness and conflicts. A comparative examination of the "Brazilian adventures" of writers, musicians, film-makers, painters and teachers underlines the reincidence of impressions and patterns of behaviour which, going beyond clichés, create an image of the country and its people constructed counter to diplomatic and political conventions. Despite accounts that suggest the opposite, these travellers established a dialogue with their Brazilian peers in their cultures of origin. Their accounts are no more than reflections of the deviations to which they subjected the respective courses of their lives, often accompanied by feelings of resentment at the harm that had been done to them.

In his celebrated *Tristes tropiques*, Lévi-Strauss did not fail to draw attention to the setback in his academic career that had been brought about by the Brazilian option, that is, by his ethnographic fieldwork with the Mato Grosso Indians. Does anybody now doubt that the extraordinary intellectual trajectory of this teacher and scientist was decisively marked by the experience that he underwent in Brazil? He himself heard Fernand Braudel, one of his companions during the heroic times of the founding of São Paulo University, say in a speech that "Brazil was the greatest time of our lives". Along the same lines and in the same spirit, Claudel said in a letter: "People may say what they like about Brazil, but it cannot be denied that it is one of those *mordant* countries that pervade the soul and leave within it a certain tone, a certain twist and a certain savour from which it can never free itself."[2]

Paradise on earth, racial democracy and boundless beauty

Among the myths about Brazil that have repeatedly been propagated there are those of a paradise on earth, racial democracy and the boundless beauty of the bay of Guanabara. Laboriously constructed since the earliest times of colonisation, they served as an alibi for the natives on the successive occasions when they agreed on the seduction of the foreigner. The guests we have mentioned were also subjected to them, and the particular reaction of each of them expresses their individual openness to becoming *other*.

Blaise Cendrars tells us that when the ship finally approached the coast of Brazil a general exclamation was heard among the passengers: "This is a paradise on earth!" Commenting on the myth, with the history of the colonisation of Brazil in mind, the writer suggested a formula for summarising the superlative descriptions of tourists, chroniclers and adventurers: "Please note: a paradise to be explored."[3]

Trop, c'est trop, the title of a book by Cendrars largely devoted to Brazil, finds a powerful echo in Elizabeth Bishop's poem "Questions of travel". "There are too many waterfalls here; the crowded streams / hurry too rapidly down to the sea, / and the pressure of so many clouds on the mountaintops / makes them spill over the sides in soft slow-motion, / turning to waterfalls under our very eyes."

Giuseppe Ungaretti, the Italian poet, accustomed to hot countries but not the tropics, said that in Brazil "in the middle of the city, trees grew overnight. You could see them growing. If you didn't look after the garden, in a few days you couldn't get out of the house [...] Amidst this new, delirious natural environment the Blacks [lived] apparently happily, deprived of nothing, with no need for clothes to cover themselves, able to obtain nourishment from the freely growing banana trees, always ready for dancing, religion, superstition, sorcery: *macumba* and *candomblé* ..."[4]

Stefan Zweig, an official visitor, was enchanted by the country that was conveniently presented to him by the Brazilian authorities and wrote in his *Brasil, país do futuro*, that "for centuries the Brazilian nation has agreed on the principle of free, unimpeded mixture, complete equality of black, white, red and yellow [...] The absolute equality of citizens in public life and in private life actually exists here, at school, in employment, in churches, in professions and in military life, in universities and in lectureships." The future—and the present—would contrive to disprove Mr Zweig's sweet illusion.

Georges Bernanos saw Rio de Janeiro as the submissive mirage of a woman: "This country, this city, cannot be described. This city that is so beautiful, so wondrously beautiful, so beautiful and so humble. Seeming to cast herself at one's feet, with her priceless jewels, her perfume, and her eyes have the innocence and docility of animals. An appearance of savage sweetness."

Filippo Tommaso Marinetti embodied the virility of the Futurists in a metaphor—of doubtful taste—that associates his sexual organ with the mighty Italian ship that was transporting him. "The bay of Rio de Janeiro is clearly enamoured of this *Giulio Cesare*, this promontory of Italy with its sharp-edged imperial profile that impels itself into the peninsula in search of harbours worthy of its dimensions. The beauteous bay, certain to please and capable of loving, offers all the curves of its beaches and its mountains and opens wide its harbours, geometrically squeezing the transatlantic steamer against its heart of ardent traffic." In this unpublished text, the author of *Mafarka, o futurista* attains ecstasy by conquering the most beauteous female in Brazil: "with the reinforcement of the tropical stars I lovingly assaulted and possessed the mountains of Rio de Janeiro which receded before me in perspective."

The *Cacique* and *Jacaremirim*

Paul Claudel (1868–1955), writer and diplomat, was appointed as Deputy Ambassador in the French Legation in Rio de Janeiro at the end of 1916, when he was serving in Rome. Initially inclined to refuse the post, in the end he accepted it and decided to take with him the young composer Darius Milhaud (1892–1974) to act as his secretary and be in charge of propaganda.

When he arrived, on 1 February, after the official greetings he was immediately taken off in a car to drive around the bay of Guanabara. In his diary he noted his first impression: "Copacabana and its white sandy beaches covered with people bathing in three billows of sea." Milhaud, in his memoirs, describes the intense heat and the atmosphere of the Legation building, magnificently situated in the Rua Paissandu, with its imperial palm-trees.

Claudel used to wake up at six, go to mass, and work until ten. Then he devoted himself wholly to his diplomatic responsibilities until five. At that time he would go out to walk alone, pacing beside the bay with long strides, rubbing his hands, absorbed in thought. It was a particularly difficult year for France, without a glimmer of victory in the Great War. Moreover, Claudel had travelled alone, leaving his family—his pregnant wife and four children—in Europe.

His diary for this period is a mixed tale: it follows the development of the war with concern, records his increasing involvement with Audrey Parr (the wife of a British diplomat), and notes the presence of the Brazilian countryside, which he visited at the weekend, on excursions to Petrópolis, Teresópolis and the surroundings of Rio, with the prerogative of entering the forest. It includes many quotations from the Gospel, accompanied by metaphysical considerations, and documents the slow construction of themes and characters in *Le soulier de satin*, which, despite its Caribbean indications, exudes a powerful Brazilian atmosphere. Here and there we find laconic references to the "Agreement".

Claudel was just as good a diplomat as he was a writer. Trained in economics, he had a taste for financial matters, which he handled deftly. The Brazilian self-portrait that he drew in *La Messe là-bas* is eloquent in this respect: "Here I am again today / with pen in hand / transforming sacks of sugar and coffee into / *mil-reis* as I peruse the *Bible*."[5]

During his Brazilian mandate, Claudel devoted himself intensely to the establishment of a bilateral agreement with Brazil, which became known as the "Franco-Brazilian Agreement", as a result of which the country joined the Allies in the Great War.

Begun in 1916 with the purchase of 250,000 sacks of coffee by the French government through the intermediary of the Prado-Chaves company, it was patiently negotiated in France during 1917 by Paulo Prado (1869–1943), who took advantage of the privileged relationships of Graça Aranha. Signed on 3 December 1917, it guaranteed the purchase of two million sacks of coffee by the French government, providing an outlet for the stock in Brazil, which had been built up in view of the difficulties of international trade, badly affected by the war in Europe. In exchange, Brazil hired out to the French 300 German ships seized off its coasts, with a capacity of 250 thousand tons, for a consideration of 110 million francs. Brazil also sold corn, sugar and beans. The operation did not call for the transfer of hard cash; it was effected by offsetting the Brazilian debt in France. According to Claudel, this solution, proposed by Paulo Prado, was "brilliant". There was no need for the countries involved to convert their debts into pounds or dollars. The Brazilian government paid its creditors in local currency, and the French government did the same.

In January 1918, a declaration by the new government in Brazil, which had just taken possession, denounced the Agreement as being prejudicial to the country's interests. The pretext invoked was the fact that the Brazilian Deputy Ambassador in Paris had not taken part in the negotiations between the two countries, which had been conducted by Paulo Prado. As a member of the Committee for the Appreciation of Coffee in the local government of São Paulo, he had no mandate to negotiate on behalf of the country. Behind this manoeuvre there was the pressure exerted by the American government, unhappy with the agreement designed by Claudel and Prado, which deprived it of access to the German ships impounded off the coast of Brazil. Allegations were made of the need for transport of American troops and ancillary material and even food for France itself, exhausted by the struggle of the war.

The relationship between the two negotiators intensified to the point where a correspondence was established, conserved by Prado, which records the moves in a political game of chess, in messages sometimes marked "Top Secret".[6] And Claudel sealed their friendship with this confession: "You are a man on whom I rely absolutely, without any kind of reserve …"[7]

Claudel was a recluse, but his secretary, thanks to his warm-hearted sociability, established countless relationships in the music world in Rio de Janeiro, amongst both highbrow and popular musicians. He socialised with Alberto Nepomuceno, the best-known of the highbrow musicians, Villa-Lobos, who was just emerging, the Leão Veloso couple, whose daughter Nininha was Milhaud's favourite partner for evening sessions of piano duets. It was with them that he became acquainted with the music of Satie.

But Milhaud's passion was Carnival and popular music. Although he praised "the qualities of vigour, grandeur and deepness of feeling" in Nepomuceno's *Trio*, which he heard in a concert given by the "maestro",[8] he did not fail to criticise the process of alienation in those composers who, depending on their generation, wrote with Wagner, Saint-Saëns or Debussy as their point of reference. In an article written in 1920, Milhaud declared his debt to popular musicians and exhorted his learned Brazilian colleagues to do the same: "It is desirable that Brazilian musicians should understand the importance of the composers of tangos, *maxixes*, sambas and *cateretês*, such as Tupinambá or the brilliant Nazareth. The rhythmical abundance, the constantly renewed fantasy, […] the melodic invention of a prodigious imagination which are found in every work by these two great composers, makes them the glory and jewel of Brazilian Art."[9] To judge from work produced subsequently, only Villa-Lobos read and profited from the French composer's words.

Milhaud lost no time. The popular rhythms "intrigued and fascinated" him and he sought to disclose their secret, which in his view was contained in a subtle suspension within the syncopation. "So I bought a bundle of *maxixes* and tangos and made efforts to play them with their syncopations which pass from one hand to the other. My efforts were rewarded, and in the end I was able to express and analyse this 'next to nothing' which is so very typically Brazilian."

The controversy aroused by Milhaud's alternately vibrant and melancholy Brazilian music (*Le Boeuf sur le Toit*, *Saudades do Brasil*, "Souvenir de Rio" in the *Carnaval d'Aix*, "Brazileira" in *Scaramouche*, and the *Danses de Jacaremirim*), considered by some naive critics to be plagiaristic, testifies to the fact that in it the composer appropriated rhythms and melodies with fervour and with skill.

The only score composed in Brazil was that of the ballet *L'Homme et son Désir*. Suggested by Claudel, who undertook the libretto, it did not fail to bear the stamp of Symbolism, without any trace of the setting in which it was created, except perhaps for the onomatopoeic utilisation of the sounds of the forest of Corcovado, "immediately after sunset". Crickets, toads and birds "enlivened the forest with varied sounds whose intensity rapidly reached its paroxysm".

During the season of the Ballets Russes at the Municipal Theatre in Rio, Nijinsky demonstrated to Claudel the "victory of breath over weight", consummating "the possession of the body by the spirit".[10] This perception coincided with the powerful revelation of Claudel's love for Audrey Parr, whom he had met in Rome and whose charm and smile he had been unable to resist. "My love is so great that it has forgotten the paths of the flesh."

The unsuspecting Milhaud describes her as "a delightful friend, dazzlingly beautiful and with an inexhaustible imagination". Highly gifted, she translated the poet's imagination into stage settings and costume designs. She called Claudel "Cacique" (Chieftain), and he called her Margotine, the name of a wicked fairy in a children's tale. In the company of "Jacaremirim" (Little Alligator),[11] they gave form to an autobiographical drama: "the eternal dance of Nostalgia, Desire and Exile".

At the end of 1918, Claudel was assigned to an economic mission in Washington. He and his secretary set off, in one of the ships chartered in accordance with the Agreement, which from time to time sailed along the north-east coast without being properly maintained. It was in this way that they became acquainted with Salvador and Recife. Claudel seemed to be indifferent, if not relieved, at leaving yet another country that he had barely "begun", and which he called a "paradise of sadness". Milhaud remained disconsolate. "I loved Brazil deeply."

"God writes straight with crooked lines", a proverb encountered in Brazil, became the epigraph of *Le soulier de satin*, which reworked Claudel's Brazilian exile into grand metaphysical theatre.

Cendrars's family

Blaise Cendrars (1887–1961), a writer who made Brazil his second spiritual homeland and devoted a substantial part of his work to it, was born Frédéric Louis Sauser in La Chaux-de-Fonds, a small town in Switzerland. He soon revealed a restlessness that led him to break out beyond the boundaries of the monotonous middle-class world. While still a teenager he went off to explore St Petersburg in order to acquire the profession of jeweller. He spent more time in the public library than in the office. Eventually he forsook his family and ran away.

In 1912 Frédéric was in New York, where he experienced cold and hunger. Attracted by Handel's *Creation*, he went into a Protestant church. There he had the inspiration for his first great poem, "Les Pâques à New York". In free verse, he urged God to look at the poor and those who were deprived of love and wealth. And he coined the fine-sounding pseudonym "Blaise Cendrars".

Publication of the poem in Paris created a sensation. A poet had been born. His reputation as an ultramodern poet was confirmed by the appearance the following year of *La Prose du Transsibérien et de la Petite Jehanne de France*, with a luxury edition which combined his free verse with coloured designs by Sonia Delaunay. A Simultaneist work which promoted dialogue between poetry and painting.

With the outbreak of war in 1914, Cendrars presented himself as a volunteer to go and fight at the front. In 1915, in a battle at Champagne, his right arm was hit by grenade splinters. Amputation saved his life, but the poet was crippled.

A terrible crisis followed. He could barely endure the affliction of mutilation. In 1917 he recovered the ability to write, with the left hand, but decided to "give up poetry". He devoted himself to editorial work and fell in love with the cinema, one of his great passions. Without employment or profession, he became involved with the Ballets Suédois group and wrote the plot for *La Création du monde*, a Black ballet with set designs by Léger and music by Milhaud. Its success placed him at the centre of the artistic and literary movement once again, but he was already showing signs of being weary of the intrigues of that small narcissistic world.

We have come to the year 1923. Paris was full of young Brazilians, doing their military service in the milieu of modern art—Tarsila do Amaral, Di Cavalcanti, Villa-Lobos, Brecheret, Sérgio Milliet, Oswald de Andrade, Anita Malfatti, Souza Lima—while Paulo Prado, an intellectual and coffee exporter, had arrived as usual to spend the summer there.

The effervescent atmosphere of Paris brought the Brazilians into contact with the open-minded writer. Cendrars, a bohemian, was amused by their irreverence and became a close friend of Di Cavalcanti, Oswald and Sérgio Milliet. He did not escape the fascination of Tarsila's beauty and sweetness and he decided to sponsor her apprenticeship in the language of Cubism, which was giving way to the new order.

At the end of that year Oswald—who was at the peak of his brief career as an entrepreneur, squandering the fortune inherited from his father—dangled the possibility of fabulous business opportunities overseas and Cendrars swallowed the bait. Paulo Prado was consulted and graciously agreed to cover the costs of the journey and the invitation was formulated.

In January 1924, Cendrars embarked at Le Havre, bound for Brazil. The crossing of the Atlantic proved highly stimulating. Lulled by the onset of heat and the increasing brightness, Cendrars jotted down the colloquial poems that were to form his first "Brazilian" work, *Feuilles de route* (ill. p. 354). When he crossed the equator he was already a new man glimpsing paradise on earth, and he telegraphed his friend and muse in Paris to transmit the recently acquired sensation: "It's good to be alive." He gave himself up freely to an experience that was to broaden his perception and help him to mature as a human being and as a writer.

Cendrars began to conquer the literary and cultural milieux of peaceful, provincial São Paulo. The group with whom he was staying took him off to see the Carnival in Rio, the gold circuit in Minas and the coffee plantations, to all of which Cendrars unfailingly reacted with the response "How marvellous!" The profound mark made by those scenes was only perceived by his contemporaries when his future work revealed the impact that they had made on the memory of a foreigner.

The arrival of Cendrars, only two years after the *Semana de Arte Moderna*, was decisive for the consolidation of the Modernist movement in Brazil. The total accumulation of artistic output was still very meagre, and the presence of Blaise, who became an intimate friend of Oswald and Tarsila, was indispensable for the burgeoning of their work, beginning with Oswald's "Manifesto de Poesia Pau-Brasil", launched in May 1924. In it we find:

"A suggestion from Blaise Cendrars: – The locomotives are full, you are just about to set off. A Black is turning the handle of the turntable on which you are resting. The slightest mistake will send you off in the opposite direction to your destination."

Cendrars, who had published an *Anthologie nègre* in 1921, drew the attention of his Brazilian friends to the contribution that the Blacks could make—and were making—to the process of consolidation of a spontaneous popular culture, free from imitative patterns. His interest in the slums, which he visited in a hospital ambulance, and in the music of the Blacks, who were creating a new rhythm, the samba, and his association with the composer Donga, whom he presented to the intellectuals in Rio, led Gilberto Freyre to acknowledge, with a trace of surprise and resentment, that in the movement for recognition of the Blacks, which was then just beginning, he had found traces of Cendrars's passing.

Pau-Brasil poetry and painting owe a great deal to Cendrars. Oswald's book was produced by Blaise's publisher, Au Sans Pareil, and was dedicated to him: "To Blaise Cendrars, for the discovery of Brazil", an allusion to the trip to Minas when the foreigner drew the attention of Brazilians to the riches that lay hidden beneath the surface of a land that was rural, archaic and backward, but had the most extraordinary wealth of baroque architecture and sculpture in the American continent. The poems of *Pau Brasil* have a certain resemblance to *Feuilles de route*. The two books are brothers, but in the later volume Cendrars practises anti-poetry, with lyricism.

Tarsila, stimulated by the affection of the two men, gradually began to develop and find her own style and vocation. Cendrars accompanied her step by step, from the creation of the paintings on the basis of notes taken during the trip to Minas to the specification of the date and place of the exhibition in Paris which would consecrate her as a great Brazilian painter. On being invited to write the introduction for the exhibition catalogue, Cendrars sent unpublished poems and said: "I didn't write a preface, reserving the right to give everyone a scolding if the whole of Paris did not acknowledge that Tarsila is brilliant, the finest and greatest painter at the present time."

In Cendrars's uneven output, where a taste for the exotic sometimes predominates, there is a short poem which he sent for Tarsila to publish as a preface in the catalogue of her exhibition at the Galerie Percier in Paris in 1926. It is called "Saint-Paul", and, exaggeration apart, it is the finest translation into poetry of that frenetic city, whose current monstrosity was foreshadowed in the poem (included in the documentary dossier). Interpreting "the city with the highest growth rate in the world" and its jumble of styles, praising the absence of tradition which makes the democratic agglomeration of the metropolis possible, pointing out the logic of easy profits and sharing a blind belief in the future, Cendrars painted the finest moving portrait of a city that has never come to a conclusion.

During a trip to the interior of the State, Paulo Prado introduced Cendrars and Oswald to the fascinating world of the Morro Azul plantation, the property of his friend and ex-employee of the Prado-Chaves company, Luís Bueno de Miranda. This extraordinary host—the creator of a revolutionary method for planting coffee and an amateur astronomer who prided himself on having discovered the Eiffel Tower constellation—immediately impressed the two poet-friends, who took pains to transfigure this experience in their respective writings. Oswald devoted the poem "Morro Azul" to it, in *Pau Brasil*, and Cendrars wrote the fantastic tale "La Tour Eiffel sidéral", in *Le Lotissement du ciel*, where the plantation owner/astronomer is called "Oswaldo Padroso", an evident combination of the names of his two best Brazilian friends.

The pleasant stay in Brazil was spent on too worldly and intellectual a level for the expectations of the tourist, who basically had come to "do" America. He proposed making a film to promote the country, a superproduction which he would direct for the international circuit, but the revolution led by General Isidoro Dias Lopes, which erupted with surprising violence in July 1924—with São Paulo being occupied by the rebels and bombarded by the federal troops—altered the political scenario and brought economic unrest. And the somewhat grandiose plans were suspended.

Despite this, Cendrars did not return to France empty-handed. In Brazil he had regained inspiration and confidence to recommence his career as a writer, this time as a "novelist". Installed in his house in the country, in just under a month of uninterrupted activity he wrote *L'Or*, the saga of the Swiss general Johann August Sutter, who founded Sacramento, in California, and was ruined by the gold rush on his land.

Cendrars returned to Brazil in 1926 and 1927, always with the friendly assistance of Paulo Prado. The aim of these journeys was still the desire to enter the world of big business, regardless of whether it had to do with tourism, advertising, property speculation, publishing or cultural promotion. None of these attempts was successful, although he made some money in Brazil. The reader will not need reminding that the poet died in poverty.

The journey to Brazil left its mark on Cendrars's work. Practically all his books written after 1924 contain some direct or indirect reference to this country. *L'Homme foudroyé* and *Le Lotissement du ciel* are splendid books in which Brazil appears implicitly or explicitly, creating the scenario of a land raised to mythical dimensions.

L'Homme foudroyé (1945) marked Cendrars's return to important literature. It is the first volume of a quartet, in a genre that he described as "recollections", tales of things he had seen, experienced or imagined, and in it he played the part of someone who initiates the reader into the mysteries of life and confers the quality of truthfulness upon his fables. After a personal crisis which dragged on for much of the thirties and a plunge into self-imposed secrecy during the Second World War, when he maintained the strictest silence, Cendrars finally spoke again. In a special language, created by him for his own use, from his own personal case he recreated an inventory of the generation that had lived through the First World War and had never imagined that it would have to endure a Second World War, brought about by similar causes.

A writer only speaks about himself. But he is a public person, whose life, when examined by the public and the critics, must express the experience of everyone in connection with a particular period. In this book, the author asks himself why he writes. "I write. You read. I can do nothing else. It is all I know. And as for me, I feel blasted by lightning. There is no rancour in what I write. But traces of life."

The "man blasted" by the occupation of writing starts his Alfa Romeo convertible coupé and sets out along the national highway, N 10, which passes close to his house in the country. In a very characteristic procedure, he travels along it to find Brazil, advancing into the hinterland until he comes to the last petrol station. A Black Cuban lives there, a sculptor of life-size human figures carved out of wood. He had taken part in the war against the United States, in which he lost a leg. Manolo Secca is his name. His work represents one of the scenes of the Passion, the one that describes the taking of Christ in the garden of olives. The special characteristic is that he sculpts the images on small cars, in a kind of sacred scrap metal. Imagination? No doubt. But who does not recall the sculptures of Aleijadinho in Congonhas do Campo?

Cendrars's main Brazilian characters are inspired by real people and stories. "La Tour Eiffel sidéral", in *Le Lotissement du ciel*, describes his arrival in a small town in some remote part of Brazil which was just inaugurating electric lighting, a place he passed through on his way to the Morro Azul plantation, where the birds moved about in total freedom without being threatened by hunters, and where its peculiar owner lived, Oswaldo Padroso, the discoverer of the Eiffel Tower constellation, a

passionate fan of Sarah Bernhardt and a devoted cultivator of French civilisation.

The character of Oswaldo Padroso is emblematic. What interests Cendrars in him is not so much the description of the antipodes as the examination of the reflections and contradictions that are found in the relationship between an emerging society, Brazil, and its cultural model, France. In the text, Cendrars ultimately puts forward a personal settling of scores with the imagery of Brazil, which had fascinated him since his first contact with it. As time went by, the now remote memory of Brazil became transformed, for Cendrars, into his *Utopialand*, where the future of the white man could be sketched out. With its mythical outlines, this land of countless opportunities, strange, picturesque and above all paradoxical, fascinated him because it belonged to nobody: "Such is Brazil, of inexpressible grandeur, where civilisation and savagery do not contrast but mingle, conjugate and marry, actively and disturbingly. One holds one's breath with admiration and, frequently, with terror or passion."

In *L'Homme foudroyé*, Cendrars had declared that he belongs to the family of the "simple, humble, innocent outcasts, the hotheads and poor wretches who have not yet lost hope". His last manuscript text, the conclusion of a cyclical movement, described Easter—not in New York, however, but among the poor wretches of Divinópolis and Sabará, on the way to Minas with the young Modernist artists. There, "in the heart of the world", he had left his feeling of being a champion of modernity with those who are "truly poor, the wretches who have not lost hope".

Brazil 2 x 0 Péret

Benjamin Péret (1899–1959), the Surrealist poet, married the Brazilian lyrical singer Elsie Houston in Paris in 1928. For Mario de Andrade, who was a music teacher by profession, "the timbre of her voice was mischievous, meandering and evasive like a flute."[12]

In January 1929 they landed in Rio de Janeiro in order to try life in Brazil. The Houston family, of North American origin, was of some importance in society in Rio, and the couple were received with declarations in the press. "There are many resemblances between them, above all a desperate love of sincerity," was how one newspaper greeted them.

In the *Revista de Antropofagia*, Oswald de Andrade announced the good news to the members of his tribe: "Benjamin Péret, one of the great names of Surrealism in Paris, is now in São Paulo. Let us not forget that Surrealism is one of the best pre-anthropophagic movements. The liberation of man as such, through the utterances of the unconscious and turbulent personal expressions, was undoubtedly one of the most thrilling spectacles for any anthropophagous heart that has followed the despair of civilisation in recent years. [...] After Surrealism, only Anthrophagy."[13]

As was the custom with foreign intellectuals, Péret was invited to give a talk, which was presented in the setting of the Red Room in the Esplanada Hotel, the most elegant in São Paulo (ill. p. 181). He called it "L'Esprit Moderne, du Symbolisme au Surréalisme", and in it he talked about the origins of the movement in Mallarmé, Rimbaud, Swift, Jacques Vaché and Huysmans, its relationships with psychoanalysis, and the value of the dream as a revelation of the unconscious. He concluded by re-evaluating the world in terms of Surrealism.

The reaction in the newspapers spoke of an audience that was "small but selected from the finest elements in our social and cultural circles". After two hours, "a warm, sincere round of applause accentuated the triumph that Péret had obtained with his enchanting talk".[14]

There was nothing enchanting about Péret. He was provocative and became caught up in controversies. In a middle-class setting, he was not sparing of bad language which shocked because of its gratuitousness. When he saw a priest, he threatened him with physical aggression, which embarrassed his Brazilian friends, who were from Catholic families. The cultural scene in Brazil, even in the avant-garde, was middle-class, and its members proceeded to avoid further contact with this awkward poet. Péret gave an interview, in which he made a point of declaring that the "aim of my visit to Brazil was certainly not to give talks but to visit the interior of the country, principally the States of Mato Grosso, Goiás and Amazonas, attracted by their natural beauty and their Indians." The reporter, who had a column in an important newspaper, turned the conversation to contemporary art movements. Péret took the opportunity to lay into them, with the aim of boosting his own Surrealism. The attempt backfired. The journalist, aesthetically offended, opened with a clamorous headline: "Surrealism is nothing. Vague logical considerations about a literary theory that nobody takes seriously." And he moved on to a personal attack, declaring that in future "peré" (adapting the spelling of the name to the language) would be a synonym for upstart. Furious, Péret went back to the journalists to explain what Surrealism was actually attacking, and its importance as the "only valid, disinterested initiative that aims at liberation of the mind".[15]

In the literary field, only the Antropofagia group accepted Péret without restrictions. But the relationship was ironic: Antropofagia wanted to include Surrealism as part of its tradition. In this way it was going beyond Surrealism. Péret could not admit such a situation. The latent conflict was not consummated because Antropofagia died first, the victim "of a general 'change of partners'. Among its members, each one took someone's else's lady."[16]

Péret had other interests. Together with his brother-in-law, Mário Pedrosa, he founded the Liga Comunista do Brasil (Communist League of Brazil), a Trotskyist opposition and faction of the Communist International which was struggling for political reorientation. Péret was the League's Secretary for Rio de Janeiro, a member of a cell of workers connected with the book trade (he was a proof-reader by profession), and he promoted the publication of Trotsky's writings. Using the code-name "Maurício", he acted as an element of liaison with the left-wing opposition.

At the same time he devoted himself to studying the poetics (and politics) of the religion of the Blacks, as it was then practised in Rio de Janeiro. In a letter to Elsie, who had remained in São Paulo because of the couple's impoverished state, he told her that *macumba* was in Cascadura, on the outskirts of the city, and followed two approaches: the law of Angola and the law of Nagô. He was taking steps to record the *pontos* or songs of *candomblé*. And he commented on the success that she had achieved with her record of *Cadê minha pomba rola*, which was played on the radio three times a day.

In a series of thirteen articles published in the *Diário da Noite* at the end of 1930 and the beginning of 1931 with the heading "Candomblé e Makumba", Péret recounted his initiation into that syncretic world.[17] In them he discussed matters ranging from the origin of the word *makumba* or *macumba*, through the influence of *maconha* (marijuana), deriving from Bahia, to the social nature of religions. If, for Freud, "all neurosis is a distorted religion", Péret adds that "all religion is a neurosis in a latent state". Setting out from the principle that "man made religion and not the other way round", he concluded that it was the "imaginative realisation of the

essence of humanity because the essence of humanity does not have genuine reality". The appropriation of this reality by religions, and by the Catholic Church in particular, defined its reactionary nature. He closed with an exhortation: "Let us await the downfall of all the decomposing gods and christs! Long live mankind, free and simple!"

Humour is not lacking in this account of visits to clandestine *terreiros*, the places where they practised their true religion as well as *macumba* for tourists. In one foray, after the eating of a ceremonial chicken, the convulsions appeared and "the spirit descended". Everyone knelt down (Péret too?), and the *macumba* priest ventured a tip for the lottery. Péret tried his luck and lost.

In a spiritualist session organised in order to neutralise the sorcery of Exu that had been exercised against a young woman, the reader perceives the sense of spectacle in the ritual, the staging of which absorbs Péret as one of the actors. The priest takes advantage of the opportunity to show off his gift for languages: "Oh, Exu, c'est pour vous … c'est pour vous …" Finally, Péret is authorised by the god to write his articles.

On 10 December 1931, a decree of the provisional government which followed the Revolution of 1930, issued in response to a request made by the chief of police, expelled Péret from the country. Accused of communist propaganda and of searching the files of the Armed Forces and even of the residence of the government, "which shows the audacity of his intentions", Péret was placed on board a boat bound for Le Havre. He took with him his wife and his Brazilian son, born that very year (ill. p. 351).

Péret's "audacity" consisted in writing *O Almirante Negro*, a book based on official documents, in which he recounts the "Cane Mutiny", led by the Black sailor João Cândido in 1910. Fighting for the extinction of corporal punishment for sailors, he aimed the guns of the Navy's ships at Rio de Janeiro and overcame the resistance of the officers. Once he had achieved his aim, he surrendered peacefully. The book was seized at the printer's by the police and destroyed.

In July 1955, Péret returned to Brazil to attend the wedding of his son Geyser, a commercial pilot. He took advantage of the trip to satisfy his old desire to visit Bahia, Amazonas, Mato Grosso and Pará. In a report published in a high-circulation magazine,[18] Péret described his stay among the Xavante and Carajá Indians, inhabitants of Alto Xingú. He recorded that the Indians only dressed to receive visitors. The intensely white colour of his skin aroused the interest of the Indians. Unable to contain her curiosity, an Indian woman undressed him. But as he remained for a considerable time with them, in the end he was treated as one of them. Seeing the wretched conditions in which the Indians lived on the Island of Bananal, where their uncleanliness and habits of begging, alcoholism, prostitution and venereal diseases caused them distress, his diagnosis was: "It is really a question of inculcating in the Indian the desire to take part in civilisation rather than of hurling him in without providing him with the means to occupy a decent place in it."

In April 1956, as he was preparing to leave the country, Benjamin Péret was arrested and held incommunicado, on allegations of political crimes committed in 1931. Considering his arrest "arbitrary and unjust", he decided to protest by going on hunger-strike, with the firm determination not to give up until he had obtained his freedom. The President of the Republic heeded the appeals of the intellectuals, led by Manuel Bandeira and Carlos Drummond de Andrade, and gave orders for the old process of expulsion to be shelved. And so Péret was able to leave the country, with an acute feeling of having been twice rejected.

Concrete and imagination in Le Corbusier

In May 1929, Charles-Édouard Jeanneret (1887–1965) wrote to Blaise Cendrars, who, like him, was Swiss and from La Chaux-de-Fonds: he had a confirmed ticket to Buenos Aires for the following week and would like to stop off at São Paulo, where he could give three talks on architecture and town planning. "Will your friendship take me to the land of coffee?" He asked his friend to help him to obtain a contract with favourable conditions, in other words, something to make up for the "inconvenience". He also wanted information about ships that plied that route and asked how he could "have a good time in his floating home".

In July 1926, when Cendrars returned from his second journey to Brazil, Le Corbusier had been informed by him that the Brazilian government was asking Parliament for the funds required for the construction of the new federal capital, as foreseen in the Constitution, "a city of a million souls: Planaltina, in an area that was still untouched!" The matter went no further, but the architect did not forget about it.

Cendrars immediately contacted Paulo Prado, his patron and great friend, to whom he had already introduced Jeanneret. In a letter to Prado himself, Jeanneret confessed that "I really can't get the dream of 'Planaltina' out of my head: I would like to be able to build in those new countries some of the great projects that have kept me busy here …"

Prado guaranteed him compatible remuneration and Le Corbusier disembarked in São Paulo on 20 November. He gave an interview to the newspapers, in which he was treated as a celebrity, while he hovered around Josephine Baker, the famous American singer and dancer, whom he had met on board (ill. p. 360). She too had come to São Paulo, for a show which was attended by her faithful admirer. Having given his talk, Le Corbusier set off for the São Martinho plantation in the interior of the State of São Paulo, the property of the Prado family.

At the beginning of December he travelled to Rio and immediately succumbed to the light and beauty and the relaxed, casual lifestyle of the capital of the Republic. Euphorically he described his new state of mind: "People wear light-coloured clothes, they are welcoming; I am received in open arms, I am happy […]; I swim in front of the hotel, in my beach robe I get into the lift and return to my room thirty metres from the water; at night I go for a stroll; I make new friends every instant."

Di Cavalcanti, whom Le Corbusier had met in Paris and of whom he had made a portrait in 1923, took him to visit a slum. And he caused the indignation of the local leaders, "civilised people", who felt disgraced by his attitude.[19] Jeanneret's attention was drawn to the area of the shanties on the Morro: "The Black almost always builds his house vertically, perched on poles at the front and with the door at the back, facing the hill; up in the shanty towns one can always see the sea […] there the wind reigns, which is useful in the tropics; there is a haughtiness in the eyes of the Black who sees everything." In this anthropological incursion, Le Corbusier observed that popular wisdom endorsed his theories and that Rio itself was the ideal site for the introduction of a model construction.

He flew over the city in a plane that the mayor, Antônio Prado Jr (Paulo Prado's brother) put at his disposal: "everything acquires the preciseness of working drawings". Before arriving in Rio, Le Corbusier had been in Buenos Aires, Montevideo and São Paulo. For the town planner, each city presented a particular problem which he proposed to resolve. Buenos Aires needed to adapt its tidal flow to a huge harbour infrastructure; São Paulo had (and still has) a traffic crisis; and Rio had geographical irregularities on such a scale that its urbanisation was no more than a humble submission to them.

Be that as it may, wherever he went during this visit to South America, for *all the problems* that he examined Le Corbusier suggested superimposing an axis—or two intersecting axes—over the urban grid, at a height of about 100 metres, on which he would place fast highways to filter off the traffic. In the space contained between the two symmetrical walls that would support the immense viaduct, he imagined a huge structure of flats, with access from both sides.

This solution, arbitrary when contemplated for Buenos Aires, Montevideo or São Paulo, seemed organic when applied to the topography of Rio. Its high mountains and hills—cut lengthways by a viaduct that would connect them or swing away from them in sinuous contours—formally accepted an intervention which was so rational that it would make good certain irregularities that were due to the Creator. For Le Corbusier, who was perfectly aware of the affront, it was a question of the "desire to play a game of the 'affirmation of man' against the 'presence of nature'".

The intelligentsia of Rio, especially in the literary sphere, accepted the proposal for what we might call its "lyrical" value. Graça Aranha and Renato Almeida printed Le Corbusier's design on the cover of the magazine *Movimento Brasileiro*. The poet Murilo Mendes, a visionary, saw architecture in the air: "One day, walking with him in the Avenida Beira-mar, I saw him methodically drawing the outline of his highly original 'monoblock' plan in space: a huge line of horizontal constructions connecting Praia Vermelha to Ponte do Calabouço […] The skyscraper, the rhetorical inflation of the house, would be avoided; conserving the original line of the bay …"[20]

For all his inexhaustible imagination, Le Corbusier was a very objective man in financial matters. In order to quash any arguments about the astronomical cost of his plan, he himself sought sources of finance by turning his residential viaduct to profitable use. At the bottom of the black pencil drawing, entitled "View of motor highway constructed over dwellings, etc.", there are handwritten notes with calculations of costs and estimates of revenue resulting from the sale of flats arranged at the sides of the elevated expressway (ill. p. 357).[21]

His accounts set out from the co-ordinates of the length (6 km), height (15 storeys) and width (20 m) of the elevated expressway, concluding that the mathematical product would provide 1.8 million square metres of surface area. If they were let at 80 francs per habitable square metre, the revenue generated would come to 144 million francs. Taking this sum as representing a 10% return on investment, the project would correspond to a capital of 1.5 billion francs … Assuming 15 square metres of surface area per occupant, this vertical city could accommodate 120,000 inhabitants. To put the final touch to this calculation he adds: "That is how one can make money from urbanisation and not spend it."

Despite his efforts at persuasion and advances into rationalist mysticism ("when the solutions are great […] and when nature is integrated into them, then one is close to *unity*"), Le Corbusier had to file the plan away in his copious portfolio of concrete imagery.

Happy, excited and stimulated by what he was seeing and enjoying, and with an "engine of light in his heart", Le Corbusier gave two talks at the Associação dos Arquitetos, on 8 and 9 December, the tenor of which was established in his text "Corolário Brasileiro", which will serve as a basis for our rapid comments (see documentary dossier). The whole group of young architects and engineers—including Carmem Portinho, Álvaro Vital

Brazil and Carlos Leão, among others—attended the talks. They lapped up the words of the great architect, compulsively given to "formulating systems that were clear, incontrovertible and even spectacular". Lúcio Costa went to take a look and thought that the presenter of the talk was a "charlatan". At the time he was still an adherent of the nationalist movement, which was preaching a return to the colonial style.

On 10 December, by now on board the luxury liner *Lutetia*, Le Corbusier wrote to Paulo Prado: "I said my farewell to the continent in a hotel in Copacabana, with a whole afternoon of caresses with Jandyra, a mulatto girl, whose body, I swear, is beautiful, pure, delicate, perfect and adorably young. She told me she was a seamstress. Calvacanti [the artist Di Cavalcanti] said that she was a cook. Behold the miracle. Corbu's imagination embodies the whole of America in the perfect, pure body of a cook."[22]

In 1933, influenced by his colleagues, Lúcio Costa joined the modern movement and appropriated the ideas of Le Corbusier, with whose work he "fell in love". What especially interested him in it was the convergence of the transformations proposed in the fields of architecture and town planning with the demands of the social movements which were then very much in fashion. The totalising nature of Le Corbusier's approach fulfilled the expectations of the Brazilian town planner. In a courageous gesture of intellectual emancipation, Lúcio Costa declared at the time that the "denationalisation of architecture is a consequence of the internationalisation of culture", which must offer responses to social problems.

In 1935 the authoritarian government of Getúlio Vargas announced a public contest for the construction of the Ministério da Educação e Saúde Pública (Ministry of Education and Public Health). The winning design, representing the most tenacious facet of nationalism, offered Marajó ornamentation. Unsatisfied with the result, the minister, Capanema, gave orders for the prize to be paid but rejected the plan and invited Lúcio Costa to present another. Showing an attitude that was repeated many times in his career, Costa shared the commission with the colleagues who had competed in the contest: Carlos Leão, Oscar Niemeyer, Affonso Eduardo Reidy, Jorge Moreira and Ernani Vasconcelos, many of whom were faithful followers of Jeanneret. Lúcio Costa scrupulously proposed that the great architect should act as project consultant—as a foreigner, Le Corbusier could not build in Brazil, since that would go against the legislation. So he was engaged to give talks, which he did, and well, although above all he worked intensely in the two studios where plans were being drawn up for the premises of the Ministry and the Cidade Universitária (University City).

In July 1936, Le Corbusier returned to Rio in the *Hindenburg* airship. At the end of the month he started the series of six talks at the Escola de Música in Rio de Janeiro. On 10 August he sent Capanema the plan for the building of the Ministério da Educação, but shifted to the site of the Flamengo earthworks. The minister did not accept the proposal and asked him to redo it. On 13 August, Le Corbusier delivered a plan for construction on the original site of the Esplanada do Castelo. Two days later he went back to France. In October he asked the minister to pay his fees. He proposed the construction of a School of Advanced Franco-Brazilian Studies.

Work on the Ministério da Educação dragged on until 1945. The characteristics of the project include the use of *pilotis* to support the building, a free plan, a green garden, horizontal *brise-soleil* and a glass façade, all derived from the ideas of the great architect. Le Corbusier particularly recommended the use of local materials (such as granite), tiles (in accordance with the Portuguese tradition), and the elegant imperial palm-tree.

At the time of the inauguration, Le Corbusier is said to have declared: "These young Brazilians have managed to construct a building of this importance based on my principles, which I have still not succeeded in doing." Soon a resentment appeared which was to cloud the maturity and old age of the great Corbu with melancholy. In an unpublished letter to Paulo Prado, he confessed that he was immersed "furiously in the vortexes of my fruitful-sterile life". Fruitful because of the creativity that characterised it, and sterile in terms of the hatred that he generated around him.

After absorbing the teaching of Le Corbusier, his Brazilian followers, especially Lúcio Costa and Niemeyer, went on to evolve, in the best anthropophagic style, towards liberation from functional dogma and an attempt to overcome it through the "constant desire to create plastic art in the purest sense of the expression", in an evident return to the fruitful Brazilian baroque tradition.

In December 1962, Le Corbusier went back to Brazil in order to see Brasília for the first time. He visited all the buildings in the new capital. He received commissions for the construction of the Embaixada da França (French Embassy) and the Casa de Cultura Francesa (French Cultural Centre) in the University of Brasília. Urged to give his impressions, he slipped into polite official expressions which could hardly disguise his frustration at not having designed the Planaltina of which he had so often dreamed.

The last journey to the end of the world

It was by chance that Claude Lévi-Strauss (1908) came to Brazil, a country for which he felt no particular attraction. While he was working as a teacher at a secondary school, one day he received a telephone call from Georges Dumas, asking him whether he still intended to do ethnography. On receiving an affirmative response, Dumas invited him to give classes in Sociology at the recently founded University of São Paulo.

The University was a project of the cultural and financial elite of that prosperous city and had been created to inculcate a scientific and humanistic spirit in the intelligentsia of São Paulo, which was still moulded in accordance with parameters of the nineteenth century, when knowledge was divided between medicine, law and engineering. A revolutionary project because of the consequences that it sparked off in the country, rapidly passing beyond the regional boundaries in which it was conceived, it was mainly staffed by young French and Italian teachers. The governments of the two countries assisted in the recruitment of the teachers and awarded a complementary salary, making the selection of Brazil advantageous.

In February 1935, Claude Lévi-Strauss and his wife Dina set out from Marseilles for São Paulo. They moved into a house in a middle-class district, "complete with garden", large enough also to accommodate his father, a painter and photographer. The promotion from secondary-school teacher to university lecturer, the low cost of living, the comfort provided by the engagement of servants, all furnished the impression of having risen in society. The peaceful rhythm of provincial life and the stimulus of nature in the tropics and of different customs imbued the work with a "youthful happiness". "… the revelation of all these new things was only waiting for an observer endowed with a little imagination and perspicacity."

At the weekends, the group of French teachers, consisting of Pierre Monbeig, Fernand Braudel and Jean Maugüé and the Lévi-Strauss couple as leaders, used to venture out in forays to the outskirts of the city in attempts at home-made anthropology. They often accompanied the prolific writer Mário de Andrade, who was also an apprentice ethnographer, in field-studies of popular culture. It was Dina who provided Mário de Andrade with the scientific methodology that he needed for his research, helping him, for example, to create a standard record for data collection.

At the time, the writer was the director of the city's Department of Culture, with a generous, wide-ranging plan for public intervention whose repercussions can still be felt today. Within that department, Dina was in charge of the course on Ethnography and Folklore. This led, in 1936, to the creation of the Sociedade de Etnografia e Folclore (Society of Ethnography and Folklore), which they directed jointly.

In these excursions, Lévi-Strauss noted the peculiarities of a primitive society which lived quite close to São Paulo. One of their superstitions that particularly caught his attention was the mysterious separation of all food into two incompatible groups: *hot food* and *cold food*. Might we have here, perhaps, a prefiguration of the famous antithesis in structural anthropology which opposes the *raw* and the *cooked*?

Strolling in the city, equipped with high-quality cameras, two Leicas (35 mm) and a Voigtländer (6 x 6 cm), Lévi-Strauss refined his way of seeing, pointing his lenses at the first buildings, such as the Martinelli and Columbus buildings, at sleepy streets, or streets crowded with trams, cars and pedestrians, with the traffic interrupted by the passing of a herd of cattle, at meadows with streams transformed into open drains, Carnival processions, the occasional smartly dressed Black, the façade of a cinema showing an improbable Brazilian film. Scenes that did not easily enable one to anticipate the explosion of the city in the process of becoming a metropolis.

In class, Lévi-Strauss stimulated his students to carry out fieldwork themselves, beginning with their immediate environment: their own district, recurrent events, the spectrum of professional activities, etc. He reiterated to them the privilege of "living an experience in real time and dimensions". The tasks that he asked his students to perform were connected with the situation of living in a city ("a vast disorder") which was undergoing a transformation.

The photographs of São Paulo reveal a poor and simple human landscape. The viewpoint of the scientist/photographer gradually acquires acuteness in positioning the observer and skill in arranging the elements: in one of them, children are playing beside a wall in the foreground, against the texture of a succession of roofs, with a road in the background going off towards the right, bathed in tropical light. Symmetrically, on the other side there is an outside passage showing white clothing hanging on a line. The picture is completed precisely by some palm-trees on the right. Observing a strict morphology, the city's movement of radiant expansion towards its future maintains a profound relationship with its modest origin.[23]

Lévi-Strauss did not allow himself to be deceived by the naive movement of a society that wished to grow whatever the cost, especially in terms of eradicating the past. As a European, he did not understand the negation of history and the indelible traces left behind in the fabric of the city. He tried to accept "the American urban system", devoid of the dimension of time,

but, although "the cities are new and draw their being and their justification from that modernity", he did not forgive them for not remaining new.

Between November 1935 and March 1936, Dina and Claude Lévi-Strauss undertook an ethnographic journey to the State of Mato Grosso, during which they studied the Kadiweu, Bororo and Nhambikwara Indians. The mission was sponsored by the Musée de l'Homme (Paris), the Department of Culture of the municipality of São Paulo, the government of São Paulo and the Museu Nacional in Rio de Janeiro.

Four testimonies of the expedition remain. Two are exclusively the work of Claude: his celebrated *Tristes tropiques*, published in 1955, after a sufficient lapse of time for the author to have made a profound reflection on his particular experience and on the practice of ethnography in a situation in which civilisations were in their death throes, and a serene evocation in *Saudades do Brasil*, a book of photographs published in 1994 whose title was taken from Milhaud's suite for piano.

The couple were jointly responsible for the catalogue of the exhibition *Indiens du Matto-Grosso*,[24] presented in Paris at the start of 1937 while they were still under the impact of the extraordinary, adventurous journey, and the documentary films that they made among the Indians at the request of Mário de Andrade. In those films,[25] which Lévi-Strauss viewed again in 1987 among other "relics", there was no editing and the discourse was pre-cinematographic. Even so, the amateur film-maker sometimes achieved fine effects of internal editing within a particular shot, when describing the weaving activity of the Bororo.

Two reflective texts and two testimonies. In the latter, which bear the signatures of both Dina and Claude Lévi-Strauss, the urgency of the declaration is apparent; the account they tell acquires an anguished ambiguity, squeezed between the pathos of historical awareness and the privileged, powerless witnessing of the final manifestations of a regime of existence that had achieved a balance between the human dimension and the environment, between culture and nature. A sequence of the final images of paradise on earth. There is a spontaneity in the written and the cinematic discourses, which are complementary, and compassion for those beings whose life is a permanent conjugation of present time. They offer the reader an opportunity to share the intimacy of those societies, whose "regressiveness" calls into question our concept of civilisation.

In the reflective texts, Claude Lévi-Strauss's writing is elegant, and in Proustian vein he speaks of himself as subject rather than of his object. The emergence of this latter aspect presents the crisis of the social scientist: why does he not peer at his own society? Because of the difficulty of seeing when one is the agent of the process and the clarity of view which comes from outside. One opts for ethnography in order to make up for a diffuse feeling of guilt at the destruction of the society of others; at the same time, the vocation is a response to the invitation of reconstituting a time when the old world "lost the opportunity of choosing between its missions". And I beg leave to add the adjective "civilising" to define the terms of the conflict, as a result of which the only course that remains—assuming the most favourable hypothesis—to the one who receives the visit is to dissolve into the context that is imported.

The sense of smell is the most highly developed of the senses in Lévi-Strauss the human being. Owing to some special homophony in the French language, Brazil evoked for him an aroma of "burnt perfume", as he wrote in *Tristes tropiques*. In that book there are countless mentions of the pleasures and emotions aroused by a particular smell. The approach to the shore of Brazil, with its lush Atlantic belt of forest, the "quintessence of the plant world", brought on a state of "olfactory intoxication" in him. In the middle of the *sertão* he had an opportunity to place his nose in a fresh, recently opened pepper plant, and to breathe in the bitter-sweet savour given off by a roll of tobacco twist.

Forty years afterwards, when he was preparing the book *Saudades do Brasil*, he peered over the photographs of the journey to the Mato Grosso, and they immediately gave off the smell of the creosote with which he had protected his belongings from the disastrous effect of the ants and insects which were highly active in the middle of the jungle. Here, the smell of creosote fulfils the function of Proust's *madeleine*. It is the key that opens Lévi-Strauss's trunk of Brazilian memories, crystallised in the poignant photographs of those poor Indians of whom nothing else remained, either of memories or descendants. "… only a fleeting scene, a place hidden in the landscape or a reflection apprehended in the air enable one to understand and interpret horizons that would otherwise remain sterile." The vast country of Brazil with its aroma of burnt perfume had become reduced to the happy village situated on a small mound of clay in the middle of the lowlands of Mato Grosso. There Claude Lévi-Strauss's youth was taken prisoner by the sorcery of gentle creosote.

Cinema and *macumba*

In 1941, when he was directing his second full-length film, *The Magnificent Ambersons*, at the RKO studios in Hollywood, Orson Welles (1915–85) received a telephone call from Washington. At the other end of the line was Jock Whitney, a millionaire and partner of David Selznick, recruited by another David (Rockefeller) to direct the Cinema Division of the Office of the Coordinator of Inter-American Affairs (CIAA). Speaking on behalf of the White House, he invited Welles to direct a documentary about the Carnival, at the request of the Brazilian government.

The creation of this sector of the State Department was eminently political: the aim was to neutralise the influence of the Axis, especially in Brazil and Argentina; to create conditions of security for the USA in the South Atlantic for the installation of military bases in Fortaleza and Natal, indispensable for access to North Africa, where the two sides were engaging in a decisive battle for the outcome of the Second World War. A further, less evident objective was that of combating the growing nationalism in the region, which had given them a tremendous shock with the nationalisation of oil production in Mexico by the government of General Lázaro Cárdenas (1938).

Nelson Rockefeller was chosen by Roosevelt to direct the CIAA and implement the Good Neighbor Policy, because he was a businessman who was aware of the advantages to be preserved and won in the vast territory of Latin America, having already personally suffered the consequences of the Mexican nationalisation of Standard Oil. He was also on good terms with government and social and business elites. His method, that of persuading by sympathising with and seeming to adhere to the cultural values of the region, was always based on the extraordinary power of the American culture industry, the spearhead of which was (and still is) cinema.

At the age of 26, Orson Welles, the boy wonder of the film business, had already shone in theatre and on radio, and also in films, with the surprising *Citizen Kane*, released in 1941. Although the journey caused serious problems for the shooting schedules of *The Magnificent Ambersons* and *Journey Into Fear*, which were being made in adjacent studios, Welles accepted the invitation.

It's All True was made for the Office of the Coordinator of Inter-American Affairs, "*for* them—only that—and for no other reason. RKO put up the money, because they were being blackmailed, forced, influenced, persuaded by Nelson Rockefeller, who was also one of its bosses then, to make this contribution to the war effort. And I was never to get any salary. Going down there was my contribution", said Welles in an interview with Peter Bogdanovich in the seventies.

When a film was of interest to the American foreign policy, as in this case, the government provided a contract for a kind of guarantee of 300,000 dollars, to be paid to the studio if the film did not cover its costs at the box office.

The situation was ambiguous in many respects. Rockefeller was the man at the CIAA, but at the same time he was one of the RKO bosses. The film was institutional and yet the financial investment was private, which implied a commercial result. Welles was the director of the documentary and at the same time a US roving ambassador for Pan-Americanism, a function that he took seriously, more so than the studio would have liked. Without a script, and with a team recruited at the last minute, barely leaving its members time to pack their bags, Welles landed at Rio on 8 February 1942.

He was received with all the honours that corresponded to his talents and position. And Welles went all out to seduce his new friends. He spun them a fantastic yarn: he was almost Brazilian; he had been conceived in Brazil when his parents were there on holiday! "I come here with the intention of showing to the United States and to the world the truth about this city and about Brazil."

During the Carnival, Welles filmed with heavy Technicolor equipment, using lighting borrowed from the Brazilian Armed Forces to illuminate the street scenes. He ran into difficulties: "filming the Carnival is like trying to capture a storm!" In fact, the pictures that survived the accidents of the production are static, with no depth or rhythm; one can see in them that Welles is hampered in his work, probably subject to the inescapable conditions of shooting on location.

Endowed with inexhaustible curiosity, he engaged a team of local journalists and intellectuals to assist the project, which was still without a script. And he defined a subject: the history of the samba. With information provided by Herivelto Martins and Grande Otelo, Welles gave orders for the rebuilding in the Cinédia studio, with considerable realism, of the recently destroyed Praça Onze, a traditional point of access for the population of the shanty towns in search of the city.

The theme developed towards something like the music of the Blacks, which displeased both the Department of Press and Propaganda in Vargas's government and also the RKO representative in Rio.

Sometimes Welles disappeared. He was discovered in one of the shanty towns playing the tambourine and drinking *cachaça* with his samba-playing friends. Soon a perfect compatibility of temperaments was established between Welles and Rio de Janeiro. He moved around with equal self-confidence in the Cassino da Urca (one of the "last truly gay places in the world"), high society settings in Rio, diplomatic and official milieux and the discriminated slums.

Welles acquired such intimate knowledge of the samba and its rhythms that he played the tambourine and sang "Tabuleiro da Baiana"—in excellent Portuguese—with Carmen Miranda.

His aim was to create a slightly fictionalised documentary of an informative nature, without neglecting the entertainment of the audience.

The American audience must be left open-mouthed, just as the team had reacted during the shooting. Welles was thinking of using editing to reproduce the rhythm of Afro-Brazilian music. He would establish a counterpoint between Linda Batista, singing on-stage in the Cassino da Urca, and Grande Otelo, singing in the middle of the Praça Onze.

In order to give authenticity to the account, Welles was convinced that his presence in the film was indispensable, as a kind of eye-witness of the event as well as master of ceremonies. For the audience he would act as a cultural translator, seeking equivalents in the American world. But the Carnival seemed insufficient to represent such a huge country, the reality of which could outdo the wildest fiction.

When browsing through the issue of *Time* magazine dated 8 December 1941, he was taken aback by the epic of four fishermen who had set out from Fortaleza on a raft and after two months of travelling along the coast of Brazil had come to Rio to ask the President of the Republic to extend the recently created pension benefits to the category of fishermen.

Welles had a liking for extravagance and exaggeration, and he wished to add this episode to the film about the land of extravagance and exaggeration. He thought of beginning *It's All True* in the fishing community; then the documentary would follow the raft's 5000-kilometre journey to Rio de Janeiro. In order to establish a connection with the Carnival, he would make the arrival of the raft coincide with the revelry in the streets. The raft would be pulled ashore and it and its crew would parade down the avenue, receiving the acclaim of the people.

They were preparing to film the re-enactment of the arrival of the raft in the bay of Guanabara, and Welles was on the beach when he saw the irruption of a breaker which engulfed the raft and turned it upside-down. Only three men emerged from the turbulent sea. Their leader, Jacaré, had disappeared.

The accident came at a bad moment. The production in Rio had run into financial difficulties. And the help they had requested from RKO was slow in coming, because a battle was going on there for command of the studio. Rockefeller fell in the fighting, as did the president of the company, a man who admired Welles and had engaged him and all his group from the Mercury Theatre.

In Brazil, Welles was out of luck. *The Magnificent Ambersons* was edited in his absence and released in the USA, where it flopped at the box-office. *It's All True* had exceeded its budget and its schedule. His reputation of being a spoilt child and a spendthrift had grown in Rio, as a result of various picturesque situations.[26] There was the change of command at RKO, and to complete the disaster there was the tragic death of Jacaré.

The accident upset Welles, who, on being advised to suspend the filming of the episode, decided to face up to adversity. Abandoned by RKO, he assembled a skeleton crew and went to Fortaleza to recreate the wretched but dignified life of the fishing community in an epic, idealised tone.

It was a unique experiment, into which he flung himself wholeheartedly. Without a budget, proper equipment or infrastructure, filming in the open air with improvised actors recruited from the community, Welles made the proto-film of Cinema Novo over ten years before the emergence of that movement with its motto of "the aesthetics of hunger".

The edited version of this episode, which we owe to the dedication of Richard Wilson, Welles's assistant, shows us a script by Flaherty filmed by Eisenstein. The reference to Flaherty's form of narration was conscious; the visual style of the Soviet director may have been latent in a hidden aesthetic identity. At any rate, it emerged in other works by Welles, particularly in *Othello*.

In *Quatro homens numa jangada* (Four men on a raft) Welles aestheticised the setting, the work and the symbolic world of the fishermen and their families (ill. p. 365). Without ever forgetting the documentary, in other words, the revelation of his astonishment at the improbable existence of a community living in utter isolation and in accordance with archaic precepts, he tried to find a spectacular viewpoint to win over the audience. But Welles's real objective was ethical: the discovery that that world preserved a dignity and solidarity that were deteriorated by the evolution of society.

There is much that is idealised in that paradise of cleanness, purity and integrity from a pre-capitalist age. Man is ennobled in the struggle for his basic necessities, acquiring uncommon skill with his primitive methods. This anthropology of the aspect of oppression, where physiognomies are scrutinised like unknown countries, photographs resignation and toughness in the faces of the people. The poverty that they emit is happy and beautiful.

The documentary staging of the episode of the fishermen was all constructed with shots taken from below, making the object larger; the camera was often placed in holes dug in the sand on the beach in order to achieve the effect of raising the common man to the status of the hero of the people.

Back in Rio, Welles was discomforted to read, in an announcement published in the press, that RKO had declared that it would not honour any further commitments entered into by him on behalf of the production of *It's All True*. At the end of July, when Welles's residence visa in Brazil had just expired, Rockefeller asked him to return. In August, Brazil joined the Allies and sent 25,000 men to fight in Italy. Mission accomplished.

"Too much effort and real love went into the entire project for it to fail and come to nothing in the end. I have a degree of faith in it which amounts to fanaticism, and you can believe that if *It's All True* goes down into limbo I'll go with it," Welles wrote to a Brazilian friend.

For years he fought to obtain funds to finish his Brazilian film. He was unsuccessful; his career in Hollywood was irreparably compromised.

As time went by, the memories of those involved tended to dwell on signs of ill omen connected with the film. On one occasion, the press in Rio reported that Welles and Wilson had attended a *macumba* ceremony and were thinking of incorporating it into the film; the reaction from the studio was rapid. When filming was suspended, the *macumba* leaders visited the production office to find out when it would take place. They had made new white linen robes at a cost of 200 dollars. They wanted compensation. Wilson was telling them about the difficulties and the inevitable cancelling of the filming when he was called to the telephone in the next room. On returning, he found nobody there. A ring of needles had been stuck into the cover of his copy of the script, around the title *It's All True*.[27]

Welles never accepted this failure. With advancing age he repressed the incident to the point of disowning all responsibility. In his statement to Bogdanovich he even suggested: "It wasn't my idea or my project [...] it wasn't my idea to be down there spending that money. I didn't even like it particularly. I liked samba, but I didn't want to go down and live in South America—it's my least favourite part of the world."

Did Orson Welles perhaps realise at some point that the crucial problem in the film was the hostility generated by the decision to focus on samba, shanty towns, Black culture, the saga of the wretched fishermen, to the disappointment of anyone who imagined he was there to present Brazil to the world in accordance with the presumptions of the Brazilian government and its elite, for whom the Blacks and popular culture were unmistakable signs of the country's backwardness?

This is not what one gathers from his parting statement, published in a Brazilian magazine in August 1942: "… the film will not be affected. Washington is interested in it. And now I want to express publicly my gratitude to all Brazilians, in whose country I had the greatest and most enduring experience of my life. Farewell, Brazil! I'll be seeing you!"[28]

The poet Vinícius de Moraes, who was a film critic at the time, struggled to decipher the director's strengths and weaknesses: "Welles is a youngster, full of dreams, and I even think that to a certain extent he is unaware of his own importance in the world in which we live." "If he earned the displeasure of Hollywood there is little to be done about it, now that he has achieved a success that has rarely been equalled […] Soon Hollywood, full of its absurd notions, will deliver the *coup de grâce …*" But hadn't it already done so?

Reborn in Bahia

Pierre "Fatumbi" Verger (1902–96), the French photographer, arrived in Salvador in August 1946, as a result of reading Jorge Amado's *Jubiabá*. He stayed in a modest room at the Hotel Chile, overlooking the "Bay of All Saints". He had travelled around the world, from Tahiti to Bolivia, from China to Italy, from Ecuador to Africa, without ever stopping.

"In Bahia, the spectacle is in the streets. In the forties they were calm and pleasant. A place for strolling and for polite, friendly encounters, instead of the concourse crowded with jostled, hurrying, busy people and full of noisy cars that we find today."

He began taking photographs with his Rolleiflex. Gradually a separate world emerged, one where Whites were not to be seen (the only one, presumably, was hiding behind the camera), where half-castes were rare, and where courtesy and spontaneity went hand in hand. He set the Black man in the centre of the urban landscape.

They parade before his affectionate lens—prostitutes, children engaged in assorted activities, transvestites, a woman uttering abuse, the adornments of Carnival groups, the whiteness of the costumes of the "Filhos de Ghandi" contrasting with the colour of their skin. Like Debrett, he made a visual inventory of types and professions and leisure occupations: a boy with a bugle, people fast asleep in the street, a man in a white suit waiting for his lady-friend on the corner.

Two girls in a window. A hand with painted nails is resting on the shoulder of one of them. Her body is hidden in the shadow like an accompanying protective goddess. The posture of the two girls is discreetly proud, the gaze searching. In the empty window beside them a sign says "Hair straightened" (ill. p. 250). What indeed is poetry made of?

Verger, like others we have seen, makes an accentuated use of the low-angle shot, to emphasise the restrained beauty seen in the face of a boy with a fag-end dangling cheekily from his lips, or exhaled by a male body engaged in a *capoeira* contest. The portrait he takes of the Mãe-Senhora makes her a black queen, more imposing than the white Queen Victoria.

Exaltation of the body, the beauty of the naked body. Black and beautiful. In those days, Bahia had a lively atmosphere, an old-world charm, and visiting a *terreiro* formed part of the bohemian existence. In this way Verger came to Mãe-Senhora, the sovereign of the *terreiro* of Axé Opô Afonjá. Verger never asked questions, he simply observed, staying with them, integrating himself into the atmosphere. She took a liking to him and proclaimed him "Ojuobá, the eyes of Xangô, the one who sees all and knows all".[29] He became her spiritual son.

Between 1949 and 1988 he made a series of journeys to Nigeria and Benin, always passing through Paris, where he obtained research funds from the Institute of Black Africa. In these journeys he fetched and carried messages from Mãe-Senhora to her African "relatives". And the distance separating the Gulf of Benin and the Bay of All Saints was considerably reduced.

In Benin he found 112 letters sent in the nineteenth century by "Tailor", a slave-trader who "sent bundles (slaves), branded above the navel and below the left breast, for his customers in Bahia". Under the guidance of Fernand Braudel he prepared his thesis, for which he received his doctorate from the Sorbonne. *Flux et reflux de la traite des nègres entre le Golfe de Benin et Bahia de Todos os Santos, du XVIIe au XIXe siècle* shows the unity that existed between the two continents, to the point of establishing the expression "Brazilian Africans and African Brazilians" to designate the nature of that dispersion.

Verger was a romantic who believed that a common cosmogony contained the source of the pride and stamina with which the Blacks faced slavery and, later, discrimination. "I am struck by what this religion is capable of doing for those of African descent. When I met Balbino (the *pai-de-santo* of the Axé Opô Aganju *terreiro* in Salvador), he was not even able to read, but he was an individual who was happy with himself, not feeling humiliated by anyone and speaking as an equal to everyone, because he is a son of Xangô."

Verger still proves surprising—for in a way he was speaking on behalf of the Black community—when he perceives "gentleness in the relationships between whites and blacks in Brazil and in Bahia". As he devoted himself to his research he used photography more and more from a documentary viewpoint, as a support for "scientific" analysis.

In Africa, Verger became interested in the art of divination. Going against tradition, which decreed that all initiation was hereditary, he studied the materialisation of Ifá and was consecrated as a *babalaô*, with the name of "Fatumbi", which means "reborn in Ifá". The black priests were asked why they had accepted a white man as one of them. "Because he scraped the bottom of the gourd." What indeed is religion made of?

In his last interview, in 1996 with Gilberto Gil, the presenter of the film *Pierre Fatumbi Verger, mensageiro entre dois mundos*, Verger confessed that he "appreciated ritual but did not believe, that he believed in nothing, not even in his own shadow". Gil asked: "And is trance a kind of possession?" Verger replied: "It is the manifestation of the true nature of people", alluding to the pre-cultural state. "For me it is not possession, it is a possibility of forgetting all those things that have nothing to do with you …" Gil continued: "Have you already experienced that forgetting?" Verger: "No, because I am a stupid French rationalist, and that has a horribly 'unpoetising' effect."

A poet of photography and a "non-poet" of religion. Who was it that wrote *Brasil, terra dos contrastes*? Roger Bastide, a poet of sociology, French like Verger, a son of Xangô like Verger, and Verger's mentor.

Cashew with black beans

Elizabeth Bishop (1911–79) called in at Santos as a stopping-off point in a voyage around America in December 1951. She was from New England but felt the need to go south. She had already experienced Florida, Mexico and Haiti. She had just recovered from a severe depression, during which she had even considered committing suicide. She wanted to find a Brazilian woman whom she had met in New York.

ìHere is a coast; here is a harbor; / here, after a meager diet of horizon, is some scenery: / impractically shaped and—who knows?—self-pitying mountains, / sad and harsh beneath their frivolous greenery, // with a little church on top of one. And warehouses, some of them painted a feeble pink, or blue, / and some tall, uncertain palms. Oh, tourist, / is this how this country is going to answer you // and your immodest demands for a different world, / and a better life …?" ("Arrival at Santos")

She went on to Rio de Janeiro and stayed with Maria Carlota Costellat de Macedo Soares (Lota). Her dislike of Rio was immediate: "a debilitating city, utterly relaxed […] corrupt". She preferred to stay in Petrópolis, where Lota was building a house on the outskirts of the city. One day she tried an unknown fruit brought by a street peddler ("an indecent combination of fruit and nut"), a male fruit with a kernel outside: an innocent cashew. She suffered a terrible allergic reaction which prevented her from even opening her eyes for several days. "My head swelled up until it was like a pumpkin." The intolerant poet was cared for by her hostess so marvellously that soon a lasting relationship developed between them, offering her a Brazilian destiny, for better or for worse. In need of affection, Elizabeth appreciated the fact that her distressed friends called her *coitadinha* (poor little thing). "The shooting stars in your black hair / in bright formation / are flocking where, / so straight, so soon? / — Come, let me wash it in this big tin basin, / battered and shiny like the moon." ("The shampoo")

The arduous acceptance of Brazil came from the love of Lota, who acted as a mediator. Bishop circulated in the social, intellectual and political milieu of her friend (that of Carlos Lacerda, consisting of opponents of Vargas). For her, Brazilian politicians were devoid of "moral drive". She commented that the intellectual and political circles were so restricted that basically they blended together or complemented one another. She viewed the cultural scene with reserve, deploring the provincialism of the local intellectuals and having little faith in the country's prospects.

She appreciated the poetry of Drummond and of João Cabral, who may perhaps have had some influence on her own work. She preferred the stories of Clarice Lispector ("Chekhovian stories, somewhat sinister and fantastical") to those of J.L. Borges. She translated some of them and published them in American magazines.

Gradually Bishop opened up. She became more tolerant and often wondered whether the lifestyle of the country, with its "crazy but likeable people", despite all its weak points, was not happier and purer. In fact she always remained outside the local drama: "as a country, I think there is no way out for Brazil—it's not tragic like Mexico, but simply lethargic and self-centred, half smug, half nuts".

With special sensitivity for the observation of nature, Bishop found rare stimulation in the tropics, to which she responded but which she also sometimes surpassed in the work of naming, distinguishing, classifying and, above all, humanising by eroticisation. In the poem "Brazil, January 1 1502" (included in the documentary dossier) which alludes to the discovery of the Bay of Guanabara, the accentuated chromaticism establishes the terms in which, like lizards in amorous play, there is an anticipation of the erotic over-excitement experienced by the Portuguese colonists in relation to the Indian women. Bishop speaks of a feeling common to many foreigners who (puritanically?) have been surprised at the naturalness with which that lasciviousness was incorporated into the country's culture.

Elizabeth Bishop's poetry is made to be seen and heard. The poet looks at reality through binoculars. In "The Burglar of Babylon" she portrays

herself among "Rich people in apartments / Watched through binoculars / As long as the daylight lasted …". The part played by the ear in her writings is essential. In "Babylon", the horizon of the burglar Micuçú gradually narrows through a series of sounds—"go peep-peep on his whistle", "rattle", "the soldier panting", "the babies crying", "the mongrels barking". His death is the death of sound: "But he got it, behind the ear // He heard the babies crying / Far, far away in his head, / And the mongrels barking and barking. / Then Micuçú was dead."

At Lota's suggestion, Elizabeth read *Minha vida de menina*, the diary kept by a girl in Diamantina, in the interior of the State of Minas Gerais, at the end of the nineteenth century. "The more I read the book, the more I liked it. The scenes and events related in it were strange and remote in space and time, and yet they had not lost their freshness; they were sad, funny and eternally true."

She resolved to translate it into English, since a diary fitted more comfortably into that literary tradition. She thought of calling it "Black beans and diamonds", alluding to the tasty dish typical of Minas Gerais and the exploration for gems which made the region one of the wealthiest in the country in the colonial eighteenth century. But the publisher preferred a less emblematic title: *The diary of 'Helena Morley'*.

Bishop gave herself up to the book that she was translating. Identifying with that little girl of British origin (whose real name was Alice Dayrell), she projected her own adored grandmother onto Helena's grandmother. As she converted the child's incidents into her own language she was, in a way, taking possession of her own childhood.

She was fully aware that she was endorsing the work of an author who was unknown to English-speaking readers; and so she felt entitled to suppress over thirty entries, actually editing the text. In the process she made a few slips: confusing kale, for example, with cabbage. But her translation is valid in its own right, although it does not stand comparison with the original.[30] On the other hand, the limits of her understanding of the reality of Brazil are clearly expressed in it. "After all these years, I am like a dog: I understand everything they say to me, but I can't speak very well." She considered Portuguese a "very difficult language. Even Brazilians worry when they write in their own language. From our viewpoint, it seems awkward …", she wrote in a letter to a friend at the time.

Bishop liked the isolation of the house at Samambaia, in the mountains of Petrópolis. "The flora and fauna here are like a dream. […] Apart from a profusion of impractical mountains, and clouds that sail in and out of people's bedroom windows, there are waterfalls, orchids …" But in 1961 she went back to live in Rio because Lota had been invited by the governor of Rio de Janeiro to direct operations on the Flamengo earthworks. Lota worked too much, getting involved with politics, and Bishop felt abandoned. She started drinking again. She sought refuge in Ouro Preto, where she bought a house, Casa Mariana. Lota had a breakdown as a result of exhaustion. They travelled to Europe, but the situation got worse and they were obliged to return. Slowly her friend got better. Bishop was advised to disappear for a while. She went to the USA. In New York she received a visit from Lota, who was still depressed and took an overdose of sedatives. She remained in coma for a week, and Bishop did not inform the family, in the hope that she would recover. When she died, in 1967, Bishop saw the reaction of Lota's family circle and friends, who blamed her for the tragedy.

Elizabeth moved to San Francisco. "The apartment is very big, bright and sunny. But, my God, how homesick I feel for Brazil!" "Those little, twisted

Brazilian lemons have much more flavor." She prepared translations—of Bandeira, Drummond, Joaquim Cardoso, João Cabral, Vinícius de Moraes—for an anthology of Brazilian poetry.[31] The results were uneven; the best translations are those of Drummond's "Viagem na família", with a metre that "is exactly the same" as that of the original, and of Vinícius's "Soneto da intimidade".

Bishop's last poem is "Pink dog". In it, there is an impatient outburst of her old feeling of repugnance at the Rio de Janeiro of the culture of body and beach, a cruel self-portrait of her life in Brazil, the feeling of wretchedness and degradation amidst the Carnival, the festival that she never missed. "The sun is blazing and the sky is blue. / Umbrellas clothe the beach in every hue. / Naked, you trot across the avenue. // Oh, never have I seen a dog so bare! / Naked and pink, without a single hair ... / Startled, the passers-by draw back and stare. // ...Where are your babies? // (A nursing mother, by those hanging teats.) / In what slum have you hidden them, poor bitch, / while you go begging, living by your wits? // Now look the practical, the sensible // solution is to wear a *fantasia*. / Carnival is always wonderful! / A depilated dog would not look well. / Dress up! Dress up and dance at Carnival!"

Elizabeth Bishop took twenty years to write it, time to overcome her rejection of Brazil and incorporate excess, tolerance, impurity and decadence into her stoic profile.

Strangers in a strange theatre

These travellers of ours experienced love in and for Brazil, and in Brazil they suffered disappointments, had their careers ruined or reinvigorated, and some were even smitten by tragedy—Zweig committed suicide in Petrópolis, Ungaretti lost his young son in a disastrous operation. They testified to the grandeur of the landscape, the sweet, inconsequential nature of its people, the violence that came from the introduction of a transplanted civilisation. Here they lived days of delight, caressed by pleasant breezes and spontaneous affection.

"It was in Rio that I learnt to distrust logic. Living is an act of magic," said Cendrars, a master of conviviality and communion. "Should we have stayed at home, wherever that may be?" wondered Elizabeth Bishop, a lady of reclusion who mistrusted amorous or cultural encounters.

A perplexed witness of the end of an entire race, that of the Tupi-kawaib, which gave up without presenting the slightest act of resistance to contact with the White man, Lévi-Strauss could think of nothing to do but turn his back on barbarity: "Farewell travel, farewell savages."

Within a period of just half a century we saw the substitution of the cultural hegemony of France by that of the USA, despite the protests of the indignant Bernanos, who saw debasement as inevitable in a "society where economic autarchy leads logically to intellectual and spiritual autarchy".[32] The irreducible experience of Brazil, whose irrational element generates a reaction of mistrust, acquires identity from estrangement. A poet far from her place of origin succeeded in translating this feeling into words: "Is it right to be watching strangers in a play in this strangest of theatres?"

1. Michaux, Henri: "Observations", text included in *Passages*. Gallimard, Paris 1967, pp. 153–155. I am indebted to Claude Leroy for this information.

2. "On peut dire tout ce qu'on voudra du Brésil mais on ne peut nier que ce soit un de ces pays *mordants* qui imprègnent l'âme et lui laissent je ne sais quel ton, quel tour et quel sel dont elle ne parviendra plus à se défaire." Claudel, Paul: *Oeuvres en prose*. Bibliothèque de la Pléiade, Gallimard, Paris 1965, pp. 1095–1096.

3. Cendrars, Blaise: *Le Brésil*. Les Documents d'Art. Monaco 1952, pp. XI, XV.

4. Piccioni, Leone: *Vita di un poeta. Giuseppe Ungaretti*. Rizzoli, Milan 1970, p. 140.

5. "Moi de même aujourd'hui je suis là, / et pendant que la plume à la main je / transforme les sacs de sucre et de café en / milreis et que je dépouille la Bible". Claudel, Paul: *La Messe là-bas*. Nouvelle Revue Française, Paris 1919³, p. 59. The *mil-réis* was the Brazilian unit of currency at the time.

6. This is the text of one of them: "Confidential—The matter of which I spoke to you is of the utmost importance. The present situation cannot be prolonged and, for various reasons that have just come to my attention, it requires a rapid solution in one way or another. If you consider it would be useful, I can set out tomorrow for São Paulo, or preferably Guarujá, and have a discussion with all my friends from São Paulo, in which I will once again make the situation quite clear and in which we will establish a plan of action—*top secret*—Claudel." Unpublished, possibly written in January 1918.

7. "Vous êtes un homme sur quoi je compte absolument sans aucune espèce de réserve, et j'espère que vous faites de même avec moi. Notre collaboration ne m'a laissé que des souvenirs les plus affectueux et les plus agréables, et mon plus grand regret a été de quitter le Brésil sans vous avoir serré la main." Unpublished letter from Claudel to Prado, dated 27 November 1919 and written in Bahia on the way to New York.

8. Letter from Milhaud to Alberto Nepomuceno (on stationery of the Légation de la République Française au Brésil), Rio de Janeiro, 23 May 1917. Divisão de Música e Arquivo Sonoro, Biblioteca Nacional, Rio de Janeiro.

9. Milhaud, Darius: "A Música Brasileira", in *Ariel*, no. 7, São Paulo, April 1924, p. 264. Originally published in *La Revue Musicale*, year I, no. 1, Paris, November 1920.

10. Claudel, Paul: "Nijinsky", in *Positions et propositions*. Gallimard, Paris 1928⁶, p. 230. Included in documentary dossier.

11. Milhaud published an interview with himself, which he signed "Jacaremirim", in *Littérature*, April 1919, pp. 21–23. See Eulalio, Alexandre: "Nota sem música sobre o Milhaud *brasileiro*", in *A Aventura Brasileira de Blaise Cendrars*. Quíron, INL, São Paulo / Brasília 1978, p. 79.

12. Andrade, Mário de: "Elsie Houston", *Mundo Musical*, 1943.

13. "Revista de Antropofagia", 2ª dentição, no. 1, *Diário de São Paulo*, 17 March 1929.

14. "A conferência de Benjamin Péret sobre o 'Espírito moderno'", *Correio Paulistano*, 20 March 1929.

15. *Diário de São Paulo*, 2, 5 & 7 March 1929.

16. Bopp, Raul: "Diário de Antropofagia".

17. "Candomblé e Makumba", *Diário da Noite*, São Paulo, 25 November 1930 to 30 January 1931. Collection of Mário de Andrade, Instituto de Estudos Brasileiros / Universidade de São Paulo. Included in the documentary dossier.

18. "Benjamin Péret (surrealista) entre os índios", *Manchete*, Rio de Janeiro, 5 May 1956.

19. "Prologue à L'Amérique" ("Voyages d'artistes"), *L'Intransigeant*, Paris, 4 February 1930.

20. Mendes, Murilo: "Retratos Relâmpago", *Poesia Completa e Prosa* (ed. Luciana Stegagno Picchio). Nova Aguilar, Rio de Janeiro 1994, p. 1272.

21. Published in the magazine *Forma*, no. 7/8, Rio de Janeiro, March/April 1931, pp. 20–22, illustrating the text "Corolário brasileiro". Collection: Fondation Le Corbusier, Paris, reg. no. 31.878: Print, black pencil, printed paper pasted on card, 47 x 65 cm, 1929.

22. Unpublished letter to Paulo Prado: "Donc je fis mes adieux au continent par une entière après-midi de tendresses avec Jandyra la mulâtresse, dont le corps, je vous le jure, est beau, pur, fin, parfait et adorablement jeune. Elle m'a dit être couturière. Calvacanti [Di Cavalcanti] dit qu'elle est cuisinière. Voyez le miracle. L'imaginaire de Corbu incarne toute l'Amérique dans le corps parfait et pur d'une cuisinière."

23. Photograph reproduced on pp. 74–75 of *Saudades de São Paulo*. Instituto Moreira Salles, Companhia das Letras, São Paulo 1996, and in this catalogue on p. 363.

24. See Lopez, Telê Porto Ancona. "Homenagem a Dina e Claude Lévi-Strauss: Exposição 1937, Paris", in *Revista do Instituto de Estudos Brasileiros*, no. 38, Universidade de São Paulo, São Paulo 1995, pp. 202–220.

25. *A vida de uma aldeia Bororo. Cerimônias funerais entre os índios Bororo. Aldeia de Nalike*. Directed by: Dina and Claude Lévi-Strauss; Photography: Claude Lévi-Strauss; Production: Departament of Culture of the Municipality of São Paulo (administered by Mário de Andrade); Running time: 21 minutes; 1935.

26. The incident that received most comment was the scandal in the Hotel Copacabana. According to Welles, the bill that he had received from the hotel included a precautionary surcharge to cover possible damage to the furnishings in his room. He was lunching with the Mexican ambassador, Alfonso Reyes, who thought it "ridiculous". "And if you actually broke something, how would they react?" And he threw a small coffee-table through the window of the room in the Hotel Copacabana. Welles found this entertaining and threw a chair. Roaring with laughter, they tossed out everything that was within reach. "As we're paying for it, we may as well do some damage." All considered as a "joke", an amusement between ambassadors. The newspapers went to town on the "scandal".

27. "I was trying to explain our plight gently, and negotiate a price for the new robes which Welles could pay personally, when I was called to the phone in the next room. When I came back the 'Macumbistas' were gone. Stuck in the hard cover of my script, around the title of *It's All True*, was a little ring of needles." Richard Wilson, "It's Not Quite All True". *Sight and Sound*, vol. 39, no. 4, autumn 1970, p. 193.

28. *Cena Muda*, 4 August 1942, p. 12.

29. Amado, Jorge: "Nota introdutória", in Verger, Pierre: *Ewé: o uso das plantas na sociedade iorubá*. Companhia das Letras, São Paulo 1995, pp. 9–10.

30. See Machado, Maria Teresa: "Para inglês ler—o diário de Helena Morley traduzido por Elizabeth Bishop". Doctoral thesis, unpublished, Universidade de São Paulo, 2000.

31. Bishop, Elizabeth & Brasil, Emanuel (eds.): *An Anthology of twentieth-century Brazilian poetry*. Wesleyan University Press, Middletown, Connecticut 1972.

32. Bernanos, Georges: *Lettre aux Anglais*. Atlântica Editora, Rio de Janeiro 1942, p. IV.

BUILDING ARCHITECTURE, BUILDING A COUNTRY

Carlos A. Ferreira Martins

In 1956, the year when the competition for Brasília was launched, the architect Henrique Mindlin published *Modern Architecture in Brazil*.[1] Initially conceived as a continuation of Philip L. Goodwin's famous *Brazil Builds*,[2] Mindlin's book presented an extensive survey of Brazilian architectural production during the scant two decades that separated it from the famous episode of the presence of Le Corbusier in Rio de Janeiro at the time of the plan for the Ministério de Educação (Ministry of Education).

In his preface to the book, Sigfried Giedion translated the mixture of admiration, surprise and confusion that this production was causing on the international scene into an unusual statement: "There is something irrational in the rise of Brazilian architecture."[3]

The reasons for this apparent "irrationality" were various, and since then they have often been repeated. Explosive growth, unrestrained property speculation and the consequent absence of urban planning in Brazilian cities constituted serious impediments for a healthy development of architecture. And in addition there was the precariousness of technical building conditions in a society with incipient industrialisation and an economic model still dependent on extensive monoculture for exportation. And yet, Giedion noted, "Brazilian architecture grows like a tropical plant".

His difficulty lay in understanding not only the separation between "backward" social and economic conditions and the cultural expression achieved by serious architecture but also the way in which the modern language had been absorbed and transformed: "In comparison with the United States […] Brazil is finding its own architectural expression with astonishing rapidity."[4]

In the dynamics between the absorption of the planning principles and procedures of the European avant-garde and the creation of an individual language, Giedion recognised that the part played by Le Corbusier was substantial but insufficient to explain the "Brazilian phenomenon":[5] "Of course, when Le Corbusier came to Brazil in 1936 it was the spark which kindled talents to find their own way of expression. But Le Corbusier had been in many other countries and it very often led to nothing or to nasty headlines, as once in the New York newspapers."[6]

Giedion likewise pointed out the precariousness that attended any attempt to think of the development of modern architecture in Brazil in the schematic framework of relationships of "influence" or "absorption" of principles and proposals of the central avant-gardes by artists and intellectuals in a "peripheral" country.[7]

But what seemed to him to be the most distinctive trait of the Brazilian "phenomenon" was the degree of diffusion of the new architecture in the country: "While certain characteristics may be specially apparent in the work of outstanding individuals, they are also evident in the average level of architectural production: a situation that does not exist in most other countries."[8]

In his text, Mindlin also called attention to another aspect of this process: that of the diffusion of the new language outside the specific area of "serious" work. After reflecting that there was still a great deal of "work of doubtful quality", resulting from "incomprehension of the basic principles of architecture", he concluded by qualifying this objection: "This is an inevitable result of the very high rate of construction inherent in the economic development of Brazil. […] All the same, even contemporary constructions of lower quality show that the imitators are trying in their way to follow the right course."[9]

In the mid-fifties, Brazilian architecture seemed to be in a peculiar and distinctive situation in relation to other countries. On the one hand, recognised internationally as architecture that in a short space of time had found a "manner of its own". On the other hand, architecture whose essential characteristics had ceased to be the exclusive attribute of exceptional individuals and appeared in a wide range of output of high average quality. Moreover, architecture which, despite all the contradictions and difficulties, was beginning to break out beyond the confines of serious production and establish itself, at least in its most superficial traits, as a reference point for middle-class taste. Significantly, the point of its greatest acceptance was also the time when the unanimity of the international critics broke apart. The presence in Brazil of Giedion, Gropius, Aalto, Rogers and Max Bill, among others, in connection with the first international exhibitions of architecture, sparked off a debate split between admiration for the originality of Brazilian architecture and fierce criticism of its supposed abandonment of the social premises of modern orthodoxy.[10]

Architecture and Modernism: the paradox of identity

From a distance of nearly half a century, it seems that the time of the greatest projection of modern architecture in Brazil still defies the usual schemes of interpretation. Modern Brazilian architecture seemed to be marked—and still does—in its most characteristic traits by certain apparent contradictions, the most visible of which, and one that is decisive for understanding the peculiarities of the establishment of a language that is modern and at the same time Brazilian,[11] lies in the particular way in which the relationship between modernity and tradition was articulated or, to be more precise, in the equation established between modernity and the construction of national identity.[12]

When the group of young intellectuals in São Paulo decided in 1922 to organise the *Semana de Arte Moderna*, which was the starting-point for the Modernist[13] movement in Brazil, they selected Álvaro Moya and Georg Przirembel as representatives of the new tendencies in architecture. The former developed projects of an eclectic nature with pre-Columbian motifs, and the latter presented a project aligned to the Neo-Colonial movement.

Apart from indicating the absence in the country of architectural output clearly aligned to what constituted avant-garde output in Europe, this choice was a symptom of the hesitation that still remained for some years, even among the main, most informed mentors of the Modernist movement, between the propositions of the European avant-gardes and the powerful impact of national feeling, expressed in the realm of architecture by the Neo-Colonial movement.

Mário de Andrade himself admitted his indecision in a text written in 1928: "Although certain tendencies and ideas have become embedded in my head, I do not consider that to be at all a bad thing. Yet I cannot consider it to be a good thing, despite all my enthusiasm for being Brazilian. In this respect my mind is in such a turmoil that I have resolved to acquire firm ideas about the matter."[14]

Three years earlier, the first texts in defence of modern architecture had appeared, apparently without much immediate impact. In 1925 Gregori Ilitch Warchavchik[15] published the manifesto "Acerca da Arquitetura Moderna", in which he stated the need to overcome stylistic preconceptions and proposed a new directive for architecture: "The construction of a house that is as comfortable and cheap as possible—that is what should occupy the attention of the architect/constructor in this age of petty capitalism, where the question of economics predominates over everything else. The beauty of the façade must come from the rationality of the plan of the internal layout, just as the form of a machine is determined by the mechanism that is its heart." And he concluded in a normative tone: "Down with absurd decoration and long live logical construction—that is the motto that should be adopted by the modern architect."[16]

Three more years were to go by before Warchavchik had an opportunity to carry out the planning and construction of his own home, the Casa da Rua Santa Cruz (House in Rua Santa Cruz), and to confront the cultural and technical difficulties set in the way of the realisation of modern proposals. The aesthetic censure displayed by the authorities, the absence of a construction market offering the "standardised components" of the rationalist doctrine, and the lack of personnel qualified to work with reinforced concrete, together with public taste, were the chief obstacles for the introduction of the new architecture, as Warchavchik himself related in a communication to the CIAM in Brussels.[17]

The virulent reaction of traditional architects to his first work and especially to the articles in defence of modern architecture that he went on to publish in the large-circulation press eventually drew the attention of the intellectuals and patrons of the Modernist group to the young Russian architect, and they mobilised themselves to make the inauguration of his second work, a small house in the new garden suburb of Pacaembú, a veritable artistic and literary event.

The house was visited by Le Corbusier during its construction,[18] and opened to the public in March and April of 1930 as the *Exposição de uma Casa Modernista*. Presenting the "tropical garden designed by his wife Mina Klabin Segall, furniture and lighting by the architect, works by the leading modern artists, a small bronze by Lipchitz, cushions by Sonia Delaunay and carpets by the Bauhaus, as well as soirées with the exponents of Modernist literature, the Casa da Rua Itápolis (House in Rua Itápolis) achieved the objective of promoting awareness among the general public[19] and also the hoped-for incorporation of modern architecture into the efforts of the Brazilian avant-garde.

In his subsequent work Warchavchik continued perfecting the technique of reinforced concrete and impermeabilisation that enabled him to build the first garden-terraces, overhanging balconies and corner windows so

characteristic of his designs of simple volumetric organisation. In October 1931 he built the Nordchild house, also inaugurated with distinction as the *first Modernist house* in Rio de Janeiro and visited at the time by Frank Lloyd Wright.[20]

In July 1932, Warchavchik entered into partnership with Lúcio Costa, in an office where the young student Oscar Niemeyer was working and which was responsible for various projects, particularly the small but noteworthy group of working-class houses in Gamboa, with 10 units arranged on two separate floors, which brought the collaboration between the two architects to an end.

During these years other architects made their first incursions into the new language. In Rio de Janeiro, Affonso Eduardo Reidy began his outstanding personal career with the construction of the Albergue da Boa Vontade (Good Will Home), in 1931. In São Paulo, Júlio de Abreu built the first block of flats with a concrete structure and plain façade in 1927, Jayme da Silva Telles produced various plans with a strong rationalist flavour which remained unbuilt, and Flávio de Carvalho attracted considerable controversy with his avant-garde designs for the Palácio do Governo (Government House) and the Assembléia Estadual (State Assembly).

At the same time, Rino Levi, who had arrived in Brazil in 1928, began to reap the fruit of his 1925 manifesto, published when he was still a student in Rome, in which he advocated architecture in accordance with the new techniques and new demands of society but geared to the "aesthetics of the city" and suited to the climate and customs: "The aesthetics of the city is a new area of study that the architect needs, and closely bound up with it is the study of street planning and all the other problems of urban design. [...] It is necessary to study what has been done and what is being done in other countries and to resolve our cases on the basis of a city aesthetics of a Brazilian nature."[21]

In addition to various houses built for clients of Italian origin, in 1934 Levi constructed the Edifício Columbus (Columbus Building), which he had been developing since 1930, and which is remarkable for the final solution of a tower without a main façade and for the strict attention to constructional detail which was to become the hallmark of his professional activity.

It would be going too far, therefore, to attribute to Warchavchik the status of being the absolute pioneer in the introduction of modern architecture in Brazil.[22] But due recognition must be given to the contribution of a body of work that fought for integration of the plastic and applied arts in the construction of a modern environment, and also the part it played in the development of constructional solutions and elements that were incorporated into the regular production of the civil building market in the country.

The rationalist investigation in the thirties

However, a combination of economic, political and cultural factors seemed to define Rio de Janeiro as the epicentre of the renewal of art and architecture in Brazil from 1930 onwards. It had been the capital of the country since the Empire, but the political pattern prevailing during the so-called Old Republic had reserved political power for an oscillation between the oligarchies of Minas Gerais and São Paulo, which was the main centre for the production and export of coffee. The international crisis of 1929 and the failure of the coffee economy created the conditions for the social tensions accumulated during the twenties to be channelled into the military movement that brought Getúlio Vargas to power.

Centralisation of the administration, a set of modernising policies and various political U-turns enabled Vargas to detach himself progressively from his allies on left and right and consolidate himself as a Bonapartist power[23] and made it possible for Rio de Janeiro to regain political and cultural dominance.

The nomination of Lúcio Costa, until then a member of the Neo-Colonial group led by José Mariano Filho, as the director of the Escola Nacional de Belas Artes (National School of Fine Arts, ENBA) was a kind of delayed-action bomb for the formation of what was to become "modern Brazilian architecture". Too brief and troubled for a genuine renovation to take place in formal teaching,[24] this episode was nevertheless sufficient for Costa to organise the famous Salão de 31, the first time that the official-minded Salão Nacional de Artes Plásticas included avant-garde work in the plastic arts of the nation. And, above all, for the young students, who sympathised with the director and the new directions in architecture, to devote themselves eagerly to studying the new trends in Europe. As the School attracted students from all over the country, this led to a Modernist diaspora which was manifested in various places in the national territory during the following years.

It is not true, however, that those early years of rationalist investigation transpired under the undisputed leadership of Le Corbusier. Paulo de Camargo e Almeida, responsible for the first building constructed on pilotis in Brazil—Edifício Delfim Moreira (Delfim Moreira Building, 1933)—and the first experiment in prefabrication—Asilo São Luiz (São Luiz Home, 1935)—and also some of his contemporaries, including Paulo Antunes Ribeiro, Attilio Corrêa Lima and the brothers Marcelo and Milton Roberto, produced work of quality in which the more general references of international avant-garde output were present.

A noteworthy example is the brief but expressive output produced by Luís Nunes in Recife, the capital of the State of Pernambuco, between 1935 and 1937. An ex-student of the ENBA, Nunes took over as Director of the Department of Architecture and Town Planning in the Recife City Council[25] and activated around him a team of young professionals who included, among others, the landscape designer Roberto Burle Marx, the architectural engineer Francisco Saturnino de Brito and the quantity surveyor Joaquim Cardoso, who became known particularly for being Oscar Niemeyer's quantity surveyor. Defending architecture as team work and proposing action through the apparatus of the State, with an attitude clearly related to that of the German avant-garde, Luís Nunes produced outstanding work such as the Hospital da Brigada Militar (Military Brigade Hospital, 1934), the small but exquisite Laboratório de Anatomia (Anatomy Laboratory, 1935–36) or the Escola Rural Alberto Torres (Alberto Torres Country School, 1935–37), where the modesty of the programme and the material resources was no obstacle for the realisation of the handsome access ramp supported by paraboloid concrete arches, designed by Cardoso. The Reservatório (Reservoir, 1936–37) in Olinda, built with reinforced concrete and hollow cement units known as combogós,[26] took its stand in the very heart of the baroque part of the city in an attitude of affirmation of modern work confronting the historical legacy of construction, very different from what was to be the dominant attitude in the forties, with the activity of Lúcio Costa directing the Department of Monuments in the SPHAN. An outstanding contribution was also provided by the young Burle Marx, who designed various gardens and public squares in Recife noteworthy for the transition between a formal conception still inspired by the French garden tradition and the innovative quality of the emphatic use of native species, supported by a profound knowledge of botany, as in the magnificent Jardins da Casa Forte (Fortress Gardens, 1935–37).[27]

The period immediately before the presence of Le Corbusier, during his second visit to Rio, was also marked by the design produced by the brothers Marcelo and Milton Roberto for the new headquarters of the Associação Brasileira de Imprensa (Brazilian Press Association, ABI), which won a competition held in 1935. Despite an austere interpretation with an academic flavour, the building contrasts strongly with the eclectic works around it because of its imposing façade of reinforced concrete with fixed vertical brise-soleil and the ground floor freed by the use of pilotis.

The state, modern architecture and the construction of the nation

The first half of the thirties witnessed the consolidation of work more informed by international paradigms, preparing the ground for the key moment of the design for the Ministério de Educação, with all the weight of the direct presence of Le Corbusier and the powerful significance of the selection of the modern architectural language for the symbolic representation of the ministry which had assigned itself the task of creating the "new Brazilian".

As is known, a public competition was held for designs for the construction of the new premises of the Ministério de Educação e Saúde Pública (Ministry of Education and Public Health, MESP).[28] When an eclectic design won the competition, the Modernist intellectuals who constituted its entourage convinced the Minister, Gustavo Capanema, to invite Lúcio Costa to oversee the actual construction of the design. Costa proposed to the Minister that they should form a team consisting of all the architects of "modern leanings" who had taken part in the competition and ask Le Corbusier to act as consultant to the Brazilian team, both for the plan for the Ministry and to produce the plan for the Cidade Universitária (University City), which was still in the development stage.[29] From a comparison of the various preliminary sketches it is possible to conclude that the undeniable importance of Le Corbusier in connection with the adoption of certain basic features of the new building did not take away from the Brazilian team[30] the responsibility for some of the solutions that made the Ministry a quite outstanding work of modern architecture in Brazil. The vertical 15-storey block received a distinctive treatment in terms of exposure to the sun, with movable horizontal brise-soleil on the north face and an enormous expanse of glass on the southern façade. The contribution of the engineer Emílio Baumgart for the structural calculations was decisive for making some of the most striking features of the new building practicable, such as the large access area created by double-height columns, the rhythmical conciseness of the free-standing pilotis supporting the horizontal block and the original solution of wind-braces to withstand the challenge of the powerful sea breeze acting perpendicular to the large surfaces of the north and south faces. It was also at this point that the idea of a synthesis of the arts was affirmed, with the revelation of free form in Burle Marx's landscaping and the use of ceramic murals by Cândido Portinari,[31] which remained a distinctive and recurrent feature of modern Brazilian architecture.

The final solution, elegant and monumental, affirmed a new urbanistic conception, going against the tradition of perimetral occupation of the block[32] by occupying the centre of the available site with a tall building, without preventing it from being used as a square. The conception of the building thus corresponds to a period when there was a considerable overlap between town planning proposals and architectural language, as in Costa's design for the Vila de Monlevade (Monlevade Villa, 1934), various designs for the Cidade Universitária in Rio de Janeiro (1936 to 1939), and Reidy's proposal for the area of the levelling of the Morro de Santo Antônio (1939).

These features appeared once again in the Brazilian Pavilion designed by Costa and Niemeyer for the World's Fair in New York, considered by Goodwin to be one of the most elegant pavilions there, producing a striking effect because of the lightness of the structure,[33] the unexpected solution of the ramp and the curving lateral façade, and the outline of the concrete canopy, to establish a counterpoint with Burle Marx's free design for the garden, dominated by the mirror of water which exhibited gigantic waterlilies from the Amazon.

The success of these two buildings and a great number of official commissions brought a further apparent paradox for criticism and historiography: that of the authoritarian, centralising State which, in the late thirties, adopted a course that ran counter to the international process and chose modern architecture as its official language. This was noted by Goodwin, who expressed surprise at finding that official buildings in Rio de Janeiro presented architecture characterised by lightness and freshness, whereas London, Berlin or Washington remained marked by the burden of reverence for the past.[34]

Thus the apparent disjunction between modernity and identity seemed to be resolved by, on the one hand, the patronage of an authoritarian State intent on ideological construction of nationality, and, on the other, the ability of Brazilian architects to incorporate Le Corbusier's doctrine in their own free way. A task carried out, on a theoretical level, by Lúcio Costa, and in the realm of designs by the "Carioca group", with Niemeyer as the outstanding but not solitary figure.

In Lúcio Costa's conception, which became consolidated as the leading theoretical source during the forties and fifties, rather than being anti-historical, modern architecture was the instrument for re-engagement with the "true spirit of traditional Brazilian architecture".[35] In the architectural translation of the Modernist idea, identity was not to be sought in the past but was to be invented, *designed*, in the future.[36]

Freedom of form and structural lightness became the national translation of Le Corbusier's "idea-power" of "technique as the basis of lyricism". Modern Brazilian architecture, in its most significant examples, became the expression of an advanced structural conception. In the classic collaborations between Lúcio Costa and Emílio Baumgart, the symbiosis between Oscar Niemeyer and Cardoso, and the unusual elegance of the work of Affonso E. Reidy there was a progressive affirmation of architecture as being primarily structure.

For some authors there were two basic frameworks for this process: whereas the MESP was the key moment for *modern architecture in Brazil*, the Conjunto da Pampulha (Pampulha Complex) represented the birth of *Brazilian modern architecture*. In the four works commissioned from Niemeyer by the then Mayor of Belo Horizonte and later President of the nation, Juscelino Kubitschek, there is a real *tour de force* in terms of applying and surpassing Le Corbusier's language. In the brilliant interplay of open and closed volumes and the structural grid of the Cassino (Casino), situated on a small promontory overlooking the lake, strolling is a necessary condition for enjoyment of the interior and contemplation of the scenery. The building of the Yacht Club, with its solution of a roof in an "inverted truss" (two roof slopes angled towards a transverse girder/gutter), ensures continuity and spatial autonomy at the same time, establishing a motif that recurs in subsequent work. In the small Casa do Baile (Dance Hall), the idea of a spatial counterpoint between building and landscape, demonstrated by Le Corbusier in his urban designs in South America and subsequently in Algiers, finds its application on a contained, virtuoso scale, in the sinuosity of the covered walk that follows the outline of the small artificial island on which the building is situated. The small Igreja de São Francisco de Assis (Church of St Francis of Assis) definitively breaks away from the structural grid, exploring the structural and sculptural potential of reinforced concrete in the use of a parabolic vault as a solution for the internal unity of the area of worship. On the side facing the lake, the rhythmical outline of the four juxtaposed vaulted spaces frames Portinari's tiled panel, establishing the theme of Niemeyer's fascination by the curve as a favourite resource in his own patient search for artistic balance, in a reference to the tropical landscape and, equally, to the surpassing of what the architect denounces as the rigidity in terms of form and principles of International Style architecture.[37]

Architecture for the metropolis

The impact of these buildings, at home and abroad, contributed to the domestic affirmation of the new language, derived from Le Corbusier but with a clearly defined "personal look". In the late forties there was still a demand for public works on a significant scale, associated with the continuity of the process of industrial modernisation instigated by the central State, such as the urban plan for the Cidade dos Motores (Motor City, 1945–47) or the competition for the construction of the Centro Tecnológico da Aeronáutica (Aeronautical Technological Centre, 1947), won by Niemeyer. But, concurrently, the enormous rate of growth of the leading cities and especially the economic power of São Paulo opened up a field of work, in new invitations from the property market, which attracted both the architects of the "Carioca School" and also a new group of immigrants from post-war Europe. Not only the second generation of Italians, such as Lina and Pietro Maria Bardi, Daniele Calabi, Mario Russo and Giancarlo Palanti, but also Europeans of other nationalities and backgrounds, such as Bernard Rudofski, Lucjan Korngold and Adolf Franz Heep. In the professional contact of these recent arrivals with the engineers and architects who came from the Polytechnic School the conditions were established for the metropolis of São Paulo—and also, though to a lesser degree, Rio de Janeiro, Recife, Belo Horizonte and other large cities—to become a "crucible" of references from which solutions flowed for the new programmes and new typologies created by the industrialisation of the economy and the new patterns of consumption of material and cultural goods.

Industrial buildings, such as Niemeyer's Fábrica Duchen (Duchen Factory, 1950) or Rino Levi's Tecelagem Parahiba (Parahiba Textiles), cinemas such as those constructed by Rino Levi, museum buildings such as those designed by Lina Bo Bardi and Affonso Eduardo Reidy, and gymnasiums such as those by Ícaro Castro Mello showed that Brazilian architectural language could consistently face up to other programmes, apart from buildings symbolically representing the power of the State.

Some critics of the "formalism" of Brazilian architecture point to Reidy's housing estates in Pedregulho (1947) and Gávea (1952), the exception that proves the rule of the "lack of social concern". The most recent research shows that Reidy's work, exceptional from an artistic and constructional viewpoint, is, rather, the tip of an iceberg. Resulting from the policy of

Vargas's first term of office and financed by the Pension Institutions, dozens of housing estates[38] for workers and labourers were built all over the country, during the forties and fifties, by expressive architects such as Carlos Frederico Ferreira, Attilio Corrêa Lima, Eduardo Kneese de Mello and Francisco Bologna, among many others.

In parallel, the process of vertical development in the main cities imposed a programme of middle-class residential buildings, in response to demands for greater proximity to shopping, service and cultural facilities. New expanding districts were laboratories of intensive experimentation where it was not a question of applying notions derived from "minimal housing" but of adapting the conveniences of the one-family home to residential buildings. Rino Levi's Edifício Prudência (Prudência Building, 1944) and Artigas's Louveira (1946) are landmarks in the definition of new solutions for the programme of the multi-family building. The three buildings constructed by Lúcio Costa in the Parque Guinle (Guinle Park, 1952) enabled him to go back to his ideas about the functional equivalence and artistic complementarity of devices for controlling sunlight, both modern (brise-soleil) and traditional (combogó and wooden trellis), which had already been tried in the designs for the Vila de Monlevade (1934) and the Park Hotel in Nova Friburgo (1942).

This did not mean the abandon of the one-family dwelling as an exceptional field for spatial experimentation. Particular mention must be made of the houses designed by architects for themselves, such as the ones by Artigas (1949), the Carmem Portinho house by Reidy or the Casa de Vidro (House of Glass), the first of Lina Bardi's designs to be built (1951). Also undoubtedly deserving special mention is Oscar Niemeyer's Casa de Canoas (Canoe House, 1953), a refined synthesis of concern for the specific conditions of the site and a wholehearted affirmation of free form, with which he had already experimented in New York and Pampulha.

The process of metropolisation also brought new, diversified programmes, such as multipurpose buildings (commerce, services and occupation), apartment-hotels, shopping malls and large complexes. Some of the finest examples, such as Abelardo de Souza's Edifício Nações Unidas (United Nations Building, 1954), the Conjunto Nacional (National Centre, 1955), by the young David Libeskind and the exceptional Copan (1952–56) by Oscar Niemeyer, reaffirm the modern character of the building which, far from being conceived as an isolated object, acknowledges and complements the urban setting into which it is introduced, reproposing relationships between public and private space and affirming the optimistic conviction concerning the possibilities of a new way of living in urban society.

The fifties were the time of the greatest national affirmation of belief in the possibilities of democratic development of the "country of the future", and they were also a period of sectorial town planning operations aimed at incorporating large urban areas into leisure, cultural and social activities. Two of them stand out, both for the large-scale urban landscaping proposals of Burle Marx and for the inclusion of public buildings offering refined structural and spatial solutions.

In the Parque do Ibirapuera (Ibirapuera Park), conceived to commemorate the fourth centenary of São Paulo, between the blocks of exhibition areas he designed a huge covered walk which provides a structure for the huge dimension of the Park. In one of the blocks, now used for the Bienal de Arte de São Paulo, he inverted the pattern of a free-form slab inside a building with the external appearance of a conventional box and created a surprising interior with an interplay of ramps and profiled slabs.

In Rio de Janeiro, the Aterro do Flamengo (Flamengo Park) went back to the experiments with the levelling of hills to regain land from the sea and to provide the city with an immense park skirting the coast, which for many is Burle Marx's finest work and which concludes, on the northern boundary, with Reidy's exceptional Museu de Arte Moderna (Museum of Modern Art, 1954–67).

Brasília: symbolic and economic occupation of territory

Juscelino Kubitschek once declared that "Brasília is not an improvisation, it is a process of maturing".[39] Initially proposed during the Inconfidência Mineira (Minas Gerais Conspiracy, 1789) and reaffirmed after Independence (1822), the idea of constructing a new capital in the geographical centre of the country was incorporated into the Republican Constitution of 1891. Revived in the twenties and thirties,[40] it remained on the urbanistic and political horizon, reinforced by successful experiments with the creation of regional capitals and a large number of new cities.[41] The optimistic attitude to development, which reached its peak with the election of Kubitschek as President of the Republic in 1956, seemed to provide the political and cultural substrate required for finally carrying out the old national project.[42]

The announcement of the edict, published in September 1956, produced responses from a total of 26 teams, some including the collaboration of experts from other specialisations but all co-ordinated by trained architects. Thus, although the contest was held amidst intense controversy and with certain significant absences,[43] it may be considered a point of summation and reverification of the experience of town planning accumulated by modern architecture in Brazil.

The results, made known on 16 March 1957, agreed unanimously—with the exception of the separate vote cast by the representative of the Instituto dos Arquitetos do Brasil (Institute of Architects of Brazil, IAB)[44]—on the selection of the outline presented by Lúcio Costa, and distributed the other prizes and mentions for which provision had been made.

Seven proposals featured in the announcement of the awards. Although most of the criticisms emphasised the rationalist inspiration common to them all and the application of the principle of functional zoning derived from the Athens Charter, an analysis of the plans and memoranda reveals a significant diversity of doctrinaire references and emphasis on relationships between site, programme and design.

The fifth place was shared by three teams: that of Henrique Mindlin and Giancarlo Palanti, the group led by Artigas, Cascaldi, Vieira da Cunha and Camargo e Almeida, and the Construtécnica team, organised by Milton Ghiraldini.

Mindlin and Palanti simply presented "an outline of a direction for future development" of the city, based on two major axes defining four large residential areas within the quadrants. Located in succession along the sinuous east-west axis were the government centre, ministries, civic and commercial centre, embassies and the presidential palace, in a general scheme reminiscent of Le Corbusier's plan for Chandigarh.[45]

The proposal put forward by Artigas, Cascaldi, Vieira da Cunha and Camargo e Almeida was one of those that were concerned to emphasise the dimension of urban and regional planning, incorporating a large number of consultants. The general scheme foresaw development of the residential area in large, low-density blocks and areas of vertical occupation arranged along a broad east-west axis and a transverse axis linking the government centre in the north and the commercial centre in the south. The jury praised the rigorousness of the regional diagnosis, but emphasised, as a negative aspect, the low density of residential occupation. Construtécnica proposed a green belt of small rural properties and four large residential sectors surrounding a central area in which government and representational buildings were concentrated together with cultural, commercial and service installations.

The third and fourth prizes were shared equally between the teams of the Roberto brothers and Rino Levi. The plan presented by Marcelo, Milton and Maurício Roberto was noteworthy for its bulky documentation, which included a detailed guiding plan for the whole Federal District, and also its surprising solution in terms of town planning. The city was proposed as a "polynuclear metropolis" consisting of seven "urban units", each with 72,000 inhabitants, intended to accommodate each of the basic sectors of activity of the city, complemented by the government sector located beside the lake. The urban units, which might total 14 in all, presented an octagonal, radial, concentric pattern, like the ideal cities of the Renaissance. For the British representative on the jury, all this indicated "an excellent overall view of urban development, apart from the basic aim. It was not an Idea for a capital city."[46]

The proposal of the team led by Reno Levi was also surprising, for various reasons. The plan was a visionary *tour de force* based on the construction of residential units in huge complexes of eight interconnected towers, each consisting of four 21-storey units 300 metres high and with a capacity for accommodating 48,000 inhabitants in each complex. A complicated system of local and express lifts was to resolve the question of vertical traffic. The eighteen complexes surrounded the government centre, which was horizontal and located beside the lake. The plan also foresaw "extensive residential units", with one-family dwellings and small blocks on the perimeter of the city, but it was the huge towers that defined the profile of the city, symbolically and spatially eliminating the importance of the government centre.

The proposal of Gonçalves, Millman and Rocha, which was awarded the second prize, concentrated occupation beside the lake, although without establishing a formal relationship with the shape of the shoreline. The rigorously geometrical and self-centering design emphasised the hierarchy of occupation, favouring the government sector, which functioned as an axial reference for the entire plan. Two large residential sectors for government employees were arranged symmetrically in relation to the institutional area, and a third, intended for commercial and industrial workers, was set between the other two districts, on the highest part of the site.

The simplicity of the outline plan presented by Lúcio Costa has become almost legendary. Without supporting technical studies, presenting a document that referred to a series of numbered, hand-drawn sketches, Costa declared at the start of his presentation that he "did not wish to compete" but only to put forward an idea that had "emerged suddenly, as it were", and yet, later in the text, he described it as "intensely meditated and resolved". In the almost ostensible modesty that became part of his persona, he said that he appeared "as a mere urban *maquisard*", who did not seek to continue with the development of the idea but simply, perhaps, assist "as a mere consultant".[47]

This *maquisard* of town planning vigorously defended the precedence of his discipline, declaring that the essential thing at that point was precisely to provide a clear definition of the urbanistic conception and not to produce plans for regional development. And he prepared to defend a city

capable of dealing satisfactorily with the natural functions of a modern city, "not simply as an *urbs*, but as a *civitas*, possessing the inherent attributes of a capital". The modern city/capital, like its equivalent in the past, had the initial attribute of its status as a monumental city, "not in the sense of ostentation, but in the sense of what one might call a palpable, conscious manifestation of what that meant and signified".

Once the problem was posed in these terms, the solution presented itself almost naturally. The "urbanistic conception of the city"—expressed thus for emphasis and not pleonasm—"came from the primary gesture of one who assigned a place or took possession of it: two axes crossing at right angles; in other words, the sign of the cross".

Aware of the import and significance of his words, by the conciseness of the gesture that he proposed Lúcio Costa reaffirmed the Portuguese tradition of implanting a cross, a stone sign intended to provide a symbolic record of possession of newly conquered land, the mythical value of the right angle, of decisive importance in Le Corbusier's poetics, and the symbolic import of the founding ritual of two axes, the *cardo* and *decumano* of the Romans.

In his proposal for the modern capital, the curving axis that provides access to the city is flanked, from north to south, by large residential blocks, in a concern to ensure the separation of motorised and pedestrian traffic, "yet without taking this separation to schematic or unnatural extremes".

At the point where the two axes crossed, on the same level, Costa proposed the construction of a great platform connecting the central bus station, flanked by two commercial centres.

The monumental axis extended from east to west, having at one end the buildings intended for the basic powers of the Republic which, "being three in number and autonomous, find the appropriate elementary form to contain them in the equilateral triangle, linked with architecture since remote antiquity". Along this great esplanade, arranged on an embankment, were the ministries, beginning with those of Foreign Affairs and Justice and ending with the Ministry of Education, "so as to be next to the cultural sector". In the continuation of this monumental axis, concluding the vista opposite the Praça dos Três Poderes (Square of the Three Powers), is the great television tower, indicating the hotel, banking and entertainment sectors.

Costa's vision, as he himself says, sought a city that "while being monumental is also comfortable, welcoming and intimate". At one and the same time "disperse and concise, bucolic and urban, lyrical and functional".

For the jury, "a great many of the plans presented might be described as overdeveloped; number 22, on the contrary, seems brief. In fact, however, it explains everything that needs to be known at this stage, and it omits everything that is irrelevant."

No doubt it is possible, if one pays attention to the way in which the city functions, to see in it, as a good many critics did, a rigorous application of the principles of functional town planning. But it is also valid to observe that, when the north-south axis is bent in a curve "in order to contain the equilateral triangle that defines the urbanised area", the layout of the city adopts the shape of an aeroplane with slightly curved wings and the metaphor seems thus to be completed, referring to the idea of a territory whose dimensions can only be conquered by aeroplane.

The indissoluble connection between the architectural design and the idea of building a country, between the urbanistic proposal and the conquest of territory, is reinforced by the final words of Costa's declaration: "Brasília, capital of the airways and highways; a city park. The centuries-old dream of the Patriarch."[48] And even more by the aerial photograph taken in 1957, in which the founding gesture engraved in the soil of the site is not the furrow ploughed by the sacred oxen of the Roman liturgy but the mark of the giant excavators with which Brazil believed it was clearing the way for the future.

1. Mindlin, Henrique E.: *Modern Architecture in Brazil*. Reinhold Publishers, New York 1956. The book was also published in French by Vincent et Fréal in Paris and in German by Verlag Georg Callwein in Munich. The first publication in Portuguese came over forty years later: *Arquitetura Moderna no Brasil*, Aeroplano, Rio de Janeiro 1999. Translated from the English by Paulo Pedreira and with an introduction by Lauro Cavalcanti.

2. Goodwin, Philip L.: (1943). *Brazil Builds. Architecture new and old, 1652–1942*, Museum of Modern Art, New York, 1943. Photographs by E.G. Kidder Smith.

3. Giedion, Sigfried: "Brazil and Contemporary Arquitecture", preface to Mindlin (1956), p. IX.

4. *Ibid*.

5. We have used the expression proposed by Jorge Francisco Liernur as the general theme for the monographic issue of the magazine *Block* devoted to Brazil. Liernur, Jorge Francisco, Gorelik, Adrian, & Martins, Carlos A. Ferreira (eds.): "Brasil", in *Block. Revista de cultura de la arquitectura, la ciudad y el territorio*, no. 4. Centro de Estudios de la Arquitectura Contemporánea, Universidad Torcuato di Tella, Buenos Aires 1999.

6. Giedion, S.: *op. cit.*, p. IX.

7. For a development of this subject, see Martins, Carlos A. Ferreira: "État, Nature et Culture. Le Corbusier et Lúcio Costa aux origines de l'architecture moderne au Brésil". In *Le Corbusier et la Nature*, III Rencontres de la Fondation Le Corbusier, FLC, Paris 1991.

8. Giedion, S.: *op. cit., ibid*.

9. Mindlin, H.E.: *op. cit.*, p. 29

10. After the publication of Goodwin's book, certain important international publications began to devote monographic issues to Brazil. See especially *Architectural Record*, vol. 95, March 1944; *Architectural Forum*, November 1947; *L'Architecture d'Aujourd'hui*, nos. 13–14, September 1947, and nos. 42–43, August 1952. The debate took on a chillier tone in "Report on Brazil", published in *Architectural Review*, vol. 114, July 1953, pp. 234–250.

11. In his article on the significance of Goodwin's book in the construction of what he calls the "Brazilian case", Liernur indicates the apparent paradox between the use of the national adjective and the hitherto internationalist aim of "modern" architecture. See Liernur, Jorge Francisco: "The South American Way", in *Block*, no. 4, *op. cit.*, pp. 23–41.

12. It is significant that in Brazil it was precisely certain exponents of the Modernist group (particularly Mário de Andrade, Rodrigo de Mello Franco and Lúcio Costa) who were responsible for conceiving and setting up the Serviço de Patrimônio Histórico e Artístico Nacional (Service of the National Historical and Artistic Heritage, SPHAN), created in 1938.

13. It is fundamental, especially for the Spanish-speaking reader, to bear in mind that in Brazil *Modernismo* and *modernista* refer to the movement which, despite its internal heterogeneity, had the common feature of aiming to go beyond academic work and come up to date with the European avant-gardes. It must not be confused with the sense of *modernista* when applied to architectural work in Spain and particularly in Catalonia at the beginning of the century.

14. And thus coming after the manifestos of Warchavchik and Rino Levi, and also the provocative designs by Flávio de Carvalho for the contest held in 1927 for the construction of the new government headquarters in São Paulo. See Andrade, Mário de: article for the *Diário Nacional*, in Souza, Ricardo Forjaz de: *Trajetórias da Arquitetura Modernista*. PMSP, São Paulo 1982, p. 11.

15. Born in Odessa, in Russia, he arrived in Brazil in 1923, after studying at the Instituto de Belle Arti di Roma, where he was a student of Marcello Piacentini and Gustavo Giovannoni.

16. Warchavchik, Gregori: "Acerca da Arquitetura Moderna", *Correio da Manhã*, Rio de Janeiro, 1.xi.1925. Reproduced in full in the documentary dossier in this catalogue.

17. See Warchavchik, Gregori: "L'Architecture d'aujourd'hui dans l'Amérique du Sud". Report presented as the Brazilian delegate to the third CIAM. Published in *Cahiers d'Art*, no. 2, Paris 1931.

18. This visit led to the appointment of Warchavchik as the CIAM representative for South America. See Le Corbusier's letter to Sigfried Giedion dated 27.xi.1929. Published in Ferraz, 1965, p. 29.

19. A note published in *Diário da Noite*, on 14.iv.1930, indicates the visit of "over 20,000 peopole to the most complete exhibition of modern Brazilian art". Reproduced in Ferraz, 1965, p. 85.

20. Wright was in Rio de Janeiro to take part in the jury for the international contest of designs for the *Farol de Colombo* (Columbus Lighthouse).

21. The text clearly showed the impact of the teaching of Marcello Piacentini in his course of *Edilizia Cittadina* (Building in the City), at the University of Rome. See Levi, Rino: "A arquitetura e a estética das cidades", *O Estado de São Paulo*, 15.x.1925. Reproduced in the documentary dossier in this catalogue.

22. In 1948 the art critic Geraldo Ferraz was at the forefront of a controversy with Lúcio Costa, whom he accused of obscuring Warchavchik's pioneering role. In his reply, Costa declared that Niemeyer's work "is directly linked with the original sources of the movement of renewal throughout the world …" See Costa, Lúcio: "Carta Depoimento", *O Jornal*, 14 March 1948. Reproduced in Costa, Lúcio: *Sobre Arquitetura*, GFAU–UFRGS, Porto Alegre 1962, pp. 119–128.

23. The bibliography on Vargas, who remained in dictatorial power from 1930 to 1945 and then returned to power in the elections of 1950, marking the country with his suicide in 1954, is enormous. For a description of the military coup in 1930, see Fausto, Boris: *A Revolução de 1930. História e Historiografia*. Brasiliense, São Paulo 1972. For the relationships between the Vargas government and the establishment of modern architecture, see Martins, Carlos Ferreira: *Arquitetura e Estado no Brasil. Elementos para a constituição do discurso moderno no Brasil*, FFLCH–USP, São Paulo 1987.

24. Lúcio Costa took over as Director as the result of an arbitrary action by the Ministry of Education which ignored the statutes and the congregation of the school, leading to a reaction by the lecturers, who eventually removed him from his post. For nearly half his brief period in charge of the institution, activities were paralysed by a student strike in sympathy with the young Director.

25. The section underwent various reformulations as a result of the disturbed political scenario of the country. Entrusted with the planning and construction of public buildings in the State of Pernambuco, it did not survive the death of its creator, at the close of 1937. Significantly, Nunes's work did not merit a mention in the compilations produced by Goodwin (1943) or Mindlin (1956). See Bruand, 1981, pp. 77–79.

26. A variant of the *cobogó*, a hollow modular element, ceramic or of cement, used for building walls so as to allow a flow of air and to control sunlight.

27. For an approach to the work of this exceptional landscape designer, see Burle Marx, Roberto: *Arte e Paisagem*, Nobel, São Paulo 1996; Leenhardt, Jacques (ed.): *Dans les Jardins de Roberto Burle Marx*, Actes Sud, Paris 1994; and Adams, William Howard: *Roberto Burle Marx. The Unnatural Art of the Garden*, Museum of Modern Art, New York 1991.

28. Subsequently converted into the Ministério de Educação e Cultura (Ministry of Education and Culture, MEC), as it is better known.

29. Contrary to the version which reports that the minister, Capanema, had a clear option for the work of the great French-Swiss architect, in fact Le Corbusier had previously invited Marcello Piacentini to produce the plan for the *Cidade Universitária*. See Tognon, Marcos: *Arquitetura Italiana no Brasil*, Unicamp, Campinas 2000. For an exhaustive description of the process of creating the Ministry, see Lissovsky, Maurício, & Morales de Sá, Paulo Sergio: *Colunas da Educação. A construção do Ministério de Educação e Saúde*. Ministério da Cultura/IPHAN, Fundação Getúlio Vargas, CPDOC, Rio de Janeiro 1996. See also Bruand, 1981, pp. 81–92. For a discussion of the monumental nature of the new building, see Comas, Carlos: "Protótipo e Monumento. Um ministério, o Ministério", *Projeto*, no. 102, 1987, pp. 137–149.

30. Consisting of Lúcio Costa, Jorge Machado, Affonso E. Reidy, Carlos Leão, Ernani Vasconcelos and Oscar Niemeyer.

31. According to declarations made by the architects in the team, the use of tiles and the sculptural value of the national vegetation were suggested by Le Corbusier. See Bruand, 1981, p. 91.

32. Brought by the French town planners of the Société Française des Urbanistes (SFU). See particularly Agache, Alfred Donat: *Cidade do Rio de Janeiro. Remodelacão, extensão e embelezamento*, Foyer Brésilien, Paris 1930.

33. The structural plan designed by Emílio Baumgart, already known and respected in Brazil as the author of original solutions for large structures, proved the originality of his method of calculation by showing the North-American engineers responsible for the event the stability of his structure, dimensioned with a volume of cement about 30% less than the quantity established by United States regulations.

34. Goodwin, Philip L.: *op. cit*, p. 91. It is not possible to develop this question fully here. We tend to think that this connection is the result of a deliberate strategy on the part of the leaders of the Modernist movement, which saw in the State the only possibility of institutionalisation, rather than a decision taken by "clear-minded, farseeing" statesmen, as the official historiography repeatedly indicates. See our "Identidade e Estado no projeto modernista", *Óculum*, no. 2, 1991.

35. For Costa, Brazilian architecture, resulting from the slow decanting of models imported from the Iberian capital, had its natural course interrupted by neo-classicism and, subsequently, by eclecticism, and it was the mission of modern architecture, particularly the aspect developed by Le Corbusier, to return to that "spirit" which had been drunk from the source of Graeco-Roman tradition. Costa's theoretical starting-point is developed in *Razões da Nova Arquitetura* (1934), *Documentação Necessária* (1938), *Depoimento de uma Arquiteto Carioca* (1951), all republished in Costa, Lúcio: *Registro de uma Vivência*, Empresa das Artes, São Paulo 1995. The first of these texts is reproduced in the documentary dossier section in this catalogue. Costa's interpretation served as an organising reference-point for what became consolidated as the dominant narrative framework for the historiography of modern Brazilian architecture, setting aside the works of Goodwin and Mindlin, already mentioned, and also Santos, Paulo: *Quatro Séculos de Arquitetura*, Rio de Janeiro 1981; Bruand, Yves: *Arquitetura Contemporânea no Brasil*, Perspectiva, São Paulo 1981; and Lemos, Carlos: "Arquitetura Contemporânea", in Zanini, Walter: *História Geral da Arte no Brasil*, Instituto Moreira Salles, São Paulo, among others. For a discussion of this framework and its limits, see our "Hay algo de irracional… Apuntes sobre la historiografia de la arquitectura moderna en Brasil" in *Block*, *op. cit.*, pp. 8–22.

36. For this discussion in the general context of the Modernist project, see Brito, Ronaldo: "A Semana de 22. O Trauma do Moderno", in Tolipan, Sérgio (ed.): *Sete Ensaios sobre o Modernismo*, Funarte, Rio de Janeiro 1983, pp. 13–18.

37. For an interpretation of the Pampulha designs, see Bruand, 1981, pp. 109–18. See also Underwood, David: *Oscar Niemeyer and the Architecture of Brazil*, Rizzoli, New York 1994, especially pp. 42–70.

38. See Bonduki, Nabil: *Origens da Habitação Social no Brasil*, Estação Liberdade, São Paulo 1998. See especially chapter 4, "Habitação social e Arquitetura Moderna: os conjuntos habitacionais dos IAPs", pp. 132–176. This research, which is still in progress, indicates the construction of over 80,000 units between 1942 and 1953.

39. Quoted by Barbosa, Raul de Sá: "Brasília, evolução. História de uma idéia", in *Módulo*, no. 18, June 1960.

40. The first information that Le Corbusier received from Brazil was a postcard from Blaise Cendrars announcing the new government's intention to construct Planaltina and suggesting that he keep this possibility in mind. See *Blaise Cendrars a Le Corbusier*, 13.vii.1926. Archives of the Fondation Le Corbusier G.2.2. During the thirties this subject was maintained as a matter for reflection, as demonstrated in the thesis by Portinho, Carmem: *Anteprojeto para a Futura Capital do Brasil no Planalto Central*, presented to the Universidade do Brasil and published in two parts in *Revista Municipal de Engenharia*, in March and May 1939.

41. Belo Horizonte, the new capital of the State of Minas Gerais, was constructed on the basis of the plan drawn up by Aarão Reis in 1994, and Goiânia, the new capital of Goiás, from the plan prepared by Attilio Corrêa Lima in 1934. In addition to official initiatives, a large number of new cities were the result of private initiatives, such as Londrina, Maringá and other cities constructed in the thirties by the Companhia de Colonização do Norte do Paraná, funded by British capital.

42. For a complete description of the process of the decision and the contest, see Evenson, Norma: *Two Brazilian Capitals. Architecture and Urbanism in Rio de Janeiro e Brasília*, Yale University Press, New Haven and London 1973.

43. The contest and the construction of Brasília were administered by NOVACAP, a state organisation created for the purpose. The initial conditions for the contest, announced in different terms from those initially proposed by a committee of the Instituto dos Arquitetos do Brasil, brought about a crisis in that organ of professional representation. The lack of an unambiguous commitment to the result, the prospect that the authorship of the representative buildings would be determined subsequently by the Planning Committee and not by public contest, and the predominance on the jury of members appointed by the Committee itself led to harsh criticism from certain important architects, such as the Roberto brothers, Jorge Moreira and Affonso Eduardo Reidy. The two last-named architects refused to take part in the contest. See *Arquitetura e Engenharia*, no. 44, March–April 1957; *Módulo*, no. 8, July 1957; *Architectural Review*, vol. 122, December 1957.

44. The jury consisted of Israel Pinheiro (president without the right to vote), a representative of the Instituto dos Arquitetos do Brasil (Paulo Antunes Ribeiro), a representative of the Associação de Engenheiros (Horta Barbosa), two names appointed by NOVACAP (Oscar Niemeyer and his biographer Stamos Papadaki), and two foreign town planners, William Holford and André Sive.

45. See Evenson, 1973, p. 135.

46. William Holford, in Evenson, 1973, p. 134.

47. These quotations and those that follow come from Costa, Lúcio: "Relatório do Plano Piloto de Brasília", republished in *Brasília, cidade que inventei*, DPHA/Arquivo Público do Distrito Federal, Brasília 1991,

48. In 1823, José Bonifácio de Andrada e Silva, known as the Patriarch of Independence, proposed the transfer of the capital to Goiás and suggested the name of Brasília.

DOCUMENTS

VISUAL ARTS
1917
ANITA MALFATTI

In *Revista Anual do Salão de Maio*, no. 1, São Paulo 1939

When I came to Europe, I saw painting for the first time. When I visited the museums I was flabbergasted.

I began to want to find out in what way the great idols of the Italian schools were different from the little idols of the colleges. I was equally enchanted by both.

I was sad, because it was not a feeling of being dazzled but one of disturbance and infinite weariness before the unknown. In this way I spent several weeks, going back to the Dresden Museum every day.

In Berlin I went on with the search and started drawing.

I drew for six months, day and night. One fine day I went with a colleague to see a big exhibition of modern painting. They were large paintings. Kilos of paint of all colours had been used. An amazing combination. A breathtaking confusion, every accident of form painted in all colours. The artist had not taken time to mix the colours, which for me was a revelation and my first discovery.

I thought, the artist is right. Sunlight consists of three primary colours and four derived colours. Objects are only revealed when they emerge from the shadows, in other words, when they are enveloped in light.

Everything is the result of the light that reveals it, partaking of all the colours. I began to see everything revealed by all the colours.

Nothing in this world is colourless or without light. I got in touch with the man of all the colours, Lovis Corinth, and within a week I had begun working in the class that he taught.

I immediately bought a set of colours and the fun began. I was still afraid of large paintings, like someone who is scared of integral calculus.

The Flemish painters made me even more sad, but I continued to go and see them regularly. My teacher took my first portraits and I went to discover them, presented anonymously, at the Sezession in Berlin. I don't remember the meals, the tiredness of the journeys I made then, only the happiness of discovering colours. I made a journey to the south of Germany to see the first great exhibition of the Post-Impressionists, Pissaro, Monet, Sisley, Picasso, Le Douanier Rousseau, Gauguin and Van Gogh. I also saw Cézanne and Renoir.

It was the end of my reservations. I was happy. I went on to Paris and visited the Louvre and all the small museums and saw the Romanticism of Rodin, but I only remembered the exhibition in Cologne.

Back in Brazil, they only asked me about the Mona Lisa, the glory of the Italian Renaissance, and I had nothing to say.

I went to the United States, joined a school to go on studying, and what a disappointment! The teacher got angry with me and I got angry with him, until one day the light shone again. One of my colleagues told me on the sly that there was a modern teacher, a great misunderstood philosopher, who let others paint as they wanted.

We got in touch with the teacher that very afternoon, of course. He was not in New York, he had taken the class to paint on an island of fishermen and artists on the coast of New England. We made our way there a few days later.

The teacher began by asking whether I was afraid of death, and I said no. He gave me a terrific fright, in a boat that he took close to the rocks out at sea. He came back satisfied and taught me how to fix a canvas on a stretcher properly and said: "Now you can paint."

Whatever I wanted? Of course. I was caught up in a bucolic idyll. We painted in wind and in sun, in rain and in fog. Picture after picture. The storm, the lighthouse, the fishermen's little houses sliding down the hills, circular landscapes, sun and moon and sea.

Always the cliffs and caves, where I was petrified of getting lost. On Saturdays, a great naval review in which all our canvases took part and the philosopher directed the final attack.

It was the plastic poetry of life. I transposed the colour of the sky, in order to discover the different colour of the earth. I transposed everything! What joy! I encountered and discovered planes with new shapes and colours, in people and in landscapes.

I found that, when a shape is transposed, the same has to be done with the colour. It was a festival of shapes and a festival of colours. One day we remembered the science of values and distances. I was back in New York. We began to recall the movement of muscles, anatomy, and the geometrical construction of basic drawing.

Then I began to notice that there were cars in the street, money that was exchanged for objects that were of no use to people and that the world was full of strange, different individuals.

Once I remember a very bright red spot which stopped in the sunlight. A voice asked: "What is the secret of happiness?" I stopped. The voice continued: "You seem to be the spirit of happiness", and the spot became smaller and disappeared. Then I saw that it had been a car.

In that year and a half of my life I met may interesting people. The French Modernists came to the United States to seek refuge from war and famine. Mr. Croti and his wife, Juan Gris, and the wonderful Marcel Duchamps, who painted on enormous sheets of glass.

In the morning artists came to visit our teacher, the philosopher Homer Boss. They were all welcome. Isadora Duncan appeared, with her young girls, and sometimes there was a reserved Russian man who embarrassed us … it was Maxim Gorky.

One day he asked me which of his books I had read. "The Mother," I replied. He said I was ignorant, and then he discovered that I had read it only because of the questions that might be asked there and then, which I did not deny, and he added: "You made a poor choice, it is the least of my works."

Marcel Duchamps gave an amusing dissertation on how to shave on a sad day.

They only talked about Cubism, and we, in imitation, began to make our first experiments.

Isadora Duncan hired the Century Theatre and we went there every afternoon for three months until we could feel a vague idea of rhythm. Bakst designed *Scheherazade*. Diaghilev only talked about Nijinsky, who had gone mad as a result of the war, and arranged ballets.

The first models for the Russian ballets were explained to me by Bakst in New York; that was before I saw *Scheherazade*, which left me completely delirious.

We talked a lot about Napyarkovska, who was introducing a new kind of entertainment.

We began to use all the terms used by Isadora's girls, until our teacher became indignant, considering it better for us to go back to our cubes. All the artists expressed their opinions with equal frankness, and this led to controversies and lessons.

Journalists asked us for drawings, and I began to draw for *Vogue* and *Vanity Fair*.

We read *Jean-Christophe* and Selma Lagerlöf, and relaxed happily with the Persians and Indians.

I even managed to see Isadora Duncan performing in *Iphigenia in Tauris*, in the open air, in the Columbus University stadium. It was a wonderful spectacle.

Suddenly I found myself in São Paulo. My colleagues wrote a letter five metres long, calculating how many days it would take them to reach São Paulo on foot.

I came back without doubts, without worries, in a great idyll of painting. During those years of study I had painted simply for the sake of colour. I must confess that it was not in order to enlighten mankind, it was not in order to decorate houses, or even in order to be an artist.

There was no concern about glory, or fortune, or useful opportunities. When they saw my paintings, everybody found them ugly, awful, they were sad because my paintings were not the little idols of the colleges. I stored them away.

A few journalists asked me to see the pictures that had been so badly painted, and they all thought I should present an exhibition.

They talked and talked until I presented the *Primeira Exposição de Arte Moderna*, from December 1916 to January 1917, in Rua Libero Badaró. That very simple thing, that state of utter release from preconceived conditions in terms of art, brought a storm of protests, digressions that were totally made up, without the slightest foundation.

There was also a great deal of enthusiasm, a great deal of searching in the fields of literature and music. It led some people to look for a more intimate interpretation in the way they felt, something more sincere, more truly their own, something individual.

For when so-called modern art comes to be externalised, because of its very *raison d'être* it is individual.

The interest in art lies in its infinite variety, it is the writing that each one of us has inside himself.

Not all works of art are beautiful, but they are all different and they have their own history.

We must go forward to meet art in a state of unconcern and with a free mind, and never with little prejudices and artistic preconceptions.

We always see darkly through the spectacles of other people's opinions. Modern art is the expression of the individual of today.

Nobody yet knows how to criticise a work of individual inspiration; since it has no precedents, all they can do is offer insults.

This new, different exploration, the discovery of the novelty that each person carries within himself, had been started here as elsewhere in the world. This searching always returns, adopts new foundations, new laws are formed and Modern Art is created.

It is the same spirit that is at work in all its expressions.

Yet it is necessary to have courage or, as in my case, to be unaware of the protests of the great academic institutions constructed for the support of structures erected by generations from the past.

EXHIBITION HELD IN SÃO PAULO IN 1924
LASAR SEGALL

In *Exposição do pintor russo Lasar Segall*, São Paulo 1924

Since I am to show the public my Expressionist works, which are very different from anything that has been exhibited in São Paulo until now, I thought it wise to open this catalogue with a few words of explanation.
In recent years Berlin became a centre where painters and sculptors of European and world renown were living and working. They were living in abnormal conditions, which in the last few months became quite unbearable. There was a feeling of an imperative need to change milieu and to make contact with a new world. Various artists left the country, taking their work with them. I chose Brazil, which I had already visited and where I had found a cordial welcome when, in 1912, I presented an exhibition of my paintings in São Paulo. And now, on my return, I experienced the pleasure of finding that my name had not been forgotten. On the contrary, the intellectual milieu in Brazil which takes an interest in art, which is on a par with the history of art in Europe during these last few years, is very well aware of the place that I occupy in modern European painting. That flatters me but at the same time it saddens me, because I am unable to give a complete idea of what I have created, since most of my work is in museums in Europe or in private galleries. And so I was only able to bring 44 pictures, which are the ones that I am exhibiting, in addition to various engravings and lithographs, as well as some of my old work.
In view of the novelty that my exhibition represents for most of the public in Brazil, I think it is not superfluous to provide some information, in a few words, concerning my ideas about art and the art-viewing public.
As a result of its traditional ideas about art, the public is generally accustomed to expect a painting to provide a photograph, a subject, a reality, technical effects, sentimental things well arranged. And on finding a new trend in art, this public becomes bewildered and begins to torment itself with a thousand useless questions. Can this possibly be beautiful? What has become of anatomy and perspective? Why these mutilations? Why do we not see extracts from nature, pictures of life? Why seek something new if the old is so beautiful and comfortable?
I am imagining someone looking indignantly at my latest paintings. I feel that he is about to utter these banal words: "And there are people that dare to call that art! Oh! It's a profanation of art!" But if he were merely to glance at my older work, set alongside these new pieces, I think it would be sufficient to prevent him from making such a peremptory judgement. Probably he would shrug and say: "Shall I tell you something? I don't understand it in the slightest."
Of course, I do not take into account people who are insensitive to forms and colours. Such people are out of place in the world of painting, and it would be useless to give them explanations.
I am talking about someone who has some interest, however slight, in art, in painting in our case, but in whom erroneous ideas about art have been formed as the result of a defective artistic education. I mean that such a person would only have to unburden himself of the useless baggage accumulated by tradition to be able to react spontaneously and understand a true work of art.
Art is not a game. A work of art is not the result of a temperament, it is created out of inner necessity and ecstasy.
Art … is everything that has been intensely lived and felt—humanity, love, space and time—expressed in forms; in other words, a harmonious organisation of planes, lines and colours; and so it must use the most modest and most primitive means.
Every subject that stimulates the painter to create must be based on forms. And even though the subject may actually appear in the picture, it must always be in the background, allowing itself to be completely dominated by the composition.
Approach painting without prejudice. Do not look for beauty in the vulgar sense of the word. Exercise control. Resist the custom of looking in a painting for a reproduction of things with which you think you are familiar. Do not seek words for useless explanations which do not help. Simply surrender to the power of forms and colours, regardless of what is contained in them, and then a bond will be established between you and the picture.

PAU-BRASIL PAINTING AND ANTROPOFAGIA
TARSILA DO AMARAL

In *Revista Anual do Salão de Maio*, no. 1, São Paulo 1939

It was on the occasion of the visit of Blaise Cendrars to our country in 1924 that I, without premeditation and without any desire to create a school, produced what they called Pau-Brasil painting.
I was steeped in Cubism, in terms of theory and practice, and had my eyes fixed firmly on Léger, Gleizes and Lhote, my teachers in Paris. After giving interviews about the Cubist movement to various Brazilian newspapers when I had just arrived from Europe, I felt dazzled by the popular decorations of the houses in São João del Rei, Tiradentes, Mariana, Congonhas do Campos, Sabará, Ouro Preto and other small towns in Minas, full of popular poetry. A return to tradition and simplicity.
We went in a group to discover Brazil, under the leadership of Mrs Olívia Guedes Penteado, with her sensitivity, her charm, her social prestige and her support of modern artists, Blaise Cendrars, Oswald de Andrade, Mário de Andrade, Goffredo da Silva Telles, René Thiollier, Oswald de Andrade Filho, then just a boy, and myself.
The mural decoration in a modest hotel corridor; the walls in the rooms, covered with interwoven coloured bamboo; the paintings in the churches, simple and moving, executed with love and devotion by anonymous artists; Aleijadinho, with his statues and the brilliant lines of his religious architecture—everything elicited our admiring exclamations. In Minas I found the colours that I had adored as a child. Afterwards they taught me that they were ugly and provincial. I followed the dull routine of refined taste … But later I avenged myself for that oppression, introducing them in my paintings: very pure blue, violet pink, bright yellow, shrill green, and all in gradations of varying strength, depending on the admixture of white. Above all, clean painting, without fear of conventional canons. Freedom and sincerity, a certain stylisation, which adapted it to the modern age. Clearly defined outlines, giving the perfect impression of the distance that separates one object from another. Hence the success that I achieved at the Galerie Percier, in the Rue La Boétie in Paris, when I held my first

exhibition, in 1926. I was subjected to a preliminary test. Mr. Level, the director of the gallery, could not commit himself to a new unknown exhibitor, despite the introduction provided by Cendrars. He pretended that there was no vacancy. Nevertheless, he would come to my studio to see my work. When I showed him the *Morro da Favela* (Shantytown Hill), with black adults and children, animals, clothes drying in the sun, amid tropical colours, a painting that now belongs to Francisco da Silva Teles, he asked me: "When do you want to exhibit?" I had been approved. I would appear in the street of avant-garde art in Paris. I was exultant. The French critics were favourable to me, spontaneously (without my spending a franc on publicity, despite what certain ill-disposed colleagues have commented). At the opening, Madame Tachard, the collector, bought *Adoration*, a thick-lipped Black with hands placed before the image of the Divinity, surrounded by blue, pink and white flowers, in a frame by Pierre Legrain. The little dove of coloured wax, bought here in a small town in the interior, which Cendrars had given me as a present, served as a model. The rustic angels, with their wings of various colours like devotional flags, now belonging to Júlio Prestes, also had their fans among the critics. Maurice Raynal said: With the first signs of an artistic revival, Mme Tarsila brings from Brazil the first symptoms of the decline, in that grand nation, of the international academic influences that hitherto had subdued its personality. Here there are purely Brazilian autochthonous or imaginary scenes: the outskirts of São Paulo, families of Blacks, children in the sanctuary, and angels with a wholly animal mysticism." And so on.

André Warnod commented: "Blue, green, pink, all raw, beautiful colours like the festivals of New Year's Day and first communion pictures. Agreeable to see, full of exuberant contentment, radiant happiness, smiling joy." And so forth.

The well-known art critics Christian Zervos, Maximilien Gauthier, Louis Mauxcelles, Serge Romoff, G. de Pawlovski and Raymond Cogniat talked sympathetically about Pau-Brasil painting, as also did Antonio Ferro, Mário de Andrade, Assis Chateaubriand, Plínio Salgado, Antônio de Alcântara Machado, Menotti del Picchia, Manuel Bandeira, Álvaro Moreira, Renato Almeida, Paulo Silveira, Luis Aníbal Falcão, Ascenso Ferreira and others. It also had its adversaries, of course.

Cendrars sent enthusiastic letters to me in Paris: "Vive votre belle peinture!" And Paulo Prado said it all when he stated that he felt he had seen part of our land when he caught sight of a distinctly Pau-Brasil painting of mine in the window of the Galerie Percier.

The list of critics that appears above has a purpose: to elucidate and confirm with documentation the fact that this movement had a repercussion within Brazilian painting, just as Oswald de Andrade's Pau-Brasil poetry did in literature.

The Antropofagia movement of 1928 began with a painting of mine called *Abaporu* (Cannibal): a monstrous, solitary figure with immense feet sitting on a green plain, with one arm bent, resting on the knee, the hand supporting the light weight of the tiny head. In front of it, a cactus bursting into absurd flower. The painting was roughed out on 11 January 1928. Oswald de Andrade and Raul Bopp—the creator of the renowned poem "Cobra Norato"—were both struck by *Abaporu* and gazed at it for a long time. Imaginatively, they felt that a great intellectual movement could come from it.

Now a digression: a few years later, Sofia Caversassi Villalva, with her artist's temperament, radiating beauty and sensitivity, said that my Antropofagia paintings resembled her dreams. Only then did I understand

that I myself had made subconscious images, suggested by stories that I had heard as a child: the haunted house, a voice from above shouting from the wainscoting "I'm falling" and dropping a foot (which seemed enormous to me), "I'm falling", another foot dropping, then a hand, the other hand, the whole body, to the terror of the children.

The Antropofagia movement had its pre-Antropofagia phase, before the Pau-Brasil painting, in 1923, when I did a painting that caused quite a stir in Paris, *A Negra* (The Black Woman), a seated figure with crossed legs like two sturdy tree-trunks, a breast like a millstone resting on her arm, enormous, drooping lips, a head that was small in proportion. *A Negra* foreshadowed Antropofagia. The drawing of the figure was used for the cover of the poems of *Le Formose*, which Blaise Cendrars wrote about his journey to Brazil in 1924.

As I was saying, *Abaporu* made a profound impression. It suggested a fated creature, bound to the earth by its enormous, heavy feet. A symbol. A movement formed around it. In it there was a concentration of Brazil, the "green hell". The Clube de Antropofagia was founded, with a magazine edited by Antônio de Alcântara Machado and Raul Bopp. Oswald de Andrade issued his manifesto, and people joined rapidly. On 14 February 1928, long before the appearance of the first issue of the magazine, which was published in May, Plínio Salgado wrote in the *Correio Paulistano*: "… Tarsila do Amaral, of whom Blaise Cendrars said that she would be capable of sparking off a literary movement … in Russia. No. Tarsila is capable of sparking off a literary movement in Brazil … She brings remarkable indications of those great elemental forces to which I am referring. Two of her paintings in particular have a profound sense of the 'cosmic medium' and of 'racial truthfulness'. She makes them without feeling, because the artist seeks only to fix a thought. And that thought is very often a prophetic revelation."

In the first phase (or first dentition) of the *Revista de Antropofagia*, there were contributions from—in addition to its founders, Oswald de Andrade, Raul Bopp and Antônio de Alcântara Machado—Mário de Andrade, Osvaldo Costa, Augusto Meyer, Abigoar Bastos, Guilherme de Almeida, Plínio Salgado, Álvaro Moreira, Jorge Fernandes, Rosário Fusco, Yan de Almeida Prado, Marques Rebelo, Manoel Bandeira, Brasil Pinheiro Machado, José Américo de Almeida, Rui Cirne Lima, Maria Clemencia (Buenos Aires), Menotti del Picchia, Abgar Renault, Murilo Mendes, Nicolás Fusco Sansone (Montevideo), Carlos Drummond de Andrade, Pedro Nava, Ascenso Ferreira, Achiles Vivacqua, Mario Graciotti, Ascânio Lopes, Jaime Griz, Luis da Câmara Cascudo, Antônio Gomide, Henrique de Rezende, Guilhermino Cesar, Alberto Dézon, Peryllo Doliveira, Franklin Nascimento, Azevedo Corrêa Filho, Sebastião Dias, A. de Almeida Camargo, A. de Limeira Tejo, Mateus Cavalcante, Josué de Castro, Júlio Paternostro, Ubaldino de Senra, Silvestre Machado, L. Souza Costa, Camilo Soares, Charles Lucifer, F. de San Tiago Dantas, Rubens de Moraes, Nelson Tabajara, Walter Benevides, Emílio Moura, João Dornas Filho, Pedro Dantas and Augusto Schmidt.

In Europe, in connection with an exhibition of paintings that I presented in 1928, the art critic Waldemar Georges wrote about "Tarsila et l'Anthropophagie", commenting on the Brazilian movement of the return to the Indian, the master of the earth, where "joy is the proof by nines", as the "Manifesto Antropófago" said.

Krishnamurti sent a greeting from Paris, reproduced in facsimile in the eighth issue of the magazine. Illustrious writers provided contributions. The sixth issue included the following thought by Max Jacob: "To the

Revista de Antropofagia—Great men are modest, it is the family that brings their pride as relics."

The magazine appeared from May 1928 to February 1929.

From March to July of that year the movement's official organ was a weekly page in the *Diário de S. Paulo*. In that "second dentition", those who joined it and provided contributions were Oswald de Andrade, Osvaldo Costa, Geraldo Ferraz, Jorge de Lima, Julio Paternostro, Benjamin Péret (of the French Surrealist group), Raul Bopp, Barboza Rodrigues, Clóvis de Gusmão, Pagú, Álvaro Moreira, Di Cavalcanti, Mario de Andrade, Galeão Coutinho, Jayme Adour da Câmara, Augusto Meyer, José Isaac Peres, Heitor Marçal, Achiles Vivacqua, Nelson Foot, Hermes Lima, Edmundo Lys, Junrandyr Manfredini, Cicero Dias, Felippe de Oliveira, Dante Milano, Osvaldo Goeldi, Bruno de Menezes, Eneida, Ernani Vieira, Paulo de Oliveira, Aníbal Machado, Sant'Ana Marques, Campos Ribeiro, Muniz Barreto, Orlando Morais, Garcia de Rezende, João Dornas Filho, Ascenso Ferreira, Limeira Tejo, Dolour, Luiz de Castro, Genuino de Castro, Murilo Mendes and myself.

The movement stimulated and scandalised, it produced irritation, enthusiasm and rage, it grew as members joined from the north to the south of Brazil, apart from the sympathy of intellectuals in neighbouring countries. It also had repercussions in Paris, with protests of indignation at my painting *Antropofagia* (Cannibalism). One afternoon Geraldo Ferraz—the butcher—rushed madly to where Osvaldo Costa was living to tell him that the magazine had been suspended by the editor of the *Diário de S. Paulo* as a result of the pile of letters received from readers of the newspaper, complaining about that page which broke down all the middle-class canons. Poor magazine! That brought about the death of the Antropofagia movement.

MANIFESTO OF THE III SALÃO DE MAIO
FLÁVIO DE CARVALHO

In *Revista Anual do Salão de Maio*, no. 1, São Paulo, 1939

One of the most characteristic features of the aesthetic revolution in progress is a gradual abandonment of merely visual perception and an ever intenser development of psychological and mental perception of the world. All movements sharing in this aesthetic revolution reveal something of this process of dehumanisation of art, this abandonment of the visual image for penetration into deeper regions of psychological and mental perception. Such a change in Man's perception does not come about so much from conscious volition as from his striving towards greater sensibility. This abandonment of visual perception, which culminates in the abstract movement, is perhaps the most important aspect of the aesthetic revolution; for by rejecting the merely human and abandoning visual perception we achieve the apparent radical changes observed today. Art definitely ceases to be a ritual in its struggle for greater sensibility; and as such one cannot but recall Anna Pavlova's words: "Dance with your heads." We would recommend Pavlova's dictum to all whose principal sphere is manual training and technical dexterity: "Paint and build with your heads."[1]

Although many moods similar to those in contemporary art have flourished in the past, at no time hitherto has art reached the mental and emotive sensibility of today, and it is this mental exploration which will determine the art of tomorrow.

Art criticism has never ventured close to regions bordering the very essence of man's psyche; nor achieved so close a contact with all that is significant in the human mind. Never has it been so critical and so turbulent, so capable of demolishing and creating; never has it been so refined an expression of intelligence and emotion. Again, today the critical spirit has reached such a degree of inquiry that sticking bits of newspaper over a surface is as much plastic art and as important as sticking pigments on a canvas, or gathering together structural elements in order to frame an idea.

The fact that the aesthetic revolution began more than forty years ago does not depreciate the value of the present movement: for the problem remains to get people to acknowledge that it is this revolutionary movement which, shunning routine, has altered and destroyed the gratuitous formulae of such routine, has annihilated the small "bits of nonsense" imposed by popular mediocrity, and engendered a deeper comprehension, ergo, a new conception which will influence and mould aesthetics. Art reaches a higher plane: the intensity of the struggle process, which makes up the very life of art and which develops around its inferiorities, goes on operating on a higher plane. An analysis of art can only by achieved by a classification of its characteristics in contradistinction to a classification by groups, although these groups themselves have already attempted that classification. (Such characteristics group themselves into sequences with a well-defined meaning; and these sequences sometimes intersect and thereby anticipate some dominating peak in the sequence; as, for instance, happened with certain aspects of abstractionism emerging before the bulk of Surrealist manifestation.)

The aesthetic revolution is nothing but an expression of the turbulence which results in the polarisation of basic animical forces, and which serves to underline and define the historic moment in the struggle.

Today we are confronted by two important equations in art:

1) — Abstractionism = Mental Values

2) — Surrealism = Ebullition of the Unconscious.

Both are necessary to the very conception of struggle and movement and to the moulding of plastic art to be, because both appear on the scene of the struggle as a consequence of the same anxiety. The struggle between abstractionism and surrealism are manifestations of the sole and same organism—for they are antithetical forces characterising two qualities always found together in man: ebullition of the unconscious and its antithesis, mental values. One cannot be separated from the other without beheading and killing the organism Art. Each of these equations defines the Human Aspect: Surrealism plunges into the filth of the unconscious whirling around within the ancestral "untouchable". Abstract art, by redeeming itself from the ancestral unconscious and liberating itself from the narcissism of figure representation, from the dirt and desolation of man, introduces a hygienic factor into the plastic world: free line and pure colour, quantities belonging to a world of pure thought, a non-subjective world tending towards the neutral. The advent of abstract art is a psychological expression of purification. Piet Mondrian says: "... time is a process of intensification, an evolution from the individual towards the universal, of the subjective towards the objective ..." (*Circle*, p. 43). For contrasting reasons, Dirt and Purity are the necessary complement one of the other. It is difficult to exaggerate the importance of this homicidal assault against figurative art, as it augurs a phase of social evolution of the utmost importance: the broadening of man's point of view! The reproduction of images in art is essentially narcissistic, a manifestation of small reach: man in adoration and direct commemoration of himself, in conspicuous praise of or comment on his own acts.

The importance of the aesthetic revolution was not rated at its true value even by those who promoted it …

The Salão de Maio regards as an involuntary insult to intelligence the major part of the public's gilt-frame mentality, which prefers technical dexterity and images to quality and expression. However, it considers contact with the public useful to pioneer artists because the indignation such a contact produces in the public, whose middle-class opinion is always somewhat backward, is the force that propels the artist forwards, the mental and animical fuel which makes him strive on. After all, it is quite natural that all those who do not understand a thing should rebel against it—but rebellion cools down and is replaced by love as soon as the process of comprehension begins. When comprehension fails it yields to repulse, tiredness, tediousness, sleep, death.

The Salão de Maio supports and welcomes all manifestations pertaining to the aesthetic revolution—Expressionism, Cubism, Fauvism, etc. … for in so doing it protects the structure on which rests all that is vital in art to-day.

The Salão de Maio is against the emphasis on "being modern", which it considers inimical to art. It is against the technical dexterity that overpowers by trickery all that is emotively deep and mentally pure in art—that very dexterity which, by titivating the public taste, fosters the type of art critic who takes as his criterion that period of decadence which is always described in popular histories of art as "the golden age" (see Greek art).

The Salão de Maio is not a mere exhibition of painting; museums and galleries fulfil this function; it is rather a movement in art. It is not an organisation to sell pictures; the picture merchant can do this better. It is not a social function; that is the purpose of official exhibitions.

The Salão de Maio, by acquiring an international character, hopes that a higher intellectual interchange may advantageously replace the lower sentiments of man. It aspires to be a shelter for and a support to the ideas of those who, through inescapable vocation, have battered out their existence against the surrounding prison walls, in the development of that aesthetics and that plastic attainment which bid fair to lead the world of today and reveal themselves as the substratum of tomorrow.

1. The phrase "with your heads" implies mind as well as emotion, freed from the rituals of routine.

ART AND ARTIST
Ismael Nery

In Amaral, Aracy (ed.): *Ismael Nery 50 anos depois.* Museu de Arte Contemporânea da Universidade de São Paulo, São Paulo 1984, pp. 37–38

It is surprising that in an age in which art has passed through such amazing transformations the objective concept of the artist has remained absolutely intact. The idea that an artist is someone who copies nature is as repugnant as the idea that an artist can comment on it through his temperament. The primordial concept of art contains the idea of equilibrium, and that is why we consider that a modern artist should not be a cultivator of temperament but rather an establisher of relationships. Cultivating a temperament involves developing one or more elements of our totality, allowing all the rest to atrophy.

However, temperament is disproportion. Life inevitably offers us an almost infinite complex of emotions in opposing scales, emotions that any person perceives without having any special culture. The fact that there are people who initially have a tendency towards certain emotions only goes to show that moral deformities are hereditary, just like physical deformities, as is actually quite well known.

Being optimistic or pessimistic means initially adopting a *parti pris*. In the course of life we are offered the most contrasting emotions, emotions that are necessarily contrasting, for otherwise we would not have constructive relationships.

Humanity has not been anything other than man subjected to the reflexes of the environment in time. Theoretically we have no doubt that man can be standardised, but we feel that it must be within a state of justice.

The achievement of that state must be the objective of our present cogitation. For us, the artist is precisely the person who not only sets out for that state unconsciously (as, indeed, everybody does) but who also consciously hastens towards it, selecting life as the product of his relationships.

All concepts that can be made of the artist outside essentialism transform the artist into an *objet d'art*, thus dislocating the idea of value and subordinating it to the role of a reference point. We can only achieve the right idea of things by the essentialist method, which consists in receiving, without any *parti pris*, all the emotions that operate within our unconscious and are transformed into affinity or repulsion according to the dosage inside us of the instinct of conservation, the indicator of morality.

The role of intelligence in the essentialist must be restricted solely to exclusively therapeutic aims, that is, having perceived imbalance, to take an interest in its reestablishment (personal justice).

We feel, therefore, that temperament is always a malady, all the more grave the more intense it is.

We consider that wrong is a disproportion for the simple reason that it causes imbalance within the idea that is necessary and essential for unity.

"RUPTURE" MANIFESTO
Charoux, Cordeiro, De Barras, Fejer, Haar, Sacilotto, Wladyslaw

Published in connection with the first exhibition of the Grupo Ruptura in São Paulo in 1952

ancient art was great when it was intelligent.
however, our intelligence cannot be that of Leonardo.
history gives a qualitative leap:
there is no longer continuity!
. those who create new forms from old principles.
so we distinguish

. those who create new forms from new principles.

why?

the scientific naturalism of the renaissance—the method for representing the external world (three dimensions) on a plane (two dimensions)—exhausted its historical mission.

there was crisis   there was renewal

now the new can be differentiated
precisely from the old. we break away
from the old and so we declare:
there is the old
• all the varieties and hybridisations of naturalism;
• the mere negation of naturalism, that is, the "erroneous" naturalism of children, mentally ill people, "primitives", expressionists, surrealists, etc.;
• hedonistic non-figuration, a product of gratuitous enjoyment, which seeks mere arousal of pleasure or displeasure.
there is the new
• expression based on new artistic principles;
• all the experiments that tend towards the renewal of the essential values of visual art (space–time, movement and matter)
• artistic intuition endowed with clear, intelligent principles and considerable possibilities for practical development;
• giving art a defined place within the context of contemporary mental activity, considering it a means of knowledge that can be deduced from concepts, setting it above opinion, demanding prior knowledge for understanding.

modern art is not ignorance, we are against ignorance.

LITERATURE

CANNIBALIST MANIFESTO
OSWALD DE ANDRADE

In *Revista de Antropofagia*, no. 1, *Diário de S. Paulo*, São Paulo 1928
Translation by Leslie Bary

Cannibalism alone unites us. Socially. Economically. Philosophically.

The world's single law. Disguised expression of all individualisms, of all collectivisms. Of all religions. Of all peace treaties.

Tupi or not tupi, that is the question.

Down with every catechism. And down with the Gracchi's mother.

I am only concerned with what is not mine. Law of Man. Law of the cannibal.

We're tired of all the suspicious Catholic husbands who've been given starring roles. Freud put an end to the mystery of Woman and to other horrors of printed psychology.

What clashed with the truth was clothing, that raincoat placed between the inner and outer worlds. The reaction against the dressed man. American movies will inform us.

Children of the sun, mother of the living. Discovered and loved ferociously with all the hypocrisy of *saudade*, by the immigrants, by slaves and by the *touristes*. In the land of the Great Snake.

It was because we never had grammars, nor collections of old plants. And we never knew what urban, suburban, frontier and continental were. Lazy in the *mapamundi* of Brazil.
A participatory consciousness, a religious rhythmics.

Down with all the importers of canned consciousness. The palpable existence of life. And the pre-logical mentality for Mr Lévy-Bruhl to study.

We want the Carib Revolution. Greater than the French Revolution. The unification of all productive revolts for the progress of humanity. Without us, Europe wouldn't even have its meagre declaration of the rights of man. The Golden Age heralded by America. The Golden Age. And all the *girls*.

Heritage. Contact with the Carib side of Brazil. Où Villegaignan print terre. Montaigne. Natural man. Rousseau. From the French Revolution to Romanticism, to the Bolshevik Revolution, to the Surrealist Revolution and Keyserling's technicised barbarian. We push onward.

We were never catechised. We live by a somnambulistic law. We made Christ to be born in Bahia. Or in Belém do Pará.

But we never permitted the birth of logic among us.

Down with Father Vieira. Author of our first loan, to make a commission. The illiterate king had told him: put that on paper, but without a lot of lip. The loan was made. Brazilian sugar was signed away. Vieira left the money in Portugal and brought us the lip.

The spirit refuses to conceive a spirit without a body. Anthropomorphism. Need for the cannibalistic vaccine. To maintain our equilibrium against meridian religions. And against outside inquisitions.

We can attend only to the oracular world.

We already had justice, the codification of vengeance. Science, the codification of Magic. Cannibalism. The permanent transformation of the Tabu into a totem.

Down with the reversible world, and against objectified ideas. Cadaverised. The stop of thought that is dynamic. The individual as victim of the system. Source of classical injustices. Of romantic injustices. And the forgetting of inner conquests.

Routes. Routes. Routes. Routes. Routes. Routes. Routes.

The Carib instinct.

Death and life of all hypotheses. From the equation "Self, part of the Cosmos" to the axiom "Cosmos, part of the Self." Subsistence. Experience. Cannibalism.

Down with the vegetable elites. In communication with the soil.

We were never catechised. What we really made was Carnival. The Indian dressed as senator of the Empire. Making believe he's Pitt. Or performing in Alencar's operas, full of worthy Portuguese sentiments.

We already had Communism. We already had Surrealist language. The Golden Age.
Catiti Catiti
Imara Notiá
Notiá Imara
Ipejú.

Magic and life. We had the description and allocation of tangible goods, moral goods, and royal goods. And we knew how to transpose mystery and death with the help of a few grammatical forms.

I asked a man what the Law was. He answered that it was the guarantee of the exercise of possibility. That man was named Galli Mathias. I ate him.

Only where there is mystery is there no determinism. But what does that have to do with us?

Down with the histories of Man that begin at Cape Finisterre. The undated world. Unrubrified. Without Napoleon. Without Caesar.

The determination of progress by catalogues and television sets Only machinery. And blood transfusers.

Down with the antagonistic sublimations. Brought here in caravels.

Down with the truth of missionary peoples, defined by the sagacity of a cannibal, the Viscount of Cairu: It's a lie told again and again.

But those who came here weren't crusaders. They were fugitives from a civilisation we are eating, because we are strong and vindictive like the Jabuti.

If God is the consciousness of the Uncreated Universe, Guaraci is the mother of the living. Jaci is the mother of plants.

We never had speculation. But we had divination. We had Politics, which is the science of distribution. And a social system in harmony with the planet. The migrations. The flight from tedious states. Against urban scleroses. Against the Conservatories and speculative tedium.

From William James to Voronoff. The transfiguration of the Taboo into a totem. Cannibalism.

The paterfamilias and the creation of the Morality of the Stork: Real ignorance of things + lack of imagination + sense of authority in the face of curious offspring.

One must depart from a profound atheism in order to arrive at the idea of God. But the Carib didn't need to. Because he had Guaraci.

The created object reacts like the Fallen Angels. Next, Moses daydreams. What do we have to do with that?

Before the Portuguese discovered Brazil, Brazil had discovered happiness. Down with the torch-bearing Indian. The Indian son of Mary, the stepson of Catherine of Medici and the godson of Dom Antonio de Mariz.

Joy is the proof by nines.

In the matriarchy of Pindorama.

Down with Memory as a source of custom. The renewal of personal experience.

We are concretists. Ideas take charge, react, burn people in public squares. Let's get rid of ideas and other paralyses. By means of routes. Believe in signs; believe in sextants and in stars.

Down with Goethe, the Gracchi's mother, and the court of Dom João VI.

Joy is the proof by nines.

The struggle between what we might call the Uncreated and the Creation—illustrated by the permanent contradiction between Man and his Taboo. Everyday love and the capitalist way of life. Cannibalism. Absorption of the sacred enemy. To transform him into a totem. The human adventure. The earthly goal. Even so, only the pure elites managed to realise carnal cannibalism, which carries within itself the highest meaning of life and avoids all the ills identified by Freud—catechist ills. What results is not a sublimation of the sexual instinct. It is the thermometrical scale of the cannibal instinct. Carnal at first, this instinct becomes elective, and creates friendship. When it is affective, it creates love. When it is speculative, it creates science. It takes detours and moves around. At times it is degraded. Low cannibalism, agglomerated with the sins of catechism—envy, usury, calumny, murder. We are acting against this plaque of supposedly cultured and Christianised peoples. Cannibals.

Down with Anchieta singing of the eleven thousand virgins of Heaven, in the land of Iracema—the patriarch João Ramalho, founder of São Paulo.

Our independence has not yet been proclaimed. An expression typical of Dom João VI: "My son, put this crown on your head, before some adventurer puts it on his!" We expelled the dynasty. We must still expel the Bragantine spirit, the decrees and the snuff-box of Maria da Fonte.

Down with the dressed and oppressive social reality registered by Freud—reality without complexes, without madness without prostitutions and without penitentiaries, in the matriarchy of Pindorama.

OSWALD DE ANDRADE
In Piratininga, in the
374th Year of the Swallowing
of Bishop Sardinha.

THE MODERNIST MOVEMENT
MÁRIO DE ANDRADE

Specially manifested in art, but also violently impregnating the social and political habits, the Modernist Movement announced, prepared and, in many places, created a feeling of national spirit. The transformation of the world with the gradual undermining of the large empires, with the European practice of new political ideals, the speed of transportation and thousands of new international causes, as well as the development of the American and Brazilian consciousness and the inner progress taking place in technology and education, imposed the creation of a new spirit and demanded a new verification and even remodelling of the national intelligentsia. This constituted the Modernist Movement from which the *Semana de Arte Moderna* (Week of Modern Art) was its main collective manifesto. There is an undeniable merit in this although we, the first Modernists... of the caverns that gathered together around the painter Anita Malfatti and the sculptor Vitor Brecheret only represented the loudspeakers of a universal and national force much stronger than ourselves. A fatal force that would become a reality. A critic with common sense already asserted that everything that the Modernist Movement did would happen anyway even without it. I don't know any platitude more amusing than this. That all of it would happen, even without the Modernist Movement would be, purely and simply,... the Modernist Movement.

Twenty years ago, the Municipal Theatre of São Paulo held the Week of Modern Art. It is a very pleasant past, it was not ugly at all, and that also surprises me a little bit. How did I dare to participate in that battle! It is true that with my artistic experiences I really shock the intellectuals of my country; however, exhibited in books and articles, these experiences are not realised *in anima nobile*. I am not present there, and this mitigates the full brunt of the stupidity. Nevertheless, how did I dare to recite verses over a hooting so loud that I could not hear from the stage what Paulo Prado was screaming at me from the first row? How was I able to read a conference on plastic arts, on the steps of the Theatre, surrounded by unknown people that scoffed at me and loudly insulted me?

My merit as a participant is an alien merit: I was encouraged, blinded by the enthusiasm of the others. Despite the absolutely resolute trust that I had in renovating aesthetics, more than trust, true faith, I would not have had the strength, neither physical nor moral, to resist that storm of insults. And if I bore the commotion it was because I was raving. The enthusiasm of the others, not mine, enraptured me. For myself, I would have given in. I say that I would have given in, but only at this spectacular presentation that was the Week of Modern Art. With or without it, my intellectual life would have been what it has been.

The Week marks a date, this is undeniable. But what is true is that the pre-consciousness first, and immediately after the conviction of a new art, of a new spirit for at least six years, had increasingly defined itself in the... feeling of a bunch of Paulist intellectuals. In the beginning it was a strictly sentimental phenomenon, a premonitory intuition, a... state of poetry. Really: educated in the "historical" plastic, knowing at its most the existence of the main Impressionists, ignoring Cézanne, what did lead us to unconditionally adhere to the exhibition of Anita Malfatti who, in open war, presented Expressionist and Cubist paintings to us? It seems nonsense, but those paintings were the revelation. And isolated in the rushing stream of scandal which had overflowed the city, we, three or four, raved of ecstasies before paintings that were entitled *Homen amarelo, Estudanta russa, Mulher de cabelos verdes*. And to this very same *Homem amarelo* with such hitherto unheard-of forms at that time, I dedicated a sonnet which had a very Parnassian facture... So had we.

A little bit later, Menotti del Picchia and Osvaldo de Andrade discovered the sculptor Vitor Brecheret who dozed in São Paulo in a sort of exile, in a room that he had got freely in the Palacio de las Industrias to keep his things. Brecheret did not come from Germany as Anita Malfatti, he came from Rome. But he also imported less Latin shadows since he had been a pupil of the famous Maestrovic. And we did true *rêveries* galloping between the Symbolic exasperation and the decorative stylisations of the "genius". Because, for us, Vitor Brecheret was at the very least a genius. This minimum is what we had to be content with, such was the enthusiasm to which he surrendered us. And Brecheret would be the release that would make the *Paulicéia desvairada* explode...

I had gone through that year 1920 without writing any poetry. I had books and notebooks of Parnassian things and some timidly Symbolic, but everything ended up as unpleasant to me. From my disordered readings I already knew some recent Futurists, but only then had I discovered Verhaeren. And that had been an illusion. Fundamentally led by the *Villes tentaculaires,* I immediately conceived writing a book of "modern" poems, in free verse, about my town. I tried, I did not see anything that would interest me. I tried again, and nothing. Months went by in anguish, with a cruel insufficiency. Would poetry be finished for me?... I woke up anxious.

In addition to it, I was undergoing moral and vital difficulties of various kinds; it was a year of great suffering. I earned enough to live comfortably but, with the fury of knowing the things that had trapped me, the salary was spent on books and I tormented myself with terrible shady financial problems. At home, the atmosphere was awful. Although my mother and brothers did not feel uncomfortable with my "follies", the rest of the family was tearing me apart with no mercy. And even with some pleasure: this sweet family pleasure of having as a nephew or a cousin this "hopeless case" that highlights our virtue. I had brutal discussions in which it was not rare that the mutual outrages would reach that point of fury at which... why is it that art provokes them! The fight was so strong that, instead of depressing me, it would leave me with hatred, true hatred. It was then that Brecheret allowed me to remake in bronze one of his plaster casts I liked, a *Cabeça de Cristo,* but with what clothing! I owed a small fortune! Sometimes I walked, for I did not have the two-hundred thousand *reis* for the tramway on the very same day that I had spent six-hundred thousand *reis* on books... And six-hundred thousand *reis* was quite an amount of money at that time. I did not doubt: I made more financial shady dealings with a mate, and finally I was able to unwrap at home my *Cabeça de Cristo;* I was sensually very happy. This news spread immediately and my family that lived next to me invaded the house to see. And to discuss. They shouted, shouted. That it was even a mortal sin!, ground milady my old aunt, matriarch of the family. Where have you seen Christ with tresses! It was ugly! Horrendous! María Luisa, your son is truly a "hopeless case".

I was amazed, honestly. My inner desire was to hit out! I had dinner absolutely absorbed, in an incredible state of laceration. Afterwards, I went up to my room, it was night, with the intention of getting ready to go out, to distract myself a bit, to throw a bomb in the centre of the world. I remember that I went to the balcony, looking without seeing my square. Noises, lights, unfinished chats coming up from the hired chauffeurs. I was apparently calm, as if I had no destiny. I don't know what happened to me. I went to the bureau, opened a notebook, wrote a title I had never thought about before, *Paulicéia desvairada.* Finally, the explosion was there, after a year of interrogative anxieties. Among worries, urgent works, debts, discussions, a little bit more than a week later, an enormous song was on paper, perhaps two times bigger than any work of art ever provided in a book.[1]

Who had the idea of the Week of Modern Art? I don't know who it was, I never did, the only thing I can assert is that it wasn't me. The Movement, extending little by little, had already become a sort of permanent public scandal. We had already read our verses in Rio de Janeiro; and in a very important reading at the home of Ronald de Carvalho, where Ribeiro Couto and Renato Almeida were also present, in a friendly atmosphere, *Paulicéia desvairada* obtained the approval of Manuel Bandeira who in 1919 had experimented with his first free verses in *Carnaval.* And suddenly, Graça Aranha, famous, bringing from Europe his *Estética da vida,* goes to São Paulo and tries to meet us and gather us around his philosophy. We laughed a bit at *Estética da vida* that still attacked certain modern Europeans we admired, but we openly adhered to the master. And someone threw out the idea of holding a week of modern art, with plastic arts' exhibitions, concerts, readings of books and explanatory conferences. Was it the very same Graça Aranha? Was it Di Cavalcanti? However, what really mattered was the realization of this very expensive and audacious idea. And the true promoter of the Week of Modern Art was Paulo Prado. And only a figure such as his and a large but provincial city such as São Paulo could make up the Modernist Movement and objectify it in the Week.

There was a time in which they tried to transplant the roots of the Movement to Rio due to the Impressionist and mainly Post-Symbolist manifestations that existed then in the Republic's capital. No doubt they basically existed in those that, later on, always more concerned about balance and constructive spirit, formed the group of the journal *Festa.* In São Paulo, this aesthetic atmosphere only fermented in Guilherme de Almeida and in a pastelist Di Cavalcanti, the "troubadour of the veiled tones", as I called him in an extravagant dedication. But I think that this by any means evolutionism is a delusion which recalls names such as Nestor Vítor or Adelino Magalhaes as its preceding links. Therefore, it would be more logical to evoke Manuel Bandeira with his *Carnaval.* But while we got to know him by chance in a bookstore, and we admired him, from the others, in the province, we ignored even the names, for the imperialist interests of the Court were not to send us "humiliated or bright" people, but the great academic humbug, smile of society, useful for the provincial taste.

No. In Brazil, Modernism was a rupture, it was an abandonment of principles and consequent techniques; it was a revolution against what was the national intelligentsia. It is far more exact to imagine that the European state of war would have prepared in us a war spirit eminently destructive.

And the fashions that displayed this spirit were, in the beginning, directly imported from Europe. Concerning the fact of that, we, those of São Paulo, were said to be antinationalist, Europeanised antitraditionalists, I think that this was a lack of critical subtlety. Ignoring all the regionalist movement which started precisely in São Paulo and immediately before it by the *Revista do Brasil;* ignoring all the editorial movement of Monteiro Lobato; ignoring the architecture and even the neocolonial urban development (Dubugras) born in São Paulo. We were impregnated with these ethics. Menotti del Picchia had given us the *Juca Mulato,* we studied Brazilian traditional art and wrote about it; and the first book of the Movement sings regionally about the mother town. Nevertheless, the Modernist spirit and its fashions were directly imported from Europe.

But São Paulo was much more "up to date" than Rio de Janeiro. And socially speaking, Modernism only could be imported from São Paulo and break out in the province. There was a great difference, nowadays already less noticeable, between Rio and São Paulo. As a standard of foreign life, Rio was much more international. It is clear: Rio, as seaport and capital of the country, has a congenital internationalism. However, São Paulo was spiritually much more modern, a necessary fruit of the economy of coffee and its resulting industrialism. Belonging to the inland, maintaining until now a servile provincial spirit, very much denounced for its politics, São Paulo was at the same time, due to its current commercial importance then and its industrialisation, more in spiritual and technical contact with the world.

It is really astonishing how Rio maintains, within its vibrant malice of international city, a sort of rurality, an immobile traditional character, much stronger than São Paulo. Rio is one of these cities in which not only does the national "exoticism" remain indissoluble (which, in addition, is a proof of the vitality of its character), but also the interpenetration of the rural with the urban characters. This is something which would be impossible to perceive any longer in São Paulo. As Belem, Recife, Ciudad del Salvador, Rio is still a folkloric town. In São Paulo, the folkloric exoticism does not frequent the Calle (Street) Quince, except for the sambas that appear in the match boxes of the Bar Nacional.

However, in the malicious Rio, an exhibition such as that of Anita Malfatti could create publicity reactions, but no one let himself be driven by it. In the non-malicious São Paulo she created a religion. Also with its Neros... The article "against" the painter Monteiro Lobato, even though it was a series of foolish things, shook the population, changed its way of life. In addition, the Modernist Movement was clearly aristocratic. Because of its character of risky game, because of its very extreme adventurous spirit, because of its Modernist internationalism, because of its wild nationalism, because of its antipopular gratuitousness, because of its arrogant dogmatism, its was an aristocracy of the spirit. Therefore, it was very natural that the upper middle and lower middle bourgeoisies were scared of it. Paulo Prado, together with one of the exponents of the Paulist intellectual aristocracy, was one of the main figures of our traditional aristocracy. Not of the improvised aristocracy of the Empire, but of that much older, justified in the secular work of the land and native of any European highwayman that the monarchic criterion of the King God had already matched to cohabit with the genealogy. And it was for all this that Paulo Prado could well evaluate to what extent there was an adventurous and dangerous practice in the Movement, and whether it was worth risking his intellectual and traditional responsibility in this daring enterprise.

Something like that would be impossible in Rio where there was no traditional aristocracy but only a very wealthy upper middle bourgeoisie. And the latter could not adopt a Movement that destroyed its conservative and conformist spirit. The bourgeoisie never was a good loser, and this is what does ruin it. While Paulo Prado, with his intellectual and traditional authority, took the carrying out of the Week very seriously, opened the list of the contributors and dragged along his aristocratic peers and some other dominated by his figure, the bourgeoisie protested and hooted at them. The bourgeoisie of class and that of spirit. And it was in the middle of the most terrible rabble, among the strongest insults, that the Week of Modern Art inaugurated the second phase of the Modernist Movement, the truly destructive period.

For honestly, the... heroic period had been the previous one which had begun with the painting exhibition of Anita Malfatti and ended up with the "fête" of the Week of Modern Art. During this half dozen years we were really pure and free, generous, living in the most sublime, illuminated and sentimental union. Isolated from the world environment, scoffed at, avoided, ridiculed, cursed, no one can imagine the ingenuous megalomania and the personal certainty with which we reacted. The state of exaltation in which we lived was uncontrollable. Any page of any of us led the others to prodigious commotion, but that was marvellous!

And there were those excessive raids in the middle of the night in Osvaldo [sic.] de Andrade's green Cadillac, for me the most characteristic and dynamic figure of the Movement, to go to read our first works in Santos, in the Alto da Serra, in the Ilha das Palmas... And the meetings close to nightfall, when we stayed in the exhibition with a very rare admirer, in the journal office of *Papel e tinta*... And increasing the legion with Sergio Milliet and Rubens Borda de Morais, who very knowledgeable came from Europe... And we treated with a religious respect these comfortable pilgrims who had seen Picasso and had talked to Romain Rolland... And the adhesion in Rio of Álvaro Moreyra, of Ronald de Carvalho... And the astonishing discovery that there existed in São Paulo many Lasar Segall's paintings, already very admired through the German journals... All geniuses, all genial *operas primas*... Only Sergio Milliet could contribute some uneasiness to the fire with his balanced serenity... And the philosopher of the gang, Couto de Barros, sprinkling islands of consciousness in us when in the middle of the discussion, generally limited to altercations of peremptory assertions, he carefully asked: But what is your criterion on the word "essential"? Or: But what is your conception of "horrendous beautiful"?...

We were pure. Even besieged by everyday rebuff, the mental health of almost all of us prevented us from any pain culture. In this aspect, perhaps the Futurist theories had a unique and beneficent influence on us. No one thought about sacrifice, no one concealed what was misunderstood, no one saw himself as a precursor or a martyr: we were an explosion of convinced heroes. And very healthy.

The Week of Modern Art, in addition to being a logical culmination of this explosion gloriously experienced (excuse me, but we were glorious beforehand...), the Week of Modern Art provided its first blow to the purity of our spiritual aristocraticism. Once the Movement was consecrated by the Paulist aristocracy, although we still were to suffer more sometimes cruel attacks, the regional nobility provided its strong support and... dissolved us in the favours of life. No doubt it did not act in a preconceived way, and if it dissolved us it was by its own nature and its decadent state. In a phase in which it had no other vital reality, as some present kings, the Paulist rural nobility could only transmit to us its gratuitousness. The salon movement started. And we lived around it for 8 years, almost until 1930, in the most intellectual orgy that the country's artistic history had ever registered.

But according to the very scandalised bourgeois' intrigue, our "orgy" was not only intellectual... What they said or didn't say was said about our parties. Champagne with ether, very invented vices, the pillows became "cushions", they created a whole semantics of cursing... Nevertheless, when they were not public dances (which were what libertine dances of the upper society are like), our parties of the Modernist salons were the most innocent artists' jokes one can imagine.

There were the Tuesday meetings at night in the Calle Lopes Chaves. This weekly meeting, the first of all, was exclusively for artists and took place even before the Week of Modern Art. From the intellectual point of view, it was the most useful of the salons, if we can call it a salon. Sometimes twelve, up to fifteen artists gathered in the small studio where we ate Brazilian traditional sweets and cakes and drank cheap liquor. Modern art was a compulsory subject and intellectualism was so intransigent and dehumanised that it was even forbidden to talk badly about someone else's life! Discussions reached critical moments, the heat was such that some seated on the windows (there were not enough seats for all), and thus, the one sitting in the highest place could dominate thanks to height, for he could not dominate either by voice or by argument. And that lazy beam at dawn stopped just in front of us, with the hope of witnessing some discussion.

I was at the most select salon of the Avenida Higienópolis. My pretext was the Sunday meal, a marvel of the Luso-Brazilian food. Even there, the chat was strictly intellectual, but varied more and prolonged itself more. Paulo Prado, with his prolific pessimism and his realism, converted the affair of free artistic lucubrations into problems of the Brazilian reality. It was a salon that lasted longer and dissolved itself in a very bad and unpleasant way. After the master of the house became the head by succession, that is to say, the patriarch of the Prado's family, the house was invaded, even on Sunday, by a public of the upper class that could not share the redness of our affairs. And the conversation got tinged by poker, society gossip, horse races and money. The intellectuals, defeated, moved back little by little.

And there existed a salon in the Calle Duque de Caxias which was the largest, the truest salon. The weekly meetings took place in the afternoon, also on Tuesday. And this was the reason why the evening meetings the same day started to disappear from the Calle Lopes Chaves. The society of the Calle Duque de Caxias was larger and more varied. Only in some special parties, in the modern salon, built in the gardens of the site and decorated by Lasar Segall, the group drew closer together. Also there the cult of tradition was strong but within the greatest Modernism. The cuisine, of an Afro-Brazilian style, appeared in the lunch and dinners with extremely perfect compositions. And one of my greatest strokes of luck was to be able to admire this exceptional lady, Doña Olívia Guedes Penteado. Her discretion, tact and prodigious authority for leading, maintaining, correcting this heterogeneous multitude that came to her, attracted by her prestige, artists, politicians, millionaires, braggarts, was incomparable. Her salon, that also lasted for some years, was essentially dissolved by the effervescence that was emerging in 1930. The foundation of the Democratic Party, the eruptive political spirit that had seized many intellectuals, leading them towards right or left extremisms, had created a state of uneasiness in the meetings. The democrats increasingly went their separate ways. On the other hand, Integralism found some support among the people of the group, and it was still so virtuous, so unselfish, as to accept arrangements. With no publicity, but firmly, Doña Olívia Guedes Penteado knew how to wind down her Modernist salon little by little.

The last of these Paulist salons was that of the Alameda Barao de Piracicaba, congregated around the painter woman Tarsila. It had no fixed day but the parties were almost weekly. It did not last very long. And it never had the charm of the meetings we had before, with four or five artists, in the old studio of the admirable painter. This happened a bit later than the Week, when the bourgeoisie, having understood the existence of a revolutionary wave, started to punish us by taking our jobs from us. Some of us were literally without jobs. We then went to the studio of the painter to play at art the whole day. But from the three aristocratic salons, Tarsila succeeded in giving hers a meaning of more independence, of well-being. In the two others, despite the degree of liberalism of those who directed them, there was such a magnificence of wealth and tradition in the environment that it was never possible to avoid one or another coercion. In that of Tarsila we never felt it. It was the most pleasant of our aristocratic salons.

And it was from the protection of these salons that the destructive spirit of the Modernist Movement extended throughout Brazil. That is to say, its truly specific meaning. For, although it launched countless processes and new ideas, the Modernist Movement was essentially destructive. Even destructive with ourselves, because the pragmatism of the research projects always weakened the freedom of creation. This is the true reality. As regards us, the Modernists of São Paulo, we clearly had a national repercussion, we were the scapegoats of the retrogrades; but at the same time, in the Senhor do Bonfim of the whole country's youth, the other moderns, for they pretended to construct, formed respectable cores, I don't doubt it, but with a limited life and without any true contemporaneous meaning. In this way, Plínio Salgado, who lived in São Paulo, was left aside and never came to any salon whatsoever. At the same time, Graça Aranha, who dreamed of constructing, got very much upset by us; and the ingenuous lack of understanding with which the "serious people" of the *Festa*'s group took our fibs seriously and attacked us, shocked us. Our sense of being was specifically destructive. Traditional aristocracy supported us, highlighting even more this parity of destiny -also then already self-absorbingly destructive-, for it no longer had a meaning that could be legitimated. Concerning the wealthy aristocrats, they hated us from the very beginning and always looked on us with distrust. No money-bag's salon had we, no foreign millionaire received us. The Italians, the Germans, the Israelis were becoming better keepers of the good national sense than Prados and Penteados and Amarales...

But we were far away, seized by the winds of destruction. And we especially did or prepared for the fête, of which the Week of Modern Art had been the first. All this destructive period of the Modernist Movement was for us a time for fun, to cultivate pleasure without measure. And if such a binge in fact diminished our productive capacity and creative serenity, no one can imagine how much fun we had. Salons, festivals, extravagant balls, weeks spent together in opulent mansions, Holy Weeks in the old towns of Minas, journeys along the Amazon, on the Northwest, visits to Bahía, constant walks into the Paulist past, Sorocaba, Parnaíba, Itú... We still danced on the volcanoes... Doctrinaires in the drunkenness of a thousand and more theories, saving Brazil, inventing the world; in fact, we consumed everything, even ourselves, in the bitter quest, almost delirious, for pleasure.

The Movement of intelligentsia we represented, in its truly "Modernist" stage, was not the cause of the later sociopolitical changes that took place in Brazil. It was essentially a preparatory element; the creator of a revolutionary state of spirit, as well as a feeling of impetus. And if many intellectuals of the Movement dissolved into politics, if many of us participated in the first meetings of the Democratic Party, we must not forget that the latter and 1930 still meant destruction. Spiritual movements always precede changes in the social order. The social movement of destruction started with the D.P. and 1930. And nevertheless, it is precisely on this date, 1930, that for the Brazilian intelligentsia a more serene, more modest and daily, more proletarian, so to say, phase of construction began. Hoping that one day, the other social forces would imitate it.

And the time came for Tarsila's salon to close. Nineteen thirty... Everything exploded, politics, families, artists' couples, aesthetics, deep friendships. The destructive and merry sense of the Modernist Movement had lost its raison d'être, its legitimate destiny had been accomplished. In the street, the riotous people screamed: "Getúlio! Getúlio"... In the shadows, Plínio Salgado painted his megalomania of Esperado in green. In the north, reaching the most desperate clouds with a jump, another plane opened its wings on the uncertain territory of liquor. Others opened their veins staining the four walls of their secret with red. But on this volcano, now active and with so many hopes, were already strengthening the most clear and constructive beautiful figures, Lins do Rego, Augusto Frederico Schmidt, Otávio de Faria and Portinari and Camargo Guarnieri. Life will have to imitate them some day.

There is no place in this polemic discourse for the analytical process of the Modernist Movement. Even though figures and groups concerned with construction integrated into it, the Modernist spirit that took hold of Brazil, that gave historical meaning to the national intelligentsia of this period, was destructive. But this destruction not only contained all the germs of the present time, it was also a very deep convulsion of the Brazilian reality. What characterises the reality that the Modernist Movement imposed is, I think, the merger of three basic principles: the permanent right to aesthetic research, the updating of the Brazilian artistic intelligentsia and the stabilisation of a national creative consciousness.

Nothing exactly represents innovation and from everything we can find examples in the country's artistic history. The fundamental novelty, imposed by the Movement, was the conjugation of these three norms in an organic whole of the *collective* consciousness. And if previously we distinguished the astonishing stabilisation of a national consciousness in Gregório de Matos or, more natural and efficient, in Castro Alves, it is true that the nationality of the latter, as the nationalistic showing off of the other and the nationalism of Carlos Gomes, and even that of Almeida Junior, were episodic realities of the spirit. And, at any rate, always an *individualism*.

As regards the right to an aesthetic research and a universal updating of artistic creation, it is undeniable that all the historical movements of our arts (except for Romanticism, on which I will later comment on) were always grounded in academicism. With some rare individual exception, and without any collective repercussion, Brazilian artists always played a safe game in a colonial way. Repeating and becoming fond of already consecrated aesthetics, the right to research and consequently to the present were eliminated. And it was within this unavoidable academicism that our elders, Aleijandinho, Costa Ataíde, Cláudio Manuel, Gonçalves Dias, Gonzaga, José Maurício, Nepomuceno, Aluísio and even Alvares de Azevedo, even Alphonsus de Guimaraens, found their place.

But our hindering individualism was wasted in the most despicable of the Modernist motto, "There are no schools!", and no doubt this has harmed very much the creative efficiency of the Movement. And if it did not harm its spiritual action on the country it is because the spirit always hovers over precepts and individual ideas... It is already time to observe, not the differences between Augusto Meyer, Tasso da Silveira and Carlos Drummond de Andrade, but what they have in common. And what made us equal, over and above our individual disparities, was precisely the organicism of an updated spirit that researched but was forever rooted in its national collective identity. Not only accommodated on the land, but also happily rooted in its reality. Which however did not take place without a certain jingoism and much forgery...

From it, the bourgeois ears, satiated, had boasted under the aristocratic lion skin that had covered us... For, in fact, what is observed, what characterises this rooting in the land, in a group with a large number of Modernist people with an incredible political adaptability, chatterers of national definitions, optimistic sociologists, what characterises them is a legitimate conformism, disguised but badly disguised in the best ones, but truly filled with a cynical satisfaction. The rooting in the land, voiced in doctrines and manifestos, was nothing but an accommodating conformism. Less than rooting, a deafening droning, quite academic; it is not strange that it became a latent jingoistic pride. The true consciousness of the land led fatally to nonconformism and protest, as Paulo Prado with the *Retrato do Brasil* and the anxious "angels" of the Democratic Party and of Integralism. And 1930 will also be a protest! But for a large number of Modernists, Brazil became a gift from heaven. Quite a governmental heaven, though... Graça Aranha, always uncomfortable in our environment (in which he never felt at ease), became the exegete of this conformist nationalism, with this detestable sentence that says that we are not "the funeral chapel of Portugal". Who could think that! On the contrary: what was said was that it did not bother us to "coincide" with Portugal, for what really counted was the renunciation of commodity and false freedoms. Then, they insulted us by calling us "Primitivists".

The most colourful banner of this rooting in the mother country was the research into the "Brazilian tongue". But perhaps that was a false pomp. In fact, despite the appearances and the noise that some recent sanctities

make now, we continue today being slaves of the Lusitanian grammar as any Portuguese does. There is no doubt that today we think and feel the *quantum satis* in a Brazilian way. I say this with a certain melancholy, my fellow Macunaíma, my brother. But this is not enough to identify our verbal expression, although the Brazilian reality, even the psychological one, is now stronger and more indissoluble than in the times of José de Alencar or Machado de Assis. And how can we deny that they also thought in a Brazilian way? How can we deny that in Machado de Assis' style, Lusitanian in his ideal, intervenes a family *quid* that vertically differentiates them from Garret and Ortigão? But if in the Romantics, in Alvares de Azevedo, Varela, Alencar, Macedo, Castro Alves, there exists a Brazilian identity that seems to us much greater than that of Brás Cubas or Bilac, it is because the Romantics reached an "oblivion" of the Portuguese grammar, which allowed for a much greater collaboration between the psychological being and its verbal expression.

The Modernist spirit recognised that if we already lived on our Brazilian reality, it needed to revise again our new tool of work so that we could express ourselves with identity. The very extraordinary "Brazilian language" was invented overnight. But it was still too early, and the force of the opposing elements, fundamentally the absence of suitable scientific tools, reduced everything to individual manifestations. And today, as regards normality of cultivated and written language, we are in an inferior situation than one hundred years ago. The personal ignorance of some allowed their first works to be presented as excellent patterns of stylistic Brazilianism. It was still the same case as the Romantics: it was not a matter of overcoming the Portuguese rule, but of the ignorance of it. But as soon as some of these prose writers confirmed themselves thanks to their admirable personal value (I am referring to the generation of the 30's), the caprice of writing with precision started. And it is comical to observe that, even today, in some of our most solid stylists, ridiculous syntactic Lusitanisms appear, at every step, within an expression already intensely Brazilian. So ridiculous that they become true grammatical errors! In others, this expressive reportuguesing is even more precarious: they want to be read overseas; and thus appeared the economic problem of being bought in Portugal. Meantime, the best Lusitanian intellectuality, with splendid freedom, openly accepted the most exaggerated of us in an understanding, healthy way, hand in hand.

There were also those who, ill-advised by laziness, decided not to worry about the problem... They employed the most abusive anglicisms and gallicisms, but rejected any "it seems to me" as being artificial! Other, even more comical ones, divided the problem in two: in their texts they wrote grammatically but allowed their characters to talk "making mistakes" in Portuguese. Thus, the... fault is not that of the writer, it is that of his characters! However, there is no more incongruent solution in its conciliating appearance. Not only does it place the problem of the mistake in Portuguese in the centre, but it also establishes an inevitable divorce between the spoken and written language -a drunken stunt even for he who knows very little about philology. And there are even the white herons of individualism that, even recognising the legitimacy of the national language, refuse to place a pronoun in a Brazilian way in order not to end up looking like a So-and-so! These conceited people forget that the problem is a collective one and that, if it was adopted by many, many would end up looking like Brazil!

In addition to all this and an almost decisive factor, the economic interest of journals, newspapers and publishers who, intimidated by some strange letter from a fussy grammar-fan who, threatened to stop buying, opposed linguistic research and even had the nerve to correct signed articles. But, once the metropolitan Pedro II was dead, who ever did respect the intelligentsia in this country!

However, in the meantime, all of this meant that the problem went unsolved. The great renunciation came about when the myth of "writing naturally" was created, no doubt the most charming of myths. In fact, although unaware and dishonourable, it was as dishonest as any other. And the majority, under the pretext of writing naturally (an incongruity, for the written language, although logical and derived, is always artificial) sank into the most antilogical and unnatural writing. They were pathetic. None of them would stop saying "naturally", "We can see" or "Allow me". But for writing... with naturalness they even invent the anguished help of conjunctions, coming out with "And it has been seen" which saves the mother country from rhetoricism. And if it is fun to verify that even though they affirm that they write in Brazilian, there is not a single sentence in them that any Lusitanian would not sign with national... Lusitanian integrity. There you are: the problem was solved! But as no doubt they feel and think with nationalism, that is to say, in an Amerindian-Afro-Luso-Latin-American-Anglo-Franco-etc. entity, the result is this *ersatz* language to which they yield; a sad molluscan mixture without either any vigour or character.

I am referring to no one in specific, I am referring to hundreds. I am precisely referring to the honest ones, to those who know how to write and have a technique. They prove the non-existence of a "Brazilian language" and that the approach to the myth in the field of Modernist research was almost as premature as in the times of José de Alencar. And if I branded them of unconsciously being dishonest it is because art, as science, as the proletariat, not only tries to find a good tool to work with, but it also imposes its constant reverification. The labourer not only buys the sickle, he has to sharpen it every day. The physician not only gets his diploma, he updates it each day with his study. Will art exempt us from this professional dailiness? It is not enough to create the shamelessness of the "naturalness", of the "sincerity", and wheeze in the shadow of the new god. Knowing how to write is very good; it is not a merit, it is a primary duty. But the true problem of the artist is not this one: it is to write better. All the history of human professionalism proves it. To be happy with what we already have is not natural: it is to be academic; it is not to be unconcerned: it is to be retrograde.

In addition, the research carried out was enormous. It was the task of the Brazilian philologists, already criminals of so many degrading jingoist orthographic reforms, the honest work of providing the artists with a codification of the trends and certainties of the national linguistic expression. But they steered clear of the really useful work, it is so much easier to read the classics! They preferred the lesser science of explaining a copyist's erratum, inventing a non-existent word in vulgar Latin. The most advanced ones even shyly accepted that starting a sentence with an oblique pronoun was a "major" mistake in Brazil. But they confessed that they didn't write... right, for they could not be "sincere" about what they drank in their mother's milk. They drank anti-hormones! Shit for the philologists!

We should also talk here about the repudiation of those who researched on the national written language... Pragmatically worried about displaying the problem, they went to such extremes that they made the Brazilian language become detestable. I know: perhaps in this case no one will challenge the writer of these lines. In the first place, the writer of these lines, with some pharyngitis, is well, thank you very much. But it is sure that he never demanded to be followed by the violent Brazilianisms. If he practised them (for some time) it was with the aim of placing in acute anguish a research he considered basic. But the first problem is not exactly one of vocabulary, it is a syntactic one. And I can assure you that in Brazil today there exists, not only on a regional level, but also in a generalised way all over the country, a large number of syntactic tendencies and certainties which gave its language a characteristic nature. However, this will certainly remain there for another Modernist Movement, my fellow friend José de Alencar, my brother.

But as regards the rooting of our artistic culture in the Brazilian entity, the compensations are too large for the present linguistic indecision to become an important fault. As a national expression, the huge progress made in music and also in painting, as well as the process of the Brazilian *Homo* carried out by our present novelists and prose writers seem almost incredible. Spiritually, the most curious and prolific progress is the oblivion of the nationalist amateurism and of the regional segmentarism. The spirit's attitude was radically transformed and perhaps even today's youth would not understand such a change. Taken at random, novels such as Emil Farhat, Frans Martins or Telmo Vergara's, twenty years ago, would have been labelled as regionalist literature, with all the exoticism and indissolubility of which it is "characteristic". Who feels that again today? The spiritual attitude we have when reading these books is not so much that of curious contemplation as that of a participation without any nationalist theory, a pure and simple, not directed, spontaneous participation.

We did carry out this great conquest of the intellectual decentralisation, today in aberrant contrast with other social manifestations of the country. Today, the Court, the glow of the two Brazilian cities with more than a million people, have no intellectual meaning else other than a purely statistic one. At least, as regards literature, the only art that has already reached a normal stability in the country. The other are too expensive to be normalised in a country with such a questionable public wealth as ours. The Modernist Movement, underlining and systematising a national "culture", demanded from the intelligentsia to be updated with what was happening in the large number of Cataguazes. And since the cities of primary importance provide publicity facilities always specially statistic, it is impossible for the nationally cultivated Brazilian to ignore Érico Veríssimo, Ciro dos Anjos, Camargo Guarnieri, nationally glorious about their provinces' lyric. It is enough to compare these creators with already historical but identical phenomena such as Alphonsus de Guimaraens, Amadeu Amaral and the regionalists immediately preceding us to verify the basic convulsion of the problem. To know Alcides Maia, Carvalho Ramos, Teles Junior was, for the Brazilians of twenty years ago, an individualist fact of greater or lesser "civilisation". To know Gulhermino César, Viana Moog or Olívio Montenegro is today a "cultural" requirement. Previously, this requirement was relegated... to the historians.

The main practice of this intelligentsia's decentralisation was established in the national movement of the provincial publishing houses. And as we can still see in the case of a great publishing house such as the Livraria José Olímpio, following the butterfly attracted to the flame, about to be favoured by the Court's prestige, then this is why the latter becomes more verifiable. Just because the Livraria José Olímpio has published in a cultivated way writers from all over the country, it is not necessarily characteristic. In that it does not even equate itself with the other also cultivated publishing houses of provinces such as Globo, Nacional, Martins, Guaíra. That which precisely characterises the publishing house of the Calle del Ouvidor -Ombligo (navel) de Brasil, as would say Paulo Prado- is the fact of becoming, so to say, the official means of the country's ideological oscillations, publishing Integralist dialectics as well as the politics of Mister Francisco Campos.

Concerning the conquest of the permanent right to aesthetic research, I think that no contradiction is possible: it is the great victory of the Movement in the field of art. And the most characteristic aspect is that the anti-academicism of the generations following the Week of Modern Art specifically adhered to that aesthetic and technical law of "doing better" to which I have already referred; and not as an abusive instinct of rebellion, destructive in principle, such as was the Modernist Movement. Perhaps the present one, really, is the first independence movement of the Brazilian intelligentsia that we may take as legitimate and unquestionable. At present already seeming with all probability to be permanent. Until Parnassianism, until Symbolism, until the initial Impressionism of Villa Lobos, Brazil never did any research (understood as collective conscience) in the field of aesthetic creation. Not only did we import techniques and aesthetics, but we also imported them after some stabilisation in Europe and, in most cases, already academicised. It was still a fully colonial phenomenon, imposed by our socioeconomic servitude. Worse than that: this academic spirit did not tend towards either any liberation or personal expression. And if the Bilac of the *Via Láctea* is greater than all Leconte, the... fault is not Bilac's. Because, what he craved for was to be Parnassian, dear Mistress Serene Form.

This normalisation of the spirit of aesthetic research, anti-academic, nevertheless no longer revolutionary or destructive, I think, is the highest expression of a national independence and stability that has ever conquered the Brazilian intelligentsia. And since the spirit's movements precede the manifestations of other society's forms, it is easy to see the same trend towards freedom and the conquest of a characteristic expression in the imposition of free verse before 1930, as much as in the "departure to the west" posterior to 1930; in *A Bagaceira* or in *O Estrangeiro*, in *Essa Negra Fulô*, previous to 1930, as in the case of the Itabira and the nationalisation of heavy industry, posterior to 1930.

I know that there still exist colonial spirits (erudition is so easy!) only concerned to demonstrate that they know the world deeply, that in Portinari's walls they only glimpse Rivera's murals, in Francisco Mignone's atonalism they only notice Schönberg, or in the "Ciclo da Cana de Açúcar", the stream novel of the French...

The problem is not complex but it would take too long to discuss it here. I will restrict myself to propose the main datum. We had a spiritual movement (I am not only talking about school of art) in Brazil that was absolutely "necessary", Romanticism. I insist: I am not only referring to literary Romanticism, so academic as the initial import of artistic Modernism and that could be easily considered as having started with Domingos José Gonçalves de Magalhães, but also to ours, the Expressionism of Anita Malfatti. I am referring to the Romantic "spirit", the Romantic revolutionary spirit appearing in the *Deslealdade* (Disloyalty), in Basilio da Gama's *Uruguai,* in Gonzaga's *liras,* as in the *Cartas Chilenas* of anyone you like. This spirit prepared the revolutionary state from which political independence came and the so quarrelsome patron as was the first attempt of the Brazilian language. The Modernist revolutionary spirit, so necessary as the Romantic one, prepared the revolutionary state from 1930 onwards, the troublesome patron of which was the second attempt at language nationalisation. There is a strong similarity .

This spiritual need, which surpasses aesthetic literature, is what basically differentiates Romanticism and Modernism from other Brazilian schools of art. They were all essentially academic, culturalist obediences that denounced very well the colonialism of the national intelligentsia. Nothing more absurdly imitative (for it was not imitation, it was slavery!) than the copy, in Brazil, of specific aesthetic movements that in no way were universal such as the 18th century Italo-Iberic Culteranism as Parnassianism, as Symbolism, as Impressionism, or as the Wagnerianism of Leopoldo Miguez. They are culturalist excrescences, imposed from the top down, from owner to property, without any support from popular forces. This is the reason for its arrogant dehumanised basis, and for God's sake!, Aryanising, that, if it proves the imperialism of those that dominated with it, it also proves the subjection of those that were dominated by it. It is now very easy to find this human and popular basis of aesthetic research in Romanticism, a basis that seriously succeeded in returning again to the people's roots, and to tell the truth, created the science of folklore. And even without proposing folklore, in the free verse, in Cubism, in atonalism, in the rhythm's predominance, in mythical Superrealism, in Expressionism, we find these same popular and human bases. And even primitive, as in the Black Art that had an influence on the invention and the themes of Cubism. As the very cultivated *roman-fleuve* and the cycles with which Otávio de Faria processed the decrepitude of the bourgeoisie, they are still instincts and forms functionally popular that we find in cyclical mythologies, in all people's sagas, Kalevalas and Nibelungs. An author already wrote as a condemnatory conclusion that the "aesthetics of Modernism remained indefinable"... Certainly, this is the best raison d'être of Modernism! It was not an aesthetic school, either in Europe or here. It was a state of a rebellious and revolutionary spirit that, if it updated us, systematising as constancy of the national intelligentsia the anti-academic right to aesthetic research, and prepared the revolutionary state of other social manifestations of the country, it also did the same to the rest of the world, prophesying these wars from which a new civilisation would be born.

And today, the Brazilian artist has before him a social truth, a freedom (unfortunately, only aesthetic), an independence, a right to his worries and research projects that he, as he has not gone through what the Modernists of the Week did, cannot even imagine what an enormous conquest it means. Who else revolts, who else debates now against the polytonalism of Lourenço Fernandes, against the architecture of the Ministry of Education, against the "incomprehensible" verses of Murilo Mendes, against the personalism of Guignard? Today, they are all normal manifestations, always arguable, but they do not cause any public scandal. On the contrary, the very same governmental elements are those that accept the reality of Lins do Rego, Villa-Lobos, Almir de Andrade, putting them on the payroll and in danger of predestination. But neither Flávio de Carvalho, even with his numbered experiences, and much less Clovis Graciano, but Camargo Guarnieri even fighting against the incomprehension that pursues him, nor Otávio de Faria with the crudeness of the cases he presents, nor Santa Rosa, will ever be able to appreciate what we were submitted to so that they could freely live today the drama which dignifies them. Blatant mockery, public insults, anonymous letters, financial pursuit... But to recall all this is almost like demanding sympathy and I am very far removed from this.

And finally, I have to talk about what I called the "updating of the Brazilian *artistic* intelligentsia". In effect: we don't have to confuse this with the freedom of aesthetic research, for it deals with the forms, the technique and the representations of beauty, while art is much wider and complex than this and has an immediate social functionality; it is a profession and a force interested in life.

The most obvious proof of this distinction is the well-known problem of the theme in art, in which so many writers and philosophers get entangled. Nevertheless, the theme is certainly the least important for aesthetic intelligence. It does not even exist for it. But aesthetic intelligence expresses itself through an interested expression of society which is art. Art has a human, immediate function, a greater function than the hedonist creation of beauty. And within this human functionality of art is where the subject obtains a primordial value and represents an essential message. However, as regards the updating of artistic intelligence, the Modernist Movement represented a contradictory role and often a seriously precarious one.

Up-to-date, very much up-to-date, universal, even sometimes original in our research projects and creations, we, the participants in the period "betterly" (*mejormente*, sic.) called "Modernist", were, but for some not very convincing exceptions, victims of our pleasure in life and in the binge we demolished our manhood. Although we changed everything in us, we forgot to change something: the interest we had in contemporary life. And this was the main thing! But at this point my thoughts become so delicately confessional that I will end this speech talking more directly about myself. I expect that in what I am going to say some will be able to recognise themselves.
I don't have any reservations when asserting that my whole work represents a happy devotion to problems of my times and my land. I helped to do some things, I set things in motion, I did things, many things! And nevertheless, my opinion is that I did very little, for everything I did derived from a vast illusion. And I, who always thought, even felt healthily submerged in human love, I came, in my life's decline, to the certainty that I was lacking humanity. My aristocraticism punished me. My intentions fooled me.

A victim of my individualism, in vain I procure in my work, as well as in those of many companions, a more temporary passion, a more virile pain of life. There is none. What is more present is an old-fashioned absence of reality in many of us. I am repeating here what I already told a young

boy... And nothing else but the respect I feel for the destiny of the youngest that are coming into being would lead me to this fairly cruel confession: I perceive in all my work the insufficiency of non-participation. Open, directed, many of us provided our work with a battle's expiry. On principle, I was sure. The mistake was that while fighting we covered us with ghosts' superficial sheets. We should have flooded the utilitarian expiry of our discourse with more of a sense of anxiety of that time, with a stronger revolt against life as it is. On the contrary: we went to break the window panes, to discuss street fashions, to hobnob with eternal values or to satiate our curiosity with culture. And if I now go through my already large catalogue of work which represents a life's work, I don't see myself as having grasped time's mask and slapping it as it deserved. At the most, from a distance, I made some funny faces at it.

I cannot imagine myself as a politician of action. But we are living in the political age of man and I had to serve it. But, in synthesis, I only perceive myself as any Amador Bueno, saying "I don't want" and going away from present reality through the contemplative doors of a convent. I would also not see myself writing explosive pages, severely fighting for ideologies and winning the easy laurels of prison. I am none of this and this is not for me. But I am convinced that we should have transformed from being just speculative to being speculators. We always have the possibility to move across to get a better viewing point when deciding on our choice of values, when a tear can confuse us as it increases even more the unbearable side of the world's present reality. No. We became abstemious and transcendent non-participants.[2] But for the same reason that I was very sincere, that I wished to be prolific and loyally played all my cards at face up, I now come to the realization that we were quite out-of-date... Vanity, all vanity...

Everything we did... Everything I did was especially a trap set by my personal happiness and the fête in which we lived. Besides, this is what, with a deceptively sugary coating, historically justifies ourselves. We were the last children of a finished civilisation and it is a well-known fact that, always, when an age dies, the raving culture of individual pleasure suffocates men's strengths. And as I have already demonstrated, the Modernist Movement was destructive. However, many of us overcame this destructive stage, we did not let ourselves be stopped by its spirit and we adjusted our pace, although a bit unsteady, with that of the most recent generations. But despite the good sincere intentions that directed my work and which had deformed it very much, honestly, could it be perhaps that I have hardly walked at all only imagining that I was alive?... I certainly felt responsible for the weaknesses and misfortunes of mankind. I certainly pretended to water my work with more generous night dews, to soil it in the impurities of pain, to get out of the limbo *ne trista ne lieta* of my personal happiness. But because of the very same practice of happiness, because of the very sensual arrogance of individualism I wasn't able to repeatedly deny them as being mistaken anymore, despite reaching a little bit too late the certainty of their pettiness.

The only observation for which I may attract some sympathy is that I was mistaken. I sincerely thought that I was more concerned with life than with myself... I deformed my work, no one can imagine how much; that doesn't mean that if I had not done it, it would be better... I abandoned - conscious betrayal- fiction in favour of a scholar which basically I am not. But I had decided to impregnate everything I was doing with a utilitarian value, a practical value of life, that was more terrestrial than fiction, that is, aesthetic pleasure, divine beauty.

But now I get to this unbreathable paradox: having deformed all my work because of a directed and wilful anti-individualism, all my work is nothing but an implacable hyper-individualism! And it is melancholic to arrive like this at dusk, without being able to count on one's own solidarity. My past is no longer my companion. I distrust my past.

To change? To add something? But how is it possible to forget that I am on the uphill climb of my fifties and that all my gestures now are all... muscular memories?... *Ex omnibus bonis quae homini tribuit natura, nullum melius esse tempestiva morte...* What is terrible is that perhaps for us discretion would still be more suitable that turning around compulsive of the present times, ridiculing the present images of the world. Images that will precisely lead man to a higher perfection of his life. I refuse to imagine the uselessness of contemporary tragedies. The *Homo Imbecilis* will end up handing over positions to destiny's greatness.

I think that we, the Modernists of the Week of Modern Art, should not be taken as examples by anyone. But we can be useful as a lesson. Mankind is getting through an integrally political stage. Man never was so "momentary" as now. Non-participation and eternal values may be left for later on.[3] And despite our present reality, our nationality, our universality, there is something we don't really do much to help, something we don't participate in: man's sociopolitical improvement. And this is the very essence of our age.

If my sorrow can be useful for something, the dissatisfaction I cause myself, is in helping other people not to feel the same as they travel along the road, spying the crowd that passes by. Do or refuse to do art, sciences, trades. But do not just sit still there, spying on life, camouflaged in life's technicians, spying on the crowd that passes by. Go with it.

For spies, the "freedom" for which people scream so much was never really necessary. In the periods when the individual was confined to his greatest slavery, Greece, Egypt, arts and sciences never ceased to flourish. Could it be that freedom is a tomfoolery?... Rights are a tomfoolery!... Human life is something more than sciences, arts and professions. And it is in this life where freedom has a meaning, and in men's rights. Freedom is not a reward, it is a penalty. That is to come.

1. Later on, I would systematise this clear separation between the poetry state and the art state, even in the composition of my most "directed" poems. For instance, the national legends, the linguistic brazileinisation of combat. Once a subject chosen, by means of known psychic and physiological excitations to prepare and wait for the arrival of the state of poetry. If it comes (how many times it never did...), to write without any sort of coercion everything that comes to my hand -man's "sincerity". And only immediately, in calmness, the difficult and slow work of art -the "sincerity" of the work-of-art, collective, functional, a thousand times more important than the individual.

2. "Truly unconscious people", as I already said once...

3. I know that it is impossible for man, he must not abandon eternal values, love, friendship, God, nature. I want to say exactly that in a human age such as ours, to only care for these values and to take refuge in them in fiction and even in technical books is as dishonest and dishonourable means of non-participation as any other. A cowardliness like any other. Finally, the political form of society is also an eternal value.

ON THE MODERN FUNCTION OF POETRY
João Cabral de Melo Neto

Text presented at the Poetry Conference in São Paulo in 1954

Although what is commonly called "modern poetry" is something that has very diverse forms, it would not be going too far to wish to discover in it a common denominator: its spirit of formal investigation. That spirit has characterised the various generations that have followed one another in the so-called modern age, although it cannot be said that the search for form is the nodal motive for the poetic creation of each of those generations.

The modern poet generally justifies the need for the formal innovations that he is led to introduce in his work on the basis of one of the two following mental attitudes: (a) the need to achieve a more complete grasp of the subtle, changing, ineffable nuances of his personal expression, and (b) the desire for a better apprehension of the multiple resonances and complex appearances of modern life. But, despite the apparent opposition of these two attitudes—one subjective and the other objective—the formal investigations to which the two families of poets are led are basically determined by the conditions that modern life, as a whole, imposes on mankind today. The external reality has become more complex and, in order to be grasped, requires a more malleable instrument with immediate reflexes. And the internal reality resulting from it has also become more complex, however timeless and unspatial the poet tries to be, and has come to require a use of language very different from the lucid, direct language of classical authors.

The need to express modern life objectively or subjectively has led to a certain specialised kind of deeper formal exploration of poetry, the discovery of new processes and the renewal of old processes. This statement does not mean that every poet nowadays is a richer poet. On the contrary: that deeper exploration has taken place through a sort of disintegration of the unity of poetic art, in which each author, restricting himself to a particular sector, has taken it to its ultimate consequences. The poetic art, in the abstract, has become richer, but no poet has yet shown himself to be capable of using it, in concrete form, in its totality.

This technical enrichment of modern poetry has mainly been manifested in the following aspects: (a) in the structure of the verse (new rhythmic forms, syntactic rhythm, new forms of line-break and *enjambement*); (b) in the structure of the image (clashes of words, approaches to strange realities, association and imagery of the subconscious); (c) in the structure of the word (exploration of the musical, visual and, in general, sensory values of words: fusion or disintegration of words; restoration of invention of words, and of onomatopoeias); (d) in the notation of the phrase (material emphasis of words, violent inversions, subversion of the system of punctuation); and (e) in the typographical arrangement (calligrams, use of blank space, variations in fonts and letter sizes, systematic arrangement of phonetic or semantic support).

As a result of the fact that types of poems capable of corresponding to the demands of modern life have not been established, the contemporary poet is limited to a kind of poem incompatible with the conditions of existence of the modern reader, conditions from which the reader cannot escape. The presentation (not organised in forms that are "comfortable" for the reader) of his poetic material, rich as it may be, makes the work of the modern poet difficult to read, requiring from the reader leisure and contemplation which are hard to find in the conditions of modern life. Each kind of poem known to ancient literature originated from a particular function; adapting himself to the requirements of the perfectly defined structure of the poem meant, for the poet, adapting his poetic expression to the conditions in which he could be understood and, therefore, corresponding to the needs of the reader. The modern poem, not being functional, calls for a superhuman effort from the reader to place himself above the contingencies of his life. The modern reader does not have occasion to come face to face with poetry in the normal actions that he carries out during his daily routine. If he wishes to encounter it, he must defend a space of time within his day in which he can experience moments of contemplation, like a monk or person of leisure.

Perhaps the explanation for this aspect of modern poetry lies in the psychological attitude of the poet nowadays. The modern poet, who lives in the most exacerbated individualism, sacrifices the intention of communication for effectiveness of expression. Effectiveness of expression, in turn, no longer needs to be ratified by the possibility of communication. For such a poet, writing has ceased to be a transitive activity of saying particular things to particular classes of people; writing is now an intransitive attitude, for that poet it means understanding himself, examining himself, presenting himself as a spectacle; it means saying something to whoever can understand it or take an interest in it. The hunter's target is not the animal that he sees running by. He shoots the arrow of his poem without any definite direction, with the obscure hope that a prey of some kind will happen to find itself in the poem's path.

As the need for communication is disdained and does not enter into consideration in the slightest at the moment when the poet records his expression, it is logical that the formal investigations of the contemporary poet have not been able to address the problems of adjusting the poem to its possible function. The convenience of the reader, the limitations that have been imposed on him by modern life and the possibilities of receiving poetry with which he is furnished, albeit in an unconventional manner, have not been considered as questions to be resolved. Modern poetry—the apprehension of modern objective reality and the mental states of modern man—continues to be served up in wrappings that are utterly anachronistic and generally useless in the new conditions that have been imposed.

But all the progress made has been confined to the matter of the poem: the investigations have been limited to multiplying the resources available to a poet for recording his personal expression; limited to that first half of the act of writing, in the course of which the poet struggles to say what he wishes with precision; that is, they have only taken into account the consummation of the expression, without attending to its organic counterpart—communication.

Thus, those investigations have not generally attained the plane of the construction of the poem in terms of what it says with respect to its function in the life of modern man. Although poets have succeeded in inventing the verse and language that modern life was demanding, the truth is that they have not managed to maintain or discover the types, genres or forms of poems within which to organise the matter of their expression, in order thereby to become able to enter into communication with people in the conditions that social life imposes in modern times. The case of radio is typical. The modern poet has been entirely indifferent

to this powerful medium of diffusion. With the exception of one or two examples of poems written to be broadcast, taking account of the limitations and exploring the potentials of this new medium of communication, the relationships of modern poetry with radio have been limited to the episodic reading of works originally written to be read in a book, with total lack of success, due to the great divergence between the word transmitted to the ear and the word transmitted to the eye. (What has happened with radio has also happened with film and television and audiences in general).

But poets have not only disdained the new means of communication placed at their disposal by modern technology. They have also not succeeded in adapting to the conditions of modern life the genres that were capable of being exploited. They let them fall into disuse (narrative poetry, for example, or the Catalan *aucas*, ancestors of the cartoon or comic strip), or they allowed them to be degraded into non-poetic genres such as the modern anecdote, derived from the fable. Or they expelled them from the category of good literature, as happened with the lyrics of popular songs or with satirical poetry.

With respect to the types in question, all that contemporary poets have obtained is the so-called modern "poem", a hybrid between an internal monologue and a speech given in a public square, between an intimate diary and a declaration of principles, between babble and philosophical hermeneutics, monotonously linear and without discursive structure or melodic development, almost always written in the first person and employed irrespective of what kind of message the author sets out to convey. But that type of poem has not been obtained from any kind of consideration of its possible social function of communication. The contemporary poet came to it passively, by inertia, simply from not having thought about the matter. That kind of poem is a veritable absence of construction and organisation, it is a mere accumulation of poetic material, rich, to be sure, in its treatment of verse, image and word, but flung in disorderly fashion into a safe-deposit.

Conclusion: the author believes that consideration of this aspect of contemporary poetry could help to reduce the gulf that nowadays separates the poet from his reader. Not that he believes that a clear awareness of this fact completely eliminates the gulf. In his view, the reasons for this divorce lie rather in the preference of poets for intimist and individualistic subjects. But he also believes that investigation along the lines of finding forms adapted to the living conditions of modern man, principally through the use of the technical means of diffusion that have arisen in modern times, will help to resolve, at least up to a point, what seems to him to be the chief problem of poetry today—the question of its very survival. At any rate, he thinks, awareness of this problem will assist those contemporary poets who are less individualistic, capable of taking an interest in matters of life in society, who have not yet found a vehicle capable of bringing poetry within reach of modern man. The lack of this vehicle is also condemning the poetry of these latest authors to the despairing wait for readers to come looking for them spontaneously, readers who, moreover, are becoming increasingly problematic.

PILOT PLAN FOR CONCRETE POETRY
Augusto de Campos, Haroldo de Campos, Décio Pignatari

In *Noigandres*, no. 4, 1958

concrete poetry: product of a critical evolution of forms. assuming that the historical cycle of verse (as formal-rhythmical unit) is closed, concrete poetry begins by being aware of graphic space as structural agent. qualified space: space-time structure instead of mere linear-temporistical development. hence the importance of ideogram concept, either in its general sense of spatial or visual syntax, or in its specific sense (fenollosa/pound) of method of composition based on direct—analogical, not logical-discursive—juxtaposition of elements. "il faut que notre intelligence s'habitue à comprendre synthético-idéographiquement au lieu de analytico-discursivement" (apollinaire). eisenstein: ideogram and montage.

forerunners: mallarmé (*un coup de dés*, 1897): the first qualitative jump: "subdivisions prismatiques de l'idée"; space ("blancs") and typographical devices as substantive elements of composition. pound (*the cantos*): ideogramic method. joyce (*ulysses* and *finnegans wake*): word-ideogram: organic interpenetration of time and space. cummings: atomisation of words, physiognomical typography; expressionistic emphasis on space. apollinaire (*calligrammes*): the vision, rather than the praxis. futurism, dadaism: contributions to the life of the problem. in brazil: oswald de andrade (1890–1954): "in pills, minutes of poetry". joão cabral de melo neto (born 1920—*the engineer and the psychology of composition* plus *anti-ode*): direct speech, economy and functional architecture of verse.

concrete poetry: tension of things-words in space-time. dynamic structure: multiplicity of concomitant movements. so in music—by definition, a time art—space intervenes (webern and his followers: boulez and stockhausen; concrete and electronic music); in visual arts—spatial, by definition—time intervenes (mondrian and his *boogie-woogie* series; max bill; albers and perceptive ambivalence; concrete art in general.

ideogram: appeal to nonverbal communication. concrete poem communicates its own structure: structure-content. concrete poem is an object in and by itself, not an interpreter of exterior objects and/or more or less subjective feelings. its material: word (sound, visual form, semantical charge). its problem: a problem of functions-relations of this material. factors of proximity and similitude, gestalt psychology. rhythm: relational force. concrete poem, by using the phonetical system (digits) and analogical syntax, creates a specific linguistic area—"*verbivocovisual*"—which shares the advantages of nonverbal communication, without giving up word's virtualities. with the concrete poem occurs the phenomenon of metacommunication: coincidence and simultaneity of verbal and nonverbal communication; only—it must be noted—it deals with a communication of forms, of a structure-content, not with the usual message communication.

concrete poetry aims at the least common multiple of language. hence its tendency to nounising and verbification. "the concrete wherewithal of speech" (sapir). hence its affinities with the so-called *isolating languages* (chinese): "the less outward grammar the chinese language possesses, the more inner grammar inheres in it" (humboldt via cassirer). chinese offers an example of pure relational syntax, based exclusively on word order (see fenollosa, sapir and cassirer).

the conflict form-subject looking for identification, we call isomorphism. parallel to form-subject isomorphism, there is a space-time isomorphism, which creates movement. in a first moment of concrete poetry pragmatics, isomorphism tends to physiognomy, that is a movement imitating natural appearance (*motion*); organic form and phenomenology of composition prevail. in a more advanced stage, isomorphism tends to resolve itself into pure structural movement (*movement* properly said); at this phase, geometric form and mathematics of composition (sensible rationalism) prevail. renouncing the struggle for "absolute", concrete poetry remains in the magnetic field of perennial relativeness. chronomicrometering of hazard. control. cybernetics. the poem as a mechanism regulating itself: feed-back. faster communication (problems of functionality and structure implied) endows the poem with a positive value and guides its own making. concrete poetry: total responsibility before language. thorough realism. against a poetry of expression, subjective and hedonistic. to create precise problems and to solve them in terms of sensible language. a general art of the word. the poem-product: useful object.

1961 postscript:
"without revolutionary form there is no revolutionary art" (mayakovsky).

CINEMA

CINEMA: TRACING A PATH IN UNDERDEVELOPMENT
Paulo Emílio Salles Gomes

In *Argumento, revista mensal de cultura*, no. 1, São Paulo 1973

Cinema in North America, Japan and Europe in general has never been underdeveloped, whereas in India, the Arabic-speaking world and Brazil it has never been anything else. In cinema, underdevelopment is not a stage or a period of apprenticeship, but a state: the films of the developed countries never went through this situation, whereas the other countries tend to settle in it permanently. The cinema is incapable of finding within itself the energy that might enable it to escape from being condemned to underdevelopment, even when a particularly favourable conjuncture leads to expansion in the production of films.

This is the case in India, whose output is one of the largest in the world. The peoples of India possess cultures of their own that are so deeply rooted that they create a barrier against products from the culture industry of the West, at least as such: American and European films attracted the potential audience moderately, but proved to be incapable of building up a market for themselves. This created an opportunity for attempts at local production, which continued to increase for decades and in connection with which the commercial exhibition network was created. Theoretically the situation was ideal: a nation or a group of nations with their own cinema. All this took place, however, in a country that was underdeveloped and colonised, and this seemingly so stimulating cultural activity really reflected and deepened the cruel state of underdevelopment.

Here I will make an abstract of the role of British foreign capital in the growth of the Indian cinema, simply in order to pause and consider the cultural significance of the phenomenon. In the subjects that it deals with, the Indian film remains true to the artistic traditions of the country, and the majestic rhythm with which those subjects are treated—particularly when they are mythological—happens to confirm this impression. The most powerful production source, however, consists of ideas, images and style prefabricated by the occupiers for consumption by the occupied. The source from which Indian films of the present century derive was created in the final decades of the nineteenth century by the British graphic industry—and its literature—through vulgarisation of a noble visual tradition of entertainment and literature. Most of the oleographs and texts, impregnated with the cult of "Mother India", rarely escape the most conformist, sterilising commercialism, inherited without alteration by the films produced in the country. The Indian film-makers who, after Independence, sought to react against the tradition coagulated by the manipulations of the occupier inevitably turned to subjects and rhythms inspired by foreign cinema. The effort required to achieve purely cultural progress in the general context of underdevelopment leads film-makers to struggle against adversity instead of really combating it.

In Japan, which did not experience the kind of relationship with other countries that defines underdevelopment, the phenomenon of cinema was quite different. Foreign films immediately won an immense audience and from the start they were the main stimulus for the organisation of the consumer market in the country. However, this production from abroad was made Japanese, as it were, by the *benshi*, actors who provided a spoken commentary on the development of the plot in silent films and who soon became the chief attraction of film entertainment. In fact, the Japanese audience also never accepted the foreign cultural product as such, that is, silent films simply with translated captions. As domestic production developed, it found no difficulty in dominating, especially after the arrival of talking films, which made the performance of the *benshi* superfluous. Unlike what occurred in India, Japanese cinema was created with Japanese capital and drew inspiration from the popularised but direct tradition of the theatre and literature of the country.

In the world of underdeveloped cinema, the Arab phenomenon—which was initially primarily Egyptian—did not possess the sharp definition of the situation in India. In the countries in North Africa and the Middle East, the protective shell of domestic culture was also not propitious to the spread of films from the West, but the result in this case was a development of film exhibition incomparably slower than that of India. The sparse interest in films from the West was not accompanied in the Arab world by a flourishing of local production. Imperial penetration naturally tended to provide the inhabitants of those regions with an idea of themselves that was adapted to the interests of the occupier. If this did not lead to the creation of a cinema equivalent to that of India, it is probably owing to the anti-iconic tradition in cultures derived from the Koran. The culture industry of the West found little in the way of original images to serve as raw material for the production of ersatz products intended for the Arabs themselves. Manufacture of Arab images was intense, but it was for Western consumption: the model was never recognised. The central focus of Koranic entertainment, even in the form of dance, is sound, and Arab cinema really only developed after the arrival of sound films. At first sight, Islamic cinema seems more underdeveloped than that of India. It is very far from being a dominant presence, even in cinemas in Egypt and Lebanon, the main producers, but on the other hand its financing is probably more independent. As its origins are not the

exotic prints of European manufacture but the photographic technology of the West, through which the Arabs eventually accepted the image as a component of their way of seeing themselves, films made by Egypt and other Arab countries took Western production as a direct model. They seem less authentic than Indian films, but the nature of the relationship with the spectator is the same: within the greatest ambiguity and demeaned by imperial permeation, in both cases they ensure the loyalty of the audience by reflecting, albeit palely, their original culture.

This description of some features of the most important underdeveloped cinema situations in the world may serve as a useful introduction for our own situation. The difference and the similarity define us. The situation of cinema in Brazil did not possess a realm of culture different from that of the West, in which to create roots. We are an extension of the West, between them and us there is no natural barrier with an Indian or Arab personality that needs to be constantly smothered, skirted or violated. We were never really occupied. When the occupier arrived, the existing occupied population did not seem suitable and it was necessary to create another. The massive importation of reproducers followed by assorted crossbreeding ensured the successful creation of the occupied population, despite the fact that the incompetence of the occupier aggravated the natural adversities. The peculiarity of the process, the fact that the occupier created the occupied approximately in his own image and likeness, made the latter, to some extent, his fellow-creature. Psychologically, occupied and occupier do not feel that that is what they are: in fact, the latter is also part of us, and it would be sociologically absurd to imagine his expulsion in the same way that the French were driven out of Algeria. Our historical events—Independence, the Republic, the revolution in the thirties—are disputes of the occupiers in which the occupier has no part. The picture becomes more complicated when we recall that our occupier's capital was never where he was, but in Lisbon, Madrid, Washington or London. Here I would like to draw attention to a certain similarity between the Indian or Arab destiny and our own, but the light that deeper exploration of this aspect would shed on these respective cinemas would be too indirect. All that needs to be noted for the time being is the fact that, for one who is disposed to see, the social tangle in Brazil does not hide the presence in their respective posts of occupied and occupier.

We are not Europeans or North Americans. To us, deprived of original culture, nothing is foreign and so everything is. The arduous construction of ourselves develops in the rarefied dialectic between not being and being other. The Brazilian film participates in the mechanism and alters it through our creative incompetence at copying. The phenomenon of cinema in Brazil demonstrates and delineates many national vicissitudes. The invention that originated in the developed countries soon arrived here. There is only a small interval between the appearance of the cinema in Europe and North America and the showing or even production of films among us at the close of the nineteenth century. The cinema took about a decade to become a habit in Brazil, but that was due to our underdevelopment in terms of electricity, even in the Federal Capital. When production of energy was industrialised in Rio, cinemas spawned like mushrooms. The owners of those cinemas did business with foreign films, but they soon had the idea of going into production, and so for three or four years, starting in 1908, Rio experienced a period which Vicente de Paula Araújo does not hesitate to describe as "A Bela Época do Cinema Brasileiro".[1] Clumsy copies of what was being made in the capitals of Europe and America, those films about affairs that interested the city—

crimes, politics and other entertainments—were not factors of Brazilian qualities only in the choice of subjects but also in the scant skill with which the foreign equipment was handled. The original Brazilian films, technically distinctly inferior to the equivalent imported product, must have seemed to have greater attractions to the eyes of a spectator who was still naïve, not initiated into the taste for the finish of a product consumption of which had only just begun. The fact is that no imported product at the time experienced the box-office success of some of those Brazilian films about crime or politics, and it must be noted that the audience that was won over included the intelligentsia that circulated in the Rua do Ouvidor and in the recently inaugurated Avenida Central. This flourishing of an underdeveloped cinema that was necessarily handmade coincided with the definitive transformation of the invention, in foreign capitals, into an industry with products that spread throughout the world, stimulating and disciplining the markets. Brazil, which imported everything, including coffins and toothpicks, cheerfully opened its doors to mass-produced entertainment, and it certainly did not occur to anyone to aid our own incipient cinematic activity.

The early Brazilian films were soon forgotten, the reels were destroyed and our cinema began to pay its tribute to the prolonged premature decline so typical of underdevelopment. Dragging on in search of subsistence, it became a fringe product, a pariah in a situation reminiscent of that of the occupied people, whose image it often reflected in the twenties, causing repulsion or fear. This kind of document, when truthful, is never beautiful, and everything occurred as if the inability of the film-maker were contributing to reveal the harsh reality that traumatised not only the liberal columnists of the Rio de Janeiro press but also a conservative such as Oliveira Viana. Those images of human degradation also appeared in the films of intrigue that were occasionally produced and that once in a while obtained a normal showing thanks to the—always transitory—indulgence of the North American trade. It was by sheer force of circumstances that those films made an impact, since the dauntless contenders of Brazilian cinema who emerged in the era of the silent film endeavoured to avoid images of penury, replacing it with a pleasant photogenic quality of American inspiration.

Immediately after the smothering of the first gush of Brazilian film production, the North Americans swept away the European competitors and occupied the field almost exclusively. In relation to them and for the benefit of them the business of exhibiting films was renovated and expanded. European productions continued to trickle through, but during the three generations in which films were the chief entertainment, cinema as an activity in Brazil was American and also, in a way, Brazilian. Not that we nationalised imported entertainment as the Japanese did, but the fact is that the permeation of the American film was so general and occupied so much space in the collective imagination of occupiers and occupied, with the sole exclusion of the bottom layers of the social pyramid, that it acquired a quality of being ours, in the sense that nothing is foreign to us and so everything is. Nevertheless, the widespread satisfaction produced by the consumption of American cinema did not satisfy the desire to see the expression of a Brazilian culture which, without having a basic originality in relation to the West as the Indian or Arab cultures had, gradually meshed together with characteristics of its own that indicated vigour and personality. The penetration achieved by the cinema considerably reduced the entertainment arts that were traditionally so lively throughout the country, but they always found ways of enduring, which makes one think that they correspond to profound needs of cultural expression. The arrival

of radio gave fresh encouragement to the forms or elements of sound in these entertainment arts. At the first opportunity that appeared, popular culture broke the American monopoly and presented itself cinematically. At the time of the introduction of talking films, which coincided with the Wall Street Crash, there was a temporary relief from the American presence, followed immediately by an upsurge in our production. For nearly two years the *caipira* culture of the interior of Brazil, originally common to farmers and settlers and with an extensive audience in the cities, took cinematic form, and the same thing happened with our urban musical expression. These films had a huge audience throughout the land, but soon cinematic matters in the country returned to the North American axis and once again Brazilian cinema seemed to die away, or rather, it returned to the condition of a rejected outcast despite the increasing artistic quality of some of the work that was produced in the thirties. The regulation of compulsory showings provided a solid basis for the production of the short documentary film, deprived now of the function of revelation that had characterised it so acutely earlier. In any case, it continued to provide a melancholy reflection of the area of the occupier, especially official ceremonies. Generally speaking, however, it was the talking film rather than the silent film that encouraged national expression.

The cinematic phenomenon that started to develop in Rio de Janeiro in the forties is a landmark. Production of musical films and *chanchadas* or a combination of both went on uninterrupted for nearly twenty years, unrelated to the taste of the occupier and contrary to foreign interests. The young plebeian audience that guaranteed the success of those films found in them, mixed together and rejuvenated, models of entertainment that have some relationship throughout the West but which emanate directly from an established Brazilian source that tenaciously endures. To those relatively stable values the films added the contribution of ephemeral Carioca inventions in terms of anecdotes and ways of speaking, thinking and behaving, a continuous flow for which the *chanchada* provided a more complete possibility of crystallisation than had been the case before with caricature or variety theatre. It is almost unnecessary to add that those works, with strictly anthological passages, bore the cruellest mark of underdevelopment, as did their audience; however, the agreement that was established between them and the audience was an incomparably more lively cultural event than what had been produced previously by the contact between the Brazilian and the American cultural product. In this latter case the involvement was inseparable from the passivity of the consumer, while with the musical and the *chanchada* the audience established bonds of such intimacy that their participation acquired elements of creativity. A whole world was built up by a succession of American films, but the absorption created by distance made it abstract, whereas the ridiculous fragments of Brazil offered by our films depicted a world experienced by the audience. The identification induced by the American cinema modelled superficial forms of behaviour in young men and women who were linked with the occupiers; whereas the adoption, by the common people, of the rascals and crooks and unemployed in the *chanchada* suggested a polemical relationship of occupied against occupier. In the early fifties, the echo of the profits made by these unpretentious, homely films produced in Rio de Janeiro played a decisive part in the attempt made in São Paulo to achieve a more ambitious cinema on an industrial and artistic level. Some of the reasons for its failure are clear. The producers in Rio were involved in the business of showing films, and the situation created in the forties recalled the *bela época* of Brazilian cinema at the beginning of the century. The São Paulo businessmen who embarked on this adventure came from other activities and cherished the naïve illusion that cinemas existed for showing any kind of film, including local films. Culturally, the project was equally unfortunate. Not recognising the popular virtue of Carioca cinema, and encouraged by technical and artistic teams that had recently arrived from Europe, the entrepreneurs in São Paulo decided to set the Brazilian film on a totally different course from the one that was being followed in such a stimulating way. When they discovered the theme of banditry, more or less by chance, or consciously drew on the radio comedy, which had originated in the touring theatre companies in the interior and in the suburbs, it was already too late. The animation brought about by the industrial attempt was positive, however, and its failure did not alter the quantitative and qualitative rise of the Brazilian film. The cold-shouldering of our films of intrigue was no longer, as formerly, a phenomenon apparently so natural that nobody noticed it apart from those immediately involved. The fact that appreciable sectors of the occupying area had burnt their fingers with national films made it a matter that was felt more keenly. Their mediocrity did not obstruct their function and did not hide their presence. The occasional paternalistic measures of support provided by the public authorities began to be received with an increasingly demanding attitude. More than once the government created the illusion that a Brazilian film policy was being outlined, but the basic situation never changed. The market remained occupied by foreigners, of whose interests our film business as a whole was the direct representative. Governmental action, pressured by the desire for profits on the part of the Brazilian producers, in this situation representing the interests of the occupied, was always limited to seeking to obtain a small corner of the market for the local product alongside the foreign and domestic occupiers. As the fundamental solidarity of the public authorities lies with the occupier, from which it emanates, it is clear that any pressure applied by the latter was always decisive. Even after the cinema had lost predominance in the entertainment field to television, there was no substantial alteration in the scandalous imbalance between domestic and foreign interests. At any rate, however modest the concession, it ensured a breathing-space for our fiction films. The habitual foreign saturation did not prevent our films from continuing to reflect us substantially. The fashion for neo-realism, shortly after the war, had extremely fruitful consequences for us. As it happened, the diffuse socialist sentiment that began to spread in the late forties involved many cinema people, and especially the most creative personalities who had emerged after the failure of the burst of industrial activity in São Paulo. Even political communism, orthodox and strict, ended up by having a cultural function inasmuch as, on the one hand, it sought, albeit clumsily, to understand the experience of the occupied, and on the other hand it encouraged the reading of great writers who were party members or sympathisers—Jorge Amado, Graciliano Ramos or Monteiro Lobato. This intellectual climate and, even more, the practice of the neo-realist method led to the making of certain films in Rio and São Paulo that provided an artistic interpretation of popular life in the city. The unemployed hero of the *chanchada* was supplanted by the worker, but in the cinematic entertainments that those films provided the occupied were far more present on the screen than in the auditorium. In terms of solid, effective dramatic construction those works were streets ahead of the tenacious Carioca *chanchada* and also the more or less direct products of the ephemeral São Paulo industry. In the realm of ideas, the contribution that they brought was even greater. Without being actually political or didactic, those films expressed a social

awareness current in post-modernist literature but unknown in our cinema. In addition to a vast list of intrinsic merits, those few films, made by two or three directors, constituted the mighty trunk that was to branch out into Cinema Novo.

After Bela Época and *chanchada*, Cinema Novo is the third global event of importance in the history of our cinema, and it is worth noting that only the second had a harmonious development, owing to its better adaptation and submission to the general condition of underdevelopment. Like Bela Época, Cinema Novo existed for half a dozen years. Both had their destiny cut short, the former by the economic pressure of the foreign empire, and the second by internal political imposition. Despite the difference in circumstances, what happened in both cases fits into the general pattern of occupation. Cinema Novo is part of a broader, deeper tendency, which was expressed equally in music, theatre, social sciences and literature. That tendency—consisting of minds that had attained a brilliant maturity, and enriched by the constant irruption of fresh young talent—was in turn the most refined cultural expression of a very widespread national historical phenomenon. It is all still very close to us, no fundamental move was made or unmade, and present circumstances do not assist the search for a balanced perspective of what took place. There remains the possibility of a generic view in terms of occupied and occupier, which may bring us closed to the significance of Cinema Novo in the process.

Any statistic of whatever origin that is published in the press confirms what ethical intuition perceives with respect to the deformity of the corpus of society in Brazil. All domestic life in terms of definable production and consumption involves only thirty per cent of the population. The productive force with a clear identity in town or country, the middle layers in their complex graduation, the mass meetings of the old days, which now only football is authorised to organise, are all included in the present minority of thirty million, the only Brazilian people of whom we manage to form a concept and about whom we can think. The impression one has is that the occupier uses only a small portion of the occupied and abandons the rest to providence in reserves and new kinds of hiding-places. This remainder, now seventy million people, sporadically provides the reinforcement of which the occupier makes use for certain activities such as, for example, the construction of Brasília or the interminable reconstruction of the urban monster of São Paulo, the most progressive aspect of our underdevelopment. On such occasions, the few hundred thousand people who escape from the shapeless world of the scores of millions acquire an identity: Candango or Bahian.

It was precisely from government initiatives in the late fifties that the search for a better balance of the nation arose. The occupier unimaginatively satirised the ensuing social animation with the slogan "subversion on the move". It is possible that the optimistic occupier, wishing to see the seventy per cent of those on the fringe integrated into society, did not notice the strangeness of the situation created. The Brazilian phenomenon is one of those whose originality calls for a new form of expression. The word subversion, narrow-minded and in the final analysis naïve, can be contrasted with the notion of "superversion", which gives a more faithful reflection of events that took place in the middle of 1964. The reality imposed then was that the true fringe is the thirty per cent selected to constitute the nation. The establishment of channels of communication between this minority and the immense world of the rest was such as to call for the shifting of the customary axes of Brazilian history. The first step consisted in encouraging the active discovery, by all, of what human life can be. The public authorities took part in this noble hope—particularly with a method of teaching literacy whose practice was successfully outlined—which even permeated a presidential message, a document which as a result will one day be one of the classics of Brazilian democracy. The young artistic sector, inseparable from the equally young intellectual audience that it created, was undoubtedly what best reflected the generous creative climate that prevailed then, with a contribution that included works endowed with permanent values. In this area the part played by the cinema was considerable.

The teams that made and, to a large extent, the groups that absorbed Cinema Novo came from the young generation that tended to detach itself from its origin as occupier for the sake of a higher destiny to which it felt it was called. The aspiration of these young people was to be both a lever to bring about a shift and one of the new focuses about which our history would revolve. They felt that they represented the interests of the occupied and were responsible for a mediating function in order to achieve social equilibrium. In reality they did little to join the body of Brazilian society, remaining substantially apart, speaking and acting for themselves. This demarcation was clearly seen in the phenomenon of Cinema Novo. The social homogeneity between those responsible for the films and their audience was never broken. The spectators of the earlier *chanchadas* and bandit films were almost unaffected and no new potential audience of the occupied succeeded in establishing itself. Despite having escaped so little from its circle, the significance of Cinema Novo was huge: it reflected and created a continuous, coherent representation in pictures and sound of the absolute majority of the Brazilian people, scattered in reserves and hidden settlements, and on the other hand it ignored the boundary between the occupied in the thirty per cent and those in the seventy per cent. Taken as a whole, Cinema Novo erected a single, mythical world made up of the dry bush country of the *sertão*, slums, suburbs, villages in the interior or on the coastline, cheap dancehalls and football stadiums. This world tended to expand, to add to itself, to organise itself as a model for reality, but the process was interrupted in 1964. Cinema Novo did not die quickly, and in its final phase—which extended until the coup d'état that took place as part and parcel of the military *pronunciamento*—it turned upon itself, that is to say, upon those who made it and its audience, as if seeking to understand the cause of a weakness suddenly revealed, a perplexed reflection about failure accompanied by guerrilla fantasies and notes on the terror of torture. It never achieved the desired identification with the social organism of Brazil, but until the end it was the faithful barometer of the young people who aspired to be the interpreters of the occupied. With the break-up of Cinema Novo, its chief participants, now orphaned from their catalysing audience, split up to pursue their individual careers, guided by their particular temperament and taste, within the narrow conditioning that affected them all. None of them, however, settled into the hopelessness that attended the death throes of that cinema. The line of desperation was taken up by a movement that directly opposed the ethos of Cinema Novo and that styled itself, in São Paulo at least, Cinema do Lixo (Garbage Cinema). This new burst of activity came at the transition from the sixties to the seventies and lasted about three years. With rare exceptions, the twenty or so films produced were, to a greater or lesser degree, of an underground nature, as a result of a deliberate choice reinforced by the customary obstacles of the commercial system and censorship. Lixo was not clear in the same way as Bela Época, *chanchada* or Cinema Novo, in which the greater part of those involved received their training. In different circumstances, they could have prolonged and rejuvenated the activity of Cinema Novo, whose world and subject-matter

they took up in part, but now in terms of vilification, sarcasm and a cruelty that in the best works became almost unbearable because of the neutral indifference of the approach. Made up of a heterogeneous conglomerate of edgy artists from the city and artisans from the suburbs, Lixo offered anarchism without any strictness or anarchic culture and tended to transform the common people into rabble and the occupied into trash. This degraded underworld, with its grotesque processions, condemned to absurdity, mutilated by crime, sex and slave labour, hopeless or contaminated by fallacy, was nevertheless enlivened and redeemed by an inarticulate anger. Before consummating its suicidal vocation, Lixo had time to produce a human tone unique in Brazilian cinema. Isolated in its underground world, this latest tendency of cinematic rebellion formed a kind of schematic representation of the youthful despair of the last five years. Yet it was not only through Lixo that our cinema became acutely involved with the Brazilian preoccupations of the time. Pursuing cultural and didactic aims, the documentary sector resumed the function of revelation that the genre had performed earlier, but on a higher level of awareness and construction. Focusing particularly on archaic forms of life in the North-East and in a way constituting an extension of the focus of Cinema Novo, but now serene and patient, those films documented the intrinsic nobility of the occupied and their competence. When it turned its attention to banditry, this cinema evoked it with a profundity—only equalled in a recent television programme[2]—of which the finest fiction was incapable.

Through its style, any film expresses a great deal about the time in which it was made. A good deal of contemporary production cheerfully participates in the current stage of our underdevelopment: the Brazilian miracle. Although the occupier remains uninterested in our cinema,[3] the present euphoria of the masters of the world finds ways of transmitting itself to many of our films. It is manifested particularly in light comedies—and also in the odd superficial drama—almost always set in colourful, luxurious wrappings that ooze prosperity. The style is close to that of advertising documentaries filled with affluence, ornamented with photogenically positive images of the occupied and with the delightfully swaying of hips on fashionable beaches, combined with glorification of the military and civil authorities. This somewhat unusual audio-visual simultaneity does not mean that any particular sector of the public authorities, following the formula that nowadays the complementary circus for bread is sex, inspired the eroticism that burst into Brazilian films a few years later. This entertaining idea, unfortunately, is not true. It was certainly propagated by distrustful, senseless minds, but it succeeded in intriguing higher spheres. In any case, the ease with which foolish things circulate in these present times casts light on the official reluctance towards the highly attractive tit-bit of the spectacle of a miraculous Brazil, possessed of great appetite and the means to satisfy it, living in fine style and dressing even better, not working much and not having problems in getting around. Despite the fluster, the ineffective vulgarity, the self-destructive tendency to emphasise buttocks when showing hips and breasts when showing the bosom, the eroticism of these films is really their most truthful element, particularly when they portray the sexual obsession of adolescence. Somehow or other, in spite of everything, these films are gradually succeeding in fulfilling the mission of trying to take the place of the foreign product. Despite their proliferation, they form only a part of the hundred or so Brazilian films produced each year within the customary—and still intact—fabric of impediments created by the interests of foreign capital.

The extremely varied array of products that our domestic cinema offers the market nowadays confirms its aspiration to express and satisfy the complex gradation of our culture. Although the *chanchada* and, to some extent, melodrama, were sucked up by television, the *caipira* film did not lose strength in large and small towns. The latter encouraged dramas and comedies associated with singers from the *sertão* and other sentimental films of various kinds which permeated the denser markets almost unnoticed. The current crop of rural adventures derived from bandit films is seen exclusively in the interior or, possibly, in the occasional small state capital. An audience hard to define and locate ensures the continuity of psychological dramas set in the highest stratum of society—the figure of the occupier is not embodied only in the lewdness of the erotic comedy—or seeks to reflect the crisis in the family relationships and social behaviour of ordinary people. Historical films are created as ostentatious superproductions or as the result of an exemplary intellectual and artistic zeal, and these two very different categories both have a useful function: the former provide a succession of conventional images which nevertheless correspond to one of our starting-points, the original civic society, whereas the latter stimulate critical reflection about what we were and what we are. The public authorities give their benevolent encouragement to the one and back-pedal briskly from the other.

The paternalistic legislation enacted in order to make up for the occupation of the market by foreigners may have had economic consequences of some importance, and the frequent shying away by the government from our finest films inclined their authors to seek financing in other cultural capitals, where they had acquired intellectual prestige since the times of Cinema Novo, partly because the Third World had become fashionable in the developed countries. Indeed, our best film teams still come from the phenomenon of Cinema Novo and its environment or even from its immediate precursors. The disruption in the nature of the creative process in which they had been involved ten or twelve years previously prevented the attainment of any kind of collective maturity. The ideological and artistic *sauve-qui-peut* that was triggered off in 1968 shifted the focus of creativity, with the individual crisis replacing the social crisis, enabling world-wise forty-year-olds to experience a new youthfulness. The fragments of their old beliefs were manipulated and mashed by the personal good or evil genius of each individual, but the dust of the collective construction of which they had dreamed continued to be fertile. The individual *oeuvres* of the greatest figures that Brazilian cinema has known are far from being complete, continuing to be created before our eyes, and it would be premature to try to deal with them. Friendship played an important part in producing the phenomenon of Cinema Novo, and the endurance of the camaraderie that originated in that golden age seems to indicate the persistence of a communion whose new appearance has not yet been revealed. There is a nostalgic mood in modern Brazilian quality films, and it is possible that the national feeling of remorse at the holocaust of those who were originally occupied is acquiring definition in relation to the Indian. The most profoundly ethical dimension of Brazilian culture will never cease to unshackle itself from the occupier. We must also emphasise the fact that the finest domestic cinema no longer has a definite, guaranteed recipient as it did before. Its authors face an unidentified audience involved in the network of commerce, and they are constrained to co-exist with an occupying bureaucracy that is distrustful if not hostile. The occurrence of an extensive communication with the audience is too occasional to dissipate the intricate malaise in which they struggle. At the worst moments, the alternative to opacity is

vacuity. In these conditions, there is nothing astonishing in the fact that in the search for recognition they turn to foreign culture and in so doing damage our own.

At a certain point Cinema Novo became orphaned from its audience, and the reciprocal situation had even more grievous consequences. The nucleus of spectators recruited in the intelligentsia—particularly in the younger sectors—tended on the one hand to expand socially and on the other hand to take an interest in other aspects of the Brazilian film, apart from Cinema Nova. The effect of the deterioration in the stimulating situation of the early sixties was that the intellectual audience that now corresponds to that period finds itself orphaned from Brazilian cinema and totally oriented towards other countries, where at times it feels that it finds nourishment for its cultural disloyalty. In fact it only finds a fallacious compensation, a diversion that prevents it from accepting its frustration, which is the first step towards overcoming it. Rejecting a mediocrity with which it possesses profound connections in favour of a quality imported from foreign countries with which it has little relationship, this audience exhales a passivity that is the very negation of the independence to which it aspires. Turning its back on Brazilian cinema is a kind of weariness at the problems of the occupied, and it indicates one of the paths of reinstallation in the eyes of the occupier. The sterility of the intellectual and artistic comfort that the foreign film lavishly provides makes the sector of the audience that concerns us an aristocracy of nothing, in other words a far more underdeveloped entity than the Brazilian cinema that it deserted. There is nothing to be done other than to recognise the fact. This sector of spectators will never find the muscular strength to emerge from its passivity, just as Brazilian cinema does not possess strength of its own to escape from underdevelopment. They both depend on an unmiraculous reanimation of Brazilian life, and they will come together in the cultural process that arises from it.

1. Published by Perspectiva, São Paulo.
2. *Confronto*, by Humberto Mesquita. Broadcast on Canal 11 in July 1973.
3. The reverse was never true. The occupant was generally treated respectfully by the silent cinema, enjoyed by the *chanchada*, and lashed by Cinema Novo, while at the same time a trend that originated from the industrial failure in São Paulo became interested in the existential tedium of the idle occupier.

MUSIC

BRAZILIAN MUSIC
DARIUS MILHAUD

In *Vida-Americana*, no. 1, Barcelona, May 1921; originally *Revue Musicale*, no. 1, Paris 1920

The curve traced by the evolution of music in France since Wagner is reproduced exactly on the other side of the Earth. Every movement and every trend finds an echo in the southern hemisphere. Sometimes the influences are shared: Vincent d'Indy and the Schola serve as models for composers in Argentina and Chile, while in Brazil the orientation is distinctly Debussian and Impressionist.

The role of France in musical culture in Brazil is quite overwhelming.

Thanks to the composers Alberto Nepomuceno and Henrique Oswald, who have both been Directors of the Conservatorio in Rio de Janeiro, the library of that establishment possesses all the orchestral scores of Debussy and of all the group of the S.M.I. or the Schola, as well as all the works published by Satie.

Symphonic concerts in Rio have often included orchestral works by Chausson, Debussy, Dukas, D'Indy, Roussel, etc.

Carlos de Carvalho often gives song recitals consisting of melodies by Debussy and Ravel.

Godofredo Leão Velloso, who teaches the piano at the Conservatorio, has made his class do work on Koechlin's *Paysages et Marines* and Decaux's *Nocturnes*!

In a series of concerts of chamber music, Nininha Velloso Guerra has given the first performances of the main works of our French school (D'Indy's *Quatuor avec Piano*, Debussy's three *Sonates*, Ravel's *Trio*, most of Debussy's piano pieces, including the *12 Études* and *En Blanc et Noir* for two pianos, as well as works by Ravel, Roussel, Satie, De Séverac, etc. Together with her husband, Oswaldo Guerra (whose charming sonata for piano and violin was applauded at the S.M.I. this year), she represents the most youthful and the most advanced element, particularly devoted to the works of the Groupe des Six.

On the other hand, contemporary music from Germany or Austria is practically unknown there, and the very important movement established by Schoenberg is more or less ignored.

It is regrettable that all the works of the Brazilian composers, from the symphonic pieces or chamber music of Nepomuceno and Oswald to the Impressionist sonatas of Guerra or the orchestral works of Villa-Lobos (a young man with a robust temperament, full of bold features), are a reflection of the various phases that have followed one another in Europe, from Brahms to Debussy, and that the *national* element has not been expressed in a more lively and more original fashion. The influence of Brazilian folklore, so rich in rhythms and with such a special melodic line, is rarely heard in the works of Carioca composers. When a popular theme or a dance rhythm is used in a work of music, this indigenous element is deformed because the author sees it through the eyes of Wagner or Saint-Saëns if he is sixty, or through those of Debussy if he is only thirty.

It is desirable that Brazilian musicians should understand the importance of the composers of tangos, *maxixes*, sambas and *cateretês*, such as Tupinambá or the brilliant Nazareth. The rhythmical abundance, the constantly renewed fantasy, the verve, the drive and the melodic invention of prodigious imagination which are found in every work by these two great composers makes them the glory and jewel of Brazilian Art. Nazareth and Tupinambá outshine the other music of their country just as the two great stars in the southern sky (Centaurus and Alpha Centauri) outshine the five diamonds of the Southern Cross.

BRAZIL
DARIUS MILHAUD

Notes sans Musique. René Juliard, Paris 1949, pp. 87-99.

I shall never forget the effect neutral Spain had on me. What an impressive contrast with France, where there was nothing in the streets but elderly civilians and old recycled horses, nags that had once been used for pulling ploughs. In Irún, just over the border: lots of young people, spirited horses and no uniform, except for the customs officials and policemen. On the other hand, Portugal had been marked by the war, the convoy that used to lead our English ship *Amazon* out of territorial waters transported the first Portuguese military contingents to France.

The crossing took eighteen days. At night, in pitch darkness on the upper bridge, I felt trapped between the sea and the starry sky. From there I saw the equator, the change from the northern sky to the southern sky: the Great Bear was still twinkling on the horizon when the Southern Cross appeared opposite it, followed by the sparkling lights of the two Centaurus stars.

We arrived in Rio on 1st February 1917, in the middle of the intense heat of the summer. Claudel put me up at his place, in the French legation; it was magnificently situated in Paysandu street, flanked by royal palm trees from Bourbon Island, some of whose trunks grew as much as seventy metres and at whose crown waved branches over seven metres long. For two years it was a constant wonder to me to watch Claudel's activity: he would get up at six, go to mass and then work until ten; after that he devoted all his time to his work as a diplomat until five o'clock. Then he would go for a walk alone. Sometimes I saw him striding along the bay, nervously wringing his hands, so absorbed in thought that he never saw me so I never approached him. Occasionally he would take me with him when he was going to the sea shore, but it was usually on Sundays that we would go out together. As soon as dinner was over, he would retire to his room and go to bed early. His spirit was very close to the Bible; every day he used to write a commentary about some verses from the two Testaments. He gave me some of these to read, and they were really extraordinary. Then he would study the matter of 'Water', so important from a mystic point of view, and choose the verses from Genesis that mentioned it under the most varied forms: sea, lake, clouds, rain, fountain, river, humidity, dew, mist, well, and he would comment on them. Claudel the minister surprised me no less than Claudel the writer: he had an extremely broad idea of his diplomatic activity and took a great interest in economic or financial affairs, for which he always came up with a clever solution. He only left copying or ciphering work to his secretaries, while he himself worded the telegrams and dispatches.

Rio had enormous charm. It is hard to describe that beautiful bay, surrounded by mountains of unexpected shapes covered in forests like a light coat of feathers or lonely dark reddish rocks, sometimes crowned by lines of palm trees: ostrich feathers that stood out in the hazy light of the tropics against the sky veiled by pearly clouds. I often walked around the centre of the city where the streets were cool and shady and too narrow for cars to drive in, unlike the long avenue of Rio Branco. In the most picturesque of these, Ouvidor street, antique shops full of Empire style furniture stood side by side with stalls of exotic tropical fruit; there I savoured delicious *refrescos** of mango or coconut. Not very far away, the little church of Gloria, in 18th century Baroque style (like most religious buildings in Brazil), sported shades of pink, blue and light green and *azulejos** mixed with magnificent sculpted timber pieces. Sometimes I would go to Copacabana beach, on the Atlantic. It was surrounded by houses, one of which, a most amusing piece, had been designed by the architect Virzi. At night I often walked around the Tijuca; I liked to see how little by little the view of Rio unfurled before my eyes, with the lights clearly marking the shape of the bay; or I would go to the other side of the bay near Nichteroy by boat and lie on the deserted beach for part of the night; the moonlight was so bright that I could read with ease.

Rio's Botanical Garden awakens great enthusiasm; around a central avenue lined by giant royal palm trees, exotic trees exhibited their different riches: mango, giant bamboo, breadfruit, cocoa, specimens of coffee trees, sugar cane, tea bushes. That spice store was beside the lyre-shaped Chinese fan palms or traveller's trees –so called because their stems contain a refreshing drink. In a pond surrounded by trees just as picturesque as these, water-lilies float on huge leaves and extraordinary *banyans* preside over it all with their roots rising half-way up the trunk, always giving the impression that they have flung them over their shoulders. What a lot of hours I spent in that wonderful garden! But the jungle attracted me even more. It started in the city, because its vegetation had such great vitality that it invaded every unoccupied little plot of land. Everything that was not built on was immediately taken over by plants, and the roads around Rio ran through enchanted forests. Claudel and I would often take the Corcovado funicular as far as Paineras and continue along the path that followed the course of a stream from where we could see the whole mountain slope covered in a thick coat of green where the silver *bilo-bilo* leaves shimmered brightly. Immediately after sunset, as though set off by an invisible detonator, all sorts of crickets, barrel-maker toads that imitated the sound of a hammer beating heavily on a plank, birds with dull, dry, broken squawks enlivened the forest with different sounds that soon became deafening.

Sometimes, to have a rest from the humid heat of Rio, we would go and spend a weekend at Therezópolis. The hostel was run by Norbert, a Frenchman. There we could ride horses, but we preferred to walk into the heart of the rainforest with two black men who would cut open with hatchets a path through the trees, giant ferns and overlying lianas; they also kept a big fire going all night. We used to sleep under a roof of foliage from which long branches of orchids sometimes fell among the lianas. The contrast between the city and jungle population was also surprising; in Rio, on the very verge of the forest, descendants of northern Europeans who had little by little returned to a wild state lived in modest shacks, surrounded by naked children and with a miserable field of corn or two banana trees as their only possession.

A few months after we arrived in Rio, Henri Hoppenot was appointed secretary of the legation. I was very happy and went to collect him off the ship with his wife Hélène; I had a feeling their presence would make my existence more beautiful. Henri Hoppenot was a young writer and a great admirer of Claudel. It was an unusual legation at that time, with two writers and a musician... On long walks, we got to know each other and grew close. We would take our friends on weekends to Therezópolis and also to Petrópolis; this summer residence for diplomats, Government members and rich *cariocas* –inhabitants of Rio– was too artificial for us really to like it, but Audrey Parr, a charming friend of breathtaking beauty and endless fantasy, drew us there. The wife of the secretary of the English

legation, Audrey had met Claudel in Rome; as she knew how to draw, he amused himself by getting her to make sketches for all the illustrations his tumultuous brain, always bustling, could imagine.

[...]

The mail brought me piles of letters from my mother and faithful friends. Bathori kept me up to date regarding the musical life of Paris. AS soon as I received *En Blanc et Noir*, which had just come out in Durand, Leao Velloso and his daughter played it. I had organized concerts for our war works and thanks to their tireless dedication, I was able to offer several sessions of chamber music, featuring sonatas by Magnard and Debussy and my own *Second Sonata for Piano and Violin*, which I had just finished. On a lecture tour I made for the benefit of the Red Cross and prisoners of war, I visited the State of Minas Gerais, rich in diamond and gold mines. During the trip, in Bello Horizonte, a rather peculiar individual got on the train, wearing a loose cloak and a holster with guns, and a large hat concealing his eyes; he was carrying 40 kilos of uncut diamonds in his luggage. The English were working the gold mine at San Juan del Rey, considered at the time to be the deepest mine in the world. It was close to the charming little city of Ouro Preto; seeing its many hills crowned with a pretty church, it was difficult to imagine the infernal mine working so close by... I visited the mine, descending 1600 metres underground in a lift and another 200 metres in a sort of basket. There, an old mule that had not seen the light of day for years tirelessly dragged little wagons of broken stones, while half-naked black men, bathed in sweat, excavated the rock. The whole scene had the majesty and beauty of an old bas-relief.

On my arrival in Rio, I had started to write *Les Euménides*. In *Choéphores* I had worked on the superposition of chords proceeding by masses; in *Les Euménides*, the very nature of the music I wanted to express led me to a similar type of composition. When I wrote *Le Récit de la Pythie* for a spoken voice and some percussion instruments, I spoke to Ansermet about it; at that time he was directing the Russian ballets and proposed that I get the musicians necessary to play this scene and represent it at the end of one of his rehearsals so that I could hear it. I accepted with great pleasure. I have rarely been surprised by the sonority of my orchestrations, but this time it quite surpassed my expectations; that resonance expressed to me a really intense drama, just as I had wished it to be. I composed and completed *L'Enfant prodigue*. I chose an orchestra of twenty one soloists to support the voice of the singers (piccolo, flute, oboe, English horn, clarinet, bass clarinet, fagot, horn, trumpet, trombone, timpani, harp and drums, two quartets situated on either side of the conductor). I wanted to do away with all intervals that were not essential and leave each instrument an independent line with its own melodic or tonal expression. Polytonality here did not reside in the chords, but in the meeting of the lines. Taking into account the enjambment of the instrumental parts, I could only make an arrangement for two pianos, and I immediately performed it with Nininha. On writing this music, I had found the sonority I had been dreaming of since I was a child, when before falling asleep, with my eyes closed I used to imagine a music that I thought was impossible to express. This special sonorous quality of a group of instruments tempted me and I began a series of *Petites Symphonies* for seven or ten different instruments. I was in a hurry to hear these attempts at tonal independence: Braga conducted the *Première Symphonie* in one of his concerts. The audience did not seem to be surprised at the sonorities in my music, but not knowing or having forgotten that in Monteverdi's time the word 'symphony' sometimes meant a single page of instrumental music, they expected to hear an immense work with an immense orchestra; they were surprised at the brevity of my fragment.

[...]

However, Claudel and I went on developing our project. This is the theme of the ballet *L'Homme et son Désir* as Claudel wrote it on the programme when it was represented: 'This little plastic drama emerged from the atmosphere of the Brazilian rainforest where, in a sense, we were submerged and which has almost the uniform consistence of an element. What a strange night when it began to fill up with movements, shouts and splendour! And it was precisely one of those night that our Poem intends to represent. We have not tried to reproduce with photographic exactness the inextricable confusion of the *floresta**. We have simply spread it out like a purple, green, blue carpet around the central black, on the four steps of the stage. The stage is vertical, perpendicular to the eyes like a painting, a book that one is reading. If you like, it is also like a page of music in which each action is written on a different stave. The different Hours, all in black with golden headdress, parade past along the edge. Underneath, the Moon, pulled across the sky by a cloud, like a slave making way for a great lady. At the very bottom, in the waters of the large primitive swamp, the reflection of the moon and her slave follow the regular passage of the heavenly pair. The drama proper takes place on the platform between the sky and the water. And the main character is Man recuperated by primitive powers whom the Night and the Dream have stripped of a Name and a Face. He is led by two identical forms under a veil, who mislead him making him hesitate like a child 'caught' in a game of hide-and-seek. One is Image and the other Desire, one is the Memory and the other, Illusion. They play with him for a moment, and then they disappear.

'He remains standing with his arms held out; he sleeps in the light of the tropical moon like a drowned man in deep waters. And all the animals, all the noises of the eternal jungle break away from the orchestra and come over to look at him and play their note in his ear: the Bells and the Pipes of Pan, the Strings and the Cymbals.

'Man begins to cheer up in his dream. He moves and dances. And what he dances is the eternal dance of Nostalgia, Desire and Exile, the dance of the captives and forsaken lovers, the one that for whole nights at a time makes those suffering from insomnia walk up and down the veranda, the dance of animals in the zoo, throwing themselves against the inexorable bars over and over again. Sometimes it is a hand that pulls him back, other times a perfume that dissolves all his energy. The subject of obsession becomes more and more violent and frantic and then one of the women turns around and spins around Man in fascination. Is she dead? Is she alive? The sleeper takes the tip of her veil while she spins and she finds herself spinning around him until he is wrapped up like a chrysalis and she is almost naked, and then, as they are joined by the last shred of a cloth like the one our dreams are made of, the woman puts her hand on his face and they move to one side of the stage. Nothing can be seen but the reflection of the Moon and her Follower.

'The Black Hours have stopped marching, the first White Hours come on.' During the weekend in Petrópolis, Audrey Parr and Cacique –her name for Claudel– prepared models of the stage scenery. Claudel suggested all the colours of the huge carpet that was to cover the four steps and join them together by covering the walls; the shapes of the characters, which Audrey immediately cut out and painted; the size of the steps where the musicians were to be. I loved this idea; I could already imagine several independent groups: on the third level, on one side, a vocal quartet, on the other, the oboe, the trumpet, the harp, the double bass. On the second, percussion instruments on both sides. On one side of the first level, the piccolo, the flute, the clarinet, the bass clarinet, and on the other side, a string quartet. I wanted complete independence for the different groups, both melodic and tonal and rhythmic. I put my aspirations into practice and on the score, written for some instruments in four tempos, for others in three, for others in six-eight, etc., so as to facilitate its execution, I marked a bar of arbitrary length each four tempos, adding accents in order to maintain the real rhythm. I felt the drums faithfully evoked the night sounds of the jungle; I used them alone but discreetly, never for more than thirty beats, in the scene where the elements tempt the sleeping man. The complexity of this score made it well-nigh impossible to reduce it to the piano alone, but Nininha did not lose heart and managed to work out a four-handed version; the notes were superimposed, but it was possible to follow the music. He also made a reduction for four hands of my fourth string quartet, which I composed in Brazil and later, in Paris, of the fifth.

[...]

After a few weeks in Rio, Claudel had to go on a documentary trip to the area near the Bolivian frontier; once again, I went with him. The train only left from San Pablo three times a week and took five days to cross the jungle. We were installed in front of the engine on a little bench, a perfect place in the heat. Monkeys, hundreds of cockatoos fled as we passed, and countless flights of enamel blue butterflies, which flew so slowly that we could see the bottom part of their wings, black and velvety. In all this region, only the ten metres of ground necessary for the construction of the railway showed any signs of human handiwork. We crossed the great Tietê River, so remarkable for its prodigiously spread out low waterfalls, and the Paraná River, two kilometres wide, flanked by interminable rainforests. Claudel and I had the feeling that nothing had changed in this country since the first chapter of Genesis. The Indians lived in the jungle and never showed themselves except at the railway stops, where they could sometimes be seen, dressed like Portuguese peasants, with cloth trousers and shirts, although they shoot arrows with their feet, just as their forebears used to do. When we got to the end of our journey, we were invited to visit a model farm on the plain, which could only be reached on horseback. That delightful ride was only disturbed by herds of wild oxen or *caracus* (a kind of buffalo whose horns are used to make beautiful walking sticks) galloping across the plain towards an unknown destination.

At the end of the austral winter 1918, in August, Spanish influenza broke out in Brazil; the epidemic was not long turning into a calamity: 600 people died every day. The authorities were beside themselves. In the hospitals, the dead were taken out of beds still warm to put other dying patients in them. They ran out of coffins; carts loaded with corpses that were thrown into common graves in the graveyards were everywhere. Nininha's mother died; she herself fell seriously ill; I did not see her until the day before my departure; she was still in bed, pale and drawn; I felt I had barely escaped mortal peril.

On 11th November, the sadness was replaced by happiness; the crowds took to the streets to celebrate the long-awaited peace. Claudel represented France on a economic mission of Allies in Washington; he took me with him. From there, we had to return to France. I was pleased at the idea of going back to Paris, seeing my family and friends again, but my happiness was tinged with a bit of nostalgia: I deeply loved Brazil.

---

* In Spanish in the original. (N. de la T.)

TRANSLATORS OF BRASIL

NIJINSKY[1]

PAUL CLAUDEL

Washington, 27 March 1927
In *Positions et propositions*, Gallimard, Paris 1928

Rio de Janeiro is the only large city I know that has not managed to eject nature. There one mingles with the sea, the mountains, the virgin forest that everywhere comes cascading down at the bottom of the garden, mixing up houses with mangoes and palm-trees, accompanying the rails of the roadway with its clear stretches of water, delegating bundles of bougainvillaea and spicy greenery to the rotten grilles of the Black laundries. Even the poorer quarters dance and jostle once again before rejoining the Ocean on the hills which are the last movements of the mountain. And in all the squares, on hotel terraces, at drawing-room windows, one has only to raise one's head to see all sorts of strange peaks and horns enveloped in the dark mantle of the *floresta*, Tijuca, Gávea, Campo dos Antes, Corcovado, and the Profile of Louis XVI. Behind us there is always something huge, black, fresh and bright, and with one bound one is in it.

It was there, on the stage of a theatre which with all its lumps of plaster was no different, for me, from an avenue in the forest, that for the first and last time I saw Nijinsky. It was the third year of the war, he had just escaped from a concentration camp, and the shrill notes of the little orchestra, conducted by Ansermet, which faced through the curtain towards the backcloth, mingled for me on that strange Antarctic shore with the sound of the ocean breaking in vast candles on the pier of Beira Mar and the booming of the cannonade which there is ever-present. I was like someone about to go in to a dance who, before tossing away his cigar, takes a last look at the horizon where the fiery blaze of an awful moon expands in the depths of poisonous vapours. The storm had grounded the gaily-coloured boat of the Ballets Russes between Copacabana and Sugarloaf Mountain and I was invited to take my ticket like the émigrés in the old days who applauded some renegade from the Opéra Royal on a hazardous stage in Coblenz or Spa.

Nijinsky appeared.

I have never had much liking for the conventional art of ballet as it is practised, sometimes with stupid perfection, on many subsidised stages, or by the dreary Pavlova, nor for the exploits of singers or violinists. Beauty is something that is rarely attained when one seeks it. It is natural that false artists, irritated at the capriciousness and divine gratuity of inspiration, seek to replace it by the superstitious practice of a formula and by the relentless toil to which the mocking lip of the Roman Janus awards the title of *improbus*. But one will never win the crown of France by breaking rocks, and merit will never deserve grace. So I was one of those who have never appreciated anything but oriental dancing, where the feet rarely leave the ground, and which is either a discourse where the phrase, starting from the central cluster of muscles and viscera and directing itself with the body that turns towards all points of a circumference, is deployed through the articulations to the final phalanxes, a slow exposition, or else, on the

contrary, the instantaneous explosion of a complete movement, or the tireless response of the apparition to a verse echoed and repeated a hundred times by flute and drum.

Nijinsky brought us something different—the feet finally left the ground! He brought the leap—in other words, the victory of breath over weight. Just as the singer or the actor, by the movement of his arms, amplifies the rising of the raised chest that fills with air, so the inspiration of the dancer and this leap of our desire towards life is strong enough to lift him off the ground, which becomes no more than a springboard that he triumphantly treads beneath his feet! It is the possession of the body by the spirit and the employment of the animal by the soul, again, and again, and once more, and yet again, soar up, great bird, to meet a sublime defeat! He falls, like a king descending, and once again he leaps up like an eagle and like an arrow shot from a crossbow. For a second the soul keeps the body aloft, this garment becomes flame, and matter turns into transport and a shout! He runs across the stage like lightning and hardly has he turned when he hurtles back at us like thunder. This is the great human creature in the lyrical state, he intervenes like a god amidst our revelry! He repaints our passions on the canvas of eternity, he takes each of our most profane movements, as Virgil does with our words and images, and transposes them into the blessed world of intelligence, power and ether. Just as in Scheherazade, when the Black, coiled up for an instant like a spring, runs forth, or rather measures, draws and creates, with the ten electric touches at the end of his arms, which are no longer arms but at the same time lips, an eager tongue, and the mind, an ideal body around the real body, half visible, of the beautiful woman, and this gesture that could seem lewd acquires unspeakable grandeur and dignity.

And the *Après-midi d'un Faune*, ah! what beauty, what joy, what poignant sadness! It was set in Sicily, and on the abandoned terrace in the middle of the virgin forest that my friend Milhaud knows well, and which you recall, Hoppenot, by a great basin brimming over beneath a wall of green stones, and the moon flashing among the leaves like the cymbals in all the gaps in the orchestra!

Once Nijinsky agreed to come to the Legation with me, and I was able to see him from close quarters. He walked the way tigers do, it was not the shifting of an inert load from one point of balance to another, but an elastic complicity with weight—like that of the wing with air—in all that system of nerve and muscle, in a body that is not a tree-trunk or a statue but entirely an organ of power and movement. There was no gesture so small, such as, for example, when he turned his chin towards us, when his small head turned suddenly on his long neck, that Nijinsky did not accomplish gloriously, with a vivacity that was both fierce and gentle, and with stunning authority! Even at rest he had the air of dancing imperceptibly, like the sensitive carriages that used to be called "eight-springers". There was a dim green light in the dining-room, and the midday sunlight with the intermittent cry of cicadas came to us obscured by the mango trees, there was a green shadow on the tablecloth among the silver plates and fruit bowls, an emerald glow played in the glass salad bowl amid the crushed ice. And Nijinsky talked to us about the great achievement that he had made during his years of internment in Hungary. He had found a way of writing down and annotating dance as one does for music. It's true. The book exists, and Madame Nijinska told me that it is being translated.

And now a black veil has been drawn over the face of the divine dancer. He is somewhere in Paris and I am in Los Angeles, and Madame Nijinska, who is sitting beside me in this hotel lobby, is showing me strange drawings. They are human figures and the actual portrait of the great Sylph, drawn by paths that intersect. At the meeting-point and in the centre of circular forces and algebraic whirlwinds a head appears, produced by an interference of lines. It is as if man was made, limbs and faces, from a core and a focus of movements which the dancer distributes and retrieves around him: the function of a name, a drunken centre, the realisation of a soul in the discharge of a spark.

Greetings to you there, Nijinsky, may God be with your darkened soul! Prayer may still pass over the forbidden threshold where those two entwined sisters, admiration and pity, meditate and remember.

1. I distinctly prefer this spelling because the Y is like a dancer as he takes off.

SÃO PAULO
BLAISE CENDRARS

Feuilles de route, Au Sans Pareil, Paris 1924

LA VILLE SE RÉVEILLE
Les premiers trams ouvriers passent
Un homme vend des journaux au milieu de la place
Il se démène dans les grandes feuilles de papier qui battent des ailes et exécute
une espèce de ballet à lui tout seul tout en s'accompagnant de cris
gutturaux… STADO… ERCIO… EIO
Des klaxons lui répondent
Et les premières autos passent à toute vitesse

PAYSAGE
Le mur ripoliné de la PENSION MILANESE s'encadre dans ma fenêtre
Je vois une tranche de l'avenue São-João
Trams autos trams
Trams-trams trams trams
Des mulets jaunes attelés par trois tirent de toutes petites charrettes vides
Au dessus des poivriers de l'avenue se détache l'enseigne géante de la CASA
TOKIO
Le soleil verse du vernis

SAINT-PAUL
J'adore cette ville
Saint-Paul est selon mon coeur
Ici nulle tradition
Aucun préjugé
Ni ancien ni moderne
Seuls comptent cet appétit furieux cette confiance absolue cet optimisme cette
audace ce travail ce labeur cette spéculation qui font construire dix maisons
par heure de tous styles ridicules grotesques beaux grands petits nord sud
égyptien yankee cubiste
Sans autre préoccupation que de suivre les statistiques prévoir l'avenir le
confort l'utilité la plus value et d'attirer une grosse immigration
Tous les pays

Tous les peuples
J'aime ça
Les deux trois vieilles maisons portugaises qui restent sont des faïences bleues

THE CITY WAKES
The first trams of workers go by
A man is selling papers in the middle of the square
He struggles with great sheets of paper which beat their wings, performing a kind of solo ballet accompanied by hoarse shouts … STADO … ERCIO … EIO
Horns hoot back
And the first cars go by at top speed

LANDSCAPE
The shiny painted wall of the PENSIONE MILANESE is framed by my window
I see a slice of the Avenida São João
Trams cars trams
Trams-trams trams trams
Yellow mules harnessed in threes pull little empty carts
Looming above the pepper plants in the avenue is the gigantic sign of the CASA TOKIO
The sun pours forth varnish
SÃO PAULO
I adore this city
São Paulo has a place in my heart
Here there is no tradition
No prejudice
No ancient or modern
All that matters is this furious appetite this absolute confidence this optimism this daring this toil this labour this speculation which construct ten houses an hour in all styles ridiculous grotesque beautiful large small north south egyptian yankee cubist
With no concern other than to keep up with the statistics to plan for the future comfort utility increase in value and to attract massive immigration
All countries
All nations
I like that
The two or three old portuguese houses that remain are pieces of blue crockery

CANDOMBLÉ AND MACUMBA
BENJAMIN PÉRET

In *Diário da Noite*, São Paulo, 25.xi.1930

It is not without some misgivings that I am going to approach a subject as unexpected as that of African religions in Brazil. I shall consider them primarily from the poetic viewpoint, since, unlike what has happened with other more evolved religions, they exude a wild, primitive poetry that for me is almost a revelation.

The name *makumba* (or *macumba*) is commonly used in Rio to designate all rites of African origin practised in various parts of the Brazilian territory, especially in Bahia, Rio de Janeiro and Minas Gerais. Bahia, which was once the capital of the country and the centre of the slave trade, is now a sort of black Rome. It is there that the training takes place of most of the *pais-de-santo* and *mães-de-santoóbabalaôs*, *babalorixás* and *ialorixás*,[1] as they are called by the followers of the "Law of Nagô". I even had the address, which I have lost, of the "institute of fetishism", as it were, where almost all the Black priests go to receive their investiture before being sent off to the other States. The teaching or catechism, in addition to being carried out in this more or less official school, is also performed by priests of all levels. The teaching is oral, of course, so that, as each individual complements his memory with his imagination, which in the realm of mysticism is remarkable, the result is an inextricable tangle of beliefs. The "holy ones" vary in each "law". Moreover, someone who sings certain *pontos* from the "law of Nagô" in a *terreiro* where the "Law of Angola" is followed exposes himself to the animosity of the followers of this latter "law", since there are "holy ones" venerated in the former who are enemies of those who are adored in the latter, as can be verified in Rio. In this connection it must be noted straightaway that the strictness increases as the Black rises in the social scale.

I was able to observe two rituals from close quarters: those of Nagô and of Angola. The former was adopted almost exclusively by pure Blacks belonging to the working class—with the exception of the secretary of Mr Irineu Machado—whereas the latter was followed by a large number of mulattos and creoles from a somewhat higher social level.

The freedom of spirit of the *babalaô* of the "Law of Nagô", "Uncle F…", as his followers call him, is simply admirable, whereas "Mother M…", who officiated in the other *terreiro*, devoted to the "Law of Angola", is an extremely solemn, concentrated person, a kind of Sebastião Leme, of no interest. It was actually at a ceremony where she was officiating that the situation to which I referred above took place.

On the other hand, *pontos* from all the "laws" were sung in the ceremonies presided over by "Uncle F…", and he did not even hesitate about saving "those who have faith" and also "those who do not have faith", thus giving all religions an example of liberalism from which they could draw much benefit.

It may be of interest to mention that the names applied to themselves by the followers of these two groups are, for those of the "Law of Nagô", *candomblézeiros*, and for the others, *macumbeiros*.

Over 30 years ago, Dr Nina Rodrigues devoted a book of remarkable documentation to *candomblé*. All the evidence that comes to us from Bahia is in agreement with what the book says about *candomblé*. However, there is no mention of *macumba*, which I find surprising, given the similarity of the two rituals. Various adepts assured me that *candomblé* is the purest expression of African religion. *Macumba* would seem to be the natural child, as it were, of *candomblé*, native beliefs and a progressive simplification of the ritual in the "white" milieu in which it is perpetuated.[2]

In a detailed exposition of *candomblé* Professor Manoel Quirino,[3] describing the sacred plants employed in certain ceremonies, mentions an aphrodisiac plant whose name varies from one region to another: *maconha* in Alagóas, *macumba* in Bahia and *pango* in Rio.

In view of its importance in *candomblé* (it is used in the initiation ceremonies of the "sons" and "daughters" of the "holy ones") and the fact that its use has been prohibited in Rio since 1830, it would not be reasonable to suppose that *candomblé*—which had, until recent years, preserved a secret ceremony whose existence was only known to a small group of initiates, whereas the name of the plant inevitably became known to the general public because of the prohibitive measures taken by the police—it would not be reasonable to suppose, I say, that the name of the plant had finally replaced the name of the ritual. Objection may be made that the Carioca name for the plant is *pango* and not *macumba*, but we must not forget that the most famous *babalaôs* and *pais-de-santo* who came from Bahia brought with them the Bahian designation, which must have rapidly replaced the name *pango* and which had the advantage of putting the police off the track.

In any case, this hypothesis strikes me as very likely.

Next time I shall start on a detailed description of some of the ceremonies that I had an opportunity to attend.

1. *babalaô*: one who has knowledge; *babalorixá*: *pai-de-santo* (holy father); *ialorixá*: *mãe-de-santo* (holy mother).
2. And not forgetting the degrading influence of Catholicism, which determined the present form of *macumba* and *candomblé*.
3. "A raça africana e seus costumes na Bahia", *Annaes do 5º Congresso Brasileiro de Geographia*, Instituto Histórico da Bahia, 1917.

PREFACE
CLAUDE LÉVI-STRAUSS

In *Saudades de São Paulo*, Companhia das Letras, São Paulo 1996, pp.7–21

The word *saudade* is untranslatable, according to the Brazilians; and the Japanese say the same of a word in their language, *aware*. It is curious that these words have something in common: we might be tempted to give them both a meaning close to "nostalgia". However, we would be mistaken, since the word *nostalgia* exists in Portuguese, and the Japanese language created a synonym drawn from the English word "homesick". The meanings, therefore, are not the same.

According to the etymology, "nostalgia" refers to what is past or distant, whereas it seems to me that *saudade* and *aware* translate a present experience. Whether by perception or by recollection, people, things and places are the focus of an act of awareness imbued with a keen sense of their fleetingness.

If I applied the term *saudade* to Brazil (and to São Paulo) in the title of a recent book of mine, it was not as a lament for no longer being there. It would do me no good to lament something that I would not find again after all these years. Rather, I was evoking that pressure in the heart that we feel when, on recalling or reseeing certain places, we are penetrated by the evidence that in the world there is nothing permanent or stable in which we can find support.

How can one now distinguish the result, when I arrived in Brazil at the age of 27, of my still youthful ardour or the very new circumstances in which I found myself placed. My colleagues from the French university mission and I were almost all young teachers in provincial *lycées* whose desire for escape and whose taste for investigation had caught the attention of

Georges Dumas. We, who had been living in very modest accommodation, now installed ourselves in vast private houses complete with garden, where our wives were waited on by servants (the first one in our house was a very pretty mulatto girl whom we had to dismiss because in our absence she took my wife's dresses to go dancing in the carnival clubs; after that there were two enchanting Portuguese sisters whose ages, added together, did not come to forty, and whom it was necessary to engage jointly because they did not want to separate).

Although the altitude of São Paulo freed the climate from the clinging tropical heat, we were able to wear lighter clothing than in France. We were not accustomed to luxury. One such luxury was the tailor who came to our houses to take our measurements and do the fitting. The low cost of food and services gave us the impression of having climbed various rungs on the social ladder. Professionally, too, since we had been promoted from secondary education to higher education, having as students young men and women who were generally of our own age or even older.

All these novelties, to which were added those of the language, the customs, the scenery, the species of animals and plants, nourished a happiness which, I believe, also benefited our teaching. For my own part, I think I have never performed my professional duties with more enthusiasm than in a city and a country where it seemed that everything still remained to be discovered, as a result of our ignorance of the reality of Brazil, certainly, but also because the conditions of research were still, to some extent, as they had been in Europe in the nineteenth century. One could believe, and indeed it was true, that the revelation of all these new things was only waiting for an observer endowed with a little imagination and perspicacity.

Consequently, I arrived in São Paulo prepared to find much more than a new setting: one of those experiences in real time and dimensions that are generally proscribed for the human sciences because of the slowness with which phenomena are modified and the material and moral impossibility of acting upon them. Those of my ex-students who may cast their eyes on these lines will perhaps remember the importance that the city had in my teaching. By way of practical activities I suggested to them the street where they lived, or the nearest market or crossroads, with their obligation being to observe and describe the repetition in space of the types of buildings, social and economic categories, professional activities, etc. Perhaps some of those studies still exist.

In São Paulo, to the interest of our research was added the ability of the local geography to impose constraints of another kind. Few cities have been constructed in such rugged terrain, or, to be more precise, in a terrain that public works had not yet altered substantially at the time when I was there. One could see at a glance that the city extended over the heights and slopes of a plateau that various watercourses had excavated. Thus, a profile that was the opposite of Rio de Janeiro, which explains the fact that in the latter the poorest dwellings are situated on the hills impoverished by lack of water, whereas in São Paulo they lie in the lowlands, for the opposite reason that streams swollen by rain constitute a serious problem there. Geographical constraints and sociological constraints combined, sometimes uniting and sometimes opposing their energies to create complete situations which we devoted ourselves to unravelling.

In this respect, the towns created by the British company in charge of opening up the neighbouring state of Paraná to colonisation offered a particularly instructive counter-example. At regular intervals along the railway line that was being built, areas free of natural irregularities had been selected for a geometrical plan to be drawn out with the streets intersecting at right angles. The railway was advancing towards the west. Every fifteen kilometres or so, a new town was created. The traveller passed through the station of Londrina, which in 1935 had 3,000 inhabitants, and then in turn through Rolândia, with sixty, and Arapongas, the most recent, with only one.

In the same month in which *Saudades do Brasil* appeared in São Paulo, I received a letter in Paris from the town council of Londrina, written some weeks previously. In it they informed me that in December 1994 the sixtieth anniversary of the founding of the city would be celebrated, and they invited me to take part in the ceremonies as being more or less one of the oldest witnesses. In 1935, they reminded me, I had taken pleasure in imagining the future appearance of the town, certain that, even though the planners might show their indifference to the area, unconscious mental structures would take advantage of such indifference to invade that vague domain and express themselves in it in real or symbolical form, somewhat in the way that unconscious worries use sleep to express themselves. The letter from Londrina assured me that the town had developed in the way that I had foreseen and that, later, I had recounted in chapter XIII of *Tristes trópicos*. But what I would like to emphasise here is that my speculations would not have been possible if the simple fact of living in São Paulo and exploring the city on foot in lengthy excursions had not stimulated me to consider the plan of a city and all its specific aspects as a text which one had to learn to read and analyse in order to understand it. For at that time it was possible to stroll in São Paulo. Not as in Paris or London, with all their antique shops. If I remember rightly, São Paulo possessed only one, which was called, I believe, Corte Leal. Instead of the pre-Columbian pottery and native objects that one might expect to see, in the window there was only a piece of Berber crockery, which was broken. For my house in the Rua Cincinato Braga I bought four or five pieces of late nineteenth-century Brazilian furniture, made of solid jacaranda, still to be seen in certain farms but out of fashion in the city. But really there was no need to ask the city to provide objects for contemplation and reflection other than itself: a vast disorder with an apparently confused mixture of churches and public buildings from the colonial era, hovels, buildings from the nineteenth century and others which were contemporary, whose more vigorous strain was gradually taking the lead.

For foreigners living in São Paulo, the road to Santos was then a familiar route. At a time when long-haul passenger aircraft did not exist (a small airline was just beginning to operate between São Paulo and Rio; I am indebted to it for my baptism in the air) and all transatlantic crossings were made by sea, it was a pleasure to go to Santos to await the arrival or accompany the departure of colleagues, relatives, friends or important travellers.

One day, the French university mission set off in force to welcome Georges Duhamel, the famous writer elected to the French Academy that very year, on board the ship that was taking him and his wife to Buenos Aires. It was also in Santos, on the eve of finally leaving Brazil, that I first met Alfred Métraux, who was travelling from the United States to Argentina. While his ship (a combined passenger and cargo boat, like most of those that called at Santos), was loading or unloading freight, we walked on wild, deserted beaches, probably unaltered since the time when the first explorers had landed there in the sixteenth century. At a short distance from Santos, unchanged since the time of the empire, small fishing harbours were the object of excursions—Guarujá, Praia Grande—where, as evening fell, pairs of oxen hauled returning boats up onto the beach, an unexpected alliance of fish and livestock …

Clinging to the side of the Serra do Mar, the precipitous road that climbed up from the coast to the plateau offered the traveller from Europe his first glimpses of tropical forest. On reaching the top and looking back toward the sea he beheld a magnificent spectacle: earth and water blending together as at the creation of the world, immersed in a pearly haze that failed to conceal the bright green of the banana trees. In order to reach the city it was necessary to cross awkward stretches on the plateau where the ground, devastated by the cultivation of coffee plants that had exhausted it, only showed the remains of the mounds that indicated where each plant had been. Remnants of rural life still existed here and there, however, among modern allotments that formed a network whose mesh gradually became looser as the distance from the centre of the city increased. That land and that society, so full of contrasts, were the object of our passionate curiosity. In the French mission, Fernand Braudel, the historian, Pierre Monbeig, the geographer, Jean Maugüé, the philosopher, and I, with our respective wives (Maugüé was the only bachelor), formed a small and very close-knit team. We lost no opportunity of making our way to the outskirts of São Paulo in search of discoveries, heading either towards the sea, along the bottom of ravines crossed by fragile footbridges, or towards the north of the city, in areas still planted with coffee, to surrender to the whims of our archaeological investigations.

When, in 1985, the sword was presented to Fernand Braudel before his solemn reception as a member of the French Academy, in my speech I recalled that the ceremony was taking place almost exactly fifty years to the day after our first encounter in Brazil. Braudel is no longer with us, and our companions then, Monbeig and Maugüé, have also disappeared. If they were still living, I am sure that they would join me in saying, as Braudel had already done in his speech,[1] that Brazil was the greatest time of our lives.

All these photographs were taken between 1935 and 1937. Some rolls of film suffered from the passing of time or from the tribulations to which my archives were exposed in circumstances that were very often hazardous.

1. "Discours de réception de M. Fernand Braudel à l'Académie Française et réponse de M. Maurice Druon", Arthaud, Paris 1986, pp. 44, 91–2.

BRAZIL, JANUARY 1, 1502
Elizabeth Bishop

In *Poemas do Brasil*, Companhia das Letras, São Paulo 1999

… embroidered nature … tapestried landscape.
Landscape into Art, by Sir Kenneth Clark

BRAZIL, JANUARY 1, 1502

Januaries, Nature greets our eyes
exactly as she must have greeted theirs:

every square inch filling in with foliage—
big leaves, little leaves, and giant leaves,
blue, blue-green, and olive,
with occasional lighter veins and edges,
or a satin underleaf turned over;
monster ferns
in silver-gray relief,
and flowers, too, like giant water lilies
up in the air—up, rather, in the leaves—
purple, yellow, two yellows, pink,
rust red and greenish white;
solid but airy; fresh as if just finished
and taken off the frame.

A blue-white sky, a simple web,
backing for feathery detail:
brief arcs, a pale-green broken wheel,
a few palms, swarthy, squat, but delicate;
and perching there in profile, beaks agape,
the big symbolic birds keep quiet,
each showing only half his puffed and padded,
pure-colored or spotted breast.
Still in the foreground there is Sin:
five sooty dragons near some massy rocks.
The rocks are worked with lichens, gray moonbursts
splattered and overlapping,
threatened from underneath by moss
in lovely hell-green flames,
attacked above
by scaling-ladder vines, oblique and neat,
"one leaf yes and one leaf no" (in Portuguese).
The lizards scarcely breathe; all eyes
are on the smaller, female one, back-to,
her wicked tail straight up and over,
red as a red-hot wire.

Just so the Christians, hard as nails,
tiny as nails, and glinting,
in creaking armor, came and found it all,
not unfamiliar:
no lovers' walks, no bowers,
no cherries to be picked, no lute music,
but corresponding, nevertheless,
to an old dream of wealth and luxury
already out of style when they left home—
wealth, plus a brand-new pleasure.
Directly after Mass, humming perhaps
L'Homme armé" or some such tune,
they ripped away into the hanging fabric,
each out to catch an Indian for himself—
those maddening little women who kept calling,
calling to each other (or had the birds waked up?)
and retreating, always retreating, behind it.

TRIBUTE TO GIUSEPPE UNGARETTI, 24 FEBRUARY 1958

MURILO MENDES

In Ungaretti, Giuseppe: *Il Taccuino del Vecchio*, Arnoldo Mondadori Milan 1960, pp. 94–97

Dear Ungaretti,

The gift to the Galleria Nazionale d'Arte Moderna of your portrait, the work of Flávio de Carvalho, a painter, draughtsman and researcher who is among the most lucid to be found now in Brazil, represents a new stage in the glorious cycle of this, your sixtieth birthday. And in this affectionate gathering we cannot abstain from reviewing some of the reasons that link you with Brazil: reasons not artificially created and poeticised but real and genuine.

I have heard you say that ever since the first days of your residence in our country you have loved Brazil; you have loved it because of the grandeur of its natural scenery, because of its capital nature, because of the sense of future and vigour that it contains. You have not confined yourself to wishing to know our great cities: you wanted to travel into the interior and come into contact with ordinary people and with their rough customs. You have taken an interest in our music—both popular and erudite; you have investigated the songs of our Indians, you have listened, marvelling and moved, to the *Choros* and *Bachianas* of Villa-Lobos, the symphonies and quartets of Camargo Guarnieri. And you have studied and learnt the Portuguese language so as to be able to read the texts of our writers and poets in the original. Your friends have included some of our most famous men of letters, such as Mário de Andrade, Jorge de Lima, Manuel Bandeira, and the controversial and irreverent Oswald de Andrade whom you, in your comment on the poem "Semantica", chose to describe as a "shrewd fellow". You have made close acquaintance with painters such as Portinari and Flávio de Carvalho, and critics such as Sérgio Buarque de Holanda and Paulo Emílio Salles Gomes. Being a connoisseur of Brazilian poetry, you also wished to make it known in Italy by providing numerous authoritative translations of pages ranging from the colonial era to the present day; and we understand that you have also devoted an interesting radio broadcast to this subject.

Just a few days ago you talked to me affectionately about Brazilian people and affairs. And you alluded to the importance of our modern literature, to the need, for example, to translate into Italian a book such as Jorge de Lima's *Calunga*; and in our discourse this served as a pretext for you to describe to me that great poet and wonderful person.

For this and other reasons that I could otherwise elaborate, it is quite clear that the reasons of an affective nature that bind you to Brazil cannot be set on a plane of artificially created cultural exchanges. But on the plane of the spontaneity and understanding that are innate in your generous nature, and by virtue of which you have succeeded in adapting so rapidly to the atmosphere of the land in which it has befallen you to live various years of your life.

And I cannot help taking this opportunity to recall that Ungaretti has left very visible traces of his passage in Brazil; and a clear sign of this, moreover, is this gift to Rome of the portrait of you by Flávio de Carvalho. The University of São Paolo keeps alive the memory of Giuseppe Ungaretti as a teacher *sui generis*, as one of those who have abandoned all forms of pedantry to follow nothing but their intuitions and that line of inspiration and imagination that are characteristic of the poet. Through you many of us have learnt to know an Italy different from the one we believed we knew, an Italy more alive, sorely tested by social and political realities, an Italy that has not only given us, through Petrarch, the forms of the *canzone* and the sonnet, but from which we have also received the lesson of a literature that is mordant, inspired by history and by life, an Italy that has taught us to look especially at the earth and its problems.

It is highly significant that after so many years since you left Brazil the University of São Paulo has conferred upon you an honorary degree, as a way of perpetuating a tradition that has not been interrupted by your return to your own country.

In your work, dear Ungaretti, we find certain pages inspired directly by Brazil, such as the three poems in *Il tempo è muto*, with their ingenious fusion of the landscapes of São Paulo and Rome, and such as "Semantica", to which I have already referred, a playful variation on the names of our plants; and such as your celebrated "Monologhetto", which draws its inspiration from the carnival *frevo* of Recife, that dance in which there is a fusion of the individual and the collective, demanding from every dancer a constant recreation, an improvisation at every moment. In this little poem, which has prompted a long exegesis by Piero Bigongiari, you chose to introduce the song of the *frevo*, in the original language, as a document:

> Ironia, ironia,
> Era só o que dizia.
> [Irony, irony,
> Was all I said.]

This used to take place in February, that month of February in which you were born, a month of ambushes and surprises:

> Perché sto, di Febbraio, alla vicenda
> Piú che negli altri mesi vigile.
> [Because in affairs in February
> I am more watchful than in other months.]

This is not the place to investigate the influences that your work may have had on some of our most notable modern poets. And in other cases it is possible, if not to prove the influence, at least to speak of encounters and affinities. Affinities and encounters with your lyric poetry, for which I will only mention here the names of Manuel Bandeira, Oswald de Andrade and Dante Milano. And does not the title of Carlos Drummond de Andrade's important book *Sentimento do Mundo* immediately bring to mind your own *Sentimento del Tempo*?

Dear Ungaretti, before concluding I wish to recall rapidly, not for the Italians who honour us with their presence but for those Brazilians who may be unaware, although it is well-known, but for that very reason all the more worthy of being recalled, that the most characteristic feature of your work is that it is, rather than Italian and European, work that is universal and human.

One of your most acute commentators, Luciano Anceschi, has explained to us the historical importance of your work, which brought a new spirit to Italian poetry after the experiment of the writers of Crepuscularismo. Anceschi says that you "have experienced the problem of poetic utterance in Italian in the most open and profound fashion"; and you give him reason to maintain that poetic utterance "is subjective and universal utterance", brought to an "extreme tension that fills it with the presence of its meaning". Thus, according to Anceschi, "the endeavour of discovery in the Italian lyrical tradition finds a breadth of horizon in the writings of Ungaretti that returns to a whole range of Italian and European experience, renewing it with extraordinary lyrical violence and connecting it with the great examples; your poetry", he says, "offers man new reasons for living."

And Alfredo Gargiulo also bears witness to this humanity in your poetry when he writes: "The openness of some cantos in Ungaretti might lead us to say that we entrust ourselves to them with the impression of breathing almost normally at such unaccustomed heights."

Dear Ungaretti, in your affirmation of the supremacy of human values over technique, without which the natural order of the universe would be destroyed, we have the key to the correspondence that exists between your work and the constant humanistic note in modern Brazilian poetry. The final word belongs to man and to his desire to progress in perfection, as you record in the preface to your book *L'Allegria* when you write: "The author has no other ambition, and he believes that the great poets also had no other, than to leave a fine biography of himself. His words therefore represent his formal torments, but I would like to acknowledge once and for all that form torments him only because he requires it to adhere to the variations of his state of mind and, if he has made some progress as an artist, he would like to indicate also some perfection achieved as a man."

All your friends and your admirers are in agreement that Ungaretti the man is certainly equal to Ungaretti the poet; the formal perfection of your work finds its proper correspondence, my dear friend, in your lively humanity.

BITTER ACCORD
Giuseppe Ungaretti

Oppure in un meriggio d'un ottobre
Dagli armoniosi colli
In mezzo a dense discendenti nuvole
I cavalli dei Dioscuri,
Alle cui zampe estatico
S'era fermato un bimbo
Sopra i flutti spiccavano

(Per un amaro accordo dei ricordi
Verso ombre di banani
E di giganti erranti
Tartarughe entre blocchi
D'enormi acque impassibili:
Sotto altro ordine d'astri
Tra insoliti gabbiani)

Volo sino alla piana dove il bimbo
Frugando nella sabbia,
Dalla luce dei fulmini infiammata
La trasparenza delle care dita
Bagnate dalla pioggia contro vento,
Ghermiva tutti e quattro gli elementi.

Ma la morte è incolore e senza sensi
E, ignara d'ogni legge, come sempre,
Già lo sfiorava
Coi denti impudichi.

Or else on an October afternoon
Upon the harmonious hills
Amid dense descending clouds
The horses of the heavenly twins,
On whose legs a little child
Ecstatically had stayed,
Stood out above the billows

(By a bitter accord of memories
Towards shadows of banana trees
And of wandering giant
Turtles among blocks
Of vast impassable waters:
Beneath another order of stars
Among unaccustomed gulls)

I fly to the plain where the child,
Searching in the sand,
With flashes of lightning inflaming
The transparency of his darling fingers
Bathed by the rain against the wind,
Was clutching all four elements.

But death is colourless and unfeeling
And, heedless of all laws, as always,
Was already caressing him
With its obscene teeth.

TWO TESTIMONIES CONCERNING JOÃO CABRAL
Antoni Tàpies

In *Cadernos de Literatura Brasileira. João Cabral de Melo Neto.* Instituto Moreira Salles, São Paulo 1996, pp. 15–16

I met João Cabral in the late forties, at a time when I was training as an artist, and that contact was of great importance for me. I often went to his flat to talk to him. We spoke a great deal about aesthetic problems. At that time, what was most fashionable and aroused most interest among painters and writers was the collection of left-wing tendencies, influenced by Russian communism.

The problem is that there was too much dogmatism about a certain kind of committed art among those intellectuals who opposed the Franco régime. It was Cabral who first alerted me to the fact that this dogmatism was not really correct, that it was possible to be concerned about social problems without lapsing into the bad taste of socialist realism.

Cabral saw art in a very eclectic way and proposed a kind of cocktail of various aesthetics. What he said—an idea that at the time influenced me considerably—was that every artist should follow his own style, but always including some kind of indication in his work so that some social concern and criticism could be identified. The Surrealist should continue to be a Surrealist, but with a social focus. The same applied to a Cubist.

The catalogue for one of my first exhibitions in Barcelona was written by Cabral. It was quite an interesting text, revealing a sensibility for painting. I and other artists in the Dau al Set group exhibited at the French Institute. Cabral approached my work in a formalist way, making an analysis of my manner of composing pictures. According to him, I did not respect the boundaries of the picture—my forms finished on the edge of the picture, as if they had been affected by a cataclysm. That is true, and in fact it forms part of my temperament.

The problem for Cabral was how to make abstract painting fit in. He was against that kind of art because it did not allow any kind of critical reference to social problems. After I had left Barcelona and gone to Paris, I reflected further on this point and concluded that, if I wanted to be radical then, I should not produce a realism disguised as modern, which was what many artists were doing—still-lifes or landscapes with Cubist facets which gave them an air of modernity. I thought that abstract art was the way, and that we had to investigate reality more profoundly.

JOAN BROSSA

In *Cadernos de Literatura Brasileira. João Cabral de Melo Neto*. Instituto Moreira Salles, São Paulo 1996, pp. 16–17

What is the first thing that comes into my head when I think of João Cabral? I remember our conversations about poetry. I used to go to his flat in the Rua Muntaner after lunch or in the late afternoon, often with the painter Joan Ponç, and I watched him working with his printer. It was a small Minerva, which he used for printing things for himself and a couple of friends. Cabral used to spend hours working with it, composing the texts with great care.

When he was tired and stopped, we used to have coffee and talk. It was Brazilian coffee, very strong, which I never liked much. Cabral used to take his coffee with aspirins, because that mixture was the only remedy he could find for the terrible headache that constantly affected him.

We always used to talk about poetry, our own or written by other people. We never read poems. We exchanged impressions, discussed aesthetics or commented on the work of some poet. Cabral was very fond of French writers, Paul Valéry and Jacques Prévert. He also like Federico García Lorca. When he left, he sent me a book from Paris, by Nazim Hikmet, a very popular Turkish poet whose work had a very strong social commitment. Cabral always used to say that poetry and art should have some kind of commitment, but that this could not obscure the personality of the artist. In those times the fashion was socialist realism. And he did not agree with the precepts of that realism, since they inhibited the strength of the individual. For Cabral, the strength of the individual, that part which comes from the artist, could never be oppressed by any ideology.

His idea was that poetry should indicate a path of social criticism, but without ever submitting to any theory. It was a very intelligent attitude, something that at the time, in the late forties and early fifties, was not discussed by artists in Barcelona. We lived in very limited circumstances during the Franco period, and he opened up new perspectives for us with his ideas. Cabral lived the period in which he found himself, but other people didn't. I became acquainted with Cabral's poetry at that time. He authorised me to translate three poems, from the book *O engenheiro* if I am not mistaken, which were published in the magazine *Dau al Set*. I can't say, though, that his poetry has influenced me. His work is quite different from mine.

Cabral's poetry is rational, cerebral, with short, sharp lines. Mine has a lot of images and is more sensitive. I see Cabral's influence in another aspect, in the way of expressing social concern in art. Even now I still follow some of his suggestions, and I incorporated a critical element into my work. I am also indebted to Cabral for the publication of my first book. One afternoon we were talking in his flat and he asked me whether I had anything that was finished and that I would like to publish. I said I had. I'd finished the *Sonets de Caruixa*, a long book, with 41 poems. He said he would like to print it, but that I would have to make a selection. I chose seven. It was the first work of my own that I saw in print. And he did a first-class job. Cabral was a very talented printer.

ARCHITECTURE

THE ARCHITECTURE AND AESTHETICS OF THE CITY
RINO LEVI

In *O Estado de São Paulo*, São Paulo, 15 October 1925

There is a noteworthy movement to be seen nowadays in the arts and principally in architecture. Everything suggests that a new era is about to emerge, if it is not already under way.

As the mother of the arts, architecture is the art that most suffers from modern influxes due to the new materials that are available to the artist, the great progress achieved in construction techniques in recent years, and above all the spirit that prevails in contrast to the coldness and insipidity of neo-classicism. Therefore, practicality and economy, simple lines, decorative elements that are few in number but sincere and well emphasised, and no masking of the structure of the building to achieve effects that in most cases are out of proportion to the aim and that always constitute something false and artificial.

The influence of classicism can still be felt, and nowadays, incidentally, more study is given to the attempt to feel and interpret its spirit while avoiding the imitation of its elements, which have already been extensively exploited.

The old forms and the old systems have had their day. There is a need for the artist to create something new and to achieve a greater fusion between what is structure and what is decoration; in order to achieve this, the artist must also be a technician; one single inventive mind and no longer the combined work of the artist who draws up the plans and the technician who executes them.

There is no art where there is no artist, but the young artist, when he is training and acquiring a personality, must be brought into contact with modern needs so as to be educated in the spirit of his age and acquire the ability to form a sensitive character that corresponds to the taste of his contemporaries.

Any work of art must be given an ambience, that is to say, it must be seen in a particular light, in a particular visual setting, and it must be in harmony with the objects around it. A monument conceived for a small square and with a predetermined orientation loses much of its effect if it is not placed at the point where the artist visualised it with his thoughts when he was planning it. Once this idea has been grasped, it is evident that constructions that are badly planned nowadays, with no concern for their orientation and adaptation to the setting, constitute an offence to the aesthetics of the city.

The aesthetics of the city is a new area of study that the architect needs, and closely bound up with it is the study of street planning and all the other problems of urban design.

A road or street that is being created must be studied in the context of the overall plan for the city and must be planned in such a way as to respond to all the technical and aesthetic needs without at the same time damaging the beauty that may exist in its vicinity.

For example, if it is possible to give a street the background of a monument, a dome or simply a garden, why not do so if the aesthetics of the street would gain from this visual setting and if the monument, dome or garden would have something to gain from the effect?

Parallel and perpendicular roads, such as are almost always planned for new cities nowadays, in most cases prove monotonous and do not even respond to the practical requirements. On this issue one cannot establish a theory; it is discussed mainly in France and Germany, but so far the predominant idea is that it is necessary to examine and resolve each case individually.

In Germany, these studies have been given the name of city policy; in France, some of the most valiant architects devote themselves wholly to this new branch of the art of the city; in the new Escola Superior de Arquitetura in Rome there is a professorial chair of Construction under the direction of the distinguished architect Marcello Piacentini, one of the most competent authorities on the subject in Italy.

This is a problem that is of great interest for Brazil, where cities are developing vigorously, and therefore it merits the most careful consideration.

It is necessary to study what has been done and what is being done in other countries and to resolve our cases on the basis of a city aesthetics of a Brazilian nature. In our climate, our natural setting and customs, our cities should have a different character from those of Europe.

I believe that our flourishing vegetation and all our incomparable natural beauties can and should suggest something original to our artists, giving our cities a charm of liveliness and colour unequalled in the world.

ON MODERN ARCHITECTURE
Gregori Warchavchik

In *Correio da Manhã*, Rio de Janeiro, 1 November 1925

Our understanding of beauty and the demands we make with respect to it form part of human ideology and evolve ceaselessly with it, with the result that each historical era has its own logic of beauty. Thus, for example, the forms and lines of objects that belong to past ages to which modern man is not accustomed seem to him obsolete and sometimes ridiculous.

If we look at the machines of our own age, automobiles, steamers, locomotives, etc., we find in them, together with the rationality of their construction, also a beauty of forms and lines. The fact is that progress is so rapid that versions of those machines that were created only yesterday already strike us as imperfect and ugly. Those machines are made by engineers, who, when they conceive them, are guided solely by the principle of economy and convenience, never dreaming of imitating any prototype. That is the reason why our modern machines constitute the very hallmark of our age.

Things are very different when we look at machines for living in—buildings. When all is said and done, a house is a machine whose technical perfection provides the possibility of, for example, a rational distribution of light, heat, hot and cold water, etc. The construction of these buildings is conceived by engineers, taking into account the building material of our times, reinforced concrete. Even the skeleton of such a building could be a characteristic monument of modern architecture, as are reinforced concrete bridges and other purely constructional works using this material. And these buildings, once finished, would really be artistic monuments of our age if the work of the building engineer were not immediately replaced by the decorative architect. It is there that art begins to sacrificed, in the name of ART. The architect, brought up in the spirit of classical traditions and not understanding that a building is a constructional organism whose façade is its face, attaches a false façade, in imitation of some ancient style, often sacrificing our convenience for an illusory beauty. A beautiful conception of engineering, a daring balcony of reinforced concrete without columns or consoles to support it, is then disguised by means of false, fragile consoles kept in place by strands of wire, needlessly and stupidly increasing both the weight and cost of the construction. Similarly, suspended caryatids and numerous non-constructional decorations and countless cornices arranged all over the building are things that are seen at every step in the construction of houses in modern cities. It is a blind imitation of the technique of classical architecture, with this difference, that what was simply a constructional necessity now becomes an absurd, useless detail. Consoles formerly acted as beams for balconies, columns and caryatids actually supported stone balconies. Cornices served as the favourite device used in classical architecture so that the building, which was built entirely of carved stone, might seem lighter by virtue of the proportions found between the horizontal lines. It was all logical and beautiful, but no more than that.

The modern architect has to study classical architecture in order to develop his aesthetic feeling and so that his compositions may reflect a sense of balance and moderation, sentiments innate in human nature. By studying classical architecture he can see how the architects of earlier times, good as they were, succeeded in responding to the requirements of those times. None of them ever thought of creating a style, they were simply slaves of the spirit of their age. It was in this way that the known styles of architecture were created spontaneously, not only for monuments that have been conserved—buildings—but also for objects of ordinary use that have been collected by museums. And it is to be noted that those objects of ordinary use are in the same style as the houses in which they were found, with perfect harmony existing between them. A ceremonial carriage bears the same decorations as the house of its owner.

Will our children find the same harmony between the latest types of cars and planes, on the one hand, and the architecture of our houses on the other? No, and this harmony cannot exist as long as modern man continues to sit in lounges in the style of Louis something or other or Renaissance-style dining-rooms and does not set aside the old methods of decorating constructions. Let them look at the classical pilasters, with capitals and urns, extending up to the topmost storey of a skyscraper in one of the narrow streets in our cities! It is an aesthetic monstrosity! The eye cannot take in the enormous pilaster at a single glance, it sees the base but cannot see the top. There is no lack of similar examples.

A man in a setting of antiquated styles must feel as if he is at a fancy-dress ball. A jazz band with modern dances in a Louis XV lounge, a cordless telephone in a Renaissance lounge—it is just as absurd as if the manufacturers of motor-cars, in search of new designs for their machines, decided to adopt the design of the carriage of the fourteenth-century popes.

For our architecture to have an original hallmark, as our machines have, the modern architect must not only stop copying the old styles but also stop thinking in them. The nature of our architecture, and of the other arts, cannot really become a style for us, its contemporaries, but it can for the generations that come after us. Our architecture must only be rational, it must be based only on logic, and we must set that logic in opposition to those who are seeking by force to imitate some style in their constructions. It is very likely that this point of view will encounter fierce opposition from the followers of routine. But the first architects of the Renaissance style, and the unknown workers who created the Gothic style, who sought nothing but the logical element, also had to suffer merciless criticism from their contemporaries. That has not prevented their works from becoming monuments that now illustrate albums of art history.

The role of the Medici in the Renaissance or of the various monarchs of France now properly falls upon our industries, the driving forces behind technical progress. The principles of large-scale industry, the standardisation of doors and windows, instead of harming modern architecture can only aid the architect to create what, in the future, will be called the style of our present age. The architect will be compelled to think with greater intensity, his attention will not be caught up in decorating windows and doors, searching for proportions, etc. The standardised parts of the building are like the tones of music with which the composer constructs a musical edifice.

The construction of a house that is as comfortable and cheap as possible—that is what should occupy the attention of the architect/constructor in this age of petty capitalism, where the question of economics predominates over everything else. The beauty of the façade must come from the rationality of the plan of the internal layout, just as the form of a machine is determined by the mechanism that is its heart.

The modern architect must love his own age, with all its mighty manifestations of the human mind, just as the art of the modern painter or the modern poet must understand the life of all strata of society.

By taking as his basis the building material that is available to us, studying it and becoming familiar with it as the old masters became familiar with stone, not fearing to show it at its best from an aesthetic viewpoint, reflecting the ideas of our age and our logic in their work, the modern architect will succeed in imprinting on architecture a modern hallmark, our hallmark, which perhaps will be as different from the classical style as classical is from Gothic. Down with absurd decoration and long live logical construction—that is the motto that should be adopted by the modern architect.

BRAZILIAN COROLLARY
Le Corbusier

In *Forma*, no. 7–8, Rio de Janeiro 1931, pp. 20–22

In the plane I drew an immense highway for Rio de Janeiro, at medium height, connecting the fingers of the promontories flattened onto the sea and bringing the city closer to the rugged hinterlands and the salubrious plateaux.

One branch of the highway rests on Sugarloaf Mountain; afterwards it develops in a broad, majestic, elegant curve over Praia-Vermelha, and the bay of Botafogo; it touches the Outeiro da Gloria, completely dominating that enchanting place, reaches the promontory of Santa-Tereza, and there, in the heart of the active city, it splits into two, sending one branch towards the gulf and the commercial port and ending above the terraces of the skyscrapers of the business city. The other branch continues, high up in the air, over the huge suburbs that sprawl around the estuary of the lowlands and there it disappears into the distance in the direction of the motorway that São Paulo demands should be agreed, and there is nothing to prevent the highway from continuing, from the terraces of the business city, across the bay, on a long but light causeway, and then plunging into the hills of Niterói, opposite Rio.

Close to the point where it begins, in the heights of Praia-Vermelha, dominating the beautiful landscape, it would go on to serve the beaches of the Atlantic, in Copacabana.

You hear me say that it "develops over the bay", "dominates an enchanting panorama", "ending above the terraces of the skyscrapers", "continues, high up in the air, over the suburbs" … and you think: "What is it?", "What does all that mean?"

Well, this majestic highway is a hundred metres or more above the ground level of the city; and so it has a clear advantage as it attacks the promontories to which it reaches, and up there it is supported not by arches but by cubes of buildings, buildings for people, for the human throng.

And that highway, with its huge inhabited cubes, does not disturb anyone in the city …

Because there is nothing easier than to erect pillars of reinforced concrete without complications, rising well above the roofs of the existing buildings. And only when the pillars are clear of those roofs will they be connected by construction blocks in the form of a huge, winding viaduct, a viaduct in which people live.

And so the blocks of residential buildings will grow, rising to a height of anything from thirty to a hundred metres: providing twenty storeys of "apartment-towns".

I say "apartment-towns". Why? Let us reflect on the quality and value of this territory that is conquered from space, from the space of the city: in front of it, the sea, the gulf, the most beautiful bays in the world, the ocean, that magical spectacle that so impresses us, with the perpetual movement of ships, with that fabulous light, that tropical gaiety—and behind, the hills rising full of delicious woods, the peaks of bold, restless silhouettes.

"Apartment-towns"? They are apartments with common services, with hanging gardens and with great panels of glass; all up in the air, like the nests of daring birds.

A street in space, one for each storey; lifts; go up; up to the garage on the highway; the exit ramp rises at the side, raising your car to the edge of the highway, and then it's a hundred kilometres an hour! "In a trice" you are at the office, in the city! In the hinterland, in the woods and fields!

You will already have realised, of course, that in appropriate places there are towers with goods-lifts, elevators like those in large garages; they take your car down "into the city", down below, to the familiar ground of an ordinary street; or they take it in there and raise it up to the highway.

From far off, I saw, in my mind's eye, the magnificent broad belt of constructions, like the long horizontal garland of the highway, racing from mountain to mountain, linking one bay with another, a ribbon of buildings resting on a "colonnade"; but this colonnade functions honestly and simply, supporting it, plunging among the roofs of the city, jettisoning its cargo on the ground …

When I came to Guanabara two and a half months ago, I thought: "urbanising Rio is like filling the vessel of the Danaids! Everything here would be devoured, absorbed by this violent, sublime scenery. All that remains for man to do is to bow down and explore the tourist hotels! Rio? A holiday resort! So much the worse for Rio."

Now, far away, I have taken out my portfolio of sketches; I draw the mountains, and between the mountains the future highway, and the great architectural belt that supports it;

And your mountain peaks, the Sugarloaf, the Corcovado, the Gávea, the Sleeping Giant, are exalted and energised by that impeccable horizontal strip! The passing steamers, magnificent mobile buildings of modern times, would find there in the distance, suspended in space, speeding along in the expanse above the city, an echo, a response!

And the whole region would speak above the water, above the earth, in the air; it would express "architecture"; its discourse would be a poem of human geometry and natural fantasy.

The eyes would discern two things: nature and the product of human work.

The city would be defined by a long, firm line which, alone, would be able to sing in unison with the violent, tortured caprices of the mountains: a horizontal line.

In South America you are in a continent that is old and new; you are young nations and your races are old.

Your destiny is to act, to act now!

Will you act beneath the despotically dark banner of "hard labour"?

No! My wish for you is: that you fight like the Latins that you are, Latins who know how to command, to regulate, to appreciate, to measure, to judge and to smile.

REASONS OF THE NEW ARCHITECTURE
Lúcio Costa

Published in Costa, L., Razones de la nueva arquitectura and other essays (1936). Brazilian Embassy in Lima, 1986.

In the evolution of architecture, that is to say, in the successive transformations that society has gone through, transition periods have stood out because of the incapacity of the contemporaries to judge the significance and the reach of the new reality, which made them systematically try to put a stop to it. The situation, then, is invariably the same: once the energies that maintained the inner equilibrium have been exhausted and the unity has been broken, there ensues an imprecise, more or less long phase until, under the influence of converging forces, the lost cohesion is restored and a new balance is established. During this adaptation phase, the light dazzles and blinds the contemporaries, and turmoil, misunderstanding and immediate demolition of everything that went before follow; iconoclasm and iconolatry are at loggerheads. But in spite of the confusing atmosphere, the new rhythm little by little sets and accentuates its tempo and the old spirit, transfigured, finds in nature and eternal truths unexpected charm, unfamiliar pleasure, which gives rise to new forms of expression. A bright new horizon emerges then, in the endless day.

We are precisely now going through one of these transition periods, whose importance, however, because of the social possibilities involved, surpasses all the periods that went before. Transformations are brought about in such a profound and radical way that the humanist adventure of the Renaissance, in spite of its extraordinary importance, may seem, in comparison, mere child's play for refined intellects.

The blindness is, nevertheless, so absolute still and the arguments 'in favour' and 'against' form such a whimsical tangle that many would deem it impossible to obtain any noticeable result from such opposing forces; others simply believe that the millennium of architecture has arrived –because the line of pessimism is not lost. The vast majority of current constructions faithfully reflect this total lack of bearing and roots. Let us lay aside, for the moment, that pseudo-architecture whose only purpose is to document objectively the incredible degree of stupidity that we have reached, because next to it we find, already perfectly constituted in its fundamental elements, in a coherent fashion, all the new constructive technology, paradoxically still waiting for a society in which it should logically belong. It is not, indeed, a case of miraculous anticipation. Since the end of the 18th century and throughout the last century, the experiments and achievements in both fields have taken place in a parallel manner, although the natural reaction of the formidable interests acquired somehow prevented this common evolution from advancing smoothly. Thence the disquietude, the disagreement, the lack of synchronization that can be observed and remind us of the first steps of talking pictures when the sound came a few seconds after the movement of the lips.

Even though it is perfectly possible –as so many examples demonstrate– to adapt the new architecture to the present conditions of society, it is not easy for it to submit itself to such a poor falsification.

This curious disarticulation shows the more candid spirits how close we are in fact, socially speaking, to a new mise au point, because our little 'social drama', that gigantic jigsaw puzzle that was painstakingly put together piece by piece over the last century and at the beginning of this century, is still being assembled less patiently, not providing us with the pieces that are still missing nor letting us know for sure if it portrays a wingless angel, as some would have it, or a beardless devil, as other just as fervently believe. Over the redoubts of art, as over others, there hovers a great concern. We have heard the wolf growl with distressing insistence, spreading contradictory and alarming rumours. The atmosphere is one of apprehension, as though the end of the world were near at hand, with everyone rushing to enjoy the last instants of evasion: writing the last pages, painting the last canvases or sculpting fragments of disinterested emotion before the oppression of the flock, announced with the humiliation of an aseptic plunge.

At times like this, it is not much good to speak of reason, not only because nobody takes any notice of anyone who does not shout, but because he who only listens, runs a great risk of being scoffed at.

Nobody understands anyone else: some, impressive proletarians, insist on restricting art to the synthesizing shape of propaganda messages, denying the interest of anything that does not smack of the common people; others, eminent aesthetes, would like to conserve it ambiguous and aloof, among aromatic clouds of incense.

Meanwhile, truth, as usual, is not ashamed: apart from the blessing of the white smile, everyone has a place in the generous lap of a good black mammy. Let us proceed with caution then. Art is free; artists are free; their receptivity is, however, just as large as their freedom; as soon as a party cracker goes off, they shudder astonished with emotion.
This double truth explains many things. Thus, each time a great idea awakens a people or, better still, part of the human race –or even the whole human race– artists without any coercion, almost unconsciously, and precisely because they are artists, perceive this collective vibration and condense it in what is conventionally known as a work of art, whatever genre it may belong to. They are antennae, not always the best, of those with the best technology. There is no need to worry about the ease of mind of future generations. 'Revolutions' and their stupidities are merely the way to climb the slope, bringing us from one arid plane to another, still fertile, exactly like the staircase that interests us in when we are tired and we arrive at the floor where the bedroom and the bed are situated. In spite of the fact that climbing the steps two at a time may be the greatest, or perhaps the only pleasure for those restless, troubled spirits who evoke for themselves the picturesque quality of 'revolutionaries from the cradle'; we ordinary spirits, who are not satisfied with the noisy awareness of the adventure, are interested exclusively as a means of reaching another equilibrium in keeping with the new reality that will inevitably emerge.

Once the necessary stability has been achieved, its only mission will have been fulfilled: to climb the slope. With the red climbing equipment laid aside, the new idea by now sufficiently widespread is the very air we breathe and, in the conscious pleasure of the new joy conquered in unison, the choir begins the real ascent: legitimate movement, from outside in and not the other way around as was stupidly presumed. In these rare happy moments of abundance, the artwork sets out on a precise and unanimous route: architecture, sculpture, painting form a single compact body, a living organism impossible to break up. Going on, however, with the ascent, the communion tension becomes weakened, the spirits and the bodies relax little by little, until the stuffy air is not rich enough and it is necessary to use as a last resort the oxygen tanks of inner life, where everything is exasperatingly being used up. Then painting and sculpture split away from the architectonic ensemble: separate from the vigorous mural statements, greatly encouraged, painting little by little becomes isolated in the subtle inquiries of the canvas; the figure gradually draws away from the trusting, anonymous

mass of the bas-reliefs, until it comes loose, quite unprotected, ready for the compliments and ravings of drama.
That is the way it is and that is the way will go on being, until we reach –if we ever do– a degree of evolution that allows us to perform a normal, continuous climb, by replacing (much to the despair of good Quixotes) the last steps of the 'stairs' with a lift.

From olden times, society has undergone successive and periodical modifications, in a permanent adaptation of the rules of the game to the new circumstances and conditions of life. This series of readjustments, all more or less showy social arrangements, bore, however, the mark of a common trace: plenty of muscle and manual work. This constant on which all economy was based until the last century also clipped the wings of architecture by attributing, out of habit, to the until then necessary construction procedures used permanent qualities and a formulary –an actual dogma– which tradition declared eternal.

Meanwhile, in the analysis of the countless admirable examples they left us, it is easy to distinguish two independent parts: one permanent beyond any technical type of consideration; the other produced by impositions of the first, together with the social and physical medium.

As regards the former, the new architecture is inseparably linked to the ones that went before; whereas the latter has nothing to do with them, since the reasons that justified them varied entirely, and the physical factor –the last bond that still persisted seemingly inevitably– is neutralized today and will be completely eliminated in the near future thanks air conditioning technology.

From the oldest times to the 19th century, however diverse the processes may have been, going from the most rudimentary forms to the most refined, the art of constructing always used the same elements, repeating the same gestures with the regularity of a pendulum: the stonecutter cutting stone, the brickmaker making bricks, the bricklayer laying them down in a row one at a time. Thus corporations and families transmitted –from fathers to sons– the secrets and details of the technique, always depending on the possibilities of the material used and the manual skill of the worker, however brilliant the design might be.

The advent of the machine and mass production, however, managed to disrupt the cadence of this immemorial rhythm, first facilitating and later directly imposing the broadening of the fictitious circle in which, like good turkeys, with plenty of dignity, still today we consider ourselves imprisoned. Thus the crisis of contemporary architecture –like the crisis we can find in other fields– is the effect of a common cause: the arrival of the machine. It is natural, then, that resulting from such diverse premises, the machine should be different as regards sense and form from all those that went before it, which does not prevent it from acting according to the very same principles and the same laws insofar as they are permanent. The hasty, static classifications that strive to see in that naturally difficult metamorphosis an irremediable conflict between the past and the future are bereft of any real significance. And it is not easy for the spirits least used to it to apprehend in architecture the actual sense of that transformation from which we cannot escape, the evolution of means of transport thrust forward by the same cause shows its significance, clearly and without sophisms, in the surprising results achieved, although we are no longer awed by any of this because we are so used to this trivial sort of miracle.

It is also worth insisting on it, not for the fact in itself, whose importance is obviously relative, but because of the extraordinary human scope involved. From the memorable day on which man managed to tame the first beast until the equally memorable day he managed to move with the help of the same device, although the architecture of carts and boats may have varied, going from the most rough and ready to the most elegant and comfortable system, it remained subordinated to the argument of limited –albeit convincing– possibilities of the whip and the uncertain favours of the breeze. Then, in less than one hundred years' work, the machine took us from the first attempts, still bound by the secular idea of the animal and the sail, to the current specimens now completely free of any nostalgia, which our sight quickly becomes accustomed to and identifies, although it may be deemed elegant to show a certain attitude of affected indifference in these matters.

Out interest, as architects, in the lesson about means of transport, because of the stubborn insistence with which we return to this example is due to the fact that they are creations in which the new technology, taking the bull by the horns, and without any sort of limitation, leaves the word unknown, performing that task simply, plainly, elegantly and economically.

Architecture will have to pass the same test. It is true that it takes us further –we must make no mistake about it– than the simple beauty arising from a problem technically solved; that is, however, the basis on which it must always stand as a starting point.

Of all the arts, however, architecture, because of the principally utilitarian and social sense of the term, is the only one that even at weak moments cannot afford *individualistic* impulses, except in a very particular way. Personality in this matter, if it is not actually a fault, is certainly not an advantage. Once the compulsory social, technical and plastic requisites have been complied with, the opportunities to escape are few and far between and if at certain periods some brilliant architects are discovered by their contemporaries to be disconcertingly original (Brunellesco in the early 15th century, Le Corbusier today), this hardly means that the possibilities, formerly without a destination, of a new architecture combine in them at a given moment, materializing clearly and definitively in their works. The conclusion is not that without talent this deed can be repeated: the task of these, like ours –we who have neither one nor the other– is reduced to adapting it to the impositions of a reality in constant transformation, while nonetheless respecting the way revealed by the vision of the harbingers.

There is still today total disagreement between art, in the academic sense, and technology: it is sad to see the perseverance, dedication and intransigent good faith with which so many architects, both young and old, blindly insist on adapting, in an impossible balance, the architecture they were taught to the necessities of life today and the possibilities of current constructive processes; and the care, the modest prudence, the prodigies of creativeness used to safeguard the supposed virtue of maiden architecture can even prove touching. A real army of passionate, fearless warriors rose up around the sacred citadel, with the intention of defending, banners waving in the wind, the immaculate purity of the unattainable Goddess from the barbarous cruelty of new technology.

Nevertheless, all this august outcry is based on misunderstanding from the very start: what the academics –misled by their faith– are trying to protect as the Goddess herself is but a shadow, a simulacrum; it has nothing to do with the original, of which it is no more than a wax replica. She still has what the academics have lost, and her eternal touching adventure continues. Later, mollified, the good doctors will sponge down the past and accept as her legitimate heiress the one who is today a very expert young woman with an unpainted face and shapely legs.

Mistrust of *technocracy* is puerile; it is not the monster that gives illustrious heads so many sleepless nights, but an animal quite easy to tame, destined to become the most harmless of all domestic animals. Especially as far as our country is concerned, where everything still practically remains to be done and so many things to be undone and it is all done more or less by ear, empirically: we really think that defeating and expelling technology with the misgivings of a future troublesome hypertrophy is overreacting. May it come and spread, shaking up with its coarseness and vibrations our disenchanted, lumbering way of behaving, since most of us –in spite of our pensive air– really do not think of anything at all.

Be that as it may, as it is not an end in itself but simply a means to an end, technology is not to blame but rather those who have used it if the benefits obtained have perchance not always corresponded to the damage caused. And in this respect, the example of the United States is typical, in that there, in a respectful tribute to Art, the purest structures of this world are religiously covered up from head to toe with all the detritus of the past.

While American engineers erect the impressive metal affirmations of new technology to heights never before reached, American architects, wearing the same clothes and the same hair-style, smiles and hats, although they are dissatisfied with the non-monumental past left to them by their forebears and they do not understand the exceptional moment in time we are living, calmly embark for Europe where they stock up with the most fraudulent and incredible modern styles, with the strangest and most varied archaeological documents, to stick them on with their best cement to their impassive structures, thus conferring a suitable dose of 'dignity' upon them.

In the meantime, the 'old' Europeans, tired of a heritage that oppresses them, march forwards, making new life at their own cost, taking advantage of the possibilities of the material and the prodigious technology that the 'young' Americans did not know how to use.

Thus, with twenty centuries in between, history repeats itself. The Romans, excellent engineers, using masonry and concrete, with their arches and vaults erected amazing structures, and without realizing that architecture was but a few inches away, they appealed to decadent Greece. They covered the healthy nakedness of their statues with a crust of columns and mouldings of Travertino marble, vestiges of a different constructive system. And it was precisely the Greeks that availed of the new technology, and took full advantage of its extraordinary beauty in Byzantium –Hagia Sophia.

Nevertheless there are other peculiar affinities between those two peoples so far apart in time: the courage to act, the mettle to organize and the knowledge to administrate; the variety of races, the opulence of civic centres, the stadiums and the sort of ferocious pursuit of sport; the pragmatism, the patronage, the taste for popularity, the style of the senators and even their mania for triumphal receptions, they had all these things in common. Everything the Romans touched took on a Roman air and nearly everyone who crosses the continent comes away branded 'USA'.

New technology requires the revision of plastic and traditional values. What characterizes it and in a way directs the radical transformation of all the old construction processes is its independent bone structure.

In all the architectures of the past, the walls –thicker and thicker from top to bottom of the building, until they spread out and became solidly anchored to the ground– had a crucial function; they formed the structure, the actual support of the whole building. However, a miracle came to free them from this secular burden. The revolution imposed by the new technology conferred another hierarchy on construction elements, freeing the walls from the difficult task that they had always had to perform, a task, in all honesty, that they had fulfilled to perfection with extraordinary 'dedication'. Although that liberation might represent, from a purely 'moral' point of view, a humiliation, it became necessary in the meantime to admit that at such a ripe old age and in the contingency of having to bear greater and greater loads, holding them to their task would be risking unpleasant surprises, of unforeseeable consequences. The new function they were entrusted –merely to hide– affords other comforts without the hazards and worries of the old.

All the responsibility was transferred in the new system to an independent skeleton, which could either be made of reinforced concrete or metal. Thus, what for several hundred years had invariable been a thick wall, thanks to the new technology, in a few dozen years could be transformed (if properly oriented: in our case, towards the south) into a simple pane of glass. Some people are alarmed when glass is mentioned, as though those compartments necessary in different circumstances, equally indispensable and varied for certain attitudes, should also be made of glass; they could remain closed, or barely opaque. There is no need to worry, because the 'dignity' will be maintained.

Walls and supports represent today, therefore, different things: two clear, unmistakable functions. Different as regards the material they are made of, as regards thickness, as regards their purpose, everything points to an independent life, without any concern about nostalgia and false superposition. Made of light materials, soundproof and insulated, free from a task that was hard to fulfil, they slide beside the indifferent columns, they stop at any distance, they undulate to accompany the normal movement of internal traffic, permitting the volume constructed to have other uses, concentrating space when necessary, reducing it to a minimum in places where it is superfluous.

This is the secret of all new architecture. Once the significance of this independence has been understood, we have the key that allows us to grasp the intentions of modern architecture in all their peculiarities; because it was the device that led, from one reasoning to another, to the present solutions and not just as far as the freedom of the ground plan is concerned, but also regarding the facade, now called 'free', meaning that it has no dependence on or relation with the structure. In fact, the

immediate consequence of the balance imposed by the rational use of the framework of the floors was the shift of the colonnades, that could always be seen, very solemn, from outside the building in, leaving the facades (simple covering up) absolute freedom of treatment: from total closure to glass panels; and as, on the other hand, the apparent angles of the building are no longer needed to anchor, which traditionally brought about the creation of reinforced corners, the bays free of any impediment can end up at the top of these protecting walls –a matter of great significance, because the beauty of architecture, once the proportions of the whole and the relationship between each part and the whole have been satisfied– concentrates on what is really the expression of the building: the play between occupied and unoccupied spaces.

Although this contrast, on which a great deal of the life of the composition depends, has been one of the chief concerns of all architecture, in practice it has always been necessary to follow guidelines because of the limits imposed by safety, which in this way indirectly made the normal patterns of beauty depend on the possibilities of the constructive system.

New technology, in the meantime, gave unexpected elasticity to this play, permitting architecture a formerly unheard of intensity of expression: the melodic line of continuous windows, the uniform cadence of little isolated bays, the density of closed spaces, the lightness of glass panels, all voluntarily excluding any idea of effort, concentrating everything at equal intervals, in the 'pilotis' –hanging loosely in space– the building, thanks to the sharpness of its lines and the cleanness of its volumes of pure geometry, reacquired that discipline and *retenue* typical of great architecture, achieving even a plastic value never reached before, which brings it close to pure art in spite of its purely utilitarian starting point.

This seriousness, this haughty indifference is the best characteristic of the real examples of new architecture and what distinguishes them from false modernism, whose playful airs of making a pun are slightly irresponsible.

Meanwhile, such solutions, of great visual beauty, shock those who, full of prejudice and not properly enlightened even about the reasons and sense of the new architecture, seek to analyse it on the basis not only of the permanent principles –which it integrally respects– but of those that stemmed from a different technology with a view to discovering qualities that it cannot and must not possess.

Phidias and Ictinus would certainly have felt the same malaise, a similar weariness, an identical indignation at so many so dreadful aberrations if we could do away with the impertinence of time and space and transport them to the newly finished Parthenon, the interior of Rheims or Cologne cathedrals. However, identified now with the beauty proper to each, all equally moved, we recognize in them both, in spite of the differences between them, the same respect for the eternal laws. A mere question of habit and visual education, so this is what present lack of understanding is reduced to.

Meanwhile, very few of us understand these transformations to their full extent. Although the structure is in fact independent, the material used even in the filling of external and dividing walls is heavy and unsuitable for such a purpose, thus obliging them, naturally, not to lose sight of the beams and nervures to avoid an uneconomical reinforcement of the different flagstones; thence the concern about interpenetrating in a sterile, impossible identification, the contradictory thickness of columns and walls and about how we still want to recompose the facades by reproducing the false ideas of foundation and support walls, thus attributing to our buildings a certain appearance typical of another construction system; all the possibilities of the new technology are practically eliminated, and most of the experiments mean nothing in spite of the grotesque modernist forms and other incongruities.

It is necessary, in the first place, that everyone –architects, engineers, builders and the public in general– understand the advantages, potential and beauty that new technology facilitates to awaken the interest of industry so that it will provide us economically with the light, soundproof materials reality demands. We cannot expect industry to run all the risks of the venture by insisting on producing things that those interested do not yet order from them.

Besides air conditioning, which is now a reality and a logical complement in modern architecture (the propaganda about the doctor who recommends his patient to spend a lot of time at Urca Casino is a significant anecdote), it is essential that industry take over construction and produce all the elements that are missing in order to achieve the same degree of perfection as the bodies of cars.

However, in spite of the tempting economic possibilities that such a venture may suggest, industry still refrains from openly intruding in such high dominions, rightly afraid of committing a sacrilege. And also because in order to undertake something it is necessary to know beforehand with relative precision exactly what is required so as to put it into practice: it is on this grandiose mission of paving the way for industry that countless architects all over the world have confidently embarked, some with talent and one with genius. But all in agreement as regards the following essential tenet: architecture comes later; technology is the starting point. And if we cannot demand that all architects actually be artists, we do have a right to expect of those who are not to possess at least the art of construction.

Although it may unmask the artificiality of the false academic grandeur, the new architecture does not strive to elude –as some imprudently insinuate– the laws of symmetry but to apply them in the true broad sense that the ancients attributed to them: with moderation, both in the sense of primary reinforcement around an axis and a play of contrasts cleverly neutralized depending on a defined, harmonic composition line always controlled by regulating designs, forgotten by the academics and so favoured by the old masters.

It is characterized, in the eyes of the layman, by an industrial appearance and a lack of ornamentation. It is in this uniformity that its great strength and beauty in fact reside: dwellings, palaces, factories, in spite of the features and differences of each one, all have a certain air of familiarity, which, in spite of not appealing to that tendency (almost mania) towards variety to which the dilettante eclecticism of the last century accustomed us, is an unmistakable symptom of vitality and vigour; it is the greatest proof that we are not face to face with inconsistent, whimsical experiments like those that went before them, but with an organic whole, subordinated to a discipline, a rhythm, at the end of the day a real style in the very best sense of the word.

This uniformity has always existed and characterized the great styles. The so-called Gothic architecture, for example, which the public came to consider suitable only for religious buildings, was at one time a common form of construction exactly like reinforced concrete today, and was applied indistinctly to all sorts of buildings, be they military, civil or ecclesiastical.

The same occurs in contemporary architecture. That industrial aspect that we wrongly attribute to it has its origin in a simple fact –apart from the reasons mentioned above concerning technical and social issues, to which the present rules of *bienséance* do not permit allusion: The first constructions to which the new processes were applied were precisely those that were so utilitarian that the artistic aspirations of the respective owners and architects were bent in favour of economy and common sense, permitting the structures to find their own forms of expression with immaculate purity. That does not mean, however, as people hastened to conclude –giving rise to a great deal of unfortunate confusion– that it was a style reserved exclusively for a certain type of building, but an absolutely universal constructive system.

It is just as ridiculous to accuse the new architecture of being monotonous merely because it has been repeating forms that are peculiar to it over a period of several years, when the Greeks worked invariably on the same pattern for several hundred years before they achieved the masterpieces at the Acropolis in Athens. Styles are formed and perfected, precisely at the expense of this repetition, which lasts as long as the profound reasons that gave rise to it are maintained.

Such prejudices have given way slightly to convenience, and although they have not yet been accepted by the majority, they will nevertheless tend to disappear.

As regards the lack of ornamentation, it is not an attitude of mere affectation, as many people believe today, but a logical consequence of the evolution of constructive technology, in the wake of social evolution, both (we would like to insist) conditioned by the machine. Ornamentation in the artistic and human sense it has always borne is, of necessity, a manual product. The 19th century, by generalizing the use of moulds and casts, industrialized ornamentation, transforming it into a mass-produced, commercial article and removing its main *raison d'être* –the artistic aspect– and stripping it of all interest as a human document.

The 'adornment' is, in a way, a barbarian vestige, having nothing to do with real art, which can choose either to use it or ignore it. Industrial production has qualities of its own: the purity of form, the sharpness of outline, the perfection of finish. On the basis of this precise data and by means of a rigorous selection process, we can achieve, like the ancients –with the aid of symmetry– superior forms of expression thanks to the indispensable collaboration of painting and sculpture, not in a regional and limited sense of ornamentation, but in a broader sense. The great extensions of walls so common in contemporary architecture are an actual imitation of pictorial expansion, of bas-reliefs, of statuary, as pure plastic expression.

Architects and the public in general are, however, so uninterested in the arts and take up such mistaken viewpoints to appreciate them and even to criticize them that it is worth mentioning here a few peculiarities, whims and signs of each of the Sisters, thus enabling everyone to understand them better in their harmonious interrelationships.

The principal quality of sculpture, in a way the most sober and chaste of the arts, is *retenue*: the more accumulated energy, the greater force. The composition as closed as possible must not open up with intentions that damage that quality, which is the reason why it weakens and shows unmistakable signs of decadence every time it gives in to the pleas of the drama.

All deformations, suppressions or additions that may contribute to intensifying that sensation of concentrated life are legitimate. Unlike *elongated* and *lathed* finishes, so common in unbearable decorative stylizations, their surfaces are made up of infinite minimal planes, fashioned separately, depending on the whole, becoming hidden in the imperceptible passages that articulate them and connect them with one another until they pour out and fade away on larger surfaces; this is the secret of real sculpture. The lack of consistency to be found in so many works, even important ones, arises from not observing this basic precept.

As regards painting, apart from *colour*, which many have used at the expense of the *colour-scheme* and the primordial qualities of *volume* and *construction*, for which Cubism, so scarcely understood, did so much, for which reason it is still close to the less well behaved sister sculpture, she does not always keep to the strict rigours of the plastic arts and permits herself evasions that compromise her purity, albeit exceptionally, and contribute in the variety and richness of the acquisitions to her going beyond the limits of her domain and treading the higher spheres of poetry.

Let us examine one by one some of her qualities and also some of her less legitimate intrusions. First, drawing, without which she would be difficult to maintain and which does not consist –it must be understood– of a simple laying out of pretty lines almost always meaningless although very well executed, but, above all of the tenacious, persistent pursuit of a form with a definite meaning.

In his attempt to explain this crucial difference to his students, Professor Portinari used an excellent example: when a not very well educated child or adult writes his name, in spite of the wavering letters, the lack of elegance, the disproportion, his hand is guided by a precise notion and the result is always clear, it means something, it is his name; it would be easy, however, for one of us to scribble out some kind of scrawl that might look at first sight like a pretty signature, but that really does not mean anything. A coarse design that makes sense, that means something, that obstinately pursues some end is always preferable to the virtuosity of a pretty but meaningless drawing. Then, we have the *science of composition*, which the ancients knew so much about and whose real laws, sadly forgotten today, were disfigured by academicism, although their study should have brought great benefits to modern painting. To continue, concerns about matter, in other words, the treatment of different materials in an appropriate way. Academic painting, in contrast with painting that set great store by the ancients' appreciation of matter, addresses indistinctly flesh, timber, textiles, vegetables, all in the same way, with the same eagerness, without any desire to penetrate the real consistency and the qualities proper to each of these substances and thence its insipid, amorphous appearance and lack of solidity. On recalling the *atmosphere* that envelops all bodies, valorizing the planes, although some 'moderns' in their distraction do not perceive

this or –sorry– will not perceive it, it is worth accentuating the dangers of light, which the impressionists in their attempt to escape from academic masturbation pursued with real 'butterfly desperation', on the verge of burning the edges of their wings, diluting their shape, without which the visual arts do not exist: a suicide that cubism avoided with its categorical statements. Besides the *social sense*, to which we already referred at the beginning of this article, and the *human sense*, which, rather than scatter or volatilize interest –like the anecdotic– concentrates and intensifies it, it exceptionally digresses with *subjective intentions*, so much to the liking of the hyperrealists, whose philosophical or simply literary concerns are, however, in disagreement with the very essence of the visual arts. As regards *lyricism*, a far cry from the firm ground of real painting and although it is sometimes served ill, of colours and drawing, it is its bond with poetry. And last but not least, the processes, legitimate or otherwise, thanks to which it manages to convey to us such varied and at times confused intentions: *technique*. Contemporary artists tend to stick to a few, or even only one of these areas and totally disregard the rest. We think, nevertheless, that you need more than one egg to make an omelette.

Apart from that apparent uniformity, that tone of conversation that prevails in contemporary buildings, both private and public, in contrast with the tone of discourse demanded by our grandparents for the latter, new architecture is accused of yet another crime: internationalism.

We think this accusation has come rather late in the day, because the internationalization of architecture did not start with reinforced concrete in the post-war years but when –scorning Romanesque and Gothic architectures, eminently international, in the hypothesis that a centralizing influence of the Church can be cited as a justification– there were still Indians on our beaches free from Portuguese sweat. It started with the tourist-military expedition organized by Charles III in Italy in the spring of 1494, followed by those organized by Louis XII and Francis I. That was when the whole of Europe –tired of Gothic flourishes– was swept by a new enthusiasm that spread like gas into all the spheres of the Western world, intoxicating every spirit. And the new architecture, mixed from the beginning with Gothic stubbornness, became simplified little by little, eliminating barbarisms, setting order, rhythm, symmetry, until it culminated in the classicism of the 18th century and the academicism that followed it. It is impossible to imagine, indeed, anything so *absolutely international* as this strange masonry that superstitiously and unfailingly repeated, from Berlin to Washington, from Paris to London or Buenos Aires, with disconcerting insistence, until yesterday, the same colonnades, the same facades, the same domes.

So there is nothing exceptional or particularly *Judaic* (as a facile turn of speech would have us believe) about the internationalism of the new architecture, but it simply follows a custom established secularly. It is even, on this point, rigorously traditional.

There is nothing Germanic about it either, although in Germany more than in any other country the postwar period, added to the real causes mentioned above, had created a favourable atmosphere, that served as a pretext for its definitive advent, since in spite of the quantity, the quality of the examples left a lot to be desired and most of them indeed showed a most undesirable emphasis on the baroque. In fact while in the countries of Latin tradition, including the American colonies of Portugal and Spain, baroque architecture, even at the times of delirium it sometimes reached, always managed to preserve a certain air of sobriety and dignity, conserving the general line of composition, although elaborate, free from excessive ornamentation, in countries of Germanic origin, the atavistic barbarism, accentuated by the Renaissance, found fertile ground, prospered and reached an unprecedented degree of visual licence, not to say licentiousness.

Now, stimulated by racist nationalism, in its invitation to use the last traces of gothic severity that could perhaps still be hidden under the glitter of 'kultur', it is easy to recognize in German modernism the unmistakable signs of that baroque style, notwithstanding some noteworthy exceptions, among which, apart from Walter Gropius, we have the absolutely remarkable oeuvre of Mies van der Rohe, a miracle of simplicity, elegance and clarity, whose meticulousness, far from spoiling it, gives us an exact idea of the way our houses might be made today if the bourgeoisie were not so stubbornly and irremediably intent on committing suicide.

Neither is there anything Slavic about it, as in our confusion we might think, based on the fact that it was Russia, of all countries, that most persisted in the pursuit of a new equilibrium adjusted to the broader notion of social justice that major industry, suitably oriented and distributed, permits, and whose requirements and problems coincide with the possibilities and solutions imposed by new technology. This can be seen in the unfortunate way the Russians, in spite of appearances, have used it, showing a strange lack of understanding.

It is peculiar to observe that Russia –like all other nations– also reacts today against the principles of good architecture, striving to find inspiration in Rome, in monumental works with which they hope to impress ignorant tourists and obstinate peasants. This fact may not be more than a psychological crisis easy to explain. This country was really, industrially speaking, one of the worst prepared to embark on the communist adventure; however, in less than twenty years' work, the result obtained, even though the standard of living is still low in comparison with some capitalist countries, surprises even the most sceptical spirits. It is natural, then, that after so many years of systematic exploitation and misery, optimism should materialize in ostentatious external manifestations, in a not always wise choice of forms of expression. This lack of moderation, the result of a crisis of expansion and therefore temporary, is, nevertheless, so human and smacks so strongly of adolescence that it is amusing because it repeats, with accentuated malice, the little tragedy of the bourgeois 'nouveau riche' and, to make matters worse, on a collective scale.

The new architecture is linked in its most characteristic examples –whose clarity and objectivity have nothing of Nordic mysticism– to the purest Mediterranean traditions, that same reason of Greeks and Romans that tried to make a comeback in the 15th century and was later drowned by the artifices of academic cosmetics and is only now re-emerging with unexpected and renewed vigour. And those who in a future perhaps not so distant as our comfort-loving status of privileged citizens might wish are fortunate or bored enough to live within the new order conquered will certainly be surprised that creations of identical origin have been opposed and artistic merit has been denied such clear statements of a common truth.

Because if the forms varied, the spirit is still the same and the same fundamental laws apply.

STATEMENT
Oscar Niemeyer

In *Módulo*, no. 9, Rio de Janeiro, February 1958, pp. 3–6

The designs for Brasília, together with the project for the Museu de Caracas, mark a new stage in my professional work. A stage characterised by a constant search for conciseness and purity, and for greater attention to the fundamental problems of architecture.

This stage, which represents a change in my way of designing and, especially, developing projects did not arise without meditation. It did not arise as a different formula, called for by new problems. It resulted from a cool, honest process of reviewing my work as an architect.

In fact, when I came back from Europe, after travelling from Lisbon to Moscow to deal with matters connected with work, a great deal changed in my professional attitude.

Until then I had tended to consider Brazilian architecture—despite its undeniable qualities—with certain reservations. I believed then, as I still do, that without a fair distribution of wealth—capable of reaching all sectors of the population—the basic aim of architecture, that is, its social burden, would be sacrificed, and our activity as architects simply relegated to attending to the whims of the wealthy classes.

This made me feel a vague discouragement, a discouragement that led me to consider naïve those who gave themselves up to architecture body and soul, as if they were constructing works that were capable of enduring. Although I had never lost interest in the profession, I viewed architecture as something complementary to things that were more important, and more directly connected with human life and happiness. Or even, as I used to say, as an exercise to be practised as a kind of sport—and nothing more. And that created the possibility of a certain negligence—facilitated by my careless, bohemian nature—and led me to accept too many jobs, executing them hurriedly, confident in the capacity for improvisation that I considered I possessed.

This attitude of disbelief which social contradictions encouraged with respect to the aims of the profession led me at times to disregard certain problems and to adopt an excessive tendency towards originality, in which I was encouraged by those actually involved, who desired to give their buildings greater impact and emphasis. In some cases this adversely affected the simplicity of the construction and the sense of logic and continuity that many buildings required.

It is true that I consider as mine only those projects to which I have been able to devote myself regularly and which I present as such in technical magazines and publications. But even among those projects I find some that perhaps it would have been better not to have undertaken, because of the inevitable modifications that they were obliged to suffer during their execution, intended as they were for pure property speculation.

With these comments I do not, of course, seek to set off a process of self-destruction, nor to attribute a deprecatory quality to my work. I see them, on the contrary, as positive factors within the movement of Brazilian architecture to which, with their *élan* and creative feeling, they gave, at an opportune moment, an effective contribution which still characterises that movement even now. And if I recount this self-criticism, begun two years ago, when I was working on the project for the Museu de Caracas, it is because I consider it a normal, constructive process, capable of leading us to the correction of errors and the achievement of better results by the adoption of a series of disciplinary measures and procedures. These, in my case, indicate, firstly, a reduction in work undertaken in the office and a systematic refusal of those jobs that only aim at commercial interests, in order to devote myself more effectively to other assignments, giving them constant and adequate attention; secondly, the establishment of a series of principles for new projects, seeking simplification of plastic form and balance in relation to functional and constructional problems.

In this connection, I gradually became interested in compact, simple, geometric solutions; problems of architectonic character and hierarchy; the advantages of unity and harmony between buildings and, moreover, the idea that they should no longer be expressed in terms of their secondary elements but through their actual structure, duly integrated into the original plastic conception.

As part of the same aim, I began to avoid solutions that had been honed down or consisted of many elements that were difficult to contain within a pure, defined form; angled adornments and free forms which, disfigured by the incomprehension and ineptness of some, frequently turned into a ridiculous display of different types and systems.

And in all this, striving not to lapse into false purism, monotonous form with an industrial tendency; being aware of the tremendous possibilities of reinforced concrete and keen that this new attitude should not become an insurmountable barrier but, on the contrary, should freely encourage ideas and innovations. Since then I have continued working in accordance with those principles. I began this phase—as I said—with the Museu de Caracas, a conception of undeniable purity and conciseness. And now I am continuing, in the buildings of Brasília, to which I am devoting all my attention, not only because it is work of great importance but also because of the circumstances prior to its development, when I refused to accept the elaboration of the Pilot Plan because, together with the Institute of Architects, I was involved in the organisation of putting the projects out to public tender, only reserving for myself the task of designing the government buildings. An undertaking that was simply a natural continuation of the work that I had been doing uninterruptedly, since 1940, for Juscelino Kubitschek as Mayor, then Governor, and finally President.

With respect to the various projects in Brasília, which I hope will be my definitive work, I found that there were three different problems to be resolved: that of the isolated building, providing total freedom for the imagination yet requiring a character of its own; that of the monumental building, where plastic detail gives way to large-scale composition; and, finally, the overall solution, which requires, above all, unity and harmony.

In the Palácio da Alvorada, my objective was to find an approach that was not restricted to characterising a grand residence but would create a real palace, with the spirit of monumentality and nobility that should attend it. For this purpose I took advantage of the actual structure, which accompanies the entire development of the construction, giving it lightness and dignity and a different appearance—as if it were resting on the ground, gently. With this intention the columns taper at the ends, allowing the paving stones, by means of the system of *voûte* on which they are based, a thickness of 15 centimetres at the axis of each spacing, thus establishing a perfect integration of the form—which characterises and expresses the building—with the structural system.

In the National Congress building, my aim was to establish the plastic elements in accordance with their various functions, giving them the relative importance required, and treating them as pure, balanced forms

within the overall design. And so an enormous esplanade, contrasting with the two blocks intended for administration and the offices of the Members of Congress, marks the horizontal line of the composition. Standing out against it are the assembly chambers which, together with the other elements, create the interplay of form that constitutes the very essence of architecture and which Le Corbusier defines so well: "L'architecture est le jeu, savant, correct et magnifique des volumes assemblés sous la lumière." In the Praça dos Três Poderes, unity was my chief concern, and for this purpose I conceived a structural element that would act as a common denominator for the two main buildings—the Palácio do Planalto and the High Court—and thus ensure that the ensemble would have the sense of sobriety of the great squares in Europe, within the scale of values established in Lúcio Costa's magnificent plan.

These are my guiding principles now, as an architect. And although they are now directed towards greater purity and simplicity, they are still founded on the same concept of creation—the only one that can lead to a true work of art.

These are the guiding principles of the projects that I have designed for Brasília, projects that I follow with the greatest care, convinced of their importance and desirous that they should become something useful and permanent and capable of transmitting beauty and emotion.

BRASÍLIA
Clarice Lispector

In Jornal de Brasília, 20 June 1970 (original 1962)

Brasília is built along the line of the horizon. Brasília is artificial. As artificial as the world must have been when it was created. When the world was created, a man had to be created especially for that world. We are all deformed by adaptation to God's freedom. We do not know what we would be like if we had been created first and then the world deformed to our needs. Brasília does not yet have the man of Brasília. If I were to say that Brasília is beautiful they would see immediately that I like the city. But if I say that Brasília is the image of my insomnia they see an accusation in it. But my insomnia is neither attractive nor ugly, my insomnia is me, it is lived, it is my fear. It is a semi-colon. The two architects were not thinking about constructing beauty, that would be easy: they built unexplained fear. The enactment is not an understanding, it is a new mystery. When I died, one day I opened my eyes and there was Brasília. I was alone in the world, There was a taxi standing there. Without a driver. What a scare.—Lúcio Costa and Oscar Niemeyer, two solitary men.—I see Brasília as I see Rome: Brasília began with a final simplification of ruins. The ivy has not yet grown. Apart from the wind there is something else that blows. It is only recognised by the supernatural tension of the lake. Wherever a child stands it may fall, and fall out of the world. Brasília is on the edge.—If I lived here I would let my hair grow down to the ground.—Brasília had a splendid past that no longer exists. That kind of civilisation disappeared thousands of years ago. In the fourth century B.C. it was inhabited by very tall, fair-haired men and women who were not Americans or Swedes and who sparkled in the sunlight. They were all blind. And that is why there is nothing to bump into in Brasília. The people of Brasília dressed in white gold. The race died out because too few male children were born. The more beautiful the people of Brasília were, the more blind and pure and sparkling they became, and the fewer male children were born. The people of Brasília used to live for nearly three hundred years. There was no reason to die. Thousands of years later it was discovered by a band of outlaws who would not be received in any other place: they had nothing to lose. There they lit their fires, pitched their tents, gradually they excavated the sand in which the city was buried. They were shorter, dark-skinned men and women, with aloof, restless eyes, and, because they were fugitives and desperate, they had a reason for living and dying. They lived in the ruined houses and multiplied, creating a very contemplative human race.—I waited for the night like someone waiting for the shadows so as to be able to slip away. When night came I saw with horror that it was no use: wherever I was I would be seen. What frightens me is: seen by whom?—It was built without anywhere for rats. A whole part of us, the worst part, the very part that is afraid of rats, that part has no place in Brasília. They wanted to deny that people are not suitable. Construction with space calculated for clouds. Hell understands me better. But rats are invading, all very big ones. That is an invisible headline in the newspapers.—Here I am afraid.—The construction of Brazil: that of a totalitarian State.—This great visual silence that I love. My insomnia would also have created this peace of a never-never world. I, too, would meditate in that desert, like those two who are monks. Where there is no place for temptations. But in the distance I see vultures flying overhead. Good heavens, what can be dying?—I have never wept in Brasília. There was no place for it.—It is a beach without the sea.—In Brasília there is no way in and there is no way out.—Mummy, it's nice to see you standing there with that white cloak flying. (It's because I have died, my child.)—A prison in the open air. In any case, there would be nowhere to escape to. Anyone who escaped would probably go to Brasília.—They captured me in freedom. But freedom is only what is conquered. When they give me it, they are ordering me to be free.—A whole aspect of human coldness that I have, I find in myself here in Brasília, and it flourishes, icy, powerful, a frozen force of Nature. This is the place where my crimes (not the worst ones, but the ones that I will not understand in myself), where my icy crimes have a space. I am going away. Here my crimes would not be crimes of love. I am going away for my other crimes, those that God and I understand. But I know that I will return. I am drawn here by what frightens me in myself.—I have never seen anything like it in the world. But I recognise this city in the very depths of my dreams. The deepest level of my dreams is a kind of lucidity.—Well, as I was saying, Flash Gordon …—If they took a full-length portrait of me in Brasília, when they developed the photograph only the landscape would be visible.—Where are the giraffes in Brasília?—A certain tension of mine and certain silences make my son say: wow, you adults are far out. It's urgent. If it is not populated, or rather, overpopulated, it will be too late: there will be no place for people. They will feel themselves tacitly expelled.—Here the soul does not cast a shadow on the ground.—During the first days I was not hungry. It seemed to me that everything was going to be airline food.—At night I thrust my face into the silence. I know that there is an unknown time when manna descends and moistens the land of Brasília.—However close one may be, everything here is seen from far away. I did not find a way of touching. But at least there is this advantage in my favour: before arriving here I already knew how to touch from far away. I never despaired greatly: from far away I touched. I had a great deal, but not even what I touched, you know. A rich woman is like that. She is pure Brasília.—The city of Brasília lies outside the city.—*Boys, boys, come here, will you, look who is coming on the street all dressed up in modernistic style. It ain't nobody but …* (*Aunt Hagar's Blues, Ted Lewis and his Band*, with Jimmy Dorsey on the clarinet.)—That startling beauty, this city, traced in the air.—For the time being, samba cannot be created in Brasília.—Brasília does not let me become tired. It pesters me a little. Well-disposed, well-disposed, well-disposed, I feel good. And after all, I always cultivated my tiredness, as my richest passivity.—All that barely exists now. God alone knows what will happen in Brasília. For here chance is abrupt.—Brasília is badly shadowed. It is the motionless profile of something.—In my insomnia I look out of the hotel window at three o'clock in the morning. Brasília is the landscape of insomnia. It never falls asleep.—Here an organic creature does not deteriorate. It petrifies.—I wanted to see five hundred thousand eagles of the blackest onyx scattered throughout Brasília.—Brasília is sexless.—The first moment of seeing is like a certain moment of drunkenness: your feet don't touch the ground.—How deeply people breathe in Brasília. One who breathes begins to want. And wanting cannot be. It does not exist. Will it exist? But I cannot see where.—I would not be astonished to meet Arabs in the street. Ancient, dead Arabs.—Here my passion dies. And I achieve a lucidity that makes me great for no reason. I am fabulous and useless, I am pure gold. And almost mediumistic.—If there is some crime that humanity has not yet committed, that new crime will be inaugurated here. And with so little secrecy, so well adapted to the plateau, that nobody will ever know.—This is the place where space most resembles time.—I am sure that this is the right place for me. But the land has depraved me too much. I have grown used to bad ways of living.—Erosion is going to strip Brasília to the bone.—The religious air that I felt from the very first, and that I denied. This city was achieved by prayer. Two men beatified by solitude created me standing here, restless, lonely, exposed to the wind.—What is really needed is white horses set loose in Brasília. At night they would be green in the moonlight.—I know what those two wanted: slowness and silence, which is also my idea of eternity. The two of them created a portrait of an eternal city.—There is something here that makes me afraid. When I discover what frightens me, I will also know what I love here. Fear always guided me to what I love. And because I love, I am afraid. Often it was fear that took me by the hand and led me. Fear leads me to danger. And all that I love is hazardous.—The craters of the Moon are in Brasília.—The beauty of Brasília is its invisible statues.